# 48　華光古廟(練溪村)

## 【廟宇簡介】

　　根據2011年實地考察,廟位於廣州市番禺區小谷圍街練溪大街6號,保存狀況良好。廟內保存有四通碑刻。根據碑刻記載,該廟始建於清代,清雍正十一年(1733)、嘉慶十年(1805)、道光二十七年(1847)三次重修①。

## 48-1　清·佚名:華光古廟助金題名碑記

　　清雍正十一年(1733)

## 【碑刻信息】

　　存址:今廣州市番禺區小谷圍練溪村華光古廟內。

　　碑額:華光古廟助金題名碑記。楷書。

　　碑題:無。

　　尺寸:碑高130厘米,寬65厘米。

　　碑文來源:原碑抄錄。

## 【碑文】

　　吾鄉華光古廟枕梅嶺之高峰,臨練溪之泉上,望之蔚而深秀者,朝對層巒之聳翠也。然斯廟之建也,蓋莫知其源。想吾鄉之稠居於此者,自乃祖乃父,遠溯高曾而上,鄉中之先人皆輸誠禋祀,朝夕香燈而不敢忘者矣。迄今歷年多,其棟梁朽蠹,宜欲更新;其帝像塵垢,應爾文飾。是以老少畢集於率正堂中,群相議擬,舉其廉幹者八人涉理其事。卜吉,毀已朽之榱題,選任重之良木,訪繩墨之巧匠,築數仞垣牆,不日而鳩工告成。鄉人咸相慶曰:"廟

---

　　①　有關此廟資料可參考陳建華主編:《廣州市文物普查彙編·番禺區卷》,頁174。

貌輪焉奐焉,煥然一新。歲時伏臘,陳俎豆以薦馨香,無殊當年之祖父;鄉人設蘋藻而伸敬享,何異曩者之先人。是由庇鄉之士民,為鄉之降福,均有所賴焉。"今將通鄉助金之多寡刻姓名於石,以垂不朽云。

（下泐）①

雍正十一年歲次癸丑仲秋之穀旦立石。

【碑文考釋】

這篇碑文乃因清雍正十一年(1733)番禺小谷圍練溪村華光古廟的重修而作。關於此廟,我們並不能瞭解到更多信息,只是從碑文知道此廟歷史相當悠久:"自乃祖乃父,遠溯高曾,而舊鄉中之先人,皆輸誠禋祀、朝夕香燈而不敢忘者矣。"而碑文所記載的這次重修,則完成得相當順利,集中了眾人之力,在很短的時間內即告竣工。

# 48-2　清·梁殿珍:重建華光廟碑記

清嘉慶十年(1805)

## 上碑

【碑刻信息】

存址:今廣州市番禺區小谷圍練溪村華光古廟內。

碑額:重建華光廟碑記。篆書。

碑題:無。

尺寸:上碑高141厘米,寬70厘米。

碑文來源:原碑抄錄。

【碑文】

吾邑當廣州海道之中,山水韶美,往往大鄉小落,前臨大河,雕甍飛

---

① 編者按:下泐部分為捐金名單。

# 廣州府道教廟宇碑刻集釋

黎志添　李靜　編著　　下冊

中華書局

閣，迥映江碧，煙火騰茂，彌望深蔚。若練溪鄉，其尤著也。盖鄉實居新造海之上游，沐日浴月，以趨滙於南溟，而灣环吐吞，廻瀾紫烟，縈抱如法。昔人謂斯地外大水逆朝，内小水逆□，□□神人胥悦，宅斯土者，景福滋大。鄉故有廟焉，為扶輿磅礴之氣所鍾，士民虔奉，享祀不忒。神之靈爽，有自來矣。相傳國初時，兩藩入粵，兵氛甚惡。崑岡之炎，玉石同燬，宦民驚潰，急不暇擇。有貴宦者，脱身會城而南。途遇少年，神采特異，手藤筐胡盧數事，詢之曰：“客固避亂者耶？”宦曰：“然。”少年曰：“此間無安樂土。循此而東南十里，有鄉曰練溪，是則可居，幸無虞也。客能從我往乎？”宦許諾，偕之行。抵鄉數武，少年遂不見。訪諸鄉人，無有知者。宦述其意，欲投宿焉。鄉人導之往華光廟，瞻謁神像，則途中所見少年也。藤筐數事，旁有侍者執焉。於是知神之靈爽，不惟惠庇此方民，而遠客投止者，亦胥恃以無恐矣。迨難平，宦肅具牲醴，聯扁以答神貺。今在廟中，可稽也。鄉之人士崇信昭假，宜哉。又本年海賊猝至新造，與是□一水隔耳，旌旗炮鼓，耳相聞，目相覿也。合鄉震慴，請之神。神示無恐。賊果敗衄而東。又以見神之赫濯於鑠千百年如一日也。廟之興，舊矣，父老不能舉其年。而每有椽瓦朽腐，丹碧漫漶，必修之，毋或怠，亦千百年如一日也。非扶輿磅礴所鍾，使神人胥悦，又曷克臻此乎？余與鄉之人士既多戚好，且桑梓地甚邇也，故於其重修也，來屬余為記，而述其梗概如此。

歲進士例授修職郎敘選儒學訓導邑人梁殿珍薰沐敬撰。

首事：關佐萬、蕭田長、霍顯緝、霍近木、蕭桃裕、關俊元、霍勝驃、關錦章、陸則法、霍瑞錦、洪恒秀、關堯勝。

今將眾信助金芳名開列於後：
陳村油行：七大員。

錦溪古廟:貳大員。

霍燦芝:拾貳員。

霍近木:拾貳員。

霍燦孔:四大員。

霍燦迥:四大員。

霍瑞俸:四大員。

霍剛炳:四大員。

霍剛銳:四大員。

霍瑞堯:三大員。

霍瑞錦:三大員。

霍茂吉:三大員。

霍茂達:三大員。

霍評華:三大員。

霍瑞結:三大員。

霍顯文:貳大員。

霍顯德:貳大員。

霍勝驃:貳大員。

關法輝:拾大員。

關述光:八大員。

關國彥:四大員。

關錦章:三大員。

關定章:三大員。

蕭桃貴:貳拾員。

蕭成士:拾壹員。

蕭田長:拾大員。

蕭台士:拾大員。

蕭金士：拾大員。

關容萬：八大員。

關松萬：三員半。

關瀚彩：三大員。

洪恒秀：四大員。

洪恒德：壹大員。

陸則法：三大員。

黃夢瑤：壹大員。

何迪漢：壹中員。

陳富成：壹大員。

大石何蔭□：貳大員。

石龍隆合店：貳大員。

霍衍昂：貳大員。

霍就華：貳大員。

霍彰雄：貳大員。

霍彰振：貳大員。

霍顯福：貳大員。

霍瑞澄：貳大員。

霍瑞高：貳大員。

霍瑞積：貳大員。

霍雲木：壹員半。

霍衍成：壹員半。

霍顯東：壹員半。

霍顯岳：壹員半。

霍彰聯：壹員半。

霍彰松：壹員半。

霍興達：壹員半。

霍輝華：壹兩正。

關法宗：三大員。

關法規：貳大員。

關世祥：貳大員。

關述松：壹員半。

關堯舉：壹員半。

蕭楊士：拾大員。

蕭桃裕：八大員。

蕭作侯：八大員。

蕭銳侯：八大員。

蕭海士：四大員。

關光宗：貳大員。

關瀚勝：貳大員。

關佐萬：壹大員。

洪恒義：壹大員。

洪恒禮：壹大員。

陸則裕：壹大員。

黃遠興：壹中員。

何貞成：壹中員。

植悅剛：壹中員。

省城廣記店：貳大員。

石洲馮泰景：貳大員。

霍剛成：壹大員。

霍剛秩：壹大員。

霍彰圖：壹大員。

霍瑞波：壹大員。

霍扶長：壹大員。

霍顯緝：壹大員。

霍彰達：壹大員。

霍端木：壹大員。

霍顯華：壹大員。

霍琼華：壹大員。

霍顯用：壹大員。

霍瑞振：壹大員。

霍彰煥：壹大員。

霍熾華：壹大員。

霍燦安：壹大員。

霍茂通：壹大員。

關湛文：壹大員。

關秩洲：壹大員。

關述新：壹大員。

關述澤：壹大員。

關志英：壹大員。

蕭昌仁：三大員。

蕭關湛：貳員半。

蕭雲湛：貳大員。

蕭昌禮：貳大員。

蕭禮士：貳大員。

關爵萬：壹大員。

關學儒：壹大員。

關文艷：壹大員。

洪澤才：壹中員。

洪恒岳：壹中員。

陸潤祥：壹大員。

黃廷瑤：貳錢八分。

何貞尚：貳錢正。

李榮宗：壹中員。

仙嶺劉就漢：貳大員。

唐豐利：貳大員。

霍顯政：壹大員。

霍燦登：壹大員。

霍顯齊：壹大員。

霍厚華：壹大員。

霍彩華：壹大員。

霍意木：壹大員。

霍瑞輝：壹大員。

霍瑞清：壹大員。

霍顯胡：壹大員。

霍顯雲：壹大員。

霍尚木：壹大員。

霍盈華：壹大員。

霍彰述：壹大員。

霍敬魁：壹大員。

霍茂興：壹大員。

霍茂光：壹大員。

關習乾：壹大員。

關紹麟：壹大員。

關俊岳：壹大員。

關爵輝：壹大員。

關高勝：壹大員。

蕭凌高：貳大員。

蕭則士：壹中員。

蕭挺士：壹員半。

蕭應侯：壹大員。

蕭桃昌：壹大員。

關敬萬：五錢正。

關瀚珍：壹中員。

關瀚富：壹中員。

洪恒諒：壹中員。

洪恒昌：壹中員。

陸潤昇：壹中員。

黃仕劍：貳錢壹分。

潘天吉：壹中員。

徐顯熾：壹中員。

省城天和店：一大元。

新塘茂隆店：一大元。

霍瑞有：壹大元。

霍瑞全：壹大元。

霍瑞勝：壹大元。

霍燦志：五錢四分。

霍凌輝：五錢貳分。

霍彰豪：四錢六分。

霍勝華：四錢正。

霍評魁：壹中元。

霍兆璣：壹中元。

霍兆琨：壹中元。

霍兆瓊：壹中元。

霍剛沛：壹中元。

霍剛浩：壹中元。

霍瑞球：壹中元。

霍瑞纘：壹中元。

霍奉泰：壹中元。

關堯勝：壹大元。

關端恒：壹中元。

關俊汪：壹中元。

關法業：壹中元。

關法朝：壹中元。

蕭悅公：壹大元。

蕭鵬湛：壹中元。

蕭程湛：壹中元。

蕭英湛：壹中元。

蕭芳湛：壹中元。

關瀚錦：壹中元。

關光成：壹中元。

關開容：壹中元。

洪澤揚：壹中元。

洪恒顯：壹中元。

陸潤文：壹中元。

黃遠盛：貳錢正。

潘國儒:壹中元。

蘇達富:壹中元。

仙嶺黃貴昌:一大元。

石樓陳霈霖:一大元。

霍奉朝:壹中元。

霍奉爵:壹中元。

霍才魁:壹中元。

霍彰敬:壹中元。

霍彰榮:壹中元。

霍振麒:壹中元。

霍振麟:壹中元。

霍贊業:壹中元。

霍顯仲:壹中元。

霍九□:壹中元。

霍正緒:壹中元。

霍彰法:壹中元。

霍彰成:壹中元。

霍彰盛:壹中元。

霍彰琼:壹中元。

霍彰彤:壹中元。

關連有:壹中元。

關昌聖:壹中元。

關法仁:壹中元。

關紹珍:壹中元。

關喬輔:壹中元。

蕭茂霖:壹中元。

蕭守仁：壹中元。

蕭昌智：壹中元。

蕭昌信：壹中元。

蕭蘇妹：壹中元。

關高秀：壹中元。

關金好：壹中元。

關法權：壹中元。

洪恒就：壹中元。

洪澤法：壹中元。

陸華德：壹中元。

黃萬春：壹錢八分。

潘雅儒：壹中元。

馮國朝：壹中元。

員岡泗泉店：一大元。

員岡同興店：一大元。

霍彰興：壹中元。

霍景魁：壹中元。

霍顯拔：壹中元。

霍顯珍：壹中元。

霍上志：壹中元。

霍彰信：壹中元。

霍茂貴：壹中元。

霍彩恒：壹中元。

霍彰龍：壹中元。

霍瑞東：壹中元。

霍瑞京：壹中元。

霍顯時：壹中元。

霍顯艷：壹中元。

霍南長：壹中元。

霍顯球：壹中元。

霍顯琳：壹中元。

關炳雲：壹中元。

關昭聯：壹中元。

關法巨：壹中元。

關端文：壹中元。

關紹貴：壹中元。

蕭阿細：壹中元。

蕭昌華：壹中元。

蕭阿聖：壹中元。

蕭湛侯：壹中元。

蕭守規：壹中元。

關開聚：壹中元。

關恒耀：壹中元。

關法桂：壹中元。

洪恒傑：壹中元。

洪恒斌：壹中元。

陸興法：貳錢五分。

黃仕高：壹錢五分。

韓華有：壹中元。

勞富細：貳錢五分。

員岡崔敬裕：一大元。

穗石林聘孚：一大元。

霍顯忠：壹中元。

霍彰茂：壹中元。

霍剛照：壹中元。

霍顯江：壹中元。

霍彰才：壹中元。

霍燦國：壹中元。

霍顯宏：壹中元。

霍顯勳：壹中元。

霍彰裔：壹中元。

霍祥木：壹中元。

霍彰炳：壹中元。

霍顯試：壹中元。

霍有華：壹中元。

霍榮新：壹中元。

霍聰長：壹中元。

霍顯佐：壹中元。

關起章：壹中元。

關爵丕：壹中元。

關燦堯：壹中元。

關紹德：壹中元。

關法榮：壹中元。

蕭阿妹：壹中元。

蕭元康：壹中元。

蕭松士：壹中元。

蕭憲章：壹中元。

蕭爵侯：壹中元。

關瀚高：壹中元。

關振萬：壹中元。

關高達：壹中元。

洪恒貴：壹中元。

洪昇湛：壹中元。

陸則喬：貳錢五分。

黃仕典：壹錢五分。

徐顯愽：貳錢貳分。

李榮裕：貳錢。

仙嶺劉德長：一中元。

南村唐楊輝：一中元。

霍茂芝：壹大元。

霍奉南：壹大元。

霍奉麟：壹大元。

霍明華：壹中元。

霍朗華：壹中元。

霍麗華：壹中元。

霍漸魁：壹中元。

霍顯興：壹中元。

霍勝驅：壹中元。

霍諒信：壹中元。

霍顯朝：壹中元。

霍顯耀：壹中元。

霍彰慶：壹中元。

霍厚長：壹中元。

霍顯悅：壹中元。

霍顯意：壹中元。

關紹宏：壹中元。

關法英：壹中元。

關述孔：壹中元。

關盛文：壹中元。

關堯輝：貳錢五分。

蕭華章：壹中元。

蕭禮侯：壹中元。

蕭明湛：壹中元。

蕭凌有：壹中元。

蕭相堯：壹中元。

關榮泰：壹中元。

關文輝：壹中元。

關文熾：壹中元。

洪恒順：壹中元。

洪昇文：壹中元。

陸潤達：壹中元。

黃仕立：壹錢五分。

陳吉和：貳錢正。

陳萬就：貳錢正。

順邑梁廷宇：一中元。

金□凌佐千：一中元。

霍顯郁：壹中元。

霍顯祐：壹中元。

霍顯□：壹中元。

霍志□：壹中元。

霍□華：壹中元。

霍道華：壹中元。

霍桂華：壹中元。

霍廷魁：壹中元。

霍光魁：壹中元。

霍諒木：壹中元。

霍茂祥：壹中元。

霍晃昌：壹中元。

霍湛華：壹中元。

霍大昌：壹中元。

霍顯標：壹中元。

霍標長：壹中元。

關岐章：貳錢五分。

關紹高：貳錢五分。

關紹堂：貳錢五分。

關述政：貳錢五分。

關述蕃：貳錢五分。

簫凌德：壹中元。

蕭相和：壹中元。

蕭順公：壹中元。

蕭敦士：壹中元。

蕭凌添：壹中元。

關德萬：壹中元。

關高茂：壹中元。

關瀚輝：壹中元。

洪恒祿:貳錢貳分。

洪恒信:貳錢壹分。

陸興儉:貳錢貳分。

黃仕揚:壹錢壹分。

陳裔熾:貳錢正。

孔毓毅:貳錢正。

石洲馮裕恩:一中元。

石洲馮伯齡:一中元。

霍東倫:壹中元。

霍瑞光:壹中元。

霍焜華:三錢正。

霍清華:貳錢五分。

霍興照:貳錢五分。

霍興才:貳錢五分。

霍信木:貳錢五分。

霍九弟:貳錢四分。

霍彰鳳:貳錢三分。

霍顯灼:貳錢二分。

霍彰近:貳錢一分。

霍彰玉:貳錢一分。

霍顯瞻:貳錢一分。

霍顯振:貳錢一分。

霍顯國:貳錢一分。

霍秀長:貳錢一分。

關□起:貳錢一分。

關堯琨:貳錢一分。

關閏科：貳錢一分。

關佐文：貳錢正。

關堯顯：貳錢正。

蕭考士：壹中元。

蕭位侯：三錢正。

蕭勝侯：貳錢六分。

蕭季昌：貳錢壹分。

蕭學明：貳錢□分。

關士法：壹中元。

關光裔：壹中元。

關紹宏：壹中元。

洪恒裔：貳錢壹分。

洪昇載：壹錢八分。

陸興遠：貳錢壹分。

黃仕倫：壹錢六分。

劉觀德：貳錢。

張勝才：貳錢。

石洲馮運科：一中元。

鳥酒全和店：一中元。

霍顯科：貳錢一分。

霍東淇：貳錢一分。

霍俊魁：貳錢正。

霍傑魁：貳錢正。

霍雄魁：貳錢正。

霍捷魁：貳錢正。

霍彰□：貳錢正。

霍正聰：貳錢正。

霍正有：貳錢正。

霍正祥：貳錢正。

霍顯寅：貳錢正。

霍彰印：貳錢正。

霍逵魁：貳錢正。

霍敬華：貳錢正。

霍顯惠：貳錢正。

霍開廣：貳錢正。

關有駒：壹錢八分。

關有枝：壹錢八分。

關有徵：壹錢八分。

關其享：壹錢八分。

關法時：壹錢八分。

蕭鳳侯：貳錢一分。

蕭拔士：貳錢正。

蕭光士：貳錢正。

蕭桃兆：貳錢正。

蕭桃悅：貳錢正。

關洪□：壹中元。

關士盛：壹中元。

關福深：壹中元。

洪昇業：壹錢八分。

洪昇高：壹錢八分。

陸興有：貳錢正。

黃仕刀：壹錢五分。

黎開進：貳錢正。

徐亞九：壹錢八分。

嶠山曾炳韜：一中元。

穗石林展浩：一中元。

霍卓華：貳錢正。

霍燦寬：貳錢正。

霍彰維：貳錢正。

霍維恂：貳錢正。

霍瑞儒：貳錢正。

霍彰忠：貳錢正。

霍天湛：貳錢正。

霍諒義：貳錢正。

霍顯瀚：貳錢正。

霍新九：貳錢正。

霍瑞苑：貳錢正。

霍文華：貳錢正。

霍顯任：貳錢正。

霍顯蕃：貳錢正。

霍顯沛：貳錢正。

霍顯坤：貳錢正。

關洪有：壹錢八分。

關敏達：壹錢八分。

關法成：壹錢八分。

關錫強：壹錢八分。

關錫聰：壹錢八分。

蕭應士：貳錢正。

蕭勝章：貳錢正。

蕭連開：貳錢正。

蕭三弟：貳錢正。

蕭觀閏：壹錢八分。

關瀚德：貳錢二分。

關文業：貳錢一分。

關積添：貳錢正。

洪昇遠：壹錢六分。

洪成福：壹錢八分。

陸興大：貳錢正。

黃仕鐮：壹錢五分。

孔傳義：壹錢八分。

蘇連嵩：壹錢五分。

穗石林弟則：一中元。

省城常茂店：一中元。

霍剛純：貳錢正。

霍顯倫：貳錢正。

霍東儒：貳錢正。

霍阿六：貳錢正。

霍社鄒：貳錢正。

霍剛達：貳錢正。

霍彰德：貳錢正。

霍巨木：貳錢正。

霍開錦：貳錢正。

霍顯習：貳錢正。

霍彰秀：貳錢正。

霍彰彩：貳錢正。

霍剛禮：壹錢八分。

霍剛正：壹錢八分。

霍熾蕃：壹錢八分。

霍顯嵩：壹錢八分。

關錫漢：壹錢八分。

關開基：壹錢八分。

關志業：壹錢八分。

關錫雲：壹錢八分。

關習忝：壹錢八分。

蕭大堦：壹錢八分。

蕭榮德：壹錢八分。

蕭榮福：壹錢八分。

蕭榮壽：壹錢八分。

蕭榮潤：壹錢八分。

關法存：貳錢正。

關接萬：貳錢正。

關高盛：貳錢正。

洪昇贊：壹錢八分。

洪昇□：壹錢八分。

陸煥新：壹錢八分。

歸善羅閏華：一中元。

陳村渡：壹中元。

霍衍敬：壹錢□分。

霍炳璵：壹錢八分。

霍興泰：壹錢八分。

霍贊純：壹錢八分。

霍帝寵：壹錢八分。

霍勝球：壹錢八分。

霍勝添：壹錢八分。

霍勝淮：壹錢八分。

霍勝芳：壹錢八分。

霍顯進：壹錢八分。

霍顯湘：壹錢八分。

霍勝遠：壹錢八分。

霍勝茂：壹錢八分。

霍全魁：壹錢八分。

霍志魁：壹錢□分。

霍堯魁：壹錢八分。

關阿連：壹錢八分。

關阿滿：壹錢八分。

關勝恒：壹錢八分。

關俊桓：壹錢八分。

關俊祐：壹錢八分。

蕭應滔：壹錢八分。

蕭應金：壹錢八分。

蕭阿探：壹錢八分。

蕭相何：壹錢八分。

蕭貴章：壹錢八分。

關文英：貳錢正。

關瀚英：壹錢八分。

關悅德：壹錢八分。

洪寬懷:壹錢五分。

洪昇弟:壹錢五分。

陸宏開:壹錢六分。

羅山羅成有:一中元。

賢堂容文寬:壹錢五分。

霍貴魁:壹錢八分。

霍顯瑜:壹錢八分。

霍金□:壹錢八分。

霍敬忠:壹錢八分。

霍敬昭:壹錢六分。

霍敬閏:壹錢八分。

霍觀□:壹錢八分。

霍上凌:壹錢八分。

霍瑞添:壹錢八分。

霍振翔:壹錢八分。

霍顯堂:壹錢八分。

霍顯有:壹錢八分。

霍振威:壹錢八分。

霍威帶:壹錢八分。

霍親帶:壹錢八分。

霍贊英:壹錢八分。

關善慶:壹錢八分。

關國望:壹錢八分。

關憲明:壹錢八分。

關爵高:壹錢八分。

關達文:壹錢八分。

蕭宏公：壹錢八分。

蕭凌尚：壹錢八分。

蕭孟士：壹錢八分。

蕭桃芝：壹錢六分。

蕭迪秀：壹錢五分。

關翰啟：壹錢八分。

關光容：壹錢八分。

關光載：壹錢八分。

洪昇真：壹錢五分。

洪昇男：壹錢五分。

陸阿細：壹錢六分。

嶠山曾雲錕：□□。

嶠山曾東泰：貳錢。

霍英才：壹錢八分。

霍英寶：壹錢八分。

霍金容：壹錢八分。

霍勝業：壹錢八分。

霍閏魁：壹錢八分。

霍福林：壹錢八分。

霍顯相：壹錢八分。

霍贊輝：壹錢八分。

霍正明：壹錢八分。

霍清魁：壹錢八分。

霍錦魁：壹錢八分。

霍卓魁：壹錢八分。

霍宏魁：壹錢八分。

霍連進：壹錢八分。

霍振魁：壹錢八分。

霍慶魁：壹錢八分。

關寵文：壹錢八分。

關爵凌：壹錢八分。

關紹升：壹錢八分。

關禮文：壹錢八分。

關會章：壹錢八分。

蕭迪明：壹錢五分。

蕭迪聰：壹錢五分。

蕭清漢：壹錢五分。

蕭桃九：壹錢五分。

蕭珍好：壹錢五分。

關閏申：壹錢八分。

關福添：壹錢八分。

關有添：壹錢八分。

洪昇富：壹錢五分。

洪昇達：壹錢五分。

陸閏能：壹錢五分。

□□宋遂東：貳錢。

□□黃維滿：貳錢。

霍錫閏：壹錢八分。

霍顯錫：壹錢八分。

霍廣華：壹錢八分。

霍耀水：壹錢八分。

霍天就：壹錢八分。

霍可桓：壹錢八分。

霍顯欣：壹錢八分。

霍元昌：壹錢八分。

霍阿九：壹錢八分。

霍仁魁：壹錢八分。

霍珍海：壹錢八分。

霍有九：壹錢八分。

霍九仔：壹錢八分。

霍麟占：壹錢八分。

霍麟角：壹錢八分。

霍福華：壹錢八分。

關彩文：壹錢八分。

關蓬彩：壹錢八分。

關配文：壹錢八分。

關國雄：壹錢八分。

關習卯：壹錢八分。

蕭珍華：壹錢五分。

蕭珍熾：壹錢五分。

蕭瑞□：壹錢五分。

蕭元聰：壹錢五分。

蕭金興：壹錢五分。

關會添：壹錢八分。

關光松：壹錢八分。

關華富：壹錢八分。

洪昇進：壹錢五分。

洪有根：壹錢五分。

陸閏朝：壹錢五分。

黃水渡梁秀楊：貳錢。

小龍曾燦芳：一錢八分。

霍義魁：壹錢七分。

霍定華：壹錢□分。

霍正爵：壹錢六分。

霍天正：壹錢六分。

霍忠魁：壹錢壹分。

霍華火：壹錢六分。

霍振江：壹錢六分。

霍迪昌：壹錢六分。

霍聚昌：壹錢六分。

霍顯登：壹錢五分。

霍錦秋：壹錢五分。

霍顯宗：壹錢五分。

霍顯吉：壹錢五分。

霍顯迪：壹錢五分。

霍顯煥：壹錢五分。

霍顯琦：壹錢五分。

關習智：壹錢八分。

關習勳：壹錢八分。

關世成：壹錢八分。

關爵德：壹錢八分。

關燕章：壹錢八分。

蕭福源：壹錢五分。

蕭裕英：壹錢五分。

蕭仲群：壹錢五分。

蕭仲威：壹錢五分。

蕭守學：壹錢貳分。

關華始：壹錢八分。

關裕添：壹錢八分。

關祐添：壹錢八分。

洪昇芝：壹錢貳分。

陸宏童：壹錢五分。

陸帝澤：壹錢五分。


小龍孔友廷：一錢八分。

小龍孔燦垣：一錢八分。

霍錦鈿：壹錢五分。

霍帝金：壹錢五分。

霍金應：壹錢五分。

霍凌鐘：壹錢五分。

霍福興：壹錢五分。

霍連魁：壹錢五分。

霍道魁：壹錢五分。

霍金松：壹錢五分。

霍金挑：壹錢五分。

霍彰寶：壹錢五分。

霍彰堯：壹錢五分。

霍顯兆：壹錢五分。

霍彰贊：壹錢五分。

霍衍雲：壹錢五分。

霍顯權：壹錢五分。

霍有德：壹錢五分。

關世畧：壹錢八分。

關勝維：壹錢八分。

關昌雄：壹錢七分。

關福春：壹錢六分。

關萬章：壹錢六分。

蕭守洋：壹錢貳分。

蕭守夭：壹錢貳分。

蕭應雲：壹錢五分。

蕭應林：壹錢五分。

蕭閏叢：壹錢五分。

關閏錦：壹錢六分。

關炳添：壹錢八分。

關悅泰：壹錢六分。

陸宏肇：壹錢五分。

陸宏芳：壹錢□分。

小龍孔達侶：一錢八分。

□陂郝玉三：一錢五分。

霍顯芳：壹錢五分。

霍殿華：壹錢五分。

霍顯星：壹錢五分。

霍文法：壹錢五分。

霍彰燕：壹錢五分。

霍衍澤：壹錢五分。

霍衍通：壹錢五分。

霍信魁:壹錢五分。

霍澤英:壹錢五分。

霍漢炳:壹錢五分。

霍金閏:壹錢五分。

霍東勝:壹錢五分。

霍顯銓:壹錢五分。

霍剛茂:壹錢五分。

霍瀚長:壹錢五分。

霍德魁:壹錢五分。

關德文:壹錢六分。

關江弟:壹錢五分。

關兆先:壹錢五分。

關貴居:壹錢五分。

關朝拔:壹錢五分。

關阜添:壹錢六分。

關正戊:壹錢五分。

關四弟:壹錢五分。

陸宏□:壹錢五分。

陸宏泰:壹錢五分。

金山朱顯進:一錢五分。

霍聚華:壹錢五分。

霍顯恒:壹錢八分。

霍金海:壹錢五分。

霍彰弟:壹錢八分。

霍贊常:壹錢五分。

霍賜福:壹錢五分。

關貴秋：壹錢五分。

關堯慶：壹錢三分。

霍如安：壹大員半。

霍順桂：壹大員半。

霍如法：三錢六分。

霍自嵩：三錢六分。

霍佩端：三錢六分。

霍順富：貳錢貳分。

霍順彩：貳錢壹分。

霍順法：壹錢□分。

霍閏九：壹錢八分。

霍華有：壹錢八分。

霍閏帝：壹錢五分。

蕭梅新：壹大員半。

蕭佩忠：三錢六分。

關悅興：銀貳錢。

關順光：壹錢八分。

關桃柏：壹錢八分。

關雲渚：壹錢七分。

關順國：壹錢五分。

關阿細：壹錢五分。

關順佳：壹錢五分。

陸昌舉：三錢六分。

陸祥科：艮三錢正。

陸啟富：艮貳錢正。

陸啟政：壹錢八分。

陸啟勝：壹錢八分。

陸展明：壹錢六分。

陳寶暖：壹錢六分。

陳秀光：貳錢貳分。

陳叶昌：壹錢八分。

陳開耀：壹錢三分。

蕭梅昌：壹錢□分。


大清嘉慶十年歲次乙丑仲冬望後五日吉旦。


**下碑**


【碑刻信息】

存址：今廣州市番禺區小谷圍練溪村華光古廟內。

碑額：重建華光廟信女碑記。楷書。

碑題：無。

尺寸：下碑高 176 厘米，寬 81 厘米。

碑文來源：原碑抄錄。


【碑文】

今將女信簽題助金芳名開列於後：

霍門關氏：銀貳大員正。

霍近木妻凌氏：壹員半。

霍剛炳妻簡氏：九錢正。

霍燦芝妾黃氏：壹大員。

霍燦孔妻黃氏：壹大員。

霍衍成母宋氏：壹大員。

霍剛銳母關氏:壹大員。

霍彰振母曾氏:五錢貳分。

霍盈華妻邵氏:三錢九分。

霍近木女黎門:壹中員。

霍瑞堯妻陳氏:壹中員。

霍瑞堯妾李氏:壹中員。

李氏:壹中員。

霍瑞錦妻馮氏:壹中員。

霍瑞積妻陳氏:壹中員。

霍衍昂妻屈氏:壹中員。

霍瑞波妻黎氏:壹中員。

霍衍成妻凌氏:壹中員。

蕭桃貴母高氏:四大員。

蕭台士妻曾氏:貳大員。

蕭楊士妻李氏:貳大員。

蕭桃裕妻黎氏:壹員半。

蕭田長妻劉氏:壹大員。

關述光妻陸氏:壹大員。

關瀚彩妻易氏:壹中員。

洪恒德母李氏:壹錢八分。

陸則裕母廖氏:壹錢八分。

黃遠興妻彭氏:壹大員。

潘天吉妻梁氏:壹錢八分。

霍顯德妻馮氏:壹中員。

霍瑞結妻宋氏:壹中員。

霍瑞俸妻曾氏:壹中員。

霍瑞俸妾曾氏：壹中員。

霍勝驃妻邵氏：壹中員。

霍評華妻郭氏：壹中員。

霍茂通妾關氏：壹中員。

霍彰振妻李氏：壹中員。

霍門馮氏：銀壹中員正。

霍賜馨花女：銀壹中員。

霍秀珍花女：銀壹中員。

霍茂通女鳳結：壹中員。

霍瓊華母林氏：貳錢一分。

霍彰煥母黎氏：貳錢正。

霍彰球母羅氏：貳錢正。

霍顯岳妻鄔氏：貳錢正。

霍閏木妻梁氏：貳錢正。

蕭開湛妻崔氏：壹大員。

蕭雲湛妻梁氏：壹大員。

蕭振公妻林氏：壹大員。

蕭金士妻黎氏：壹大員。

蕭作侯妻李氏：壹大員。

關述光妾陳氏：壹中員。

關高秀妻梁氏：貳錢正。

洪恒顯妻鄭氏：壹錢五分。

陸則法妻關氏：壹錢八分。

黃遠盛妻宋氏：壹錢八分。

關門陳氏：銀壹錢五分。

霍門黎氏助：銀貳錢正。

霍賜弟花女：銀貳錢正。

霍彰震女淑蓮：貳錢正。

霍意木妻陸氏：貳錢。

霍瑞輝妻胡氏：貳錢。

霍茂達妻李氏：貳錢。

霍就華母曾氏：壹錢。

霍顯勳母黎氏：壹錢。

霍顯朝母李氏：壹錢。

霍瑞結妻陳氏：壹錢八分。

霍剛銳妻凌氏：壹錢八分。

霍彰達妻凌氏：壹錢八分。

霍敬魁妻郭氏：壹錢八分。

霍燦孔女李門：壹錢八分。

霍近木女觀伍：壹錢八分。

霍燦孔女錦開：壹錢八分。

蕭昌仁妻李氏：壹大員。

蕭桃貴口母曾氏：壹大員。

蕭桃裕妾呂氏：壹中員。

蕭桃裕妾陳氏：壹中員。

蕭楊士女聘嬌：壹中員。

關紹麟妻屈氏：壹中員。

關佐萬妻劉氏：壹錢八分。

李門洪氏□□：銀壹錢貳分。

陸閏昇母羅氏：壹錢五分。

黃遠興媳林氏：壹錢貳分。

韓閏光妻黎氏：壹錢三分。

霍光銳妹寬容：壹錢八分。

霍瑞堯女陳細：壹錢八分。

霍瑞錦女觀閏：壹錢八分。

霍評華女致弟：壹錢八分。

霍勝驅女英桂：壹錢八分。

霍顯登女觀儉：壹錢八分。

霍阿珍花女：壹錢八分。

霍上木妻容氏：壹錢八分。

霍瑞木妻關氏：壹錢八分。

霍顯意女桂彩：壹錢八分。

霍彩華妻梁氏：壹錢八分。

霍彩華女自好：壹錢八分。

霍志禮妻朱氏：壹錢八分。

霍漸魁母凌氏：壹錢八分。

霍顯文妻梁氏：壹錢八分。

霍顯文女金容：壹錢八分。

蕭田長妻麥氏：壹中員。

蕭門黎氏：銀壹中員正。

蕭銳侯妻曾氏：壹中員。

蕭則士妻崔氏：壹中員。

蕭金士妾共氏：壹中員。

關瀚富妻周氏：壹錢八分。

邵門關氏：銀壹錢五分。

關門陸氏：銀壹中員正。

黃遠興女陳門：壹錢貳分。

口曾寬長妻洪氏：壹錢八分。

霍彰圖妻郭氏：壹錢八分。

霍瓊華妻宋氏：壹錢八分。

霍門李氏：銀壹錢八分。

霍瑞光妻雷氏：壹錢八分。

霍瑞輝女栢青：壹錢八分。

霍業昌妻曾氏：壹錢八分。

霍桂華妻蘇氏：壹錢八分。

霍顯勳女黎門：壹錢八分。

霍朗華妻宋氏：壹錢八分。

霍顯岳妾龍氏：壹錢六分。

霍仁魁母黃氏：壹錢六分。

霍勝驃女英霞：壹錢五分。

霍彰煥妻吳氏：壹錢五分。

霍彰煥女賽金：壹錢五分。

霍顯勳妻梁氏：壹錢五分。

霍漸魁妻黎氏：壹錢五分。

霍顯碩妻曾氏：壹錢五分。

蕭凌高妻關氏：壹中員。

蔣門蕭氏助：銀貳錢正。

蕭桃裕女自紅：壹錢八分。

蕭桃裕女自滿：壹錢八分。

蕭田長女阿燕：壹錢八分。

關法輝妻凌氏：壹中員。

關接萬妻劉氏：壹錢八分。

關閏清花女：壹錢五分。

關門陸氏：銀壹錢八分。

黃遠盛女閏熾：壹錢貳分。

霍顯碩妹阿妹：壹錢五分。

陳門霍氏：銀壹錢五分。

霍顯豐妻馮氏：壹錢五分。

霍顯堂妻林氏：壹錢五分。

霍顯科妻凌氏：壹錢五分。

霍顯胡妻凌氏：壹錢五分。

霍顯雲妻簡氏：壹錢五分。

霍燦登妻屈氏：壹錢五分。

霍勝華女英桃：壹錢五分。

霍顯任妻劉氏：壹錢五分。

霍彰述妻黎氏：壹錢五分。

霍彰聯妻梁氏：壹錢五分。

霍彰恒妻屈氏：壹錢五分。

霍彰恒女阿姚：壹錢五分。

霍彰恒女阿好：壹錢五分。

霍彰才妻宋氏：壹錢五分。

霍繡金花女：壹錢五分。

蕭田長女鳳姬：壹錢八分。

蕭銳侯女觀玉：壹錢八分。

蕭銳侯女觀帝：壹錢八分。

蕭則士女妹女：壹錢八分。

蕭守信妻劉氏：壹錢八分。

關述光女意金：壹錢八分。

關瀚彩女辛酉：壹錢五分。

霍彰玉母鄔氏：壹錢五分。

霍彰貴母關氏：壹錢五分。

霍彰秀妻黎氏：壹錢五分。

霍定華妻凌氏：壹錢五分。

霍門陸氏：銀壹錢五分。

霍麟占母林氏：壹錢五分。

霍可仁女堯珍：壹錢五分。

霍顯照女朱門：壹錢五分。

霍開照妻潘氏：壹錢五分。

霍顯登妻林氏：壹錢五分。

霍彰興妻莫氏：壹錢五分。

林門宋氏：銀壹錢五分。

霍大昌妻林氏：壹錢五分。

霍茂達女阿似：壹錢五分。

霍茂達女阿齊：壹錢五分。

霍文法女崔門：壹錢五分。

霍朗華女悅意：壹錢五分。

蕭爵侯妻陳氏：壹錢八分。

蕭桃昌妻衛氏：壹錢五分。

蕭憲章庶母黎氏：壹錢五分。

蕭瑞公女月齊：壹錢五分。

蕭憲章妻黎氏：壹錢五分。

關述光女意：銀壹錢八分。

關炳雲妻蔣氏：壹錢八分。

霍顯德女□四□□□。

霍彰法妻平氏：壹錢四分。

霍□□女彩容：壹錢四分。

霍□安□□□□□。

霍□□如□好：壹錢貳分。

霍□安女奀妹：壹錢貳分。

霍□□妻陸氏：壹錢貳分。

霍□球妻黃氏：壹錢貳分。

霍彰炳母林氏：壹錢貳分。

黎門宋氏：銀壹錢壹分。

霍上木女月彩：壹錢正。

霍卓華女鳳桂：壹錢正。

霍卓華女璧蟾：壹錢正。

霍卓華女婷安：壹錢正。

霍瑞勝妻□氏：貳錢正。

蕭金士女淑珍：壹錢貳分。

蕭金士女熾珍：壹錢貳分。

蕭金士女六珍：壹錢貳分。

關門蕭氏：銀壹錢三分。

蕭憲章女福清：壹錢正。

關爵輝女林門：壹錢八分。

關法宗妻黎氏：壹錢八分。

關法宗女繡顧：壹錢貳分。

霍如法女阿改：壹錢八分。

陸昌舉妻文氏：壹錢三分。

大清嘉慶十年歲次乙丑仲冬望後五日吉旦立。

【碑文考釋】

撰碑者梁殿珍，邑人，進士，撰碑時爲儒學訓導。

　　碑文讚美了練溪鄉所處之地的風景佳美,爲一福地。在這種背景下,點出此地有一神廟,並敘述了清初所發生的神之靈跡。一件事是清初兩藩入粵,戰亂頻仍,一位官宦貴人從廣州向南逃難,遇到一位少年,指點他向練溪鄉去避難。到此鄉之華光廟,才知道那位少年原來就是華光神。另一件事是嘉慶年間,海賊入侵,華光神指示鄉民不必擔心,果然海賊不戰而逃。借這兩件靈異之事,碑文試圖說明重修廟宇的必要性。最後碑文略述了本次的重修情況。

　　由捐金人名單可以看出此廟的供奉者以霍氏宗族爲主。

# 48-3　清·何若瑤:重修華帝廟碑記

　　清道光二十七年(1847)

【碑刻信息】

　　存址:今廣州市番禺區小谷圍練溪村華光古廟內。

　　碑額:重修華帝廟碑記。楷書。

　　碑題:無。

　　尺寸:碑高 188 厘米,寬 83 厘米。

　　碑文來源:原碑抄錄。

【碑文】

　　天地爲生民司命,至夫呼籲之近,肸蠁之速,每寄其意于神。神以靈顯感人,所在皆然也。而香煙駢闐,士女奔走,或門而如市,或庭可張羅者,非神之有靈有不靈也,地實使之然耳。而所謂地者,又必俟其鄉之人士所卜築,以及農畝販負之所相度而經營,修三尺之椽,建五丈之旗。惟所置之神每不屑屑于此。夫神以靈顯感人,受命于天,降福于地,而尤不能無待于人。然則人事之廢興,詎不重歟?練溪香火廟,奉祀華光神,其顯靈爲最著。前人論之綦詳,固毋庸具述。而風水之所鍾聚,形勢之所蟠結,維神實主之。至於山川之明秀,海鰲蓮花、魚珠獅石之拱峙而廻翔,與夫風月澄清、煙雨晦冥之俯仰而百變,靡不交流而滙集于斯。觀其上下波光,水天一色,長江白練,金碧相輝,而神之靈光顯爍,實與為式憑焉。以故祥雲瑞日,和風甘露,紛紛靄靄,胥以時至。蓋非徒有以昭壯麗,知其顯耀寰區,權司一方之命脈,為獨遠也。歲月既久,廟貌寖頹。今春鄉之耆艾謀所以新之,鳩工庀材,基垣塗塈,一一謹修而適仍其舊。工竣,為請序于予。予以不文,未克護謝,為廣其意如此。此則神奠厥居,人安其業,以作帡幪,以昭靈貺,胥于是乎在矣。夫神惟以靈顯感人,天實命之,地實相之,人則以其力憑之,而因以藉庇焉耳。然則董斯役者又烏可以不識也?《詩》有之曰:"永言配命。"①又曰:"景命有僕。"②其是之謂與?

　　傅臚及第翰林院編修右春坊右贊善何若瑤薰沐敬撰,鏡山霍進明敬書。

　　值事:霍振麒、蕭澄湛、關法有、關啟尚、霍炳璠、洪昇秩、陸潤雄、關誠燕、霍進琚、霍進明。

　　橋溪鄉:花紅金貳大員。

　　明經裕隆店:花紅金壹中員。

　　新造德昌店:花紅金叁錢貳分。

　　東邑袁亞科:花紅金壹錢捌分。

　　瀛洲鄉國學簡殿輝:花紅金壹大員。

　　明經天合店:花紅金壹中員。

　　橋溪鄧萬勝店:花紅金貳錢六分。

　　鳳埔馮筠松:花紅金壹錢捌分。

　　順邑馮開文:花紅金壹錢捌分。

　　石樓陳三興店:花紅金壹中員。

　　曾邊文允清:花紅金貳錢貳分。

　　橋溪黎博厚:花紅金壹錢捌分。

---

　　① 出《詩經·大雅·文王》,原文爲:"無念爾祖,聿修厥德。永言配命,自求多福。"見漢·毛亨傳,鄭玄箋,唐·孔穎達疏:《毛詩注疏》卷一六之一,頁537上。

　　② 出《詩經·大雅·既醉》,原文爲:"君子萬年,景命有僕。"見漢·毛亨傳,鄭玄箋,唐·孔穎達疏:《毛詩注疏》卷一七之二,頁606下。

東圃廣居店：花紅金壹大員。

東圃人和唐：花紅金壹中員。

大龍曾順和店：花紅金貳錢正。

穗石林廣秋：花紅金壹錢捌分。

大石何同益行：花紅金壹中員。

□霍盈豐店：花紅金壹中員。

新造泗德店：花紅金貳錢正。

南臺黃源香店：花紅金壹錢五分。

買岡崔同元行：花紅金壹中員。

新造興和店：花紅金壹中員。

□造中和店：花紅金貳錢正。

□□文連那：花紅金壹錢陸分。

員岡昌花行：花紅金壹中員。

新造益生店：花紅金壹中員。

東圃均昌店：花紅金貳錢正。

禮舉黎燦芬：花紅金壹中員。

新造瓊泰店：花紅金壹中員。

新造黎潤清：花紅金貳錢正。

亭山梁德緒：花紅金壹中員。

新造德記店：花紅金壹中員。

東村唐豐利店：花紅金貳錢。

塘步東璇璣：花紅金壹中員。

新造勝利店：花紅金壹中員。

東村唐耀能：花紅金貳錢正。

油篩行助金肆兩伍錢。

侍聖堂：霍滙金、霍彰瓊、霍進陽、霍瑞興、霍進深、關羽德、蕭清和、□□□、關熖泰、關敞秀：叁員半。

應魁社：蕭鵬湛、霍剛浩、霍炳璠、蕭東秀、關蔭章、關玉□、霍進琚、霍始蕃、霍翰魁、關潤章、陸廣仁、霍灼金、霍漢鵬、關昭興、侄關鍾靈：叁大員。

逢慶堂：黎輝謙、霍始蕃、霍翰魁、霍煜蕃、霍進明、霍炳傑、霍正琼、霍泰英：貳大員。

霍五福堂：正琼、□蕃、正賢、泰英：□金□錢正。

世怡堂：蕭渟秀、□敞文、霍進琚、關平燕、霍始蕃、霍逸蕃：柒錢伍分。

關福慶堂：壹大員。

陳信昌：壹大員。

陳成昌：壹大員。

陳時昌：壹大員。

陸宏禮：叁錢。

霍凌珍：貳錢。

蕭叐松：壹錢捌分。

屈錦飛：壹錢捌分。

屈錦章：壹錢捌分。

李亞有：壹錢捌分。

蘇和珍：壹錢捌分。

彭尚泰：壹錢捌分。

陳應□：壹錢捌分。

向潤富：壹錢伍分。

陸宏章：壹錢伍分。

陸福平：壹錢伍分正。

陸福安：壹錢伍分正。

霍劉浩：陸大員。

霍贊純：伍大員。

關定章：伍大員。

霍振麒：肆大員。

霍振威：肆大員。

關瀚德：肆大員。

關瀚輝：肆大員。

霍瀚魁：叁大員。

關秩洲：叁大員。

關福洲：叁大員。

關平燕：叁大員。

關雄泰：叁大員。

霍進明：貳大員半。

蕭鵬湛：貳大員半。

霍炳璠：貳大員。

霍進琚：貳大員。

霍顯悅：貳大員。

霍彰成：貳大員。

霍衍敬：貳大員。

霍敬潤：貳大員。

霍奉泰：貳大員。

關鳴燕：貳大員。

關春燕：貳大員。

關啟尚：貳大員。

關瀚昇：貳大員。

關清泰：貳大員。

關英泰：貳大員。

蕭開湛：貳大員。

洪昇秩：貳大員。

霍彰雲：壹大員半。

關法宗：壹大員半。

蕭澄湛：壹大員半。

蕭鳳梧：壹大員半。

霍源金：壹大員。

霍灼金：壹大員。

霍進勳：壹大員。

霍進陽：壹大員。

霍俊魁：壹大員。

霍雄魁：壹大員。

霍高魁：壹大員。

霍漢和：壹大員。

霍漢鵬：壹大員。

霍漢興：壹大員。

霍衍雄：壹大員。

霍煜蕃：壹大員。

霍振雨：壹大員。

霍高華：壹大員。

霍泰英：壹大員。

霍炳傑：壹大員。

關誠燕：壹大員。

關粹燕：壹大員。

關玉燕：壹大員。

關安燕：壹大員。

關威燕：壹大員。

關祥燕：壹大員。

關法榮：壹大員。

關倫章：壹大員。

關開容：壹大員。

蕭東秀：壹大員。

蕭淳秀：壹大員。

蕭雨秀：壹大員。

蕭昌仁：壹大員。

蕭昌禮：壹大員。

蕭鳳翔：壹大員。

蕭鳳松：壹大員。

蕭海士：壹大員。

蕭應堂：壹大員。

蕭輝意：壹大員。

霍進亨：壹中員。

霍進深：壹中員。

霍進林：壹中員。

霍進派：壹中員。

霍進鏞：壹中員。

霍彰盛：壹中員。

霍彰宏：壹中員。

霍彰裕：壹中員。

霍漢明：壹中員。

霍漢標：壹中員。

霍漢坤：壹中員。

霍溢金：壹中員。

霍積金：壹中員。

霍滙金：壹中員。

霍賜金：壹中員。

霍呈金：壹中員。

霍正瓊：壹中員。

霍正綱：壹中員。

霍廣清：壹中員。

霍廣鏞：壹中員。

霍才魁：壹中員。

霍浩魁：壹中員。

霍聚魁：壹中員。

霍溢魁：壹中員。

霍京魁：壹中員。

霍茂魁：壹中員。

霍景魁：壹中員。

霍得珍：壹中員。

霍始蕃：壹中員。

霍勝芳：壹中員。

霍衍來：壹中員。

霍倫魁：壹大員。

霍振才：壹中員。

霍毛瑛：壹中員。

關禮章：壹中員。

關蔭章：壹中員。

關潤章：壹中員。

關秀章：壹中員。

關茂章：壹中員。

關徽章：壹中員。

關福燕：壹中員。

關衡燕：壹中員。

關法有：壹中員。

關美洲：壹中員。

關昭興：壹中員。

關羽德：壹中員。

關鑾基：壹中員。

關時泰：壹中員。

關焰泰：壹中員。

關浩彬：壹中員。

關容彬：壹中員。

關祐添：壹中員。

關光載：壹中員。

蕭茂松：壹中員。

蕭生松：壹中員。

蕭秀輝：壹中員。

蕭俊輝：壹中員。

蕭純湛：壹中員。

蕭耀秀：壹中員。

蕭耀廷：壹中員。

蕭耀茂：壹中員。

蕭宏錦：壹中員。

蕭東貴：壹中員。

蕭英松：壹中員。

洪文光：壹中員。

洪文廣：壹中員。

洪昇蔭：壹中員。

洪金俊：壹中員。

陸潤英：壹中員。

陸潤雄：壹中員。

陸潤禧：壹中員。

陸廣蔭：壹中員。

陸廣仁：壹中員。

陸福金：壹中員。

關昌雲：叁錢正。

蕭守琼：叁錢正。

霍勝勳：貳錢正。

霍勝豪：貳錢正。

霍勝基：貳錢正。

霍占華：貳錢正。

霍照萍：貳錢正。

霍道魁：貳錢正。

霍琼魁：貳錢正。

霍顯波：貳錢正。

霍彰□：貳錢正。

霍漢傑：貳錢正。

關高燕：貳錢正。

關會燕：貳錢正。

關廣燕：貳錢正。

關紹綱：貳錢正。

關紹龍：貳錢正。

關昌隆：貳錢正。

關昌錫：貳錢正。

關成洲：貳錢正。

關金章：貳錢正。

關見吉：貳錢正。

關瀚照：貳錢正。

蕭榮飛、蕭榮沛、蕭榮章、□□□：貳錢。

霍進賢、霍進雄、霍進瑞、霍進瓊、霍進瑛、霍燦初、霍樑初、霍成金、霍錫金、霍漢基、霍湛基、霍彰明、霍彰焰、霍彰應、霍彰鵬、霍彰湛、霍彰琼、霍彰南、霍錦燎、霍錦雄、霍錦邦、霍展華、霍珮華、霍耀華、霍聯威、霍聯安、霍美成、霍美滔、霍秀芳、霍秀芬、霍茂珍、霍勝珍、霍勝耀、霍勝魁、霍英魁、霍沛珍、霍義魁、霍悅珍、霍賜郁、霍棟蕃、霍贊蕃、霍潤蕃、霍漢臣、霍秉懷、霍彰有、霍達蕃、霍福臨、霍瑞繢、霍顯漢、霍剛勝、霍炳潤、霍正泰、霍祐興、霍元標、霍□恒、霍仁發、霍潤本、關啟文、關廣文、關榮昌、關國昌、關□昌、關浩光、關錫光、關炳楊、關炳楠、關鑾彪、關鑾沛、關鑾芳、關鑾栢、關會與、關著興、關太垣、關少垣、關保章、關容章、關玉章、關悅章、關達洲、關藹洲、關意洲、關耀洲、關麗洲、關南洲、關浩桂、關享洲、關功燕、關彬燕、關琼燕、關就燕、關才燕、關□燕、關羽盛、關羽秀、關帝恒、關瑞鍾、關亞善、關□華、關翰俊、關瀚齊、關炳□、關近添、關奇俊、關奇開、關松彪、關松茂、關松禮、關啟祥、關廣茂、關廣禎、關廣盤、關浩全、關浩齡、關亞蘇、關光餘、關紹祥、蕭守泰、蕭守信、蕭榮浩、蕭榮潤、蕭榮彬、蕭榮秋、蕭榮壽、蕭華祖、蕭華貴、蕭華□、蕭英邦、蕭炳章、蕭雄光、蕭雄添、蕭雄輝、蕭新輝、蕭□明、蕭永添、蕭永實、蕭永茂、蕭□□、蕭順寬、蕭添秀、蕭清和、蕭六寬、蕭丁貴、蕭應場、蕭英湛、洪昇賢、洪炳添、洪昇傑、黃志道、黃亞勝、陸潤能：已上壹錢捌分。

　　霍顯霜、霍彰贊、霍彰仁、霍彰栢、霍彰還、霍彰逢、霍彰廷、□□□、霍會華、霍廷華、霍達華、霍建蕃、霍光魁、霍應魁、霍旺魁、霍燕魁、霍灼魁、霍心玲、霍□珍、霍應珍、霍亮珍、霍啟珍、霍席珍、霍正朗、霍正常、霍雄傑、霍利藻、霍進飛、霍迪熾、霍廷光、霍戊松、霍際初、霍彬盛、霍敬祥、霍茂發、霍顯進、關銳釗、關銳堅、關銳經、關炳垣、關亞巢、關溢添、關奇秀、關根泰、關廣燕、關俊網、蕭榮合、蕭榮泰、蕭榮基、蕭榮茂、蕭□□、蕭□禮、蕭賜德、蕭金興、洪昇廣、洪九成、洪文芳、黃金志：已上壹錢伍分。

　　凌□□：壹中員。

　　陸就成：壹中員。

　　陸福如：貳錢正。

　　劉炳祥：貳錢正。

　　劉炳光：貳錢正。

　　黃耀振：貳錢正。

　　霍碧華：壹錢五分。

　　黃志德：欠壹中員。

　　霍銳珍：欠壹錢八錢。

　　蕭榮秩：欠壹錢八分。

　　洪文漢：欠壹錢八分。

　　霍顯良：欠壹錢五分。

　　霍炳儒：欠壹錢五分。

　　霍胡氏瀚魁祖母：銀壹中員。

　　關霍氏漢興次姊：銀壹中員。

　　霍李氏月升伯母：銀貳錢正。

　　霍黎氏涼□母助銀貳錢正。

　　蕭□□妻容氏：銀貳錢正。

蕭黎氏鳳□母助銀貳錢正。

霍簡氏進□母：壹錢捌分正。

霍羅氏進明母：壹錢捌分正。

霍屈氏進振母：壹錢捌分正。

霍剛浩妻羅氏：壹錢捌分。

霍朱氏進勳庶母：壹錢捌分。

霍進勳妾方氏：壹錢捌分。

霍進亨妻鄔氏：壹錢捌分。

馮霍氏進賢妹：壹錢捌分正。

林霍氏漢興姊：壹錢捌分正。

霍衍雄妻屈氏：壹錢捌分。

霍炳傑妻李氏：壹錢捌分。

霍顯悅妻梁氏：壹錢捌分。

霍高華妻洪氏：壹錢捌分。

霍振威妻崔氏：壹錢捌分。

霍龍氏彰成庶母：壹錢捌分。

林霍氏瀚魁季姑：壹錢捌分。

霍瀚魁妻朱氏：壹錢捌分，妾鄔氏：壹錢捌分。

霍高魁妻黎氏：壹錢捌分。

霍聚魁妻黎氏：壹錢捌分。

霍崔氏秀芳母：錢壹錢捌分。

霍炳璠妻黎氏：壹錢捌分。

霍泰英妻陳氏：壹錢捌分，妾馮氏：壹錢捌分，女賜月：壹錢捌分。

關法宗妻黎氏：壹錢捌分。

關秩洲妻曾氏：壹錢捌分。

關啟尚妻梁氏：壹錢捌分。

關福燕妻凌氏:壹錢捌分。

關誠燕妻羅氏:壹錢捌分。

關玉燕妻李氏:壹錢捌分。

關平燕妻凌氏:壹錢捌分。

蕭關氏英泰姊:銀壹錢捌分。

關英泰□簡氏:壹錢捌分。

關雄泰妻曾氏:壹錢捌分。

關容彬妻陳氏:壹錢捌分。

關崔氏清泰母:銀壹錢捌分。

關清泰妻邵氏:壹錢捌分。

關瀚德妻崔氏:壹錢捌分。

關瀚輝妻黎氏:壹錢捌分。

蕭區氏英松母:銀壹錢捌分。

林蕭氏英松季姊:壹錢捌分。

蕭日侯妻曾氏:壹錢捌分。

蕭東秀妻崔氏:壹錢捌分。

蕭殷氏雄輝母:銀壹錢捌分。

蕭秀輝妻林氏:壹錢捌分。

蕭使輝妻李氏:壹錢捌分。

陸廣仁妻林氏:壹錢捌分。

黎霍氏剛浩姊:銀壹錢伍分。

關霍氏進琚姊:銀壹錢伍分。

李霍氏進琚妹:銀壹錢伍分。

陳霍氏進陽姊:銀壹錢伍分。

霍進琚妻趙氏:壹錢伍分,長女紫葵:壹錢伍分,次女影娥:壹錢伍分,季女影桃:壹錢伍分。

霍進明妻屈氏:壹錢伍分,妾謝氏:壹錢伍分。

霍衍雄妾簡氏:壹錢伍分。

霍正琼妻林氏:壹錢伍分,女善金:壹錢伍分。

霍奉泰妻黎氏:壹錢伍分。

霍劉氏漢興庶母:壹錢伍分。

霍漢明妻梁氏:壹錢伍分。

振麒季女黎霍氏:壹錢伍分。

霍溢金妻崔氏:壹錢伍分。

霍錫金妻崔氏:壹錢伍分。

關福洲妾蔣氏:壹錢伍分。

關功燕妻陳氏:壹錢伍分。

關開容妻殷氏:壹錢伍分。

關瀚德長女月娥助銀壹錢伍分正,次女月開助銀壹錢伍分正。

蕭榮德妻梁氏:壹錢伍分。

道光二十七年歲次丁未孟冬上浣穀旦立。

【碑文考釋】

撰碑者何若瑤,邑人,進士,曾在廣州城郊組織團練抗擊天地會對廣州的圍攻。

碑文強調了神廟之香火鼎盛乃因地之靈,而地之靈又與鄉民之卜築廟宇有很大關係。雖然神並不在意於此(因神"受命于天,降福于地,而尤不能無待于人"),但是人們卻不能不重視人事(修廟)。由此談到練溪鄉的華光神廟,指出此神之靈與地之"風水鍾聚"、"形勢蟠結",其實是相得益彰,相互憑藉,所以修廟對於當地受神庇護的鄉民來說,是一件非常重要的大事。

# 49 華光廟(蠄岡堡)

## 【廟宇簡介】

廟舊在南海縣五斗口司的蠄岡堡,始建年月不詳。根據碑文記載,此廟曾於清康熙四十年(1701)重修。

## 49-1 清·釋成鷲:蠄岡華光廟重修記

清康熙四十年(1701)

## 【碑刻信息】

碑文來源:釋成鷲《咸陟堂文集》。

## 【碑文】

䍐泂東注,萬派朝宗,衣帶清漣,舟航鱗集者,汾江之水也。江之東涘,有山聳然而高,蔚然而秀,南枕溟渤,北接雲山,東西二樵旁峙左右,衣冠佳氣鬱乎蔥蔥者,蠄岡之山也。山之西麓,廟貌巍峨,香火絡繹,仍舊貫而鼎新,因形勢爲恢拓者,下園之古廟也。廟之中儀像儼然,垂裳端拱,赫濯聲靈,陟降上下者,華光之神也。神之蒞茲土也不記歲年,其保障一方也不別遠近,其致福而弭災也無復貴賤賢愚之等,蓋由人傑而後地靈,地靈而後神降。蠄岡一區,縉紳接踵,閥閱交衢,負耒橫經,家絃戶誦,數百年如一日,皆神之賜也。

向以廟近山陬,地多嵐潦,宇輒頹而改作,基欲圮而重興。今夏端陽,帝神嶽降,士女駢臻,老幼咸集。拜祝之下,共觀榱棟將崩,篾梲漸蠹,上漏下濕,非所以肅几筵而陳俎豆也。仰觀屋極,則有昔年重修之歲月在焉,拒今三百餘年,後來繼起,當有踵其事而增華者。眾中共推能者爲之領袖,持冊沿募,得金若干。鳩工庀材,經始於辛巳年七月,落成於嘉平之朔。堂殿、廊廡、門坊、廚垄煥然一新,高廣倍之。土木磚瓦之費有加於昔,規模弘遠矣。告成之日,擊鼓迓神,復入正位,鄉人羅拜,尸以祝之。同時在廟,各陳所請。鄉之章逢而士者,起而祝曰:"贄之未通也,請以神爲羔雁;仕之未筮也,請以神爲筶龜。神其許我哉!"耕於野而農者,起而祝曰:"燠其乾矣,請以神爲霖雨;潦而溢矣,請以神爲息壤。神其許我哉!"居奇而賈、行旅而客者,起而祝曰:"文犀大貝,請以神爲龍斷;天塹雲棧,請以神爲梯航。神其許我哉!"頒白而翁、黃口而童者,起而祝曰:"頤可養乎,請以神爲爵醅;蒙可啟乎,請以神爲導師。神其許我哉!"問津而迷者、久病而困者,起而祝曰:"多岐泣矣,請以神爲南車;二豎劇矣,請以神爲針砭。神其許我哉!"時日將晡,神具醉止,而祝者弗休,讙呼之聲溢於廟外。羅浮之老樵分衛過門,駐足而立,眾謂神致之使來也。持所請以質之,默徵神聽,老樵笑而語之曰:"法界之性,惟心所造。神之福人,慈母之心也;人之有求於神,赤子之欲也。赤子之欲無厭,慈母愛子之心,亦與爲無厭。今茲之眾,咸以一心之誠爲神立廟,彼體物而不可遺者①,惡知其不應欲給求如所請以赴之乎?神雖不言,在天之靈,必有以許之矣。"眾謂老樵善測神心,能代神語,果神致之使來者也。延之入廟,授簡於帝座之旁,援筆而爲之記。

【編者按】

碑文輯錄自釋成鷲:《咸陟堂文集》卷五②。

【碑文考釋】

撰碑者釋成鷲,生平見前《南田神廟記》[清康熙六十一年(1722)之前,碑號44-1,總128]。

關於蠔岡,清南海縣有蠔岡堡,與佛山堡同屬於南海縣的五斗口司。由此碑我們知

---

① "體物不可遺",出《中庸》,參前清·容輝:〈重修古廟碑記〉[清嘉慶三年(1798),碑號29-1,總70]注。
② 清·釋成鷲:《咸陟堂文集》,《四庫禁燬書叢刊》集部149冊,頁538上-539上。

道蟵岡曾存在過一個華光廟。關於此碑年代的判定,文中提到"經始於辛巳年七月,落成於嘉平之朔"。辛巳年,清代有五個,即天聰十五年(1641)、康熙四十年(1701)、乾隆二十六年(1761)、道光七年(1821)和光緒七年(1881)。而釋成鷲生於 1637 年,卒於 1722 年,故此碑之撰當在康熙四十年(1701)。

碑文記康熙四十年華光廟的重修。開頭採取了由遠及近的筆法,由汾江之水、蟵岡之山,漸次寫到下園之古廟,以及廟中華光之神,點明"人傑而後地靈,地靈而後神降"。在歌頌了廟神對於當地民眾的福佑之後,接下來便是述修廟的經過。然而作者不喜落入重修紀事的俗套,略述修廟過程之後,馬上用大段的賦筆,盡情鋪陳了新廟落成後各階層人士向神發出的祈願,使得此文酣暢淋漓,筆力飽滿。最後作者以老樵的身份點題,述為文之緣由。

# 50 真武廟（大東門外）

## 【廟宇簡介】

　　真武廟,奉祀北極真武神（玄天上帝）,亦名東山祖堂、東山廟,在番禺舊縣城大東門外三里。創建於明嘉靖四十二年（1563）,清順治中,班志富曾修葺之①。

## 50-1 明·佚名:新建東山祖堂記

　　明嘉靖四十二年（1563）

## 【碑刻信息】

　　　　存址:舊在東山真武廟內②。

　　　　碑文來源:同治《番禺縣志·金石略》。

## 【碑文】

　　新建東山祖堂記

　　北方真武,乃太陰始炁化生之神,攝躡龜蛇,鎮臨坎位,上應虛、危二大辰宿,能祐善黜惡,摧邪歸正,迅掃妖氛,救護群品。在天順間,有草寇名王肖養者,入擾於佛山之境。神即顯靈於佛山,安鎮其地,寇不敢入。其後萬億蒼生無不感戴者。今嘉靖四十年,近有惠潮盜賊生發,廣之士夫耆民人等,前往佛山迎接真武行身,前至東山寺祈保地方。神到之日,大獲太平,眾

---

　　① 東山真武廟有關情況的敘述,乃參清·梁鼎芬倡修,丁仁長等總纂:宣統《番禺縣續志》卷五〈建置略·壇廟〉:"東山真武廟,在大東門外三里。土人奉祀北極真武上帝者也。雲山擁護,帶以文溪。廟前小山如伏犀,上植孤樹,俗稱劍樹。枝幹聳秀,高不盈丈,數百年蔭不加廣,亦靈根也。順治中班志富大修葺之。廊西有碑,為藩司王庭所撰。"見《中國地方志集成·廣東府縣志輯》第7卷,頁94下。另外,清·李福泰主修,史澄等總纂:同治《番禺縣志》卷一七〈建置略·壇廟〉也記載了東山真武廟:"真武廟,一在城東東山寺。邑民共建。明嘉靖間黃蕭養倡亂,圍廣州,屢著靈顯。前有松岡,虬鱗森映。遇上巳,鄉人祭賽甚盛。"見《中國地方志集成·廣東府縣志輯》第6卷,頁190上。

　　② 清·李福泰主修,史澄等纂:同治《番禺縣志》錄文末按語云:"右刻在東山廟。"見《中國方志叢書》第48號,頁421下。

信喜留真武行身,奉安於廣。對神卜祝,願留神像,神即喜允,坐鎮廣城。有會首黃銳、何舉等,會眾各捨資財,另鑄銅像,送補佛山奉祀。有信官李聞韶敬寫捨碑石一片,以表眾信芳名於後,以垂不朽。

嘉靖四十二年癸亥季夏吉旦。

**【編者按】**

碑文輯錄自清·李福泰主修,史澄等總纂:同治《番禺縣志》卷三一〈金石略〉①。

**【碑文考釋】**

清·李福泰主修,史澄等總纂:同治《番禺縣志》卷三一原文末按語云:"'王肖養'即'黃蕭養',蓋傳寫之譌。下有題名,茲不具錄。"②

這篇碑文記載了在東山寺設立真武廟的經過。原來此廟乃自佛山祖廟分出。因佛山祖廟真武神鎮壓黃蕭養之亂,聲名鵲起,而惠潮地方有盜賊,廣省民眾便前往佛山迎來真武行身。

---

① 清·李福泰主修,史澄等總纂:同治《番禺縣志》,《中國方志叢書》第 48 號,頁 421 上–下。
② 清李福泰主修,史澄等總纂:同治《番禺縣志》,《中國方志叢書》第 48 號,頁 421 下。

# 51　真武廟(新基古渡)

## 【廟宇簡介】

廟舊在廣州城西新基街渡頭。乾隆《南海縣志》記:"北帝廟,在太平門外新基街。"①
廟始建年月不詳,於清嘉慶二年(1797)、道光二年(1822)重修。同治《南海縣志》記:"粵
俗佞神而豪侈奢靡特甚。二月二日土地誕大爆,則以佛山真武廟暨新基渡頭廟為最。"②

## 51-1　清·吳榮光:重建廣州城西真武廟碑記

清道光二年(1822)

## 【碑刻信息】

碑文來源:清·吳榮光:《石雲山人文集》。

## 【碑文】

真武帝祀著歷代,蓋即北方元武之神。宋諱趙元朗,易元曰真。《周禮》
所謂"兆五帝於四郊"③,《漢書》所謂"黑靈元冥北郊兆"④也。

粵居天下之南,烏乎祀? 祀之以水鎮火,亦以水濟火也。顧事之敬,則
受鎮濟之福;事之嫚,則適足以召火。廣東省城郊外新基古渡,有真武帝廟。
自嘉慶丁巳重修後,道光壬午,居民不戒於火,坯及廟垣。鄉人捐貲修復,凡
七千餘人,得銀三萬兩有奇。鳩工庀材,更於廟旁拓闢四基,添建後殿。趨

---

① 見清·魏綰重修,陳張翼匯纂:乾隆《南海縣志》卷一三〈古蹟·寺觀〉"北帝廟"條,乾隆六年(1741)刻本顯微
資料本,頁一五下。另黃佛頤編纂,仇江、鄭力民、遲以武點註:《廣州城坊志》收入此條,見頁630。

② 見清·鄭夢玉修,梁紹獻纂:同治《南海縣志》卷二六〈雜錄下〉,《中國方志叢書》第50號,頁432上。另黃佛
頤編纂,仇江、鄭力民、遲以武點註:《廣州城坊志》收入此條,見頁630。

③ 《周禮注疏》卷一九,頁290上。

④ 見漢·班固撰,唐·顏師古注:《漢書》卷二五〈郊祀志下〉,參前清·馮景華:〈北帝廟重修碑〉[清道光二十九
年(1849),碑號30-2,總72]注。

將踴躍,鼛鼓弗勝,俾壯俾麗,俾堅俾固,美哉燦爛,神明之式。實神之威靈覆幬,孚著顯爍,有以召之,亦以見鄉之人習俗殷蕃,昭事誠愨,奔走承順,將以受福於無窮也。

自粵人勇之言粵尚鬼祠鬼有效,東甌王敬鬼壽百六十歲,降及後世,鄉巫野史,妄希福澤,自市闤衢陌以至山石田塍、樹根牆角,皆有其鬼,各私媚禱。而聰明正直之神,或畏其尊嚴而不敢近。淫祀愈多,人心愈壞。今鄉人能奉正神,修方祀,集厚貲,復古廟,庶幾明於彰癉,凜以鑒臨。福非諂可邀,慶以善而積。自今以往,神享其祀,野無讁出,戶告綏豐,以至千百年承神之庥於勿替也。

是爲記。

【編者按】

碑文輯錄自清·吳榮光:《石雲山人文集》卷二①。

【碑文考釋】

撰碑者吳榮光,生平見前〈重修佛山三官廟碑記〉[清道光八年(1828),碑號5-1,總13]。

這篇碑文主要解釋北方玄武之神盛行於廣東的原因。用文中的話說,就是因為玄武為水神,"以水鎮火,亦以水濟火"。真武本名玄武,因宋真宗避聖祖趙玄朗的諱,改稱玄武為真武。因為玄武(真武)本來為北方之神,其性屬水。本篇碑文從這一點出發,強調"事之敬則受鎮濟之福,事之嫚則適足以召火"。從而道光壬午年發生火災之後,需要重修真武的廟宇,讓它繼續發揮"以水鎮火"和"以水濟火"的作用。最後,在廟宇被修復和煥發新顏之後,作者發出了此廟將長久保佑鄉民的祝福,並且指出,奉正神,復古廟,將有助於改革粵地尚鬼和祠鬼的風氣。

---

① 清·吳榮光:《石雲山人文集》,《續修四庫全書》第1498冊,頁76上-下。

# 52　純陽觀

## 【廟宇簡介】

　　觀位於廣州市海珠區新港西路五鳳村漱珠岡,今存,與三元宮並列為廣州市兩大道觀。道士李明徹(1751—1832)於清道光六年(1826)建成,由兩廣總督阮元親自題牌匾"純陽殿",觀內供奉呂純陽帝君。1949年後,純陽觀遭受多次破壞,觀內道士還俗,且被省民政學校佔用。觀於1987年重新恢復道教活動。1988年香港蓬瀛仙舘和玄圓學院捐資,重修了大殿、香亭、靈官殿等,重塑神像。1992年5月,省民政學校全部撤出,並修築了圍牆,使純陽觀面貌煥然一新①。現有道士八名,宗奉全真教龍門派,現任住持為廣州市道教協會會長潘崇賢道長。

## 52-1　清・李明徹:鼎建純陽觀碑記

清道光九年(1829)

## 【碑刻信息】

　　碑文來源:黃仁恒編:《番禺河南小志》。

## 【碑文】

　　漱珠岡者,因徹修省志,尋訪萬松山到此,見山環水曲,松石清奇,故取稱漱珠之名也。南臨珠海之濱,北望白雲藩屏之障,西來五鳳,東接七星;朝雲霞而印日,暮映月以輝光。週迴綠水,八面青山,一遍平田青翠,嶙峋奇石玲瓏。珠岡高聳接雲天,繞道蒼松蔽日,奇花遍徑,異草生香。左獅右象坐明堂,石蝠青羊拖後案,葫蘆倒地,四面奇觀。岡頭雖小,景象非凡,有仙山洞府之規模,海島蓬萊之恍樣。應建道場,開玄宗正脈;創成法界,啟列聖真

---

　　①　廣州市宗教志編纂委員會:《廣州宗教誌資料匯編》,頁43-44。

傳。蓬萊有路,仙徑無差;接嗣修真高士,龍沙會上超凡,應祖師代天行化,豈不美哉! 隨到五鳳村訪問,欲求此岡結茅棲息,祀奉純陽帝君,助貴鄉之催官功名顯達,佑一方吉慶福壽綿長,此兩全美舉,應自天然,成斯無量功德矣。有林姓等語:"老師光降,廕我村莊,極為美事,乃本鄉之幸耳。此岡雖是無稅官山,我等住此,數代看守,種植樹木成林,幸蒙藉廕,豈不允從。老師乃仁慈濟世,必湏要格外栽培,纔成美舉。吾等酌量卜吉,奉送隨具金帛禮儀,敬送陳、林二姓共同收領。即日立成,送帖交執,任憑起造,永為世世安居,子孫代代共好。"遂卜吉日,平地築基,蒙宮保阮大人暨列憲大人捐簽,紳士善信人等一時共慶隨緣樂助。先建大殿,陞座開光,各處隨後建造。於道光六年四月十三日開光陞座,宮保大人會同列憲大人親臨祭祀,斯成千載威靈,繼玄宗之大觀也。至六月,阮大人高遷雲貴,列位大人各有陞遷,隨後徹自一人辦理。是我玄宗快事也,必須要堂堂大觀為美。共建大殿一座三間,東西廊房兩間,正殿拱篷一座,拜亭一座,步雲亭一座,靈官殿一座,東客廳一所,左右巡廊二道,庫房一座,內有樓閣,後有雲怡軒一所,四面巡廊,西廳二間,朝斗臺一座,上有亭閣,下有石室,雲廚二間,頭門一座,四面圍牆,通連接續。連買山場,建造枱椅什物,一應共計支用實銀七千六百餘兩,共收捐簽實銀三千三百餘兩,因成員輕重不等,所有用長銀兩,是明徹歷年所積筆墨金,及售《圜天圖說》書價,並修《省志》修金,湊合銀兩,成全斯觀,並無欠缺。所載寔蹟遺留開山之記事矣。開山鼎建全真道人青來李明徹筆記勒石。

道光九年歲次己丑桂月吉日立。

【編者按】

碑文輯錄自黃仁恒編:《番禺河南小志》卷四〈觀〉。文末注曰"拓本"①。

---

① 黃仁恒編:《番禺河南小志》,《中國地方志集成·鄉鎮志專輯》第32卷,頁603上-下。

【碑文考釋】

撰碑者李明徹（1751—1832），字大綱，一字飛雲，號青來。① 祖籍江蘇松居人，後落籍廣東番禺。明徹出生於廣州，年十二歲，即往羅浮山沖虛古觀入道，號“明徹”，除學道外，他還刻苦自學天文曆法、測繪學、洋畫、數學、地理。年三十餘歲，“至京師，詣欽天監監正，得其傳授，所學大進”。後著成《圜天圖說》三卷，《續編》二卷。晚居廣州白雲山，亦曾住粵秀山龍王廟前司祝②。清嘉慶二十三年（1818）始，兩廣總督阮元修《廣東通志》，招李明徹繪成完善之《廣東通志·輿地略》六卷，及《晷度附近南極星圖》、《分野》、《氣候》一卷。其他著述有《道德經注》二卷、《黃庭經注》一卷、《證道書》一卷、《修真詩歌》三卷。

道光四年（1824），李明徹於漱珠岡創建純陽觀。阮元為了酬謝明徹修志辛勞，帶頭捐款，並發起州、府、縣士紳長者捐款，資助李創建純陽觀，還親自書寫“純陽殿”牌匾。而在山門掛的“純陽觀”三字和左右對聯，則是廣州豪商潘士成親筆贈送的。清代後期，純陽觀的清幽環境，為文人雅士所仰慕，不少騷人墨客，到此結社為文，種梅繪畫。道光咸豐年間有嶺南著名畫家蘇六朋，民國初年有高劍父等“嶺南畫派”創始人。

李明徹以道光十二年（1832）八月十五日卒，年八十二，葬於三元里松柏嶺中。

這篇碑文敘述了李明徹在河南漱珠岡創建純陽觀的經過。碑文首先描述了漱珠岡景色的清秀奇麗，是為作者起心修建之因。接下來便敘述了發起修建的經過，由於當地大姓和阮元等官員的捐簽幫助，加上自己的筆墨金，順利籌得修觀所需費用，終於在道光六年（1826），斯觀得以開光昇座。

根據碑文記述鼎建純陽觀的經過，乃先建大殿一座三間，東西廊房兩間，正殿拱篷一座，拜亭一座，步雲亭一座，靈官殿一座，東客廳一所，左右巡廊二道，庫房一座，內有樓閣，後有雲怡軒一所，四面巡廊，西廳二間，朝斗臺一座，上有亭閣，下有石室，雲廚二間，頭門一座，四面圍牆連綿接續。連買山場，建造檯椅什物，共計支用實銀七千六百餘兩。

① 冼玉清：〈天文家李明徹與漱珠岡〉，收入廣東省文史館及佛山大學佛山文史研究室編：《冼玉清文集》（廣州：中山大學出版社，1995），頁193。

② 冼玉清：〈天文家李明徹與漱珠岡〉，頁194。另參黃佛頤編纂，仇江、鄭力民、遲以武點註：《廣州城坊志》，頁155 稱：“龍王廟在巡撫東轅門，雍正三年建。”

# 53　萬真觀

【廟宇簡介】

觀始建何時已無從考證，後又多稱洞天宮（萬真觀之主館），在佛山豐寧舖鶯岡之麓。根據民國《佛山忠義鄉志》，清康熙五十二年（1713）羅浮山沖虛觀道衲杜陽棟之五世孫岑合順（又被稱鐵松道人）與其同門陳有則等十人購地重建。雍正五年（1727），由於佛山游魂不安，怪異屢見，乃增奉都城隍神以鎮撫之，佛山之有城隍行臺肇此①。

根據佛山市博物館所藏的〈佛山萬真觀道人世系表〉，從康熙五十二年岑合順的第一世龍門派開始（"合"字輩，屬龍門派十六代），直到光緒二十年（1894）住持盧至楠，龍門派萬真觀經歷了七世道士的傳承過程②。

根據民國九年（1920）南海縣縣知事何惺常發佈給萬真觀住持何宗偉的諭令，當時萬真觀的位置是"坐落於佛山鎮豐寧舖城隍廟街第一號門牌"，觀內主要建築群有"正座爲萬真觀，左為三元宮，右爲洞天宮，右側爲大慈堂"。而根據當時佛山警察署派專人繪製的萬真觀佈局圖則可以知道萬真觀的規模佈局爲：三進深建築，頭進爲主殿，由右至左依次為斗母殿、三元宮、城隍殿、太上殿；二進有祖堂、文武殿、大慈堂；三進主要為道士生活區；此外，在三進後還建有住房、山房多間③。民國十二年成書的民國《佛山忠義鄉志》與前兩個文件所載基本相合："左為大慈堂，以祀無依木主；……護法者眾，結構漸增，三元殿、呂祖殿、斗姥殿，峙其東；洞天宮、十王殿、文武殿、太乙樓、洗心亭、清水池，繞其西。"④

1938 年，日本軍隊攻陷佛山，萬真觀曾一度為日軍佔據，道士四散，觀內建築物多被破壞。二次大戰結束後，萬真觀已很衰落了⑤。曾經在廣東全真教龍門派道教史上佔有

---

① 此節參考民·冼寶幹：民國《佛山忠義鄉志》卷八〈祠祀二·寺觀〉"萬真觀"條，頁 431 下。
② 蘇東軍：〈清代佛山道教歷史管窺——以佛山市博物館藏道士畫像為主〉，《中國道教》2011 年第 1 期，頁 12-17。
③ 此節敍述參考蘇東軍：〈民國時期佛山萬真觀史實鉤沉〉一文，《世界宗教研究》2011 年第 5 期，頁 12-13。
④ 民·冼寶幹纂：民國《佛山忠義鄉志》卷八〈祠祀二·寺觀〉"萬真觀"條，頁 431 下。
⑤ 蘇東軍：〈民國時期佛山萬真觀史實鉤沉〉，頁 17。

十分重要地位的萬真觀,到今天其舊跡也無處找尋。

# 53-1　清·倫之綱:重建洞天宮記

清雍正八年(1730)

【碑刻信息】

碑文來源:民國《佛山忠義鄉志》。

【碑文】

　　禪之南隅有土岡焉,鶯其名也。其地原隰異形,西之數十步,茂林矗空,蔓草連徑。中建洞天宮,即古之萬真觀也。庚戌花朝之候,余偕鍾子元英、舒子裕琪,過訪梅石。石乃英之中表兄弟也,其人磊落不羈,寧靜寡慾,雖尚英年而向道之心彌篤。其師岑鐵松,龍門正派,由羅浮而住持此宮,發願創建斗姥寶殿。余甚嘉之。因顧梅石而謂曰:“《易》云:‘聖人以神道設教而天下服。’①神化無方,洋洋如在。② 人之承事者,有願斯通,有求斯應,有災病疾痛呼籲斯去,云胡不服。《禮》曰:‘聖王之制祭祀也,德施於民則祀之,能禦大災則祀之,能捍大患則祀之。’③惟太上以無上之尊照臨斯土,太乙、雷祖以威靈赫濯保乂斯民,使其鄉有康阜之祥,有詩書之澤,有壽考之徵,老安少懷,娸子恬嬉。是神之福庇人民者,曷其有極,非能去災患而施德于民者乎?其祀之有廟也固宜。茲天尊故殿,汝何不新而廣之,增其法相,竭力以為?余偕鍾、舒二子為汝佐也。”師曰:“唯唯。”於是募緣一倡,人皆樂助,經營於是歲之夏,越月告竣焉。復拉余往觀之,屬目而煥然一新,宮殿巍峨,法象端嚴,令人起肅。余私心竊幸,以為神之所憑依,將在斯矣。而威靈視昔尤加,

---

　　① “聖人以神道設教而天下服”,出《周易》,參前清·佚名:〈重修龍溪天后古廟碑記〉[清乾隆五十一年(1786),碑號9-1,總19]注。

　　② “神化無方,洋洋如在”,語源出《中庸》:“鬼神之為德,其盛矣乎! 視之而弗見,聽之而弗聞,體物而不可遺。使天下之人齊明盛服,以承祭祀。洋洋乎,如在其上,如在其左右。”見《四書章句集注·中庸章句》,頁25。

　　③ “《禮》曰”等句,出《禮記·祭法》,參前清·馮煥章:〈重建玉虛宮碑〉[清光緒十七年(1891),碑號30-5,總75]注。

又誰不受明昭之賜哉。嗟嗟,昔為荒隴,今為梵宮;昔為樵牧之場,今為修真之所。真所謂神道光顯,能役使群動,而地效其靈,人勸厥美者也。因而問誌於余,余素邀神貺,佑啟文明,耄而益壯,知正直惟神,保乂賜我,福善禍淫,毫髮不爽,遂敘其始末以勒諸石云。

知河南開封府儀封縣事邑人倫之綱拜撰。

廣州府新會縣儒學教諭里人梁叶千書丹。

勒建北直白雲觀　丘祖龍門正派第十七代梅石道子梁教敬募。

雍正八年歲次庚戌桂月穀旦洞天宮住持鐵松道人岑合順立石。

## 【編者按】

碑文輯錄自民國·冼寶幹:民國《佛山忠義鄉志》卷八〈祠祀志·羣廟〉①。

## 【碑文考釋】

撰碑者倫之綱,廣東順德人,開平籍。清康熙二十三年(1684)舉人。撰碑時任河南開封府儀豐縣令。官至戶部主事。

萬真觀,又名洞天宮,民國《佛山忠義鄉志》云重建於康熙五十二年(1713)。而碑文則云雍正八年歲次庚戌岑合順立石。碑文又云"知河南開封府儀封縣事邑人倫之綱拜撰",考雍正《河南通志》,倫之綱於康熙四十三年(1704)至康熙五十四年(1715)任儀豐縣知縣②。故撰文時間在康熙五十二年重修落成之時,而立石則在雍正八年(1730)。

本文反映了清代前期全真教龍門派由羅浮山往佛山的擴移③。碑文中提到的岑鐵松,實乃萬真觀的開創者,他本學道於羅浮山,為著名道人沖虛觀住持杜陽棟五世弟子,屬全真教龍門派字輩第十六代。

---

①　民·冼寶幹:《佛山忠義鄉志》,《中國地方志集成·鄉鎮志專輯》第30卷,頁431下–432上。

②　清·孫灝等:雍正《河南通志續通志》卷三七〈職官八·開封·府屬知縣·儀豐縣〉:"倫之綱,廣東開平人,舉人,康熙四十三年任。"而下一任鄧廷相的任期開始於康熙五十四年。見《中國省志彙編》之十四,臺北:華文書局,1969,據清光緒八年(1882)刊本影印,第2冊,頁794上。

③　關於全真教龍門派於清代在羅浮山的開展歷史,參黎志添:《廣東地方道教研究——道觀、道士及科儀》,頁57–110。

# 54　康公古廟（官堂村）

## 【廟宇簡介】

康公廟，舊在官塘鄉北二里許飛鵝嶺，祀康公主帥。據同治《番禺縣志》記載："每歲鄉人例於正月十日賽會，士女雲集，祈禱輒應。"①

廟始建於康熙四十三年（1704），林總戴撰碑記。清光緒二十三年（1897）重修，重新刻石。

## 54-1　清·林總戴：重修康公古廟碑記

清康熙四十三年（1704）

## 【碑刻信息】

存址：今番禺南村鎮官堂村康公古廟內②。

碑文來源：冼劍民、陳鴻鈞編：《廣州碑刻集》。

## 【碑文】

官堂鄉鼎建康公真君廟宇，其來舊矣。原其始，土名飛鵝嶺，系本鄉五世祖業，稅糧載在本圖五甲林同仁戶內。按祖沖夷，淡不染俗，情好獨處，齊心業業，儼若□□神明，號慎獨、丹源。夫妻皆以天年終於正寢，遺命葬於茲土。子孫振龍等遂卜葬焉。啟壙，得一白石神像，不覺鋤損，見有鮮血，驚駭，輟葬。將此石神像扶起，安置地上。是夜，得一夢，云："此地非爾葬祖之所，爾之山在九龍珠雙船獨幡處。"適與夢相符，是側其降臨處也。爰遍尋葬地，至謝

---

① 清·李福泰主修，史澄等纂：同治《番禺縣志》卷一七〈建置略·壇廟〉，《中國地方志集成·廣東府縣志輯》第6卷，頁198下。

② 冼劍民、陳鴻鈞編：《廣州碑刻集》錄有此碑，稱"碑在番禺南村鎮官堂村康公古廟內"。見頁434。

村地方有一崗,前面有一小阜,九支山皆環向,隱然九龍珠之象。遂登崗眺望,脫二履在山中,放一扇在履上。急風卷扇,乃悟雙船獨幡之夢,洵神授之也。即葬祖於中支正脈巽向之原。爰歸,合鄉鳩工,建元帥康公真君廟,名曰吉祥堂,蓋取乎神威顯赫,俾四民能趨吉而避兇也,十方有禎祥而無妖孽也。

康熙歲在甲申仲秋吉旦,番邑廩生林總戴薰沐拜撰勒石。

光緒二十三歲次丁酉孟夏日重修。

## 【編者按】

碑文輯錄自冼劍民、陳鴻鈞編:《廣州碑刻集》①。

## 【碑文考釋】

撰碑者林總戴,邑人,生平不詳。

康公,姓康,名保裔,河南洛陽人。《宋史》有〈康保裔傳〉②。康公為北宋初年著名將領,治兵有方,破契丹兵,屢立戰功,真宗時,官至高陽關都部署。康公及父、祖三代都為國捐軀,宋朝忠烈,人們尊之為康公、康王。明《正統道藏》收錄蔣叔輿編撰《無上黃籙大齋立成儀》,稱康公為"急報無佞康元帥"③。《道法會元》則稱康保裔為"地祇急報無佞靈佑滅殟忠烈元帥康"④,天職為雷部元帥之一,即稱"九州社令陽雷都總管康元帥"⑤。《道法會元》描述康元帥的神像如下:"天丁冠,紅髮怒容,赤面金睛,紅袍金甲,白汗衫口,紅靴,右手執鐵鎚,左手雷鍥。"⑥清葉德輝重刊《繪圖三教源流搜神大全》亦有〈康元帥〉一條,稱天帝封康為"仁聖元帥,以掌四方都社令焉。帥乃左執金斧,右執瓜鎚,與玉璽相周旋"⑦。

康公廟遍佈大江南北,清代廣州西郊、南郊都建有康公廟。

碑文講述了官堂鄉當年創建康公廟的由來主要講的是康公廟建地本來係本鄉五世祖業,此地何以成爲了康公廟建廟之所。故事具有神異色彩。

---

① 冼劍民、陳鴻鈞編:《廣州碑刻集》,頁433。
② 《宋史》卷四四六,北京:中華書局,1977,第38冊,頁13150–13152。
③ 南宋·蔣叔輿:《無上黃籙大齋立成儀》卷五二,《道藏》第9冊,頁684中。
④ 《道法會元》卷三八,《道藏》第29冊,頁11中。
⑤ 《道法會元》卷一二七,《道藏》第29冊,頁614下。
⑥ 《道法會元》卷一二五,《道藏》第29冊,頁603中。
⑦ 《繪圖三教源流搜神大全·附搜神記》,頁240。

# 55　康公主帥廟(誑敦村)

【廟宇簡介】

　　根據 2013 年實地考察,廟仍存,位於廣州市番禺區鍾村鎮市廣路誑敦路段 120 號。廟門額曰"帥府",門柱有聯曰:"赫濯著神威保護鄉閭同戴德,巍峩崇廟貌廻環山水永朝宗。"落款"光緒歲次二十三年丁酉季夏吉日重修"(1897)。廟主奉康公元帥,左右陪祀張元帥、馬元帥;另亦配祀財神及地母娘娘。天井下首亦供奉車公、元壇(趙元帥)、土地及太歲神。

　　此廟乃誑敦村先祖孔克玉於元末所建,清乾隆三下江南,遷帥府廟於玉帶橋裏,即現址。現廟內仍存有三通碑刻,一通爲清乾隆四十七年(1782)〈重修玉帶橋碑記〉,另外兩通爲重修碑記,記清道光十五年(1835)、光緒二十三年(1897)先後兩次重修。

## 55-1　清·佚名:重修康公①廟宇碑記

　　　清道光十五年(1835)

【碑刻信息】

　　存址:今廣州市番禺區誑敦村康公主帥廟內。

　　碑額:重修廟宇碑記。楷書。

　　碑題:無。

　　尺寸:碑高 137 厘米,寬 71.5 厘米。

　　碑文來源:原碑抄錄。

【碑文】

　　吾鄉奉祀帥府尊神,歷數百年於茲矣。聞之功及於人則祀之。神之

---

① "康公"二字為編者所加。原碑額爲"重修廟宇碑記"。

威靈遍宇內矣,獨庇於吾鄉,而未嘗不可以庇吾鄉者覦焉。比年來西潦衝決,室廬無恙,神為之防護也;蝗蟲為災,避不入境,神為之驅除也;旱魃肆虐,吾田獨熟,神為之培植也。雀角不興,鴞音遞變,四民樂業,同荷太平,神為之潛移默化,實不啻家喻而戶曉之也。廟貌峩峩,春秋時饗,疇敢不恪。且夫食恩而報德者,情也;功在天壤,食報不盡者,理也。物之懸空□□而不腐,物之植不能久而不傾者,又勢也。廟在昔為丹刻之華,多歷年所,而丹者退,刻者裂矣;廟在昔為磚石之固,多歷年所,而磚者缺,石者凹矣。平鱗鏆甲,落角摧牙,何以隆祀事。無有老幼,僉曰重脩之宜。爰董其事者一十三人,樂捐簽者數百家,鳩工庀材,鴻纖畢舉。輦來殊質,雕鏤極妍。而廟之右,鄉西南隅也,復有元君廟;廟之左,鄉東北隅也,復有鄉主廟。而後則文閣,旁則華帝廟,同時煥而新之。鷗甍吐彩,虹□□雲,魚瓦疊鱗,鳳梁鞏脊,煌煌乎耀人耳目。神亦曰:事我如此,端肅壯麗,吾其福之。維時厥工告竣,士女參[竭](謁)〔一〕,螭坳虁騰,鸞掖雷動。禮陳竹帛,樂祝梨園,歡聲沸天,霞影席地。誠吾鄉之盛事,而又知藉庇於神者無涯也,是不可不誌。爰序其端末,勒諸石,以垂不朽云。

　　首事:孔起琳、孔澤普、孔振能、孔佩昭、孔澤章、孔植華、孔值華、孔□章、孔振純、孔體榮、孔振江、孔德培、孔體成、孔滄元。


　　今將芳名列後立石記之:

　　孔鼎華:壹拾式貳兩。

　　孔佩昭:壹拾兩。

　　孔文傑:壹拾兩。

　　孔振江:壹拾兩。

　　孔泰榮:五兩壹錢。

　　孔體榮:貳兩壹錢六分。

黃慶斌：五大員。

孔文錦：貳兩。

孔昌培：四大員。

孔澤培：貳大員。

孔德培：貳大員。

孔會南：貳大員。

孔憲南：貳大員。

孔鍾孟：貳大員。

北帝會：貳大員。

前呼會：貳大員。

朱元帥會：九錢。

孔文熙：貳大員。

孔光培：貳大員。

孔文達：壹兩零八分。

孔□明：壹兩。

孔信南：壹兩。

孔佩良：壹零八分。

孔禮章：壹零八分。

孔振潘：壹零八分。

孔金章：壹零八分。

孔純輝：壹兩。

孔勵章：叄大員。

孔維章、孔倫舒、孔文沛、孔顯光、孔齊居、孔博文、孔振勳、孔傳桂、孔振能、孔勝元、孔世昌、孔佩懷、孔佩方、孔起禮、孔起琳、孔善榮、孔體成、孔博昌、孔韶和、孔振純、六敬堂、同勝堂、藉康社：已上壹大員。

孔文輝：柒錢貳分。

香案會：柒錢貳分。

孔振浩、孔振漢、孔世明、孔繼開、孔禮全、孔燦培、孔滄元、孔彩勝、孔富南、孔世培、孔直華、孔炳南、孔華章、孔秀峯、孔顯南、孔載結、孔炎榮、八寶會、孔章南、李紹雲、孔振如、孔結南、孔傳福、孔振昇、孔達光、孔昌寶、孔章旺：已上壹中員。

孔彩成、孔體發、孔振連、孔繼德、孔體嵩、孔福章：已上叁錢。

孔奇章、孔章祐、孔章勝、孔章俸、孔振廷、孔福南、孔體稔、孔信輝、孔振景、孔繼有、孔湛培、孔繼海、孔振本、孔合章、孔振堂：已上壹錢□□。

孔運勝、孔振舉、孔體光、孔澤全、孔振會、孔佩連、孔繼奈、孔愛章、孔體立、孔振權、孔學華、孔桂培、孔鍾由、孔彩蔭、孔英茂、孔錫琼、孔振楚、孔逸榮、孔振祿、孔炎君、孔秀明、孔振然、孔繼垣、主帥會、孔振秉、孔成祥、孔振初、孔元昭、孔鼎和、孔振士、孔昭琼、孔英榮、孔禮賢、孔英達、孔信章、孔章林、孔澤普、孔振多、孔亞暢、孔博元、孔裕章、孔華新、孔振曉、黃耀廷、大旗會、孔廣垣：已上貳錢。

孔載成、孔博輝、曾賢魁、孔金木、孔昌龍、孔振利、孔進明、孔振章、孔見章、孔佩茂、孔博英、孔亞順、孔繼江、孔繼就、孔體聯、孔秀成、孔章賢、孔振瑤、孔英文、孔彩華、李昭燦、孔佩錦、孔窩丸、孔文元、孔章顯、孔三弟、孔應爽、孔鍾霖、孔聖輝、孔廣南：已上壹錢五分。

孔茂成：壹錢四分。

孔體魁、孔炳照、孔世開、孔體舉、孔振培、孔成康、孔振照、孔體科、孔章垣、孔丙就、孔信發、何亞作：已上壹錢貳分。

孔亞官、孔啟華：已上壹錢三分。

孔自熙、孔何廣、孔英彩、孔紹祥、孔體旺、孔琼元、李耀光、孔繼蛋、孔亮山、孔達南、孔德章、孔昌南、孔悅榮、孔昌元、孔光元、孔蒲南、孔振倫、孔體連、孔文耀、孔體昌、孔振聯、孔繼昌、孔繼泉、孔贊章、孔裕南、孔毓粗、孔輝南、孔文彩、孔善和、孔毓章、孔華勝、孔彩德、孔容仕、孔明輝、孔悅秀、孔秋南、孔茂南、孔鳳康、孔閏金、孔亞紹、孔丙炎、孔鳳南、孔茂康、孔盈康、孔亞执、孔羅載、孔章丙、孔蔭光、孔華昭、孔毓成、孔閏添、孔文蛋、孔亞九、孔喬昌、孔瑞琼、孔體結、孔振強、孔佩新、孔貴雄、孔亞昌、孔振熙、孔順河、孔章萬、孔體蔭、孔閏細、孔丁九、孔振耀、孔章佩、孔彩容、孔章璉、孔見和、孔鍾忝：已上壹錢。

孔載勝：貳錢貳分。

孔振□：貳錢貳分。

陳亞蒼：貳錢貳分。

孔蒼華：貳錢四分。

孔起聯、孔鍾典、孔信賢：已上貳錢六分。

孔傳細、孔顯□、孔章然：已上貳錢五分。

孔梁氏：壹大員。

孔簡氏：壹大員。

孔崔氏：貳錢。

孔何氏：壹錢五分。

元孔氏：壹錢貳分。

孔羅氏：壹錢三分。

孔彭氏：壹錢。

孔陸氏：壹錢。

孔李氏：壹錢。

簡孔氏：壹錢。

簡孔氏：壹錢。

孔富朝、孔禮嵩：已上三錢六分。

孔積銓：貳錢貳分。

孔啟寬：貳錢六分。

孔燦嵩：貳錢四分。

孔明嵩：貳錢四分。

孔成高、孔錦昭、孔德嵩、孔錦垣：已上貳錢。

孔彩元、孔明高、孔見來、孔秀發、孔賢開：已上壹錢八分。

孔進方、孔有嵩、孔發元、孔允高、孔宜福、孔彩嵩：已上壹錢五分。

孔啟昭、孔炳嵩、孔榮芳、孔亞雄、孔成顯、孔晃英、孔蒲修、孔德來：已上壹錢貳分。

鍾村聖堂：銀貳大員。

羅彩勝：五錢貳分。

洪爐會：五錢。

大旗會：五錢。

孔瓊德：五錢。

孔博才：四十六分。

孔振賢：四錢。

孔體宏：四錢。

孔澤榮：四錢。

孔贊斌：貳錢八分。

孔章埠：貳錢八分。


道光乙未年孟秋吉旦。


【校記】

〔一〕原碑作"竭"，當爲"謁"字之誤。


【碑文考釋】

這篇碑文首先例數了康元帥對該鄉的庇護和保佑，諸如防禦戰爭、蝗蟲之災、旱災等等，表達對康公的感恩之情。稍次自然引出此次廟宇的重修，因爲既然康公於鄉人如此重要，從而重修廟宇也就是應有之義了。

再次碑文又提到了康公廟之外的幾座廟宇，如元君廟、鄉主廟、文昌閣、華帝廟等，告訴我們這些廟都同時得到了修繕，稱讚眾廟同新乃鄉中的盛事，預言眾神必將給鄉人繼續帶來福佑。

## 55-2　清·孔繼楨：重修闔鄉各古廟碑記
清光緒二十九年（1903）

**上碑**

【碑刻信息】

存址：今廣州市番禺區詵敦村康公主帥廟內。

碑額：重修闔鄉各古廟碑記。楷書。

碑題：重修康公廟碑序。楷書。

尺寸：碑高 143 厘米，寬 77 厘米。

碑文來源：原碑抄錄。

【碑文】

重修康公廟碑序

蓋以天無言，化生萬物；神有感，庇護一鄉，故赫聲而濯靈，亦降祥而錫福。鄉之有康公廟也，說者謂其始則建在舊廟坊之前，後則遷至玉帶橋之左，人民有賴，風水攸關，猗歟休哉！然廟貌不能歷久而不修也，像所當已陳而再塑，《書》云：“既勤垣墉，其塗塈茨；既勤樸斲，其塗丹臒。”[1]可知善繼善述，庶不失聖人神道設教之意，亦堪體前人□□創造之心也。溯自道光乙未年，經老前輩初修，其勒碑刻銘，歌功頌德者，固亶亶動聽。降而至於同治二年，重修帥府頭門；又降而至光緒初年，再修二帝古廟。工程細小，碑碣從刪。後而多歷年所，水泉沖動，石勘則墮於西南；風雨飄搖，蠔墻復傾於東

---

① 《尚書注疏》卷一四〈周書·梓材〉頁 *212* 下：“若作室家，既勤垣墉，惟其塗塈茨。若作梓材，既勤樸斲，惟其塗丹臒。”

北。且其□□□□嚙,桷析榱崩。因於光緒廿三年發緣簿以勸題,擇吉期而興工作。廟墻已爛,改用青磚;棟柱尚堅,涂以丹漆。規模丕煥,神相重光,大演俳優,極其慶鬧。是次之重修也,檜澤堂助銀壹百兩,檜榮堂助銀壹百兩,大魁會助銀壹百兩,以外各家助銀亦有數百之多。惜董事者有始無終,不刻碑銘,□為恨事。迨歲次壬寅,因演戲酬神,颶風陡作,戲棚吹爛,廟瓦隨傾。且鐘架復蝕於蚍蜉,寶相又退如蟬蛻,諸多廢壞,甚費躊躇。適值我鄉業麻油者一時之盛,共有一十七家油行中人倡議,重修助金,紛紛喜認。更有鄉人外客踴躍解囊,同勸善舉。因闔執值事,即於是年閏五月諏吉,合鄉內大小各廟,及陽明正氣門樓,一律興修。至已畢其鳩工,因同伸其燕賀,龍光煥彩,虎拜揚休。所望者慶洽神人,奕世受和平之福;威臨顯赫,千秋蒙庇護之恩,則幸甚焉。謹泐弁言,恭題碑序。

邑庠生候選儒學訓導孔繼禎敬撰。


倡建矜耆:

生員孔繼禎、生員孔廣垣、生員孔廣漢、監生孔廣祺、監生孔廣槐、孔琼裕、孔志光。


總理值事:

孔宏端、孔冠彥、孔宏恩、孔玉台。


協理值事:

孔柱南、孔紹和、孔灼乾、孔兆棠、孔卓瑛、孔卓彥、孔宏昌、孔漢臣、孔鋐忠、孔偉記、孔宏顯、孔綸經、孔禮庭、孔啟容、孔爵滔、孔朝彥、孔達章、孔協和、孔卓齡、孔應棠、孔偉彥、孔清和、孔豪彥、孔經南、孔廣但、孔定南、孔利南、孔冠南、孔雅彥、孔悅和、孔覲南、孔妹記、孔鏗和、孔卓標、孔禮和、孔朝芳、孔伯海、孔樹屏、孔廣讓、孔博物、孔致和、孔裕江、孔景忠、孔達朝、孔朗州、孔冠廷。

茲將各善信樂助工金芳名開列於左：

生□號助金伍拾大元。

廣源號助金伍拾大元。

麗昌號助金伍拾大元。

□聚號助金四拾大元。

忠□號助金四拾大元。

□隆號助金四拾大元

正隆號助金叁拾大元。

泰益號助金叁拾大元。

三益號助金叁拾大元。

孔遠昌堂助金貳拾大元。

桂源號助金貳拾大元。

義生號助金貳拾大元。

信隆號助金貳拾大元。

南元號助金貳拾大元。

永裕號助金貳拾大元。

均昌泰助金貳拾大元。

和源號助金貳拾大元。

生隆號助金貳拾大元。

生源號助金貳拾大元。

省城公昌號助金貳拾大元。

省城同利號助金壹拾伍大元。

孔植基堂助金壹拾伍大元。

孔熾光堂助金壹拾伍大元。

孔覲南助金壹拾伍大元。

孔冠南助金壹拾大元。

孔達英助金壹拾大元。

孔清和助金壹拾大元。

孔卓彥助金壹拾大元。

孔廣鰲助金壹拾大元。

孔啟容助金壹拾大元。

孔德遠堂助金壹拾大元。

孔卓標助金壹拾大元。

碧江林挺生助金壹拾大元。

孔玉台助金壹拾大元。

孔博物助金壹拾大元。

孔灼培助金壹拾大元。

孔偉記助金壹拾大元。

孔宏端助金壹拾大元。

孔宏顯助金壹拾大元。

孔卓瑛助金壹拾大元。

孔宏則助金壹拾大元。

省城泗隆號助金壹拾大元。

省城陳順成堂助金壹拾大元。

省城黎興葉堂助金壹拾大元。

大良恒豐號助金壹拾大元。

孔裕華助金捌大元。

孔妹記助金捌大元。

孔瑞榮助金柒大元。

孔國祥助金柒大元。

孔爵啟助金伍大元。

孔裕英助金伍大元。

孔學韶助金伍大元。

孔接南助金伍大元。

孔卓其助金伍大元。

孔傑端助金伍大元。

孔樑彥助金伍大元。

孔紹端助金伍大元。

孔傑鍾助金伍大元。

孔義記園助金伍大元。

孔□□助金伍大元。

大良□合號助金伍大元。

孔韶京助金伍大元。

孔永鏽助金伍大元。


光緒二十九年歲次癸卯冬月吉旦立石。


**下碑**


【碑刻信息】

存址:今廣州市番禺區誌敦村康公主帥廟內。

碑額:重修闔鄉各古廟碑記。楷書。

碑題:無。

尺寸:碑高 143 厘米,寬 77 厘米。

碑文來源:原碑抄錄。

【碑文】

　　茲將各善信樂助工金芳名開列於左：

孔□彥助金伍大元。

孔濟釗助金伍大元。

孔祥發助金伍大元。

孔永會助金伍大元。

孔韶和助金伍大元。

孔昌記助金伍大元。

孔金利助金伍大元。

孔星南助金伍大元。

孔□彥助金伍大元。

孔裕江助金伍大元。

孔裕賢助金伍大元。

孔學禮堂助金伍大元。

孔廣建助金伍大元。

□□孔憲□助金伍大元。

孔榮忠助金伍大元。

孔經南助金伍大元。

孔朝芳助金伍大元。

孔仲聲助金伍大元。

□村梁土勝助金伍大元。

江□李可森助金伍大元。

孔禮和助金伍大元。

孔□培助金伍大元。

孔章雲助金伍大元。

孔仁輝助金伍大元。

孔仁江助金伍大元。

孔致和助金伍大元。

孔紹綸助金伍大元。

孔伯海助金伍大元。

孔繼春助金伍大元。

孔洪發助金伍大元。

孔宏昌助金伍大元。

孔佳彥助金伍大元。

孔卓齡助金伍大元。

孔仁伯助金伍大元。

孔照南助金伍大元。

孔綸經助金伍大元。

孔偉彥助金伍大元。

孔□彥助金伍大元。

孔福□助金伍大元。

省城□□號助金伍大元。

孔□□助金伍大元。

孔光裕堂助金伍大元。

孔葆照、孔□和、孔進賢、孔漢□、孔□□、孔憲□、孔□記、孔□□、孔□□、□□義豐號、孔定蘭、孔□賢、孔琼□、孔裕□、孔□彥、孔瑞謙、孔□和、孔爵乾、孔耀榮、孔啟英、省城余少泉、□□泰茂號、九江同□□：已上助金叁大元。

孔□熙、孔達□、孔作□、孔簡氏、孔傑罡、孔錫球、孔球彥、孔體修、郭義生、孔□□、孔銳輝、孔三省堂、孔達京、孔信京、孔瑞琪、孔國亨、□□孔憲鍾、孔廣□、孔裕昌、孔卓明、孔昌和、孔□□、孔啟珍、孔□□、孔□□、蘇□□、孔□□、陳葵香、孔廣潘、□□安泰號、孔鑑彥、孔繼汝、孔富珍、孔廣安、孔有成、孔博厚、省城慎記號、石□董廣□田、西□麥東生、藩□成、孔顯揚、孔達朝、孔銳南、孔敬□、孔廣□、□□□伍理□、孔國常、孔祥光、孔□

祥、孔昌和、陸□□、□□□□號、□□號、生記號、□□□、孔□□、孔□山、孔博韶、孔□□、孔國芬、孔□□、孔啟新、孔冠廷、水塘陳金錫、□□利洋行、□□波彌文洋行、□□英泰洋行、□□同心號、中村盧冠芬、□□□□□記、安昌□、孔澤□、歐子衡：已上助金□大元。

孔自南助金壹元半。

孔□□、孔□□、孔□□、孔□□、孔汝和、孔金□、孔□英、□□馮文□、□□□□□、□□李怡發、□□李純記、植禮芬、英甜翁、黃成福、郭達生、釗記號、黃□□、麥偉群、何達洲、□省南、利源號、竹村楊德記、大□盧義生、白江余國材、大朗郭炳良、橫上何鏡洲、孔□□、孔□□、孔□□、孔□□、孔□□、孔□□、孔□成、陳□□、黃□□、□□□、陳載□、陳汝根、黃萬生、盧植洪、信安□、廣同泰、陳合利、孔翕和、徐僚□、李吉雲、聯昌□、中村黃金堂、□□季植□、□□葉中□、□□□□□、□□□□賢、□□林四翁、羅岡同和□、□□馮□□、□□馮佳□、□□馮□石、□□□□賢、光□□啟□、□□□□□、□□□□□、孔□□、孔以南、孔□彥、孔□□、孔□彥、孔□英、孔□輝、孔□財、孔湛彥、孔荃榮、孔泰彥、孔□□、孔禮南、孔□彥、孔廣平、孔□彥、孔□修、孔博標、孔英□、孔祥華、孔□南、何□記、□□□、廣□□、黃□□、□□□、□□□□□、孔□□、孔□□、孔□□、孔□邦、孔□和、孔亞華、孔阿田、孔博□、孔□和、孔□□、孔耀揚、孔博祥、孔信斌、孔裕京、孔炘□、孔英華、孔恂戊、孔兆璋、孔□□、孔鎮□、孔聯和、孔敬彥、孔啟賢、孔璋彥、孔廣銘、孔□何、孔□□、孔□□、孔□□、合□□、孔□□、孔門樑、孔□□、孔□南、孔鍾南、孔□富、孔經南、孔□然、孔國萬、孔昭焯、孔□灼、孔□□、孔和彥、孔□修、孔小□、孔□□、孔□如、孔□華、孔□偉、孔□顯、孔□□、孔□九、孔□南、孔啟□、孔□□、孔□和、孔□華：已上助金壹大元。

孔博文、孔傑朝、孔詠南、孔爵廷、孔賢謙、孔富鈿、孔濟彥、孔昆彥、孔德揚、孔厚和、孔永邦、孔耀新、孔□□、孔卓輝、孔阿□、孔昭能、孔□□、孔□棉、孔國□、孔再斌、孔傑韶、孔津彥、孔國禎、孔賢彥、孔□□、孔□□、孔

□□、孔□和、孔和修、孔□□、孔□氏、孔□□、孔□□、孔□□、孔□□、孔英和、孔□九、孔□昆、孔□□、孔修彥、孔昭□、孔□祥、孔相南、孔繼安、孔博□、孔□彥、孔裕成、孔永和、孔國祥、孔啟儀、孔昭永、孔□□、孔□□、孔博□、孔耀□、孔□□、孔□祥、孔□和、孔□□、孔□□、孔□□、孔朝京、孔阿□、孔□□、孔□□、孔□□、孔□□、孔□□、孔□如、孔□□、孔昭言、孔裕輝、孔□南、孔學□、孔珍和、孔□發、孔□□、孔□□、孔祐南、孔阿坤、孔□彥、孔卓裕、孔明彥、孔□□、孔昭□、孔裕能、孔□彥、孔廣占、孔□開、孔國□、徐雲生、陳□初、□□初、□□□、□□□、孔□□、孔□□、孔和□、□□和、杜□□、□□□、□□□、吳□□、□□□、□□□、□□□：已上助金壹中元。

　　孔□□、孔旁□、孔□□、孔□□、孔□□、孔春和、孔□□、孔阿進、孔阿宜、孔發彥、孔忠和、孔錫洪、李□懷：已上助金叁毫正。

　　孔德和、孔昭但、孔□南、孔□□、孔卓容、孔英香、孔壯彥、孔□□、孔□□、孔黃氏、孔意彥、孔國英、孔裕邦、孔祥和、孔達□、孔全彥、孔□京、孔□彥、孔廣□、孔廣□、孔亞□、孔□□、孔亞□、孔□京、孔□田、□□□、□□□、□□□、□□□、孔憲□、陳□□、□勒□、孔□□、孔□氏、孔同□、孔□□、□□□、□□□、□□□、□□□、□□□、孔□□、李□□：已上助金貳毫正。

　　李□□、孔□氏、孔□□、孔亞彥、孔五□、孔□氏、孔大南、孔承南、孔載彥、孔昭□、孔博榮、孔裕朝、孔宜□、孔黃氏、孔□氏、孔阿□、孔□□、孔□□、孔彩彥、孔清霞、孔波南、孔祥新、孔雷氏、孔啟祥、孔昇彥：已上助金壹毫正。


　　茲將各善信喜認各物芳名列左：
　　喜認鐵龍亭名列：孔傅津、孔繼彭、孔繼志、孔繼祥、孔繼麟、孔繼邦、孔廣鈿、孔廣厚、孔廣俱、孔廣傑、孔廣堅、孔廣寬、孔廣春、孔廣但、孔廣芬、孔廣新、孔廣裕、孔廣達、孔廣悅、孔廣聚、孔廣維、孔廣威、孔廣澤、孔廣教、孔廣永、孔昭□、孔昭□、孔昭攀、孔昭年、孔昭滿、孔昭樓、孔昭培、孔憲□、孔憲汝、孔憲蘇、孔憲偉、孔番□。

孔桂香號、桂益號喜認旗杆壹對。

孔宏恩、宏端、冠彥、國光喜認帥府廟後座頂春聯壹對。

孔宏恩喜認康公廟長翻壹對、帥府白石□貳個、□□長翻壹對。

孔學禮堂喜認帥府廟後座□前柱聯壹對。

孔昭漢喜認文武廟神樓壹座。

孔韶彥喜認鄉王廟□磚滿堂。

孔松彥喜認三娘廟門□聯壹對。

孔科記喜認神燈七枝。

孔體修、朝芳、韶彥、文彥、綸彥、接彥、洪南、啟□、啟新、□彥喜認□王廟□□聯壹對、頂春聯壹對。


光緒二十九年歲次癸卯冬月吉旦立石。


【碑文考釋】

撰碑者孔繼禎,邑人,生平不詳。

碑文主要介紹了康公廟的重修歷史。道光十五年(1835)重修,有碑刻留存(按:即前碑)。而同治二年(1863)重修帥府頭門,光緒初年重修二帝古廟,由於"工程細小",都沒有留下碑刻。另外,光緒二十三年(1897)又一次發起重修,規模較大,但是亦未留下碑刻。為作彌補,碑文記下了當時三個主要捐助的團體的名字,即檜澤堂、檜榮堂和大魁會。

最後,說到這次重修,時間在光緒二十八年(1902),乃是因為演戲酬神,颶風吹壞戲棚,從而損壞廟瓦。另外,鐘架、神像也都需要修整修飾。作者特別提出,"適值我鄉業麵油者一時之盛",這次助金的主力是本鄉十七家油行中人,反映了商人已是信眾群體中重要一部份,也反映出當時詵敦鄉商業的發達。

# 56  康公廟(鍾村)

## 【廟宇簡介】

根據 2011 年實地考察,廟位於今廣州市番禺區鍾村鎮鍾四村十字街口。廟內保存有始建和歷次重修碑記。根據碑刻記載,該廟始建於明崇禎元年(1628),清咸豐七年(1857)、光緒十一年(1885)兩次重修,2003 年再次重修。

據同治《番禺縣志》記載,康公廟始建時本名聖堂,"為合鄉讀法講禮之所,每歲正月望後三日,奉神遊鎮。素著靈感"①。

## 56-1  明·陳思覲:鍾村聖堂廟碑記

明崇禎元年(1628)

## 【碑刻信息】

存址:今廣州市番禺區鍾村鎮鍾四村十字街口康公廟內。

碑額:鍾村聖堂廟碑記。篆書。

碑題:鍾村聖堂廟碑序。楷書。

尺寸:高 150 厘米,寬 78 厘米。

碑文來源:原碑抄錄。

## 【碑文】

蓋聞雄郡鉅邑,類聚日繁,貨貝泉湧。有墟市以便貿易,通有無;有社廟以薦土穀,通歲蠟。福善禍淫,鄉評月旦出焉,亦要務重典也。鍾村自國初以來,市廟之設舊矣。誌載聖堂,義至玄妙,世承檜祀,習而安之,向尚鼎別享祀,參差其數。迄萬曆辛巳歲,闔通鄉而扁以約亭,公共官地,原數壹畝陸

---

① 清·李福泰主修,史澄等纂:同治《番禺縣志》卷一七〈建置略·壇廟〉"康公主帥廟"條,《中國地方志集成·廣東府縣志輯》第 6 卷,頁 197 下。

分八厘伍毫零,東拾丈六尺,西八丈六尺,南拾丈六尺,北拾丈四尺。地無稅額,貨無抽分,遠邇稱快。士忭於肆,農忭於野,商賈工歌於市,而神鑒赫靈,如谷響應。鄉之父老分甲節賀歲,以寅月望八日為期,四方名豪鉅賈,應期雲集,車騎梯航,雜沓而至。相與荷恩而報德者。四十餘年如一日,衣冠之氣未有盛於斯也。但宇堞之蕪,明禋雖潔,神居永奠,非所以肅廟模而綿盛美於無垠者,因集議而重修之。戶推能幹首事者十八人,計歲積若而金,助工若而金,木石工匠之費若而金,分曹而理,以丙寅年正月二十七日經始,迄丁卯年七月二十八日告成。擲筊於神,年月日時俱吉,保無侵蝕之虞;邀靈於竣,東西南北皆安,了無木畜之損。首事者奉醮而謝神明,肅將旬日;編戶者鼎新而揚盛德,拜誦逾常。於都哉,千古勝事,成之一旦,民安物阜,載嬉載寧,伊誰之力?歸之工府,工府不有;歸之首事,首事不自以為能;歸之聖堂之靈,洋洋如在云①。遂援筆而巔末紀之,又為之銘。

銘曰:三老九曲,壽域文昌,巒旗疊嶂,奠軸鍾陽。地靈人傑,鳳矯龍驤,山川相望,悠久無疆。


郡弟子陳思覲識並篆額書丹。

卜擇吉日:彭保光,嘉應樂邑鄧子春刻字。

勸首黎太初:貳錢正。

今將十八戶事首各助工金芳名開列於左:

陳錫之:叁錢正。

彭少沖:叁錢正。

黃尚勝:壹兩貳錢正。

盧惟才:貳錢五分。

陳絲斌:叁錢正。

簡達明:貳錢五分。

---

① "洋洋如在",出自《中庸》,參前清·倫之綱:〈重建洞天宮碑記〉[清雍正八年(1730),碑號53-1,總143]注。

　　陳思勤：貳錢正。

　　黃煒章：四錢正。

　　元思任：叁錢正。

　　黃崇敘：叁錢正。

　　彭于文：壹錢五分。

　　李純燕、李少弘：貳錢五分。

　　李明先：叁錢正。

　　李尚燦：壹錢正。

　　區賢玉：貳錢正。

　　陳于炳：壹錢正。

　　彭良載：貳錢正。

　　屈日鳳：四錢正。


　　崇禎元年正月初一吉旦鍾村十八戶事首陳錫之等全立石。

　　咸豐歲在丁巳孟夏吉旦重修。


【碑文考釋】

　　撰碑者陳思觀，邑人，生平不詳。

　　碑文記述了明天啟七年（1627）鍾村十八戶對聖堂廟的一次重修，立碑則在崇禎元年（1628）。碑文開頭將社廟與墟市對舉，來說明社廟對於類聚日繁的郡邑的重要。這一點從一方面反映了鍾村鎮在明末就已成為重要的墟場，另一方面則反映了聖堂廟建立之時即與墟場、商業有不可分割的聯繫。另外，從碑文所載聖堂（按：指鍾村康公廟前身）“世承檜祀，習而安之”，又謂社廟“福善禍淫，鄉評月旦出焉”，可以見出此廟在鍾村長久發揮著重要的作用，不僅供祭祀歲蠟之用，而且是重要的輿論場所。同時此廟涉及不同的社會階層，包括士農工商等（文中云“士忭於肆，農忭於野，商賈工歌於市”）。而同治《番禺縣志》亦載，聖堂“為合鄉讀法講禮之所，每歲正月望後三日，奉神遊鎮”。可見此廟既是村民教化之地，又是村民娛樂（娛神活動）之場。

　　另，碑文之末刻有“咸豐歲在丁巳孟夏吉旦重修”字樣，說明此碑乃重刻。另外從刻字者也可以看出。刻字者為鄧子春,此人曾於道光二十七年(1847)在元貝村為玉虛宮刻碑[參前〈重修玉虛宮添建文武殿碑記〉(碑號34-5,總92)]。

# 56-2 清·盧崇寯:倡建鍾村墟場砌石碑記

清光緒三十四年(1908)

## 上碑

【碑刻信息】

　　存址:今廣州市番禺區鍾村鎮鍾四村十字街口康公廟內。

　　碑額:倡建鍾村墟場砌石碑記。篆書。

　　碑題:鍾村聖堂廟碑序。楷書。

　　尺寸:高150厘米,寬78厘米。

　　碑文來源:原碑抄錄。

【碑文】

　　蓋聞古都設官分職,道路之政,掌自虞人,非徒以壯觀瞻,誠所以便來往也。而我鍾村墟場砌石尤有要為,每值墟期,百貨闐集,序交春夏,時雨沛然,則不特入市者惡其泥濘,而貨物沾濡,損失尤鉅。是此石場之建,即關商務之盛衰,有心者謀之屢矣。向以工款浩繁,延不果作,會廟嘗銖積得數百金,而鄉人復踴躍捐輸,集成其數。於是鳩工庀石,刻期建築,以戊申年八月興工,閱五月而工始竣,統計用款千有餘兩,凡溝渠道路之屬畢修焉。為今而後,淖澤無虞,風沙悉泯,行商坐賈,相與便之。則我鄉人樂善善之心,誠足多矣。捐款諸君,理宜勒石,以垂久遠。執事者以弁言請,余幸樂觀厥成也,欣綴數語於石端,碑記其始末云爾。

　　里人盧崇寯撰并書丹。

總理：李善元、李傑熊（管箱）①、李洛朝、元裔標。

協理：彭挺昭、元裔泰、元和謙、陳道生、區崇慶、李耀元、陳聯枝、陳啟茂、陳明祿、盧卓垣、李榮發、陳啟孚、盧伯昌、盧紹材、盧耀忠、盧云高、陳維文、李文煊、盧應麟、盧炳麟、彭敏龍、彭秀昭、區一焯、陳鵲石、彭祥光、彭敏信、彭秩生、黃遠盛、李榮開、盧珍享、黃興建、黃順南、黃英才、區際昌、簡裕光、簡哲卿等仝泐石。

聖堂助銀叁佰兩正。

聖堂三益會助銀伍佰叁拾兩正。

光緒三十四年歲次戊申冬月吉旦。

## 中碑

### 【碑刻信息】

存址：今廣州市番禺區鍾村鎮鍾四村十字街口康公廟內。

碑額：倡建鍾村墟場砌石碑記。篆書。

碑題：無。

尺寸：高 150 厘米，寬 78 厘米。

碑文來源：原碑抄錄。

### 【碑文】

謹將各善長喜捐金芳名開列於左：

盧□享翁捐銀伍拾大元。

中□□押捐銀貳拾大元。

雷享□捐銀貳拾大元正。

邵光遠堂捐銀參拾大元。

謝積善堂捐銀貳拾大元。

---

① “管箱”，此二字爲橫排小字，在“李傑雄”之下。

彭然超翁捐銀壹拾貳元。

李茂昌店捐銀壹拾大元。

吳廣益店捐銀壹拾大元。

吳吉祥堂捐銀壹拾大元。

恆進館梅翁捐銀壹拾大元。

陳和興店捐銀壹拾大元。

怡源店捐銀壹拾大元正。

廣來店捐銀壹拾大元正。

公興店捐銀壹拾大元正。

李泗德店捐銀壹拾大元。

兩益店捐銀壹拾大元正。

盧棟臣翁捐銀壹拾大元。

雷昭叢翁捐銀壹拾大元。

友信店捐銀壹拾大元正。

和生店捐銀壹拾大元正。

裕益店捐銀壹拾大元正。

黃然記棧捐銀壹拾大元。

盧海元翁捐銀壹拾大元。

陳永溢堂捐銀壹拾大元。

盧廣棧店捐銀壹拾大元。

義昌店捐銀壹拾大元正。

永興店捐銀壹拾大元正。

□隆店捐銀壹拾大元正。

彭樂善堂捐銀壹拾大元。

邵伯榮翁捐銀壹拾大元。

邵昌義翁捐銀壹拾大元。

邵權義翁捐銀壹拾大元。

邵和義翁捐銀壹拾大元。

泰茂店捐銀五大元正。

富安店捐銀五大元正。

裕豐店捐銀五大元正。

□□隆店捐銀五大元。

彭恆益店捐銀五大元。

廣□店捐銀三大元正。

榮□店捐銀三大元正。

巨生店捐銀五大元正。

黃合店記捐銀五大元。

萬豐店捐銀五大元正。

盧德泰店捐銀五大元。

彭禮聚店捐銀五大元。

德祥店捐銀五大元正。

德興店捐銀五大元正。

盧同和店捐銀五大元。

盧厥祥翁捐銀五大元。

合昌店捐銀五大元正。

和源店捐銀五大元正。

陳道生翁捐銀五大元。

□一□翁捐銀五大元。

陳茂記店捐銀五大元。

彭全昌榮捐銀五大元。

雷章叢翁捐銀五大元。

陳際容翁捐銀五大元。

陳偉棠翁捐銀五大元。

彭彬榆翁捐銀五大元。

邵恆義翁捐銀五大元。

盧□德堂捐銀五大元。

陳鵲石翁捐銀四大元。

梁應行館捐銀四大元。

邵配華捐銀四大元正。

大利店捐銀四大元正。

成利店捐銀四大元正。

盧平之翁捐銀四大元。

盧蔭康翁捐銀四大元。

李傑熊翁捐銀四大元。

盧煌脩翁捐銀四大元。

□□店捐銀三大元正。

□□□翁捐銀三大元。

遠和館店捐銀貳大元。

陳亮波翁捐銀貳大元。

和昌店號捐銀貳大元。

彭順漢翁捐銀貳大元。

盧偉盛翁捐銀貳大元。

盧寬享翁捐銀貳大元。

彭俊叢翁捐銀貳大元。

盧勝豐店捐銀貳大元。

雷達炳翁捐銀貳大元。

蕭瑞榮翁捐銀貳大元。

邵志權翁捐銀貳大元。

彭榮達翁捐銀貳大元。

邵順義翁捐銀貳大元。

陳匯川翁捐銀貳大元。

黃錦泉翁捐銀貳大元。

簡成謙翁捐銀貳大元。

簡成啟翁捐銀貳大元。

盧壽宜翁捐銀貳大元。

陳聯枝翁捐銀貳大元。

陳維奐翁捐銀貳大元。

雷達生翁捐銀貳大元。

雷達垣翁捐銀貳大元。

陳國昌翁捐銀貳大元。

彭敏茂翁捐銀貳大元。

萬利館店捐銀貳大元。

梁溢祥店捐銀貳大元。

蔡喜記店捐銀貳大元。

永利館店捐銀貳大元。

吳蔭孫翁捐銀貳大元。

盧和安店捐銀貳大元。

區一盛翁捐銀貳大元。

陳萬圖翁捐銀貳大元。

彭本儒翁捐銀貳大元。

陳榮輝翁捐銀貳大元。

邵配明翁捐銀貳大元。

陳朋祿翁捐銀貳大元。

焯記店捐銀壹元半正。

黎就記店捐銀壹元半。

興隆店捐銀壹元半正。

晉裕祥店捐銀壹元半。

祐記店捐銀壹元半正。

盧珠記店捐銀壹元半。

彭啟緒翁捐銀壹元半。

邵業義翁捐銀壹大元。

合興隆店捐銀壹大正。

旺利店捐銀壹大元正。

元慶廣翁捐銀壹大元。

彭大中翁捐銀壹大元。

梁壽楠翁捐銀壹大元。

吳瑞人翁捐銀壹大元。

□安館捐銀壹大元正。

福隆店捐銀壹大元正。

陳龍德堂捐銀壹大元。

居利店捐銀壹大元正。

榮棧店捐銀壹大元正。

廣豐店捐銀壹大元正。

盧日高翁捐銀壹大元。

盧道影翁捐銀壹大元。

春主堂捐銀壹大元正。

陳德和店捐銀壹大元。

李家熊翁捐銀壹大元。

陳潔瑜翁捐銀壹大元。

恆安店捐銀壹大元正。

業興店捐銀壹大元正。

陳鑑記店捐銀壹大元。

合利店捐銀壹大元正。

謀利店捐銀壹大元正。

區鐸翁捐銀壹大元正。

黃永漢翁捐銀壹大元。

勝合店捐銀壹大元正。

區國斌翁捐銀壹大元。

長盛店捐銀壹大元正。

彭寶叢翁捐銀壹大元。

盧門梁氏捐銀壹大元。

明記店號捐銀壹大元。

邵仁道翁捐銀壹大元。

盧勝宜翁捐銀壹大元。

黃泗和店捐銀壹大元。

盧崇安翁捐銀壹大元。

雷耀芳翁捐銀壹大元。

大成店捐銀壹大元正。

彭應倫翁捐銀壹大元。

益元堂店捐銀壹大元。

蘇倫廣翁捐銀壹大元。

雷達銓翁捐銀壹大元。

吳烈叢翁捐銀壹大元。

新海利店捐銀壹大元。

區際昌翁捐銀壹大元。

元利店捐銀壹大元正。

永竹館捐銀壹大元正。

彭載發翁捐銀壹大元。

盧啟新翁捐銀壹大元。

彭煥昭翁捐銀壹大元。

彭秀釗翁捐銀壹大元。

茂記棧捐銀壹大元正。

成記店捐銀壹大元正。

彭和昌店捐銀壹大元。

彭拱宸翁捐銀壹大元。

兩利店捐銀壹大元正。

左存記店捐銀壹大元。

元權秀翁捐銀壹大元。

李海記店捐銀壹大元。

諧記店捐銀壹大元正。

簡光垂翁捐銀壹大元。

區百健翁捐銀壹大元。

李祐熊翁捐銀壹大元。

李連盛翁捐銀壹大元。

龍祥店捐銀壹大元正。

## 下碑

【碑刻信息】

存址：今廣州市番禺區鍾村鎮鍾四村十字街口康公廟內。

碑額：倡建鍾村墟場砌石碑記。篆書。

碑題：無。

尺寸：高150厘米，寬78厘米。

碑文來源：原碑抄錄。

【碑文】

謹將各善長喜捐工金芳名開列於左：

公□店捐銀壹拾五大元。

富□店捐銀壹拾五大元。

廣□店捐銀壹拾五大元。

陳谷□翁捐銀壹拾五元。

富隆店捐銀壹拾五大元。

黃□益店捐銀□大元。

□□聚店捐銀六大元。

均和隆店捐銀六大元。

李昭崇翁捐銀六大元。

彩利店號捐銀三大元。

盧錫勳翁捐銀三大元。

陳贊利店捐銀三大元。

盧少康翁捐銀三大元。

區光記店捐銀三大元。

□益店捐銀三大元正。

盧桃昌翁捐銀三大元。

盧耀忠翁捐銀三大元。

李鴻聲翁捐銀三大元。

區榮慶翁捐銀三大元。

□偉生翁捐銀三大元。

□誠康翁捐銀三大元。

□□元翁捐銀三大元。

黃順南翁捐銀三大元。

寶興店號捐銀三大元。

盧□忠翁捐銀三大元。

棠德店捐銀貳大元正。

彭星樓翁捐銀貳大元。

盧純漢翁捐銀貳大元。

□義□店捐銀貳大元。

簡成長翁捐銀貳大元。

□記店捐銀貳大元正。

陳啟孚翁捐銀貳大元。

張新記店捐銀貳大元。

陳裕孚翁捐銀貳大元。

□善廣翁捐銀貳大元。

□□□翁捐銀貳大元。

元文秀翁捐銀貳大元。

盧合益店捐銀貳大元。

榮綸店捐銀貳大元正。

彭敏敬翁捐銀貳大元。

邵沃林翁捐銀貳大元。

盧□慶翁捐銀貳大元。

盧桓忠翁捐銀貳大元。

盧星藩翁捐銀貳大元。

陳保如店捐銀貳大元。

陳培□翁捐銀貳大元。

國記店捐銀貳大元正。

怡興店捐銀貳大元正。

彭喜連翁捐銀貳大元。

盧意□翁捐銀貳大元。

豐盛店捐銀貳大元正。

黃積□翁捐銀貳大元。

□□□翁捐銀貳大元。

陳□枝翁捐銀貳大元。

□□叢翁捐銀貳大元。

吳新記店捐銀貳大元。

盧秩鄉翁捐銀貳大元。

盧玉生翁捐銀貳大元。

彭□信翁捐銀貳大元。

彭敏耀翁捐銀貳大元。

李文驥翁捐銀貳大元。

彭崧叢翁捐銀壹大元。

盧怀珠翁捐銀壹大元。

平記店捐銀壹大元正。

盧享宜翁捐銀壹大元。

彭義超翁捐銀壹大元。

南記店捐銀壹大元正。

盧卓垣翁捐銀壹大元。

同和店捐銀壹大元正。

均元店捐銀壹大元正。

廣輝店捐銀壹大元正。

義生堂店捐銀壹大元。

彭敏初翁捐銀壹大元。

梁福秀翁捐銀壹大元。

盧炳芳翁捐銀壹大元。

文記店捐銀壹大元正。

盧有和翁捐銀壹大元。

吉隆泰店捐銀壹大元。

沛昌店捐銀壹大元正。

區東安店捐銀壹大元。

陳廣盛翁捐銀壹大元。

盧道湛翁捐銀壹大元。

勝泰店捐銀壹大元正。

祥安店捐銀壹大元正。

盧業芳翁捐銀壹大元。

邵沃生翁捐銀壹大元。

美利店捐銀壹大元正。

柏□店捐銀壹大元正。

陳應□翁捐銀壹大元。

恆□店捐銀壹大元正。

永益店捐銀壹大元正。

簡芳□翁捐銀壹大元。

德生堂店捐銀壹大元。

陳顯和翁捐銀壹大元。

合聚店捐銀壹大元正。

茂□□店捐銀壹大元。

彭敏翔翁捐銀壹大元。

盧道樸翁捐銀壹大元。

曾聚財翁捐銀壹大元。

彭敏然翁捐銀壹大元。

廣存堂店捐銀壹大元。

盧沃□翁捐銀壹大元。

彭□廣翁捐銀壹大元。

彭永叢昌捐銀壹大元。

盧晉高翁捐銀壹大元。

簡裕光翁捐銀壹大元。

簡成沛翁捐銀壹大元。

炎記店捐銀壹大元正。

黃興建翁捐銀壹大元。

簡成滿翁捐銀壹大元。

元彭氏捐銀壹大元正。

盧達融翁捐銀壹大元。

盧士祖翁捐銀壹大元。

簡連光翁捐銀壹大元。

簡道和翁捐銀壹大元。

彭敏銳翁捐銀壹大元。

陳成孚翁捐銀壹大元。

彭敏湛翁捐銀壹大元。

盧伯昌翁捐銀壹大元。

陳瑞記店捐銀壹大元。

盧榦祥翁捐銀壹大元。

聚□店捐銀壹大元正。

廣利店捐銀壹大元正。

黃廣培翁捐銀壹大元。

萬福店捐銀壹大元正。

彭敏塘翁捐銀壹大元。

盧厥昌翁捐銀壹大元。

簡成記店捐銀壹大元。

盧福基翁捐銀壹大元。

簡道順翁捐銀壹大元。

簡道江翁捐銀壹大元。

元怡芳翁捐銀壹大元。

就記木店捐銀壹大元。

孔博廩翁捐銀壹大元。

陳勝和翁捐銀壹大元。

簡道昭翁捐銀壹大元。

簡道寬翁捐銀壹大元。

吳珍綸翁捐銀壹大元。

簡成潘翁捐銀壹大元。

簡成亮翁捐銀壹大元。

盧□盛翁捐銀壹大元。

乾利店號捐銀壹大元。

盧揚祖翁捐銀壹大元。

陳維獻翁捐銀壹大元。

畢和益店捐銀壹大元。

盧兩和棧石店捐銀壹大元。

盧啟榮翁捐銀壹大元。

陳祥利店捐銀壹大元。

李榮開翁捐銀壹大元。

盧應綸翁捐銀壹大元。

盧維吉翁捐銀壹大元。

簡成演翁捐銀壹大元。

彭敏龍翁捐銀壹大元。

簡道文翁捐銀壹大元。

元門孔氏捐銀壹大元。

區本光翁捐銀壹大元。

簡哲鄉翁捐銀壹大元。

簡成銘翁捐銀壹大元。

簡成義翁捐銀壹大元。

彭挺昭翁捐銀壹大元。

大興店號捐銀壹大元。

李榮滔翁捐銀壹大元。

簡道掌翁捐銀壹大元。

盧繼盛翁捐銀壹大元。

廖冠群翁捐銀壹大元。

陳良記店捐銀壹大元。

榮記木店捐銀壹大元。

盧雄芳翁捐銀壹大元。

陳五業堂捐銀壹大元。

李耀元翁捐銀壹大元。

保壽堂店捐銀壹大元。

盧□元翁捐銀壹大元。

盧達才翁捐銀壹中元。

鄧門簡氏捐銀壹中元。

廣泰昌店捐銀壹中元。

榮興店捐銀壹中元正。

街成利店捐銀壹中元。

【碑文考釋】

　　撰碑者盧崇寯,邑人,生平不詳。

　　碑文記述了清末光緒三十四年(1908)在鍾村墟場建砌石一事。文中反映出鍾村墟場的興旺("每值墟期,百貨闐集")。而砌石之建,所費資金相當一部分來自廟所積蓄的數百金,由此也反映出當地廟宇在當地商業發展中同樣發揮了相當積極和重要的作用。

# 57 塔坡廟

**【廟宇簡介】**

　　廟祀道教東嶽大帝,舊在佛山明心鋪京果街①。由塔坡寺改建,改建年月不詳。入清後分別於清雍正元年(1723)、乾隆某年、嘉慶元年(1796)、道光四年(1824)、道光十七年(1837)、道光三十年(1850)、光緒十六年(1890)重修。

## 57-1 清·趙從端:重修佛山塔坡古廟碑記

　　清光緒十六年(1890)

**【碑刻信息】**

　　存址:今佛山祖廟碑廊。

　　碑額:重修佛山塔坡古廟碑記。篆書。

　　碑題:無。

　　碑文來源:原碑抄錄。

**【碑文】**

　　佛山明心鋪之有塔坡廟也,今昔名不同,所祀之神亦不同。曷言之? 昔名塔坡寺,今名塔坡廟也;昔為寺則祀佛,今為廟則祀東岳大帝也。考《忠義鄉志》:古塔坡寺在耆老鋪塔坡崗上。東晉時有西域僧到此結茅講經,隆安二年,三藏法師達毘耶舍尊者,因講經始建經堂。堂後有崗,唐貞觀二年,崗地夜放金光,掘之得銅佛三尊,穴間有碣曰“塔坡寺佛”。鄉名佛山,蓋始於

---

　　① 京果街的地址描述,來自於清·吳榮光:道光《佛山忠義鄉志》卷二〈祀典·各鋪廟宇·明心鋪〉“塔坡廟”條:“祀東嶽神,在京果街。嘉慶丙辰年重修。”見《中國地方志集成·鄉鎮志專輯》第30卷,頁43上。清·鄭榮修,桂玷篆:宣統《南海縣志》卷六〈建置略·祠廟·五斗司〉“塔坡廟”條亦云:“在佛山明心鋪京果街。”見《中國地方志集成·廣東府縣志輯》第30卷,頁189上。而根據1991年出版的《佛山市文物志》,此廟於20世紀90年代初尚完整保存於塔坡街。此廟當在京果街和塔坡街的交匯處。

此。故曰昔為塔坡寺,昔為寺則祀佛也。

至寺改為廟,祀佛改為祀東岳大帝,不知始自何時。考塔坡寺毀於洪武二十四年,則變置當在此際。佛山為粤東一大鎮,塔坡又為佛山一大名勝,則祀東岳大帝也固宜。奉祀以後,人煙日繁盛,商賈日輻湊,所謂人和而神降之福①者益信。明代碑記無存,至國朝,一修於雍正元年,再修於乾隆□年,又再修於嘉慶元年、道光四年、道光十七年、道光三十年,此則有聯匾及舊碑可考者。惟自道光三十年至今,四十餘年矣,香煙不絕而棟宇日益頹。僉謀有以鼎新之,乃謀未閱月,樂捐者即裒成六百餘金。爰即鳩工庀材,經營於八月,落成於十一月,前後僅百日,而此廟遂煥然改觀。尤足見人和之至,將來神之降福者,更未有艾也。端世居塔坡之右,其獲庇也,尤地近而代遠,喜諸君子之相與有成也。爰不揣固陋,泚筆而為之記。

兹將善信喜認廟內物件開列:

岡聯祖會敬送:龍袍朝靴、冕旒玉帶、扁額。

善德堂敬送銅香爐壹個。

四街添置大銅燭台壹對重叁拾斤。

眾善堂敬送大聚寶爐壹個。

蘇厚光堂敬送琉璃貳枝。

善信堂敬送頭門木聯壹對。

桂蘭祖會敬送高腳牌貳對。

聯慶堂重修錫大香案全副。

李喬生敬送楚元帥石虎、張王爺像板、扁額。

方再臣敬送□龍扁壹個、神座褥壹張、神帳三堂。

梁仁和敬送高腳牌壹對。

梁恭安堂敬送雨衣帽全副。

---

① 有關此句出處,詳參7-3周日新道光十四年〈重修三清堂碑記〉注釋。

仇寶善堂敬送玻璃壹枝。

梁孔氏敬送龍袍壹副。

陳慎思堂重修□箱□令架全副。

陳楚材、梁啓鎮同敬送高腳牌壹對。

劉道館敬送福神對額全副。

羅氏敬送錫手焰壹對。

梁彥恩堂敬送錫高灯壹枝。

沈永記敬送錫高灯壹枝。

何敬修堂重修頂脊木聯壹對。

近仁菴敬送七星錫灯壹枝。

李德□、李可才、李象禎、張祐福同敬送顧繡神帳壹堂。

碧雅林屢年敬送大金花壹對。

梁宅敬送羽紗長旛壹對。

陳鎮英敬送羽紗長旛壹對。

周挺敬送廟口龍虎燈籠壹對。

何厚福堂敬送羽紗長旛壹對。

郭如筠敬送高腳牌壹對。

廟學壹間，坐落京果街，東向。正間深貳丈六尺五寸，闊八尺貳寸；後座左便偏間一進，深壹丈，闊五尺，與廟相連。三便俱係自牆。

茲將塔坡四街並各善信簽題工金開列：

賣籮大街：

梁仁和：五員半。

大源號：四大員。

信盛號：三大員。

就昌號：三大員。

天聚號：三大員。

大興號：三大員。

大源棧：二大員。

琼香號：二大員。

李松源：二大員。

廣生號：二大員。

廣昌號、生和號、寶華號、同利號、福和號、協昌號、萬昌號、梁光裕堂、怡和號、順興號：以上助銀□員半。

聚盛號、仁和棧、信盛棧、天聚棧：以上助銀九錢。

寬信號助銀八錢二。

仁昌號：一大員。

黃日記：一中員。

文昌大街：

張慎德堂：四員。

啟隆號：三大員。

霍松盛：二大員。

翰章號：二大員。

成興號、成福號、成福棧、生昌號、霍元福、元福棧、元福棧、元福棧、錦雲號、厚福號、富文齋、林裔記：以上助銀員半。

方聯壽、翰墨樓、李人和、成章號：以上助銀九錢。

英隆號：一大員。

京果街：

茂記號：三大員。

德成號:二員半。

成合號:二員半。

祥記號:二大員。

恆源號:一員半。

瑞記號:一員半。

德興號:一員半。濤利號、偉記號、財合號、福記號、財和勝記、均昌號、李源聚、周祐記:以上助銀九錢。

新記號、安利號、順發祥:以上助銀八錢二。

水記號、斌記號、楷記號、榮記號、順隆號、福慶堂、勝昌號:以上助銀一員。

文昌正街:

方再臣:五大員。

藹春樓:三大員。

陳慎修堂:二大員。

達文齋:一員半。

合記號:一員半。

黃廣元、中和號、新聯壽、聯壽棧、杜寶山、友福號、友福棧、友福棧、友福棧、德壽棧、湘記號、譚權記、文勝記、三多軒:以上助銀九錢。

李文英:八錢四。

陳佐記:八錢四。

恆利號:八錢一。

維記號:七錢六。

書院內:一大員。

公所緣簿:

藉興堂:四十兩。

有名氏：三十員。

恩耀堂：二十員。

陳鎮英：十四員。

吳永祥、賢廣新號：以上助銀二員。

英南堂、崔曾氏、冼存心、新福壽、泗友堂、三友堂：以上助銀一兩。

祥記：八錢。

新敬聯、協勝祖會、蘇光厚堂、同義聯、茂盛隆、馮綿枝、廣麗昌合利號、甘象鎏、利益押、陳五昌堂、區蔡氏、沈永記、無名氏、高宅、陳桂芳、區八、福勝堂、李顯光、梁樸、老吳氏、葉、談海雲、張家循、林霍氏、陳亮明、何海記、馮璧光、區澤祖、譚呂氏、駱德彰、嚴宅、伍耕心堂、羅立德堂、左汝松、何秤、黃永貞：以上助銀一大員。

區、趙、冼、韓氏：助銀六錢。

何勝富堂：五錢正。

陳集善堂：五錢正。

李國宸：五錢正。

盧延益：四錢二分。

黎國珍：四錢正。

李宅：四錢正。

朱文富、霍氏、陳譚氏、劉龍光、霍錦垣、黃堂號、李延謙、李延鐘、李樂堂、李和堂、伍義堂、文雅齋、福慶庵、吳炎忠、葉合同、成福堂、馮錫光、無名氏、梁永堂、梁安堂、莫倫記、同義堂、同敬堂、盧宅、何建號、黎氏、扶普南、大利號、再得堂、霍錦墀、樂善堂、梁藉堂、梁福堂、麥楠輝、三友堂、陳作宜、陳綿堂、陳遠堂、陳正合、劉福、黃應記、梁永堂、梁德堂、梁容亨、何幹臣、馮忠、余和福、馮本全、陳潤文、劉林堂、陳厚堂、陳福堂、廣德堂、馮五宅：以上助銀一中員。

合意堂：二錢八分。

炳昌號:二錢。

蘇黃氏:二錢。

余伍氏:二錢。

梁紹楷、李勝昌、德利號、葉貴、邵宅、郭有開、冼源利、劉天泰、陳永合、區榮記、永順號、德昌號、萬益號、何洪號、杜榮利、天華號、謝洪記、張傑記、萬福號、萬利號、財源號、陳何冼、郭源興、李炳基、李昭儉、黃善調、敬善堂、麥樑昭、劉藉堂、劉福堂、元亨號、黃源記、蘇源利、合勝堂、馮樹堂、馮德堂、得源號、勝源號、泗盛號、何業、黃瑞徵、嚴娣、鄧松盛、霍梓海、同合號、榮和號、譚昭記、彭廣華、李宅、梁恭堂、梁安堂:以上助銀一錢。

共進工金銀三百四十八兩三錢九分正,另碎簽工金三兩四錢三分二厘正。大共進工金銀三百五十一兩八錢二分正。

進司祝廟租銀二百八十三兩七錢三分四厘正,進德安押息銀一兩二錢零六厘正,進四街賀三朝份金銀三兩六錢正,進四街科奠土份金銀二十兩零三錢二分八厘,進投雜物共銀五兩四錢六分五厘正。

合共進得銀六百六十六兩一錢五分三厘正。

茲將支數開列:

支水記□水磚坭人工,共銀七拾貳兩六錢貳分五厘正。

支天福聚利瓦片筒,共銀壹拾兩零九錢。

支昌記衫料,銀八兩七錢七分五厘。

支沈永記油漆鋪金,銀貳拾貳兩壹錢四分。

支聚勝號花板龍碑,銀七兩叄錢壹分。

支黃天元寫腳牌木對神位,共銀四兩七。

支榮昌號棚廠,銀七兩六錢四分。

支成和號棚□,銀四兩叁錢四分。

支廣合石□,銀貳兩貳錢六分。

支隆華尾色,銀七兩六錢五分。

支彩新迪神出火儀仗,銀貳兩。

支藹春樓金字標字草帽字,共銀六兩叁錢。

支啓記馬疋,銀壹兩八錢五分八厘。

支萬興鑲鞋,銀壹拾兩零壹錢壹分。

支福昌草帽,銀壹兩貳錢。

支陸石桂人夫工,銀貳兩貳錢貳分。

支貞聚紙料,銀四兩五錢零六厘。

支生利號神衣夾萬壹個,該貳兩八錢正。

支黎永利銅燭台,銀四兩七錢零六。

支滙昌號神衣箱架腳台,銀九分叁厘。

支隆紹標紅布,共銀壹拾叁兩零六分。

支成興紅布,壹兩五錢四分正。

支怡吉牌架,銀貳兩八錢四。

支芹香閣刊路徑達印工,共銀四兩八錢壹。

支楊梅村靴金,銀六兩四錢八分。

支吳錦卿筆金,銀貳兩壹錢六分。

支五福號儀仗,四拾九兩四錢叁分。

支有記人夫,銀叁拾五兩八錢貳分。

支同志堂鑼鼓席金,銀七兩貳錢正。

支聘稚懷鑼鼓席金,銀七兩貳錢正。

支游永信什番席金,銀四兩叁錢貳分。

支新志堂什番席金,銀四兩叁錢貳分。

支錦城雅趣鑼鼓□金,銀七兩貳錢正。

支永隆號女童色,銀貳拾六兩四錢壹分。

支兆禎祥女童袍褂,貳拾壹兩貳錢。

支廣新女童袍褂,銀貳拾壹兩四錢正。

支廣麗昌色,銀壹七五兩貳錢五分。

合計欠銀七百九拾五兩零六分五厘正。

支各號雜項,共銀四拾七兩零六分貳。

支新福壽吹手,銀壹拾貳兩七錢。

支賞各號標尾,銀壹拾七兩四錢壹。

支高會樓酒席,銀壹拾四兩壹錢七。

支新新聲吹手,銀五兩九錢。

支廣和聲吹手,銀貳兩八錢八分。

支更夫火藥□,銀貳兩八錢八分。

支補街道灯色,銀七拾貳兩。

支源昌盛灯色,銀八兩貳錢壹分。

支杏棠春吹手,銀叁兩零貳分。

支新信昌灯色,銀五兩八錢六分。

支和珍館酒席,銀五拾叁兩四錢四分。

支折執事五名□金,銀貳兩叁錢五分。

支神前大班執事工,銀拾叁兩九錢七分。

支德昌酒席,銀壹兩四錢。

支南珍酒席,銀四兩叁錢貳分。

支天和灯籠,銀貳兩五錢。

支得明灯籠,銀九錢六分。

支人夫席金,銀三兩六錢。

支李業散工,銀四兩五錢零四。

支區松散工,銀貳兩九錢四分。

支梁來巡丁,銀六兩正。

支彩新燈色,銀壹兩貳錢六分。

支押掍工,銀八兩貳錢五分貳厘正。

支出會酒使壯丁,共銀五兩叁錢零五厘。

支賀彌月吹手,連雜用,共銀八錢九分正。

支大源柿餅雜貨,共銀五拾七兩四分。

支奠土醮,共用銀貳拾六兩零壹分□。

支意高聲元旦吹手,連□□□銀壹兩六錢□。

支魯福元擇日扁,銀四兩九錢。

支鍾福記石碑,銀壹拾八兩。


光緒十六年歲次庚寅十二月吉日,里人趙從端薰沐拜撰並書。


**【編者按】**

碑文又見廣東省社會科學院歷史研究所中國古代史研究室等編:《明清佛山碑刻文獻經濟資料》①、佛山市博物館編:《佛山市文物志》②。


**【碑文考釋】**

撰碑者趙從端,邑人,生平不詳。

這篇碑文首先介紹了佛山塔坡古廟由祀佛之寺改爲祀東嶽大帝之廟的歷史,所據爲《佛山忠義鄉志》中關於古塔坡寺的記載。這段記載不僅講述了塔坡寺的建寺經過,也解釋了鄉名"佛山"的由來,可備一說。至於寺改爲廟、祀佛改爲祀東嶽大帝的時間,碑文考證大約在明洪武二十四年(1391),因爲塔坡寺毀於此年。最後,碑文略述了塔坡廟的重修歷史,在清光緒十六年(1890)的這次重修之前,有碑記記載的重修約有六次,分別

---

① 廣東省社會科學院歷史研究所中國古代史研究室、中山大學歷史系中國古代史教研室、廣東省佛山市博物館編:《明清佛山碑刻文獻經濟資料》,頁248-252。

② 佛山市博物館編:《佛山市文物志》,頁74。

在雍正元年（1723）、乾隆某年、嘉慶元年（1796）、道光四年（1824）、十七年（1837）、三十年（1850）。

　　關於東嶽大帝的有關情況，請參後宋·崔與之：〈重建東嶽行宮記〉［宋紹熙四年（1194），碑號77-1，總190］碑文考釋。

# 58　雲泉仙館

## 【廟宇簡介】

西樵山雲泉仙館位於南海市西樵山白雲洞,建於清道光二十八年(1838)。白雲洞本為南海人何中行(號東江)於明嘉靖間所開闢,其子何亮繼承父志,設置書室,於此讀書修煉,並號白雲主人,自此洞便被稱為白雲洞。自此,賴人文薈萃之功,白雲洞名聲漸顯。入清之後,白雲洞新開設書院、精舍、詩社等,作為文人隱士托跡修真之地,成為世外桃源。乾隆四十二年(1777)南海石岡人李攻玉建攻玉樓(後改名玉樓書院)。乾隆五十四年(1789),南海金甌堡名士岑懷瑾集資興建三湖書院及漱芳吟(詩)社[1]。

道光十八年(1838),以南海龍津堡鄉紳李宗簡(字文川,號莘野)為首的一群修道者來隱居於白雲洞,修建祭祀何白雲的高士祠,並且還建祠奉祀呂純陽仙師。自明代以來,西樵山除被稱為理學名山之外,還有流傳許多與呂純陽仙師有關的神仙傳說,《西樵白雲洞志》(1838)就記錄很多西樵山與呂純陽仙師有關的故事。因此,在雲泉仙館創立以前,西樵山已經成為呂祖信仰的據點了。

道光二十七年(1847),李宗簡、馮贊勛等在玉樓書院故址,擴建為雲泉仙館。大殿稱贊化宮,以專奉祀呂純陽仙師,並建有供奉加入雲泉仙館道友之靈位的祖堂,及接待客人的頤養院之墨莊等建築。雲泉仙館的創建,自道光二十七年至於咸豐八年(1860),歷時十三載。李宗簡成為仙館第一任住持。現在仍保留的石刻"雲泉仙館"四個大字的門額是由李宗簡請當時兩廣總督耆英所題寫的字[2]。

夏至前〈雲泉仙館與近代嶺南的呂祖信仰〉一文云:"据咸豐二年(1852)李宗簡編訂《西樵雲泉仙館頤養院簡章》以及《雲泉仙館規條》(光緒三十年的再訂本),仙館為隱居修行的道侶定立規制、立章則,設立最高職責主持人,後稱館長,下設帳房、核帳、知客、巡照等職,三年一任,由同人大會選舉,可連任。對於入道者(即加入該館者),必須是德行端正、品性純良,並要有兩位館友作介紹、擔保,然後先行登記掛號,錄下姓名、籍貫、年

---

① 清·黃亨纂編:《西樵白雲洞志·自序》,清道光十八年(1838)刻本,頁3上-4上。
② 譚標:〈西樵山雲泉仙館與耆英其人〉,《南海文史資料》第2輯(1987),頁44-45。

齡、職業、住址,再經三個月時間的調查與觀察,證實其為人果屬純良,方允其參道。參道者必須按章交納道項(資金),將參道者之姓名、道號(由館方另行儀式賜與)、年齡、籍貫、職業、住址以及入館介紹人均記入《同門錄》——館友名冊。每人發書三本:《館章》、《洞志》《善與人同錄》。入道儀式由館長、知客、乩手及參道者參加,由乩手扶乩代表祖師訓示,並賜與道號,禮成則算是正式入道。此外,仙館還有自己的演派詩以為取道號之用,詩曰:'野靜修真耐,松梅竹柏青,唐虞因友早,沖霄外通靈。'入道期滿三年者,謂之滿道。滿道者就能在仙館長住,由館方負責生養死葬。"①

## 58-1　清·馮贊勳:鼎建雲泉仙館碑

清咸豐十年(1860)

【碑刻信息】

存址:今南海市西樵山雲泉仙館內。

碑額:鼎建雲泉仙館碑。楷書。

碑題:無。

碑文來源:原碑抄錄。

【碑文】

宇內名山,皆有神靈以為之主,乃能作鎮中區,與乾坤而永奠。五嶽其最著也,他如終南、太白、天台、雁蕩、匡廬、峨嵋,有勝境則昭靈跡。而高人畸士,藉是藏修,往往得山川之靈,成不朽之業。所謂身居赤城,名在丹臺者,非直為遊觀地也。吾粵二樵,對峙東西,若金、焦兩點。東樵名跡頗多,西樵則前明諸老講學山中,其名遂顯。而白雲一洞,尤奧窈奇崛。自何子明高士開闢,後代有搜剔,幽境疊呈,第無以主之,旋興旋廢。道光十八年,鄧鑒堂觀察慨然倡修,工未竟而歸道山。李文川明經因與諸同人踵其後,修復三湖書院,增建高士祠。祠右為逍遙臺,向祀純陽呂祖師。顧雲洞為一樵之

---

① 夏至前:〈雲泉仙館與近代嶺南的呂祖信仰〉,發表於香港中文大學道教文化研究中心於2006年舉辦的"廣東道教歷史研討會"。

勝,而此臺尤一洞之奇,易其名曰接東樓。遠接東瀛,義蓋有取。下有長生丹井,甘冽異常,飲之者痼疾皆愈。一時士女駢闐,挈餅絡繹。僉曰:雲洞靈跡,殆鍾於此乎?非吾祖師其誰與歸?爰集同志,醵金共議,於臺右蘊玉山房故基,鼎建雲泉仙館。中為贊化宮,以專崇奉。左為祖堂,後為祿位樓;又左為飲虛臺、永春園、唾綠亭。宮後,右為倚虹閣,上為養雲廬,小雲泉之所自出。夫雲變動不居,一如人世之出處靡定,養之時義大矣哉!吾祖師忠孝教人,常懷利濟。嘉慶丁卯年顯跡清江,存活無算。經漕督奏請,敕加燮元贊運徽號,頒行天下,載在祀典。讀功過一格,乃燮贊之金丹,寔與格致誠正修齊治平相表裏。繼自今名山得主,佑啟後人。居斯洞者,沐浴至教,涵泳聖澤,處則為雲之需,出則為雨之徧,風雲壯色,山川效靈,將與終南、天台諸名勝並垂不朽。若徒以是為遊觀之美、景物之奇,小之乎視斯洞矣,豈吾祖師殷殷垂教之至意哉!是舉也,經始於道光二十七年,告竣於咸豐八年,爰綜其端末而為之記。

賜進士出身誥授中憲大夫翰林院編修太僕寺少卿歷任京畿道監察御史陝甘提督學政馮贊勳拜撰。

賜進士及第誥授資政大夫翰林院編修欽命廣東布政使司布政使署理廣東巡撫部院江國霖拜書。

咸豐十年歲次庚申孟冬穀旦立石。

【編者按】

碑文又見南海縣地方誌編纂委員會等編:《西樵山志》①。

【碑文考釋】

撰碑者馮贊勳,清咸豐間人,撰碑時為陝甘提督學政。

碑文記述了在西樵山白雲洞逍遙臺右鼎建雲泉仙館的前後經過。碑文盛讚白雲洞

---

① 南海縣地方志編纂委員會等編:《西樵山志》,廣州:廣東人民出版社,1992,頁190–191。

為一樵之勝,而逍遙臺則為一洞之奇,臺下有丹井靈跡。就在這樣一個靈秀勝地,建雲泉仙館,奉祀呂祖,正應碑文開頭所云"宇內名山皆有神靈以為之主"。碑文後半又稱述了呂祖的功德事蹟,預言於此修道者將涵泳聖澤,而此處亦將與終南天台並垂不朽。

## 58-2　清·李樹恭:重修雲泉仙館增建帝親殿碑

清光緒三十三年(1907)

【碑刻信息】

存址:今南海市西樵山雲泉仙館放生池畔。

碑額:重修雲泉仙館增建帝親殿碑。楷書。

碑題:無。

尺寸:碑高130厘米,寬65厘米。

碑文來源:原碑抄錄。

【碑文】

　竊以黃河為萬派之宗,源探星宿;華岳發萬山之祖,脈起昆侖。故堯舜思源,格於文祖;武周達孝,上祀先公。自古在昔,先民有作,報本返始,於義為昭。所以祀壯繆於禹山,遠追昌裕;奉文宣於頍水,上配叔梁。此凡奉祀者,莫不有帝親殿之建也。溯自道光中葉,馮太僕贊勳、仇庶常效忠、李明經宗簡、盧守戎鎮諸君子,幅巾於山南山北;壇坫於樵東樵西。暮景息游,效林逋之子鶴;晚年好道,步開濟之扶鸞。乃於西樵山白雲洞之麓,誅茅介徑,猶聞讀月書聲;架石闢堂,尚訪探梅舊跡。何子明之高尚,髣髴前人;湛文簡之潛修,模楷後進。名曰雲泉仙館,中為贊化宮,奉孚佑帝君焉。玉局開而壇標九斗,金華辟而地聳三茅。上接桃源,左襟華蓋;地鄰攻玉,勢俯鑑湖。由是香火結緣,著英啓會。山靈效順,雲開龍井之泉;徒侶爭趨,霧集張超之市。諸君子又體帝君意,於宮左建祖堂,以奉帝君三代焉。一人證果,三代飛升。祖考高曾,享名山之俎豆;神仙忠孝,垂奕禩之馨香。斯時也,樓蠱倚虹,夕霞挹秀;亭修待鶴,夜月交清。詩酒名流,裙屐繼蘭亭之勝;文章大老,丘壑高栗里之風。諸君子杖履其間，雖李長源跡託寒山，張子房蹤追黄石，以此方之，不寔過也，猗歟休哉！今者景物全非，代年已久，閲時花甲，飽更歲月，風霜遺廟，丹青剥蝕，空山草木。屋嗟露處，零雨常飄；地溷塵承，靈風不滿。房廊頹廢，棟宇摧殘。篆深石砌之苔，生遍戶庭之草。尚或飄風露雨，瓦任疊夫鴛鴦；帳網梁塵，巢慣棲夫蝙蝠。將何以仰承禋祀，鎮撫神靈？辛丑夏，同人李庶常孝先、張農部琯生、談兵部道隆、梁大令麟、余孝廉得侔等，睹頹落而驚心，思締構而倡首。合同門而捨金錢，集大匠而勤丹艧。廊周兩翼，千片石開；庭構三重，四周水繞。退英雄之步，何須賀監鏡湖；延孔孟之傳，好似晦翁鹿洞。且以祖堂舊地，僻在偏隅，崇本推源，宜尊位置。人謀枚卜，登山而勢若建瓴；易卑以尊，定位而功同鑿空。乃於宮後懸崖石壁中，辟增一殿，遷帝君三代而奉祀之，此誠仁人享帝、孝子享親之義也。匠心獨運，異境天開。鑿險通幽，幻等巨靈之擘；神功鬼斧，跡若五丁之移。石頭點而磔定方中，殿腳牢而牆加登築。瓊漿玉液，仙家進膳，如聞樂奏廣寒；春禴秋嘗，弟子心香，恍若詩賡華黍。尊卑定矣，神人慶矣。垂不朽於洞天，綿無疆於道派。當光緒之壬寅，迄太歲之丁未，計功之成也六載，樂神之奠也萬年。舊址重規，新模式煥。雖事興百堵，欣大廈之多材；而裒集千金，實同人之好義。爰由庀材以及拓址，經始以至落成，紀經費於貞瑉，纖洪必備；鏤芳名於紫篆，彼此無遺。從此雲華傑閣，萬古長存；金籙道場，千秋並永。夫鴻文無範，炳若日星，勝會宏開，遠垂世紀者。會稽修大禹之廟，阮伯元筆厥初終；餘杭立諸葛之祠，袁子才紀其巔末。嚴先生之碑碣，大筆共仰郭麟；謝文節之祠堂，紀事咸稱吳子。且也讀雲洞之引，豔說敏修；記漱芳之園，尚談懷瑾。此皆擷六代之腴，波瀾徐庾；潤三堂之秀，頡頏楊王。寢饋百家，笙簧六籍。故得以爭光文苑，揚藻藝林。樹也不才，敢與斯列。第以廁身支派，五代叨傳；息影山林，同門僅附。雖劣同覆甕，敢辭鄙陋之無文；亦率等操觚，竊此倖存之有錄云爾。

　　辛丑住持公耐道人陳兆平同倡建。

光緒三十三年歲次丁未孟冬吉日立。

五傳弟子登耐道人李樹恭頓首拜撰,里人徐汝良敬書,省正興街泗源店刻字。

【碑文考釋】

撰碑者李樹恭,生平不詳。

碑文以駢文的筆法,主要記述了清光緒年間重修雲泉仙館以及修建帝親殿的事情。碑文開頭首先引述各種情況,提出一個觀點,即重本思源,凡奉祀莫不有帝親殿之建。接下來回顧了道光中葉在西樵山白雲洞創建雲泉仙館的景況。然後自然轉到碑文的主題,由於年月已久,道觀頹敗,需要重修;另外,奉祀帝君三代的帝親殿位於偏隅,也需要重建。最後碑文點出了這一工程的重大意義,以及工程告竣後的壯觀景象。

# 59　蒙聖里觀音廟

## 【廟宇簡介】

廟在蒙聖里。創建於明代,於清雍正元年(1723)、嘉慶元年(1796)兩次擴建,道光六年(1826)創建呂祖仙廳,咸豐三年(1853)復重修,並增築文昌樓。

## 59-1　清·區鑑清:蒙聖里觀音廟記

清咸豐三年(1853)

## 【碑刻信息】

碑文來源黃仁恒編:《番禺河南小志·金石》。

## 【碑文】

伏以民康物阜,齊霑法雨之施;地勝神靈,徧仰慈雲之覆。既傾囊而集事,宜勒石以為銘。蓋不朽有三,而創修廟宇一端,尤為功德無備也。我鄉原名蒙子園,又曰霞村;茲云蒙聖者,緣取大《易》"蒙以養正,聖功也"①之義,故額其鄉曰"蒙聖"。當時萃處未繁,人僅百戶,後延地師相視,遂建東西南北四門樓,以象襁褓之形,嗣是毓麟蕃盛矣。虔奉南無大慈大悲靈感觀世音菩薩,歷有年所,溯其廟,肇自前明。初則淺小,至國朝雍正元年,搆地擴而大之,曾加修飾。又至嘉慶元年,重增式廓,並添設東廳敦仁社學一座。其呂祖仙廳,則創祀道光六年,奈相沿日久,風雨剝頹。遞至咸豐三年,闔鄉紳耆值事等酌議平基修建暨修獅子古廟,再將廟後房屋數間改作文昌樓一座。幸菩薩慈悲庇佑,集百腋以成裘;俾善信願力宏深,釀千花而作蜜。由

---

① 《周易·上經乾傳》:"再三瀆瀆,則不告。瀆,蒙也。蒙以養正,聖功也。"見魏·王弼、晉·韓康伯注,唐·孔穎達疏:《周易注疏》卷五,頁112。

是群材畢集,鳩匠經營,新築告成,翬飛以曜,竹林頓新其氣象,蓮座大煥其規模。廟貌巍峨,千百年亦孔之固;民情和樂,億萬年長發其祥矣。所有眾紳士女姓氏芳名喜助器物工金清數,悉備鐫於左,以與貞珉同壽云。是為記。

　　里人區鑑清敬撰。

【編者按】

　　碑文輯錄自黃仁恒編:《番禺河南小志》卷七〈金石〉①。該書據拓本收錄。

【碑文考釋】

　　區鑑清,邑人,生平不詳。

　　這篇碑文開頭兩句即點出撰此碑文的緣由:創修廟宇功德無備,應當勒石爲銘。其中提到"不朽有三",出自《左傳·襄公二十四年》,原文曰:"太上有立德,其次有立功,其次有立言。雖久不廢,此之謂不朽。"碑文正是從這一點生發,指出修建廟宇亦是成就"功德無備"的大事。

　　接下來的一小節則回顧了蒙聖里鄉的名稱由來以及發展小史。以為下文轉入鄉里所奉信仰的過渡。"蒙聖"二字乃取自大《易》"蒙以養正,聖功也"之義。

　　最後的一大段才是本文的重點所在,也就是觀音廟的創建、增修的歷史。蒙聖里的觀音廟創建於明代,清雍正元年(1723)和嘉慶元年(1796)都曾增修。特別是在道光六年(1826)新建了一所"呂祖仙廳"。然而廟宇漸漸剝蝕、蕪敗。至咸豐三年(1853),鄉里人士決定重修,不僅重修了觀音廟,而且修葺了獅子古廟,並將廟後的房屋改建成了文昌樓,於是舊觀音廟整個煥然一新了。作者撰寫了這篇碑文以紀念之。

―――――――――

① 　黃仁恒編:《番禺河南小志》,《中國地方志集成·鄉鎮志專輯》第 32 卷,頁 704 上-下。

# 60 嘉猷古廟(望岡堡)

## 【廟宇簡介】

廟舊在番禺望岡堡嘉猷嶺,祀北帝,又稱北帝神廟。創建於清乾隆二十六年(1761)①。另外,根據黎崇基碑,此廟曾於嘉慶十年(1805)和咸豐元年(1851)重修。

## 60-1 清·黎崇基:重建嘉猷古廟碑記

清咸豐元年(1851)

## 【碑刻信息】

存址:舊在嘉猷古廟內,宣統間尚存②。

碑文來源:宣統《番禺縣續志·金石略》。

## 【碑文】

嶺以南亦一都會也。或曰其靈在山,其秀在水,故其衣冠文物,自漢晉迄今而滋盛。顧其山水之靈,他不具論,即如嘉猷嶺,亦其最著者也。嶺居會城北三十里,岡巒起伏,斷續蜿蜒,古松積陰,蔥蘢盤鬱其間。有北帝神廟在焉,神甚赫奕,茲方人士所由春祈而秋報者也。厥廟溯倡建於乾隆辛巳年,由來舊矣。自嘉慶十年重修,迄今三十有五年。風雨之所剝蝕,陰陽之所摩盪,歲月之所變遷,前記所謂堂序廊廡或以頹,棟梁榱桷或以朽,采畫丹青或以敝。居人士爰因其頹朽而修之,革其故敝而築之,智者運謀,富者輸財,能者效力,不數月而工以成。吾嘗歷斯嶺而覽其勝,徘徊久之,有餘思

---

① 清·李福泰主修,史澄等纂:同治《番禺縣志》卷一七〈建置略·壇廟〉"嘉猷古廟"條,《中國地方志集成·廣東府縣志輯》第6卷,頁199下。

② 清·梁鼎芬主修,丁仁長等總纂:宣統《番禺縣續志》卷三九錄文,原題下注曰:"正書,存。"文末按語曰:"右刻在望岡堡嘉猷古廟。"見《中國地方志集成·廣東府縣志輯》第7卷,頁530下、531上。

焉。則以當神廟之前，七鄉環列。七鄉者，阡陌相連，里閈相接，耰鋤相偶，而且出入相友，守望相助，婚姻相聯，道義相勸，所謂觀於斯而知王道之易易者①有如此也。將見斯廟之新，人和而神降之福②，以祈水旱則必應，以捍災祲則必靈，以綏福祐則必速。歲時伏臘，吹豳飲蜡，七鄉人士，齊明盛服以承祭祀，車轂擊，人肩摩，藉以聯氣誼而伸洽比，敦古處而勸農桑。昔先聖王所謂以神道設教者，意在斯乎！今歲之冬，落成有日，董其事者為祐經拱朝，囑余為之記。余以為地之靈得神而益著，神之靈得人而愈彰。況是役也，不徒誇土工木石之觀，而即成和親康樂、睦鄰厚俗之舉，則神為之福也愈大，而其靈有不愈彰也哉！

　　道光辛亥冬月，賜進士出身敕授文林郎雲南即用知縣黎崇基拜撰。

【編者按】

　　碑文輯錄自清·梁鼎芬倡修、丁仁長等總纂：宣統《番禺縣續志》卷三九〈金石略〉③。

【碑文考釋】

　　撰碑者黎崇基，珠江出海口侖頭村人。清道光十五年（1835）恩科中式第五名舉人，選雲南麗江知縣，改雷州府教授。

　　宣統《番禺縣續志》文末按語曰："黎崇基，道光十八年進士，雲南麗江縣知縣，改雷州府教授，見李《志·選舉表》。謹按《東華續錄》：'道光三十年庚戌正月，宣宗成皇帝龍馭上賓。明年辛亥改元，為咸豐元年。'此碑稱道光辛亥誤也。"④

　　這篇碑文是因嘉猷嶺北帝廟的重建而作。此廟創建於乾隆二十五年（1761），曾於嘉慶十年（1806）重修。至咸豐元年（文中稱"道光辛亥"，辛亥年已經改為咸豐年號，是爲咸豐元年，即1851年）已經四十五年，碑文稱"三十五年"，當爲計算錯誤。

---

①　此語出於《禮記》，參前清·姚允楫：〈重修北帝廟碑記〉[清嘉慶四年（1799），碑號35-3，總95]注。

②　有關此句出處，詳參清·周日新：〈重修三清堂碑記〉[清道光十四年（1834），碑號7-3，總17]注釋。

③　清·梁鼎芬倡修，丁仁長等總纂：宣統《番禺縣續志》卷三九〈金石略〉，《中國地方志集成·廣東府縣志輯》第7卷，頁530下-531上。

④　清·梁鼎芬倡修，丁仁長等總纂：宣統《番禺縣續志》卷三九〈金石略〉，《中國地方志集成·廣東府縣志輯》第7卷，頁531上。

　　碑文除記載廟宇的歷史與咸豐元年這次重修的情況以外,還有一番對於修廟意義的闡發。碑文作者認為,神廟前的七鄉,體現出互相友愛、幫助的良好風尚,是王道得以推行的表現。而這一點與神廟有著非常密切的關係,因為七鄉人士每每"齊明盛服以承祭祀",因為共同對神的祈求與一起參與祀神的活動而增進了相互的友誼,即達致"和親康樂、睦鄰厚俗",也就是實現了所謂的"人和";而人和則神降福了:"以祈水旱則必應,以捍災禠則必靈,以綏福祐則必速"。所以神廟之設便實現了睦鄰厚俗的作用,並且真的能夠給大家帶來福氣,從而體現了神之"靈"。

# 61　龍塘觀

【廟宇簡介】

觀在白雲山龍公塘,祀觀音大士、呂純陽孚佑帝君和安期仙人。吳榮光兄弟於清道光九年(1829)為其亡父亡母而建。

## 61-1　清·吳榮光:龍塘觀記

清道光九年(1829)

【碑刻信息】

存址:舊在龍塘觀內,宣統間尚存①。

碑文來源:宣統《南海縣志·金石略》。

【碑文】

余兄弟經營先通奉宅兆於白雲山龍公塘之原,廬墓其下,以先通奉及梁太夫人在日事奉觀音大士甚敬,作龍塘觀祀之。左旁供呂純陽道師,右旁供安期仙人,俾空山風雨〔一〕中浄修,而冀有悟焉。

夫神之靈,靈以地也。茲觀延〔二〕龍塘之秀,東望摩星嶺頂,雲氣趍趨,上與天際。東南則白雲諸峰,蜿蟺迴互,日光月華,陰翕陽赫〔三〕,風雨和會,草木堅蒼。其西則粳稻盈疇,川原淑鬱,近接佛嶺之市、蕭岡之邨,樵者擔者,相屬於道。庶幾神安其宅,以庇此山中滺樸之民。昄〔四〕澍應期綏,豐告屢至,於千百載荷神之庥,而廬墓中人,竊計他日子若姓展祭而來者,共見此人物之殷蕃,山川之清美,以長保先塋於勿替也。

----

①　清·鄭榮等主修,桂玷等總纂:宣統《南海縣志》卷一三錄文,文末按語云:"右碑在白雲山麓本觀。"見《中國地方志集成·廣東府縣志輯》第30卷,頁335下。

是役也，夏秋之交，寒燠不時，工匠多疾。八月中旬[五]，觀將成，忽於觀東數百步橫丫窿下得龍眼泉，色味甘洌，飲之疾愈，意者地靈而神或相之與？憶去歲戊子秋九月，余偕弟彌光，為先人擇地，默禱於白雲山證仙巖安期仙人，他日當得某氏之地，兆曰"囚遇赦，孕生兒"。嗣得今何姓龍公塘吉壤，恍然悟曰："囚遇赦"，人出於囚也；"孕生兒"，添丁也，非何姓其孰當之！然則誠則應，誠則福，人之禱此觀而來者，咸視此，是為記。

賜進士出身通奉大夫福建承宣布政使司布政使、前翰林院編修、南海吳榮光撰并書。

道光九年歲在己丑仲秋之月吉旦立石。

【編者按】

碑文輯錄自清·鄭榮等主修，桂坫等總纂：宣統《南海縣志》卷一三〈金石略〉①。又見吳榮光《石雲山人文集》卷二②。

【校記】

〔一〕"雨"，《石雲山人文集》作"樹"。
〔二〕"延"，《石雲山人文集》作"接"。
〔三〕"赫"，《石雲山人文集》作"爀"。
〔四〕"晅"，《石雲山人文集》作"暄"。
〔五〕"中旬"，《石雲山人文集》作"下旬"。

【碑文考釋】

撰碑者吳榮光，生平見前〈重修佛山三官廟碑記〉[清道光八年(1828)，碑號5-1，總13]。

碑文記建龍塘觀事。龍塘觀，為作者先人而建。此觀與前述蒙聖里觀音廟有相似之處，均為主祀觀音大士，旁祀道教呂純陽孚佑帝君。當然亦有不同，蒙聖里的觀音廟還祀有文昌，而龍塘觀則另外祀安期仙。而且在時間上看，對呂祖的崇祀時間極其相近。李

---

① 清·鄭榮等主修，桂坫等總纂：宣統《南海縣志》，《中國地方志集成·廣東府縣志輯》第30卷，頁335上-下。
② 清·吳榮光撰《石雲山人文集》，《續修四庫全書》第1498冊，頁82-83。

明徹創建純陽觀在道光四年至六年，蒙聖里觀音廟創建呂祖仙廳在道光六年，而此龍塘觀之建，亦在道光年間，時間略後，而在道光九年。

　　碑文作者認為"神之靈，靈以地"，故以讚歎的口吻描述了龍塘一地的風景，暗示龍塘觀恰設在靈地，從而做出"神安其宅，以庇此山中淳樸之民"的預言。爲了證明此為靈地，作者還記載了兩件異事，一是龍塘觀將建成之時，在東面得龍眼泉，泉水甘冽；二是關於龍塘一地的卜擇，實乃早有安期仙人的先兆。

# 62　關夫子廟（下九甫）

## 【廟宇簡介】

　　據清·鄭榮等主修，桂玷等總纂：宣統《南海縣志》，關帝廟在城西下九甫西來初地①。另根據陳似源撰清雍正元年〈重修城西關聖帝君祖廟碑記〉，此廟位於郡城西郊華林寺左，始建於明末崇禎十五年（1642）至十六年（1643）；入清後凡有三次重修：順治七年（1650）擴大廟宇規模，增祀華光大帝；康熙十二年（1673）增建了後殿；最後一次重修則在康熙六十一年（1722）。

## 62-1　清·陳似源：重修城西關聖帝君祖廟碑記

　　　　清雍正元年（1723）

## 【碑刻信息】

　　存址：舊在關夫子廟內②。

　　碑文來源：宣統《南海縣志·金石略》。

## 【碑文】

　　郡城西郊華林寺左有關夫子廟，明季壬午、癸未間父老始建，以為坊里會聚之所。逮本朝庚寅，陳君世興、徐君暹、洪君元祥、鍾君景潤、陳君朝雅、劉君嗣美、蔡君弘奎、莊君端、陶君正隆、蘇君韜、康君德陞、郭君柱、林君猶龍，廓而大之，右傍奉祀華光大帝。康熙癸丑，程君有和、王君英增建後殿。其事皆載舊碑。

---

　　① 清·鄭榮等主修，桂玷等總纂：宣統《南海縣志》，《中國地方志集成·廣東府縣志輯》第30卷，頁184下。

　　② 清·鄭榮等主修，桂玷等總纂：宣統《南海縣志》卷一三錄文之末按語云："右刻在城西西來初地關夫子廟。"見《中國地方志集成·廣東府縣志輯》第30卷，頁321下。又黃佛頤編纂，仇江、鄭力民、遲以武點註：《廣州城坊志》，573云："按：西來初地有關帝廟，廟有雍正元年陳似源撰《重修記》云：'郡城西郊華林寺左有關夫子廟……'"

舊歲壬寅，黃君有章、洪君運楫、林君國梓、陳君邦隆、趙君汝成等捐資，仍募仙城內外紳士商賈，并撤而新焉。落成，請記於予。余惟天下動人興廢之感者，寧獨一廟宇哉！究其所由來，莫非創始有人，繼起無人之故也。假其締造之後，皆有能如黃君等者踵其事，烏有桑落之變哉？且人之作事，繼起之者，恒過於創始。何者？事後有得失之鑒，而事前無之也。今廟之前殿七十餘年而壞，後殿五十餘年而亦壞。蓋陳、程諸君當時皆無已試之驗以辨眾材之堪否，用之不能以精擇也。今黃君等因其壞而察之，某木朽，某木不朽，某石泐，某石不泐；於是擯其朽者、泐者，而一選其不朽、不泐者。是向之壽七十年或五十年者，今將數百千年可也。

在《易》蠱之象曰：“先甲三日，後甲三日。”①朱子釋其義曰：“前事過中而將壞，則可自新，以為後事之端，而不使至於大壞；後事方始而尚新，則當致其叮嚀之意，以鑒其前事之失，而不使至於速壞。”②若黃君等“先甲後甲”之義俱得之矣。君子不欲沒人之善，則是不可以無記。抑物有堅脆，故壞有遲速，而要未有終免於壞者。則今日者，廟雖壯固倍舊，而亦豈能知其數百千年之後耶？是黃君等之有待於後人，未始不猶前人之有待於黃君等也。人之欲善，誰不如我。故史官書善，斳乎勸後，記之亦史之類也。夫庚寅、癸丑以還，此間昔者赫赫高明之家，迄今有幾存焉者乎？其人幾有為眾所識者乎？而獨陳、程諸君名姓載於碑碣，與廟同其久長，黃君等亦將如之，是亦足以為勸矣。遂為記之。是役也，興於壬寅季秋，竣於癸卯孟秋，費材五百餘兩，其樂捐任事者如左③。

賜進士第敕授承德郎翰林院編修加一級充《一統志》纂修官前翰林院庶吉士郡人陳似源頓首拜撰。

雍正元年歲次癸卯菊月望日辛卯穀旦立石。

---

① 《周易·蠱卦》：“元亨，利涉大川。先甲三日，後甲三日。”見魏·王弼、晉·韓康伯注，唐·孔穎達疏：《周易注疏》卷三，頁239。

② 見宋·朱熹：《周易本義》卷一，《四庫全書》第12冊，上海：上海古籍出版社1987，頁643下。

③ 原文此處有“姓名從略”四字。

【編者按】

　　碑文輯錄自清·鄭榮等主修,桂坫等總纂:宣統《南海縣志》卷一三〈金石略〉①。

【碑文考釋】

　　撰碑者陳似源,字崑霞,北柵人。登清康熙四十八年(1709)進士,選庶吉士,授編修,纂修《大清一統志》。假歸,遂不復出。卒年七十三。

　　關帝,本名關羽,字雲長,爲三國時劉備帳前大將,曾立下赫赫戰功,後與東吳交戰時亡歿。死後被劉備封為漢壽亭侯。然而經《三國演義》的渲染,關羽成爲了忠義和勇武的化身,在民間發生了巨大的影響。同時官方也希望藉助關羽的忠義,強化民眾的忠君愛國思想,於是歷代都很重視關羽的崇祀,並且給關羽遞加封號,使得關羽由侯而王,由王而帝。關羽稱帝,一般認為始於明萬曆年間,明萬曆二十八年(1600)敕封關羽爲"協天護國忠義帝",萬曆四十二年(1614)又封為"三界伏魔大帝神威遠鎮天尊關聖帝君"。本碑題目即題為"重修城西關聖帝君祖廟碑記"。關聖帝君,簡稱關帝。

　　這篇碑文簡略記述了城西關夫子廟(又稱關聖帝君廟)的修建歷史。如碑所述,廟始建於明崇禎十五年(1642)至十六年(1643)。但廟宇主要的發展則在入清後。該廟分別有三次重修,一次在順治七年(庚寅,1650),一次在康熙十二年(癸丑,1673),第三次即本次的重修,時間在康熙六十一年(1722)至雍正元年(1723)。

　　碑文以《周易》中的"前甲三日後甲三日"爲切入點,讚賞這次重修的負責者查看了前人所用木石,吸取了前人選擇材料的經驗教訓,因此碑文作者預言"是向之壽七十年或五十年者,今將數百千年可也"。

---

① 　清·鄭榮等主修,桂坫等總纂:宣統《南海縣志》,《中國地方志集成·廣東府縣志輯》第30卷,頁321上至下。

# 63　關帝廟(小港)

## 【廟宇簡介】

廟在廣州珠江河南小港。始建年月不詳。清康熙八年(1669)增建,乾隆十二年(1747)、嘉慶八年(1803)重修。

## 63-1　清·謝蘭生:增修關帝古廟碑記

清嘉慶十年(1805)

## 【碑刻信息】

存址:舊在小港關帝廟外,宣統間尚存。

碑額:增修關帝古廟碑記。篆書①。

碑文來源:黃仁恒編:《番禺河南小志·金石志》。

## 【碑文】

武廟與文廟遍天下。然文廟祀典嚴重,職以學官,毋敢擅立。惟武廟自官司掌祀外,凡墟里聚落,皆得擇地它材,設位塑像,以申其敬。豈不以帝之神靈極乎天,蟠乎地,而忠義之感發於人心者極諸!戾夫悍卒,桀驁不馴,一臨以赫聲濯靈,皆懍然知有君父之戴,肫然聯其手足之情,從善遏邪,捷於影響,扶世翊教,無間幽遐。是故廟愈多,民之向善愈奮,功烈之盛,至乃上比尼山,此中固有微權哉!

粵東武廟最夥。河南十有三鄉,一廟巋然,獨在小港。其創始年月,舊碑無攷。相傳神數降靈,以故專祀維虔,遠邇咸萃。夫廟之夥,親之至也;其

---

① 《番禺河南小志》文末按語云:"案,右碑在小港關帝廟外。其額曰'增修關帝古廟碑記',八字橫列,篆書。"見《中國地方志集成·鄉鎮志專輯》第32卷,頁698上。

獨，尊之至也。以至親之情，効至尊之奉，服教者積久日深，而殿宇堂廡亦增其式廓，有不知其然而然者。自康熙己酉增建，乾隆丁卯重修，迨嘉慶戊午，小港耆老與龍溪潘君有度倡修廟前雲桂橋及石路；壬戌夏，復議修廟，並拓地西偏，為崇聖祠。經始於癸亥二月，至四月落成，於是乎廟貌益閎壯矣。是役也，需金二千有奇，鄉人固勇於趨事，而省會好義者亦踴躍捐題，惟恐居後，奏功敏速，真若有陰為驅率焉者。然後知神靈恆降於是，而又不啻在是，仰荷神庥，豈獨鄉之人乎？因次其簽題名氏勒諸左。

嘉慶十年歲次乙丑仲夏穀旦，賜進士出身翰林院庶吉士南海謝蘭生薰沐敬撰並書。

【編者按】

錄自黃仁恒編：《番禺河南小志》卷七〈金石志〉[①]。書據拓本錄入。

【碑文考釋】

撰碑者謝蘭生（1760—1831），字佩士，又字澧浦，廣東南海人。清嘉慶七年（1802）進士，選翰林院庶吉士。因親老告歸，不復出。蘭生幼聰慧，博學好古。工詩文，與黃培芳、張如芝齊名。兼工書畫。歷主粵秀、越華、羊城諸書院。曾受兩廣總督阮元延聘，纂修《廣東通志》。死前五年便立下遺書，命子孫辦喪應從簡。卒於書院中，年七十二。著有《雞肋草》、《常惺惺齋文集》四卷、《詩集》四卷、《北遊紀略》二卷、《書畫題跋》二卷、《遊羅浮日記》一卷。弟觀生，字退穀，號五羊散人，以繪事與蘭生齊名，世稱"二謝"。

清代對關帝的信仰特別興盛。清代一般稱祭祀關羽的廟宇為關帝廟，又稱武廟，以與祭祀孔子的文廟相對。

這篇碑文指出武廟雖與文廟一樣遍天下，然而武廟除了官方掌祀外，民間自己所立祠堂亦多，彰顯了關帝廟同時具有官方性與民間性的特點。碑文認為民間關帝廟多見，是因為"忠義之感發於人心"。其實民間對關帝的崇信，除了感動於關羽的忠勇之外，更多是信奉關聖帝具有司命祿、祐科舉、消災治病、驅邪避惡、懲罰叛逆，乃至招財進寶、庇

① 《中國地方志集成·鄉鎮志專輯》第32卷，頁697下–698上。

護商賈等全能神力。

　　碑文又指出粵東武廟最夥，表明粵東對關帝的信仰十分普遍。然後筆鋒一轉，才提到河南小港的關帝廟，而這座關帝廟，由於年代久遠，其最初的創建年月已經無考了，但廟在清康熙八年（1669）增建，乾隆十二年（1747）及嘉慶八年（1803）重修。最後，碑文寫到這次對廟前橋、路的修建，以及對廟的重修，有眾人的競相捐助。他認為事情迅速成功，是因為有神靈的暗中護佑與驅使。

# 64　關帝廟（粵秀山）

## 【廟宇簡介】

　　廟在廣州粵秀山麓。明初李原自春風橋移建。明景泰五年（1454）廣州通判黃諫重修關帝廟。明萬曆十七年（1589）兩廣總督劉繼文因得張桓侯降鸞昭示，結果用兵征蜀而得捷，因而在粵秀山關帝廟旁建張桓侯祠①，一方面在嶺南地方也可彰顯張桓侯之功德，另一方面使粵人也奉祀此位神靈。清順治十一年（1654）李棲鳳重修張桓侯廟。清康熙六年（1667）平南王尚之信又重修張桓侯廟。康熙六十年（1721）李士傑重修關帝廟頭門。雍正八年（1730）有釋僧子瑛當關帝廟住持，重修張桓侯廟前包臺；重修碑文記錄當時關帝廟處在中央，"左廟奉祀火神馬王，右廟奉祀張將軍"。自釋僧住持關帝廟之後，廟內增設佛殿與韋馱殿。乾隆四十七年（1782）〈粵秀山武廟重修碑文〉詳細提及由當時廣東布政使司李承宗發起關帝廟重修之規模："自頭門起至大殿內，而佛殿，韋馱殿，左邊火德星君殿，右邊漢張將軍殿，俱各堂構，聿□美輪美奐，棟宇光華，皆堊石路，井□玉砌。即客堂僧舍以及香積廚，亦燦然一新。"

## 64-1　明·黃諫：重修關將軍廟記

　　　　明天順五年（1461）

## 【碑刻信息】

　　存址：舊在關帝廟內②。

　　碑文來源：道光《南海縣志·金石略》。

---

　　① 清·樊封：《南海百詠續編》卷三〈神廟〉"張桓侯廟"條："在天井岡武廟西偏。順治十一年，平南世子一等公尚之信建，巡撫李棲鳳撰文，勒石於壁。"《叢書集成續編》第236冊，頁246上-下。

　　② 清·鄧士憲：道光《南海縣志》原題下注曰："隸古書。"文末按語云："右刻在觀音山下關帝廟。"見新文豐出版公司編輯部編：《石刻史料新編》第三輯第21冊，頁249下。同治《番禺縣志》原題下注曰："隸古書。"文末按語云："右刻在粵秀山下關帝廟。"見《中國方志叢書》第48號，頁400上。

## 【碑文】

廣州粵秀山之陽,有蜀漢壯繆關將軍廟,國初都指揮李原自春風橋移建。歲久頹圮,都督同知翁公倍為重新之,以修復歲月欲鑱之石,而未有文。予判郡事之明年,主祠以其事來請。嗟夫!壯繆為蜀漢前將軍,有昭烈以帝室冑而為之主,又有諸葛武侯相其左右,侯不過為之任使而已。而功業在當時未甚大著,何死而數百年後英魄不泯,往往著靈異天下?上焉,有國爵之為王,謚之為武安,廟之為義勇,為顯烈,秩之為群神,享春秋之祀;下焉,郡邑鄉井繪而為圖,偶而為像,咸極崇事,以及僧廬道聚,尤所不廢。豈無自哉?蓋其精忠大義炳如日星,雖曹操奸雄詭秘,挾天子令諸侯之勢,甘誘百至,卒不移其心於事昭烈者。此其剛明正大之氣,得夫天地者居多。惜不得伸其大志,率死於戰陳,故其遺靈餘爽不隨朽軀以散。庇後世國家,推其忠也;捍敵寇之患,仗其義也;禦大災以綏民生,互其仁也。惟其如是,故天下皆尊事之,豈特以死勤事為所當祀哉!

侯產解梁,樹勳於荊益。廣在嶺外,去其地數千里,而侯之靈著於遠邇,而人之事之者,無間彼此。蓋得之天地者,雖千數百年又未嘗泯滅,故無遠無近,隨感隨應,儼若在於世也。然自古及今,為臣死忠者不少,侯獨異眾,由其仗義□□樹方成之勳,竟齎志以歿,此心耿耿,不克盡於當時,而顯暴後世,所發皆正,使為□□□知所慕仰,為小民者知所崇重,非得夫天者異於人乎?翁公受邊寄之重,知所慕□□□者,是宇重新,非徼福以干譽也。工始於景泰五年十月己未,成於七年十二月,記□□(天)〔一〕順五年冬十月也。

前翰林院學士西秦黃諫書,欽差鎮守廣東□□阮能、杜喬立石,鐫字生劉鏞,道人陳道昇,工匠王珣、沈英。

## 【編者按】

碑文輯錄自清·鄧士憲:道光《南海縣志》卷二九〈金石略〉①。又見清·李福泰主

---

① 清·潘尚楫修,鄧士憲等纂:道光《南海縣志》,新文豐出版公司編輯部編:《石刻史料新編》第三輯第 21 冊,頁 249 上-下。

修,史澄等總纂:同治《番禺縣志》卷三〇〈金石略〉①。

**【校記】**

〔一〕原本無"天"字,據文意補。

**【碑文考釋】**

撰碑者黃諫(1403—1465),字廷臣,號卓庵,又號蘭坡,臨洮蘭州人。明英宗正統七年(1442)進士,授翰林院編修。天順中出使安南。明英宗天順四年(1460)因忠國公石亨下獄死,黃諫受牽連被貶為廣州通判。後召還,卒於梅嶺驛舍。黃諫是明代知名學者,才華橫溢,詩文並茂,著有《書經集解》、《詩經集解》、《使南稿》、《從古正義》、《蘭坡集》、《蘭縣志》等。

道光《南海縣志》文末按語云:"黃諫,字廷臣,蘭州人。正統壬戌進士及第第三人,使安南,還朝,遷翰林院學士。以石亨同鄉,謫廣州通判。事詳《粵大記》。"②同治《番禺縣志》文末按語沿襲道光南海志,惟多出一段:"阮能,鎮守廣東印綬監左少監,杜喬,提督廣東市舶提舉司內使。見天順元年祭南海廟碑。"③

這篇碑文作於明天順五年(1461),即粵秀山關將軍廟重修落成之後。碑文圍繞關羽何以能夠在亡後數百年仍能"英魂不泯","著靈異天下"而展開討論。黃諫認為關羽受奉祀並不僅僅是他能上享"國爵之為王,廟之為義勇,為顯烈,秩之為群神,享春秋之祀",或下享郡邑鄉井百姓的崇事、尊敬,更重要的原因是因為他的"精忠大義炳如日星"。雖然關將軍在世不能伸其大志,死於戰陣,但是由於其剛明正大之氣仍然得居天地之間,並庇佑後世國家,以其"忠",而"捍敵寇之患",仗其"義",而"禦大災以綏民生"。因此,黃諫的結論是:天下之所以奉祀關將軍,並不因為"以死勤事為所當祀"。

宋代關公信仰已有所聞。據《宋史·禮志八》記載,與"文聖"孔子相對的"武聖"是"昭烈武成王"姜太公;宋初,關公是不配享祀的資格的。到了宋真宗時期(998—1022)關羽恢復了配祀的地位。宋徽宗崇寧元年(1102)追封關羽為"忠惠公";崇寧三年又以道教神靈封號追封為"崇寧真君"。在《大宋宣和遺事》記載崇寧五年(1106)張天師請關

---

① 清·李福泰主修,史澄等纂:同治《番禺縣志》,《中國方志叢書》第48號,頁399下-400上。

② 清·潘尚楫修,鄧士憲等纂:道光《南海縣志》,新文豐出版公司編輯部編:《石刻史料新編》第三輯第21冊,頁249下。

③ 清·李福泰主修,史澄等纂:同治《番禺縣志》,《中國方志叢書》第48號,頁400上。

羽神靈斬在解州作祟的鹽池怪。這一神話更使得關羽的名聲大噪。大觀二年（1108）宋徽宗又加封關羽為"昭烈武安王"，宣和五年（1123）再被封為"義勇武安王"①。到了南宋孝宗淳熙十年（1187）關羽的封號累積更長，而其威靈更加顯赫，被封為"壯繆義勇武安英濟王"，蓋以其具有"英靈濟世"的神能②。

宋代以後，關羽的神格地位是不斷提升的。元代文宗天曆元年（1328）加封關羽為"壯繆義勇武安英顯靈濟王"。在明代萬曆四十二年（1614）敕封關羽為"關聖帝君"，得享配祀天神的地位之前，關羽仍處奉祀"侯王"的地位。因此，在明天順五年（1461）黃諫所撰的〈重修關將軍廟記〉及〈關武安王祭文〉仍記載"國爵之（關羽）為王，諡之為武安，廟之為義勇"。

# 64-2　明·劉繼文：粵秀山關聖帝廟碑

明萬曆十七年（1589）

## 【碑刻信息】

存址：舊在關帝廟內，宣統間尚存③。

碑文來源：宣統《南海縣志·金石略》。

## 【碑文】

曾做扶漢老將軍，博得浮名代代存。不忘忠義膽，維持社稷乾坤。

竊惟神在宇宙間，靡不庇人而濟世。求其英靈顯著，崇正驅邪，以維持世道（以下缺去數字）尊神者。繼文自幼為諸生時，常仰見尊神於夢寐，嗣後鄉會兩科中式。及入（以下缺去數字）俱先有夢兆，不啻響之應聲，如在蜀中。與議征建越，在西粵興師討東蘭（以下缺去數字）亂瓊南，請兵征剿。偶爾舟師未集，賊勢猖狂，深為地方慮。因竭誠問卜（以下缺去數字）尊神俯降，昭示鸞章，護府夢徵，形諸詩詠。論用兵之道，貴精不貴多，惟在（以下缺

---

① 見王學泰：〈關羽崇拜的形成〉，收入盧曉衡主編：《關羽、關公和關聖》，北京：社會科學文獻出版社，2002，頁72-87。

② 見鄭志明：〈關公的信仰與善書〉，收入氏著：《民間信仰與儀式》，臺北：文津出版社，2010，頁187。

③ 清·鄭榮等主修，桂玷等總纂：宣統《南海縣志》原題下注曰："乩筆草書。"文末按語云："右刻在粵秀山麓關帝廟大殿前左廊壁。"見《中國地方志集成·廣東府縣志輯》第30卷，頁297上、297下。

去數字）即可收功，君其勿慮。耳提面命，不數日破賊，捷音（以下缺去數字）謝，謹模神筆，勒石廟中，以識神功於不朽，以祈永賴於將來。是為記。

　　欽差總督兩廣軍務兼理糧餉帶管鹽法巡撫廣東地方兵部右侍郎右僉都御史劉繼文立石。萬曆己丑孟夏朔旦。

【編者按】

　　碑文輯錄自清・鄭榮等主修，桂玷等總纂：宣統《南海縣志》卷一二〈金石略〉①。

【碑文考釋】

　　撰碑者劉繼文，字節齋，安徽靈璧人。明嘉靖元年（1522）進士，歷任兩廣總督等職，累官至戶部侍郎。

　　本碑文可以分為兩個部分。前一部分是開頭的四句詩，為扶鸞問乩的文字，是以關聖帝的口吻寫的。後一部分則為作者的自述，敘述自己對關聖帝的仰慕以及關聖給自己鄉會兩科中舉和用兵征剿的乩示和佑助。

　　關聖帝信仰與扶鸞問乩的結合，可清楚見於在本篇撰於明萬曆十七年的碑文中。碑文記載："因竭誠問卜（以下缺去數字）尊神俯降，昭示鸞章，護府夢徵，形諸詩詠。"現存最早一部與關帝信仰有關的扶鸞善書是《三界伏魔關聖帝君忠孝忠義真經》，又名《三界伏魔關帝忠孝護國翊運真經》②。

# 64-3　明・劉繼文：關武安王祭文

## 明萬曆十七年（1589）

【碑刻信息】

　　存址：舊在關帝廟內，同治間尚存③。

---

①　清・鄭榮等主修，桂玷等總纂：宣統《南海縣志》，《中國地方志集成・廣東府縣志輯》第30卷，頁297上-297下。

②　鄭志明：〈關公的信仰與善書〉稱："《三界伏魔關聖帝君忠孝忠義真經》最早收入清康熙三十二年盧湛所編《關聖帝君聖蹟圖誌全集》，後又收入《道藏輯要》。"見氏著：《民間信仰與儀式》，頁188-189，註1。

③　道光《南海縣志》與同治《番禺縣志》文末按語均云："右刻在觀音山下關帝廟。"分別見新文豐出版公司編輯部編：《石刻史料新編》第三輯第21冊，頁273上；《中國方志叢書》第48號，頁428下。

碑文來源：道光《南海縣志·金石略》。

## 【碑文】

維萬曆十七年歲次己丑三月戊辰朔越六日癸丑〔一〕，欽差總督兩廣軍務兼理糧餉帶管鹽法兼巡撫廣東地方兵部右侍郎兼都察院右僉都御史劉繼文，謹以牲醴庶羞之儀，致祭於敕封義勇武安王之神。曰：

維神天縱英豪，性成忠義，正直無私，威靈特異。驅逐群雄，匡扶漢季。歷代表揚，我明封謚。徽號武安，庇庥社稷。繼文謭薄，後生晚輩，夙仰高風，道孚心契。宅傍元宮，欽崇罔替，精神感通，時形夢寐〔二〕。遡昔及今，感恩曷既。茲者承乏，邊疆攸繫。澳酋叛撫，猖狂無忌。請兵征討，問仙籌計。蒙神俯降，開明指示。許兵默佑，蕩平斯易。寇息民安，德施宏濟。敬陳牲醴，聊申謝臆。祈神來格，鑒茲誠意。

## 【編者按】

碑文輯錄自道光《南海縣志》卷三〇〈金石略〉①。又見清李福泰主修，史澄等總纂：同治《番禺縣志》卷三一〈金石略〉②。

## 【校記】

〔一〕"癸丑"，同治《番禺縣志》作"癸酉"。
〔二〕"寐"，同治《番禺縣志》作"寢"。

## 【碑文考釋】

撰碑者劉繼文，生平見前〈粵秀山關聖帝廟碑〉[明萬曆十七年（1589），碑號64-2，總158]。

這是兩廣總督所撰的一篇祭文，以四字韻語寫成。主要內容包括回顧與讚美關聖在

---

① 清·潘尚楫修，鄧士憲等纂：道光《南海縣志》，新文豐出版公司編輯部編：《石刻史料新編》第三輯第21冊，頁273上。
② 清·李福泰主修，史澄等纂：同治《番禺縣志》，《中國方志叢書》第48號，頁428下。

世時的功績與美德,介紹關聖在身後所獲得的封諡以及給予國家的保佑,表達自己對關聖的敬仰,以及感謝關聖給自己的啟示等等。

# 64—4　明·劉繼文:張桓侯碑

明萬曆十七年(1589)

【碑刻信息】

　　存址:舊在關帝廟内,宣統間尚存①。
　　碑文來源:宣統《南海縣志·金石略》。

【碑文】

　　張桓侯碑

　　一把鐵槍扶社稷,三尺銅劍振乾坤。先生不知余名姓,赤肝黑面老將軍。

　　扶漢張將軍。


　　張桓侯碑

　　神駒遙墮碧雲天,旌旗百萬似龍蟠。回思蜀漢紛紜日,令人猶自□愁顏。


　　竊惟神在當世,各有功德,及於一方;而民之德之,亦各自其地。如漢桓侯張公,在蜀多□□之功,蜀人每建廟以祀之。余往年道經雲陽,慕其忠義,曾瞻拜祠宇,一展精誠。今□兵事問仙,而桓侯儼□□□鸞章昭示,情意藹然。百萬旌旗,似龍默助,征戎之捷,厥有所由。因建祠於關廟□□□祀之,

---

　　① 清·鄭榮等主修,桂玷等總纂:宣統《南海縣志》第一塊碑題下注曰:"乩筆草書。"第二塊碑題下注曰:"乩筆大草。"文末按語云:"右乩筆碑二道並跋文,均刻在粵秀山麓關帝廟大殿前右廊壁。"見《中國地方志集成·廣東府縣志輯》第30卷,頁297下。

並勒其詩章於石,以彰侯之功德著於嶺南,□□南人之應祀已也。是爲記。

欽差總督兩廣軍務兼理糧餉帶管鹽法巡撫廣東地方兵部右侍郎右僉都御史劉繼文立石。萬曆己丑孟夏朔旦。

## 【編者按】

碑文輯錄自清・鄭榮等主修,桂玷等總纂:宣統《南海縣志》卷三一〈金石略〉①。

## 【碑文考釋】

撰碑者劉繼文,生平見前〈粵秀山關聖帝廟碑〉[明萬曆十七年(1589),碑號64-2,總158]。

碑文其實包括了兩個部分,第一部分是扶乩所得的兩首詩,以張桓侯的身份與口吻所作。第二部分則出自作者的手筆,敘述事情的經過。大體言,作者因兵事問題問仙,張桓侯下降示以詩篇,而且戰事也順利告捷,似有神助,因而建祠以祀桓侯,並將桓侯之詩勒碑等等。

# 64-5　清・李棲鳳:重修張桓侯廟記

清順治十一年(1654)

## 【碑刻信息】

存址:舊在關帝廟内,宣統間尚存。

碑額:重修張桓侯廟記。篆書②。

碑文來源:宣統《南海縣志・金石略》。

## 【碑文】

從來英雄本色,多負剛大之氣,一往直行,睥睨千古。報國家必爲猛士,

---

① 清・鄭榮等主修,桂玷等總纂:宣統《南海縣志》,《中國地方志集成・廣東府縣志輯》第30卷,頁297下。

② 清・鄭榮等主修,桂玷等總纂:宣統《南海縣志》原題下注曰:"横額篆書,字同。"文末按語云:"右刻嵌粵秀山麓關帝廟殿前右廊壁。"見《中國地方志集成・廣東府縣志輯》第30卷,分別見頁311下、312上。

許肝膽必爲義友。蓋其性自天生，絕無矯揉造作，直可屹立山嶽而動鬼神覺，塗飾文具之人幾欲望其肩背而不能者。如翼德張侯，當炎鼎改遷之日，與劉、關不介而孚，定盟白馬，慨思赤手扶乾，矢心匡主，此何如激烈也。奮其威武萬軍層甲之中，藐似匹雛之戲。當時兩强若吳、魏，轟聞侯之名，莫不相顧咋舌，其他偉績雄風，彪炳在人耳目間者，殆未可更僕數。究之先主大業垂成，赤符再振，爪牙腹心之衛，維侯功實居半。臣忠友義，足以克全無媿。迄今上下千百禩，山陬海澨，瞻仰猶昔，豈非至剛至大，常此充塞兩間，有不可磨者在乎？會城迤北越秀山，舊有張侯廟址，歲月寖久，鞠爲榛莽。平藩五世子以英標傑桀，從躍馬試劍時輒艷稱侯之遺烈，若有神契。於是因其頹宇，首捐橐錔，以議新之。庀材鳩工，費固不貲，仍釀眾金，聿美輪奐。落成伊始，而廟貌巍然矣。具大威神力，生常欽敬心，於以護國康民，雖謂張桓侯至今存焉可也。爰授管以紀之。

　　平南王尚欽差巡撫廣東等處地方軍務兼理糧餉鹽法、兵部右侍郎、都察院右僉御史加一級閭陽李棲鳳謹撰。

　　龍飛順治拾壹年歲次甲午陽月吉旦立。督工緣首弟子李世福。

【編者按】

　　碑文輯錄自清·鄭榮等主修，桂坫等總纂：宣統《南海縣志》卷一三〈金石略〉[1]。

【碑文考釋】

　　撰碑者李棲鳳，生平見前〈修建三元殿記〉[清順治十三年（1656），碑號4-1，總7]。

　　碑文稱讚了張桓侯的英雄氣概與巨大功德，敘述了本次重修的概況，乃尚之信於清順治十一年（1654）對桓侯廟進行了重修。由前碑我們知道，順治十三年（1656）李棲鳳等還在粵秀山麓修建了三元殿。

---

　　[1]　清·鄭榮等主修，桂坫等總纂：宣統《南海縣志》，《中國地方志集成·廣東府縣志輯》第30卷，頁311下-312上。

## 64-6　清·尚之信:重修張桓侯廟記

清康熙六年(1667)

【碑刻信息】

存址:舊在關帝廟內,宣統間尚存。

碑額:重修張桓侯廟記。篆書①。

碑文來源:宣統《南海縣志·金石略》。

【碑文】

建安之末,魏吳雄據鼎峙,英傑並起,各事一姓。而翼戴漢室,卓然大義,終始不渝以事一君者,則唯漢壽亭侯、桓侯兩人爾。然今世皆知祀壽亭侯,未聞有祀桓侯者,豈非以武侯之論孟起,謂當與翼德並驅爭先,未若髯之絕倫超群乎?不知英風傑節,揭然於名義之昭垂,拒魏吳於始炎,扶漢室於將傾,異姓弟昆,竭蹷協力,兩公貞心勞績,並峙千古,未可以優劣論也。余讀史,稱關、張俱萬人敵;又先主與二人友善,同食並寢,未嘗稍有軒輊。逮當陽、巴西之役,如斷橋、釋顏諸事,史傳所載甚詳,其出奇制勝,雄視無前,讀之燁燁紙上有生氣,令人□快。至謙抑退讓,崇賢好士,有當世士大夫所不能為者,而侯獨能之。固知侯非獨有勇,且有禮,令人敬,又令人畏也。謂侯僅武人,吾不信也。他不具論,如諸葛親兄弟也,各事一主,獨行其志;侯以疏逖起涿郡,提劍從人,肝膽契洽,無異弟昆。數年間,身歷百戰,北拒魏,東抗吳,艱難勞瘁,唯知翼漢室之一人,事雖不竟,侯之功亦偉矣。謂非英風傑節,揭然於名義之昭垂,能若是乎?粵秀山之麓,舊有壽亭侯廟宇,其西祀侯遺像,年久荒涼,風雨不蔽。余於順治十一年,鳩工而搆庇之。歲時已踰,窗楹傾圮。過廟思敬,心不可已,仍於康熙六年十一月捐貲重修。非夫樂施

---

①　清·鄭榮等主修,桂坫等總纂:宣統《南海縣志》原題下注曰:"橫額篆書,字同。"文末按語云:"右刻在粵秀山麓關帝廟殿前右廊壁。"見《中國地方志集成·廣東府縣志輯》第30卷,分別見頁315上、315下。

好祀,冀蒙福利也,亦使世之聞風而起者,敦篤氣誼,貞心以事一人。庶幾君臣、兄弟、朋友之間,可以無愧。且崇賢敬士,咸為有禮之勇,而盡去其驕倨嫚侮之心。則侯之難兄難弟,英風傑節,並峙千古,似未可以優劣論也。

　　少保兼太子太保公品級尚之信薰沐拜題。

　　康熙六年歲次丁未季冬吉旦立。


**【編者按】**

　　碑文輯錄自清·鄭榮等主修,桂坫等總纂:宣統《南海縣志》卷一三[①]。


**【碑文考釋】**

　　撰碑者尚之信(1629—1680),清初藩王。祖居遼東,尚可喜長子。少時入侍。康熙十年(1671)赴廣東隨父佐理軍事,賜公爵,後加封鎮南王。十五年(1676)在廣州危急之下發兵圍困其父府邸,投降吳三桂叛軍。不久又悔罪自歸,襲封平南親王,鎮守廣東。十七年(1678),詔命出兵往救宜章、郴州、永興,皆托詞不赴。據守廣東,對清廷和吳三桂均持觀望態勢。又因其殘暴跋扈,出言不遜,十九年(1680)下旨逮問,縛送北京,隨即賜死,家屬皆赦免。

　　碑文稱述和評價了張桓侯的豐功偉績,認為不亞於關聖。既而記述了清康熙六年(1667)自己對張桓侯廟的第二次重修。


# 64-7　清·佚名:崇祀關帝廟永旋祖案碑記

清康熙十一年(1672)


**【碑刻信息】**

　　存址:舊在關帝廟內,宣統間尚存[②]。

---

① 清·鄭榮等主修、桂坫等總纂:宣統《南海縣志》,《中國地方志集成·廣東府縣志輯》第30卷,頁315上-下。

② 清·鄭榮等主修,桂坫等總纂:宣統《南海縣志》文末按語曰:"右刻在粵秀山麓關帝廟殿前右廊壁。"見《中國地方志集成·廣東府縣志輯》第30卷,頁316下。

　　碑額:永旋祖案。篆書①。

　　碑文來源:宣統《南海縣志·金石略》。

## 【碑文】

　　帝之靈赫赫於漢代,而昭垂於千百禩者,非一日矣。其歲時□祝,毋耆艾少壯,靡不過廟思敬而益致其恪勤者,亦非一邦一□一邑□□□。若迺地踞形勝,俯珠江,連粵秀,則粵城之北為最云。城北舊有帝廟宇,崇祀不知歷幾年所。庚寅歲,王師恢粵城,悉往兵,歲時香火不無稍異。予首倡同心,以次崇奉,歲時享祀,廟貌悉復如舊。始於康熙元年,到今圓滿。次第輪交,因勒石鐫名,以垂永久,俾後來之過廟思敬者,靡不儼然恪勤而尸祝弗替,且激昂振起,勃然益生其忠義之心,此則余今日之志也夫!

　　康熙拾壹年歲次壬子五月初八癸丑吉旦。

## 【編者按】

　　碑文輯錄自清·鄭榮等主修,桂玷等總纂:宣統《南海縣志》卷一三〈金石略〉②。

## 【碑文考釋】

　　本碑記載了清順治七年(1650)清軍恢復廣州城後,諸將領輪流奉祀關聖帝之事。此事始於康熙元年(1662),到康熙十一年(1672)輪畢,因而刻碑紀念。文末表明刻碑的目的在於使後來過廟思敬者更加敬神和生忠義之心。

　　滿清入關即敕封關羽。事實,清代把關羽崇拜推上了歷史的最高峰。據《大清會典》,在順治九年(1652)關羽被封為"忠義神武關聖大帝",與前代比較,清代對關羽的封謚多有"忠義"二字。到了光緒五年(1879)關羽封號累積多至二十六字,全稱為"忠義神武靈佑仁勇威顯護國保民精誠綏靖翊贊宣德關聖大帝"。關聖帝成為護國保民維持人間秩序綜理萬事的大神。

---

　　① 清·鄭榮等主修,桂玷等總纂:宣統《南海縣志》注此四字爲"四字橫額,篆書。"見《中國地方志集成·廣東府縣志輯》第30卷,頁316上。

　　② 清·鄭榮等主修,桂玷等總纂:宣統《南海縣志》,《中國地方志集成·廣東府縣志輯》第30卷,頁316上-下。

嘉慶《道藏輯要》收錄了一部《關帝懺》。從道教的角度,關聖帝在天界所具有的神能與神職為:"太上神威,英文雄武。精忠大義,高節清廉。協運皇圖,德崇演正。掌儒釋道教之權。管天地人才之柄。上司三十天星辰雲漢,下轄七十二地土壘、幽酆都。秉注生功德,延壽丹書。執定死罪,奪命黑籍。考察諸佛諸神,監制群仙群職。高證妙果,無量度人。至靈至聖至上至尊伏魔大帝關聖帝君,大悲大願大聖大仁真元顯應昭明翊漢靈佑天尊。"[1]

# 64-8　清·佚名:三聖會建醮奉祀碑記

清康熙二十七年(1688)

## 【碑刻信息】

存址:舊在關帝廟內,宣統間尚存[2]。

碑文來源:宣統《南海縣志·金石略》。

## 【碑文】

蓋聞聖德巍峨,百世仰綱常之重;神威赫奕,千秋肅祀之誠。義植阽危,豈再闢蠶叢之日月;忠扶末祚,非徒存鼎足之乾坤。是以浩氣貫霓虹而如在,丹心炳策簡以常存。茲穗城北隅關帝廟者,創自前朝,瑤臺金闕,朱旗當粵秀之峰;洎乎聖季,繡瓦瑙楹,翠仗高尉陀之座。莫不星羅紫府,久稱帶礪南州。歲在癸亥,某等奉命從鎮粵東,逆氛乍息,戎馬初歸。瞻廟貌依然,誰展椒醑之敬;覿爐燼寂焉,莫增俎豆之光。用是集我同儔,矢心復作。設壇建醮,惟康惟保者奚啻千家;備物修儀,祈妥祈侑者已閱三載。仰止興懷,夙昔素忱。永固來茲,惟是歲久彌新;明禋勿替,倘或繼此更舉。景福偕隆,行見神忻人悅,均沾潤浹於冀階;瑞應祥徵,竚看近靜遐昌,爰慶風調於鳳律矣。是為記。

康熙二十七年歲在戊辰季夏甲子吉旦。

---

① 見《懺法大觀》卷五〈關帝懺〉,《重刊道藏輯要》第 21 冊,頁 9416 上。

② 清·鄭榮等主修,桂玷等總纂:宣統《南海縣志》文末按語曰:"右刻在粵秀山麓關帝廟殿前右廊壁。"見《中國地方志集成·廣東府縣志輯》第 30 卷,頁 317 下。

會首劉自惠、蘇文英、曹應利、馬騰雲、王玠清、梁士龍、陳朝相、喬體仁，住持焚修，道士冼大偉、莫大顯同立。

【編者按】

碑文輯錄自清·鄭榮等主修，桂玷等總纂：宣統《南海縣志》卷一三〈金石略〉①。

【碑文考釋】

本碑記載了撤藩之後來鎮廣東的新官員設壇建醮，奉祀關帝一事。康熙二十一年（1682）撤藩，二十二年（1683）李士楨來任廣東巡撫。碑文中云"祈妥祈佑者已閱三載"，而碑文作於康熙二十七年（1688），故建醮當在康熙二十五年（1686）。

立碑者有兩類群體：一是負責建醮的"三聖會"會首，有八人；二是當時關帝廟住持道士冼大偉和莫大顯。然而，到雍正八年（1730）重修張桓侯廟時，根據碑文，關帝廟住持之職已改入釋僧子瑛和尚之掌了。一直至現存傳流最晚的一通粵秀山關帝廟碑文，即乾隆四十七年〈粵秀山武廟重修碑文〉（碑號64-11，總167），廟內仍構築有"佛殿"和"韋馱殿"。

# 64-9　清·李士傑：重建關帝廟頭門碑記

清康熙六十年（1721）

【碑刻信息】

存址：舊在關帝廟內，宣統間尚存②。

碑文來源：宣統《南海縣志·金石略》。

【碑文】

會城粵秀山之西南麓，有關聖帝君廟者，其所從來舊矣。石碣列於兩序，

①　清·鄭榮等主修，桂玷等總纂：宣統《南海縣志》，《中國地方志集成·廣東府縣志輯》第30卷，頁317上-下。

②　清·鄭榮等主修，桂玷等總纂：宣統《南海縣志》文末按語曰："右刻在粵秀山麓關帝廟殿前左廊壁。"見《中國地方志集成·廣東府縣志輯》第30卷，頁321上。

歷歷可稽。由正殿而降數武為東南隅,建堂祀火德星君,西南隅建堂祀張桓侯。蓋漢尚赤,而桓侯同心同氣,大義共昭千古也。我朝定鼎,尚王重修,歷今數十載,丹漆猶新,惟頭門久為嵐氣侵蝕,風雨飄搖,土堙而淫,牆垣日就傾頹,左右神馬暨司馬神相彩色皆已剝落,非所以肅觀瞻而崇神祀也。余入粵垂四十年,荷神之靈,戎馬馳驅,無菑無害,愧無以仰答神庥。於是捐金筮吉,鳩工庀材,鑿石陶瓦,撤而重建。言砍言削,載版載築,經始於八月十七日,告竣於十二月十三日。凡四閱月而克成,在高在下,煥然一新,循舊制而展後丈餘,加崇二尺許,合乎地利之宜而已。爰述巔末,而勒諸石。庶後之人,登斯廟而有所考焉。是為記。

襄平李士傑彥卿甫撰。碣石張論政言甫書丹。

時康熙六十年歲次辛丑季冬丁卯穀旦。

光緒己丑季冬來孫錦奇敬摹。①

**【編者按】**

碑文輯錄自清·鄭榮等主修,桂玷等總纂:宣統《南海縣志》卷一三〈金石略〉②。原書有按語云:"案,原刻在大殿門外右壁,碑石中斷處字畫漫漶莫辨,此為光緒己丑年重修時所摹,字較完好,故照此碑登錄。"

**【碑文考釋】**

撰碑者李士傑,襄平人,生平不詳。

本碑記載了清康熙六十年(1721)重修粵秀山關帝廟頭門之事。從碑文中得知廟內布局,除了正殿供奉關聖帝以外,左廟奉祀華光大帝(火德星君),右廟奉祀張桓侯將軍(張飛)。

文中提到"桓侯同心同氣,大義共昭千古也。我朝定鼎,尚王重修,歷今數十載",指的是尚之信重修張桓侯廟一事。尚之信於順治十一年和康熙六年兩次重修張桓侯廟,名為重修,幾同重建。故碑文提及。

---

① "光緒己丑季冬"此一行爲小字。

② 清·鄭榮等主修,桂玷等總纂:宣統《南海縣志》,《中國地方志集成·廣東府縣志輯》第30卷,頁320下至頁321上。

## 64-10　清·子瑛：重修張將軍廟前包臺碑記

清雍正八年（1730）

【碑刻信息】

存址：舊在關帝廟內，宣統間尚存①。

碑文來源：宣統《南海縣志·金石略》。

【碑文】

粵秀山右為漢壽亭侯古廟，歷階而下，左廟奉祀火神馬王，右廟奉祀張將軍。將軍當東漢末，偕劉先主、關侯，聯骨肉之至情，盡君臣之大義，立（以下缺字）耀乾坤，流光史冊，其與關侯享祀不替也固宜。在昔將軍顯靈茲地，援筆留題。字挾風霜，勢騰龍鳳，迄今景仰；西廊遺碑，雄鍔英鋒，凜乎在目。然則將軍（以下缺字）眷眷斯土，有自來矣。我朝入粵，分布八旗，鎮守省會，其附廟前羅列而居者，為鑲藍旗。旗官甲□戴神威德，坐享昇平，歲時伏臘，恪供祀事。各旗老幼遠（以下缺字）繹趨蹌。邇年以來，張將軍廟前包臺下臨峭壁，日久傾頹，危及棟宇。鑲藍旗參領周公慨然捐金，力任其成，推善與人，僉題勸事，厥工告竣，堅牢不朽（以下缺字）此千百年功德，固屬神靈感召，抑我周公撫馭通旗，慈惠遍洽，以愛人而敬神，亦即以敬神而福□，故□歡喜心，率眾以成其□也。自今以往，入廟（以下缺字）瞻禮，念諸公葺理之功，不將與茲廟同其悠久哉！是為記。

雍正八年歲次庚戌冬月中浣吉旦，住持僧子瑛和南敬題。

【編者按】

碑文輯錄自清·鄭榮等主修，桂玷等總纂：宣統《南海縣志》卷一三〈金石略〉②。

---

①　清·鄭榮等主修，桂玷等總纂：宣統《南海縣志》文末按語曰："右刻在粵秀山麓關帝廟殿前右廊壁。"見《中國地方志集成·廣東府縣志輯》第30卷，頁322下。

②　清·鄭榮等主修，桂玷等總纂：宣統《南海縣志》，《中國地方志集成·廣東府縣志輯》第30卷，頁322上-下。

【碑文考釋】

撰碑者僧子瑛,生平不詳,撰碑時為關帝廟住持僧。

碑文記述了清雍正年間重修張桓侯廟前包臺之事。重修的發起者乃負責駐守附近的鑲藍旗參領周公。另外,碑文中提到了清朝入粵後分佈八旗駐紮廣州的情況。

# 64-11　清·李天培:粵秀山武廟重修碑文

清乾隆四十七年(1782)

【碑刻信息】

存址:舊在關帝廟內,宣統間尚存①。

碑文來源:宣統《南海縣志·金石略》。

【碑文】

蓋聞山峙巖區,疊然聳觀,莫如粵秀□為山。仰瞻雲路,環抱珠江,虎踞三山元氣,□盤五嶺雄風,而枕乎其麓者,則有武廟焉,洵為名勝之地也。第斯廟迺崇祀關聖帝君,其為神也,兩間磅礴,浩然正氣,心□□山,忠扶漢鼎,普照遐邇,赫濯聲靈。凡□士商民,所有祈禱,感而遂通,是乃全省之福神也。我聖朝載入春秋祀典,尤為加禮特隆。原其廟之初建,雖創自前朝,世遠年湮,罔知所□。明時洪武年間,猶重修焉。歷百數年來,風雨飄搖,鼠鵲摧殘,殿堂棟宇,不無朽壞,牆垣坍頹,大非昔之壯觀。因廟坐鎮□□□,有鑲紅旗、鑲藍旗漢軍協領李公諱承宗,勃然興起,功□□念,命僧作緣,代為簽題,竭力經營,□心瘁慮。虛懷募化,恭請十方宰官,善信開緣,簽題樂助,不啻數千餘金。於是鳩工庀材,諏吉興修斯廟。自頭門起至大殿內,而佛殿,韋馱殿,左邊火德星君殿,右邊漢張將軍殿,俱各堂構聿□,美輪美奐,棟宇光華。堦墀石路,井□玉砌,即客堂僧舍以及香積廚,亦燦然一新。外而

---

① 清·鄭榮等主修,桂坫等總纂:宣統《南海縣志》文末按語曰:"右刻在粵秀山麓關帝廟殿前右廊壁。"見《中國地方志集成·廣東府縣志輯》第30卷,頁328下。

廟前,購大木以立桅桿二,豎築照牆以相護。廟貌維新,巍焉壯觀。四方游人□□名山勝地,實李公肩任之力也。茲當落成告竣,所有簽題工金之台銜芳名,俱鎸玉於左,福有攸歸。屬予為文,因敍其事而誌之焉。

誥授通議大夫陞授廣東等處承宣布政使司加五級紀錄五次李天培敬撰。

乾隆四十七年歲次壬寅季冬吉旦立。

【編者按】

碑文輯錄自清·鄭榮等主修,桂玷等總纂:宣統《南海縣志》卷一三〈金石略〉①。又見冼劍民、陳鴻鈞編:《廣州碑刻集》②。

【碑文考釋】

撰碑者李天培,生平不詳。

碑文記清乾隆四十七年(1782)粵秀山關帝廟(又稱"武廟")的重修一事。碑文提到,關帝為廣東全省的福神,加上朝廷載入春秋祀典,地位尤其崇高。廟於明洪武年間曾重修,至今已經百數年,已經多處朽壞當修。這次重修的發起者是李承宗,從碑文可以看出,這是一次全面的整修,從頭門至大殿,兼及華光殿和張桓侯殿,都進行了重新,修成後蔚為壯觀。

① 清·鄭榮等主修,桂玷等總纂:宣統《南海縣志》,《中國地方志集成·廣東府縣志輯》第30卷,頁328上-下。
② 冼劍民、陳鴻鈞編:《廣州碑刻集》,頁435。

# 65　關帝廟(禺山麓)

## 【廟宇簡介】

　　廟在禺山麓,舊巡撫署旁。明天順六年(1462)顏實出資令副將黃著重修,存有明陳洙〈重修漢關將軍廟碑〉。清康熙二十二年(1683)巡撫李士楨重修,有李士楨〈重修關帝廟碑記〉。清雍正三年(1725)增創後殿,以奉祀帝親。乾隆三十五年(1770)復重修。嘉慶四年(1799),因禺山之廟地勢淺狹,以育賢坊舊提督行署改建①。

## 65-1　明·陳洙:重修漢關將軍廟碑

明天順七年(1463)

## 【碑刻信息】

　　存址:宣統間尚存②。

　　碑文來源:宣統《番禺縣續志·金石略》。

## 【碑文】

　　為將之道,固貴乎勇;而用勇之要,莫先於知義。蓋勇而知義,則義行而忠立,臨難必執節,見危必効命,氣必懾奸邪,威必震華夏。成夫功也,又必起強於弱,繼絕於興;而其歿世,又必赫奕顯著,感切人心。千百世興起如一日,敷佑民物,四海九州,報祀如一家,若關將軍之神之盛是也。蓋古之名將勇而知義者亦多矣,神獨何以得此哉?當夫漢鼎將移,九廟就灰,以播遷羈窮之帝胄,寄寓於區區偏左之下國,誠亦不可以圖存而濟興也。使無有如

---

① 有關情況參考清·李福泰主修,史澄等總纂:同治《番禺縣志》卷一七〈建置略·壇廟〉,《中國地方志集成·廣東府縣志輯》第6卷,頁189上。

② 清·梁鼎芬主修,丁仁長等總纂:宣統《番禺縣續志》卷三四錄文,原題下注曰:"正書,存。"見《中國地方志集成·廣東府縣志輯》第7卷,頁444下。

神、如武侯、如張飛三數人為之翊戴左右，以馴積勳業，漢祚其再延，孱弱其復強，而富盛之州，險要之國，必其為我據有哉？且曹操智算絕世，用兵如神，才能之士，莫不願為之用。神於當時，尤為操所禮重，然知有舊主而不知有操，拜書輒行，操不能留也，其執節如此。于禁就縛，操謀遷都避去，孫權君臣西向以目而已，其申威如此。至其不幸困踣，神不惟死其身，而又死其子，父子忠烈，皎皎暴白又如此。然後世之祀神也，鄉人祀之，荊蜀祀之，可也，而天下皆祀之。天下之祀，有夏有夷，有老有釋，有鬼有禨，不能合而一也，獨於神祀合之而無一遺，何耶？凡諸在祀之神，靈響之著有久近，福祐之施有敷竭，人之祀之，亦因而有勤怠，廟設亦因之多興墜。惟神於人，幽明孚浹，悠久無替。人於神，行者挾神自隨，居者繪神籲祀，又何耶？曰勇而義，義而死，忠其主，氣在天地間，與四時並運，日月並旋，雨露並滋，無時而不預於人，人蓋無時暫得而違也，其神之謂歟？

廣東都指揮使司之巽隅，舊有神祠，蓋厲武者以神朝夕祝宜也。儀像器物，堂楹門廡，積久弊廢。天順六年，征夷總戎都督顏公實來駐節，出囊資，命裨將天台黃著增修之，大都一新，繪飾加備。既而以為刻示來後，則庶幾觀感，而作新在是焉。余因以神之宜祀，告諸乞靈者，而復繫詩於後，以頌神休於無窮云。詩曰：

炎運告終，一鹿萬獿。曰英曰雄，孰義孰忠？惟神義忠，志扶顛墜。提三尺劍，奪萬夫氣。當其奮興，皇皇擇君。帝室之胄，我主我臣。振弱力強，蹈我義躅。備歷險艱，國統再續。國統再續，抉樊撫荊。奸邪縮首，華夏震驚。闓容焜煌，方期大定。漢祚神終，胡不攸令。生以忠勇，鬱為壯謀。沒以正氣，洽為世休。為世之休，彼或有限。惟神人依，千古無間。炎南之阻，有府司武。廟以像神，世世欽覩。作新者誰？詩書將才。秉麾授鉞，自天而來。銘義勒忠，綿紀延祉。於以俾人，引嗣無已。

天順七年癸未歲夏四月朔諸暨陳洙撰，中順大夫肇慶府知府中吳黃瑜書丹,廣州府儒學教授三山鄭萬奎題額,沈英廣鑴。

【編者按】

　　碑文輯錄自清·梁鼎芬倡修,丁仁長等總纂:宣統《番禺縣續志》卷三四〈金石略〉①。

【碑文考釋】

　　撰碑者陳洙,字文淵,浙江紹興府諸暨縣人,著有《湖海摘奇》。

　　宣統《番禺縣續志》文末按語云:"謹按:碑稱天順六年征夷總戎都督顏公駐節。考阮《通志·職官表》,總督總兵都指揮使均無顏姓,惟天順朝吳顏以右副都御史任巡撫,未審有舛誤否。黃瑜,字仲美,臨桂人,正統九年舉人,天順初總督葉盛以瑜為肇慶府知府,治行甚著。阮《通志》及《廣西志》均有傳,不知此碑何以題稱中吳耳。《明史·職官志》,知府正四品,初授中順大夫,與此符合。陳洙、鄭萬奎,無可考。碑在舊巡撫署旁關廟中,完好無損。"②

　　這篇碑文用主要篇幅探討了祭祀關羽的神廟何以遍天下的原因。歸結起來,作者認為是因為關羽的忠勇而知義,以致其氣能永存於"天地間,與四時並運,日月並旋,雨露並滋"。

　　碑文的開頭作者便提出名將勇而知義,就一定能臨難執節,見危效命,從而氣振山河,成就功業,並且死後也能感動人心。然而作者提出,古代的名將勇而知義的很多,為什麼只有關將軍千百年來能夠一直感動民心,處處享有崇祀?於是碑文接下來便集中探討了關羽的"忠義"精神,此精神不僅表現在為漢室立下赫赫功勞,也表現在不忘舊主,忠貞不二;不僅表現在自己一身報國,也表現在教育兒子也要忠義報國,用碑文的話說就是"父子忠烈"。

　　稍後,碑文又一次強調了關羽崇祀的普遍性,不僅具有地域的廣泛性,而且具有各階層、各民族信仰的普遍性,"天下之祀,有夏有夷,有老有釋,有鬼有機,不能合而一也,獨於神祀合之而無一遺"。關將軍能享有這樣多的奉祀、愛戴,作者認為最終還是因為他"勇而義,義而死,忠其主,氣在天地間"。

---

　　① 清·梁鼎芬修,丁仁長纂:宣統《番禺縣續志》,《中國地方志集成·廣東府縣志輯》第7卷,頁444下–445下。
　　② 清·梁鼎芬修,丁仁長纂:宣統《番禺縣續志》,《中國地方志集成·廣東府縣志輯》第7卷,頁445下。

最後碑文才回到撰作碑文的原因,那就是廣東都指揮使司東南的關將軍廟,歷久失修,天順六年(1462)顏實出資,讓他的副將黃著增修此廟,天順七年(1463)得以落成。於是作者撰寫了這篇碑文,一則紀念此事,二則以關羽的忠勇大義來昭示來者。

# 65-2　清·李士楨:關帝祠重修碑記[一]

清康熙二十二年(1683)

【碑刻信息】

存址:宣統間尚存。舊在關帝廟內①。

碑文來源:宣統《番禺縣續志·金石略》。

【碑文】

余嘗覽粵東名勝,山之[二]五嶺,地總百粵。而大庾嶺則分衡嶽之一枝,歷滇江,過湟谿,峰巒盤鬱,結秀孕靈,綿亘千里,滙為省會。大海環其南,層沙拱之,此神皋天府之區也。從來勝都名壤,必先有忠靈[三]顯赫之神明為之呵護,而後可建牙樹纛,自邦畿以迄侯甸,靡不然矣。廣省舊都司署[四],自我朝定鼎初改為平藩府,第其巽隅,有關帝祠,廟貌巍然,為全省保障。水旱疾疫,凡有事焉必禱,禱必應,蓋民之祀帝者彌虔,而帝之所以福此一方者無窮也。往予觀察嶺東,瞻禮其間,肅然加敬。彈指二十餘年以來,甲寅逆藩煽亂,戎馬生郊,黌宮齋舍,鞠為茂草,而帝祠獨如魯靈光歸然不廢,豈非帝之靈爽,有以禠其魄而慴其心哉!然廟宇雖存,不免傾頹剝落。荷天子英明神武,反側底定,適予膺簡書節鉞茲土[五]。癸亥春,奉命移駐舊城[六],方與僚屬修墜舉廢,如學宮,如棘闈,大工且[七]興。文明門為郡庠孔道屬所司,復其故,造青雲橋一座,期於尊朝廷、倡教化,以仰副聖天子振興文治至意。況神之祠為舊所,瞻禮俯仰之際,愴然於中,敢不亟亟乎興修也。於是諸商[八]同

_____

① 清·梁鼎芬主修,丁仁長等總纂:宣統《番禺縣續志》卷三四錄文,原題下注曰:"正書,存。"文末按語曰:"右碑在舊巡撫署旁關帝廟中。"見《中國地方志集成·廣東府縣志輯》第7卷,頁484下。

事諸司,鳩工庀材,恢擴殿宇,重塑帝像,棟梁欀櫨,垣墉樞牖,無不更換。始於春,竣於冬,丹雘一新焉。因思兩間光明正大之氣,行乎天為雲漢,行乎地為河嶽,行乎人為聖賢。或千百年以前、千百年以後,雖有今昔之殊,而怙冒疆土則一。今者雨暘維時,旱潦不虐,後[九]世之文章輩出,英雄之道義長存;削平禍亂,剷危為安,所為禦大災捍大患,帝之德實閎且渥也。若夫帝之浩氣在太虛,忠義在萬古,勳業在史冊,雖販夫牧豎,皆得而知之,予又奚辭之贅為?維時共襄厥成[一○]者,布政使郎廷樞、按察司[一一]胡戴仁、督糧道[一二]蔣伊,諸有司咸樂而濟美焉。猗歟輪奐重新,士民胥慶;嗣今晨鐘暮鼓,頌禱萬年。則粵城之嘉賴,休光崇祀,欽於世世,錫福寧有既歟!

巡撫廣東等地方提督軍務兼理糧餉鹽務□□□□□□□□□□□□□□□□□廣東等處承宣布政使加三級郎廷樞,廣東等處提刑按察使司按察使□□□,廣東督糧道參議前掌山東道監察御史翰林院庶吉士蔣□伊,提督廣東學政僉事加三級丁□世,分巡廣南韶道福使□□□,分巡驛□道□□李毓□,分守嶺東道參□尚□□,廣東掌印都使司都使王□□,廣州府知府□□□□州府□□□□□肇□□□□□□□廣□□□□□□□□。

康熙二十三年五月十三日。督修官:撫標中軍兼管中營參將何兆□。[一三]

【編者按】

碑文輯錄自清·梁鼎芬倡修,丁仁長等總纂:宣統《番禺縣續志》卷三六〈金石略〉①。又見清·張嗣衍主修,沈廷芳總纂:乾隆《廣州府志》卷五七〈藝文志〉②、清李福泰主修,史澄等總纂:同治《番禺縣志》卷一七〈建置略·壇廟〉③。

【校記】

〔一〕乾隆《廣州府志》題作"重修關帝廟碑記",同治《番禺縣志》題作"重修關帝廟

---

① 清·梁鼎芬修,丁仁長纂:宣統《番禺縣續志》,《中國地方志集成·廣東府縣志輯》第7卷,頁483下–484下。
② 清·張嗣衍主修,沈廷芳總纂:乾隆《廣州府志》,乾隆二十四年刻本之縮微膠捲本,頁14上–16上。
③ 清·李福泰主修,史澄等纂:同治《番禺縣志》,《中國地方志集成·廣東府縣志輯》第6卷,頁189上。

記"。

〔二〕"之",乾隆《廣州府志》作"連"。

〔三〕"靈",乾隆《廣州府志》作"義"。

〔四〕"舊都司署",乾隆《廣州府志》作"舊閫司"。

〔五〕"膺簡書",乾隆《廣州府志》無此三字。

〔六〕"奉命"二字,乾隆《廣州府志》無。

〔七〕"且",乾隆《廣州府志》作"具"。當以乾隆志為是。

〔八〕"諮商",同治《番禺縣志》作"諮於"。

〔九〕"後",乾隆《廣州府志》作"名"。

〔一〇〕"厥成",同治《番禺縣志》作"厥事"。

〔一一〕"按察司",同治《番禺縣志》作"按察使"。

〔一二〕"督糧道",同治《番禺縣志》作"糧道"。

〔一三〕乾隆《廣州府志》、同治《番禺縣志》均無此二段,當為碑陰文字。

## 【碑文考釋】

撰碑者李士楨(1619—1695),字毅可,本姓姜,明崇禎十五年(1642)從龍遼左繼正白旗佐領西泉李公,即以李為氏。清順治四年(1647),八旗掄才,李士楨以貢生資格參加廷對,中取第十六名,授長蘆(滄州)鹽運判官。後青雲直上,曾歷任河東運副,兩淮運同,安慶、延安知府,冀寧道參政、湖東布政使、河南按察使、浙江布政使、江西巡撫,誥授光祿大夫,督察院右副都御史。康熙三十四年(1695)卒,年七十五。錢儀吉《碑傳集》卷六六有《廣東巡撫都察院右副都御史李公士楨墓誌銘》。

按,《廣州碑刻集》將此碑作者題為"郎廷樞",誤。宣統《番禺縣續志》文末按語云:"按阮《通志·建置略》節錄此文,稱巡撫李士楨《重修關帝廟記》,'襄厥事者,布政使郎廷樞,按察使胡戴仁,糧道蔣伊',可資補證。郎廷樞,鑲黃旗人;胡戴仁,直隸人,拔貢;蔣伊,江南人,進士。均見阮職官表。國初沿明制,設提學僉事。此碑在康熙時,故尚有僉事也。分巡廣南韶道亦是,國初官制,後改。阮志:'國初有鹽法驛傳水利道一員,清軍驛傳道一員。'此碑'驛'字下漫漶,未敢臆測,分守嶺東道可補阮職官表之闕。"[1]

---

[1] 清·梁鼎芬倡修,丁仁長纂:宣統《番禺縣續志》,《中國地方志集成·廣東府縣志輯》第7卷,頁484下。

又，道光《廣東通志·建置略》與同治《番禺縣志·建置略》均云“康熙二十五年巡撫李士楨重修”①。而根據宣統《番禺縣續志》錄文之末云“康熙二十三年五月十三日”知李士楨撰此碑乃於康熙二十三年。由此可知，道光《廣東通志》與同治《番禺縣志》所云的重修時間（“康熙二十五年”）當誤。

這篇碑文乃清廷廢除藩府後上任的第一任廣東巡撫李士楨所撰。其間頗多興衰之感。

廣省舊閫司，指的是明代的地方軍事機構“都司”，“閫司”爲其別稱。入清後明代的都司改稱平藩府。而且我們知道，順治六年（1649）尚可喜、耿仲明二藩奉命征廣東，於次年攻入廣州。順治十七年（1660），靖南王耿繼茂（耿仲明子）移駐福建，平南王尚可喜則留鎮廣東，另外平西王吳三桂則駐鎮雲南，兼轄貴州。然而到了康熙十二年（1673），由於撤藩問題引發了吳三桂叛亂，次年即康熙十三年（甲寅），耿繼茂亦被迫參與了叛亂，一時間廣西、福建、江西、浙江等南方大部分地區都陷於戰亂，大概廣東也不得安寧。這也就是碑文中所提到的“甲寅逆藩煽亂，戎馬生郊”。這一次戰亂給廣東也帶來了巨大災難，如碑文所說，“宮齋舍，鞠爲茂草”，可是在這種情況下，平藩府東南的關帝祠竟然沒有倒塌，足稱異事。

康熙二十年（1681）三藩之亂被平定下去，次年康熙下令撤除藩府。就在康熙二十二年（1683）李士楨任廣東巡撫，來到廣州。於是他對包括關帝祠在內的許多重要建築都進行了修復，並且撰寫了這篇重修關帝祠的碑記。

---

① 分別見清·阮元主修，陳昌齊纂：道光《廣東通志》卷一四五，《中國省志彙編》之十，頁 2488 下；清·李福泰主修，史澄等纂：同治《番禺縣志》卷一七，《中國方志叢書》第 48 號，頁 189 上。

# 66　關聖廟(汾水)

## 【廟宇簡介】

廟在佛山汾水舖永興街。始建於清順治八年(1651),於清嘉慶十年(1805)、道光十年(1830)兩次重修[①]。

## 66-1　清·吳榮光:重修佛山分水關帝廟記

清道光十年(1830)

## 【碑文】

聖人爲萬古扶世翼教,而其威靈所著,尤莫盛於顯忠遂良之代。大之則激忠義而捍災患,小亦彰善惡而厚風俗。余自通籍後,伏讀列聖詔旨,敬記關聖大帝護國庇民之大者二事:一則嘉慶十八年平教匪案,一則道光八年獲逆苗張格爾案。均於杳冥不可測度之際,特見威靈,電掃風馳,么麼[②]立靖。朝廷屢加封號,載入祀典,煒矣哉!千六百餘載以來,大義孤忠,炳靈宇宙,而於我朝崇奉愈隆,昭格愈著,豈不以太平之世,所以激忠義、厚風俗,以保此萬年有道者,帝心如天,天之所助者順耶?使天下之人,尊朝祀,仰神威,自大邑通都以洎山陬海澨,奔走讋慄,如鑒如臨,承事於靡遺也。稽帝致曹操書有曰:"日在天之上,普照萬方;心在人之中,以表丹誠。"[③]及其斥吳人,則有"神隨天帝縹緲,下鑒人世,順逆忠邪,若者福,否者禍,令

---

① 有關情況參考清·吳榮光:道光《佛山忠義鄉志》卷二〈祀典·各舖廟宇·汾水舖〉"關帝廟"條,《中國地方志集成·鄉鎮志專輯》第30卷,頁44上。

② 么麼,疑是"妖魔"的別字。

③ 此語出〈封還曹操所賜告辭書〉,託名關羽,原文爲:"竊以日在天之上,心在人之內。日在天之上,普照萬方;心在人之內,以表丹誠。丹誠者,信義也。"見清·嚴可均輯:《全後漢文》卷九四,《全上古三代秦漢三國六朝文》第1冊,北京:中華書局,1965,據廣雅書局本影印,頁983上。

萬古知有大丈夫。湘江漢水之人,異日當仰望我九天之上"之語。於戲!剛大之氣浩然沛然,孟子所謂"配道義,塞天地",迄於今仰望者,豈但湘江漢水也?

　　吾粵佛山舊有神廟,創於順治八年,厥後遞有增廓。計自嘉慶十年重修後,至今二十有六載。地枕江干,沙水所蟄,牆基柱礎,漸就傾圮。道光庚寅正月,里人倡議重修,捐輸屨至,得銀一萬一千餘兩,添購廟旁梁姓排草街舖地,兼葺廟後火神殿、大慈閣。經營捄度,越八月告成。棟宇用壯,金碧交輝,蜎蜎蠖濩之中,神實憑焉。夫佛山自前明里社同心捍賊,以"忠義"名鄉,生聚日蕃,風俗日厚。今鄉人又能知作善降祥①之理,事正神以求福,無慚衾影,各凜旦明,將見忠義之氣毓爲嘉徵,貨隧駢羅,民居康阜,以遵道遵路爲忠,以睦姻任卹爲義,庶幾罔怨罔恫,迓神之休於千百年也。是爲記。

### 【編者按】

　　碑文輯錄自清·吳榮光:道光《佛山忠義鄉志》卷一二〈金石下〉②。又見清·吳榮光:《石雲山人文集》卷二③、民國·冼寶幹:《佛山忠義鄉志》卷八〈祠祀二·羣廟〉④。

### 【碑文考釋】

　　撰碑者吳榮光,生平見前〈重修佛山三官廟碑記〉[清道光八年(1828),碑號5-1,總13]。

　　碑文爲重修佛山汾水關帝廟所著。前半部分贊關帝的威靈大可以護國庇民,捍災患,小可以激忠義,厚風俗。前者作者舉二事說明之:一是嘉慶十八年(1813)平教匪案,二是道光八年(1828)獲張格爾案。此二事均可參考前碑黃大斡〈重修二聖古廟碑〉(碑

---

　　① 作善降祥,出自《尚書》,參前清·吳榮光:〈重修佛山三官廟碑記〉[清道光八年(1828),碑號5-1,總13]碑注。

　　② 清·吳榮光:道光《佛山忠義鄉志》,《中國地方志集成·鄉鎮志專輯》第30卷,頁262下-263下。

　　③ 清·吳榮光:《石雲山人文集》,《續修四庫全書》第1498冊,頁79上-下。

　　④ 民·冼寶幹:《佛山忠義鄉志》,《中國地方志集成·鄉鎮志專輯》第30卷,頁423下-424上。

號1-1,總1),碑中提到嘉慶年間平王三槐(白蓮教)、陳爛屐四(天地會)、林清(天理教)諸宗教起義首領的事情,也提到了道光年間"擒張格爾於回疆"一事。

碑文後半部分敍述了佛山汾水的關帝廟的創建和重修的經過。此次重修在道光十年(1830),不僅購得廟旁鋪地,而且修葺了廟後火神殿、大慈閣。最後作者祝願以忠義名鄉的佛山,鄉民可以長久獲福於神。

# 67　醫靈古廟(鶴邊村)

## 【廟宇簡介】

　　根據2013年考察,廟在今廣州市白雲區嘉禾街鶴邊村鶴南自然村,廣三路,深兩進。廟內有碑文兩通,一為道光十八年(1838)《祀賢堂碑記》,另一為宣統元年(1909)之《重修醫靈古廟碑記》。正門刻有"醫靈古廟"四字,上款"道光歲在戊戌"(1838),下款"孟春吉日重建"。門口對聯為"地控雲雷開紫府,星聯奎壁煥靈宮"。正殿供奉有醫靈大帝,其左為康公主帥、文昌和土地,其右為觀音、天后和桂花,天井下首另有供奉福德和旺相。左殿祀將軍,右殿則為百解星君。

　　醫靈古廟始建於清雍正二年(1724),有紀錄顯示此廟曾於清乾隆四十三年(1778)、道光十八年(1838)、光緒初年、宣統元年(1909)、1999年重修。近年該廟香火鼎盛①。

## 67-1 清·佚名:重修醫靈古廟碑記

清宣統元年(1909)

## 【碑刻信息】

　　存址:今廣州市白雲區嘉禾街鶴邊村鶴南自然村醫靈廟內。

　　碑額:重修醫靈古廟碑記。楷書。

　　碑題:醫靈古廟小引。楷書。

　　尺寸:碑高144.5厘米,寬75厘米。

　　碑文來源:原碑抄錄。

## 【碑文】

　　醫靈古廟小引

---

① 　有關情況參考陳建華主編:《廣州市文物普查彙編·白雲區卷》,頁*164*。

醫果有靈乎？因人心之靈以為靈。人本誠心以求醫，醫與人心相感召，善者愈之，惡者置之，此醫之所以靈也。斯廟由來久矣，越至光緒初年，蟲蟻剝蝕，棟宇傾頹，曾經眾善輸將，重修舊式。迄光緒戊申，又閱三十有一年矣。烈風暴雨，久歷飄搖，蠹朽□殘，幾成倒塌。於是籌撥公款，鼎力捐簽，略改規模，復新廟貌，人心踴躍，靈貺畢臻。奠四境之安康，除一鄉之疹疾，醫實有靈，其在斯乎。是為引。

信紳：何炎樞、何維鏞。

耆老：何紀常、何灼常、何佐斯、何慎斯、何信雷、何霈雲、何逢昭、何社容、何承斯、何光譽、何金良、何□樞、何遂良、何留有、廖暢林、廖信。

總理：何慎斯、何鏡清、何容堅、何金禮。

協理：何維高、何國光、何靜斯、何金如、何金焯、何文煒、何秀堅、廖信。

謹將眾善信樂助工金芳名列左：

慎誠堂敬送香案壹副。

四友堂助銀貳拾大員。

保壽堂助銀拾伍大員。

祝星堂助銀拾伍大員。

何灼常助銀拾貳大員。

何鏡清助銀拾貳大員。

何□樞助銀拾貳大員。

何維鏞助銀壹拾大員。

何明思助銀壹拾大員。

何彬誠助銀壹拾大員。

何兆誠助銀壹拾大員。

敦序堂助銀壹拾大員。

何慎斯助銀壹拾大員。

四和堂助銀伍大員。

森玉堂助銀伍大員。

何金和助銀伍大員。

廖暢林助銀伍大員。

何紀常助銀伍大員。

何文煒助銀伍大員。

何焯齡助銀叁大員。

十三晚［元］（完）<sup>［一］</sup>宵會助銀叁大員。

何金焯助銀叁大員。

何奈源助銀叁大員。

何維高助銀叁大員。

何傑禮助銀貳大員。

何傑階助銀貳大員。

何金松助銀貳大員。

覲鰲祖助銀貳大員。

何秀堅助銀貳大員。

何星權助銀貳大員。

何光譽助銀貳大員。

何金會助銀貳大員。

何茂蘇助銀貳大員。

何茂綿助銀貳大員。

何衍調助銀貳大員。

何耀池助銀貳大員。

何桂池助銀貳大員。

何德□助銀貳大員。

何進成助銀貳大員。

保良堂助銀貳大員。

何瑤海助銀貳大員。

何霈雲助銀貳大員。

何廣政助銀貳大員。

何茂槐助銀貳大員。

何金盛助銀貳大員。

何浩源助銀壹両叁錢。

何容堅助銀壹大員。

何焯英助銀壹大員。

何銘助銀壹大員。

何江助銀壹大員。

何文昭助銀壹大員。

何德光助銀壹大員。

何月泉助銀壹大員。

何維珮助銀壹大員。

何樹棠助銀壹大員。

何應源助銀壹大員。

何金疇助銀壹大員。

何維琨助銀壹大員。

何成漢助銀壹大員。

何金如助銀壹大員。

何國泉助銀壹大員。

何社鰲助銀壹大員。

何監光助銀壹大員。

何瑞光助銀壹大員。

何全禮助銀壹大員。

何國光助銀壹大員。

何國鎏助銀壹大員。

何奇才助銀壹大員。

何永耀助銀壹大員。

何錦垣助銀壹大員。

何烈斯助銀壹大員。

何禮祥助銀壹大員。

何耀棠助銀壹大員。

何滿溪助銀壹大員。

何滿波助銀壹大員。

何滿景助銀壹大員。

何滿枝助銀壹大員。

何靜斯助銀壹大員。

何沛池助銀壹大員。

何星衡助銀壹大員。

何耀恆助銀壹大員。

何燦輝助銀壹大員。

何禮添助銀壹中員。

何奈沛助銀壹中員。

何珍理助銀壹中員。

何成長助銀壹中員。

何鑑全助銀壹中員。

何良桂助銀壹中員。

何莫賢助銀壹中員。

何景雲助銀壹中員。

何永昌助銀壹中員。

何錫文助銀壹中員。

何祥穌助銀壹中員。

何應申助銀壹中員。

何萬德助銀壹中員。

何廸卿助銀壹中員。

何炳焜助銀壹中員。

何瑞章助銀壹中員。

何恆賛助銀壹中員。

何時春助銀壹中員。

何成金助銀壹中員。

何奈湖助銀壹中員。

何松柏助銀壹中員。

何冬筍助銀壹中員。

何冬幹助銀壹中員。

何冬再助銀壹中員。

何閏枝助銀壹中員。

何閏添助銀壹中員。

何閏科助銀壹中員。

何錦田助銀壹中員。

何奈乾助銀壹中員。

何明笋助銀壹中員。

何紹田助銀壹中員。

何汝賤助銀壹中員。

何汝溪助銀壹中員。

何枕勝助銀壹中員。

何炳光助銀壹中員。

何進申助銀壹中員。

何成筱助銀壹中員。

何瑾玉助銀壹中員。

何普光助銀壹中員。

何普芬助銀壹中員。

何普樹助銀壹中員。

何廣榮助銀壹中員。

何冬咸助銀壹中員。

何滿朝助銀壹中員。

何金桃助銀壹中員。

何桂錦助銀壹中員。

何金浩助銀壹中員。

何萬崇助銀壹中員。

何廣益助銀壹中員。

何松英助銀中員。

何燦英助銀中員。

何維玩助銀中員。

何順全助銀中員。

何文章助銀中員。

你文泰助銀中員。

何應秋助銀中員。

何應驎助銀中員。

何啟照助銀中員。

何奇玉助銀中員。

何成女助銀中員。

何達誠助銀中員。

何俊有助銀中員。

何容瑞助銀中員。

何永華助銀中員。

何炳材助銀中員。

何桶槐助銀中員。

何桂康助銀中員。

何乾接助銀中員。

何乃芬助銀中員。

何桷樵助銀中員。

何耀光助銀中員。

何孔賢助銀中員。

何智□助銀中員。

何冬燦助銀中員。

何湛明助銀中員。

何應輝助銀中員。

何應詢助銀中員。

何廣翕助銀中員。

何傑輝助銀中員。

何銳丁助銀中員。

何梓旺助銀中員。

何炳順助銀中員。

何維賛助銀中員。

何時英助銀中員。

何容彬助銀中員。

何容灼助銀中員。

何桂史助銀中員。

何炳監助銀中員。

何沛成助銀中員。

何章達助銀中員。

何湛祥助銀中員。

何保祿助銀中員。

何冠章助銀中員。

何以棉助銀中員。

何保宏助銀中員。

何金逢助銀中員。

何金兆助銀中員。

何燉墀助銀中員。

何燉均助銀中員。

何錫高助銀中員。

何本生助銀中員。

廖松光助銀中員。

何明彬助銀中員。

何康權助銀中員。

何康執助銀中員。

何渭宗助銀中員。

何爵超助銀中員。

何作杬助銀中員。

何文晃助銀中員。

何傑永助銀中員。

何錫堯助銀中員。

何文旺助銀中員。

北約周奕綿助銀貳員。

石馬南勝堂助銀四員。

石馬陳厚助銀中員。

亭岡陳恒發助銀中員。

望岡黎乃燎助銀壹員。

岑村梁閏堅助銀中員。

馬務蕭滿和助銀中員。

五溪緣首廖庇生樂助芳名列：

廖廣成祖拾大員。

廖翠筠祖伍大員。

廖國平祖四大員。

廖羅悌祖貳大員。

廖秀成祖壹大員。

廖秀石祖壹大員。

廖庇生助銀中員。

廖佛光助銀中員。

廖厚琼助銀中員。

廖其祖助銀中員。

廖玉光助銀中員。

廖業成助銀中員。

廖建成助銀中員。

廖有昌助銀中員。

廖培英助銀中員。

廖枝琼助銀中員。

廖澤林助銀中員。

廖福顯助銀中員。

廖啟常助銀中員。

廖泗有助銀中員。

廖國垣助銀中員。

廖湛光助銀中員。

廖培燦助銀中員。

廖富國助銀中員。

廖汝寬助銀中員。

廖昭仁助銀中員。

廖閏成助銀錢八。

廖樹琼助銀錢八。

廖登酉助銀錢八。

廖容杏助銀錢八。

廖佐秋助銀錢八。

廖瑞□助銀錢八。

大清宣統元年歲次己酉仲秋吉日祀賢堂同立石。

【校記】

〔一〕原碑作“完”，從文意看，當爲“元”。

【碑文考釋】

廟祀醫靈大帝，有關醫靈大帝的來歷有兩種說法，一謂醫靈帝即神農，一謂醫靈帝爲保生大帝。

碑文記述了光緒三十四年（1908）對鶴邊村醫靈古廟的一次重修。碑文開頭即提出了“醫因人心之靈以爲靈”的觀點。而這次重修，村民踴躍捐資（即所謂的“人心踴躍”），所以作者認為必將邀得神貺，全鄉安寧。

　　另外，根據碑文，此廟曾於光緒初年重修過。而從本碑是次重修的捐助芳名看，捐助者的主體是本村的何姓，其次是五溪的廖姓。值得注意的是，碑中還提到了幾個善堂捐助者的名稱，如慎誠堂、四友堂、保壽堂、祝星堂、敦序堂、四和堂、森玉堂、保良堂和十三晚元宵會等。這些堂會在當地鄉民會發揮怎樣的作用，值得進一步追蹤。

# 68　醫靈廟(華村里)

## 【廟宇簡介】

廟在佛山禪山華村里(今屬佛山禪城區)。始建年月不詳,於清康熙三年(1664)、康熙三十六年(1697)、乾隆十年(1745)、乾隆四十九年(1784)、道光五年(1825)重修①。

## 68-1　清·趙鳴玉:修醫靈廟記

清康熙三年(1664)

## 【碑文】

自神農啜草辨性,保物濟用,以補救夫天地陰陽乖沴之氣,兩之以九竅之變,參之以九藏之動,而醫肇焉。由是人得是理物者,扁鵲、秦和;神得是物理者,有醫靈萬壽帝〔一〕。然人之道絕續無常,帝之道久彌光,遠彌彰,蓋於今爲烈云。余聞山川神祇有功德於民則祀之,況浹人骨膚,入人性情,令天下之痛心疾首,咸望以紓憂,如帝德者哉?

帝之香火遍界,功及生民,無往不在。然在禪山之華村里有帝廟,爲靈更著。里之人祈賽者肩摩於道,凡負痛以叩於帝者,輒不惜調劑以度人厄,且猶恐屬於冥冥。參尤君臣,復形乩教,真不啻響酬而面命之。是帝道保物而物得恃,帝同人而物愈得恃。

廟之創不知昉自何年,昔之父老重修,迄今復百餘載,風雨浙歷〔二〕,榱桷湮頹。里之人食帝德,因念神庥。族兄秀日暨緣首冼應賡等,集眾抒誠,命工丹腹,棟宇煥然。其諏日選辰,皆出乩授,是帝之愛人無已,則凡所以降福

---

①　有關此廟情況參清·吳榮光:道光《佛山忠義鄉志》卷二〈祀典·各舖廟宇·醫靈廟舖〉"醫靈廟"條;民·冼寶幹:民國《佛山忠義鄉志》卷八〈祠祀二·羣廟〉"醫靈廟"條,《中國地方志集成·鄉鎮志專輯》第30卷,分別見頁43上、426下。

斯民，消災弭厄者，何所不至？至於抱沉疴而望救，則又其顯者矣。故閭閻蒼首，時疾痛呼天，而天若弗及者，惟帝及之；童穉嬰兒，時疾痛呼父母，而父母弗及者，惟帝及之。將見夫陰陽乖沴之氣，天地之所不能，齊帝之力，皆有以補之，則帝之德蓋與二氣同不朽矣。

　　順德趙鳴玉撰。

【編者按】

　　碑文輯錄自清·吳榮光：道光《佛山忠義鄉志》卷一二〈金石下〉①。又見民·冼寶幹：民國《佛山忠義鄉志》卷八〈祠祀二·羣祀〉②。

【校記】

　　〔一〕"由是人得是理物者，扁鵲、秦和；神得是物理者，有醫靈萬壽帝"，此句民國《佛山忠義鄉志》作"由是人得是理，為扁鵲、秦和；神得是物理，有醫靈萬壽帝"。

　　〔二〕"歷"，民國《佛山忠義鄉志》作"瀝"。

【碑文考釋】

　　撰碑者趙鳴玉，生平見前〈重修北帝祖廟碑記〉〔清順治十八年（1661），碑號 18–2，總 45〕。

　　佛山一地，醫靈廟多有。據吳榮光纂道光《佛山忠義鄉志》卷二〈祀典〉記載，佛山當時至少有五個醫靈廟：

　　豐寧舖有一個，祀扁鵲，道光八年（1828）重修。

　　觀音堂舖有兩個，一在都司署前，乾隆五十一年（1786）重修；另一個在大墟，雍正十三年（1735）建，乾隆二十三年（1768）和嘉慶六年（1801）重修。

　　醫靈廟舖復有兩個，一在萬壽坊，於康熙三年（1664）、三十六年（1697）重修，乾隆十年（1745）、四十九年（1784）重修，道光五年（1825）重修；另一個在司馬坊，分別於乾隆二十六年（1761）和嘉慶七年（1802）重修。

---

① 清·吳榮光：道光《佛山忠義鄉志》，《中國地方志集成·鄉鎮志專輯》第 30 卷，頁 243 上–下。
② 民·冼寶幹：民國《佛山忠義鄉志》，《中國地方志集成·鄉鎮志專輯》第 30 卷，頁 426 下–427 上。

　　那麼本碑所涉及醫靈廟為上述哪一個醫靈廟？

　　首先可以排除豐寧舖的醫靈廟，因為此廟祀扁鵲，而趙鳴玉撰碑的醫靈廟，據碑文，所祀為醫靈萬壽帝。另外，時間也不符，因為趙鳴玉在順治十年中舉，順治十七年中進士（據阮元《廣東通志》卷三五〈選舉志〉），撰碑據此不應該很遠。同理，可以排除觀音堂舖的兩個醫靈廟，一個於乾隆五十一年重修，一個於乾隆二十三年重修；亦可以排除醫靈廟舖司馬坊的醫靈廟，於乾隆二十六年重修。

　　那麼趙鳴玉撰碑的醫靈廟是不是萬壽坊的醫靈廟呢？

　　碑文中提到該廟位置在禪山之華村里。查道光《佛山忠義鄉志》卷一〈鄉域·里巷〉，醫靈廟舖有華村巷。筆者懷疑《佛山忠義鄉志》記述醫靈廟舖的醫靈廟一在萬壽坊，或許有誤，當即為這個華村里的醫靈廟，因為“舖”已經是很小的行政單位，萬壽坊和華村里相去應該不遠，並且從重修時間上看也吻合，《佛山忠義鄉志》云此醫靈廟曾在康熙三年（1664）重修，距離趙鳴玉登進士的時間（順治十七年，1660）也不遠，趙鳴玉為之撰碑也是有可能的。

　　此碑稱述“醫”對於人的重要性，從而頌揚“醫靈萬壽帝”的無量功德——“凡負痛以叩於帝者，輒不惜調劑以度人厄”。接下來便敘述了佛山禪山之華村里的醫靈廟對於當地的重要以及信仰之盛，記述了本次重修的過程與意義。

# 69　靈蟠古廟（石樓鄉）

## 【廟宇簡介】

靈蟠古廟又稱文武廟，位於今廣州市番禺區石樓鎮市蓮路石樓環衛處以北。清代屬於石樓鄉中西兩約祠祀香火，奉祀文昌、關帝。廟始建於清嘉慶三年（1798），重修於清道光十九年（1839）。後於建國後毀棄，2004 年重修①。

靈蟠廟東側原有一座龍興廟，明萬曆十四年（1586）建，清康熙五十八年（1719）重修，嘉慶十六年（1811）、同治二年（1863）均重修。建國後"大躍進"期間失火被拆②。

## 69-1　清·佚名：起建靈蟠廟各信碑

清嘉慶三年（1798）

## 【碑刻信息】

存址：今廣州市番禺區石樓鎮靈蟠古廟內。

碑額：起建靈蟠古廟各信碑。楷書。

碑題：無。

尺寸：碑高 142 厘米，寬 68 厘米。

碑文來源：原碑抄錄。

## 【碑文】

馬嶺之西曰過坳，有神廟焉，祀事文武二帝，及道書所云天地水三官者。既乃以他故毀，遷僑諸神像於鄉之報恩祠廡，歷有年所。去年冬，東里人士

---

① 關於靈蟠廟的歷史，參清·梁鼎芬倡修，丁仁長等纂：宣統《番禺縣續志》卷五〈壇廟〉，《中國地方志集成·廣東府縣志輯》第 7 卷，頁 97 下；陳建華主編：《廣州市文物普查彙編·番禺區卷》，頁 176-177。

② 關於龍興廟的歷史，參清·梁鼎芬倡修，丁仁長等纂：宣統《番禺縣續志》卷五〈壇廟〉，《中國地方志集成·廣東府縣志輯》第 7 卷，頁 97 下；陳建華主編：《廣州市文物普查彙編·番禺區卷》，頁 176-177。

擬作廟於社稷壇西，用迎三官神像，以妥以祀。而吾中西二里亦擬於龍興廟右特興土木，以為文武帝像之居。東西先後繼作，自春徂秋，兩俱落成，神有攸芋矣。抑聞之中州清淑之氣，蜿蟺扶輿，磅礡而欝積，至於衡南嶺北，於是焉窮。今觀地靈所聚，往往而有韓子之論，或亦有不盡然。茲文武帝宮，負山臨水，有取於斯義，而顏曰"靈蟠"。他日者族屬彌昌，人文蔚起，其此多福之詒乎，其此嘉名之肇乎？謹弁數言，以紀茲廟分合廢興之蹟，併以助金芳名同勒諸石，以垂不朽。

　　各信題助工金開列：

　　中約：工金銀貳拾貳兩五錢。

　　西約：工金銀貳拾貳兩五錢。

　　善世堂：戲金銀二拾兩三。

　　赤山戴敦本堂珍儒等：銀五大員。

　　善世堂陳文浩等：銀五大員。

　　赤山陳萃思堂：銀貳大員。

　　赤山陳嘉應：銀四大員。

　　香邑金星門蝦埠泰昌號：銀貳大員。

　　大沙環白蜆塘陳聰耀、惇典等：銀貳大員。

　　驪崗大塘白蜆塘陳文最、昌瑚等：銀貳大員。

　　綠蘭洪聖宮、南邑潘日新、順邑關世經、順邑何長青、石門李順華、細坪劉廷昌、東寧區達豪、岳潭梁湛露、岳潭梁湛輝、光　赤山戴廷先、明經胡奇拔、大嶺陳合興：已上銀壹中員。

　　有利船胡矩群：銀二錢，戴志高一分。

　　南邑馬章龍：銀貳錢。

　　南邑何文半：銀貳錢。

　　永善張耀高：銀壹錢八分。

相堂李福載：銀壹錢半。

大龍墟正合：銀壹錢二分。

劉廷高：銀壹錢二分。

赤山陳會之：銀壹錢。

陳瞻五：銀壹大員。

陳播西、陳之上、陳裔庸、陳美高、陳憲常、陳亮功、陳夢熊、陳蕃昭、陳瓚豐、陳惇典、陳學佳、陳顒孚、陳敬初：已上銀壹中員。

陳世庸：銀二錢二分。

陳光宇：銀二錢。

陳幹宇、陳麗升、陳庫瞻、陳履端、陳沖和、陳馨載、陳清著、陳天澤：已上銀壹錢八分。

陳崙祿：銀壹錢半。

陳允榮：銀壹錢半。

陳沖君：銀壹錢一分。

陳明耀：銀壹錢。

陳宏澤：銀貳員。

陳作賓：銀四大員。

陳掖修：銀四大員。

陳聘修：銀三大員半。

陳敬□：銀三大員半。

陳贊斯：銀三大員半。

陳鷹揚：銀三大員半。

陳逢源：銀三大員。

陳信池：銀貳大員半。

陳傑作：銀貳大員半。

陳海士：銀貳大員半。

陳朝五：銀貳大員半。

陳鍾岳：銀貳大員半。

陳仁長：銀貳大員半。

陳煥斯：銀貳大員半。

陳慶集：銀貳大員半。

陳懋圖：銀貳大員半。

陳炳圖：銀貳大員半。

陳文最：銀貳大員。

陳敏修：銀貳大員。

陳維岳：銀貳大員。

陳兼山：銀壹大員半。

陳卓廷：銀壹大員半。

陳華輝：銀壹大員半。

陳德和：銀壹大員半。

陳則常：銀壹大員半。

陳時職：銀壹大員半。

陳正和：銀壹大員半。

陳朝□：銀壹大員半。

陳良圖：銀□□□。

陳漢□：銀□□□。

陳□□：銀九錢□□。

陳榮輝：銀九錢正。

陳騰衷：銀九錢正。

陳亮輝：銀七錢四分。

陳進生：銀壹大員。

陳興爵：銀壹大員。

陳孔佳：銀壹大員。

陳廷佐：銀壹大員。

陳秀廷：銀壹大員。

陳宏博：銀壹大員。

陳高燕：銀壹大員。

陳積厚：銀壹大員。

陳柱恒：銀七錢正。

陳輝岳：銀五錢七分。

陳榮昌：銀五錢七分。

陳潤滔：銀五錢七分。

陳祥裔：銀五錢七分。

陳宗元：銀五錢四分。

陳喈應：銀五錢四分。

陳端石：銀五錢四分。

陳志平：銀五錢四分。

陳東約：銀壹大員。

陳耀新：銀五錢四分。

陳覲朝：銀五錢四分。

陳華芬：銀五錢一分。

陳顯朝：銀五錢一分。

陳爵修：銀五錢一分。

陳宗業：銀五錢一分。

陳從修：銀四錢七分。

陳耀波：銀四錢七分。

陳贊元：銀四錢七分。

陳積千：銀四錢七分。

陳廣韶：銀四錢壹分。

陳佩琚：銀貳錢九分。

陳翮雲：銀壹中員。

陳鍾靈：銀壹中員。

陳斐一、陳卓奇、陳善揚、陳永康、陳拔修、陳熠賢、陳漢廷、陳耀圖、陳明澤、陳有成、陳昭典、陳華齡、陳仰豪、陳廣豪、陳啟芬、陳容川、陳博昭、陳維英、陳廷柱、陳綏符、陳澤賓、陳鴻賓、陳國傑、陳積仁、陳炳敘、陳漢亮、陳輝源、陳厚衷、陳學元、陳夫元、陳輝垣、陳耀倉、陳富善、陳集善、陳洪範、陳茂文、陳軼群、陳仲儒、陳顯載、陳善和、陳邦達、陳寧修、陳貴芬、陳博安、滘邊渡禮爵、鳴韶、如意齋廣青、居燕、萬和店、高燦華：已上銀壹員。

陳豪升：銀三錢五分。

陳廣輝：銀三錢四分。

陳日和：銀三錢二分。

邵恒富：銀三錢二分。

陳懿芬：銀三錢二分。

陳進昌：銀三錢二分。

陳御積：銀二錢九分。

陳貴集：銀二錢九分。

陳文光：銀二錢九分。

陳業勤：銀二錢九分。

陳宏昌：銀二錢九分。

陳成賓：銀二錢九分。

陳憲恭：銀二錢九分。

陳程道：銀二錢八分。

陳昌賢：銀二錢六分。

陳紹勤：銀二錢五分。

陳朝棟：銀二錢五分。

陳道修：銀二錢四分。

陳廷修：銀二錢四分。

陳進寬：銀二錢三分。

陳時煥：銀二錢三分。

陳永泰：銀二錢二分。

陳廣瞻：銀二錢二分。

陳熾賢：銀二錢二分。

陳維□：銀二錢二分。

陳漢敘：銀二錢二分。

陳粵輝：銀二錢二分。

陳南敬、陳正翰、陳天降、陳聖集、陳蕃斯、陳燦業、陳文浩、陳廣聚、陳贊芬、陳軼和、陳明章、陳應龍、陳恒敘：已上銀二錢壹分。

陳大成、陳拔清、陳賢亮：已上銀二錢正。

陳達五、陳性斯、陳耀輝、陳積和、陳時恭、陳廣寬、陳巨恭、陳崑靈、陳嵩齡、陳大林、陳拱廷、陳信和、陳禮爵、陳聯棠、陳世棠、陳進于、陳廣青、陳悅芬、陳明修、陳廣賓、陳樂昌、陳顯斯、陳名先、陳法志、陳正先、陳文明、陳忠英、陳顯作、陳居燕、陳仰初、陳序昭、陳久女、利華店、陳堅裔、陳昭夏、陳世圖、陳應瑚、陳俸兼、裕和店、鄧聖君、陳朝選、陳寧石、陳昭裕、陳佳賢：已上銀壹錢八分。

陳騰倉：銀一錢六分。

陳國賢：銀一錢六分。

陳善斯：銀一錢五分。

陳運昌：銀一錢五分。

陳燕南、陳扶泗、陳道升、陳志和、陳成之、陳耀西、陳鳴韶、陳廣英、陳冠廷、陳秀山、陳儉恭、陳貴業、陳意修、陳善儒、陳明博、陳德華、陳信君、陳仲禮、陳廣就、陳體均、陳澤滔：已上銀壹錢五分。

陳茂賢：銀一錢四分。

陳鴻章：銀一錢三分。

陳聚英、陳志賓、陳達儒：已上銀壹錢三分。

陳瑞敏、陳茂長、陳潮泗、陳國昌、陳國勤、陳時中、陳勤斯、陳宏善、陳志朝、陳純然、陳茂廷、陳聖傑、陳洪業、陳允貞、陳朝卓、陳允爵、陳輝爵、陳耀漢、陳悅金、陳文業、陳進修、陳良滔、陳接魁：已上銀壹錢二分。

陳居禮、陳達輝、陳聖元、陳顯章、陳瑞章、陳宏滔、陳萃登、陳廣一、陳耀英、陳耀清、陳耀播、陳耀時、陳琬章、陳榮耀、陳輝石、陳彩儀、陳廣華、陳會輝、陳昌裕、陳達敏、陳佳贊、陳泰清、陳麗章、陳仲興、陳和鳴、陳福勤、陳耀才、陳燦瑤、陳世良、陳進明、陳輝裕、陳仲寬、陳信貞、陳滙滔、陳閏大、陳載登、陳志裕、陳金培、陳高賢、陳華璉、陳揚舒、陳揚光、陳簡千、陳顯滔、陳廣斯、陳興教、陳播裕、陳興富、陳明善、陳佩和、陳琬琦、陳蕃興、陳登裕、陳自昭、陳進功、陳章載、陳賢佐、陳景稻、陳恒滔、陳順根、陳覲朝、陳聖才、陳賢書、陳昌翰、陳耀樂、陳耀志、陳顯輝、陳瑞志、陳始集、陳悅豪、陳文進、陳獻圖、陳介瑜、陳景芬、陳世豪、陳文滔、陳世康、陳舉賢、陳汝之、陳喜金、陳裔成、陳博修、陳志堂、陳志禮、陳耀爵、陳昭世、陳廣積、陳視就、陳瞻雲、陳佩聰、陳達才、陳興堂、陳玉章、陳興惠、陳耀學、陳世楷、陳華業、陳日進、陳□魁、陳盛志、陳禹培、陳積就、陳亮升、陳騰安、陳耀昌、陳登賢、陳敬多、陳載金、陳琼達、陳獻輝、陳奎光、陳合禮、陳光載、陳帝猷、陳憐勤、陳首寬、陳兆貴、陳奇敏、陳恒寬、陳顯士、陳純禧、陳義山、陳升耀、陳換居、陳卓敏、陳賢裔、陳冠升、陳華國、陳志仁、陳梗修、陳殿英、陳耀璉、陳輝儒、陳志業、陳華棟、陳際亨、恒升店：已上銀壹錢一分。

陳德賢、陳洪齊、陳元章、陳麗升、陳廷敘、陳容興、陳博輝、陳進光、陳豪芬、陳殿芬、陳顯昌、陳廣仁、工名之、保和堂、陳永澤、陳達魁、陳超士、陳朝進、陳朝升、陳成修、陳耀珍、陳恒業、陳久閏、陳福圖、陳播業、陳耀禮、陳興周、陳耀碧、陳奕昌、陳錫善:已上銀壹錢正。

陳奮興、陳聖滔、関俸賢:銀二大員。

梁瑞賢:銀一大員半。

梁振業:銀一大員。

梁瑞平:銀一大員。

孫文勝:銀一大員。

關鳳興:銀五錢四分。

陳汝可:銀壹中員。

潘秀達:銀二錢一分。

陳建就、陳成就、李敬和、梁學名、陳成顯:已上銀壹錢八分。

黃有富:銀一錢五分。

梁靜全:銀一錢五分。

潘牲敏、陳朝道、陳昌盛、陳勝茂、陳建而、陳容光、陳贊興、陳贊茂、黃敏亮、黃盛財、孫祥興、李成則、蔣靜賢、唐順志、梁天衢、梁法閏:已上銀壹錢一分。

梁志茂、陳堅閏、李志本:已上銀壹錢正。

陳榮達:銀五分。


嘉慶三年歲次戊午仲秋朔日吉旦。

督建首事陳日和、陳正先、陳進寬、陳鍾岳、陳從修、陳顯作、陳鍾靈、陳燦業、陳軼群、陳志和、陳懋圖、陳蕃斯仝立石。


**【碑文考釋】**

　　碑文記敘了文武廟(靈蟠廟)遷建的歷史。據碑所載,馬嶺西邊的過坳,本有神廟奉祀文武二帝和三官大帝,廟毀後,各神像暫被移至報恩祠。嘉慶初年,東約建廟祀三官,中約和西約則建廟祀文武。祀文武之廟也就是靈蟠廟。其實到嘉慶初年神廟實現了由合到分。

碑文接下來又分析了"靈蟠"二字的含義,預言他日將會見到族屬彌昌,人文蔚起,這就是"靈蟠"這一嘉名所帶來的。

# 69-2　清·佚名:靈蟠廟重修碑記

清道光十九年(1839)

**上碑**

**【碑刻信息】**

　　存址:今廣州市番禺區石樓鎮靈蟠古廟內。

　　碑額:靈蟠廟重修碑記。楷書。

　　碑題:無。

　　尺寸:碑高154厘米,寬78厘米。

　　碑文來源:原碑抄錄。

**【碑文】**

　　我鄉崇祀文武二帝廟,地非一矣。嘉慶初中西兩約復辟此地,立廟以妥神。今歲又擴而大之,更而新之。非不惜費,徒求觀美也。蓋人之所以為人,孝友忠義,士庶本以立身,朝廷準以取士,顧無異道。而文武二帝生於周漢之代,為孝友忠義之完人,惟生為完人,故沒為明神。孝友忠義之致,明著於人心,宜祗肅而事。歷代相沿,且遍天下也,我鄉人猶是心矣。如謂國家設科文武兩員,惟神實司祿籍,我敬恭神明,可邀眷佑,理或宜然。然豈在所竊計哉。是舉也,買地庀材,工費不貲,而士女之破慳樂助者紛若,不日而觀厥成。合將各所助金勒諸貞珉,以垂不朽。

　　督理值事:陳寵賓、陳積仁、陳廣韶、陳朝選、陳萬清、陳會德、陳裕金、陳瞻雲、陳傑豪、陳贊邦、陳兆祥、陳揚威、陳興球、陳彬榮、陳裕端、陳新華、陳正珍、陳簡東、陳勝業、陳建魁、陳高亮、陳敬元。

各信香資助金開列：

永靖營石子頭汎左部總司曾雄章：壹員。

潭山鄉

天后宮許堅順等：貳員。

長邑李廣合石店：壹大員。

明經鄉

胡永思堂永彰等：貳員。

右里聖祐堂貳大員。

萬年蔭：香資貳大員。

胡應霖：叁錢五分。

赤山鄉

陳清德堂景祥等：貳員。

陳殖焉：貳錢五分。

陳占春：壹錢八分。

陳遠勳：壹錢八分。

陳茯岍：壹錢八分。

靈山鄉

凌種德堂：壹大員。

凌宅振：叁錢七分。

凌昭德：香資壹中員。

凌耀德：香資壹中員。

凌雲龍：壹錢八分。

大嶺鄉

陳柳源堂:貳大員。

陳仁壽店:壹大員。

菘齡店:香資貳大員。

陳合興店:壹中員。

陳廣興店:壹中員。

陳泰和布店:壹中員。

陳大和店:壹中員。

陳國琛:壹錢八分。

悅來店:壹錢八分。

石基鄉

仁聖宮:貳大員正。

洪聖宮:貳大員正。

天后宮:壹大員正。

王虛宮黃江大等:一中員。

南步鄉

楊四知堂:貳大員。

圍約文武廟麗茂榮楊民泰簡賢俊等:壹大員。

東約天后宮麗梁:壹大員。

楊霈西:貳錢叁分。

楊炳大:貳錢九分。

楊聯芳:貳錢貳分。

楊進西:貳錢壹分。

楊進就:貳錢壹分。

楊榮西：貳錢四分。

揚成斌：貳錢貳分。

楊本昌：壹錢八分。

麗朝燦：叁錢四分。

麗可駿：壹錢八分。

麗良駿：壹錢八分。

麗月輝：壹錢五分。

石門鄉李鎮毓堂：壹大員。

坑頭鄉

三望宮：貳大員正。

陳孝思堂：壹大員。

陳留微堂：壹大員。

陳邦傑：壹錢八分。

新楊鄉聖母宮：貳大員。

朗邊鄉

梁會源堂：壹大員。

南明堂：壹大員正。

區結華：香資貳錢。

大龍鄉

太尉府：壹大員正。

滙源堂：叁錢六分。

大昌店：香資叁錢。

曾朗明：貳錢六分。

正元店：壹錢五分。

赤山鄉

戴敦本堂：壹大員。

戴翰章：壹大員正。

戴偉章：壹大員正。

戴能盛：貳錢四分。

官涌鄉華帝廟：壹大員。

朱永清：貳錢四分。

永善鄉飛龍堂：壹中員。

石擾泉益當：壹大員正。

景會圍天字號廖裕顯、陳惠元等：貳大員。

西山鄉

潘思敬堂：貳大員。

潘德昌：壹大員正。

潘清選：叁錢六分。

潘鳳光：叁錢六分。

潘望端：叁錢六分。

潘東興：叁錢六分。

崧茂棉花行：壹大員。

潘華邦：壹錢八分。

海心沙下圍福順堂：壹大員。

草堂鄉鄉約：壹大員正。

福建戴萬裕：壹大員正。

順邑梁阜利：叁錢六分。

順邑馮參倫：叁錢六分。

大嶺許朝廣：叁錢六分。

長邑張萬昌石店：貳錢正。

順邑劉遵記：叁錢六分。

順邑羅恒合店：貳錢正。

白岡邱茂和店：壹錢八分。

白岡黃寧茂：叁錢六分。

岳溪鄉醮會梁湛寶、林萬昭、何國賜等：壹大員。

康芸堂：貳大員正。

西約：香資壹大員。

眉山鄉蘇垂裕堂：壹大員。


山龍鄉

曾紹誠堂：壹大員。

孔註堂廣居等：一大員。

曾育發：貳錢壹分。

曾學群：貳錢壹分。

曾朝寶：貳錢壹分。

曾當升：壹錢五分。

戴珣：香資貳錢。

沙路鄉孟近聖堂：壹大員。

勝洲鄉天后宮：貳大員。

仙嶺鄉華慶堂：貳大員。

大沙環蜆塘：香資壹大員。

龍滘鄉莊錦繡堂：壹大員。

莊榮昭：香資壹大員。

龍門鄉李振絕堂：貳大員。

田步頭洪聖宮：壹中員。

洪進盛：壹大員正。

洪發盛：叁錢六分。

珠嶺簡賢進：貳錢六分。

貝岡蔡開茂：壹錢八分。

新造廣順店：壹錢八分。

東約

躍龍廟：貳大員正。

陳續泰：貳大員正。

陳道仰：壹大員正。

陳景雲：壹大員正。

陳侃言：叁錢八分。

陳雅言：叁錢六分。

陳福安堂：壹大員。

陳馥興店：壹中員。

陳德涵：叁錢六分。

陳國柱：壹錢八分。

陳彩山：壹錢八分。

陳他山：壹錢八分。

官橋鄉

惠庶堂：銀壹大員。

北帝廟：銀壹大員。

袁汝培：銀貳錢五分。

黃銳宗:銀貳錢二分。

黃濟宗:銀貳錢一分。

黃敏宗:銀壹錢九分。

黃耀宗:銀壹錢八分。

善世堂喜認助金銀壹百兩正。

神前玻璃燈壹盞:陳翊邦。

神前銅香爐壹個:陳祥茂。

神前柱對壹對:陳清華奉。

神前磁器香爐貳個:陳積仁偕男稔邦。

頭門對壹對:陳彩時、陳迪光、陳煥元、陳正珍奉。

蘭馨社擋中扁對:陳方仁、陳錕赤、陳方結、陳致祥、陳兆祥、陳杞堅、陳其瑛、陳龍驥、陳懷禧、陳敏端、陳正存仝奉。

殿前金柱對:敬賢社潘銓厚、陳熾昌、陳亮衷、陳闡精、陳盛澤、陳榮彬、陳亮顯、陳信豪、陳兆方仝奉。

正樑對:十存信陳宗業、陳廣韶、陳敏端、陳廷輝、陳子卿、陳亮意、陳協元仝奉。

檯幃壹張:敬義社陳仲光、陳盛珍、陳俸金、陳秩尊、陳惟金、陳湛坤、陳遇全陳靜波、陳澍仁、陳典中、陳新華、陳達邦、陳美倫、陳智炳、陳華尊、陳沛仁、陳亮彬、陳映麟仝奉。


明德香案社:陳寵賓、陳徽統、陳配琮、陳靈泰、陳聯偉、陳亮衷、陳致祥、陳鵬捷、陳明威、陳贊光、陳修和、陳配暄、陳和昌、陳賜蕃、陳炳鐸、陳錫安、陳錫剛、陳兆祥、陳醴泉、陳兆元、陳尚丁、陳揚舒、陳傑豪、陳廣泉、陳配元、陳聯照、陳廣豪、陳鎮洪、陳配珩、陳坤元、陳奕輝、陳鎮光仝奉。


道光拾九年歲次己亥十一月二十七日吉旦重修立石。

## 下碑

【碑刻信息】

存址：今廣州市番禺區石樓鎮靈蟠古廟內。

碑額：靈蟠廟重修碑記。楷書。

碑題：無。

尺寸：碑高 154 厘米，寬 78 厘米。

碑文來源：原碑抄錄。

□□□助金芳名開列於左：

陳□仁：銀壹拾大員。

□□清：銀伍大員。

□□芳：銀伍大員。

陳□芳：銀四大員。

陳贊斯：銀貳大員。

陳宗業：銀貳大員。

陳寵賓：銀貳大員。

陳梅修：銀貳大員。

新廣利店：貳大員。

馨興店：銀貳大員。

陳寧階：銀貳大員。

陳清泰：銀貳大員。

陳靈泰：銀貳大員。

陳維邦：銀貳大員。

陳美輝：銀貳大員。

滘邊渡助銀貳大員。

陳兆祥：銀壹大員半。

陳翊邦:銀壹大員半。

陳祥茂:銀壹大員半。

陳致祥:銀壹大員。

陳瀚清:銀壹大員。

陳揚舒:銀壹大員。

陳珮茂:銀壹大員。

陳洪茂:銀壹大員。

陳積仁:銀壹大員。

陳名峰:銀壹大員。

陳廷□:銀壹大員。

陳熾蕃:銀壹大員。

陳泰宇:銀壹大員。

陳邦達:銀壹大員。

陳昌寧:銀壹大員。

陳贊邦:銀壹大員。

陳鵬接:銀壹大員。

陳紹堯:銀壹大員。

陳惠堯:銀壹大員。

陳裕泰:銀壹大員。

陳靜波:銀壹大員。

陳殿威:銀壹大員。

陳阜祖:銀壹大員。

陳靄珍:銀壹大員。

陳顯珍:銀壹大員。

陳和昌:銀壹大員。

陳首階:銀壹大員。

陳化行：銀壹大員。

陳近光：銀壹大員。

陳亮衷：銀壹大員。

陳松善：銀壹大員。

陳福昭：銀壹大員。

陳澄輝：銀壹大員。

陳粹光：銀壹大員。

陳贊光：銀壹大員。

陳兑占：銀壹大員。

陳煥占：銀壹大員。

陳應書：銀壹大員。

陳達堯：銀壹大員。

陳八桂堂：壹大員。

陳達海：銀五錢四分。

陳協和：銀五錢正。

陳成昆：銀四錢正。

陳協光：銀壹大員。

陳昭鵬：銀壹中員。

陳廣韶：銀壹中員。

陳修和：銀壹中員。

陳世熙：銀壹中員。

陳協禎：銀壹中員。

陳仲光：銀壹中員。

陳稔邦：銀壹中員。

陳朝賓：銀壹中員。

陳敬宗：銀壹中員。

陳炳昌:銀壹中員。

陳志善:銀壹中員。

陳占云:銀壹中員。

陳佐文:銀壹中員。

陳正真:銀壹中員。

陳廷則:銀壹中員。

陳鳳球:銀壹中員。

陳興球:銀壹中員。

陳榮傑:銀壹中員。

陳傑豪:銀壹中員。

陳瓊光:銀壹中員。

陳孔彬:銀壹中員。

陳兆章:銀壹中員。

陳景熙:銀壹中員。

陳凱旋:銀壹中員。

陳漢球:銀壹中員。

陳進昭:銀壹中員。

陳裕祥:銀壹中員。

陳迪仁:銀壹中員。

陳富和:銀壹中員。

陳滿威:銀壹中員。

陳建華:銀壹中員。

陳尚丁:銀壹中員。

陳沛松:銀壹中員。

陳玉經:銀壹中員。

陳曠然:銀壹中員。

陳正存：銀壹中員。

陳贊倫：銀壹中員。

陳傳能：銀壹中員。

陳廷英：銀壹中員。

陳子卿：銀壹中員。

陳世平：銀壹中員。

陳寅彰：銀壹中員。

陳惠元：銀壹中員。

陳坤元：銀壹中員。

陳亮顯：銀壹中員。

陳鳳和：銀壹中員。

陳裕全：銀壹中員。

陳裕階：銀壹中員。

陳揚威：銀壹中員。

陳熖寧：銀壹中員。

陳寵頒：銀壹中員。

陳浩彬：銀壹中員。

陳秀祥：銀壹中員。

陳霄光：銀壹中員。

陳志恭：銀壹中員。

陳高佐：銀壹中員。

陳德顯：銀壹中員。

陳敏端：銀壹中員。

陳廣豪：銀壹中員。

陳順昌：銀壹中員。

陳積稔：銀壹中員。

陳志清:銀壹中員。
陳蔭昭:銀貳錢三分。
陳潤林:銀貳錢二分。
陳泰登:銀貳錢四分。
陳世林:銀貳錢三分。
陳耀昭:銀貳錢三分。
陳朝裕:銀貳錢二分。
陳善業:銀貳錢二分。
陳彬榮:銀貳錢一分。
陳沛龍:銀貳錢一分。
陳鳳寧:銀貳錢一分。
陳達邦:銀貳錢一分。
陳昌熖:銀貳錢一分。
陳昭士:銀貳錢一分。
陳性斯:銀貳錢正。
陳泰仁:銀貳錢正。
陳恪存:銀貳錢正。
陳慈晛:銀貳錢正。
陳□善:銀貳錢正。
陳贊猷:銀貳錢正。
陳簡東:銀貳錢正。
陳裕廣:銀貳錢正。
陳翼階:銀貳錢正。
陳起群:銀貳錢正。
陳穗元:銀貳錢正。
陳振威:銀貳錢正。

陳聯炳：銀壹錢八分。

陳錦昭：銀壹錢八分。

陳燦茂：銀壹錢八分。

陳啟雄：銀壹錢八分。

陳鳴和：銀壹錢八分。

陳允東：銀壹錢八分。

陳順寧：銀壹錢八分。

陳志亮：銀壹錢八分。

陳朝澤：銀壹錢八分。

陳昭志：銀壹錢八分。

陳祚疇：銀壹錢八分。

陳接華：銀壹錢八分。

陳萬清：銀壹錢八分。

陳觀合：銀壹錢八分。

陳板榮：銀壹錢八分。

陳錫垣：銀壹錢八分。

陳裕□：銀壹錢八分。

陳顯加：銀壹錢八分。

陳煒熙：銀壹錢八分。

陳載金：銀壹錢八分。

陳榮光：銀壹錢八分。

陳禮方：銀壹錢八分。

陳光博：銀壹錢八分。

陳有常：銀壹錢八分。

陳新華：銀壹錢八分。

陳顯仁：銀壹錢八分。

陳始昌：銀壹錢八分。

陳懋端：銀壹錢八分。

陳朝選：銀壹錢八分。

陳福恒：銀壹錢八分。

陳桂扳：銀壹錢八分。

陳裕端：銀壹錢八分。

陳汝才：銀壹錢八分。

陳信豪：銀壹錢八分。

陳協德：銀壹錢八分。

陳耀章：銀壹錢八分。

陳盛江：銀壹錢八分。

陳秩尊：銀壹錢八分。

陳大林：銀壹錢八分。

陳華尊：銀壹錢八分。

陳悅球：銀壹錢八分。

陳聯煒：銀壹錢八分。

陳正剛：銀壹錢八分。

陳隆芳：銀壹錢八分。

陳兆元：銀壹錢八分。

陳善則：銀壹錢八分。

陳觀鵬：銀壹錢八分。

陳瑞則：銀壹錢八分。

陳兆禮：銀壹錢八分。

陳輝猷：銀壹錢八分。

陳佳保：銀壹錢八分。

陳鳳琳：銀壹錢八分。

陳賢豪:銀壹錢八分。

陳炳高:銀壹錢八分。

陳澤豪:銀壹錢八分。

陳仲興:銀壹錢八分。

陳佳璋:銀壹錢八分。

陳澤端:銀壹錢八分。

陳錫貴:銀壹錢八分。

陳名博:銀壹錢八分。

陳平恭:銀壹錢八分。

陳儀芳:銀壹錢八分。

陳宗華:銀壹錢八分。

陳拔清:銀壹錢八分。

陳健芳:銀壹錢八分。

陳耀雲:銀壹錢八分。

陳善賓:銀壹錢八分。

陳儀高:銀壹錢八分。

陳振球:銀壹錢八分。

陳蹈和:銀壹錢八分。

陳昇球:銀壹錢八分。

陳允寧:銀壹錢八分。

陳彩時:銀壹錢八分。

陳祺新:銀壹錢八分。

陳煥元:銀壹錢八分。

陳賢選:銀壹錢八分。

陳澤章:銀壹錢八分。

陳金成:銀壹錢八分。

陳成亮:銀壹錢八分。

陳縉選:銀壹錢八分。

陳達豪:銀壹錢八分。

陳佩蓮:銀壹錢八分。

陳正群:銀壹錢八分。

陳澄茂:銀壹錢八分。

陳振清:銀壹錢八分。

陳世昌:銀壹錢八分。

陳遇華:銀壹錢八分。

陳會德:銀壹錢八分。

陳結泰:銀壹錢八分。

鄧茂積:銀壹錢八分。

陳占恭:銀壹錢八分。

陳英泰:銀壹錢八分。

陳兆子:銀壹錢八分。

陳培根:銀壹錢八分。

陳滿元:銀壹錢八分。

陳公則:銀壹錢八分。

陳湛坤:銀壹錢八分。

陳炳康:銀壹錢八分。

陳富豪:銀壹錢八分。

陳日東:銀壹錢八分。

陳燦豪:銀壹錢八分。

陳茂善:銀壹錢八分。

陳燦元:銀壹錢八分。

陳耀宗:銀壹錢八分。

陳屯九：銀壹錢八分。

陳鎏華：銀壹錢八分。

陳榮熙：銀壹錢八分。

陳鳳昌：銀壹錢八分。

陳國康：銀壹錢八分。

陳貴龍：銀壹錢八分。

陳闡輝：銀壹錢八分。

陳紹昌：銀壹錢八分。

陳盛大：銀壹錢八分。

陳智炳：銀壹錢八分。

陳信芳：銀壹錢八分。

陳裕章：銀壹錢八分。

陳典宗：銀壹錢八分。

陳倉漢：銀壹錢八分。

陳錫泗：銀壹錢八分。

陳毓章：銀壹錢八分。

陳正宗：銀壹錢八分。

陳貴豪：銀壹錢八分。

陳殿華：銀壹錢八分。

陳廣高：銀壹錢八分。

陳福善：銀壹錢八分。

陳敬章：銀壹錢八分。

陳福豪：銀壹錢八分。

陳積倫：銀壹錢八分。

陳湛淇：銀壹錢八分。

陳榮高：銀壹錢八分。

陳榮書:銀壹錢八分。

陳盛廣:銀壹錢八分。

陳廷康:銀壹錢八分。

陳沛深:銀壹錢八分。

陳遇清:銀壹錢八分。

陳容興:銀壹錢八分。

陳盛畛:銀壹錢八分。

陳英佐:銀壹錢六分。

陳翼新:銀壹錢六分。

陳仲拔:銀壹錢五分。

陳瑞名:銀壹錢五分。

陳恒章:銀壹錢五分。

陳性光:銀壹錢五分。

陳賢彩:銀壹錢五分。

陳廷堅:銀壹錢五分。

陳拱珍:銀壹錢五分。

陳愛高:銀壹錢五分。

陳熙仁:銀壹錢五分。

陳光輔:銀壹錢五分。

陳炳根:銀壹錢五分。

陳英著:銀壹錢五分。

陳寵威:銀壹錢五分。

陳加仁:銀壹錢五分。

陳錦就:銀壹錢五分。

陳佩英:銀壹錢五分。

陳奕圖:銀壹錢五分。

陳灼英：銀壹錢五分。

陳傑西：銀壹錢五分。

陳燦容：銀壹錢五分。

陳彩舒：銀壹錢五分。

陳惠□：銀□錢五分。

陳□□：銀壹錢五分。

陳□□：銀壹錢五分。

陳□□：銀壹錢五分。

陳華□：銀壹錢五分。

陳志光：銀壹錢五分。

陳亮逢：銀壹錢五分。

陳華慶：銀壹錢五分。

陳積章：銀□□五分。

陳裕金：銀□□五分。

陳宏耀：銀壹錢五分。

陳進豪：銀壹錢五分。

陳光廷：銀壹錢五分。

陳堯□：銀壹錢五分。

陳彩輝：銀壹錢五分。

陳殿常：銀壹錢五分。

陳業仁：銀壹錢五分。

陳敏英：銀壹錢五分。

陳裕遠：銀壹錢五分。

陳仁慶：銀壹錢五分。

陳□豪：銀壹錢五分。

陳□敬：銀壹錢五分。

陳□滿：銀壹錢五分。

陳□榮：銀壹錢五分。

陳彬華：銀壹錢五分。

陳道□：銀壹錢五分。

陳京裕：銀壹錢四分。

陳善□：銀壹錢四分。

陳□豪：銀壹錢四分。

陳□□：銀壹錢四分。

陳廣元：銀壹錢四分。

陳□清：銀壹錢四分。

陳□新：銀壹錢四分。

道光拾九年歲次己亥十一月二十七日吉旦重修立石。

【碑文考釋】

　　碑文記敘了清道光十九年間靈蟠廟擴建更新的歷史，並探討了祀文武二帝的意義。碑文認為，文武帝體現了孝友忠義之道，生為完人，沒為明神，本來就應肅心奉事；也正是因為這一點，所以歷代（時間上久遠）、遍天下（空間上廣闊）都奉祀二帝，本鄉也不例外。另一方面，奉祀的原因還有一個，就是希望可以仕進。國家設文武科，文武二帝各掌祿籍，所以敬事神明以期獲得眷佑。這是比較偏於功利的原因。但是作者又認為，雖然從道理上講是這樣，但是也不盡在於這一點，其實是表示他的態度，比較偏重於前者，也就是文武帝體現了孝友忠義之大義。因為他所見的情況是，鄉人不分士女，樂助者眾多，從而使得大事不日而成。

# 順德縣

# 70　大良北帝廟

## 【廟宇簡介】

北帝廟,在縣治阜南門外,又稱"玄都紫府",位於玄真觀旁①,奉祀北帝。明萬曆十一年(1583)知縣葉初春協闔邑鄉紳創,直至天啟三年(1623)方建成,歷時四十年之久。根據周之貞等倡修,周朝槐等總纂:民國《順德縣志》的記載,此廟於清康熙五十九年(1720)、乾隆四十二年(1777)、道光二十六年(1846)、宣統三年(1911),經歷多次重修②。

## 70-1　明·佚名:闔邑士民創建元都紫府祭田香燈記

明天啟三年(1623)

## 【碑文】

洪惟皇明啟運,上帝實顯靈威,廓奠乾坤於清泰。繄我順邑元真觀傍,地衍平壤,創有元宮,歲時奉祀,福庇生靈。厥後傾圯,遺址猶存。迄萬曆癸未之年,適前陞任葉侯愛民敬神,神明昭格,維時上帝現靈,正當其會。蘇彥恒等首舉建言,仰侯興復,侯即欣然加意營繕,捐俸十金以爲之倡。自是縉紳善信,發誠喜捨,孳孳不倦。自癸未啟土之初,以至癸亥謝土之年,營創歷四十載,協力齊心,共矢天日。故今殿庭內外,鞏固輝煌,一邑壯觀,萬年用慶,皆荷施主共勷厥成。名號殷繁,未及鐫鍥,至誠盡念,簡在帝心,獲福無

---

① 玄真觀,在順德縣南鳳山。清為避康熙名諱改元真觀。相傳南宋真人羅務光修煉於此。有紫霄圃、藏真庵、煉丹井、洗硯池。觀後廢為察院行台。改建於寶林寺之東。參明·戴璟、張嶽等纂修:嘉靖《廣東通志初稿》卷三六〈仙釋〉"玄真觀"條,《北京圖書館古籍珍本叢刊》第38卷,北京:書目文獻出版社,1988,頁197上。

② 周之貞、馮葆熙倡修,周朝槐等總纂:民國《順德縣志》卷三〈建置·廟祠〉"北帝廟"條,《中國地方志集成·廣東府縣志輯》第31卷,頁926上-下。

疆矣。所有鄉紳，復陽鄧公，麒麟叶應，喬梓同心，施田一十四畝一分，開稅在廟，手帖書存證。廟眾後先貯積，置田七畝九分六釐四毫，開妝明白。眾議立一戶眼以裝帝真，爲各附入黃連堡七十四圖梁必有甲內，糧差祭田總二十二畝六釐四毫，永爲崇奉上帝香燭之業。聯名具呈，赴陞任吳侯，侯亦欣然準案立籍，且叮嚀傲囑吾民曰："汝眾竭誠，仰酬帝德。保有祭田，當思帝力。歲時奉祀，必蘄蠲潔。出入公明，秉心粹白。戶籍既定，稅糧既晰。幽有帝鑒，明有國法，永無侵踰，覬窺帝業。子子孫孫，恪供無斁。前有葉侯，實倡厥始。今吾準籍，終爾所事。虔始厚終，亦惟汝翼。眾聽良規，勿忘所自。尚其勖哉！"噫嘻！吾儕小民不敢忘帝之大德，更不忘施主之贊翼，其敢忘父母、爺爺惓惓之傲惕也？蓋不惟銘之肺腑，實圖勒之金石，因相與稽首拜規，并祭田之實跡而悉記之焉。

【編者按】

文錄自清·黃培彝、嚴而舒纂：康熙《順德縣志》卷一〇〈藝文〉①。

【碑文考釋】

此篇碑記描述了玄都紫府（北帝廟）的創建過程及其祭田的明細情況，並勒之金石，監督後人，防止有人覬覦廟產。明萬曆十一年（1583），由蘇彥恆等發起，在玄妙觀舊址興建紫府②。此舉得到前任縣令葉初春的支持，並捐俸十金，終於在天啟三年（1623）建成。又得當地鄉紳鄧復陽等施田，經廟眾儲積，共置祭田達二十二畝有餘，永爲崇奉上帝香燭之用，並聯名上呈於縣令吳裕中，以求立籍。吳侯在首肯之餘，也不忘告誡民眾勿忘竭誠奉祀，永無覬覦帝業："汝眾竭誠仰酬帝德，保有祭田，當思帝力，歲時奉祀，必蘄蠲潔。出入公明，秉心粹白，戶籍既定，稅糧既晰。幽有帝鑒，明有國法，永無侵踰，覬窺帝業，子子孫孫，恪供無□。前有葉侯實倡厥始，今吾準籍終爾所事，虔始厚終，亦惟汝翼眾聽良規，

① 清·黃培彝、嚴而舒纂：康熙《順德縣志》，《中國地方志集成·廣東府縣志輯》第 31 卷，頁 352 上-353 上。原題下注曰："天啟。"

② 周之貞、馮葆熙倡修，周朝槐等總纂：民國《順德縣志》，《中國地方志集成·廣東府縣志輯》第 31 卷，頁 926 上-下記載："煉丹井……按玄真觀無是井，當在舊元妙觀。又按元妙觀久廢，今井在紫府廟後，即其遺址。"

勿忘所自,尚其勗哉!"或許是鑒於鄉紳及官員在籌建北帝廟中的重要作用,民國《順德縣志》卷三有以下的評價:"謹按紫府廟為闔邑官紳共立,列入祀典,與尋常鄉廟不同。"

## 70-2　清·梁景璋:大良北帝廟碑

清乾隆四十二年(1777)

【碑刻信息】

　　存址:原碑未見。據《順德文物志》,在今順德縣博物館碑廊內。

　　尺寸:碑高156厘米,寬73厘米①。

　　碑文來源:順德縣文物志編委會、博物館編:《順德文物志》。

【碑文】

　　邑城南門外佛寺道觀之前,有紫府焉,廟祀九天蕩魔北極天尊。神威赫濯,為一邑之香火,壯五嶺之觀瞻,由來久矣。康熙丁酉,邑父老以其殿宇未廣,且地勢頗卑,聚城內及遠近諸鄉士庶,醵金相助,廓而大之,墊而高之,加增華飾,跂翼矢棘,鳥革翬飛之盛,幾與南邑佛山鎮之祖廟等。至乾隆丁酉,花甲一周矣,風瀟雨蝕,殿宇不無破漏,橋石竟傾圮,向之加增華飾者且黯然焉。邑父老聚而相語曰:"是又剝而將復之機也。六十年來,支干一轉,神其得毋示人以二氣循環之繼耶?"爰集董事,榜於廟門,告以醵金更新之意,且遷神座於外,令鳳城士庶瞻仰威儀以鼓舞之。踴躍以助者,不一而足,除各費外,旬日之間,存銀二百九十餘兩。爰卜吉九月,鳩工庀材,破漏者易而為縝密,傾圮者易而為鞏固,廟宇煥焉,金容燦焉,兩閱月而工告竣。諸董事以余曾睹前丁酉歲修建之事,今次重修,囑予筆以紀之。

　　誥受奉政大夫原任戶部主事浙江杭州府餘杭縣知縣乙丑進士邑信紳梁景璋薰沐頓首敬題。②

---

　　①　以上信息據順德縣文物志編委會、博物館編:《順德文物志》(1991)。原書頁145按語云:"碑高156厘米,寬73厘米,共350個字,記載乾隆丁酉(1777)重修情況。該碑舊縣志缺載。現存博物館碑廊。"

　　②　據《順德文物志》載,碑文後尚有"鈐印兩顆:(1)梁景醇印;(2)尚南氏。"見該書頁145。

【編者按】

文錄自順德縣文物志編委會、博物館編:《順德文物志》①。

【碑文考釋】

撰碑者梁景璋,字尚南,順德人。清乾隆九年(1744)鄉試舉人,十年(1745)科考獲進士,誥授奉政大夫,任戶部河南司主事。曾主持浙江余杭縣地方政務,回鄉後主講鳳山書院。②

奉祀九天蕩魔北極天尊的元都紫府,在經歷了康熙五十六年(1717)至五十九年(1720)的擴修增飾後③,其規模幾乎可與佛山的北帝祖廟相匹敵。時隔一個甲子,乾隆四十二年(1777),殿宇破陋,橋石傾塌,於是邑人再度籌金更新,經兩月,廟宇煥新。碑記作者梁景璋經歷了相隔六十年的兩次重修,因此受人囑託記之。

---

① 順德縣文物志編委會、博物館編:《順德文物志》,頁144–145。
② 有關梁景璋生平資料,參考順德縣文物志編委會、博物館編:《順德文物志》,頁145。
③ 民國縣志記載的是康熙五十九年(1720)重修,與此篇乾隆重修碑記的時間記載有三年之差。當重修開始於康熙五十六年,竣工於五十九年。

# 71　元君古廟（弼教村）

## 【廟宇簡介】

　　元君古廟,位於順德龍津堡弼教村,主祀天妃。據清嘉慶元年（1796）碑,廟建於宋咸淳六年（1270）。明萬曆八年（1580）,由當時的鄉之西約,遷至東約。清乾隆五十八年（1793）冬至六十年（1795）夏重修。

## 71-1　清·黎簡:弼教元君古廟碑

清嘉慶元年（1796）

## 【碑文】

　　吾鄉有天妃古廟,蓋始造於趙宋咸淳六年。是時,帝昺入閩粵,始封神爲妃。或曰元世祖所封也。鄉有廟既三百年,始從西約遷於此地,蓋前明萬曆之八年,時此地號爲東約云。我朝聖人兼以神道設教,百靈奔趨,銜命就位,以輔二氣,使民不疵癘,五穀蕃熟。惟神坤德載物,柔順利貞,博厚悠久,保民無疆。乾隆五年,勅命封神爲護國庇民昭靈宏仁普濟群生教主太后元君。五十三年,林爽文叛於臺灣,節制公相以天兵渡海討平之。時維我皇仁壽,聖敬日躋,益封神爲贊順顯神妙靈護國庇民英烈聖母太后元君,職方春秋致祭,載在祀典。簡嘗聞從征大總戎謝君云:"官舸渡河,嘗見怪物,牛馬汩沒,蹂躪陰熖;雷車礚於海底,火旗曳於波末;海天巉嵓,若架大壑,蒙攏挼,不得徑渡。節相率官吏朝衣冠而禱之,則乃天光瑩發,八溟若鏡,旌旗飛揚,帆席靜正,習習洋洋,靈雨祥風。廼有大鳥,其光熊熊,其氣魂魂,集於危檣,厥翅隱芘。舟馴以從,獲醜若執,獻俘明堂。自是數年,嘉禾稆穀,生乎郊野,吉日所照,遠行不勞。"吾鄉之人咸知元君之力護國庇民,不間遠邇,以廟古將壞,圖鼎新之。簡嘗與嶺海士夫論南徼神祠,靈蹟昭著,吾鄉此廟,亦屈一指,時當入謁,雖在井市,而其風窢然,其響谷然;徘徊彷徨,立則鵠然;以內自省,心則蕭然矣。是則元君不言之教能令人順其懿德,方寸之內弗萌不祥,蓋不知其然而已然者。廟之東有不筍之竹,年復叢生,茲廟將新,咸以爲兆。故老區適侯,年九十八,嘗云此竹有異。勝國之末,草昧之世,海寇刦掠邨岸。以柵自衛,吾鄉獨否。將肆荼毒,則見萬竹挺竦,千神莊嚴,隨風影搖,躪此竹末,各執兵刃,光如虹蜺,交指賊舶,江波壁立,賊乃逃遁。厥竹之筍,或迸道路,折不可食,食輒得疾,此其驗者。簡以爲元君之神,固生而神者矣。莆田林氏志稱,元君以宋太祖建隆元年三月二十三日生,幼而聰慧,悉悟典要,年十六照井得符,屢顯神異,常駕雲霧,飛渡大海,眾號曰通靈聖女。越二十三年,以肉身白日登遐。徽宗時,始封夫人,歷四朝凡膺二十八命,累至今號。又聞元君既昇,心乎親親,常以季春下旬,遣飄風靈雨,往迎先神。故至今三月二十三日前後,必有風雨瀰漫天地,是則元君之靈。合前觀之,其中孝之感彌於六合,凡有血氣,莫不尊親,固其宜哉!是廟欲新久矣,數作數止,斯不克就,則竟圮矣。爰集鄉人士與視事者,矢力新之。經始於癸丑冬,落成乙卯夏,柱石結構,窔□宏深,金碧煥日,天監下臨,視昔有加,益以尊嚴,此鄉之人萬喜。於是咸以簡爲鄉之文人,屬爲記。是役歛金不出於鄉,復勒將助名氏於他石,額曰"元君古廟",崇今號也。

　　乾隆乙卯恩科舉人黃丹書篆額,乾隆己酉科選拔貢士里人黎簡撰文並書丹。龍飛嘉慶元年歲次丙辰正月既望丁卯吉旦立石。

【編者按】

　　文錄自周之貞、馮葆熙倡修,周朝槐等總纂:民國《順德縣志》卷一五〈金石〉①。

【碑文考釋】

　　撰碑者黎簡(1738—1799),字簡民(一曰字未裁),號二樵,廣東順德人。十歲能詩。

---

①　民·周之貞、馮葆熙倡修,周朝槐等總纂:民國《順德縣志》,《中國地方志集成·廣東府縣志輯》第31卷,頁679下至680下。

與同邑張錦芳、黃丹書,番禺呂堅交,俱有詩名。清嘉慶四年(1799)卒,年五十二。著有《五百四峰草堂詩文鈔》二十五卷、《藥煙閣詞鈔》一卷、《芙蓉亭樂府》二冊。

經歷了一年半的修葺,弼教村元君古廟以金碧煥日之貌,重現鄉人面前,里人黎簡作於嘉慶元年(1796)的這篇碑記便是紀念此事。此碑文開始先介紹天妃乃是於宋帝趙昺入閩粵之後,始授神封為“天妃”。但作者隨即補稱天妃之名“或曰元世祖所封也”。清乾隆五年(1740)再封天妃神爲“護國庇民昭靈宏仁普濟群生教主太后元君”。乾隆五十三年(1788)天妃又被進封為“贊順顯神妙靈護國庇民英烈聖母太后元君”。之後,碑文記錄了太后元君的兩則神蹟故事,皆是作者所聞而得。乾隆五十三年(1788),清軍在討伐臺灣林爽文叛軍的途中,曾遇怪物,而無法渡海,眾官吏朝衣冠而禱之,最終得天后襄助。另一件事,則是古廟東的竹子曾經保衛弼教,免遭海寇荼毒。元君護國庇民之力,遠近聞名,可謂靈蹟昭著。接著,作者對元君身世進行了描述,云:“莆田林氏志稱,元君以宋太祖建隆元年三月二十三日生,幼而聰慧,悉悟典要,年十六照井得符,屢顯神異,常駕雲霧,飛渡大海,眾號曰通靈聖女。越二十三年,以肉身白日登遐。徽宗時,始封夫人,歷四朝凡膺二十八命,累至今號。”元君古廟的重修工作,曾經一度未能完成,“數作數止,斯不克就,則竟圮矣”。此次,鄉人矢力新之,終於成事。

# 72　元真觀

## 【廟宇簡介】

據康熙《順德縣志》，玄真觀，位於順德城南門外一里，鳳凰山之南。內有紫霄圃、煉丹井、洗硯池。明景泰三年（1452）建順德縣治，觀廢爲察院行臺。後遷建於寶林寺東①。

又據咸豐《順德縣志》，元真觀舊號三聖堂，明天順六年（1462），道士潘月囷初來住持時建，其又於正德十五年（1511）拓建三清殿②。此處敘述與康熙志有出入，天順六年時潘月囷所建當爲三聖堂，而非玄真觀。據陳希元碑，順德分治之後，"始就堂西設道會司，扁題曰'玄真觀'"，故三聖堂之西方爲玄真觀，三聖堂並非玄真觀。所以康熙志所述位於城南門外的玄真觀爲舊址，順德建治，舊觀廢。大概十年後（天順六年），潘月囷建三聖堂，而以堂西爲"玄真觀"，作爲道會司之所（堂東則爲僧會司）。

## 72-1　明·陳希元：玄真觀道士月囷置田創殿記〔一〕

明正德十四年（1519）

## 【碑文】

順德之坊廟，無別古蹟也。惟〔二〕城南約半里許，有樓翼然，望之蔚深菀杳者，蓋舊號三聖堂也。（葛仙稚川）〔三〕嘗修道於此，今遺址煉丹井尚在焉。聖明開治百年，原鄉大良編隸南海，蘿緪藤結，洞杳雲叢，人跡罕所履歷。景泰壬申，分治順德。始就堂西設（道會司）〔四〕，扁題曰"玄真觀"，與（僧會司）〔五〕東西竝列。邑侯周公寯以各廢祠田歸觀。籍定而公已逝，業未及受，故虛稅累連〔六〕，觀祀斷乏幾十載。天順壬午秋，潘月囷〔七〕來觀住持。冥飡六氣，默契沖靈，乃整其墉壁，新其門庭；且捐家財，置義洲頭牛路跨二號一

---

① 清·黃培彝修，嚴而舒纂：康熙《順德縣志》，《中國地方志集成·廣東府縣志輯》第31卷，頁93下。
② 清·郭汝誠修，馮奉初等纂：咸豐《順德縣志》，香港：香港順德聯誼會，1970，影印清咸豐三年刻本，頁49。

十四畝六分、白禾洲一十二畝、綠灣涌三畝,共計田二十九畝六分,庸備香燈之資。於時內翰九峰錢公溥讁令是邑,每善其精素,爰闢洗硯池於觀東,日與諸鄉老庠生往來講論。月困實得吾儒父子君臣之教,於錢公化育之下者不少。正德辛未,又出其儉約之積,募工覓材,創三清殿,岑銳高聳,儼一瓊瑤勝概也。未幾,月困壽八十五,棄世,葬於觀後之原。其徒羅仕聰、鍾仕宏恐久而磨滅,請記於予。予謂出家就道,以有真煉性〔八〕為本,以濟旱禦災為能,以驅邪叛正為事,而以勤行積德、持齋守法為務也。月困俱兼是而有之,於為道也何有,於繼(稚川)〔九〕也何慚! 予故有以記之。月困,諱正真,字惟一。父堅,母戴氏,早孤,育於外祖母黃氏。(十)〔一○〕歲出家受道於元妙觀楊怡素、李存一、張訥庵、王月溪輩也。於是乎書。

大明正德己卯八月仲秋鄉進士邑人鵝峰陳希元記。

【編者按】

文錄自清・郭汝誠修,馮奉初等纂:咸豐《順德縣志》卷二○〈金石略二・石〉①,參校以清・黃培彝修,嚴而舒纂:康熙《順德縣志》卷一○〈藝文〉②。

咸豐志原題下注曰:"正德十四年。"原錄文末有按語云:"按:次行'嘗修道於此'上泐四字;四行'扁題曰'上泐三字,'東西並列'上泐三字。皆後人鏟而去之者,刀跡尚在,非年深漶漫者同也。篆額稱'潘提點',而文首則題'元真觀道士'。"③

【校記】

〔一〕康熙志標題作"玄真觀寘田創殿記"。

〔二〕"惟",康熙志作"離"。

〔三〕"葛仙稚川",咸豐志為闕文,此據康熙志補。

〔四〕"道會司",咸豐志為闕文,此據康熙志補。

---

① 清・郭汝誠修,馮奉初等纂:咸豐《順德縣志》,香港:香港順德聯誼會,1970,據清咸豐三年刻本影印,頁26-27。

② 清・黃培彝修,嚴而舒纂:康熙《順德縣志》,《中國地方志集成・廣東府縣志輯》第31卷,頁335下-336上。

③ 清・郭汝誠修,馮奉初等纂:咸豐《順德縣志》卷二○,香港順德聯誼會,1970,頁27。

〔五〕"僧會司",咸豐志為闕文,此據康熙志補。

〔六〕"連",康熙志作"遭"。

〔七〕"困",康熙志作"淵",下同。又,"潘月困"前康熙志有"道士"二字。

〔八〕"有真煉性","有"字康熙志作"修"。

〔九〕"稚川",咸豐志為闕文,此據康熙志補。

〔一〇〕"十",咸豐志為闕文,此據康熙志補。

【碑文考釋】

　　撰碑者陳希元,廣東順德人,明正德八年(1513)舉人,正德十四年(1519)進士。署永新教諭。

　　根據碑文,玄真觀所在地原為三聖堂,相傳葛洪曾修煉於此,煉丹井即其遺跡。葛洪是否曾經修煉於此,無從可考。但據康熙《順德縣志》記載,順德玄真觀所在地,曾是宋代道人游隱堂、羅務光修煉之地①。兩位道人在康熙縣志中均有傳記②。順德知縣錢溥曾撰寫過《羅仙傳》,云:"仙翁名寶珍,號務光子。性雅淡,善詩琴。曾遊武夷,遇異人授引導之術,修煉元真觀。"羅天尺(1686—1766)的《五山志林》中有所徵引③。羅務光也有多首詩文收錄於縣志中,如〈擬答呂洞賓先生〉④。相傳其有《務光子詩》傳世⑤。

　　作於正德年間的此篇碑文,主要是為了記錄道士潘月困修繕並拓建順德玄真觀的事蹟。明景泰三年(1452),順德自南海獨立成縣,即在三聖堂堂西設立道會司,玄真觀也同時創立。順德縣的首位知縣周瑄對此觀的建立給予了支持,將已廢之祠的田地撥給玄真觀。但是,"觀祀斷乏幾十載",宮觀的香火似乎並不興旺。直至天順六年(1462),潘月困初任住持,捐俸家財,整修宮觀,新其門庭,並置辦田地,共計二十九畝六分。受到當時縣令錢溥的襄助,闢洗硯池於玄真觀東,作為與鄉老庠生的講論儒教之地。正德六年(1511),潘月困又出資在觀內創建了三清殿。碑記最後簡單描述了潘月困的生平和師承。潘月困十歲時入道、出家於玄妙觀(碑文未記何地),師受道士楊怡素、李存一、張訥

---

① 見康熙《順德縣志》卷二〈建置・寺觀〉,《中國地方志集成・廣東府縣志輯》第31卷,頁93下。
② 見清・黃培彝修,嚴而舒纂:康熙《順德縣志》卷九,《中國地方志集成・廣東府縣志輯》第31卷,頁308上。
③ 見清・羅天尺:《五山志林》卷三〈震北雷〉,吳綺等撰,林子雄點校:《清代廣東筆記五種》,頁85。
④ 見清・黃培彝修,嚴而舒纂:康熙《順德縣志》卷一二,《中國地方志集成・廣東府縣志輯》第31卷,頁408下。
⑤ 清・郭汝誠修,馮奉初等纂:咸豐《順德縣志》卷一八著錄有"務光子詩,宋羅寶珍撰(《詩粹》)。"見《中國方志叢書・華南地方》第187號,臺北:臺灣成文出版社,1974,據清咸豐三年(1853)刻本影印,第6冊,頁1709。

庵和王月溪等。作者高度評譽潘月困的道業,認為他真以出家修真煉性為本,持齋守戒為務,並兼能為民以"濟旱禦災,驅邪皈正"為事。潘月困有弟子羅仕聰和鍾仕宏。最後,潘月困於八十五歲仙逝,葬於玄真觀後。

　　洪武十五年(1382)四月,明太祖詔令天下,中央置道錄司①總領天下道教,府設道紀司,州設道正司,縣設道會司②。據《明史·職官志三》,中央道錄司設"左、右正一二人(正六品)、左、右演法二人(從六品),左、右至靈二人(正八品),左、右玄義二人(從八品)"③。在地方而言,府道紀司,分正副設職,即都紀一人,副都紀一人;州道正司,道正一人;縣道會司,道會一人。然而,"在各級道官置署方面,一律是設官不置署,諸道司全設在道觀內"④。根據康熙志錄文的文意,順德玄真觀的建立與道會司的設立有密切關係。另據嘉靖《廣東通志初稿》(1535),順德縣的道會司仍設於玄真觀內,而僧會司設於南門外寶林寺⑤。咸豐《順德縣志·金石略》中亦收錄了此碑文,可知在咸豐年間,此石碑仍可見於順德,但碑上"葛仙稚川"、"道會司"、"僧會司"等字已遭人鏟去。

---

① "道錄司"是由"道錄"一詞衍變而來的。宋·高承:《事物紀原》卷七"道錄"一條(收入日本長澤規矩也編:《和刻本類書集成》第3輯,上海:上海古籍出版社,1990,頁178),稱唐代道官制度有左右兩街威儀。五代之後周避太祖郭威之諱,改威儀為道錄,宋朝因之。清·畢沅編著:《續資治通鑑》(北京:中華書局,1957)卷九二,頁2387記載,宋代曾設置"左、右街道錄院",自此,道錄一詞由道官名稱衍變為道官官署名稱。另參陳兵:〈宋朝與道教〉,收入任繼愈主編:《中國道教史》下冊(增訂本),頁570。

② 見明·李東陽等:《大明會典》卷二二六〈道錄司〉條,揚州:江蘇廣陵古籍刻印社,1989,頁2980及《續修四庫全書》第763冊,頁530-531。

③ 清·張廷玉:《明史·職官志三》卷七四,北京:中華書局,1974,頁1817。

④ 趙亮:〈明代道教管理制度〉,《世界宗教研究》1993年第3期,頁47。

⑤ 見明·戴璟、張嶽等纂修:嘉靖《廣東通志初稿》卷一〇〈公署〉,《北京圖書館古籍珍本叢刊》第38卷,頁197上。此外,在乾隆《順德縣志》中,也仍然有"道會司"的記錄,載有清微靈寶道士"黎錫興"的名字,並稱"□道會係屬火居道,與例不□(引者註:疑是符字),□□裁汰所有屬內道士……"見該志卷八〈官師志〉,《稀見中國地方志匯刊》第45卷,北京:中國書店,1992,頁924下。

# 73　文昌閣

【廟宇簡介】

　　據康熙縣志載,文昌閣位於縣治東南神步塔(1601 年建)下,祀文昌帝君,有額曰"如倚天外",每年春秋仲月時,紳衿舉行祀事①。至民國時期,文昌閣已增祀有明縣令方學龍、倪尚忠,清縣令徐勃、李澐等人,以及多位建塔有功的當地鄉紳②。可見於文字記載的重修共有四次,分別在明萬曆四十六年(1618)、清康熙三十年(1691)、道光十一年(1831)和光緒十四年(1888)。

## 73-1　清·徐勃:重建文昌閣記

清康熙三十年(1691)

【碑文】

　　名都大邑,必有遊觀之勝,爲名人過客嘯謌燕會之地。故因高臨下,環林帶水,以助其幽深。所爲未嘗不善,而非爲政之所急也。相山川之宜,補造物之闕,高其宮殿樓閣,而□二氏之神,以祈福我下民,祐我士子,此王政所不禁,而□□或議之。若夫培養士氣,羽翼文章,於國學黨序之外□爲亭臺,廣其見聞,以爲會友,輔仁化民,成俗之用,豈非有司事哉?予初蒞茲邑,睹山川明秀,人士郁雅,意甚樂之。□□建縣未及二百年,而名賢碩輔、忠節諫諍之臣,前後□□□於國史。科名之盛,常爲百粵冠。間者稍疏澗焉。紳□進予而言,皆以文閣未復,雙塔不修,雲路無橋,鐘樓不□,□人文之病。予取前令浦江倪公葵明《雙塔記》及其子□□仁禎《青雲社序》觀之,爲塔爲

---

①　清·黃培彝修,嚴而舒纂:康熙《順德縣志》卷一〈地理〉,《中國地方志集成·廣東府縣志輯》第 31 卷,頁 73 下。

②　民·周之貞、馮葆熙倡修,周朝槐等總纂:民國《順德縣志》卷三〈建置·廟祠〉,《中國地方志集成·廣東府縣志輯》第 31 卷,頁 526 下。

1017

堤，而橋而閣，皆所以爲□□固水□，而邑之人士因以春秋祀文昌之神，時修文□□□，洵□□□。自海□□□，塔閣堤橋，皆落界外，人□□□□□□□其復也。雙塔僅存木石，橋松不餘尋□，予親行相度，乃命諸生董其事，捐薄俸爲先倡，□□□□劉公、通守念庭戴公，咸樂助焉。紳士耆民互相勸勉，共□厥美，而爲永久之圖。堤上之橋及學宮之鐘樓，皆以純□爲之。凡爲橋者八，重門輻拱，用捍水勢，堤之缺者培之，□者增之，穴者實之，植堤之旁，水松萬樹。塔之頂索井幹□復其舊。經始於辛未之春，閱三月而橋隄成，又三月而鐘樓成，又期月而文昌閣成。閣後爲大士殿，守僧所居，皆因其故址而鼎新之。暇日偕紳士師儒登焉，諸峰聳翠於前，雨水廻環於下，憑高眺遠，慨然有凌虛御風、遺世獨立之想。夫《易》首《乾》《坤》，萬物之所始也；而下經首《咸》，山澤之所通氣也。乾坤以其大用付之六子，雷、風、水、火雖皆切於民事，而山澤則人所依以生成者也，故其福及於人尤大。《易》曰：“咸，感也。”①天地感而萬物化生，聖人感人心而天下和平。若水蕩然而不收，山悍然而不顧，是山澤不相感也。堪輿之理，豈有外於聖人之教哉？斯閣之廢垂三十年，一旦煥然更新，耳目改觀，則人心亦偕之振起，相感之理然也。自茲以往，邑之人士，必將大復其文社，進修其德業，而致於禋□□神明，以發山川之精華，鍾天地之正氣，夙昔之盛，安□□□見於今乎？若夫松風嶺月之清高，畫棟雕欄之掩映，遊觀之美，亦無所不備一事也，而三善全焉。予□□□□□來者，使爲可繼。

**【編者按】**

　　文錄自清·周之貞、馮葆熙倡修，周朝槐等總纂：民國《順德縣志》卷一五〈金石〉②。

---

　　① 見魏·王弼、晉·韓康伯注，唐·孔穎達疏：《周易注疏》卷四〈周易·下經·咸卦〉，頁338：“曰：咸，感也。柔上而剛下，二氣感應以相與。”

　　② 民·周之貞、馮葆熙倡修，周朝槐等總纂：民國《順德縣志》，《中國地方志集成·廣東府縣志輯》第31卷，頁676上-下。

## 【碑文考釋】

撰碑者徐勃,字道勇,一曰字漢幟,浙江鄞縣人。父家麟,明戶部主事。清康熙三年(1664)進士,授陝西三原令。康熙二十九年(1690)任廣東順德令,三十三年(1694)秩滿,遷山西道禦史,未幾卒。著有《回雁集》。

此篇碑文記載了順德縣令徐勃於康熙三十年(1691)重建文昌閣一事。順德立縣雖不到二百年,但名臣輩出,文中稱"科名之盛,常為百粵冠"。但此盛勢在當時有所減弱,鄉紳向縣令進言,文昌閣未復是原因之一。於是,徐勃詳參了倪尚忠的《雙塔記》及其子倪仁禎的《青雲社序》,了解了文昌閣等處對於順德縣風水形勝方面的重要性。但因海遷之故,文昌閣等落於界外而廢垂三十年之久。辛未之春,紳士耆民咸樂襄助,使得橋隄、鐘樓、文昌閣、大士殿一一鼎新。文昌閣煥然更新,邑人之心亦隨之振起,作者感嘆這正是萬物、天地、聖人相感之理。

# 附　錄

## 清·佘雲祚:青雲路塔文昌閣記

清康熙九年(1670)至十三年(1674)

## 【款文】

嶺表地當天南,濱海方區,風淳俗樸,民生不見兵革者二百餘年。南海都人士得以漸摩夫文教,一時雲蒸連茹,冠春闈者四其人。景泰初,文物漸盛,當事列興,議請割編戶之半,分隸建邑。迺作城於神步山之西北,而順德始名。至成化戊戌,梁文康公巍然爲禮闈弁冕。萬曆中,倪公諱尚忠由兩榜來,爲吾邑令。遂於東門外作青雲路,栽松引氣,於巽元文昌位添建花塔,此"玉柱雙夾銀河"也。另爲魁閣高廠,擁輔文星座之建。成,讖之曰:"大魁天下,應在丙丁。"後如公讖,文武各一,竟不爽發。甲辰夏,廷議以濱海詔遷,青雲半屬徙外。迄己酉,上軫念民瘼,頒恩展界。而雲路復大生色,甲闈踵接。予始一至,穆然高望而遠眺焉,峰秀巒聳,冠於列郡,人傑可咨,地靈足羨。繼而再至、三至，益見水綠山青，勁松洌石，若隱若見於煙雲繚繞之間。考諸別閣，鮮有出其右者。輒念文運天開，人成其繼，豈以造物鍾靈，車轍馬跡之所遍至，可令其化爲冷風寒月，如遷海時哉。抑順之濱處方隅，二百餘年兵革之所不見，伊誰之賜？思以大展文力，漸摩雅化，以步武公議者，可遂忘其所自耶？古之視昔猶今也，使今在後，歔不視今爲昔乎？士讀聖賢書，行忠孝事，於山湄澤阜，嬋知竭慮，當爲天地立綱、生民立命，豈徒誇耀於鄉邦，掇高官厚祿，碌碌無所表見於世，有負上天生才、國家育才之志意哉？必不其然矣。

【編者按】

　　文錄自清黃培彝、嚴而舒纂：康熙《順德縣志》卷一〇〈藝文〉。①

【考釋】

　　作者佘雲祚，字善將，廣東順德人，佘象斗侄。十歲有神童之目，康熙九年（1670）進士。初授湖南藍山縣令，即歸隱。撰有《株史閣初集》。

　　此文描寫了在順德經歷了康熙三年（1664）遷海，又於康熙八年（1669）复界之後，作者三遊青雲路，見其回復生色的感嘆，並念及順德二百餘年不見兵革，皆因其“大展文力，漸摩雅化”。另外，作者也提到成化十四年（1478），梁文康公於會試中榮登榜首之事，以及精於堪輿的縣令倪尚忠於萬曆年間作青雲路，栽松引氣於巽元文昌位，並作讖語，預言丙丁將有大魁出現。

---

①　清·黃培彝、嚴而舒纂：康熙《順德縣志》，《中國地方志集成·廣東府縣志輯》第 31 卷，頁 367 下–368 下。

# 74 桂洲真武廟

【廟宇簡介】

桂洲真武廟,又稱"大神廟",位於順德桂洲鎮外村二街範圍內,奉祀真武大帝(即玄武,或稱玄天上帝,粵人多稱北帝),今仍存。其始建年代已無可考,但據廟中所存碑刻顯示,其改創於明萬曆九年(1581),後又曾重修於清康熙年間(1662—1722)、嘉慶十九年(1814)。廟內現存〈桂洲真武廟碑記〉一方(明萬曆二十一年刻)及〈重修工資碑〉十方(清嘉慶十九年刻)。

"廟前原有欞星門一座,橫額'北極清都'、'三天世界'(現已毀)。前門木刻匾'真武廟'三字是當時知縣葉初春所寫(現已無存)。"①現存廟宇仍保留有前門、後殿及正殿,天井間附有兩廊。後殿小天井有一水池,池上有狹窄的獨石拱橋,接連正殿與後殿之間。

廟內供奉的神像,除了主殿奉主神真武大帝外,旁殿還祀有華光大帝和肯元帥。主殿內,真武大帝之左,侍有趙元帥、馬元帥;之右,侍有溫元帥、周元帥。另外殿兩側還各供奉兩組元帥,左為雷公鄧元帥、盡忠張元帥、考校黨元帥、鄧成元帥、猛烈鐵元帥、二太保任無別寧世夸、顯靈關元帥、降生高元帥、火德謝元帥、劉天君元帥、神雷石元帥、偉丘高元帥、降妖辟邪西元帥、雷開元帥、威靈瘟元帥;右為降生高元帥、商委元帥、辛元帥、苟畢元帥、師曠元帥、楊彪元帥、仁聖康元帥、混無龐元帥、管打不信道朱元帥、糾察剛元帥、太歲殷元帥、豁落王元帥、先鋒李元帥、偉丘王元帥、雷母朱佩娘。

## 74-1 明·金節:桂洲真武廟碑記

明萬曆二十一年(1593)

【碑刻信息】

存址:桂州鎮外二街北帝廟內。

碑額:桂州真武廟碑記。篆書。

---

① 順德縣文物志編委會、博物館編:《順德文物志》,頁67。

碑題：桂州真武廟碑記。楷書。

尺寸：碑高 163.5 厘米，寬 103.5 厘米。

碑文來源：原碑抄錄。

【碑文】

賜進士第中憲大夫奉勅整飭金騰等處兵備雲南按察使司副使前戶部廣西清吏司郎中南海金節撰文。

賜進士出身中憲大夫奉勅整飭安綿等處兵備四川按察使司副使前兵部車駕清吏司郎中番禺陳大猷篆額。

邑庠後學岑子爵書丹。

古昔祀典之制，以勞定國者祀，能禦大災、捍大患者祀[①]，匪是族也弗祀。明興，汎埽胡虜，芟殄群憝，天下一統，玄帝翊衛之功甚鉅。上命歲時致祭玄嶽，報功之意，蒸蒸厚矣！順德治南十數里許，其鄉曰桂洲，東有真武廟，厥始弗可考，代著霊應，歲久而圮。居民遷神於山麓，當事者以地屬之民家，廟基湮沒垂五紀。萬曆辛巳春，適神誕，迺祥光煜煒，恍現龜蛇。託言化諭四民，袚心濯慮，□蕭自新，諄諄若嚴父兄之訓子弟者。然其有功於彝教甚大。嗣是水、旱、火、盜、疾疫困阨者必禱，禱輒應如響。豈天終惠此海濱士庶，故託之神以垂訓戒耶？抑神不棄此海濱士庶，欲居原廟，以永錫福嘏耶？鄉之耆碩，議改剙舊基，以報神。聞於郡邑，僉曰可。而原受地若李若吳者，咸欽欽樂聽，照基豎幟，將諏日庇材慶土，以終厥事，遝邐好義之士不靳貨幣，以助土木之費。越三載，廟成，迎神居之。廟牆皆蠔蠣，四周跗石三級，最後曰紫霄宮，正安神像，旁列神將方相之屬貯焉。宮前石池，深廣各丈，衛以石欄，龜魚咸若，中亙石樑，入宮者自旁兩廡而進。池前曰北極殿，弘敞軒豁，盂、爐、瓶、磬、鐘、鼓具列。殿前為方階，左右耳房二，一神廚，一為參神上宿之所。又前為門樓，制頗華麗。邑大夫西吳葉公，顏其上曰真武廟。榱題棟

---

① "以勞定國者祀，能禦大災、捍大患者祀"，出《禮記·祭法》，參前清·馮景華〈始祀張王爺碑記〉[清道光三十年(1850)，碑號30-3，總73]注。

桷,炫燿一時。外列石柱,蔽以欞星門,扁曰北極清都,曰三天世界,此外則橫通康衢矣!一水環繞其前,紆綠拖翠,右樹標柱,日颺飛旌,夜懸蓮炬,巍乎雲霞星月相輝暎也。廟制大略如此,庶幾可以奠神靈而答景貺哉!董事者備其顛末,徵余言勒之貞珉,用垂不朽。余聞聰明正直,神之德也[1];去葘錫祉,神之惠也。神廟食均陽,而顯靈茲土,固宜若眾廟祀,以崇報也。然亦知所以事神虖?善事神者,以心不以文。昔有虞命作秩宗,必告以惟寅惟清[2]。周人將享上帝,必勅以畏威時保[3]。而《傳》稱,苟有明信,雖溪澗沼沚之毛,可以羞王公[4]。皆心之說也。不然,明德不馨,即祝史日陳圭璧,既卒,神吐之矣,能為我所福享虖哉!事神而有味虖余言,又參諸神所以降格之意,則對越之本,於斯而在,而余是記也,未必非戒神明之助矣。是役也,首事者單厥心以襄盛美,勞勤可紀,併鐫其名,以識永久云。

　　建廟會首:岑士剛、胡鉞、胡口、吳錦、彭立、吳元達、李奮智、梁貫、岑萬畦、吳元宰。

　　廟地約七分,稅在本堡一圖十甲李玄聚、十三圖九甲吳大創二家戶內,遞年糧役本廟貼銀辦納。

　　程所學刻石。

　　萬曆二十一年歲次癸巳仲冬吉旦。


【碑文考釋】

　　撰碑者金節,廣東南海人,撰碑時為雲南按察使司副使。

　　此碑記錄了明萬曆九年(1581)桂洲鄉居民以三年時間重建真武廟的經過及其廟制。

---

　　① 《左傳》:"神,聰明正直而壹者也,依人而行。"見晉·杜預注,唐·孔穎達正義:《春秋左傳正義》卷一〇,頁181下。

　　② 語出《尚書注疏》卷三〈虞書·舜典〉,頁46上:"帝曰:俞咨伯汝作秩宗,夙夜惟寅,直哉惟清。"

　　③ 語出漢·毛亨傳,鄭玄箋,唐·孔穎達疏:《毛詩注疏》卷一九之二〈詩經·周頌·我將〉,頁718上:"我其夙夜畏天之威,于時保之。"

　　④ 語出晉·杜預注,唐·孔穎達正義:《春秋左傳正義》卷三〈隱公三年〉,頁51下-52上:"苟有明信,澗溪沼沚之毛,蘋蘩蘊藻之菜,筐筥錡釜之器,潢汙行潦之水,可薦於鬼神,可羞於王公。"

原來桂州東舊有一座真武廟,創建年份不可考證,但後來歲久而圮。居民因此曾經在明正德年間(1506—1521)遷神於山麓,而原來廟宇所在地為民佔有,致使真武廟湮沒六十年。萬曆九年春,適逢神誕,龜蛇顯現神異,教化民眾。自此,禱者必應——"水、旱、火、盜、疾病困阨者必禱,禱輒應如響"。然而當地並無供奉真武神的廟宇,神無居所,又如何能賜福於民,鄉耆遂商定改創舊有廟基,報答神靈。經三載廟成,奉真武神於後殿紫霄宮,旁列二十四位天界雷府元帥;宮前有石池,入宮者從石池兩旁廡廊而進;石池前有北極殿,盂、爐、瓶、馨、鐘、鼓具列於殿內;殿前築有石階,並建左右二房,一為神廚,一為參神者住宿之所;殿前復有門樓,知縣葉初春題匾額"真武廟"於其上;門樓前又蔽以欞星門,扁曰"北極清都"、"三天世界"。勾畫了真武廟宏偉的廟制後,作者提出更要以心事神。

碑文結尾記錄了萬曆九年重建真武廟的會首名單,共十二位,以及置廟田七分,以供每年廟辦之用。

# 75　錦巖廟

## 【廟宇簡介】

　　錦巖山,位於邑治北鎮,以石之突兀見奇。錦巖三廟是指居中的觀音堂和祀天妃的左右兩廟。廟宇始建之日,無從知曉。據所錄碑文所載,廟宇曾經過至少四次重修,分別是在明萬曆三十六年(1608)、清康熙三十一年(1692)、雍正三年(1725)和清乾隆三十三年(1768),記錄這四次重修的碑刻現仍存完好於錦巖廟中。據實地考察,錦巖廟中現還存有其他碑題,包括乾隆四十九年(1784)〈錦巖廟裝金題名碑記〉,邑人羅廷璉撰文,馮日永書丹;東庵門樓石匾題字,雍正七年(1729)建,乾隆五十年(1785)重立,同治十二年(1873)重修[1]。而《順德文物志》則引用《錦巖志略》的記載,稱廟內原存有記事碑刻七通,20世紀90年代時,乾隆四十八年(1783)、道光元年(1821)的碑刻不知失落何處,因而僅存五通[2]。現今,觀音堂及東廟已修建復原,分別名為錦巖廟、仙廟(東庵),錦巖廟的右側還設有碑屋。近代毀去的是水月宮(西廟)、金花古廟,以及東庵前的陳岩野先生祠。

## 75-1　明·薛藩:錦巖碑記

明萬曆四十三年(1615)

## 【碑刻信息】

　　存址:今順德縣北錦巖公園內之錦巖廟內。

　　碑額:錦巖碑記。篆書。

　　碑題:錦巖碑記。楷書。

　　尺寸:碑高143厘米,寬78厘米。

　　碑文來源:原碑抄錄。

---

　　① 另參中國人民政治協商會議廣東省順德縣委員會文史研究組編:《順德文史》第四期(內部發行,1984年12月),頁52-53。

　　② 蘇啓昌主編:《順德文物志》,順德:順德文物志編委會,1991,頁66。

【碑文】

錦巖碑記

錦巖，邑治北鎮，與登俊、中山、梯雲、華蓋翅鴟相望，稱五峯云。巖全體皆石，崒嵂崔嵬；其巔更寬平如砥，可坐數百人。天日晴霽，則青螺、西樵、大鴈、潭洲、太平諸勝，攢青蕝翠，獻態効伎，不可名狀。水則桂畔會其前，石湖璇其後，極目洪濤巨浸，茫無涯際，浮羽潛鱗，縱橫上下，輕舠小艇，絡繹往來。或月明籟靜，好事者多揭榼提壺，觴詠於此。其四旁石罅，雜產花卉，微風拂之，則清芬襲人，曠然一名區也。鄉人迺宸巖下，纍石為基。崇巖之半，歷堦而上，列楹數十，龕宮為三：觀音堂奠麗於中，而天妃、英烈為左右掖，右曰東廟，左曰西廟。蓋北郭外民居鱗輯，故分東、西，以便禱祈。響應若桴鼓，每佳晨令節，則刑牲束楮，聲金擊革，以答玄貺，歷百餘年所矣。東西廟故有亭，亭皆虛其四面以眺遠，其下週以翎甋。惟中廟之亭闕焉。萬曆戊申年某月，眾議肇造，而甄陶鍛冶，丹艧髹漆，以至工師廩積，皆不戒而集。越其年某月而叏竣，因顏其額曰南海水月，與顯祐臺海天、鴻庇二亭東西並峙。已又易，乃撓敗固，乃垣墉基施，乃丹黝堂廡臺榭，煥然改觀。計地之隸本廟者，廣十丈六尺有奇，修多丈之二，皆聽齊民列肆，量賦其廛，為香燈之費。凡所以理幽者罔不備摯，以故大夫學士、騷人墨客，停驂戾止，多留題詠。一日，不佞抵邑中，舉瞻廟宇，見其締搆堅貞，規恢壯麗，山獻屏障，水獻文章，因低徊不忍去。適盧壯、羅彥、談顯至，偕不佞梯石而升，緣崖而下，流覽週遭，快心奪目，塵緣業障，滌蕩殆盡。何必蓬萊閬苑，天台鴈蕩，迺稱福地哉？壯等欲索不佞一言，勒之貞珉，以垂不朽。不佞自惟家食時曾覽茲巖之勝，顧敭歷中外，餘三十年，遂與山靈懸隔。今幸休沐南歸，卓錫巖畔，即弗斐於文言，則惡乎辭。然聞之，觀音、天妃，玄功翔洽宇宙，載在祀典，非它叢祠可比。廟而祀之，禮也。第合漠之道，以誠為主，尚祈繼自今凡祭則必舉，舉則必誠，庶神靈訶護，蔚為人文，以光廟貌。不然，誠之不存，即牲牷玉帛，特深文耳，昭格云乎哉！敢記之，以告諸駿奔在廟者。

賜進士第中憲大夫雲南按察司整飭洱海瀾滄等處兵備副使前行人司行

人欽賜一品服持節宣諭朝鮮邑人薛藩頓首拜撰。賜進士第順德縣知縣陸燧頓首篆額。文林郎直隸廬州府六安州霍山縣知縣羅廷瑋頓首書丹。

會首:羅彥、盧壯、談顯、羅志鄉、蔡承忠、談廷錦、梁子芳、盧代緯、盧啟洪、梁振宇、盧憲喜、胡作聖、盧啟容、何侯光、羅謾夫、羅司邦、談國常、談國相、梁子貴、盧啟覎、何充緒、盧良伯、梁公宇、談國衍、盧啟序、盧啟心、梁子榮、羅綢雲、談國衍、何成業、盧紹平、盧宗先、陳其瓚、羅朝柱、盧紹千、盧啟和、羅子邇、盧喬顏、羅象現、何允遷等全立。

萬曆四十三年歲次乙卯季夏二十一日穀旦。

【編者按】
　　碑文又見清·郭汝誠修,馮奉初等纂:咸豐《順德縣志》卷二〇〈金石略二·石〉①、清·黃培彝修,嚴而舒纂:康熙《順德縣志》卷一〇〈藝文〉②、順德縣文物志編委會、博物館編:《順德文物志》③。
　　康熙志原題下注曰:"萬曆。薛藩,按察司。"

【碑文考釋】
　　撰碑者薛藩,字侯宣,廣東順德龍江人。明萬曆四年(1576)中舉人,十七年(1589)為進士。授行人,曾以一品服出使朝鮮。官至雲南按察副使。年六十辭官歸鄉。卒時年約八十。
　　按察司薛藩誌於萬曆四十三年(1615)的此碑,主要記載明萬曆三十六年(1608)為觀音堂建亭之事。錦巖山為順德五峰之一,山巔平寬,宛如大平臺,可坐數百人。山前有桂畔之水,山後有石湖旋繞,堪稱佳地。拾級而上,有三座宮闕,分別是位於中間的觀音堂,位於觀音堂右方的東廟,居於左方的西廟。東西二廟均祀天妃。東西二廟皆設天妃

---

①　清·郭汝誠修,馮奉初等纂:咸豐《順德縣志》,香港順德聯誼會,1970,據清咸豐三年刻本影印,頁68-69。
②　清·黃培彝修,嚴而舒纂:康熙《順德縣志》,《中國地方志集成·廣東府縣志輯》第31卷,頁338下至339下。
③　順德縣文物志編委會、博物館編:《順德文物志》,頁136-137。

之祀,主要原因,是為了方便北郭外的居民禱祈,可見此二廟與周圍民眾的生活關係密切,這從下文對節令之時熱鬧非凡的宗教活動描述中,也可見一斑。東西二廟原來各有亭,分別名為"顯祐臺"、"海天鴻庇"。明萬曆三十六年,眾人商議為中廟建亭,工程告竣之時,題額曰"南海水月",堂廡臺樹也煥然改觀。另外,此碑記還強調,觀音與天妃是載於祀典之神,因為二神之玄功翔洽宇宙,為其建廟而祀之,是合乎禮儀的。

# 75-2 清·陳恭尹:重修錦巖三廟碑記

清康熙三十一年(1692)

## 【碑刻信息】

存址:今順德縣北錦巖公園內之錦巖廟內。

碑額:重修錦巖三廟碑記。篆書。

碑題:重修錦巖三廟碑記。楷書。

尺寸:碑高114厘米,寬73厘米。

碑文來源:原碑抄錄。

## 【碑文】

　　吾邑名鳳城,以西山得名,其形如大鳥,張兩翼翔舞而來,猶鳳皇之攬德而下也。鳳山之前,五峰離立,中峰為縣治,而東盡於梯雲之山,學宮在焉。北為登俊岡,而盡於錦巖,純石為體,高數仞而長十倍之。其西北,石壁峭立,有巖焉。昔人事大士其中,而北帝、泰山之神,六祖、普庵諸菩薩,分列於左右,以為中廟。其前為拜亭,平階廣城,十餘級以下屬於地。謁中廟者,歷崇階而登,至拜亭前,分東、西二階,又十餘級而上達於大士之殿,亦云峻矣。殿之左、右,為東、西二廟,所事皆天妃之神,門徑各出。神同而廟異者,社分東、西,而廟亦與之為東、西也。巖前溪水如帶,潮汐時至,古榕高橋,蔭映左右,市廛環列,而虛其中,以為遠近居人歲時酬賽、煙花百戲之所集。余童時猶及見承平之遺風,繁華之積習,猗歟盛哉!五十年來不可復覩矣。歲在庚午,羅、盧諸君子顧三廟歲久剝泐,籲諸同志捐資修之,神靈感孚,遠近咸應。

閱數年而三廟煥然一新，氣象軒豁，木石堅好。又拓其東、西隙地，爲守僧棲禪之所。所費凡若干金，首其事者其功偉矣。予生長巖之東隅，弱歲避亂移家，然維桑之敬、釣遊之地，未常暫忘。比以祀事歸先祠，諸君子不棄其衰耄，以紀事之文來命。攷之邑志，縣之建於今僅二百年。而父老相傳，錦巖原在大海中，故石壁多波濤齧蝕之跡。記余五六歲時，先君鑿舍傍小池，得維舟巨纜及崇寧大錢於數尺土中。崇寧，宋徽宗年號也。則五百年前，斯地之爲巨海信矣。《十月》之詩云："高岸爲谷，深谷爲陵。"①麻姑滄桑之說，蓋自六經而有之，特非長生者不能數覯耳。余年未七十，而及見錦巖昔盛而之衰，而今復日見其盛也。登陟徘徊，感慨係之矣。故不辭而爲之記。其首事之名，斂助之數，列於左方，以永於不忘。

里人獨漉子陳恭尹撰。

各簿合助工資開列：

東字號簿緣首羅世禎，交錢壹萬伍千陸百捌拾肆文。

壁字號簿緣首梁公振、談茂林，交錢壹萬壹千肆百零貳文。

圖字號簿緣首羅驥君、羅有言，交錢玖千陸百陸拾文。

書字號簿緣首羅章郁、羅廷錫、羅其爵，交錢陸千肆百伍拾玖文。

府字號簿緣首羅開瑞，交錢壹千玖百捌拾叁文。

西字號簿緣首吳遠輝、容玉鳴、吳公式、□□□，交錢壹萬零叁百捌拾。

園字號簿緣首羅闇載、吳兆隆、陳桂序，交錢□千柒百叁拾文。

翰字號簿緣首盧景有、盧景淳、□叶芝，交錢□萬叁千零伍拾壹文。

墨字號簿緣首羅乃琛、羅國紳、羅國經，交錢柒千壹百文。

林字號簿緣首談炳義、羅乾□，交錢陸千伍百貳拾叁文。

誦字號簿緣首伍仲英、伍仲榮，交錢壹萬零柒百文全完。

---

① 漢·毛亨傳，鄭玄箋，唐·孔穎達疏：《毛詩注疏》卷一二之二〈小雅·十月〉，頁407上："百川沸騰，山冢崒崩。高岸爲谷，深谷爲陵。"

詩字號簿緣首區公駁,交錢肆千叁百文。

聞字號簿緣首羅挺昌、羅而俗,交錢伍千叁百柒拾壹文。

國字號簿緣首陳剛長、羅際斯,交錢叁千陸百柒拾玖文。

政字號簿緣首羅文奕、羅尔復,交錢壹萬零貳百肆拾叁文。

講字號簿緣首羅覲君、何宏序、羅雲御,交錢柒千叁百肆拾陸文。

易字號簿緣首陳淬卿、羅美君、談成子,交錢貳萬零陸百肆拾貳文。

見字號簿緣首羅載瑜、何過乎,交錢伍千叁百貳拾壹文。

天字號簿緣首馮朝鳴、談信朗,交錢玖千零玖拾伍文。

心字號簿合眾沿僉、各衙門塩埠,共錢柒十柒百肆拾伍文。

出遊首事捌拾伍友,每□□錢伍百文米厘斗。

芳名列左:

羅乃琛、談炳義、羅仲宋、盧景□、羅汝猷、談成子、陳有量、羅□仲、梁公振、吳公式、羅以御、羅瑞中、羅國經、羅□□、羅世禎、□□、盧遠芝、陳□□、區公毅、潘遐邁、陳剛長、羅公輔、馮朝鳴、羅乾祖、談壁卿、何昭陽、伍仲莢、羅國□、陳□信、羅憲張、黎其昭、潘修獻、羅朝庆、羅巨長、羅良昌、羅文奕、羅章郁、羅□君、談映表、談昆我、盧崙子、羅廷錫、羅際斯、何□芝、羅君來、陳□聚、盧景淳、何□序、羅盛元、佘□則、黃士英、羅尔復、羅□君、談漱華、談茂林、莫遠肆、羅君友、羅俊泰、羅覲君、何章顯、羅國紳、何榮鯤、李□茌、陳奕巨、羅祥遏、何遏乎、羅□亥、吳美輝、談元傺、羅石俗、容□□、羅□□、陳□□、羅世仲、談信朗、羅其□、陳國榮、周君□、羅雲□、盧叶芝、伍仲榮、羅俊龍、梁燕□、羅有□、□有彥。

遊鎮香資逐一開列:

初四日,自廟起至□崗外村及城內各坊,香資錢陸萬貳千叁百陸拾捌文,銀叁兩捌錢□□□。

初五日,青魁□村橋西金□各坊,香資錢□萬貳千文,百□拾□捌分。

初六日,□街上基石□□□各坊,香資叁萬叁千捌百捌拾貳文,錢貳兩零五分。

初七日,□揮雲路□□各坊,香資錢肆萬壹千叁百伍拾文,銀壹兩貳錢捌分。

初八日,□□□□隔崗□恩寺前各坊,香資錢伍萬捌千□百貳拾捌文,銀貳兩叁錢。

初九日,蕭村伏□相口古□大□各坊,香資錢叁萬零伍百陸拾捌文,銀陸錢。

初十日,仙洞鹿門金陵□園各鄉,香資錢貳□□□□捌百陸拾捌文,銀伍錢壹分伍厘。

各簿僉助首事□米遊鎮香資喜認裝金□柒銅伍拾貳萬肆千貳百柒拾文共錢俱□□□色司。

□□其銀□錢俱入數內。

一支石磚瓦工匠石杭貳拾□及出□□之□。

各項共銅錢伍拾叁萬貳千壹百壹拾壹文。

伍仲英、仲榮、仲如,喜送羅傘貳把。


康熙叁拾壹年壬申菊月吉旦立石。


【編者按】

碑文又見民·周之貞、馮葆熙倡修,周朝槐等總纂:民國《順德縣志》卷一五〈金石〉①、順德縣文物志編委會、博物館:《順德文物志》②。

《順德文物志》原書按語曰:"原碑長 115 厘米,寬 74 厘米,碑題八字篆書,碑額上刻

---

① 民·周之貞、馮葆熙倡修,周朝槐等總纂:民國《順德縣志》,《中國地方志集成·廣東府縣志輯》第 31 卷,頁 676 下-677 上。
② 順德縣文物志編委會、博物館:《順德文物志》,頁 141-142。

雙龍吐火焰，火珠在正中。碑兩邊飾八寶紋，碑內除去僉助人名僅十五行，全文共六百一十六字。"①

【碑文考釋】

撰碑者陳恭尹，生平見前〈重修安期巖碑記〉[清康熙五年(1666)，碑號37附錄]。

陳恭尹的碑文為我們提供了清康熙時錦巖三廟的情況。供奉觀音的中廟大殿內，同時奉祀北帝、泰山之神、六祖、普庵諸菩薩。東西二廟所事則皆為天妃。這種"神同而廟異"的情況之所以出現及維持不變，是因為當地的社分為東、西兩處，廟也隨之而分。清康熙二十九年(1690)，當地君子呼籲捐資修廟，數年後，三廟煥然一新，又增建守僧棲禪之所。隨著三廟的重茸，錦巖"昔盛而之衰，而今復日見其盛也"。

# 75-3　清·佚名：重修錦巖中廟碑記

清雍正三年(1725)

【碑刻信息】

存址：今順德縣北錦巖公園內之錦巖廟內。

碑額：重修錦巖中廟碑記。篆書。

碑題：無。

尺寸：碑高168厘米，寬81厘米。

碑文來源：原碑抄錄。

【碑文】

吾邑錦巖有水月宮，由來久矣。其神赫濯，生民之疾痛疴癢，求禱者立應如響。說者謂神固靈，亦地之鐘秀所致也。年來廟宇傾圮，月臺上將有風雨之憂，不庇神座。十方之荷神庥者，過而思茸之。釀金鳩工，始於雍正三年八月初九日，越月工竣。念四日，即奉神回宮層巖之下。輝煌金碧，輪奐翬飛，神無露處之虞，眾有觀瞻之美，一舉而兩得也。予因思古以神道設教，

---

① 順德縣文物志編委會、博物館：《順德文物志》，頁142。

畏其神者復從其教。神以水德廟食,孝友慈惠,教商賈,護閭閻,是其所以為教也。畏其神,而出金錢以新面貌,不如從其教,慈惠相周,孝友相恤,以進於太和之天,其為教尤弘也。同事者僉曰:"是神之志也夫,是神之志也夫！"所有董事、捐金諸人,例得鐫石,以垂不朽。

　今將刊碑芳名開列,以工資多少為序次:

（下泐）

【編者按】

　碑文又見《順德文物志》。原書按語云:"碑長 169 厘米,寬 81 厘米,碑文除去捐款人名外,僅得五行,共二百四十四字,碑題篆刻,額頂雙龍吐珠,碑兩邊飾八寶紋,底邊僑花草紋,但全碑沒有刻上撰文、書丹、篆刻名字。"[1]

【碑文考釋】

　此碑記記錄了錦巖中廟在清雍正三年（1725）的重修。在重修碑記中,這是"水月宮"名字的首次出現[2],明代的兩通碑記稱中廟為"觀音堂"或"大士之殿",其名或許與碑記中所言的"神以水德廟食"相關。碑記還稱讚了神靈在療疾方面的靈驗——"其神赫濯,生民之疾痛屙養求禱者立應如響"。邑人恐廟宇不堪風雨侵擾,而決定募金重葺。

# 75-4　清·游法珠:重修錦巖廟碑記

清乾隆三十三年（1768）

【碑刻信息】

　存址:今順德縣北錦巖公園內之錦巖廟內。

　碑額:重修錦巖廟碑記。楷書。

　碑題:無。

　尺寸:碑高 155 厘米,寬 76 厘米。

---

① 順德縣文物志編委會、博物館:《順德文物志》,頁 143。
② 此碑記中,將中廟稱作水月宮,與《順德文史》中的資料有所矛盾,後者稱西廟為水月宮,中廟仍稱觀音堂。

碑文來源：原碑抄錄。

【碑文】

重修錦巖廟碑記

五山錦巘為最，嶔崟峌崿，壁立千仞。有亭有臺，翼然山麓，以奉神棲。先輩薛觀察記之詳矣，洵邑鉅觀也。日久棟宇剝蝕，里人賕[一]金修葺，煥然一新。□□扶筇，拾級瞻拜，徘徊下視，人海浡漾，恍如御風凌雲，真身上界，挹神光蠻鬘而氣象萬千。因思巨靈秘奧，宇宙多有，其或僻處窮陬，榛莽菽蕪，豺虎盤踞，人蹟罕到，莫有窺其奇者。借曰有之，不過樵夫牧豎，貿然來去，曾不得騷人韻士，躡屐留連，誅茆結宇，附諸洞天福地，名勝何有哉！茲巘近峙郭北，亦名穩樂，煙火萬家，環繞其下，得以人工補綴，有其舉之，莫或廢焉。豈非鍾靈特厚，神之格思，自有不可覼歟。吾人生當盛時，居遊樂土，更能時慎厥修，澡躬浴德，與山川輝映，光景常新。所以副神庥者彌著矣。父老曰：善，請鐫諸石，并誌簽助姓名於左，俾後之登眺者有所與感云。

賜進士出身文林郎吏部觀政原任江西廣信府廣豐縣知縣加三級紀錄五次紀功四次前知贛州府信豐縣事護理贛州督漕軍民同知印務，乾隆庚午癸酉江西鄉闈內簾同考試官邑人游法珠撰。

崗背水月宮廟：貳兩八錢六分。

真慶宮廟：一兩一錢四分半。

雲路孚濟宮廟：二兩一錢零□□。

署廣東廣州順德協鎮府李。

特調廣州府順德縣正堂李。

廣州府順德縣儒學正堂彭。

廣州府順德縣儒學方。

廣州府順德縣督捕廳趙。

直隸河府寧津縣知縣區沛。

原任戶部四川司主事梁景璋。

辛酉科舉人即選知縣何松。

庚辰恩科舉人揀選衛千總羅元泰。

羅本原堂：銀十兩。

羅祚光堂：銀七兩零九分。

吳敦本堂：銀三兩五錢八分五厘。

羅陋巷堂：銀二兩錢七分。

盧敬思堂：銀二兩八錢二分六厘。

同庚會：銀三兩。

喜認中廟慈悲大士金身：更衣會眾信梁錫珍、盧巨秀、蔡昇漢、羅升五、羅鳴皋、潘裕南、何觀定。

喜認東廟天后聖母金身幷龍亭：羅廷瑋眾孫應曾、述曾、連璧、士章、三聖、省賢、佛寶、士圍、帝昭、帝顯、帝九、觀弟、帝福、觀勝、張成、帝賜、日新、貫新、兆楊、柱學、觀寧等。

喜認慈悲大士錫大香爐：爐慶會眾信羅誕華、羅朝大、舒銜勸、潘疇已、盧殿明、羅協合、羅德堂、羅德爵、李光五、何叶成、李禹榮。

喜認泰山冥王金身：魚行眾信。

喜認韋馱天尊金身：佘明之、燦章。

喜認華光大帝金身：呂聚岐。

喜認慈悲大士錫香案全副：梁廷珍。

喜認東廟重修鉄大香爐：眾信區用愚、何壯南、吳公式、盧聲甫、梁公振、何大坤、羅叶德、談叶河、羅齊思、羅積表、羅良泰、潘開岐、羅體元、羅嘉燕、羅以三、吳啟敷、吳榮敷、談□□、談拱臣、羅禂明。

喜認中廟柱礎方砧石：盧聲甫。


一僉助工資，銀伍伯肆拾貳兩玖錢零。

一僉助銅錢捌萬貳千肆百零伸，銀捌拾七兩叁錢七分。

一中廟共來銀肆拾兩零六錢六分七厘。

一投去各物及魚行蘇號金箔，共銀六兩壹錢零。

一續後投去砍併物件等項，共銀肆兩四錢貳分。

已上共收工資併各項及溢銀水通，共收銀陸伯捌拾五兩四錢三分六厘。


一買知洲石五十九丈零砍五個、礦石柒丈零，共支銀七十七兩五錢九分。

一買烏烟，共支銀壹十一兩零。

一買灰，共支銀叁十七兩貳錢零。

一買木料，共支銀伍十八兩一錢零。

一買磚瓦，共支銀叁十玖兩六錢零。

一買西廟鐵香爐燭檯等項，共支銀六兩二錢零。

一買古板金拾六箱半，支銀叁十一兩一錢零。

一買新龍袍、鳳（冠）、天平冠、珠燈、神檯、大鼓、蓬廠樂師八，共支銀貳十二兩一錢。

一支石匠工銀叁十四兩錢零。

一支椿灰工銀捌十九兩零。

一支泥水工銀九十四兩零。

一支木匠工銀貳十五兩四錢零。

一支油漆工料銀貳十二兩八錢。

一支塑神工料銀肆十九兩零。

一支買雜項等物共銀柒拾四兩壹錢九分三厘。

一買碑石連及鐫字工銀共支銀壹拾五兩一錢零。

已上通共支銀陸伯捌拾七両壹錢八分三厘。

乾隆三十三年歲次戊子仲冬吉旦重修立石。

【校記】

〔一〕賕,當爲"醵"字的誤寫。

【碑文考釋】

撰碑者游法珠,字桂涯,廣東順德大良人。清乾隆元年(1736)舉人,二年(1737)進士。初任信豐,改廣豐,擢贛州郡丞。

碑文記乾隆三十三年(1768)錦巖廟之重修。由於錦巖廟處在五山之一錦巖之上,地勢較高,所以碑文形容重修後的廟宇氣象說:"徘徊下視,人海漭漾,恍如御風凌雲,真身上界,挹神光靈韙而氣象萬千。"由此可以想見廟之氣勢雄偉,景象萬千。

由碑文後附的捐資人名單可以看出,簽助者來自不同的宗族、宗教和社會群體,包括各姓宗族祠堂(如羅本原堂、吳敦本堂、盧敬思堂等)、香會組織(如更衣會、爐慶會),及行會(如魚行會、同庚會);此外,亦有官員和村民個人。

# 75-5　清·羅廷璉:錦巖廟裝金題名碑記

清乾隆四十九年(1784)

【碑刻信息】

存址:今順德縣北錦巖公園內之錦巖廟內。

碑額:錦巖廟裝金題名碑記。篆書。

碑題:無

尺寸:碑高142厘米,寬64厘米。

碑文來源:原碑抄錄。

【碑文】

邑錦巖之有觀音廟,暨天后、東西兩廟也,由來尚矣。前明萬曆間一次重修,紀勝之文,介亭薛觀察也。至我朝康熙壬申年復修,則獨瀧陳處士志焉。越乾隆戊子年,里人入廟者謂當及時整飭,謀於原任廣豐縣知縣桂涯游進士。進士曰:"美舉也。他日勒諸貞珉,以垂永久,予何敢辭。"今巋然鼎峙於廟前者,具可考也。由戊子至今,亦既十六歲矣。一日者,諸父老過予曰:"迺者廟中神座寶相莊嚴,金光煥發,其敷誠悉闔城內外與近鄉善信所共勸厥成者。願子一言,以繼諸君子後。"予曰:"予何言哉?將言山川之勝概乎?不則,言神靈之赫濯乎?抑亦言人心之鼓舞而齊肅乎?諸君子皆已言之不足而長言之矣,予何言?雖然,竊有言焉:今夫觀音與天后之神,皆大有功德於民,而歷代所垂為祀典者也。惟神自有其不敝之精,以□天地相終古,而何假於貝闕珠宮,即何假於金光寶相。而在吾人,平昔□□□神麻而思答神貺者,則似捨是□□盡其區區。於是前之善信依山而立神廟焉,廟成而肖神像焉,而且香升以迓神光焉,樂具而洽神聽焉,此心□而;於是後之善信□入廟而思敬焉,在廟而駿奔走焉,而且堂廡惟恐其不肅焉,旃檀惟恐其或垢焉,亦此心也。以一時之心而合乎千百世之心,以千萬人之心而不啻共謀於一心,將自茲以往,地久天長,綿綿繩繩,因時舉事。是孰使之然哉?此寶相金光之神為之也。然則此寶相金光也,非天下之至神,又孰能與於此哉?抑有進焉:由寶相金光之神而默存乎爾室屋漏之神,則豈第□□馨香姓字,與錦嶺之法雲慧日互相輝映乎。吾見一舉念,而觀音之神在,呼之輒應;天后之神在,呼之輒應矣。諸善信當□有神而明之者,要亦無以大異於諸君子之言云爾。"

里人羅廷璉撰,里人馮日永書丹。

皆乾隆四十九年歲次甲辰仲夏穀旦勒石。

## 【碑文考釋】

撰碑者羅廷璉,清乾隆三十九年(1774)舉人。著有《琢軒詩鈔》。

碑文記清乾隆四十九年錦巖廟之重修。碑文首先回顧了歷史上對錦巖廟的幾次重修和撰碑記之人,如明萬曆年間的重修是薛藩作記,康熙三十一年的重修是陳恭尹作記,乾隆三十三年的重修是游法珠(字桂涯)作記。由此作者感慨山川之勝概、神靈之赫濯、人心之鼓舞等各方面已為前人道盡。於是本碑記轉而談論神人關係。一則神"自有不敝之精",不必借助於"貝闕珠宮"、"金光寶相",二則人要報答神貺,卻除此無法盡其區區。另外,由於人有虔誠事神之心,"一舉念而觀音之神在","天后之神在","呼之輒應",此心將與錦巖廟之"法雲惠日"相輝映,成為神人和諧共處的境界不可缺少的一部分。

# 附 錄

## 清·佘象斗:錦巖記

清順治十五年(1658)至十八年(1661)

【款文】

縣之北鎮有錦巖焉,蓋五峰之一也。余甲午舉於鄉,偕諸同年數十輩,往端州謁制府。詰朝遊七星巖,見山形奇峭,怪石嶙峋。於孔道中,忽現一巖,其巉然相累而下者,若牛馬之飲於溪;其衝然角列而上者,若熊羆之登於山。始而愕,繼而喜。迨乙未、戊戌,春官不利,道經廣興,艤舟泊岸,觀音巖參拜,緣堵而陟,又彷彿搆一樓閣。談笑移時,不忍返棹。以际錦巖,雖大小不同而氣象亦多類此。夫天下形勝,多有假他山卷石積累為高,又有因斧斤穿鑿以成巉峻者。維茲錦巖,天作之,地生之,不資於積累,不藉於人工,其勝益奇。曩嘗與二客扁舟至,止覿觀音殿之居中,巍峨廣大,瞻天妃、英烈之位,左右兩掖整齊,肅然起敬,藹然生愛。竊疑左為西廟,右為東廟,是必有故。里老揖余而言曰:"廟之分左分右,非有庸心於其間,蓋以便人之祭禱云爾。"東西亭有二,不設襴幔,以示洞達,且可無遠弗矚。堂之外復固以墉垣,俯視其下,則民居比櫛,商賈列肆也。隙地近川,嘉樹雙植,垂蔭半畝,廟固有秀氣哉!余謂客曰:"勝地不常,弗陟其巘,以盡之遊,幾令山靈笑我。"二客策杖以從,攀藤而上,直登其巔,見寬平如砥,若履平地,宜讌飲,飲可忘醉;宜詠詩,詩韻清絕;宜鼓琴,琴調和暢。每遇雲止雨收,山則青螺、西樵、太平諸峰,盡呈青翠;水則石湖、桂畔,畢獻漣漪。錦鱗游泳,沙鷗翔集,皆景物之一助。登斯山也,世慮消遣,其喜洋洋者矣。是宜海內名公鉅卿,車轍所至,援筆題詠,而彼都人士,登眺於斯,久坐不厭也。以际端州之七星巖、廣興之觀音巖,雖大小不同,而其氣象亦無甚異,毋曰天台、羅浮始稱奇觀,是巖其小者也而忽之。二客以余言爲然,浮白分賦。適夕陽在山,榜人速余返舟,遂不復流連。至今追憶曩遊,因紀其事,以志茲巖之勝,庶幾來游來歌,足跡不絕。至於佳木蔥蘢,豐草綠縟,以發榮於巖上者,是在夫仁人君子勿剪勿伐,愛之護之。

**【編者按】**

文錄自清·黃培彝修,嚴而舒纂:康熙《順德縣志》卷一〇〈藝文〉[1]。

**【考釋】**

作者佘象斗,字公輔,號齊樞,廣東順德人。清順治十八年(1661)進士。授刑部主事。以母老告歸。康熙十一年(1672)、康熙二十六年(1687)兩修邑志。性沖淡而好客,年八十仍相與賦詩,令子孫屬和為樂。著有《韻府羣玉》、《嘯園詩稿》。

佘象斗此記並未提供任何有關錦巖三廟的新信息。整篇記文是以文人遊客的身份,將錦巖與他所遊覽過的端州七星巖、廣興觀音巖等相比,讚歎錦巖的渾然天成,形勝益奇。

---

[1] 清·黃培彝修,嚴而舒纂:康熙《順德縣志》,《中國地方志集成·廣東府縣志輯》第31卷,頁361上至362上。

# 東莞縣

# 76　上清觀

## 【廟宇簡介】

上清觀,位於城內道家山(今東莞工人文化宮的範圍),東莞縣道會司曾設於此。道家山之名,從道教上清觀而得名①。宋政和六年(1116)②,縣令楊襀重建此觀,在觀內立三清高真像,殿曰"寥陽殿",以請上界諸神到此清淨之殿安居;楊襀並撰碑〈上清觀殿後壁記〉③。宋淳熙十五年(1188),縣令王中行重修,未竟。紹熙二年(1191),縣尉蔡廷發繼完之④。

上清觀最有名的道士是崔紫霞,南宋人。東莞人為紀念崔紫霞,山下兩條巷,分別名之紫霞坊、紫霞里。觀後有見遠堂,亭宇左右復有景星堂、紫霞禮斗壇、仙履亭。並由道士李日休於紫霞禮斗壇故址,創建"仙履亭"。明洪熙元年(1425)秋,道士黃秀野撤其舊而新之,於翌年竣工。觀內舊有見遠堂、景星堂等建築,時有興廢。明嘉靖四十三年(1564),鄉人復建仙履亭,塑紫霞像。

入清後,未聞修復,惟存大門及大殿三清像。嘉慶、道光年間,觀已荒蕪⑤。李黼平(1770—1832)〈上清觀詩〉云:"上清遺觀絕雾埃,終古靈扉鍵不開。"光緒之季,邑人曾借用上清觀之地為工藝廠。民國之時,仍有道人常住於觀內,大殿內仍供奉著三清。據《鳳臺新社吟草》記載,"二月十五日老子誕,王明明練師講《道德經》,來聽者數百人"⑥。1966年,觀被拆毀,改建為工人文化宮圖書館。觀如今毫無遺跡。

---

① 清·周天成重修:雍正《東莞縣志》卷一一之四〈寺觀〉"上清觀"條,《故宮珍本叢刊》第173冊,海口:海南出版社,2001,據清雍正十年(1732)刻本影印,頁472下;民·陳伯陶修纂:民國《東莞縣志》卷六〈山川〉"道家山"條:"道家山,在城內西一里……山巔有上清觀,宋時道士崔紫霞自羅浮來,居此,鑿井得泉,名紫霞泉。"見《中國地方志集成·廣東府縣志輯》第19卷,頁68下。
② 明清眾東莞縣縣志皆載建於宋政和四年(1114),民國東莞縣志認為舊載有誤,當建於政和六年。今據碑刻正之。
③ 參宋政和六年楊襀:〈上清觀殿後壁記〉(碑號76–1,總186)。
④ 清·周天成重修:雍正《東莞縣志》卷一一之四〈寺觀〉"上清觀"條,《故宮珍本叢刊》第173冊,頁472下。
⑤ 民·陳伯陶修纂:民國《東莞縣志》卷四〇〈寺觀〉"上清觀"條載李黼平(1770—1832)〈上清觀詩〉。見《中國地方志集成·廣東府縣志輯》第19卷,頁358上。
⑥ 轉載自羅菁:〈道家山依舊〉,《東莞文史》第二十一輯(1993),頁86。

文昌廟,居上清觀左。宋淳祐年間(1241—1252),邑丞黃聞建①。供奉梓潼神,後毀於兵燹。元皇慶二年(1313),郭應木塑梓潼像於上清觀真武殿,仍扁題曰"文昌宮",年久而廢。明洪武二十五年(1392),南海衛指揮常懿重建,後又為風所壞。洪熙元年(1425),道士黃秀野加以重修。明萬曆初,上清觀住持道士孔紹科募金弘敞之,並以廟專祀文昌帝君。崇禎十年(1637),邑人郭九鼎等捐資,煥然新之,至次年完工。

# 76-1　宋·楊襮:上清觀殿後壁記

宋政和六年(1116)

【碑文】

天不言而成道,道成而後有物,物生而後有象。所以立三境高真,崇道教也。莞邑自晉成帝始,迄於我宋政和乙未,未嘗睹道宇之清、天神之儀也。邑有觀,曰上清,名雖存而基址皆無。遂募信士,卜地鳩工,不半歲而聖像廊廟嚴嚴,星辰供仗森森。噫!是邑之人始知有道教焉。襮於政和四年甲午臨事斯邑令,於丙申七月八日帥縣官瞻禮。同來者誰?縣丞張鴻子漸、主簿魏智周哲夫、縣尉鄧宅〔一〕存中、臨監〔二〕稅陳于陵漸之也。

宣義郎知縣楊襮題。

【編者按】

文錄自明·張二果、曾起莘著,楊寶霖點校:崇禎《東莞縣志》卷八〈外志·觀〉②。又見民國《東莞縣志》卷九〇〈金石〉③。民國志乃據崇禎志收入。

崇禎志文後按語曰:"紹熙辛亥,邑尉蔡廷發復有《重修觀記》,其略云:'上清創觀,歲月遠不可考,耆舊相傳有鳳凰集其崗,因觀焉。政和間,邑令楊襮相地改創。淳熙戊申,知縣王中行重修,未就而秩滿。不敏繼政,畢其役,道士李日休於紫霞壇故址始建亭

---

① 清·周天成重修:雍正《東莞縣志》卷一一之四〈寺觀〉"上清觀"條,《故宮珍本叢刊》第173冊,頁472下。
② 明·張二果、曾起莘著,楊寶霖點校:崇禎《東莞縣志》,東莞:東莞市人民政府,1995,據廣東中山圖書館藏崇禎東莞縣志重印,頁975-976。
③ 民·陳伯陶修纂:民國《東莞縣志》,《中國地方志集成·廣東府縣志輯》第19卷,頁873上。

宇,今並識之,使覽者有考焉。'"①

民國志原題下注曰"佚"。按語曰:"按此記見張志,蓋據明初邑志所錄碑文。張志又云:……今重修碑記亦佚。"②

## 【校記】

〔一〕"鄧宅",民國《東莞縣志》作"鄧完"。

〔二〕"臨監",民國志作"監鹽"。

## 【碑文考釋】

撰碑者楊襸,宣義郎,宋政和四年(1114)任東莞知縣。後轉知封州。

縣令楊襸的這通碑文,正是撰寫於他所改創的上清觀落成之年,他與多位官員前來觀禮,而題此記。記中稱東莞縣從晉代開始至宋政和五年(1115),一直未有道觀存在。所謂的"上清觀",只存其名,卻無其實。因此,楊襸卜地創觀,建三清聖像及星宿神像,使得東莞邑人知曉"道教"的存在——"是邑之人始知有道教焉"。值得注意的是,上清觀創建之時,正是北宋徽宗(1101—1125)崇道活動鼎盛時期的開始,其時,道士林靈素(1076—1120)已向宋徽宗提出了"神霄說"(1115),教主道君皇帝所發起的席捲全國的"神霄運動"正將拉開序幕③。雖然碑記中並無表示上清觀的改創與此有關,但從縣令試圖將"道教"引入當地的意圖來看,或許可以作為一種時代背景的參考。

# 76-2 明·陳璉:重修上清觀記

明宣德元年(1426)

## 【碑文】

上清觀在道家山,邑城西南隅,截然而立,琅然而秀。去羅浮不遠百里,

---

① 明·張二果、曾起莘著,楊寶霖點校:崇禎《東莞縣志》,頁975–976。

② 民·陳伯陶修纂:民國《東莞縣志》,《中國地方志集成·廣東府縣志輯》第19卷,均見頁873上。

③ 林靈素於政和五年(1115)覲見宋徽宗,並提出"神霄說",云:"天有九霄,而神霄為最高,其治曰府。神霄玉清王者,上帝之長子,主南方,號長生大帝君,陛下是也,既下降于世,其弟號青華帝君者,主東方,攝領之。已乃府仙卿曰褚慧,亦下降佐帝君之治。"見元·脫脫等編:《宋史》卷四六二,北京:中華書局,1977,頁13528–13529。"神霄運動"一詞係採用 Michel Stickmann 的說法,見氏著,安倍道子譯:〈宋代の雷儀——神霄運動道家南宗について略說〉,《東方宗教》,46 期(1975),頁15–28。

相傳昔有鳳凰來集,因名曰鳳凰崗[一],遂建臺曰鳳凰臺。觀踞山巔,舊為延真祝釐之所。歲久碑毀,莫詳攸[二]始。舊志云:宋政和甲午,邑令楊禩相地改創;淳熙戊申,邑令王中行重修,未就緒而去;邑尉蔡廷發繼完之。是後重修不一。觀左有雁塔,建於淳祐中,邑進士題名其上。後紫霞真人[三]於觀左建壇禮斗,及繪南北斗星君像於觀中,筆法高古,不類塵世畫。及火解去,遺一履,道士李日休即壇址建亭,曰"仙履"。亭據高爽,俯瞰城市,江山環迴,萬象呈露。亭以紫霞而著名,觀亦賴之以振發。後白玉蟾來尋紫霞不遇,因賦七言近體一首,詩意不凡,書體亦異,詩板舊藏觀中。自後壇亭已廢,氣象荒涼,幸而斯觀獨存。然久閱歲時,棟楹蠧朽,邑縉紳士庶,至者咸惕然,僉議曰:"若補罅剔腐,支傾拄攲,非久遠計,且非崇奉上真之意,庶歷永年[四]。"適方士章貢黃秀野雲遊至,眾以其有道行,請主其事。遂發心募緣[五],聞者樂施;乃鳩工度材,撤其舊而新是圖。邑人陳似愚、夏侯子勝、楊南岡、戴祚養[六]等實董厥[七]成。若儀門、文昌祠,若像設,俱煥然一新。肇工於洪熙乙巳秋,訖工於宣德元年春。規模雄麗,視[八]昔有加,於崇奉為稱,乃屬予記。予惟歷代道觀之建,非徒崇清淨無為之教而已,臣子延真祝釐,歸福於上,及禬禳祈禱[九]者,必於是焉。斯觀之建,誠不可後也。然有觀以來,未覯斯盛,殆山川炳靈,明神默祐,俟時而興乎!矧斯觀昔為真仙蒞止之所,事蹟顯著,人能言之。履其地,思其人,寧不飄然有凌雲之志哉?於是為之考辨山川勝概、靈蹤遺跡,發揮斯觀興作之由[一〇],以為後人勸。復繫之詩云:

　　道家之山南海壖,雲氣近與羅浮連,靈鳥何年來翩翩。高臺表瑞人爭傳,琳宮巍然踞山巔,雕甍畫棟凌雲煙。曾聞昔日來真仙,霞衣玉佩[一一]相後先,鸞笙鶴馭久不還。瑤草離離朝露鮮,亭臺亦隨陵谷遷,獨有觀宇猶依然。年深華搆已非前,震風凌雨增煩悁,邇來興修集良緣。像設藻繪尤清妍,晨鐘暮鼓喧法筵,崇奉祈禱心意虔。上祈聖壽高齊天,豈但芝室高談玄,後人趾美宜勉旃。仙風道氣長綿綿,刻辭喜有蒼珉堅,為紀勝跡垂千年。

【編者按】

　　文錄自明・張二果、曾起莘著,楊寶霖點校:崇禎《東莞縣志》卷八〈外志・觀〉①。參校以清・周天成重修:雍正《東莞縣志》卷一一〈寺觀〉②、民・陳伯陶修纂:民國《東莞縣志》卷四〇〈古蹟・寺觀〉③。

【校記】

　　〔一〕"崗",雍正《東莞縣志》和民國《東莞縣志》作"岡"。

　　〔二〕"攸",雍正《東莞縣志》和民國《東莞縣志》作"所"。

　　〔三〕"紫霞真人",民國志作"紫霞崔真人"。

　　〔四〕"僉議曰:'若補罅剔腐,支傾拄欹,非久遠計,且非崇奉上真之意,宜歷永年。'"一句,雍正《東莞縣志》作"議重修建"。

　　〔五〕"請主其事,遂發心募緣"一句,雍正志作"請主緣事"。

　　〔六〕"祚",雍正志作"作"。

　　〔七〕"厥",雍正志作"其"。

　　〔八〕"視",雍正志作"際"。

　　〔九〕"禬穰祈禱",原闕"禬"字,據雍正志和民國志補;"穰",雍正志、民國志作"禳";"禱",雍正志作"福"。

　　〔一〇〕"由",民國志作"繇"。

　　〔一一〕"佩",雍正志和民國志作"珮"。

【碑文考釋】

　　撰碑者陳璉(1370—1454),字廷器,號琴軒,廣東東莞人。明洪武二十二年(1389)舉人。初授桂林府學教授,秩滿,遷國子助教。永樂初因廷臣薦,召試高等,擢知許州,未幾改滁州。尋擢揚州知府,復擢四川按察使。宣德間召還,改南京通政使。正統初,擢南京禮部侍郎,尋致仕。歷仕四朝,明景泰五年(1454)卒,年八十五。著有《琴軒集》、《歸田稿》等。

---

① 明・張二果、曾起莘著,楊寶霖點校:崇禎《東莞縣志》,頁976–978。
② 清・周天成重修:雍正《東莞縣志》,《故宮珍本叢刊》第173冊,頁472下–473上。
③ 民・陳伯陶修纂:民國《東莞縣志》,《中國地方志集成・廣東府縣志輯》第19卷,頁357下–358上。

陳璉的碑記及其題詩是為了紀念始於明洪熙元年（1425），歷時半年的上清觀重修工程。據作者所言，位於與羅浮相去不遠的道家山上的宮觀，自古即是延真祝禱之所，但其起源仍然不詳。自從宋政和年間改創而始，上清觀歷經多次重修。觀左有雁塔及火解而去的南宋紫霞真人所建的禮斗壇，後禮斗壇改建成"仙履亭"。上清觀因紫霞真人之遺跡而更為著名，南宋高道白玉蟾亦曾至此尋訪並題詩觀中。歲月彌久，氣象逐漸荒涼，邑人縉紳遂商議重修，且邀請道士黃秀野主理此事，自此，儀門、文昌祠等煥然一新。作者還認為，建立道觀的重要性，並不僅在於追求清修無為之教，道觀更是民眾崇奉祈禱之處——"予惟歷代道觀之建，非徒崇清淨無為之教而已，臣子延真祝釐，歸福於上，及禬禳祈禱者，必於是焉。"可見，高踞山巔的上清觀仍然沿襲著建觀之前的延真祝釐傳統而發揮著作為邑人祝禱場所的作用。

# 76-3　明·王希文：崔霞僊遺履亭真像記

明嘉靖四十三年（1564）

【碑文】

莞之勝，惟道山，高出西城之隅，有金闕寥陽以居上清諸天天帝，昔為祝聖道場。陛之南有亭聳焉，是為崔紫霞僊翁遺履之石，巨跡犁然。歲久亭敧，諸鄉耆鼎而新之，且儀霞僊之像，謂石屏子慕回道人，宜作記以紀歲月。文再拜曰："曷以記之？夫神僊無跡，玄道無形，至人無有而無不有，遺履又跡之跡也。像則千百年，孰從而億之？土木金粉之儀與煙霞塵外之容，又孰從而肖之？然則神僊渺茫，豈竟於非有非無之間耶？按邑誌與羅浮僊遊類記，紫霞姓崔氏，名羽，唐州人，少隸京師班直，辭官學道。宋紹興至羅浮，往來於莞之道山。居數載，因設醮酌酒，酬酢甚歡。而人不見其與孰賓主也。既散，則曰鍾、呂、陳三先生邀飲耳。畢爵，端坐而逝，已解化矣。焚之快活林，有蝴蝶徑尺，自烈焰中騰空而去。後榴花渡遇所識者，云：'我遺一履在上清觀旁。'索之果有，而後知石之文為履之跡也。崔□□神化，有璚海玉蟾僊題詠并諸名公詩，邈哉遐乎，不可尚矣，不可得而誌矣！吾獨愛乎遺履之義，與吾儒修身飭行、潛虛學道之意，同本原焉。夫上天下澤曰'履'，禮也者,聖人之所履也,履中正而樂和平,故有素履,無咎者矣;有履道擔擔,幽人貞吉者矣;有視履考祥,其旋元吉者矣。履之時義大矣哉! 夫履帝武拇而啓,有周八百之基,率履不越而成玄王一統之治。東山赤舃而益彰聖人之德,圯橋跪履而竟爲帝王之師。至如御風入覲,雙舄飛舃以成僊;折蘆渡江,隻履西歸以成佛,履之義不大有可記者乎! 惟昔聖賢,懷玄抱真,體服九鼎,化淪與并,含精養神,通薏三元,精液勝理,筋骨致堅,衆邪闙除,正氣常存,累積長久,變形而僊。故有五行六甲之陳,有三黃太一之術,有九道紅泉、三毛白雪之功,或以清淨飛凌雲,或以聲聞處海濱,皆□之奧、玄之又玄者也。予獨取夫履之義,蓋其圓以承天,方以象地,前有山雲,後有坎水,旁有藩衛,繫以束之,綦以制之,不由曲徑,不趨旁門,不立險巇,不輕舉妄動以失其所依,即所謂牢把腳跟、信步而行焉。此吾儒定靜之學,僊在是矣。慕回之義,豈非以其不隱不現,不神不奇,而常在世間耶?《抱朴子》曰:'求僊者當以忠孝和順仁信爲本,若德不修而但務方術,非長生之訣也。'[1]予於此志之,以語世之人。"諸鄉耆曰:"備矣哉! 可以傳世矣。"遂鐫於石。

時大明嘉靖四十三年歲次甲子季秋吉旦,慕回道人石屏王希文拜書。

**【編者按】**

文錄自民·陳伯陶修纂:民國《東莞縣志》卷九四〈金石略〉[2]。原題下注曰:"在城內上清觀。高三尺三寸,闊一尺五寸,二十五行,行五十八字,抬頭高一字,正書。後列捐貲姓名,不錄。"[3]

**【碑文考釋】**

撰碑者王希文,字景純,東莞人。明嘉靖七年(1528)鄉薦第一,八年(1529)成進士。授刑部給事中。後抗疏歸,家居三十年卒。著有《疏草詩文》行世。

----

① 王明校釋:《抱朴子內篇校釋》卷三〈對俗〉,頁53:"欲求仙者,要當以忠孝和順仁信爲本。若德行不修,而但務方術,皆不得長生也。"

② 民·陳伯陶修纂:民國《東莞縣志》,《中國地方志集成·廣東府縣志輯》第19卷,頁914上-下。

③ 民·陳伯陶修纂:民國《東莞縣志》卷九四,《中國地方志集成·廣東府縣志輯》第19卷,頁914上。

此篇碑文是由王希文應鄉耆之邀,為鼎新遺履亭及塑立僊翁紫霞真人像而作。遺履亭位於道家山上清觀寥陽殿之南,崔紫霞遺履之處,仍有巨跡留存。根據縣志及仙傳的記載,作者簡單勾畫了崔紫霞的生平,包括紫霞真人姓崔氏,名羽,唐州人,少隸京師班直,辭官學道;南宋紹興年間(1131—1149)遊羅浮,至東莞,與鍾、呂、陳三先生共酌,火解仙去,遺一履在上清觀旁等故事。接著,作者引用《易傳》、《詩經》、《史記》、《後漢書》等多部經典,以后稷、玄王契、張良、王喬、達摩等的傳說為例,解釋"履"之含義。雖然昔日聖賢擁有含精養神、變形而仙等多種方術變化,但作者在此記中,獨獨看重"履"字,正是因為它符合"牢把腳跟,信步而行"的儒家定靜之學。最後,作者以葛洪《抱朴子內篇》之語,告誡世人求仙亦須以修德為本,曰:"求僊者當以忠孝和順仁信爲本,若德不修而但務方術,非長生之訣也。"[①]

# 76-4　明·郭九鼎:文昌廟記

明崇禎十一年(1638)

【碑文】

　　余往往過郡邑,見山川阨塞關會之處,多置梵宮道宇、錯以浮屠者何?崇形勝也。吾莞形勝,自天字岡,度峽而來,分為兩股:右股溯流東走,稍折而北,從石龍頭入城,為縣治;左股高峙秀聳,為縣治朝山,曰黃旗峰。從黃旗西馳,逆江趨東北,當縣治下流有山焉,曰道家山,從上清觀得名也。上清觀改創自宋紹熙知縣楊襥,時在城外,國朝包入城中。觀之殿曰寥陽殿,殿左則浮屠出焉,邑進士列名其上,名曰"雁塔"。塔右舊有祠宇卑淺,所奉多道家神,梓橦神亦錯處其中。萬曆初,主觀者黃冠道人孔紹科,募金弘敞之,特廟以祀文昌。蓋依形家言,以浮屠為文筆,相文事者宜文昌也。邇來風雨飄搖,主觀者無力,廟塔皆不治。余入謁廟,徘徊久之,乃解囊以倡。闔邑慫恿,各捐資助之,土木繼作,器齋交集,凡棟宇軒廡,煥然新之。神則金身端拱,左右侍衛及几座幃幔爐案之屬,無不莊麗靚好。既告成事,余乃命鐫人

---

伐石紀之曰："以今形勝家言,指畫山川,誇說茫渺,使人拘而多畏,況其以神道設教者乎? 然準之人事,人之居室,有寢有堂,則必有門戶,闤闠壯偉,則氣象軒豁。今道山當縣治下流,關一邑之風氣,亦猶居室之有門戶屏蔽也。昔人於此建立浮屠,以收風氣,若夫風氣所鍾,靈秀所聚,惟鬼神能司之。既藉鬼神以轉風氣,則必潔祠祀以妥鬼神,《傳》曰:'館不辟除,則貴人不舍。'①何況乎神? 神不止則不靈,不靈奚秀? 安望其人文蔚起,英傑挺拔者乎? 余非迂渺好事,致惑於鬼神形勝之說,即以人事揆度,似續前人創建之志,為一邑名蹟,舉廢以毋俾墮壞。是役也,又烏容已? 工始於丁丑六月,以戊寅臘月告成,費金貳百餘兩〔一〕,董而成之者,則西里之善士簡孚彬、衛述孔,茂才王栩、孫爾亨,曁余兄兆鼎、弟元鼎,均與有力焉。若夫崇奉道真,國家祝釐所麗,有上清碑記在,此不贅,是為記。

【編者按】

　　文錄自明·張二果、曾起莘著,楊寶霖點校:崇禎《東莞縣志》卷八〈外志·觀〉②。參校以清·郭文炳修,文超靈纂:康熙《東莞縣志》卷九〈祠廟〉③、清·周天成重纂:雍正《東莞縣志》卷九之三〈祠廟〉④。

　　文又見民·陳伯陶纂:民國《東莞縣志》卷一八〈祠廟〉⑤。民國志文末按語曰:"按碑未見,從張志《藝文》錄。"⑥蓋民國志乃據崇禎志收入。

【校記】

　　〔一〕"貳百餘兩",康熙志作"二百有奇"。

---

　　① "館不辟除,則貴人不舍",語出黎翔鳳撰,梁運華整理:《管子校注》卷一三〈心術上〉(北京:中華書局,2004)中冊,頁767:"神者,至貴也。故館不辟除,則貴人不舍焉。故曰:不潔則神不處。"

　　② 明·張二果、曾起莘著,楊寶霖點校:崇禎《東莞縣志》,頁980-982。

　　③ 清·郭文炳修,文超靈纂:康熙《東莞縣志》,東莞:東莞市人民政府,1994,據日本內閣文庫藏我國康熙二十八年(1689)刻本影印,頁271B-272B。

　　④ 清·周天成重纂:雍正《東莞縣志》,《故宮珍本叢刊》第173冊,頁444上-下。

　　⑤ 民·陳伯陶修纂:民國《東莞縣志》,《中國地方志集成·廣東府縣志輯》第19卷,頁151上-下。

　　⑥ 民·陳伯陶修纂:民國《東莞縣志》卷一八,《中國地方志集成·廣東府縣志輯》第19卷,頁151下。

【碑文考釋】

撰碑者郭九鼎,字聖襄,廣東東莞人。領明天啟三年(1623)鄉薦,崇禎元年(1628)成進士。初授行人,遷工科給事中。後轉禮科左右給事,陞吏科都給事。為官正直敢言,卒於任。

郭九鼎所撰寫的碑記是為了記錄崇禎十年(1637)六月重修文昌宮及浮屠一事,並介紹了發起這次重修的形勝方面的考量。道家山上清觀寥陽殿左側立有銘刻進士題名的雁塔及供奉多尊道家神靈,包括梓潼文昌帝君的祠宇一座。萬曆初,上清觀住持道士孔紹科修葺祠宇,並改以專祀文昌帝君。然而,繼後的主觀者無力,文昌宮及雁塔皆不修已久。郭九鼎以此道家山居於縣治下流,關乎一邑之風氣,必須潔祠祀,方能妥鬼神,以轉風氣,達致人文蔚起為由,決定繼承前人創建之志,解囊倡修廟塔,於是闔邑響應,捐資助木,裝點神像,新其廟宇,竣於次年戊寅(1638)臘月。

# 77　東嶽行宮

## 【廟宇簡介】

　　志稱東莞的東嶽廟有二,一在城外,一在茶園①。崔與之作記的,爲城外者。崔與之〈重建東嶽行宮記〉稱,東嶽行宮在"邑之南二里"。

　　宋紹熙四年(1194)縣令張勳重建,宋崔與之有記②。今已不存。

## 77-1　宋·崔與之:重建東嶽行宮記

　　宋紹熙四年(1194)

## 【碑文】

　　邑之南二里,嶽舊有祠。祠已久而廢,為之宰者,奪於簿領之繁,束於財用之乏,不遑及。張侯來,樽節浮費,纔數月,而公帑充牣。於是訪諸屬里,有今當營繕而昔病未能者,咸與新之,以故百廢俱興。一旦邑人以祠為請,侯瞿然曰:"神與令均受民寄,而祠不稱,令之咎也。奚辭!"乃鳩工度材,相其故址,而加敞焉。〔一〕規模雄深,丹臒煇煥,塑繪悉備〔二〕,觀者〔三〕色莊心敬,而善念以生。茲固宅神,亦化民之一助也。侯乃致書,屬與之以識其事。再拜辭不敏,弗克。且曰:"嶽謚公,古例也;而以帝稱,自本朝始。〔四〕庸非有功於民乎?有功於民,崇其祀〔五〕,宜也,亦令責也。〔六〕"然而侯之意,所以奉神庇民之外,初非有所覬也。〔七〕侯名勳,字希聖,丞相魏國公之侄孫,南軒先生則其叔父也。侯守魏公忠亮之節,而又親傳南軒誠敬之學,此心所存,毫髮無歉,復有何求於神哉?始致視〔八〕章,以例告廟。觀其致祝之辭,寡簡數語,

---

　　① 清·郭文炳修,文超靈纂:康熙《東莞縣志》卷九之三"東嶽廟"條,頁274A;清·周天成重修:雍正《東莞縣志》卷九之三〈祠廟〉"東嶽廟"條,《故宮珍本叢刊》第173冊,頁443下。

　　② 民·陳伯陶修纂:民國《東莞縣志》卷一八〈祠廟〉"東嶽廟"條,《中國地方志集成·廣東府縣志輯》第19卷,頁152下。

信所行於心。而委禍福於冥冥對越之際，已見其真矣；今獨於此而有所覬，誰其信之〔九〕？大抵嶽祠遍天下，民之遷善悔惡〔一〇〕者趨焉。侯字民以仁，而又託民以神。是役也，可以堅人向善之心，可以答神庇民之貺，而侯一無與焉，乃侯之本意也，亦與之所願識也。紹興甲寅四月崔與之記。

【編者按】

文錄自明・張二果、曾起莘著，楊寶霖點校：崇禎《東莞縣志》卷七〈藝文〉①。參校以清・郭文炳修，文超靈纂：康熙《東莞縣志》卷九之三〈祠廟〉②、清・張嗣衍主修、沈廷芳總纂：乾隆《廣州府志》卷五四〈藝文〉③。

文又見清・戴肇辰等主修，史澄等纂：光緒《廣州府志》卷一〇二〈金石略〉④、民・陳伯陶纂：民國《東莞縣志》卷九〇〈金石〉⑤，清・周天成重纂：雍正《東莞縣志》卷九之三〈祠廟〉⑥、清・彭人傑等主修，黃時沛纂修：嘉慶《東莞縣志》卷四五〈藝文〉⑦、清・張嗣衍主修，郝玉麟等纂修：雍正《廣東通志》卷五九〈藝文〉⑧。

光緒《廣州府志》乃據乾隆《廣州府志》收入，民國《東莞縣志》又據光緒志收入。雍正《東莞縣志》和嘉慶《東莞縣志》大體承康熙《東莞縣志》。

光緒《廣州府志》原題下注曰："未見。"文末按語曰："右刻在東莞東嶽行宮。按，張勳，黃《通志》有傳云：'紹熙二年為東莞縣。'阮《通志・職官表》失載。張《府志》亦不詳某年任，未免疏略。記末題'紹興甲寅'，與黃《通志》不合。考《宋史・崔與之傳》，紹熙四年舉進士，記為菊坡所撰。則紹興為紹熙之譌，無疑矣。"⑨

民國《東莞縣志》原題下注曰："佚。戴府志注云未見。"文末照錄光緒志按語後，繼

---

① 明・張二果、曾起莘著，楊寶霖點校：崇禎《東莞縣志》，頁784–785。
② 清・郭文炳修，文超靈纂：康熙《東莞縣志》，據日本內閣文庫藏我國康熙二十八年刻本影印，頁274A–274B。
③ 清・張嗣衍主修、沈廷芳總纂：乾隆《廣州府志》，乾隆二十四年刻本膠卷本，頁17上–18上。
④ 清・戴肇辰等主修，史澄等纂：光緒《廣州府志》，《中國地方志集成・廣東府縣志輯》第3卷，頁674下。
⑤ 民・陳伯陶修纂：民國《東莞縣志》，《中國地方志集成・廣東府縣志輯》第19卷，頁874下至875上。
⑥ 清・周天成重纂：雍正《東莞縣志》，《故宮珍本叢刊》第173冊，頁443下。
⑦ 清・彭人傑等主修，黃時沛纂修：嘉慶《東莞縣志》，香港：香港，1982，據清嘉慶二年（1797）東莞縣衙重修版影印，頁9下–10下。
⑧ 清・郝玉麟等纂修，雍正《廣東通志》，《四庫全書》第564冊，頁702上–下。
⑨ 清・戴肇辰等主修，史澄等纂：光緒《廣州府志》卷一〇二，《中國地方志集成》本，頁674下–675上。

下按語曰："按張志載此記,末亦誤'紹興'。戴考據甚確,茲改編淳熙後。"①

【校記】

〔一〕此處康熙《東莞縣志》、雍正《東莞縣志》多出"始作於紹熙四年五月,以五年三月落成之"一句。

〔二〕此處乾隆《廣州府志》多出"森列乎神之左右"一句。

〔三〕乾隆《廣州府志》無"觀者"二字。

〔四〕此處康熙《東莞縣志》多出"古臣而今君之"一句。

〔五〕"祀",康熙《東莞縣志》作"祠"。

〔六〕此處康熙《東莞縣志》多出"奚書為"一句。

〔七〕此處康熙《東莞縣志》多出"意則然矣,安得而不書"一句。

〔八〕"視",康熙《東莞縣志》作"际"。

〔九〕康熙《東莞縣志》、雍正《東莞縣志》、嘉慶《東莞縣志》及乾隆府志、光緒府志、民國《東莞縣志》均無"之"字。

〔一〇〕"遷善悔惡"之"惡"字,乾隆府志、光緒府志、民國《東莞縣志》及嘉慶《東莞縣志》作"過"字。

【碑文考釋】

撰碑者崔與之(1158—1239),字正子,號菊坡,廣東增城人。宋紹熙四年(1193)舉進士,是宋代嶺南第一位至京城臨安(今浙江杭州)上太學,並由此而考取進士者。歷仕光宗、寧宗、理宗三朝四十七年。晚年屢召不起,年八十二卒,贈少師,謚"清獻",故世稱"崔清獻公"。其開創的"菊坡學派"是嶺南歷史上第一個學術流派②。

崔與之的碑文記載了縣令張勳於宋紹熙四年(1194)重修東嶽行宮的事件及其動機。張勳到任之前,東嶽行宮荒蕪已久,歷任知縣皆未及修葺之事。張勳接受了邑人重修行宮的請求,於其原址擴修殿堂,備以塑像繪畫,使得入廟之人,皆生莊嚴之心,可謂是教化

① 民·陳伯陶修纂:民國《東莞縣志》卷九〇〈金石〉,《中國地方志集成》第19卷,頁875上。"淳熙",當爲"紹熙"之誤。
② 崔與之生平事跡,見於《宋史》本傳。另參宋·李昂英:《文溪集》卷一一之〈崔清獻公行狀〉;何忠禮:〈崔與之事跡系年〉,《文史》第41輯(1989);朱澤君主編:《崔與之與嶺南文化研究》,北京:人民出版社,2010。

邑人的良舉。張勳認為,東嶽自開元年間稱"公",入宋後始封"帝",是因其有功於民,所以崇其祀,同時這也是縣令的責任——"奉神庇民"。因而,崔與之在碑記的最後部分,大讚張勳仁政施民,無需覬覦神明的恩賜。東嶽廟是導人遷善悔惡之所,因而修廟之舉可以堅定邑人的向善之心,同時報答神明的庇佑,這是張勳重修東嶽行宮的本意。

東嶽,即泰山,故其神稱為"嶽神",而因其在歷朝有不同的封號,也就有張勳所說的"嶽謚公,古例也;而以帝稱,自本朝始。"根據出土的東漢鎮墓文,就有"死人魂歸泰山"、"泰山是眾鬼的總歸宿"的信仰,故人們涉及到死生年壽問題就會向泰山神去祈求請禱[1]。"泰山治鬼"的信仰一直在隋唐之時社會上很流行,例如在《冥報記》卷中就記載有陰間鬼魂的管理就像陽間一樣有一定的上下組織結構,一地有一地的治鬼者,並由泰山總管。

但另一方面,泰山神"主生"的信仰又是同樣流行。秦始皇、漢武帝泰山封禪的活動是說明泰山主生的主題。武帝於太始四年(前93)所鑄一鼎,其鼎銘曰:"登於泰山,萬壽無疆。"除了封禪活動之外,唐代六帝(高宗、中宗、睿宗、肅宗、代宗、德宗)和武后頻繁到泰山齋醮投簡,主要目的在於祈求王者的長壽安康。宋真宗於祥符元年(1008),封禪泰山。禮畢,詔封泰山神"仁聖天齊王";又於祥符四年,封泰山神為"仁聖天齊帝",這是將"天齊王"升格為帝。此事紀錄於在岱廟所立的〈大宋東嶽天齊仁聖帝碑銘〉,稱:"化功生德為仁,至神妙妙用為聖。……由是奉升泰山之神曰:天齊仁聖帝。"至此,泰山神有了"聖帝"的封號,所以在民間也就有了"東嶽大帝"的稱號。

在宋代的民間,對東嶽大帝的信奉也達到了非常廣泛的程度,其標誌是東嶽廟(又稱"東嶽行宮"——以泰山東嶽廟為泰山神的祖廟,其他地方的東嶽廟為神的行祠)遍布大江南北,香火鼎盛。元吳澄〈大都東嶽仁聖宮碑〉稱:"東嶽泰山之廟遍天下,則肇於宋時之中葉。"[2]此上的解說可以作為張勳於紹熙四年(1194)在廣東東莞重修東嶽行宮的歷史背景[3]。

---

① 吳榮曾:〈鎮墓文中所見到的東漢道巫關係〉,收入氏著:《先秦兩漢史研究》,北京:中華書局,1995,頁362–378。

② 陳垣編纂,陳智超、曾慶瑛校補:《道家金石略》,頁917。

③ 關於東嶽信仰和東嶽廟的研究,參袁冰凌:〈北京東嶽廟碑文考述〉,收入 Sanjiao wenxian: Matériaux pour l'étude de la religion chinoise《三教文獻》no. 3,1999,頁137–158;袁冰凌:〈北京東嶽廟香會〉,《法國漢學》第七輯,2002,頁397–426;中國民俗學會、北京民俗博物館編:《東嶽文化與大眾生活》桂林:廣西師範大學出版社,2009;丁常雲、劉仲宇、葉有貴:《欽賜仰殿與東嶽信仰》,上海:上海辭書出版社,2004。

# 78 東嶽廟（茶山）

## 【廟宇簡介】

前已提及，方志稱東莞的東嶽廟有二，一在城外，一在茶園①。崔與之作記的，是城外的東嶽廟。另一則爲茶山東嶽廟，是一座具道教建築特色的古代道觀，位於東莞茶山鎮象嶺南麓，始建年代不明②。明正德十五年（1520），革故鼎新，前國子監五經博士林光（號南川）撰廟碑文〈重建東嶽行宮記〉。明隆慶、萬曆間（1567—1575），茶山人袁昌祚又重修東嶽廟，但碑記不存，只存有其親自題寫的楹聯及"岱宗靈貺"四字匾額，懸掛廟大門之上。清康熙二十七年（1687），復興廟中香亭。康熙四十二年（1703），茶山人鄧廷喆主持重修大殿，歷時兩年完成，並撰碑文〈重修東嶽廟記〉。嘉慶二年（1797），廟宇雖爲颶風所毀，所幸神像無事，鄧大林發動邑人捐資重修，把正殿、香亭、前門、兩廊等全面修復好。宣統間（1909—1911），廟復頹圮，鄉紳倡議重修。民國二十二年（1933），正殿棟宇霉爛，再次重修正殿、神像③。

據記載，每年三月的東嶽誕皆有迎神賽會④，其規模堪比天妃賽神會。據張穆《故園茶山記》記載，"三月東嶽降晨，十三坊傾動，無不香花候駕，遠來舟楫盈河，衢陌肩磨，素馨花氣與沉水旃檀，薰蒸如霧。嶽宮前地平曠，木棉榕樹刺桐，垂蔭數百畝，結駟牽犬，爲少年遊冶之場"⑤。在賽神會上，還有"還神會"、"放餉"、"審鬼"等宗教活動，此項活動一直持續到解放前。

茶山東嶽廟建築規模頗大，佔地1090平方米，成長方形的四合院磚木結構的古建

---

① 清·郭文炳修，文超靈纂：康熙《東莞縣志》卷九之三"東嶽廟"條，頁274A；清·周天成重修：雍正《東莞縣志》卷九之三〈祠廟〉"東嶽廟"條，《故宮珍本叢刊》第173冊，頁443下。

② 有的稱建於元末明初，見李干鴻：〈茶山東嶽廟〉，收入東莞縣政協文史組編：《東莞文史資料選集》，第七期（1985），頁65。也有稱建於宋代，見東莞市建設委員會編：《東莞建設志》（1993），頁281；但二者皆未給出資料證據。崇禎《東莞縣志》有載："茶山劉巨建於象嶺。"但並未言年份。

③ 參李干鴻：〈茶山東嶽廟〉，頁65-66。

④ 賽神會具體時間的記載有所不同：《崇禎縣志》記爲三月二十六日，《康熙縣志》記爲二月二十六日，《民國縣志》記爲三月二十八日；另有其他資料記爲二月十七日，見李建青：〈東莞茶園東嶽廟的故事〉，《民俗》第四十一、二期合刊（1929），頁113-114；《東莞建設志》及《東莞文史資料選集》，同記爲三月二十八日。

⑤ 收錄於民·陳伯陶修纂：民國《東莞縣志》卷九七。

築,依山勢建設,分前門、香亭、正殿三進,兩旁為東西廡。門為硬山頂、硬山擱棟式。磚瓦結構,廟內則為樑架結構。正殿中央供奉東嶽大帝。東嶽廟歷次重修的碑刻,仍有五塊擱在廟內。2010 年 5 月 9 日,茶山鎮重新恢復已經停辦六十年的在東嶽廟舉行的廟會,稱"茶園游會"。

# 78-1　明·林光:重建東嶽行宮記

明正德十五年(1520)

【碑刻信息】

存址:今東莞市茶山東嶽廟內。

碑額:無。

碑題:重建東嶽行宮記。楷書。

尺寸:碑高 158 厘米,底寬 87 厘米。碑首橢圓形。

碑文來源:原碑抄錄。

【碑文】

　　茶園距東莞邑治三十里,境幽土融,水清山麗。士庶交集,商賈懋興,衣冠文物,通於中州,蓋邑鉅鄉也。鄉十三社,平岡疊阜,左右羅絡,勢皆抱向以隙乎水。中蟠七嶺,民居櫛比。直北矗然屹峙,俗呼象山者,茶園主山也。山半舊有東嶽行宮,興刱維始,歲久罔稽矣。南麓多梅,予家食時有志於學,嘗偽地卜室靜居於此,以究夫先儒所謂天人之際者。當梅花盛開,滿望晴雪,幽香襲人。時與二三子游歌其下,而慨廟宇之蕪隘,嚴祀之未稱也。及去,而歷仕中外,彌三十載。迺者正德甲戌,丐蒙聖恩,賜歸南川之上。行謁於廟,則見其故者撤,新者煥,丹膜黝堊,映照林麓。地位之高崇,棟宇之宏敞,垣墉之完密,視前有倍,而神儀儼若,又足以起人心之祇肅,而致惕乎淑慝勸戒之深思也。徐登象山之巔,蔭虬松,踞磐石,徘徊顧瞻乎羅浮之四百三十二峰,巍然萬仞,屏宸於層霄之北,與夫寶山花林蓮峯,南鄉諸山之勝,東西前峙,縣聯犄角於數百里之外。丹青景狀可以遠觀近取者,悉在目視之下,又皆若有以環衛乎茶園之境,翕萃乎神之所宮,而間閻生齒之繁,文物之盛,視前又有加焉。況乎地靈人傑,物阜財通,疫癘不興,雨暘時若,謂神既嶰昭融里社之絣懞者,非歟?說者又曰:嶽祠,神也,國有明祀,非民間所宜。夫陰陽二氣流通布濩,而妙靈於嶽瀆,以興雲致雨,功德生民者,神之所為也無乎不在,在一方則阜乎一方之民,在一鄉一邑則阜乎一鄉一邑之民,故鄉邦邑聚,隨所在而神明之,亦所以昭其歲時旱澇祈報之誠爾,豈淫祀也哉?若夫牲帛祝號之對越於岱宗者,則惡乎敢?廟之改刱歲月紀於棟,可徵。速予記者,衛鏗、葉儀、葉宗俊、陳匡、何瑋諸君,皆勸募購材興始者。予惟蹇耄,言非可傳,顧茲靈勝,不容無述,乃次第其事,語族子時嘉書以遺之。

　　特進中順大夫贊治尹致仕襄府左長史前國子監五經博士里人林光撰。正德十五年龍集庚辰二月望日首倡勸緣陳匡等立。

## 【编者按】

　　碑文又見陳伯陶修纂:民國《東莞縣志》卷九三〈金石略〉[1]、袁應淦編,劉文亮補編:民國《茶山鄉志》卷二〈廟祠〉[2]。民國《東莞縣志》原題下按语曰:"在茶山鄉。高四尺,闊二尺。十九行,行四十字。擡頭高二字,正書。第一行下有'辛丑歲三月二十六日鄉信士葉照重立'字,無年號。"[3]民國《茶山鄉志》原題下按語曰:"正德九年甲戌。"[4]

## 【碑文考釋】

　　撰碑者林光,字緝熙,號南川,東莞茶山人。明成化元年(1465)領鄉薦,成化二十年(1484)會中乙榜,授平湖教諭。成化二十二年(1486)主考福建,弘治主考湖廣,是年總修浙藩憲宗實錄。弘治四年(1491)修嘉慶邑乘。歷官兗州府學教授、嚴州府學教授、國子監博士、襄府左長史,進中順大夫,致仕。年八十一卒。著有《冰蘗集》諸書。

--------

① 民·陳伯陶修纂:民國《東莞縣志》,《中國地方志集成·廣東府縣志輯》第19卷,頁902上至下。
② 袁應淦編,劉文亮補編:民國《茶山鄉志》,《中國地方志集成·鄉鎮志專輯》第32卷,南京:江蘇古籍出版社等1992據民國二十四年鉛印本影印,頁379上-下。
③ 民·陳伯陶修纂:民國《東莞縣志》,《中國地方志集成·廣東府縣志輯》第19卷,頁902上。
④ 袁應淦編,劉文亮補編:民國《茶山鄉志》,《中國地方志集成·鄉鎮志專輯》第32卷,頁379上。

　　此通碑記立石於明正德十五年(1520)，但林光明正德九年(1514)回歸故里之時，東嶽廟已經過重建，煥然一新。位於茶園主山與象山山半的東嶽行宮，初創年份已無可考。林光治學於象山南麓之時，廟已荒蕪。待其終仕歸鄉，重登象山之巔，不禁感嘆環衛茶園的巍然群山與雄踞山巔的莊嚴行宮相得益彰。東嶽大帝雖載在國祀，但其功德於民，卻又無處不在，"在一方則阜乎一方之民，在一鄉一邑則阜乎一鄉一邑之民"，因此林光認為鄉邑之民以誠而報奉東嶽大帝之歲時功德於民，並不能算是淫祀。

# 78-2　明·佚名:重建東嶽行宮信士題名

　　　明嘉靖二十一年(1542)

【碑刻信息】

　　存址:今東莞市茶山東嶽廟內。

　　碑額:重建東嶽行宮信士題名。篆書。

　　碑題:無。

　　尺寸:碑高158厘米，底寬87厘米。

　　碑文來源:原碑抄錄。

【碑文】

　　施銀:葉靜軒;葉靜軒:上廟七兩三錢六分。

　　施銀:陳廷立:五兩八錢六分二厘;陳廷立:上廟一兩一錢六分。

　　施銀肆兩:鍾敏學。

　　俱施銀貳兩:鍾昌期、鍾景能、盧宗式。

　　施銀壹兩五錢:殷以質。

　　施銀壹兩貳錢:鍾愛葵。

　　俱施銀壹兩:何元高、衛孔靜、陳公順、劉朝獻、劉應表、劉尚權、麥惟作、劉觀長、鍾國器、胡世吉、林大用、郭惠徵。

　　俱施坭塼壹千:衛希睿、衛惟忠、衛子觀、葉逢陽。

　　施銀捌錢:歐繼先。

施銀柒錢九分：魯文魁。

施銀柒錢八分：魯文貫。

施銀柒錢：張景輝。

施銀陸錢：黃廷諫。

俱施銀伍錢：蘇伯方、鞏邦式、張時旦、葉積盛、葉彥橋、葉國卿、蔡伯清、陳朝儀、□阿彭氏、葉承科、袁汝夏、袁伯徵、黃吉祥、黃美中、歐公器、葉以實、陳時永、陳孔才、葉宗木、夏汝忠、尹蒲石、李孔文、屈任卿、蔡伯清。

李秉乾：麻纜一條。

孫汝倫：銀五錢捲二座壁。

陳德剛：銀四錢捲二座壁。

俱施銀四錢：蘇式卿、何文卿、衛子全。

俱施銀叁錢：葉承任、葉汝學、李一儀、袁汝翼、葉以太、鍾恩、葉承信、歐淑亨、朱宗格、葉可繼、黃偉用、何邦獻、楊汝衍、黃伯善、黃元彩、黃元學、葉文清、胡文奎、葉以玉、袁公壁。

施銀貳錢五分：蘇真。

俱施銀貳錢：衛樂芸、李晚翠、翟從正、衛一陽、衛用卿、陸文鎮、衛用貞、黃國賢、袁汝本、袁納天、李一英、袁南塘、葉世明、葉以成、梁萬恆、盧端甫、屈廷璽、劉復初、陳廷業、陳一明、何宗美、歐遠、歐仲燦、歐伯濂、林廷諒、黃廷峰、林重芳、葉以泰、賴進、羅元益、葉秀卿、葉通甫、葉杏立、黃德樂、吳蛮牛、衛希武、楊樂卿、徐承采、葉天藝、歐尚彥、陳國順、袁希程、葉國器、何汝寬、張宗衡、何應治、郭立亨、黃景暹、馬德隆、高德輝、衛汝近、謝本威、謝本重、黃孔立、植仲廉、譚一光、何希佐、吳一學、劉彥高、夏君永、衛邦猷、何士才、何雅載、何汝秀、蘇□乾、林永□、陳日昭、殷元白、黃德直、鄧阿譚氏、陳道榮、黃翰伯、利紹初。

俱施銀壹錢五分：陳貢、葉以泰、葉以洪、袁紹東、徐以德。

俱施銀壹錢：龍浩、葉詡義、葉國忠、李孟婆、歐西樂、衛進寶、栢仲永、陳曉夫、何日光、陳本□、歐子益、魯宗凌、陳世榮、劉本兆、原時悅、徐德常、袁西隱、歐尚學、劉廷彩、李漢昇、劉廷章、葉朝漢、曾廷獻、翟孟忠、黃本成、袁公器、陳思聖、葉樞、賴世雄、陳景□、鍾茂成、溫文順、劉子光花紅、陳汝立、陳弼卿、陳□佐、衛□□、衛天□、葉□□、劉□效、韋君□、陳□□、馮本翊、葉世國、李本光、葉瑞芬、譚孔初、葉君曉、何天厚、黃君玉、衛允章、陳阿謝氏、丘一高、譚孔偉村花、蘇宗源、蘇以清、蘇希貢、高惟仲、蔡伯美、徐文合、譚世科、李國端、陳公孫、袁西隱、□思道、蘇元貴、□□□、□□□、衛□□、黃二□、利紹可、袁惟正、□□□。

俱施銀五分：濮汝濯、李國鎮、盧宗侃、鄧應海、葉本陽、葉景然、葉寅卿、陳仲良、葉順卿。

劉蘭□工□。

施銀三分：鍾景晨。

靜軒收銀數：十一人共施銀拾叁兩七錢；四人施銀叁兩零七分；十四人每人施銀三錢計銀四兩貳錢三分；四十七人每人施銀貳錢共計銀九兩四錢；三十一人每人施銀壹錢共計銀叁兩壹錢；六人每人施銀壹錢五分共計銀玖錢；六人每人施銀五分共計銀叁錢；十六人每人施銀伍錢共計銀捌兩：惣收得銀肆拾貳兩柒錢。

用銀數：倫木匠支銀十九兩五分；泥水匠銀二兩八錢；陳子獻支銀二兩五錢六；□用銀五兩壹錢一分；又用二十一兩零二分；□堦壘石匠共用銀壹兩八錢：共用去銀四十二兩七錢八分。

廷立收九十二人，共得銀貳十五兩壹錢壹分，用出銀數共計一十二項，出銀叁十叁錢七分。三牲酒食用錢一千一百八十四文；酒十三埕，錢二百九十文；擡石杉木，工錢五百一十八文；可匠銀三兩令二分；買石錢壹千二十文；倫木匠□銀一十七兩七錢二分；貲杉十條，錢□千文；檯石工錢□百□十文；□□□□□□□百令四。

【碑文考釋】

　　此碑記錄了為重建東嶽行宮而施銀捐物的信士姓名及其所施銀數,並在最後記錄了用銀的數目及用途。雖然此碑立於明嘉靖二十一年(1542),但極有可能是補充正德年間重建行宮信士的題名。首先,其碑題同為"重建東嶽行宮",若行宮已於正德年間重建,則不太可能僅隔二十年之後,再次重建。其次,諸部方志中,也從未見記有嘉靖年間重建一事。第三,在林光的碑記中,最後記有"衛鏗"、"葉儀"、"葉宗俊"、"陳匡"、"何瑋"幾位主事者的名字;而已知題名單始於"葉靜軒"、"陳廷立",他們同時也是管理帳目收支之人。若總計葉氏、衛氏、陳氏與何氏的人數,則佔總題名人數的三分之一①。基於以上三點,以此推測此佚名碑正是明正德間重建東嶽行宮的信士題名。

# 78-3　清·鄧廷喆:重修茶山東嶽廟碑記[一]

清康熙四十四年(1705)

【碑文】

　　茶山東嶽行宮,載在邑志,由來尚矣。稽同里林光先生[二]舊碑,明正德間,革故鼎新,巋然為鄉重鎮,其神赫濯特甚,遠近祝嶽者多趨茶山云。閱百餘□,為颶風所坏。後興復於康熙丁卯,先縣大夫[三]紀之。正殿棟楹螽且朽矣,補罅支傾,非遠久計。爰集紳士父老,建議捐貲,得金七百餘兩,鄰鄉又助金三百,共一千有奇。鳩工庀材,正殿則撤而新之,若正門兩廡,加以葺繕,仰絢俯鞏,巍然煥然。里人屬記於予,予思嶽出雲致雨,不崇朝遍天下,秩視三公,其禋祀常儀,具載秦官[四]。國家有大慶,賞特遣使祭告,非庶民所得瀆舉。而民之廟而祀之,不能自已,殆亦如野人之愛君,獻以芹曝云爾。至雨暘寒燠,夭札疵癘,一鄉之父老子弟,祈於斯報於斯,遷善悔過於斯,則又天人感召之常理,如響斯應者也,豈徒謂有其舉之莫敢廢乎?《詩》曰:"惟嶽降神,生甫及申。"②吾茶[五]自先朝以來,理學文章,科名事業,炳炳史冊。

---

　　①　題名共計242個名字,其中衛氏佔17,葉氏佔37,陳氏佔22,何氏佔11。

　　②　此句出自《詩經·大雅·嵩高》,參前明·梁士濟:〈重修月溪文昌宮記〉[明天啟五年(1625)稍後,碑號20-1,總52]注。

今幸際熙代昌期,人文蔚起,意必更有名流碩彥,鍾山嶽之秀者出而應之矣。是役也,經始於康熙癸未,閱二稔而告竣。董之者生員林璉、衛汝棐、袁發睿,鄉耆袁爾祺、袁蘭卿、袁燦常等,予則偕諸紳士朝夕督襄焉。謹勒琪珉,俾後之作者有所稽云。時康熙乙酉上元。

**【编者按】**

文錄自清·周天成重修:雍正《東莞縣志》卷九之三〈祠廟〉[①],參校以民·陳伯陶修纂:民國《東莞縣志》卷一八〈祠廟〉[②]。另碑文又見收於袁應淦編,劉文亮補編:民國《茶山鄉志》卷二〈祠廟〉[③],然《茶山鄉志》所收入茶山東嶽廟碑文,均將原碑改動很多。故不據以參校。

又東莞茶山東嶽廟內有此碑的殘碑,錄文部分內容據殘碑校正。

**【校記】**

〔一〕殘碑碑題作“重建東嶽廟大殿記”。

〔二〕“林光先生”,殘碑作“林先生”。

〔三〕“先縣大夫”,殘碑作“明先君大夫”。

〔四〕“秦官”,民國《東莞縣志》作“春官”。

〔五〕“吾茶”,民國志作“吾茶山”。

**【碑文考釋】**

撰碑者鄧廷喆,字宣人,廣東東莞人。清康熙二十三年(1684)舉人,官中書。康熙五十八年(1719)充安南使臣,賜一品服。著有《蓼園詩草》。

茶山東嶽廟遠近聞名,禱祝者眾多。曾為颶風所壞,後興復於清康熙二十六年(1687),鄧廷喆的父親鄧奇曾為之記。康熙四十二年(1703),紳士父老建議集資新之,修繕正殿、正門兩廡,至1705年方告竣工。鄧廷喆受里人所託以記其事。碑記的後半部

---

① 清·周天成重修:雍正《東莞縣志》,《故宮珍本叢刊》第173冊,頁443下-444上。

② 民·陳伯陶修纂:民國《東莞縣志》,《中國地方志集成·廣東府縣志輯》第19卷,頁152下。

③ 袁應淦編,劉文亮補編:民國《茶山鄉志》,《中國地方志集成·鄉鎮志專輯》第32卷,頁379下-380上。

分是其對民廟祀東嶽大帝的看法,行宮既是鄉民祈求出雲致雨之處,也是遷善悔過之所,鄧廷喆認為這是出於天人感召之常理。而茶山鄉里得到人文蔚起、名流碩彥的成果更是神靈響應的徵示。

# 78-4　清·鄧大林:重修東嶽廟記

清嘉慶二年(1797)

【碑刻信息】

存址:今東莞市茶山東嶽廟內。

碑額:重修東嶽廟記。篆書。

碑題:無。

尺寸:碑高88厘米,底寬196厘米。

碑文來源:原碑抄錄。

【碑文】

岱宗為五岳長,非如嵩華恆衡,廟祀一方而已也。相傳神掌壽命之籍,蓋自九皇六十四民以來,秩祀不改,故東岳祠宇遍天下。而吾鄉行宮之建則在象山。象山者,茶園之主山也。其創建年月,碑碣闕如,不知何自始矣。明正德間故拓基,煥煥巍巍,聳霄赫濯,遐邇之奔走威福者,多趨茶山。時則有南川先生記之。嗣是屢加修葺。康熙丁卯重建香亭,先曾大夫明府公為之記。大殿重修於康熙乙酉,則先大夫記之。越今數百載,惟神降康,家慶盈寧,人文蔚起,南川先生所謂神在一方則阜一方之民。而吾鄉之父老子弟祈於斯,報於斯,遷善悔過恆於斯。先大父謂斯廟大有造於鄉人,良不虛也。嘉慶二年丁巳,颶風大作,廟宇摧毀,惟神像有赫,儼若不動。遠近觀者咸悚然加敬,謂神所憑依實在此矣,余與紳士鄉耆亟謀醵金修復。義聲一呼,雲集響應。鄉分五坊,各出白金一百兩,鄉人樂助金壹千貳百兩有奇,鄰鄉飲助金壹百伍拾兩有奇。董其事者國學林君應相、袁君南鈺、袁君必榮、林君文森、林君之芳,鄉耆衛君因培、袁君廷獻、林君唯眾、陳君體乾、鄧君道熙、林君雍年、衛君華輝、梁君柱□、袁君英舉等實綱紀之。肇工於丁巳八月初三日,始大殿,次兩廡,若頭門,若香亭,垣墉梀樞,宋廇梁棋,欄檻瓴甋,罔不畢治;迄十二月而工竣。鄉人士諏吉拜廟,小大稽首。爰礱貞石以書歲月,而授簡於余。予既慶神之靈威不違咫尺,而又幸吾鄉人敬共匪懈,足以竭虔妥靈也。抑余願更有進焉。聞之孔聖曰:“祭則受福。”[1]夫所以受福者,豈徒恃其牲牷馨潔,稽拜不怠,而遂克邀神貺哉?維神正直聰明,惟德是輔[2],毋亦惟是戒慆淫,懲匪彝,敬君敬親,尊賢敬長,以逮出王游衍,業業競競,有善必遷,無過不改,如抑《詩》所云“尚不愧於屋漏”[3]者。夫如是,然後歲時祈報,昭事不忒,而神乃始歆其善,鑒其誠,而錫之以福也。吾願與鄉人各自勗且交相勗,毋徒外慕敬神之名,將必齊厥心,省乃躬,顧諟神之明威日嚴,祇敬厥德,以罔貽神恫。吾知維岳降神,誕生賢哲,吾鄉行且有為翰為蕃,出而翊賢清時,偕一世而躋於仁壽之域者,豈徒阜一方之人財已哉!而益信斯廟之有造於吾鄉,為甚鉅也。爰不辭諸君之請而撰碑文,以勒諸石。

掌廣西道監察御史鄧大林謹撰。

五坊助金,每坊助銀壹百兩。

上步坊:

上步林族銀叁拾伍兩,何族銀伍兩,大水步園頭銀伍兩,邊田鍾族銀伍兩,下步林族銀肆拾兩,吉街陳族銀錢□兩五錢,□頭□銀貳兩伍錢,□□□銀貳兩伍錢。

夏朗坊:

夏朗袁族銀拾陸兩陸錢陸分,橫岡袁族銀貳拾伍兩,寺下圍內銀貳兩,寺下圍外袁菊隱祖銀壹兩肆錢,夏朗陳族銀貳拾兩錢,坑□□族銀拾壹兩壹

---

① 漢·鄭玄注,唐·孔穎達疏:《禮記注疏》卷二三〈禮器第十〉,頁457下:“孔子曰:我戰則克,祭則受福,蓋得其道矣。”

② “惟德是輔”,《尚書》中語,參清·朱廉:〈重修玄帝廟碑記〉[清乾隆四十八年(1783),碑號32-4]注。

③ 漢·毛亨傳,鄭玄箋,唐·孔穎達疏:《毛詩注疏》卷一八之一〈大雅·抑〉,頁647下:“相在爾室,尚不愧于屋漏。無曰不顯,莫予云覯。”

錢□分，□頭何族銀貳兩玖錢陸分，棠里陳族銀伍兩玖錢叁分，璉□王族銀捌兩叁錢叁分叁厘。

橋頭坊：

橋頭衛族銀貳拾伍兩，大菴袁族銀叁拾壹兩，歐送銀伍兩，淳家鍾族銀拾玖兩叁錢柒分伍厘，彭族銀捌兩，李族銀□壹兩陸錢□分□厘，朗頭散圍銀伍兩。

上元坊：

上元袁族銀伍拾貳兩，上元葉族銀陸兩伍錢，吉街陳族銀拾兩，仙村葉族銀拾陸兩陸錢陸分六厘，臺山袁族銀陸兩伍錢，□□頭□□銀壹兩□錢六分六厘，沙角頭□族□□□兩陸錢六分六厘，沙角頭鄧族銀伍兩。

步頭坊：

鰲洲□銀叁拾壹兩陸錢陸分，張家園拾五兩捌錢叁分，大水步園□銀伍兩，步頭葉族銀拾肆兩肆錢四分，大人林族壹兩叁錢，殷族銀柒兩二錢八分，上市陳□□銀伍兩壹錢四分，新屋場銀叁兩壹錢。

塘邊對塘園銀伍錢柒分，鳳山大井頭共銀壹兩零陸分，打鐵街菜市濮祠前□園共銀貳錢，吳□□□□□□□□□坊份刻之，日後照此碑為率，不得以貳廟碑為藉口，特此書之。

各祖助金：

林盧山：二十大員。

袁桐溪：十五大員。

袁健齊：十大員。

袁東溪：八大員。

陳祿源：七大員。

林光大堂、陸南直鶴邑、梁愨齋、梁古軒：已上六大員。

何栢軒：四兩。

庚觀聖□涌：五大員。

袁松隱：三兩。

袁靜齋：三兩。

袁簡菴、袁大佑、林南隱、林安靖、林友梅、陳東南社、林藝圃：已上四大員。

袁邕樂、陳竹山、衛寧遠、袁怡亭、李衡軒、濮最樂：已上三大員。

袁處儉、袁雪樵、王雲岡：已上二兩。

王槐隱一兩六錢

袁菊隱、袁思源、袁月川、袁亮亭、林醒軒、林芝圃、林晴齋、陳木如、陳東隱、陳泗瀾、葉孜政、衛學稼、葉善菴、葉近山、陳白瞻、李少□、鄧南湖、何雲石、何立齋：以上二大員。

鍾尚德：一員半。

袁靜菴、袁□菴、鄧氏祠、陳用良、彭靜菴、歐仰素、邱聚齋、劉□胖、殷□素、岑貞甫：已上一兩。

林南川、袁正菴、袁明泉、袁北樞、袁爾智、袁惠恭、袁法祖乾隆丁酉舉人、陳穗南、陳栢齊、陳星園、陳安愚、鄧耀彤、李□□、李□亭、李君客、葉樂湖、葉誠菴、葉少杏、王弼新、王宅謙、王慎齋、王攬山、歐中泰、鍾□峰、彭□山、張瓾□、范星垣乾隆壬甲寅□□賜舉人、岑聖□□、王梅軒、袁積有、葉耕有、葉國野、葉淡寧、岑宗水：已上一中員。

王毅齋：三錢。

葉集亭：三錢。

黃守倫：壹大員。


鄉紳助金：

賜進士出身誥授朝議大夫掌廣西道監察御史加二級鄧大林：助銀貳拾

兩馬。

鄉進士敕授潮州府揭揚縣儒學教諭特授澄海縣儒學教諭加二級鄧大業：助銀貳兩捌錢捌分。

賜進士出身敕授文林郎河南內鄉縣知縣加一級鄧大經：助銀陸兩柒錢陸分。

鄉進士敕授文林郎四川夔州府萬縣知縣前署潼川分府加三級陳文□：助銀貳兩捌錢捌分。

鄉進士文林郎分發河南省知縣鄧淦：助銀肆兩陸錢馬。

鄉進士敕授廉州府合浦縣儒學教諭特調瓊州府感恩縣儒學教諭体滿即陞縣知縣加二級袁廷鳳：助銀壹兩肆錢肆分。

歲貢生候選儒學何澄瀾：助銀柒錢貳分馬。

鄉進士文林郎序選儒學何安瀾：助銀壹兩肆錢肆分。

副貢生候選儒學黃詒穀：助銀壹兩馬。

歲貢生候選儒學潮：助銀壹兩肆錢肆分馬。

歲貢生候選儒學陳廷極：助銀柒錢貳分馬。


國學助金：
林文□：六十大員。
林應相：□十大員。
袁□達：□□大員。
林文藻：□□大員。
袁必榮：十大員。
林文郁：十大員。
袁□昌：八大員。
林之芳：八大員。
林昌秀：四兩八錢。

林文豹　林文瀾、李文英：已上六大員。

袁功莊：五大員。

李　脩：五大員。

袁瑞鈺、林文森、林德秀：已上四大員。

邱遠泰：二兩八錢。

衛淇沛、衛尚文、袁飛熊：已上三大員。

謝宸楚、袁熙、袁有威、鄧邦照、袁綽、何渭潢：已上二大員。

袁南鈺、衛廷理、袁宗茂、袁輝釭、林樑秀、袁廷輝、鄧灝、鄧□：已上一大員。

袁□：一中員。

袁鳳：一中員。

袁驥：一中員。

王宗烈：四錢。

袁應仁、袁光祖、林崇仁、鄧洪金、袁□禧、袁光顯、陳廷梓、陳廷桂：已上一中員。

林廷熙、袁日新：已上二錢。

生員助金：

袁統善、何渭瀾、袁應堯：已上二大員。

衛淇清、林常春、衛文□、鄧淳、溫如玉：已上一大員。

林昆、袁之栢、袁成鎬、林廷烈、衛石彰、林時來、鄧焭：已上一中員。

捐廟食：銀柒百貳拾兩。

希墟掌平：銀叁拾兩馬。

下江穀船來：銀肆兩馬。

嘉慶二年歲次丁巳季冬吉旦立。里中生員衛淇清書丹。

【编者按】

碑文又見袁應淦編,劉文亮補編:民國《茶山鄉志》卷二〈廟祠〉①,原題下注曰:"嘉慶二年丁巳。"②

【碑文考釋】

撰碑者鄧大林,字震東,號筠亭。登乾隆二十六年(1761)進士,選庶吉士、戶部主事,擢員外郎。後遷禮部郎中,尋除廣西道御史。以母病乞歸。年七十一卒。著有《三餘齋集》四卷。

在回顧了茶山東嶽廟所經歷的明清三次重修的歷史後,鄧大林記錄了清嘉慶二年(1797)的重修經過。當時,廟宇為颶風摧毀,惟神像無損,更添鄉人的敬畏之心。於是,由鄧大林及紳士鄉耆發起,茶山鄉的五坊及邑人、鄰鄉積極響應。工程始於1797年八月,迄於十二月,重修了大殿、兩廡、頭門、香亭。作者最後提醒鄉民,神明因歆民之善、鑒民之誠,才會賜福予民。另外,值得一提的是,從碑記中,我們可以看到鄧家三代皆與東嶽廟的重修有關。碑記之後,還錄有五坊宗族、各祖及鄉紳的助金數量。

---

①　袁應淦編,劉文亮補編:民國《茶山鄉志》,《中國地方志集成·鄉鎮志專輯》第32卷,頁380上-下。
②　袁應淦編,劉文亮補編:民國《茶山鄉志》,《中國地方志集成·鄉鎮志專輯》第32卷,頁380上。

# 79　城隍廟

【廟宇簡介】

東莞城隍廟,位於縣治西九十步①。宋代之時已有廟宇。北宋哲宗元祐五年(1090),知縣李巖加以修葺。

明洪武二年(1369)三月朔,明太祖在朝陽殿夢東莞城隍神,後封其為顯佑伯,賜伯爵儀仗,暨異錦龍緞一端,印曰"東莞城隍之印"。遞年三月三日,九月九日,有司以少牢致祭。東莞城隍神被敕封為"顯佑伯"後,重新廟宇塑像②。洪武三年,太祖進行改制,去城隍封號,止稱某府州縣城隍之神,定廟制,毀塑像,改奉木主,於是又作新廟,增設前堂、儀門、大門③。

明嘉靖年間(1522—1566),知縣孫學谷、喬誥重葺④。明崇禎十二年(1639),知縣汪運光又加以修飭,李楷有〈重修城隍廟碑記〉⑤。

清雍正十年(1732)十月,知縣沈曾同增築廳事、更衣間、庖廚、門外包臺、戲臺,翌年八月始峻。沈曾同有〈重修城隍廟記〉⑥。

雖然城隍廟於 1958 年被拆除,所幸顧頡剛與容肇祖等學者人於 1928 年 9 月所作的民俗調查,記錄下了當時東莞城隍廟的殿堂圖示及廟內供奉的神祇⑦。當時的城隍廟仍保留了明清以來的門外包臺、儀門、樓上戲臺、城隍正殿、後殿、院子等建築,除了供奉城隍神及其家人外,還有十殿閻王、東嶽、金花夫人、禾花夫人、十二奶娘、九天玄女、都土府、包公丞相、地藏王、救苦天尊、退病大王、六祖禪師、齊天大聖、華光大帝、玄壇元帥、當年太歲、桃柳二仙、車公大將軍、財帛星君等眾位道教、地方和佛教神祇。據容肇祖之妹

---

① 清·郭文炳修,文超靈纂:康熙《東莞縣志》卷九〈祠廟·廟〉"城隍廟"條,頁 270B。
② 清·郭文炳修,文超靈纂:康熙《東莞縣志》卷九〈祠廟·廟〉"城隍廟"條,頁 270B–271A。民國《東莞縣志》卷一八〈祠廟·廟〉"城隍廟"條,《中國地方志集成·廣東府縣志輯》第 19 卷,頁 150 上。
③ 民·陳伯陶修纂:民國《東莞縣志》,《中國地方志集成·廣東府縣志輯》第 19 卷,頁 150 上。
④ 民·陳伯陶修纂:民國《東莞縣志》,《中國地方志集成·廣東府縣志輯》第 19 卷,頁 150 上。
⑤ 民·陳伯陶修纂:民國《東莞縣志》,《中國地方志集成·廣東府縣志輯》第 19 卷,頁 150 上。
⑥ 民·陳伯陶修纂:民國《東莞縣志》,《中國地方志集成·廣東府縣志輯》第 19 卷,頁 150 上。
⑦ 顧頡剛:〈東莞城隍廟圖〉及容媛:〈東莞城隍廟圖說〉,載《民俗》,第四十一、二合期(1929),頁 28–49。

容媛的記錄,當時的城隍廟仍在為信眾提供各種治病、度亡、驅瘟的宗教服務,如病人因得邪而住廟宇治病、城隍開堂夜審邪神、迷魂或客鬼、發放路票以引導異鄉亡魂返鄉安葬、燒王告為百姓伸冤、神像出遊鎮驅瘟送災、求雨等。另據《東莞市志》載,每年的四、五月份,當地都會舉行城隍廟會①。

自明洪武二年施行新制,太祖下詔封京都及天下城隍神之後,城隍信仰被納入國家禮制體系,合祭於風雲雷雨山川壇,不復春秋專祭。但自清雍正後,又由知縣捐錢,恢復春秋二祭。且新官的到任禮儀規定,齋潔後,必先謁城隍廟。

與東莞城隍廟最有關係的便是厲祭,據縣志記載,太祖在朝陽殿夢東莞城隍神時,正是東莞城隍與缽盂山土地上奏明太祖,因為"東莞歲中致祭無祀鬼神,一次不敷",因此乞改厲祭由歲祭一次為三次,即清明、七月十五和十月一日,使得天下無祀鬼神均得沾恩。厲祭當日,將迎城隍牌位於厲壇上,主祭無祀鬼神。

## 79-1　宋·李巖:重修城隍廟記

宋元祐五年(1090)

【碑文】

　　郡邑有城隍廟,考諸古不經見,諸傳記〔一〕往往載其靈應之跡。如元魏時,慕容儼守郢,為梁人所攻,編葦荻,絕水上流,綿漫數里,以塞船路,眾皆震恐。儼親率士卒,即廟祈之,須臾風浪大作,葦荻斷絕,梁人遂卻,卒完郢城②。至唐李陽冰為縉雲令〔二〕,天久旱,亦請於神〔三〕,不崇朝而境內雨足。乃自西谷遷其廟於山巔,以答神庥〔四〕③。然而陽冰謂典祀無之者,何也?〔五〕今夫祭法,若門行泰厲之屬,司察人間小過,與夫山林川谷民所取財之地〔六〕,尚且列於常祀〔七〕,況城隍哉!東莞舊有祠〔八〕,歲久壞隳,神儀圮剝,弗祀弗

① 東莞市地方志編纂委員會編:《東莞市志》,廣州:廣東人民出版社,1995,頁1344。
② 事見唐·李百藥:《北齊書》卷二〇〈慕容儼傳〉,頁280-281。
③ 事見唐·李陽冰:〈縉雲縣城隍神記〉:"城隍神,祀典無之,吳越有之,風俗水旱疾疫必禱焉。有唐乾元二年秋七月,不雨。八月既望,縉雲縣令李陽冰躬祈於神,與神約曰:五日不雨,將焚其廟。及期大雨,合境告足。具官與耆耋羣吏乃自西谷遷廟於山巔,以答神休。"見宋·姚鉉:《唐文粹》卷七一,《四部叢刊初編》縮本,臺北:臺灣商務印書館1967據上海商務印書館1936縮印校宋明嘉靖刊本影印,頁482上。有關此文著錄情況可參明·蔡汝賢:〈重修廣州城隍廟記〉[明萬曆十三年(1585),碑號46-1,總131]。

享,時多菑害。余治邑之二年,民[九]有王文琯者,輒請葺之[一〇],未幾[一一],告成。余謁祠下[一二],時荒歲後,民艱食[一三],乃默有所禱,適春仲而海田數百里間[一四],良苗蔚興,逾月而嘉穀實,後一月不雨,復祈之,亦如期而降[一五]。其效靈又如此,雖欲勿祀之,可乎?

元祐庚午五月望日,靈江李巖記。

【編者按】

文錄自明‧張二果、曾起莘著,楊寶霖點校:崇禎《東莞縣志》卷七〈藝文〉①,參校以清‧郭文炳修,文超靈纂:康熙《東莞縣志》卷九〈祠廟〉②、清‧周天成纂:雍正《東莞縣志》卷九〈祠廟〉③、民‧陳伯陶修纂:民國《東莞縣志》卷八九〈金石〉④。

雍正《東莞縣志》文後按語曰:"按,洪武二年三月朔,上在朝陽殿,夢一臣襆頭象簡,一白髯老人隨之,嵩呼舞蹈,稱臣東莞城隍老臣,邑中缽盂山土地,謹奏陛下:'東莞歲中致祭,無祝鬼神,一次不敷,乞敕有司遞年祭三次,庶幽魂得以均沾。'上覺而異之,召禮臣議,乃封東莞城隍顯佑伯,仍管城隍司事,賜伯爵儀仗暨異錦龍緞,一端印曰東莞城隍之印,遞年三月三日九月九日,有司以少牢致祭;別頒敕封缽盂山土地,賜以冠帶。詔東莞及天下無祀者,歲中清明七月望日、十月朔日致祭,著為令。今敕書尚藏廟中,而缽盂山土地像塑冠帶,與他處幅巾深衣者異焉。"⑤

民國《東莞縣志》文後按語曰:"按此記見張志,蓋據明初邑志所錄。碑文末題元祐庚午,系宋哲宗元祐五年。《職官表》:'李巖,二年蒞任。'時閱四載矣。通志、張志俱云巖'臨江人',此記及縣令舊題名記俱作'靈江'。考宋臨江軍治清江,云'靈江'未詳。"⑥

---

① 明‧張二果、曾起莘著,楊寶霖點校:崇禎《東莞縣志》,頁783-784。
② 清‧郭文炳修,文超靈纂:康熙《東莞縣志》,頁271A-271B。
③ 清‧周天成重纂:雍正《東莞縣志》,《故宮珍本叢刊》第173冊,頁444下-445上。
④ 民‧陳伯陶修纂:民國《東莞縣志》,《中國地方志集成‧廣東府縣志輯》第19卷,頁870上至下。
⑤ 民‧清‧周天成重纂:雍正《東莞縣志》卷九,《故宮珍本叢刊》第173冊,頁445上。
⑥ 陳伯陶修纂:民國《東莞縣志》卷八九,《中國地方志集成‧廣東府縣志輯》第19卷,頁870下。

【校記】

〔一〕"諸傳記"前,康熙志和雍正志多一"求"字。

〔二〕"唐李陽冰為縉雲令"前,康熙志和雍正志無"至"字。

〔三〕"請於神",康熙志和雍正志作"請雨於神"。

〔四〕"以答神庥"後,康熙志和雍正志多"其顯驗也如此"一句。

〔五〕此處康熙志和雍正志多出"豈非聖王制祭祀之所未及邪?"一句。

〔六〕"地",康熙志和雍正志作"神"。

〔七〕"祀",康熙志和雍正志作"禮"。

〔八〕"祠"前,康熙志和雍正志多一"其"字。

〔九〕"民"前,康熙志和雍正志多一"市"字。

〔一〇〕"輒請葺之",康熙志和雍正志無"輒"字。

〔一一〕"未幾",民國志作"已而"。

〔一二〕余謁祠下,康熙志和雍正志作"余款謁祠下",民國志作"余遽謁祠下"。

〔一三〕"民艱食",康熙志和雍正志作"民甚艱食"。

〔一四〕"適春仲而海田數百里間",康熙志和雍正志無"間"字。

〔一五〕"如期而降","降"字民國志作"應"。


【碑文考釋】

撰碑者李巖,靈江人,宋元祐間人。其餘生平不詳。

李巖的此篇碑記證明了東莞在宋時已有城隍廟的存在,並記錄了城隍廟禱祈有所徵驗的經過。在各種傳記中,多載有城隍靈應之事蹟,如《北齊書》中有慕容儼祈求城隍護城有驗之事,唐李陽冰也曾記載其禱雨於神之事,但是李陽冰卻稱城隍並不在祀典之列。李巖對此表示,有護城惠民之勞的城隍神應當列於常祀,因此,於元祐五年,應允邑人請求修葺壞隳已久的東莞城隍廟。重修告成後,李巖曾先後默禱農事豐收與降雨之事於神,皆有靈驗,稱:"時荒歲後,民艱食,乃默有所禱,適春仲而海田數百里間,良苗蔚興,逾月而嘉穀實,後一月不雨,復祈之,亦如期而降。其效靈又如此,雖欲勿祀之,可乎?"可見,東莞城隍神與民眾的農事生活密切相關。

## 79-2　明·李橖:重修城隍廟碑記

明崇禎十二年(1639)

**【碑文】**

　　國家建郡邑,即主城隍,制也。爰有城有池,以蓄民蓄眾,則必有司民命而爲之牧者,又必有聰明正直以陰扶默相,而爲之牧所敬恭者。蓋因城而神之,以神設教,所以據幽冥,斂民氣,翼治化,捍災患也。赫號崇儀,著之典秩,所從來尚矣。吾邑城隍廟,當邑之中,不知創自何代。門廡堂寢,昔亦嚴翼,神肖像而居之,與縣治等。吏茲土者,去來警告,歲時祈請,朔望朝拜,雖悉修故事,無有懈忒。然歲久棟宇傾敧,牆壁涂落。神所居之後,舊有齋宮,亦已鞠爲茂草。前令邑者憚其費無所出,皆仍焉。今汪侯心翁來吾邑,舉諸廢隊,有心力能推行之,以次修飭。首修黌宮,復射圃,次新城樓,干櫓銃矢俱備,又營北關,去朽株,易以錢石,闠闤阨塞,靡不繕置。其所以衛民者,可謂詳慮而殫力矣。始侯之來也,爲文誓矢於神,雪心質行,神已鑒之。越五年,而政命修明,民安吏習,盜賊攘遏,訟獄衰止,謹遏淫非,扶進式谷,粒餒振乏,掩胳埋骨,邑以大治,刑德并流。於是侯曰:"余之勞己以寧民,罔敢夙夜,暨民幸獲寧宇,余可無事於神?神之妥靈,惟余忍令明宮齋廬,上雨旁風,無所蓋障?神不妥惠,恫怨禍謫,奚以祐民?余令之咎也。"於是復捐俸橐,程材庀工。稍不給,又勸縉紳、士及素封者碩助之,令某董其役,次第營度。蓋閱□月而工告竣,前門後寢,廷臺翼然,加以堊腰,朽腐圮壞,咸與更飭,美奐維新。邑之人僉曰:"侯明治人,又善事神矣,是宜記。"余仰稽載籍,聖人之制祀也,天子祭天地四方岳瀆,諸侯祭境山川,大夫祭五祀。周歷漢晉,其間靡神不舉,然未聞有城隍之說,乃李陽冰《當涂廟記》僅一見之。唐末或者仿自唐乎?明興以來,郡邑守牧,祀事惟謹。嘗恭讀太祖敕封鑒察司民制詞,曰:"神司淑慝,爲天降祥,明有禮樂,幽有鬼神,其致一也。今城隍正直聰明,固有超出於高城深池之表者,世之崇於神則然。"煌煌制命,奕世奉之。且夫天地之間,有一物即有一神,沉有履,灶有髻,水有罔象,丘有莘,山有夔,野有熒煌,澤有委蛇。況聚一方之民,而為高城深池以衛之,區類繁雜,豈無有主張冥漠,以司善敗而禍福之者? 故民之幽閉隱伏,宇之法令所不能及者,神得而及之;明之禮樂刑罰所不能革者,神得而革之。故夫神也者,所以佐令之所不逮也。雖愚頑之民,未有入廟而不思敬,見神而不惴恐者,何葷蒿之氣,足以攝之矣。則夫奕其廟貌,侐其宮,潔其庭,以聚其葷蒿而增其靈爽,使一邑之人望焉而僮僮竦敬,此亦潛導斯民,以補政治之一術也。余故於侯之修廟,而益知其尊神以治人者,蓋穆乎深遠矣。是為記。

## 【編者按】

文錄自明·張二果、曾起莘著,楊寶霖點校:崇禎《東莞縣志》卷七〈藝文〉①。

## 【碑文考釋】

撰碑者李楷②,字奕繁,縣後人。明萬曆間諸生。以子覺斯貴封工部尚書。有《閑靜堂遺草》。

李楷寫作這篇碑記之時,城隍神的祭祀體制早已成形。城隍神與幽冥世界有關,既可教化民眾,又能抵禦災患。當時的城隍廟的殿堂架構與縣府衙門相似,然而歲久失修。縣令汪運光上任五年間,相繼修葺了城內諸廢圮,包括黌宮、射圃、城樓、北關。汪之政績卓越,碑文稱:"政命修明,民安吏習,盜賊攘遏,訟獄衰止,謹遏淫非,扶進式穀,粒餼振乏,掩胳埋骨,邑以大治,刑德并流。"於崇禎十二年,汪運光認為,若"神不妥惠,恫怨禍謫,奚以祐民? 余令之咎也"。因此,勸得眾縉紳士、耆碩等答允捐資相助,汪運光發起修飭城隍廟,使得城隍廟美奐維新。李楷引用明太祖之敕封天下城隍神制詞,認為"明有禮樂,幽有鬼神,其致一也"。對一邑之民來說,城隍神的司職功能在於補足現世的管治法令,這是碑文所說:"民之幽閉隱伏,宇之法令所不能及者,神得而及之;明之禮樂刑罰所不能革者,神得而革之。故夫神也者,所以佐令之所不逮也。雖愚頑之民,未有入廟而不思敬,見神而不惴恐者,何葷蒿之氣,足以攝之矣。則夫奕其廟貌,侐其宮,潔其庭,以聚

---

① 明·張二果、曾起莘著,楊寶霖點校:崇禎《東莞縣志》,頁828–830。
② 中山大學中國古文獻研究所編:《粵詩人彙傳》卷四(廣州:嶺南美術出版社,2009)第二冊,頁700作"李愷"。

其葷蒿而增其靈爽，使一邑之人望焉而僮僮竦敬，此亦潛導斯民，以補政治之一術也。"因此，相對於縣令治明而言，修飭城隍廟亦是一種教化民眾的方法，即所謂的"尊神以治人"。

# 79-3　清·沈曾同:重修城隍廟記

清雍正十一年(1733)

【碑文】

　　國家設城以衛民，惟神憑之，以司民命，而降之福；宰治其明，而神治其幽，勢若相需者焉：故神之廟祀徧天下。視邑宰之數，而獨東莞城隍之神，其神尤靈。按邑志，故明洪武初，神見夢便殿，有所陳乞，帝用嘉之，於夢中可其奏。迄今無祀之鬼，歲得三祀，自神始。而城隍之神，錫伯爵，號顯祐，亦自東莞始。夫神越在海濱，抱區區之誠，感夢九重，澤周天下，延及後世，而況於東莞之民乎？則莞民之事其神，宜何如虔摯也。雍正九年冬，余自河源調任茲土。始至，循例展謁，顧瞻廟貌，竊以為宜當有事增葺者，顧庶事匆猝，未遑也。越明年，司祝以神像見蝕告，余曰："事其可緩乎？"爰議於眾，眾歡趨之，助材與力。鼎新神像，儀衛莊嚴，前殿後寢，以次修舉。其梁棟之頹者易之瓦，石之缺者補之采，色之漫漶者丹臒之。又增築廳事一楹，旁列二室，便更衣也；後為庖廚一所，潔治具也。舊時門觀未備，弗稱具瞻，築臺北向，翼以重屋，歲時報賽有所也。經始於十年十月，迄十一年八月，然後告成，因農之隙，示勿亟也。凡為工大小若干，費材料若干，為銀錢若干。董其成者，孝廉陳君尚文也；襄厥任者，為明經游逢祥、鄧洙聰也。紳衿士庶趨事恐後，豈第以赴邑令之期會哉？亦神靈赫濯，福祐下民者有素，故不忍其剝落而樂覩其巍煥也。先是，民有李某者被竊，失所藏金，猜訟某婦。婦訴冤神前三日，真盜持所盜物歸其主，行甚速，昏然若被逐者。噫！神亦靈矣哉！於役之成，書其歲月，並著神靈應之大凡，以告莞民，俾知所敬事云。

【編者按】

　　文錄自清·周天成重纂:雍正《東莞縣志》卷一三之五〈藝文〉①。又見清彭人傑等至下,清·黃時沛纂修:嘉慶《東莞縣志》卷四五〈藝文〉②。

【碑文考釋】

　　撰碑者沈曾同,號天恊,江南吳縣人。以孝廉試用,清雍正八年(1730)署河源,九年(1731)署東莞。

　　清沈曾同重修東莞城隍廟始於雍正十年(1732)十月,成於次年八月,此篇碑記所載即此事,並記錄了城隍靈應事蹟一則——"先是,民有李某者被竊,失所藏金,猜訟某婦。婦訴冤神前三日,真盜持所盜物歸其主,行甚速,昏然若被逐者。噫! 神亦靈矣哉。"與其他的城隍廟相關碑記一樣,作者同樣將治理幽冥之事的城隍與治理陽間之事的地方官對舉。隨後為了突出東莞城隍在諸多城隍神中的特別地位,列舉其陳乞太祖一歲三祭無主鬼神的神蹟以及封伯一事,表明東莞城隍的功績所帶來的影響並不局限於東莞一地。作者在初任縣令拜謁城隍之時,即其修葺廟宇之心,直至次年,應司祝所請,終於付諸實現。集眾人之力,鼎新神像,修飾前殿後寢,並增建廳事、更衣室、庖廚、門外包臺、戲臺等等。其中還有用於歲時報賽的房屋,可見城隍廟的傳統歲時活動有清一代已經存在。碑記最後的靈驗故事突出了城隍主持公義的職能。

---

　　① 清·周天成重纂:雍正《東莞縣志》,《故宮珍本叢刊》第174冊,頁137上-下。
　　② 清·黃時沛纂修:嘉慶《東莞縣志》,香港:香港1982據清嘉慶二年(1797)東莞縣衙重修版影印,頁73下-74下。

# 80　關帝廟

## 【廟宇簡介】

　　位於南海衛左的關帝廟，與南海衛一同建於明洪武十七年（1384），初建之時頗爲簡陋。明隆慶四年（1570），縣尉李天爵始建中堂、寢殿。萬曆四年（1576），復構門樓。崇禎年間（1628—1644），萬戶侯尹懋章等募金鼎新之，修寢殿，建鐘鼓亭、大士堂。清雍正二年（1724），知縣周天成捐資購得廟後隙地，創建後殿，造大門、前房，並在周遭植樹，廟制始備。乾隆四十三年（1778），知縣俞亦臨從資福寺租項內撥穀撥銀，供守廟道士香燈葺廟之用。咸豐七年（1857），御書“萬世人極”匾額，頒縣懸掛。據清代禮制，每年春秋上戊日及五月十三日致祭。

## 80-1　明·林有本：重修關聖帝君廟記

　　明崇禎年間（1628—1644）

## 【碑文】

　　莞邑關聖帝廟，踞南海衛左，與衛并時鼎建，然僅草創數椽，爲棲神之地爾。門從衛入，作者樸略可知矣。隆慶四年，始建中堂，倡之者李衛侯也。嗣茲再建寢殿，募金而成者也。萬曆四年，復構門樓，眾則爲政，規模粗備。夫位極帝王之尊，而居仍土階之陋，此三代以上之事，非漢家制度所宜出。況歲久傾圮，未免銅鉈在荊棘中。當此日月中天，凡有功德於民者，歲修祠宇。侯以前漢將軍翊我皇明，奠億萬年丕基，加帝稱聖，而未央頹然，豈所以答玄貺？於是掌衛篆萬戶侯尹君懋章，貢生溫君迪克、庠生彭任卿、柳拱辰、溫迪堯、溫葉德、黎光佇，舉人劉溫，耆民李士鰲等共謀鼎新，而請邑令長爲之倡。令敬諾，首捐俸金，紳士交贊，聚白金二百八十兩。更張廟宇，煥然一新，則尹侯實董其事。而溫生迪克復捐百金，爲帝修飭寢殿，建二亭以懸鐘鼓。瞻厥威靈，蠻夷稽首，崩厥角，士紳拱，庶民俯伏，是則可書者也。廟左建大士堂，玉泉智者之事恐未必然，以其爲士女所頂禮，故附廟而庵之耳。既竣厥事，尹侯告余："敝衛左舊有關聖廟，某幸備灑掃之役。而廟從來無片石，異時文獻不足征，得無笑絳灌不文乎？夫征之則在今日矣，敢邀如椽之筆。"不佞謝不敏，則揖衛侯而言："今天下駿奔關聖，王公士女，莫不惟虔，聖帝行宮，從都城達於里巷。浩然正氣，塞乎天地之間，其俎豆勛署，於禮爲正。天勛署之禮關帝，猶學宮之祀孔子，皆足興起千萬世之人心者也。士誦法孔子，步亦步，趨亦趨，韜鈐之家，舍關聖其奚師焉？當漢侯之據荊州也，老瞞議徙都以避其銳，曹欲吞漢，知侯不與共天，故欲避之。侯絕吳婚，意欲從荊州獨立一宇宙，挈還漢家。今荊襄一帶，輒委之賊手共獎王室者，何人？議者謂侯驕士夫，漢季安得有士大夫？孔明名士，三分漢鼎，侯意不悅，今之士大夫動以虜遺君父，寧足當侯一盼！邇者羅浮蘖萌，蟻聚企石，盤踞石岡，旋就擒滅，微師武臣力不及此。不佞自矢乃心，惟恐負國以貽帝羞，其敢邀帝之靈覬於萬一。關聖有言："日在天之上，普照萬方，在人之內，以表丹誠。"[①]大斯言也，可以想浩然之氣矣。不佞願與諸君共佩之。

【編者按】

　　文錄自明·張二果、曾起莘著，楊寶霖點校：崇禎《東莞縣志》卷六〈藝文〉[②]。碑文又見袁應淦編，劉文亮補編：民國《茶山鄉志》卷二〈廟祠〉[③]。

【碑文考釋】

　　撰碑者林有本，北直人，進士。明崇禎十二年（1639）任東莞知縣。

　　明崇禎十二年（1639）始任東莞縣令的林有本，見證了崇禎年間的大規模重修，此記即是應倡修者尹懋章的要求而撰，以補金石文獻之不足。碑記中，林有本回顧了關帝廟

---

　　①　語出託名關羽撰〈封還曹操所賜告辭書〉，見清·嚴可均輯：《全後漢文》卷九四，《全上古三代秦漢三國六朝文》第 1 冊，頁 983 上。參前清·吳榮光：〈重修佛山汾水關聖大帝廟記〉［清道光十年（1830），碑號 66-1，總 170］注。

　　②　明·張二果、曾起莘著，楊寶霖點校：崇禎《東莞縣志》，頁 756—758。

　　③　袁應淦編，劉文亮補編：民國《茶山鄉志》，《中國地方志集成·鄉鎮志專輯》第 32 卷，頁 381 上－382 上。

的初創和修建歷史後,介紹了崇禎年間的重修情況,包括捐資鼎新的官員、文人等。為關帝廟修飾了寢殿,建鐘鼓二亭。雖然佛教經典中所記載的玉泉山智者度化關羽的故事未必真實,但出於提供士女參拜之處的實際考慮,還在廟側修建了大士堂。

　　碑文記載明末崇禎之時,關聖帝信仰已非常流行,更有與孔子之祀並舉,稱:"今天下駿奔關聖,王公士女,莫不惟虔,聖帝行宮,從都城達於里巷,浩然正氣,塞乎天地之間,其俎豆勳署,於禮爲正,天勳署之禮關帝,猶學宮之祀孔子,皆足興起千萬世之人心者也。"明末內憂外患的動盪局勢,使得當權者對關聖帝的浩然正氣尤其讚賞,並將其與孔子並舉,這亦是撰碑者希望能以此碑記喚起時人的丹誠之心。

從化縣

# 81　三官廟

【廟宇介紹】

廟今不存。原無三官廟，三官神像置於關帝廟內。雍正《從化縣新志》載，乃知縣俞麟造像，置於關帝君右。康熙三十年（1691），知縣郭遇熙於縣城北門外天妃廟舊址拓建而成新廟①。

## 81-1　清·郭遇熙：三官廟碑文

清康熙三十二年（1693）

【碑文】

吾儒之學，不及於二氏，蓋正道統也。釋迦牟尼佛自漢明帝時始入中國，原自西域來者。若道祖則李老君，與孔子同時，而我先師又常問禮，以猶龍贊之。儒家亦與佛氏同譏者，何哉？余學識淺陋，不敢妄為持論。但據明時詔令，郡縣得設寺觀以為民瞻，我朝因之不改。夫寺者佛也，觀則必祀道祖。從邑蕞爾，城如刁斗，學宮、城隍、關帝廟而外，皆屬民舍，毫無隙土可為寺觀地，而緇衣羽士缺焉未備。區區夥居一二人，又不足言者。余下車來，詢其祇園，而土人以萬壽菴對，不過觀音大士耳，亦非佛也。及詣關帝廟，禮甫畢，而禮生又引至三官龕行拜跪禮，余愕然者久之。夫以三官神而與關帝同廟共食焉，是遵何典哉？禮生曰："此前任俞令之所特建也。"余更疑之。夫邑僻地窄，寺觀不備，亦其常事耳。官斯土者，既虔心造像，何難擇地而俎豆之。夫吾人讀書學古，幸列一第，即不能廣崇至教，何至安厝神位若是之

---

　　① 清·郭遇熙纂修，梁長吉增補，蔡廷鑣續修，張經綸續纂：雍正《從化縣新志》卷二〈廟祀志上〉"三官廟"條，《中國地方志集成·廣東府縣志輯》第 4 卷，上海：上海書店等，2003，據清雍正八年續修刻本影印，頁 348 下。

倒置耶？余遂□諸生而言曰："夫神未安其居,宜水旱之疊災也。"相與共謀隙土,歷數年而未成。不得已於城之北門外建立數楹焉,崇其中堂,拓而新之;左右輔以兩楹,楹之東西為廊者二;廊之前高其門闥,新其照壁。雖不足以言觀,較之前不大相逕庭哉！工成,余得識其年月,並道其立廟之初意云。時康熙三十二年癸酉六月徂暑識。

## 【編者按】

文錄自清·郭遇熙纂修,梁長吉增補,蔡廷鑣續修,張經綸續纂:雍正《從化縣新志》卷四〈藝文〉①。

## 【碑文考釋】

撰碑者郭遇熙(1639—1698),字駿臣,號省齋,別號鍾山,河南新鄉人。曾受學於著名學者孫奇峰,清康熙十八年(1679)進士。康熙二十八年(1689)到任,康熙三十三年(1694)離任。其間自康熙三十年起兼任東莞令、清遠令。官至刑部主事。主持纂修《從化縣志》五卷,著有《西齋文集》、《廊南集》、《粤東集》、《燕臺集》、《西齋詩集》、《廊南草》、《西齋草》、《孟城草》、《東山草》、《西山草》、《燕遊草》、《遊泫草》、《粤東草》。另有《西齋詞集》、《西齋匾聯》、《東園倡和集》、《半優亭小景雜記》、《粤歸日記》、《鶴園課藝》、《麟經要旨》、《雙清館麟經題解》、《大清律例注解》、《海棠小譜》、《大事錄》、《拈花冊》等。

碑文記從化知縣郭遇熙立三官廟事。三官即天、地、水三官大帝,是早期道教尊奉的三位天神,分別是天官、地官和水官。

碑文首先表達了撰者的疑惑,指出儒家是道統所在,佛教則是東漢時才從西域傳入,而道教道祖李耳與孔子同時代,而且孔子曾問道於老聃。但為什麼道家遭到了儒佛兩家的共同排斥呢？儘管撰者不能解答這些困擾已久的問題,但是指出清代繼續明代民間祭祀政策,地方建立寺觀祠廟以供民眾瞻仰祭拜符合治民之道。上任之初,郭遇熙以一縣之長的身份瞻拜當地廟宇,認為前任知縣俞嶙置三官神於關帝神廟內是不符合祀典的,

---

① 清·郭遇熙纂修,梁長吉增補,蔡廷鑣續修,張經綸續纂:雍正《從化縣新志》,《中國地方志集成·廣東府縣志輯》第 4 卷,頁 473 下-474 上。

稱:"夫以三官神而與關帝同廟共食焉,是遵何典哉?""何至安厝神位若是之倒置耶?"進一步而言,郭遇熙指出如果三官沒有屬於他們自己的祭祀場所,得不到應有的尊重,就不能避免水旱災禍的發生——"夫神未安其居,宜水旱之疊災也"。於是,他與吏民籌謀另選廟址,另建一所新的三官廟供奉三官神。

# 82　大魁閣

## 【廟宇介紹】

　　大魁閣今不存。清康熙十四年（1675），知縣俞嶙創建，並建文昌祠於閣前。清康熙三十二年（1693），知縣郭遇熙重修①。據碑刻，清雍正九年（1731），知縣龔崧林再修。

　　原閣前另有文昌祠。方志載，祠位於城北一里處，創建於明萬曆九年（1581）。明萬曆二十六年（1598），知縣羅文燦修祠門；四十二年（1614），地方士民重修祠屋。明崇禎元年（1628），訓導張勳捐俸置田。清順治十八年（1661），知縣孫繩重修。未幾，棟宇傾頹，無復遺址。清康熙十三年（1674），知縣俞嶙闢地重建大魁閣。祠有祭田，以供春秋祭祀之用②。

## 82-1　清·郭遇熙：重修大魁閣記

　　清康熙三十二年（1693）

## 【碑文】

　　重修大魁閣者，從輿人之請，余捐俸以助，而諸縉紳協力以鼎新者也。經始於康熙三十二年四月，落成於是年　月，屬余爲文以記。夫從陽擅山川之勝，而西北地稍平衍，形家者言形勢近於缺陷。故古來北郊十餘里皆合抱老樹，掩映鬱蔥，望之若崇厓疊嶂焉。迨流寇搆亂，前令恐爲盜藪，遂悉刈以斧斤。至萬曆中，父老倡議於城後建文昌祠，雜伍長松，稍復舊觀。未幾，棟宇傾頹，無復遺址，松亦盜伐始盡。民俗益以凋敝。今上壬子、癸丑間，前令

---

　　①　清·郭遇熙纂修，梁長吉增補，蔡廷鑣續修，張經綸續纂：雍正《從化縣新志》卷二〈廟祀志上〉"大魁閣"條，《中國地方志集成·廣東府縣志輯》第4卷，頁348下。
　　②　清·郭遇熙纂修，梁長吉增補，蔡廷鑣續修，張經綸續纂：雍正《從化縣新志》卷二〈廟祀志上〉"文昌祠"條，《中國地方志集成·廣東府縣志輯》第4卷，頁348上。

俞璘①闢地重建大魁閣，高聳弘廠，前奉文昌帝君，歲時致祭。其後，解組歸里，而閣亦飄搖風雨。及今不修，又將鞠爲茂草矣。攷《史記》："斗魁戴匡六星，曰文昌宮。"②不過啟明、長庚之類耳。乃冠服而尸祝之，饗以牲匏，侑以絲竹，幾於以人道事之，不綦褻歟？然載籍所傳，傅說爲箕，東方曼倩爲歲。是人可復返爲星，則星亦可祀以人矣。聞帝君職掌甚繁，嗣續雨暘，有求必應，而司文章爲尤重。從邑數十年來，科第寥寥，文運不振。今多士庀材鳩工，重加修葺，以妥神靈，而祀典寧容緩乎？雖然，帝君自云：吾十七世爲士大夫，未嘗虐民酷吏，惓惓以忠孝爲本，以陰德爲功。竊願多士宜齋祓修省，虔奉聖訓，雖曲巷暗室，儼然若帝君之對越焉，庶煌煌桂籍可以響應無疑矣。不然，而側媚以求福神，豈饗夫非類也哉？至於畫檻重簷，聳峙天際，足以補形勢之缺陷，允爲通國所利賴。而憑欄徙倚，眺風門之明秀，瞻雙鳳之巉巖，南望浮屠幾於檳榔相接。且雲霞風雨，晨夕百變，亦邑之大觀也。古云：登高能賦，可爲大夫，尤於多士有厚望云。

【編者按】

文錄自清·郭遇熙纂修，梁長吉增補，蔡廷鑣續修，張經綸續纂：雍正《從化縣新志》卷四〈藝文〉③。

【碑文考釋】

撰碑者郭遇熙，生平見前〈三官廟碑文〉〔清康熙三十二年（1693），碑號81-1，總199〕。

碑文爲郭遇熙記其主持重修大魁閣事。魁星，原稱奎星，指北斗七星的第一至第四顆星，這四星爲斗魁。儒家和道教信仰中，因爲奎星"屈曲相鈎，似文字之書"，又稱大魁

---

① 清·郭遇熙纂修，梁長吉增補，蔡廷鑣續修，張經綸續纂：雍正《從化縣新志》卷三〈治行〉有俞嶙之傳，見《中國地方志集成·廣東府縣志輯》第4卷，頁405下。另他處均作"嶙"，惟此碑作"璘"。

② 漢·司馬遷：《史記》卷二七〈天官書〉，參前明·梁士濟〈重修月溪文昌宮記〉〔明天啟五年（1625）稍後，碑號20-1，總52〕注。

③ 清·郭遇熙纂修，梁長吉增補，蔡廷鑣續修，張經綸續纂：雍正《從化縣新志》，《中國地方志集成·廣東府縣志輯》第4卷，頁469上至下。

夫子或大魁星君,被認為是主宰文運之神,故與文昌帝君一樣,受到科場考試者的崇拜。古時魁星樓、魁星閣遍佈全國各地。後人以魁字為"魁星"造像,即將"魁"字附會為"鬼"搶"斗"。民間魁星塑像是左腳踢起星斗,一手握筆,右腳踩鰲頭(象徵中第)的形象。繼而魁星形象被"鬼化","其典型形象為一赤髮藍面之鬼,立於鰲頭之斗上,一腳向後翹起如大彎鉤,一手捧斗,另一手執筆,意思是用筆點定科舉中試人的名字"①。

碑文首先說明從化縣城北郊地理地平,多古樹茂林。明代萬曆年間建文昌祠於北郊,以應風水之論。後來,文昌祠失修傾倒,遺址不存。此後從化縣也文運不振,民風凋敝。這也是知縣決定重新修建大魁閣的直接原因。碑文追溯了魁星信仰的淵源,認為魁星本是天上的星宿,經歷了由星到人、由人到神的演變過程,成為關係文教興衰的神靈。碑文反映了當時儒家知識階層對於魁星信仰的理解與接受,具有一定的認識價值。

# 82-2　清·龔崧林:重修大魁閣記

清雍正九年(1731)

【碑文】

從邑在會城之東北,其地崇巒疊嶂,三面環繞;獨西北隅一望平原,未免缺陷。從前栽植長松,蔚蔚蔥蔥,有如屏障,以補其不足;又建文昌祠於此,為邑中名勝。日久祠宇頹塌,喬木亦蕩然無遺。至康熙壬子、癸丑間,邑令餘姚俞君乃闢地刱造大魁閣,而建文昌祠於前,分為兩層。迨康熙三十年,歲在辛未,風雨漂搖,日就剝落,新鄉郭君作令於此,復又新之。郭君有記序其事,具載邑乘,毋庸復噍。迄今又三十餘載,閣與祀皆斷瓦頹垣,幾幾乎有鞠為茂草之勢。都人士至此,能無空梁燕雀、古壁丹青之嘅乎?昔元魯山治國事如家事,余備員茲邑,雖五日京兆,寧敢以傳舍視?遂慨然有鼎新意。所恨力有未逮,爰設簿勸捐,先捐俸銀八十兩以為眾倡。幸紳衿耆庶一聞此舉,無不踴躍鼓舞,樂輸恐後,不一月而得數百餘金。鳩工庀材,又擇紳士之勤慎而練達者董率諸事,計三月而落成。靈臺子來,不是過矣,好義之風,於茲可

---

① 馬書田:《華夏諸神·道教卷》,臺北:書品文化事業公司,1993,頁68-69。

【編者按】

　　文錄自清·郭遇熙纂修,梁長吉增補,蔡廷鑣續修,張經綸續纂:雍正《從化縣新志》卷四〈藝文〉①。

【碑文考釋】

　　撰碑者龔崧林,江蘇武進人,清雍正九年(1731)任從化知縣。

　　碑文記從化縣令龔崧林敍重修大魁閣事。碑文先記敍從化以前兩位縣令修建大魁閣,造福當地的事蹟。龔崧林上任之際,大魁閣已年久失修。為了倡導重建新閣,龔崧林身先士卒,捐出俸祿以表重修大魁閣的決心。在他的表率下,從化吏民踴躍捐獻,修繕祠廟財物充備,新大魁閣在三個月內告竣。

# 82-3　清·張經圖:重建大魁閣記

清雍正九年(1731)

【碑文】

　　昔聖人觀乎人文以化成天下,則必觀乎天文以調爕氣機。而天文之燦著者莫如星,星之關乎人文興替者莫如斗。天官家所謂斗前四星為魁,璇璣布化,有量度人才之象,其占為英賢輩出,則均明圌大者也,魁斗之祀所由重歟! 我國家文治重洽,光華復旦,山陬海澨,皆得以凝神聚志,絕地通天,以沐星漢之光輝,而吐雲章之燦爛,為千載人文之巨觀。如從僻處萬山,而庚壬癸甲,歲在龍馬,作賓王家者率若聯珠。識者謂邑之形勝,龍翔鳳翥,會於離午;而出其北門,平原綿衍。飛甍突兀,倚日凌霄,雲霞噓翕。實惟曩俞賢侯之刱建魁閣,擁托黌官,輪囷盤礴,佳氣鬱茷,所以承天紀而發地靈,人文蠭起,良有以也。

---

　　① 清·郭遇熙纂修,梁長吉增補,蔡廷鑣續修,張經綸續纂:雍正《從化縣新志》,《中國地方志集成·廣東府縣志輯》第4卷,頁487下–488上。

比來閣日傾圮，碧瓦碎寒煙，壞欄依蔓草，三十年間，興廢異焉。而邑之人文亦替若晨星已。都人士過者黯淡無色，無以仰欽□。東飛五指之雲，西挹風門之爽，南卓雙峰，聳翠欲舞；風雨攸除，江山如畫，得復奉大魁像於閣中。侯朝服以櫧橑禮祀，率人士萬舞而考宮焉。是日也，雞鳴先事，子氣初氽，桂蒩飄香，玉繩增耀。拾級而升，如步虹橋，如登紫府；瞻仰神明，欲見欲語。於是都人士咸舉手加額，不圖復得觀感如是也。事畢，侯則更進人士而詔之曰：“吾之重建斯閣也，豈徒為茲邑壯臨登之樂而已哉？古之人在朝廟有山水性情，而屻泉石具廟廊氣象。夫所謂廟廊氣象者，又非特文章倣臺閣之體已也，要必有奉若天道，可以襄贊盛世之鴻猷，使三光明而四時序，太階平而善人出，是乃人文之至焉者也。蓋志氣相感，天人相應：簫韶九奏，鳳儀於庭；魯史成經，麟出於野。斯文在茲，庶可以仰承魁斗，居中臨制之獨照也矣。有不運應昌期，名高簡在[一]者乎？若沾沾於世俗文筆文峰之末，其說或無足據；至於侈遊觀之娛，則與齊雲、落星等類而並觀耳，亦無取焉。吾之重建斯閣也，昔人所謂累屋為師保者也，爾人士其永體之。”僉曰：“諾！不忘侯德，敢墜侯訓。”某乃敘其顛末，並書侯諄告之詞而為之記。

【編者按】

文錄自清·郭遇熙纂修，梁長吉增補，蔡廷鑣續修，張經綸續纂：雍正《從化縣新志》卷四〈藝文〉①。

【校記】

〔一〕“在”，疑誤。

【碑文考釋】

撰碑者張經圖，廣東從化人，生卒仕履不詳。

---

① 清·郭遇熙纂修，梁長吉增補，蔡廷鑣續修，張經綸續纂：雍正《從化縣新志》，《中國地方志集成·廣東府縣志輯》第 4 卷，頁 490 上–491 上。

　　碑文記知縣龔崧林主持重修大魁閣事。文章首先指出魁星祭祀對於當地文運的重要性，又指出魁閣自知縣俞嶙重建至今已破敗不堪，致使從化文風不振，令有識之士痛惜不已，而新知縣審時度勢，決定重建以孚民望。碑文特別的描述了知縣率領民眾參拜魁閣的場景，充分顯示了官倡民從的信仰導向，以及魁星在民眾信仰中的地位。

## 82-4　清·黃甲先：重建大魁閣記

清雍正九年（1731）

【碑文】

　　從城由北門而出，行不數武，有閣巍然，祀魁星於上。考之天文，北斗七星居陰布陽，第一至第四為魁，實主文衡。魁閣之名所由來矣。溯其始，堪輿家謂縣治北隅，極目平原，空其後護，學校文運攸關。前邑侯俞公諱璘者，遂創建焉，誠以行治化莫先於振士風，培國本莫急於作士氣。俞公之建閣祀魁，意深遠矣。迨郭侯遇熙公又修餙之，廣其前簷，更為美觀。閣則高瞰城池，盡挹山川靈氣，計六十餘年來，文風丕振，科甲聯登，堪與大邦齊驅並駕。無如日久，棟橈榱桷傾陷，不蔽風雨，一望頹狀，歷八九年於茲。凡至止者，有今昔之感，風化之憂。邑士人亦僉議修復，暫移魁像於文昌宮之側。乃工成浩繁，終以財力不給而止。前之宰斯土者，又以非厪念之憂而置之。噫！是斯邑之運會未昌，而猶有待也。

　　今辛亥春，我龔公諱崧林，號塵園，江南武進人，由賢良選舉特簡署邑篆，以振興風教為己任。初謁文昌宮，見而慨狀，遂捐清俸為多士倡，弁序言為庶民勸。爰鳩工焉，庀材焉，革故鼎新，僅兩越月而報可，有若神助，然亦公善政感人之速所致也。如甫下車，鋤奸宄以興善類，則善人樂於助；禁低偽以通商賈，則商人樂於助；省耕勸農，則農人樂於助；觀風課士，則士人樂於助。四民踴躍，子來復歌，有如是乎？今斯閣巍狀在望，煥狀一新，登臨其上，身齊斗極，儼列雲軿。南顧雙鳳[一]，恍若來儀，北瞻五指[二]，氣勢凌霄；東則雲臺[三]捧日，西則際會風雲[四]，游目騁懷，豈不偉哉。從之文風，將必應運而興,突過前人矣。夫聖天子棫樸作人,文行取士,郁郁乎,殆以人文而化成天下也。而奉行德意者又觀天之文,察地之宜,使從之文運風化幾於墜而大振之。朱子有曰:"事雖述而功則倍於作。"公重建於俞、郭二公之後,襲其蹟而大其成,并彰二公之美於不朽,公之功於是為大,公之風於是乎遠且長矣。生,從人也,謬以文字受知季試,從諸士後躬親榘訓,竊聞餘論,知公之所以廣教化、美風俗者率此類也,遂樂為之記。

【編者按】

　　文錄自清·郭遇熙纂修,梁長吉增補,蔡廷鑣續修,張經綸續纂:雍正《從化縣新志》卷四〈藝文〉。①

【校注】

　　〔一〕此處原有"山名"二字,為原編者所加注文。
　　〔二〕此處原有"山名"二字,為原編者所加注文。
　　〔三〕此處原有"山名"二字,為原編者所加注文。
　　〔四〕此處原有"嶺名"二字,為原編者所加注文。

【碑文考釋】

　　撰碑者黃甲先,廣東從化人,生卒仕履不詳。

　　碑文是爲從化邑人黃甲先撰文稱頌知縣龔崧林主持重修大魁閣一事。作者首先簡述魁星信仰之由來,又歷數魁閣建置始末,而後指出知縣能夠賡續前賢,以重修魁閣來振興從化文教為急務。作為從化士民,撰者感到有必要責任記敍魁閣修建原委,以此傳達知縣欲振從化文運風化之決心。碑文雖然記大魁閣的重修始末,實則是對知縣龔崧林的頌揚。

---

　　① 清·郭遇熙纂修,梁長吉增補,蔡廷鑣續修,張經綸續纂:雍正《從化縣新志》,《中國地方志集成·廣東府縣志輯》第4卷,頁489上-下。

## 82-5　清·黃玉堂:重建大魁閣記

清雍正九年（1731）

【碑文】

　　凡興舉天下非常之事,必待天下非常之人。蓋必有非常之人,乃可濟非常之事。楊隄非文忠不築,沙河非文正不浚,迄今勝事猶存,傳於史乘。從陽為邑,去省會二百里有奇。其形勢,峙於前者,雙鳳也,風雲、豺角列於右,其左則凌雲五指、百丈飛泉。獨西北平曠,無崇岡峻嶺以為之障。是時邑先正以人工補地力不足,樹之楸松榕杉,又於其間建祠,以奉祀文昌。其時人文蔚起,科甲蟬聯,人以為其所應。兵燹後,樹木刪除殆盡,不止牛羊之牧。康熙壬子、癸丑,餘姚俞公來尹茲土,修舉故事,廼創大魁閣於文昌祠後,並祠而更新,煥然一改舊觀。歲久圮壞,新鄉郭公蒞任,又繼而修之。自是以還,荏苒三十餘載,垣敗壁斷,蔓草荒烟,行者生感,幾嘆興復之無期。

　　今上御極之九年,蘭陵龔夫子以賢良特簡委署宰邑。甫下車,即訪求民瘼,因時興革,大綱小紀,無不具舉。每月朔望,督講聖諭,以正民俗;隆重學校,以振士風。人和政通,以前人所為補救西北隅之缺者,不可不修復也。於是捐俸以為倡,又擇紳士之端謹者以董其役。不三月而落成,蓋因人心所同,不疾而速也。重建之功,較創始而力倍。嘗稽自昔賈公尹新息,韓公尹陽山,去後之思,多以其姓名傳。我夫子之於從邑,休養生息,淺淫心脾,自可接軌二公。其計長久,裁成輔相於天地,以惠我斯人者,則夫子其至也。今夫子榮遷指日堂,謂茲祠閣之巍然聿新者,即夫子之爰舍;樹木之鬱然深秀者,即夫子之甘棠,可與杭之楊隄、棠之沙河其事其人相與媲美。用不揣固陋,為紀其實,以示後之人,使知自今之蜚英廊廟、繩繩翼翼者,皆夫子之大有造於是邦也。

【編者按】

　　文錄自清·郭遇熙纂修,梁長吉增補,蔡廷鑣續修,張經綸續纂:雍正《從化縣新志》(《中國方志叢書》影印民國十九年鉛印本)卷四〈藝文〉。[1]

【碑文考釋】

　　撰碑者黃玉堂,清雍正間人,生平不詳。

　　碑文稱述文忠(楊孟瑛)筑楊堤、文正浚沙河,迄今青史留名,裨益後人,繼而描述從化縣的地理形勢,指出在邑西北植樹建祠是很有必要的,不僅可以補形勢,而且祀文昌有益於本邑的人文科第。康熙十三年,俞嶙在祠後創建大魁閣,也屬於同樣性質。然而大魁閣繼上次郭遇熙重修以來,已經有三十餘年,又呈現出頹敗的面貌。所以縣令龔崧林要再次興修。

　　文中提到"楊隄非文忠不築,沙河非文正不浚",其中楊隄(又稱楊公堤)是與白堤、蘇堤齊名的"西湖三堤"之一,為紀念楊孟瑛而得名。明弘治十六年(1503)楊孟瑛出知杭州,其時西湖葑塞已久,湖西一帶幾成平陸。楊孟瑛力排眾議,於明正德三年(1508)實施疏浚,並以疏浚產生的淤泥、葑草在西裏湖上築成一條呈南北走向的長堤,堤上建六橋。後人為紀念楊孟瑛,稱此堤為"楊公堤",堤上六橋為"裏六橋"。而浚沙河的文正公之典,尚待考索。

――――――――――――

　　[1]　清·郭遇熙纂修,梁長吉增補,蔡廷鑣續修,張經綸續纂:雍正《從化縣新志》,《中國方志叢書·華南地方》第194卷,臺北:成文出版社,1974,據民國十九年鉛印本影印,頁226-227。

# 83　天妃廟

## 【廟宇介紹】

廟今不存。天妃廟本在從化縣城北門外,康熙三十年(1691),知縣郭遇熙在原址建三官廟,天妃廟因移建於豸角山,並在寺旁修文峰塔①。

天妃廟歷經修繕,解放初尚存,後毀於文革②。今當地政府於舊址籌建新廟天龍寺,寺名取天妃廟、龍皇廟首字。

## 83-1　清·郭遇熙:創建天妃廟文峰塔碑

清康熙二十九年(1690)

## 【碑文】

從化雖彈丸邑,而風門、雙鳳諸峰,回環聳秀。惟西南五里,為二水交匯之區,山勢平衍,風氣尚不凝聚。考邑乘,萬曆間,邑令張公得春建浮屠於其嶺上,僅五層,未竟而止。日久漸就傾圮,竟有群聚而毀之者。嗣是民俗凋瘵,而本朝五十年來,絕無一人得膺科第矣。余蒞任二載,邑人以復塔來告,余恐工費浩煩,難於時詘舉贏,而前後籲請者再三。余為之相視地形,反復籌度,知其終不容已,遂捐貲三百金為助,而告於眾曰:"昔如來滅度後,法身舍利,散布諸塔,往往神光晃耀,出人意表。故梵教中福田利益,以建塔為不可思議。然通都大邑多高峙於東南水口間者,蓋亦取形家言,以為下流障蔽耳。然天下事成之者出於輿情之公,而毀之者出於一己之見。如從邑水口之塔,不以為文筆,而反以為戈矛;傾圮之後,盜風益熾,文運愈衰,其效亦可

---

① 參清·郭遇熙纂修,梁長吉增補,蔡廷鑲續修,張經綸續纂:雍正《從化縣新志》卷二〈廟祀志上〉"天妃廟"條,《中國地方志集成·廣東府縣志輯》第4卷,頁348下。

② 陳建華主編:《廣州市文物普查彙編·從化市卷》,頁382。

覯矣。則修復庸可緩乎？然浮屠孤峙,而守塔僧徒焚修無地,亦非經久之計。城北舊有天妃廟,湫隘囂塵,營卒芻秣其下,號稱穢區。夫天妃為粵南司水之神,而從民畢歲勤動從事於早晚二稻者,水輪灌注,惟視溪流之盈涸,以為豐歉。則天妃之神最靈,不可不為春秋祈賽地也。"遂建廟數楹,輝煌金碧,準提精舍,列於其後。而塔工亦以次營搆。庚午秋,士子遂有登賢書者。人情益加踴躍,金錢樂輸,告成不日,求予文以為記,復拜手為之銘曰:

　　雙林湟槃,現靈舍利。五色騰輝,散布佛地。從陽寶刹,張侯實營。五層而竟,一簣未成。誰為毀之,私其磚石。離巽文峰,擬以矛戟。民疲俗瘠,士氣不揚。賓興見擯,抱璞而藏。鳩工重建,輿情胥悅。錢谷委輸,老稚提挈。哲匠擅能,崇簷累七。突兀雲霄,勢如湧出。玉虹承霤,金爵樓櫨。清宵雨鐸,亭午風鈴。猗歟天妃,職司南海。黍谷攸宗,雨暘時宰。爰搆寢廟,螭駕鸞輿。果陳丹荔,樂奏清竽。形勢孔完,風氣丕變。民樂春耕,士膺秋薦。勒辭貞石,以告後來。登高作賦,我愧非才。

## 【編者按】

文錄自清・郭遇熙纂修,梁長吉增補,蔡廷鑣續修,張經綸續纂:雍正《從化縣新志》卷四〈藝文〉①。

## 【碑文考釋】

撰碑者郭遇熙,生平見前〈三官廟碑文〉[清康熙三十二年(1693),碑號81-1,總199]。

碑文為從化知縣郭遇熙敘修建天妃廟文峰塔的因由經過。碑文用主要的篇幅說明了在矛嶺建塔的重要,最大的考慮就是補形勢,利風水。一開頭碑文就指出,從化為西南二水交匯處,"山勢平衍","風氣尚不凝聚"。萬曆年間邑令張得春就在矛嶺上建塔,但

---

① 清・郭遇熙纂修,梁長吉增補,蔡廷鑣續修,張經綸續纂:雍正《從化縣新志》,《中國地方志集成・廣東府縣志輯》第4卷,頁472下-473上。

是僅五層即止,並未建成。後來,不僅塔本身隨歲月流逝而漸漸傾圮,而且遭到了一些人的蓄意破壞。塔之毀帶來了惡果,"民俗凋瘵",而且清朝五十年來無一人得中科舉。當地人由此歸咎於文峰塔的不存。郭遇熙上任兩年後,吏民請求重建文峰塔。郭遇熙在考慮後認為,文峰塔該建,但一塔孤峙,守塔僧徒無焚修之地,終非長久之計。而此時的天妃廟廟宇荒廢,神靈難居,於是又將天妃廟移建到豸嶺,稍後便開始建塔。碑文提到:"夫天妃為粵南司水之神,而從民畢歲勤動,從事於早晚二稻者,水輪灌注,惟視溪流之盈涸,以為豐歉,則天妃之神最靈。"可見,在當地民眾信仰中,天妃不僅為海上保護神,而且還以司水之神的身份,掌管農田水利和農產的豐歉。最後,文末還提到了建塔修廟的立竿見影的效果:"庚午秋,士子遂有登賢書者。"於是願意捐款的民眾就更多了。

不過另外須注意,此碑撰寫之時,天妃廟已成,然而塔尚未建成。

## 83-2　清·張德桂:建天妃廟文峯塔記

清康熙三十三年(1694)

【碑文】

邑之有塔與廟,所以妥神靈、昭勝事也,而形勢之利,往往係焉。歷觀諸郡邑,皆有浮圖,而建置多由水口。從陽僻在荒陬,雖無崇嶽巨川爭甲奇勝,然列嶂層巒,翠崒拔拱,兩溪清麗秀折,夾繞瀠合,則據山襟水,是亦未可謂非一邑之勝也。但西南豸嶺,位鎮離明,實約群注,而體勢平伏,建塔其上,足利文風。地靈人傑,理或然乎!余生也晚,不及見塔之廢,安能知塔之始。然閒遊登眺,猶得尋其遺址。撿閱縣志,始識為萬曆時邑令張公得春所剏。是時工止五層,未成一簣,且有塔無廟,猶孤峙焉。而父老已為余言,自昔有塔,人文輩出,巨望蔚興。則形勢之利,不洵然哉夫何?康熙元年間,山寇披猖,妄議群起,不以是塔為文筆,而以為矛戈,遂聚而毀之。嗟嗟!毀塔之後,盜風未嘗少息,文風未嘗少振,其視未毀之先,庸有勝與?夫物易敗而難成,三十年來,宰吾從者,視縣治為傳舍,或畏浩費,或昧地形,否則,率以為迂緩而閣置者,欲望風會之興也,孰從而振之?幸我郭賢侯,蒞治兩載,百廢具舉,如修學宮,修大魁閣,修藍田廟,建鄉約,建茶亭,建迎恩,凡可以興文教、維民風、利民事、培地脈者，剏之不言勞，修之不遺力。邑人僉曰："復塔之機，其在斯乎！"遂群籲於庭，欲復塔之舊址，并遷天妃神而祠焉。三請獲俞，且又捐俸以倡廼事，爰作塔七層，就塔之下荒，丈度丘陵，建廟三楹，以俯鎮帶水。是歲也，余方領薦，附計入都。明年秋七月，抱璞歸來，則見殿角崢嶸，翼然雄視清流；而自大門而中廳、而後宮，廻廊僧丈，薈錯榱翚，美輪美奐，洵所謂藥房荷蓋，蕙幬蘅楣。葢不俟塔之既成，而是廟已足妥神明而壯勝觀矣，況乎匠斲交加，塔之勢嶷嶷有千層，雲凌群岫，以成不日之工哉！他日山川鍾靈，文風蔚勃，比美前賢，則侯之惠吾從匪淺鮮，而吾人之尸祝侯寧有窮歟？謹撮略以記其概。

**【編者按】**

文錄自清·郭遇熙纂修，梁長吉增補，蔡廷鑣續修，張經綸續纂：雍正《從化縣新志》卷四〈藝文〉①。

**【碑文考釋】**

撰碑者張德桂，字兼蘭，廣東從化人。清康熙三十三年（1694）進士，選翰林院庶吉士。官至都察院左僉都御史。著有《玉堂文集》等。

碑文記敍修建天妃廟文峰塔經過。此碑撰寫之時，文峰塔與天妃廟均已落成，其中天妃廟乃從城北遷建。根據碑文，當地人把文峰塔的廢立與地方文教興衰聯繫在一起。文峰塔初建於明嘉靖年間，毀於康熙元年。此後，從化文風凋敝，而地方職守頻繁更換，修葺之事無人問及。後來，郭遇熙任從化縣令，修建了諸多文教寺廟建築。於是，重修文峰塔之事被重新提起。最終，縣令郭遇熙順應民心，並捐出俸祿，不但重修文峰塔，還在文峰塔下修建天妃廟。

---

① 清·郭遇熙纂修，梁長吉增補，蔡廷鑣續修，張經綸續纂：雍正《從化縣新志》，《中國地方志集成·廣東府縣志輯》第 4 卷，頁 471 下–472 上。

# 84　城隍廟

【廟宇介紹】

廟今不存,雍正《從化縣新志》云"在察院左"。廟初建於明正德六年(1511),知縣虞貴建、沈順臣增修齋房。至順治十八年(1661)[1],知縣孫繩重修。康熙三十二年(1693),知縣郭遇熙委託賈光祿重修拓建。雍正四年(1726),知縣戴維賢修,未竣。雍正八年(1730),知縣蔡廷鑣重修[2]。

郭遇熙於康熙年間重修後的城隍廟規模是:"內外兩廊、東西房各六間,坊門照壁五彩煥然。"[3]

## 84-1　清·孫繩:重修城隍廟碑記

清順治十八年(1661)

【碑文】

自昔百神擁護,則川嶽效靈。一代之興,五岳四瀆以及山川社稷,莫不遺告,且載歷春秋,類望遍禋,有常儀焉。此固聖人以神道設教[4]乎?蓋王治之所及,遏惡揚善,明罰勑法,而天下之賢不肖雜處其中,故糾遣誅殛,可以幸免而獨至。舉念必知,衾影難昧,福善禍淫之典,大之見於風雨雷霆,而小之亦形於夭折疾病,明明有赫,其報不爽。以是知治於明不如治於幽者之深切著明也。世之號為神道,與民最親者莫城隍若。彼其為一邑之主,而無遠

---

① 清·郭遇熙纂修,梁長吉增補,蔡廷鑣續修,張經綸續纂:雍正《從化縣新志》云孫繩重修城隍廟的時間是康熙元年,然而孫在任時間三年,從順治十六年至十八年;另外碑文亦提到辛丑年號(順治十八年),故當以順治十八年重修為是。

② 有關廟宇資料參清·郭遇熙纂修,梁長吉增補,蔡廷鑣續修,張經綸續纂:雍正《從化縣新志》卷二〈廟祀志上〉"城隍廟"條,《中國地方志集成·廣東府縣志輯》第4卷,頁348上。

③ 清·郭遇熙纂修,梁長吉增補,蔡廷鑣續修,張經綸續纂:雍正《從化縣新志》卷二〈廟祀志上〉"城隍廟"條,《中國地方志集成·廣東府縣志輯》第4卷,頁348上。

④ 魏·王弼、晉·韓康伯注,唐·孔穎達疏:《周易注疏》卷三,頁249:"聖人以神道設教而天下服矣。"

弗格,無微弗見,所以靜天下之聰明才智,而畢出於忠孝節義之一途,其以綱維世道,扶進人心,不亦休歟?余渡江過嶺以來,其俗之敬鬼神也倍甚,從民之敬鬼神也尤甚。幸哉,從民之尚可以治也!自運際鼎革,兵火交加,從民之習於為不善至亡等也,寡廉鮮恥,罔上行私,甚至嘯聚山林,掠眾屠邑,而無畏心。幸也不知有人非,而尚知有鬼責。余見從之民不惟說書敦禮之家勤於禱祀,即深山窮谷,愚夫愚婦、狂童狡叟,莫不家自為尸,戶自為祝。凡有疑難災危,皆擔壺漿,攜童稚,以親祈於城隍之前,則尚知有畏心也。夫畏則思善,思善則去惡,於以移風易俗、回心鄉道無難,則甚矣,從民之尚可為治也。向者兩廊傾頹,廟貌暗然,令觀者無色。然而上焉不興,下者罔效,豈所以崇重神明、風示人心之意乎?辛丑春,始於士竑黃子,眾人之建議而未能以告成,繼以余之捐貲而為之勸厥事焉,丹艧而更新之。非真為觀美也,總之欲使遠邇之人心,咸知神之為靈赫赫也。是則余神道設教之微權也歟?

【編者按】

　　文錄自清·郭遇熙纂修,梁長吉增補,蔡廷鑣續修,張經綸續纂:雍正《從化縣新志》卷四〈藝文〉①。

【碑文考釋】

　　撰碑者孫繩,山東臨淄人,清順治十六年(1659)任從化縣令,在任三年,頗有政績。

　　碑文為從化縣令孫繩記重修城隍廟之事。孫繩在碑文中指出,聖人神道設教,神道是王道的有力補充。城隍作為城邑的守護神,與地方守吏,一陰一陽,相互補充,成為地方治理不可或缺的一部分。孫繩就任從化縣令是順治時期,當時清廷入關不久,嶺南地區遠離政治中心,王權思想淡薄,致使地方匪亂不斷。孫繩來到嶺南後,發現當地人篤信鬼神,而從化人尤甚。"幸也不知有人非,而尚知有鬼責",他認為儘管當地民眾王權意識不強,但有敬鬼祀神之心。不管是王道還是神道,民眾有所畏懼就可以疏導治理。鬼

---

　　① 清·郭遇熙纂修,梁長吉增補,蔡廷鑣續修,張經綸續纂:雍正《從化縣新志》,《中國地方志集成·廣東府縣志輯》第4卷,頁461下-462上。

神之中,於民眾生活最為密切的屬城隍神。在孫繩的眼中,從化縣百姓是異常信奉城隍神的,他說:"余見從之民不惟說書敦禮之家,勤於禱祀,即深山窮谷,愚夫愚婦,狂童狡叟,莫不家自為尸,戶自為祝,凡有疑難災危,皆擔壺漿、攜童稚,以親祈於城隍之前。"但由於從化原城隍廟已經失修,"兩廊傾頹,廟貌暗然,令觀者無色",因此,若然"上焉不興",結果便會"下者罔效",所以孫繩捐俸修廟,為使百姓"咸知神之為靈赫赫也",以達致"神道設教"的目的。

# 84-2　清·張德桂:重建城(隍廟記)〔一〕

清康熙三十一年(1692)

【碑文】

夫功成必記,所以紀也;記必以文,所以文也。邑之城隍廟,自邑尹孫公重修,近已三十餘年,風雨之所摧殘,鳥鼠之所穿穴,積久而物非,其故勢使然乎? 奈向父母斯土者,率視吏治若傳舍,歲月視朔,禮畢即返,不一省視。即間有以塗茸入告,則未肯破囊設法,但思無何而已,不則視非利己事,緩緩閣置之。至今垣楹榱桷,傾側已甚。賢侯郭夫子自下車宿齋之夜,見〔二〕夫破簷落月,朽棟支雲,不覺黯然而噫,以為廟之宜〔三〕修與學宮等。而時當水災,民未可用。越三載,寬恤普存,民有餘力,乃捐俸,倡令以大,為墾茨焉。自頭門迄神座,一連四楹,皆撤其頹墉而更固之,易其榱瓦而重鱗之直之;儀門內修舊齋房二間,添造十間;兩廊添塑六曹神像八尊,城隍宰神外旁列判卒;門前馬軍,靡不重整莊皇,以丹以艧,松桷奕奕,赫然改觀矣。是年正月庀材興事,即於五月告成。屬余文以記,且以告城隍為一邑陰教主,非他神比,用以曉民意也。嗟乎! 夫子自蒞吾從,其為吾從興建修補者,奚更僕數? 其政治設施足以安民佑神者,亦奚更僕數? 而振興學校,以變士風,則首修學宮;神道設教,以變民風,則次修城隍廟。而他淫祠不舉焉。夫城隍為一邑宰,善惡有稽,禍福有柄,月朔告政必於是焉,蒞治盟心必於是焉。其神嘗與令通,故古賢令凡有不決〔四〕則必禱,禱焉而必應,是城隍之神,實有默為懲勸、

1099

助令教治以變民風,等於學宮之變士風者。乃邇來番寧崇興學校,凡州邑守令有能捐修學校者,即優次紀錄,故有土者猶能爭爲之。而於城隍廟,非功名借[五]徑,曾無一留意焉。夫子於修學宮後,聿新斯廟,不傷[六]財,不害民,不日而成,俾入廟者覩戶[七]牖之瑩煌,肅神[八]明之儼若,於以致敬滌思,丕迪善俗,與士同鼓舞於[九]學校維新之化,則夫子之重建斯廟者,又豈尋常之修補也哉? 是爲記。侯姓郭,諱遇熙,號省齋,己未進士,河南新鄉人。

【編者按】

　　文錄自清·郭遇熙纂修,梁長吉增補,蔡廷鑣續修,張經綸續纂:雍正《從化縣新志》(《中國地方志集成》影印清雍正八年補修刻本)卷四〈藝文〉①。參校以雍正《從化縣新志》(《中國方志叢書》影印民國十九年鉛印本)卷四〈藝文〉②。

【校記】

　　〔一〕原題僅得"重建城"三字,後面三字爲編者加。

　　〔二〕"見",《中國地方志集成》影印清雍正八年刻本爲空格,此據《中國方志叢書》影印民國十九年鉛印本補。

　　〔三〕"宜",《中國地方志集成》影印清雍正八年刻本爲空格,此據《中國方志叢書》影印民國十九年鉛印本補。

　　〔四〕"決",《中國地方志集成》影印清雍正八年刻本爲空格,此據《中國方志叢書》影印民國十九年鉛印本補。

　　〔五〕"借",《中國地方志集成》影印清雍正八年刻本爲空格,此據《中國方志叢書》影印民國十九年鉛印本補。

　　〔六〕"傷",《中國地方志集成》影印清雍正八年刻本爲空格,此據《中國方志叢書》影印民國十九年鉛印本補。

　　〔七〕"戶",《中國地方志集成》影印清雍正八年刻本爲空格,此據《中國方志叢書》

---

　　① 　清·郭遇熙纂修,梁長吉增補,蔡廷鑣續修,張經綸續纂:雍正《從化縣新志》,《中國地方志集成·廣東府縣志輯》第4卷,頁462下–463上。
　　② 　清·郭遇熙纂修,梁長吉增補,蔡廷鑣續修,張經綸續纂:雍正《從化縣新志》,《中國方志叢書·華南地方》第194卷,頁197。

影印民國十九年鉛印本補。

〔八〕"神",《中國地方志集成》影印清雍正八年刻本為空格,此據《中國方志叢書》影印民國十九年鉛印本補。

〔九〕"於",《中國地方志集成》影印清雍正八年刻本為空格,此據《中國方志叢書》影印民國十九年鉛印本補。

【碑文考釋】

撰碑者張德桂,生平見前〈建天妃廟文峰塔記〉［清康熙三十三年(1694),碑號83-2,總206］。

碑文為從化人張德桂記知縣郭遇熙主持重修城隍廟事。據碑文可知,此次重修規模頗大,包括儀門、齋房、神座、神像等都一一修飾。碑文記載:"自頭門迄神座,一連四楹,皆撤其頹墉而更固之,易其榱瓦而重鱗之直之;儀門內修舊齋房二間,添造十間;兩廊添塑六曹神像八尊,城隍宰神外旁列判卒;門前馬軍,靡不重整莊皇。"城隍神在當地民眾信仰中,儼然是一位賞罰分明、正直無私的正義主持者。他不但具有護城保家的職能,更重要的是,他還是一邑的陰教主,主持陰間法律的制裁,能察奸除惡,驚醒世人不可為非作歹。由此,知縣郭遇熙重建城隍廟深得民心,撰者更把其修城隍廟的舉措與修建學宮相提並論,說:"而振興學校,以變士風,則首修學宮;神道設教,以變民風,則次修城隍廟。而他淫祠不舉焉。"碑文顯示出城隍神在從化縣地區的民眾信仰中的重要地位,以及在地方教化民風中不可或缺的作用。最後,張德桂總結說:"則夫子之重建斯廟者,又豈尋常之修補也哉。"

# 附 錄

## 清·郭遇熙:告從化城隍文

清康熙二十七年(1688)

【款文】

維神赫赫有靈,洋洋如在,禍淫福善,操彼蒼予奪之權;羽國翼民,實茲土保障之奇。遠近吳逃乎電鑒，幽明胥入夫照臨。竊念職幼凜祖父之訓，清白傳家；長讀聖賢之書，忠誠報國。豈其抱懷有系，竟爾弁視今朝。況從化一邑，彈丸黑子，僻處山壞，自逆藩兵燹之餘，荒煙蔓草，家多仰屋之悲；當前任摧殘之後，邑敝民貧，野有蕪田之嘆。即今職甫下車之日，適逢水潦之患，城廬半為澤國，香稻盡付漂流。東西甫朔，流亡者目以感於哀鴻；教養懷柔，招徠者情深切於涸轍。凡茲群黎婦子，寧忍刻剝慘傷。故於蒞任之初，用誓在官之志：苟有損人身家而謀其貲財，戕人性命而飽其貪慾，或非分之求，計利而背義；額外之征，徇私而害公，及夫四類之不凜，五刑之是酷，予如有此，神其殛之！謹告尚饗。

【編者按】

文錄自清·郭遇熙纂修，梁長吉增補，蔡廷鑣續修，張經綸續纂：雍正《從化縣新志》卷四〈藝文〉①。

---

① 清·郭遇熙纂修，梁長吉增補，蔡廷鑣續修，張經綸續纂：雍正《從化縣新志》，《中國地方志集成·廣東府縣志輯》第 4 卷，頁 461 下-462 上。

# 85　清寧廟

【廟宇介紹】

　　清寧廟,位於從化縣良口鎮米埗村①。廟始建年代待考,或云可以追溯至明朝②。清康熙二十八年(1689),知縣郭遇熙重修③。

　　據郭遇熙〈重建清寧廟碑記〉,廟舊稱清寧古剎,原屬佛寺。廟主祀神農,兼祀北帝、洪聖廣利、觀音大士。

## 85-1　清·郭遇熙:重建清寧廟碑記

清康熙二十八年(1689)

【碑文】

　　上古無所為佛也。自其教流中國,而八還三昧、浮屠舍利之說,遂靡然行於天下。讀書明道之儒,多從而□之。故崔浩請盡誅天下沙門,韓愈作《佛骨表》,誠以異端不絕,正道不彰。是也,而不盡是也。蓋其教雖殊,而理則一耳。余性不佞佛,而信其理。諸生時嘗虔禮白衣大士,叩之亦無弗應。

　　客冬,奉天子命撫字茲土。邑敝民澆,似難化理。然俗尚祀神,歲時伏臘,輒為報賽。余竊喜曰:"是即化民成俗之機也。迎其機而導之,又何患民俗之不善哉!"其地舊有清寧古剎,以祀神農、報土功也,兼奉真武、廣利、大士諸神,凡有禱求,捷如影響。迨余入境之前十日,洪潦突至,城鄉村舍半作邱墟,而清寧古廟亦僅存斷廡頹垣而已。其天降之殃耶?抑余不德而先為

　　①　《從化縣文物志》,廣州:嶺南美術出版社,2002,頁39。雍正《從化縣新志》云"在米步",見《中國地方志集成·廣東府縣志輯》第4卷,頁349上。
　　②　《從化縣文物志》,頁39;陳建華主編:《廣州市文物普查彙編·從化市卷》,頁76。
　　③　清·郭遇熙纂修,梁長吉增補,蔡廷鑣續修,張經綸續纂:雍正《從化縣新志》,《中國地方志集成·廣東府縣志輯》第4卷,頁349上。

之警耶？爰力請上憲，凡茲蒼黎已邀賑恤。而傾圮廟貌竟湮沒於荒煙蔓草中。余獨何心，能無滋戚歟？於是捐俸鳩工，邑之紳衿悉爲將伯之助，而耆老小民亦各輸所有，以勸盛事。乃數閱月而工竣，所以妥神靈，正[一]所以福赤子也。夫菻兹從邑，涼德者既已壞之於前。自余下車，作養勸課之下，而民亦蒸蒸然嚮風慕義矣。然後知秉彝之良盡人而具，特患上之人無以振興而化導之。雖然，要非冥冥之神爲之潛移而默化焉，不至此。此則所爲"教殊而理一"也，此則所爲"迎其機而導之"也。乃其時，父老咸拜手而前曰："吾儕小民，何多幸焉？請以其事勒諸石，以誌不朽。"復爲之歌曰：

巍巍古廟連雲起，半倚青山半臨水。一朝瀰湃雪山來，千頃碧浪聲如雷。室廬半逐波濤沒，蒼蒼煙霧江河濶。我來此地空悲歌，爰爲設法重嵯峨。落成廟貌歸民力，翬飛燦爛生顏色。願爾蒼黎與更新，錫眼千年長血食。

**【編者按】**

碑文出自清·郭遇熙纂修，梁長吉增補，蔡廷鑣續修，張經綸續纂：雍正《從化縣新志》卷四〈藝文〉①。

**【校記】**

〔一〕"正"，疑爲衍文。

**【碑文考釋】**

撰碑者郭遇熙，生平見前〈三官廟碑文〉〔清康熙三十二年（1693），碑號81-1，總199〕。

碑文爲從化知縣郭遇熙記重修清寧古廟事。據碑文，清寧廟供奉主神是神農，此外，還供奉真武、洪聖廣利神王、觀音大士諸神。據稱清寧廟十分靈應，"凡有禱求，捷如影

① 清·郭遇熙纂修，梁長吉增補，蔡廷鑣續修，張經綸續纂：雍正《從化縣新志》，《中國地方志集成·廣東府縣志輯》第4卷，頁476上-下。

響"。但是,由於洪潦突至,"城鄉村舍半作邱墟,而清寧古廟亦僅存斷廡頹垣而已"。郭遇熙認為重修古廟亦屬教化邑民的機會,冥冥之神可為對百姓產生潛移默化的影響,因此,他捐俸鳩工,並得邑紳和耆老各輸所有,經數月,重修工竣。

碑文還記載了郭遇熙對佛教的看法。清寧古廟同時供奉釋教和道教神明。但對郭遇熙來說,佛教雖屬異教,但其理與中國本土宗教卻是一致的。他說:"余性不佞佛,而信其理。諸生時嘗虔禮白衣大士,叩之亦無弗應。"這種"教殊而理一"的宗教觀,正好反映中國宗教對異教的兼容立場。

## 增城縣

# 86　北帝古廟

【廟宇介紹】

廟今存,位於增城市新塘鎮小逕墟村,為小逕墟村商、民的香火廟。廟始建年代不詳。清乾隆七年(1742),道光四年(1824),同治十三年(1874)有過修建。廟內兩廊牆上共鑲嵌有八方碑刻①。

## 86-1　清·陳德魁:重建小逕墟廟碑記

清乾隆七年(1742)

**上碑**

【碑刻信息】

存址:今增城縣北帝古廟內。

碑額:重建小逕墟廟碑記。楷書。

碑題:無。

尺寸:碑高 65 厘米,寬 45 厘米。

碑文來源:原碑抄錄。

【碑文】

廟者,貌也,所以奉神明而崇其體貌也。欽惟皇矣上帝,次鎮元樞,恩覃海宇,在昔建廟於斯,供奉莊嚴,聲靈赫濯。伏魔伏虎,同瞻將帥英風;無我無人,共仰禪師妙相。慈威萃美一堂,以為本墟香火,人安樂土,習尚淳風。

---

① 陳建華主編:《廣州市文物普查彙編·增城市卷》,頁 137。

環市而居，願受一廛之宅；以義為利，不欺五尺之童。屆一四七之期，舟車輻輳；如月朔望之會，買賣雍容。塗有歌，市有飲，虛而往，實而歸，非神靈而地傑之明驗乎？

客秋黃雀雨霆，鯉魚風烈，廟貌塌然頹圮，靈爽殊失憑依。維時亟恢復重新，奈以歲剎職年，於坐向不合。今春卜云其吉，作廟斯臧。但鳩工庀材，力非淺鮮。鄉之人虔誠興願，每丁科銀陸分，興題至壹錢八分以上者鐫列芳名；幼童喜助，多寡隨其自便。凡各行貨舖計租所入，每兩出銀壹錢。斯集毛為裘，於以共成厥美，而踴躍贊襄，以興土木，則四方之士作客茲土者咸與有力焉。

時乾隆歲次壬戌仲春壬寅穀旦，邑庠弟子陳德魁熏沐拜撰。

首事：陳世楷、陳顯超、陳蘭所、陳巒柱。

沙堤眾信芳名開列：

陳世楷：壹兩。

信秀陳世新：五錢。

陳蘭所：肆錢。

陳廣葉：肆錢。

叁錢五分：陳永興、陳庇君、陳桐江、陳尚志、陳宗明、信秀陳德魁、陳顯超。

貳錢五分：信監黃藩、黃秉祿。

二錢半：黃元穎、黃士興、黃達昌、陳志荔、黃士富、黃士能、陳巒柱、陳鎮、陳慶新、陳國弼、陳文郁、陳錫蕃、崔品章、信監崔昌、信監崔邦、□□□□。

二錢半：陳顯爵、陳成萬、信秀陳達聰、黃式傑、黃俊傑。

貳錢：陳聖裔、陳廣士、陳文秩、陳見文、陳章、陳毅、陳文達、陳運吉、陳葉琯、崔清。

二錢：招達志、陳也祁、信監陳次、陳聖修、陳天任、陳和裘、陳迴思、陳朝鳳、陳聖昭、陳岳英、陳振鋒、陳國顯、陳文讓、陳玄昌、陳有進、陳民重。

二錢：黃成佐、陳明喜、陳敬信、陳援丁、陳文芳。

壹錢八分：信秀陳光易、陳應會、招應進、陳儀新、招秉文、陳次陶、崔承佐、崔球、陳洪猷：招本。

錢八：陳成佑、陳運張、陳英傑、招達寬、信秀陳舉善、招葉麟、陳京文、陳時寬、信秀陳麟岠、信監崔學聖、陳兆章、陳天爵、陳宛輝、陳應岳、陳侗、招瑞昂。

錢八：陳啟裔、黃喬上、陳英富、崔學堅、陳存志、崔叶章、陳廷英、信官陳捷、陳政波、陳迪周、陳成美、黃昌英、陳國英、招文慶、陳白英。

錢八：陳紹周、陳茂蕃、陳秋、陳應甲、陳孔作、陳連貴、陳紹賢、秦聖千、崔尚瓊、何翰傳、崔剛、陳柱成、陳英文、陳爕志、黃文傑、陳輪光。

錢八：崔作遷、崔學聰、陳錦章、崔德金、招疑友、黃秀傑、陳勳、信監崔友達、崔友尚、崔友芳、黃俊連、陳上陟、崔友則、崔桐遷、黃聰善、陳如璋。

陳□初、崔友曉、陳成□、黃式□、陳桂□、崔學□、黃孔貴、崔友顯、黃門鍾氏。

一錢八：陳文鐸、招聯達、陳廷客。

## 下碑

【碑刻信息】

存址：今增城縣北帝古廟內。

碑額：重建小逕墟廟碑記。楷書。

碑題：無。

尺寸：碑高 65 厘米，寬 45 厘米。

碑文來源：原碑抄錄。

【碑文】

陳與菊：貳兩壹錢五分。

陳蓬窓：壹兩五錢。

陳泰莊：壹兩壹錢。

陳養晦：玖錢五分。

陳節菴：捌錢。

陳昌國：陸錢。

陳山長：伍錢叁分。

陳粵泉：五錢叁分。

陳兼言：伍錢。

陳招會：四錢捌分。

陳蘭菊：四錢四分。

肆錢：陳粵峰、佛會、陳松侶、招貢會、陳輝芝。

叁錢五分：陳穎長。

招汝能：叁錢六分。

黃耕謹、陳廣志。

叁錢貳分：陳迪周、陳和聚。

叁錢：陳星堂、黃雋泉、陳酉成、陳肖北、陳驥上、陳認讓。

貳錢五分：陳壽佛。

區顯：五錢。

陳慎所、陳汝思、陳昌珍、陳廣士。

貳錢：葉光會、陳心宇。

區超富：五錢。


客商芳名開列：

鄭錫蘭：壹分。

肆錢壹分：悅和店、歐輔益、萬和店。

叁錢五分：梁性聰、蘇沛榮、馮秀翰、三興店、允盛店、胡文佐、義和店。

叁錢：陳保修。

三錢:鄭錫英、梁殿祥、義成店、義興店、信盛店、陳堯進、黃錫佐、歐文朋、萬興店、張飛漢、陳恆聚、聚合店、元和店、孫盛店、三聚店。

三錢:何元照、黃元利、義昌店。

二錢伍分:黃春生、黃德沛、歐長寬、日勝館、馮孫和、方来館、鍾秀長、胡尚懿、崔德生、黃麗豐。

貳錢:陳兼四、陳忠貴、廣德堂、龔昌盛、馮明五、陳恆達、張爾然、聚合店、元合店、李標榮、呂廣全、陞意隆、左四隆、李日高、李日升。

二錢:祝上進、簡帝梅、鄭錫洪、鍾觀象、陳聚五、黎應祥、黃承緒、黃北元、馮永合、蘇約連、周進友、周奕升、鄒得朋、郭逵士。

作廟妥神,務宜潔靜,凡游手好閒人等,不得在此聚賭喧嘩,一切丐人,不許在廟越宿,污穢神明。如違送究□禁。

**【碑文考釋】**

撰碑者陳德魁,增城人,生平不詳。

碑文記述了小逕墟北帝廟於乾隆年間重修的過程。碑文提到,北帝廟為小逕墟的香火廟。由於北帝之供奉,碑文讚美小逕墟神靈而地傑,當地民風淳樸。隨着小逕墟的商業的發展,北帝更成為地方商戶的庇護神,而商家則以義為利,不事欺詐。從而自然引出下段北帝廟之重修,具體記載了爲重修而集資的方法。這次修建北帝廟是以集資的方式,每丁科銀六分,捐錢至壹錢八分以上者鐫列芳名。貨鋪則根據收入捐資,每兩出銀壹錢。

# 86-2　清·陳憲祖:重修北帝古廟碑記

清道光四年(1824)

**上碑**

**【碑刻信息】**

存址:今增城縣北帝古廟內。

碑額：重修北帝古廟碑記。楷書。

碑題：無。

尺寸：碑高 145 厘米，寬 74 厘米。

碑文來源：原碑抄錄。

【碑文】

聞之窮奢極欲，智士不為；革故鼎新，俗情共快。是以物彩煥精華之氣，常識偏多；神光覘燦著之奇，鴻恩特沛。小逕墟玄天上帝，乃商民之祀事，實靈應之屢徵。念昔年廟宇重修，狀貌曾覘冠玉；到今日香煙繚繞，畫圖省識春風。於是合眾庶以經營，欲更張而拂拭。爰諏吉日，再整芝眉；詢謀僉同，共成美舉。幸光輝之發越，就日瞻雲；喜色相之重新，追金琢玉。各輸誠而獻曝，咸頌禱以揚休。優歌巫舞，無非商賈劻勷；巷祝衢謳，盡屬縉紳鼓舞。不煩佈告，共樂輸貲；謹勒芳名，以垂永久。是為序。

沐恩沙村鄉東頭坊優廩生陳憲祖頓首拜撰。

沙村鄉題助工會芳名列後：

二帝會：壹拾肆大員。

信貢陳鳴皋：叄大員。

優廩陳憲祖：叄大員。

信監陳知明：貳大員。

信監陳而新：貳大員。

信監陳亹生：貳大員。

登仕郎招光澤：貳大員。

信監陳首蛟：貳大員。

陳時章：貳大員。

陳德祿：貳大員。

信監招群亮：貳大員。

信監陳群蛟：貳大員。

陳容寬：貳大員。

信庠陳麟祥：壹大員。

信庠陳作求：壹大員。

信監陳約之：壹大員。

陳□堅：壹大員。

信庠崔平中：壹大員。

信庠陳式祖：壹大員。

信庠緯韜：壹大員。

信庠陳貫蛟：壹大員。

信監招榮芳：壹大員。

信庠陳匡時：壹大員。

信監陳達龍：壹大員。

信監陳亮公：壹大員。

信庠陳大邦：壹大員。

信庠陳國英：壹大員。

陳珽祖：壹大員。

信監陳際亭：壹大員。

信監陳紹光：壹大員。

陳榮基：壹大員。

陳滉泉：壹大員。

陳貽芳：壹大員。

信監陳永亨：壹大員。

黃悅能：壹大員。

陳增發：壹大員。

陳應生：壹大員。

陳彩光：壹大員。

陳積凝：壹大員。

信監陳錫金：中員。

信監陳錫五：中員。

信監陳昌言：中員。

信庠陳容光：中員。

信庠陳熊：中員。

信監陳元芳：中員。

信監陳元芳：中員。

信監陳應培：中員。

信監陳明、信監陳際會、信庠崔文昭、信監陳始裘、陳元吉、陳閏和、陳兆祥、陳蔭福、陳昌遠、陳英俊、陳紹基、陳連桃、陳遂望、陳洪達、陳輯坡、陳躋聖、陳文輝、陳森榕、陳熊祥、陳會心、陳鎮玖、陳轉泰、陳寧安、陳應五、陳五常、招貯茂、信童奏長庚、陳雄韜、陳燦廷、陳輝茂、黃煥林、黃佐廷、黃月寶、陳佛與、陳嘉猷、陳永傳、何敬揚、招帝及、招聯友、陳湛之、招椿茂、陳秋明、陳美興、陳明照、陳嫡後：已上各壹中員。

陳平九、陳毓芳、陳乾縱、陳溫勝、陳有林、陳勝雄、陳紅滔、陳后基、陳錦鐸、陳松林、陳閏上、陳暢達、陳深平、陳接平、陳接祖、陳悅增、陳炳球、陳善克、陳群志、陳瑞林、陳蘭芳：已上各壹中員。

崔錦波：三錢。

陳志和：三錢。

陳洪任、陳靜有、陳暢懷：已上貳錢五分。

陳帝成、陳演廷、陳帝興、陳洪略、陳連志、陳連舉、黃偉祥、黃喜□、黃世洪、裘集江、裘集常、裘集興、陳玉成、陳潤懷、陳祖鎮、陳鳴珮、陳殿琳、陳群盛、陳三攜、招茂森、陳璧光、陳宜偕、陳鷟壽、陳光靈、陳瑞能、陳癸其、陳光炎、陳景輝、陳連五、陳能受、陳選高、陳日輝、陳懷書、陳擎柱、陳德堅、陳鳳昌、黃永南、黃冠齡、黃廷桂、黃廷芝、黃富佳、黃鼎祥、陳溢賢、陳祖□、陳鳴望、信童陳基兒、陳明千、陳祖泰、信童陳燦陽、黃廣學、陳盛喜、陳閏傳、陳鳳德、黃榕桂、黃榕桂、黃英物、陳福結、陳顯龍、陳子鎮、陳權福、信童陳榕基、陳錦鏞、陳艷芳、陳佛枝、招錦倫、招瑞祥、陳福堅、何成有、陳惠之、黎應朝、陳德倫、招榮昌、招茂祥、招廣祥、招裔祥、陳亮啟、陳勝裕、陳乙芳、陳文茂、陳華炳、陳胎漢、崔廷亮、陳炳彰、陳日泰、崔銘銓、陳啟宗、陳應中、陳亮珮、陳郁昌、陳盈禧、陳祖帶、陳金養、陳錦釗、崔潤福、陳玉堂、信童陳永泰：已上各貳錢二。

陳汝籌：壹錢六分。

陳瑞能：壹錢五分。

陳雲蛟：壹錢五分。

陳聖康：壹錢五分。

陳引之：壹錢□分。

陳乾受、陳九亨、招長生、陳伯龍、招祖領、招六友、陳悅昇、陳汝琼、陳梓林、陳保壽、陳從善、陳聖敘、陳濃澤、陳綿祖、陳運泰、陳應科、陳宗蔭、陳永安、陳雲安、陳廣昇、陳敬南、陳遇興、陳容熙、陳潤倉、陳灼成、陳寧心、陳悅有、陳群五、陳壯喜、陳演能、陳文中、陳燧錦、陳占春、陳燧爵、陳閏春、陳信德、陳福宜、陳汝德、陳福宜、陳汝德、陳福敬、陳汝祥、黃浩蘭、黃顯盛、黃祖鑑、黃恊多、黃連興、黃冬發、黃志鍔、黃溥全、黃昭裘、黃興宜、黃星現、黃冬成、陳蔭孫、信童黃應龍、黃亞財、黃天祥、陳仁壽、陳汝貴、陳達先、陳旭昇、黃容森、黃世運、黃演成、黃廷恩、黃成有、林振居、何高興、黃長壽、黃廸求、黃月勝、陳美成、朱勤昌、陳恆焫、何亞甡、何炳光、招賢昌、區亞聖、陳振之、譚亞薀、陳德成、陳長大、陳疉大：已上各壹錢正。

沙村市芳名：

正益店：貳大員。

聚和店：貳大員。

大益店：壹大員。

道生堂：壹大員。

洪生店:壹大員。

益合店:壹大員。

合和店:壹大員。

聯益店:壹大員。

元亨店:壹大員。

橋盛店:壹大員。

惠來店、兩合店、元興店、益和店、會心店、瑞和店、怡和店、江聚店、三和店:已上壹中員。

錦華店:貳錢正。

梁閏號:壹錢五分。

裔利店:壹錢。

余富有:壹錢。

明合店:壹錢。


道光四年歲次甲申仲夏吉旦。


**下碑**


【碑刻信息】

存址:今增城縣北帝古廟內。

碑額:重修北帝古廟碑記。楷書。

碑題:無。

尺寸:碑高145厘米,寬74厘米。

碑文來源:原碑抄錄。


【碑文】

本墟題助工金芳名列後:

麗泉當：壹拾大員。

瑞豐當：捌大員。

怡和館：捌大員。

泰豐店：柒大員。

大興店：陸大員。

吉和店：陸大員。

又合店：陸大員。

裔合店：伍大員。

德盛店：伍大員。

玲合店：伍大員。

永盛店：肆大員。

員井汎弟子：肆大員。

東聚店：肆大員。

新勝館：肆大員。

金勝館：肆大員。

信記店：叁大員。

小逕番禺埠：叁大員。

勝隆店：叁大員。

泗昌店：叁大員。

義合店：貳大員。

南珠店：貳大員。

恆利店：貳大員。

信聚店：貳大員。

恆德館：貳大員。

泗合店：貳大員。

財興店：貳大員。

以松店：貳大員。

聯豐店：貳大員。

沙村埠：貳大員。

桂盛店：貳大員。

三盛店：貳大員。

居記店：壹兩壹錢。

合利店：壹兩壹錢。

金昇店：壹兩正。

錦雲店：壹兩正。

黎發興：壹大員。

勝昌店：壹大員。

廣昌店：壹大員。

文聚店：壹大員。

新益店：壹大員。

遇生堂：壹大員。

利馨店：壹大員。

大益店：壹大員。

威儀館：壹大員。

泰隆店：壹大員。

明昌店：壹大員。

合昌店：壹大員。

東成店：壹大員。

泰合店：壹大員。

兩合店：壹大員。

陳誠存：壹大員。

和昌店：壹大員。

煥華齋：壹大員。

同興店：壹大員。

茂隆店：壹大員。

長壽店：壹大員。

林聚店：壹大員。

更練館：壹大員。

又昌店：壹大員。

萬保堂：壹大員。

黃聯登：壹大員。

黃門秦氏：壹大員。

惠源店、振合店、巧昌店、錦成店、兩利店、楊遠芳、梁寬容、瑞源店、黃樂中、蔡元滔、黃焯衡、麥錦寧、順邑曾登然、南邑吳恆彩、李冠旭、謝雲沖、萬億店、義利店、福合店、順和店、福興店、美松店、昇隆店、義興店、西昌店、巧華店、□興店、陳聚盛、葉巧龍、黃財泰、梁鳳儀、歐陽亞榕、鄧亞秀、莫辰初、兩益店、長春館、聯興船、姚九女、梁秀東、章廣勝、韋達邦、梁尚顯、章金玉、鄧德興、黃南興、李瑞超：已上各壹中員。

惠源容：三錢。

黎連發：三錢。

李起聯：三錢。

義興店：貳錢五分。

劉貴揚、長盛店、秦成昌、戴耀昌、招金培、何亞道、金昌店、其昌店、惠興店、廣源店、陳福引、惠勝店、黃觀佐、吉來店、黃程昌、和浩廷、馮揚善、明記店、陳成寬、區日志、合興店、黎長盛、林長德、陳四華、陳城高、龔有業、陳廣勝、儀來店、何亞蘇、梁志廣、梁連桂、董為任、陳沛合、鄧東盛、鄧金德、鄧羅姐：已上各貳錢正。

馮湘基：壹錢。

馮邦基：壹錢。

義興店：壹錢。

茂興店：壹錢。

黃漢章：四錢正。

李錫、李帝：四錢正。

□□圩粹心店：壹中員。

品香店：壹中員。

裕隆店：壹中員。

人和店：貳錢正。

小逕溫時茂：貳錢正。

水南鄉：

水南眾信：題銀肆大員。

謝蒼錫：壹大員。

謝會岐：壹大員。

謝蒼成：壹大員。

謝振光：壹大員。

謝何帶：壹大員。

謝祖應：伍錢正。

謝華海：伍錢正。

謝金聲、謝世基、謝輝邦、謝裔光、謝琼中、謝衡中、謝雲就、謝燦亨、謝重貴、謝勝高：已上壹中員。

謝秉佐：貳錢正。

謝廣昭：壹錢六分。


新塘墟：

萬昌店：肆大員。

大源店：叁大員。

麥邊市：

長興店：貳大員。

蒼頭區文興：題銀肆大員。

華圃信監鍾元量：貳大員。

南岡信庠秦殿英：壹大員。

存新館：貳大員。

長益館：貳大員。

祐成押：貳大員。

泗和押：貳大員。

學賢鄉眾信：題銀貳大員。

新圍鍾澤東：壹大員。

省城張雄輝：壹大員。

何村梁祖貴：壹中員。

奕昌店：貳大員。

廷記店：壹大員。

義利店：壹兩正。

關帝廳眾信：壹兩正。

榕村信監鍾玉成：壹中員。

鍾華東：壹中員。

省城渡：壹大員。

南岡圩美隆店：壹中員。

吉信店：壹大員。

三合店：壹大員。

泗利店：壹大員。

信利店：壹大員。

鍾浩成：壹中員。

鍾應東：壹中員。

石龍渡：壹中員。

德興店：壹中員。

區宜書：壹中員。

鍾德貴：壹中員。

新塘渡：壹中員。

下埔天源店：壹中員。

昌和店：壹中員。

馮演成：壹中員。

鍾凝貴：壹中員。

學賢鄉郭光迪：壹中員。

南邑梁尚倚、帝水：壹中員。

霜號店：貳中員。

余成蔭：壹中員。

鍾昌宇：壹中員。

葉文勝：壹中員。

梁亞日：貳錢正。

黃錦昌：貳錢正。

梁寬勝：貳錢正。

鍾灼明：貳錢正。

郭勝利：壹中員。

吳廣興：壹錢正。

道光四年歲次甲申仲夏吉旦。

　　首事：麗泉當、陳時章、大興店、泰豐店、吉昌店、永盛店、又合店、勝隆店、聯豐店、梁秀東、章達邦、裔合店、德盛店、吉昌店、遇生堂、兩合店、萬保堂、長壽店、小逕埠、和昌店、玲合店、東聚店、財興店、興隆店等重修立石。

## 【碑文考釋】

　　撰碑者陳憲祖，廣東增城人，生平不詳。

　　碑文記道光年間重修北帝古廟一事。此碑文採用駢體四六文的形式，對仗工整，辭藻富麗。從碑文的捐資者名單，可以看出，小徑墟北帝廟，供奉的群體主要是商人。這一點從乾隆年的重修碑也可以得到證實。

# 86-3　清·陳念祖：重修小逕墟北帝古廟碑記

清同治十三年（1874）

**上碑**

## 【碑刻信息】

　　存址：今增城縣北帝古廟內。

　　碑額：重修小逕墟北帝古廟碑記。楷書。

　　碑題：無。

　　尺寸：碑高140厘米，寬70厘米。

　　碑文來源：原碑抄錄

## 【碑文】

　　吾鄉之西為小逕墟，有廛舍三百餘戶，其路四達，環墟皆水，如瀍澗之交流。百貨所輻輳，商賈所會集，趁墟人往來如織焉。神農氏致天下之民，聚天下之貨，交易而退者，如此也。中有北帝古廟，安奉北方真武玄天上帝，千百禩於斯矣。按真武神，北方七宿也，為水之精，天一所生者。虛危以前，其形蛇；室壁，其形龜。居坎位曰元，有鱗介曰武，又曰真武。祀元武，即郊祀黑帝之意。祀之於墟,而為此墟香火者,《禮》所云"法施於民者祀之,能捍大患禦大災者祀之"①耳。墟中人朝夕所奉事者,莫不富而康,壽而臧;多財善賈者,恒利市三倍焉。

甲戌歲,眾議重修,墟之飲和食德者固踴躍捐輸,以為鳩工庀材之費。我鄉及異境之人亦皆感神大德,樂助以成其美。由是勤垣墉,購楘桷,易棟宇,塗丹艧,廟貌煥然一新。斯役也,約計需金七百有奇,此固出於眾志之樂成,實由司事者善於經營,不辭勞瘁,克藏乃事也。夫神,聰明正直而壹者也②,人之敬神者誠且周,神之福人者宏而遠矣。工竣日,命余為記,鑴芳名以垂不朽。余思《虞書》"貿遷有無"③,《周禮》"阜通貨賄"④;端木氏不忘貨殖,陶朱公最善營生,商亦四民之一者。誠能各安其業,以義為利,大道以生,將見億能屢中,六府修而三事治,必邀神眖於無窮,且副聖天子通商惠工、同其度量、阜其財求之至意。晁錯云:"商賈大者積權〔一〕信息,小者坐列販賣,操其奇贏,日遊都市。"⑤可為小逕墟卜矣,豈徒牽車牛以服賈,願受一廛而藏於其墟哉!是為記。

歲貢生就職儒學訓導里人陳念祖敬撰。

今將沙村鄉工金芳名列左:

陳節菴祖敬送廟左厨房後座地一段,深六尺五寸,闊八尺。

二帝會:拾大員。

奉直大夫陳烈章:三大員。

拔貢陳賡齡:二大員。

---

① 此語出自《禮記·祭法》,參前清·馮景華:〈始祀張王爺碑記〉[清道光三十年(1850),碑號30-3,總73]注。

② 《左傳》:"神,聰明正直而壹者也,依人而行。"見晉·杜預注,唐·孔穎達正義:《春秋左傳正義》卷一〇,頁181下。

③ 此語出自《尚書注疏》卷五〈尚書·虞書·益稷〉,頁66上-下:"暨稷播奏,庶艱食鮮食,懋遷有無化居,烝民乃粒,萬邦作乂。"

④ 此語出自《周禮注疏》卷二〈天官冢宰〉,頁29下:"以九職任萬民,一曰三農生九穀,二曰園圃毓草木,三曰虞衡作山澤之材,四曰藪牧養蕃鳥獸,五曰百工飭化八才,六曰商賈阜通貨賄,七曰嬪婦化治絲枲,八曰臣妾聚斂疏材,九曰閑民無常職轉移執事。"

⑤ 此語出自晁錯:〈論貴粟疏〉,原文為:"而商賈大者積貯倍息,小者坐列販賣,操其奇贏,日遊都市。"見漢·班固撰,唐·顏師古注:《漢書》卷二四〈食貨志〉,第4冊,頁1132。

舉人陳殿勳：二大員。

□□陳念祖：二大員。

□□□□熊：二大員。

（下泐）

監生陳長庚：一大員。

貢生陳德盛：一大員。

庠生陳衍祐：一大員。

信職陳昌世：一大員。

信職陳聚宗：一大員。

即補分府陳顯升：一大員。

監生陳佑昆：一大員。

監生陳瑞林：一大員。

（下泐）

監生陳朝泰：一大員。

監生陳浩波：一大員。

監生陳瑤光：一大員。

監生陳梓林：一大員。

監生陳頌良：一大員。

監生陳灝：一大員。

信紳陳奕邦：一大員。

誥封五品宜人陳章氏：一大員。

□□□□□□□□。

□□□□□□□□。

陳思烈：一大員。

□斯□：一大員。

□□□：一大員。

（下泖）

陳泰交：一大員。

陳梓材：一大員。

陳怡記：一大員。

陳照焜：一大員。

陳益棧：一大員。

陳益來：一大員。

陳歐陽氏：一大員。

陳徐氏：一大員。

陳其吉：六錢。

陳羽鳴：六錢。

陳良智：五錢。

陳靜軒：四錢。

陳曾氏：四錢。

庠生陳植榮、邑庠陳龍安、千總陳廷楊、陳曉椿（下泖）、陳瑚漣、監生陳壽齡、監生陳祥光、監生陳封祝、監生陳威海、陳蒼色、陳思濟、陳維烈、陳鴻昆、陳汝芬、陳錦波、陳汝升、陳有富、陳進楊、陳其旅、陳東光、陳傑魁、陳壽禧、陳恆光、陳錫興、陳福昌、陳樂記、陳祿昌、陳爋文、陳炳坤、陳祥珠、陳世雄、陳星華、陳蔭雲、陳宜萬、陳高明、陳逢秩、陳錦容、陳燕章、陳成澤、陳昌業、陳燕基、陳奇春、陳鎮平、陳維新、陳元烈、陳深海、陳澤利、陳鵬展、陳作仁、陳煒芬、陳寶泉、陳錦鐸、陳維燧、陳覲廷、陳雲標、陳重九、陳祖光、陳瑤琨、陳廷基、陳堯階、陳殿安、陳殿威、陳林盛、陳增達、陳顯常、陳□棠、陳曜藻、陳達章、陳集演、陳光並、陳登瀛、陳澄江、陳杻榦、陳巧全、陳富錦、陳幹榮、陳業祥、陳錦泰、陳懷清、陳炳光、陳其殷、陳其昌、陳維勝、陳耀華、陳進添、陳江寶、陳祖昌、陳朝熙、陳成煥、陳廣志、陳油佳、陳松顯、陳錫全、陳祿洪、陳容昌、陳自銘、陳允昇、陳謂仁、陳壽基、陳容添、陳浩波、陳琼光、陳徐氏、陳徐氏、陳徐氏：以上壹中員。

陳亞蘇：三錢二分。

陳門帶、陳錫澤、陳履熙、陳履和、陳成輝、陳錫祥、陳但家二、陳梁澗、陳世波：以上三錢正。

陳九成：二錢四分。

監生陳錫翰、陳泰□、陳美琼、陳珠桂、陳會龍、陳□章、陳師聯、陳昭福、陳金泉、陳星言、陳庭訓、陳佳成、陳逢泰、陳會春、陳昌萬、陳亞福、陳炳林、陳順坤、陳燿廷、陳應田、陳國勝、陳洪晶、陳太祥、陳錫容、陳閏祿、陳滿梅、陳炳照、陳丙炎、陳□宜、陳靜波、陳杜田、陳焯田、陳浩田、陳朝昌、陳百福、陳重祿、陳耀煊、陳應達、陳明秋、陳洪升、陳善初、陳宜初、陳燨勳、陳堯坤、陳言枝、陳廣恩、陳朝昇、陳光橋、陳鴻演、陳琼樹、陳觀趣、陳□昆、陳□樹、陳亞喜、陳閏金、陳成就、陳配秋、陳翠恬、陳咏喬、陳達廷、陳悅江、陳進高、陳朝選、陳財根、陳堯廣、陳占具、陳炳裔、陳濃湫、陳應賢、陳配林、陳啟瑞、陳接義、陳餘占、陳瑞昌、陳英華、陳陽波、陳汝坤、陳偉賓、陳太忠、陳太聖、陳太彪、陳永昌、陳槐炫、陳成記、陳亞宜、陳德華、陳有慶、陳旭輝、陳榮盛、陳景釗、陳維熙、陳茂楊、陳慶隆、陳進洪、陳秦氏、陳鍾氏、陳吳氏、陳劉氏：以上貳錢正。

陳鑑明、陳焯奇、陳堯墀、陳植棠、陳閏全、陳蘇女、陳煥賢、陳鍾氏：以上壹錢八分。

陳耀明、陳峻材、陳其英、陳其周、陳良勳、陳劉氏：以上壹錢六分。

陳福戴、陳福容、陳巧信、陳達昭、陳應祺、陳文灝、陳一陽、陳智敬：以上壹錢五分。

陳沃楨、陳洙杰、陳泰階、陳樹春：以上壹錢四分。

陳建勳、陳南容、陳陽定：以上壹錢三分。

陳祐祥、陳昌球、陳慶珍、陳蔭基、陳景恩、陳贊廷、陳傾餘、其名氏、陳旭邦、陳昌祚、陳有傳、陳有枝、陳寶池、陳榮桂、陳□階、陳海□、陳炳光、陳閏澤、陳鍾氏:以上壹錢二分。

　　陳翹基、陳壬光、陳萱乾、陳作無、陳祥玖、陳閏安、陳壬昌、陳志堅、陳汝成、陳亞勞、陳儲牛、陳文江、陳桂清、陳珠侶、陳裕寧、陳達全、陳光宜、陳九勞、陳為盛、陳為煥、陳永龍、陳彩言、陳河清、陳旭運、陳樹田、陳展輝、陳柱恩、陳佰耀、陳監清、陳長□、陳益昌、陳志義、陳七九、陳金連、陳曾輝、陳乾海、陳燕清、陳燕弟、陳廣進、陳心□、陳有其、陳有成、陳應圖、陳慶蘭、陳鴻蘭、陳祥氏、陳殿邦、陳亞愛、陳黃氏、陳吳氏、陳□氏、陳盧氏、陳彭氏、陳鍾氏、陳鍾氏、陳曾氏。

　　同治十三年歲次甲戌仲冬穀旦敬立石。


**下碑**


【碑刻信息】

　　存址:今增城縣北帝古廟內。

　　碑額:重修小逕墟北帝古廟碑記。楷書。

　　碑題:無。

　　尺寸:碑高140厘米,寬70厘米。

　　碑文來源:原碑抄錄。


【碑文】

　　今將小逕墟樂助工金芳名列左:

　　署廣州協右營右部員井總司事左營儘先千總賞加守修銜鄧安:壹拾大員。

　　重修首事:泰豐店。

　　昆順當:拾大員。

　　麗泉當:六大員。

　　泰豐店:六大員。

　　德鳳店:六大員。

泰盛店：六大員。

桂盛店：五大員。

裕昌店：五大員。

耀昌店：五大員。

上昌店：四大員。

泰升店：四大員。

義生店：四大員。

茂盛店：四大員。

成昌店：四大員。

宜盛店：三大員。

信興店：三大員。

恊益店：三大員。

以珍店：三大員。

何良材：三大員。

太泉店：三大員。

同盛店：三大員。

德生店：二大員。

樂棧店：二大員。

宜豐店：二大員。

新天和：二大員。

利生堂：二大員。

梁祐成：二大員。

陳濟記：二大員。

泰大來：二大員。

餘順店：二大員。

鄧樹號：二大員。

鄧合記：二大員。

遇春堂：二大員。

永恆堂：二大員。

謝石秀：一兩。

林善慶堂：一兩。

永泰□區文興神：四大員。

德興店：一兩。

章秋發：一兩。

得利堂：一兩。

霍炳勳：一兩。

天和亨：一兩。

合隆店：一兩。

全行堂：一兩。

戴榮光：一大員。

鍾亞地：一大員。

羅禮和：一大員。

和生店：一大員。

陳福昌：一大員。

嚴標號：一大員。

保壽堂：一大員。

清記店：一大員。

昌隆店：一大員。

合億店：一大員。

萬生堂：一大員。

萬合店：一大員。

致和店：一大員。

同益店：一大員。

泰興店：一大員。

聚生店：一大員。

小逕省渡：一大員。

陳進和：一大員。

和隆店：一大員。

新興店：一大員。

啟利店：一大員。

潘永和：一大員。

惠興店：一大員。

就利店：一大員。

劉德賢：一大員。

福勝堂：一大員。

景利店：一大員。

泰安店：一大員。

同福堂：一大員。

長益店：一大員。

呂祖壽：一大員。

龍瑞雲：一大員。

劉德昭：一大員。

連合店：一大員。

陳德根：一大員。

李興記：一大員。

謝秋海：一大員。

鄧訪：一大員。

何配謀：一大員。

兆記堂：一大員。

陳閏利、盧春芳、袁舉興、陳華仲、何致記、同新店、勝利店、福記店、袁大林、雲樂店、麥元慶、祐興店、福興店、南茂店、陸記店、霍日昇、霍耀昇、霍鑒鋆、福記館、吳遇亨、湛廣發、周遐衡、陳泗利、梁勳郎、凌遠堂、霍樹楠、袁興昌、葉福田、葉茂深、炳利店、東合店、新塘渡、何柏鄉、黃善堂、業永鏐、盧氏：以上壹中員。

梁配和、正合店：以上三錢正。

徐春林、陳光楊、福利店、東發店、鄧錫容、李炳坤、寶合求、源合店、鄧慶全、鎮昌店、陳有乾、黃鄧勝、陳廸利、王容貴、林燦輝、合棧店、鄒嘉汝、友合店、羅炳全、有利店、文記店、梁燕成、袁廸利、葉興利、謝濟、曾柱記、葉錦、徐財興、永合店、袁蘇、鍾溢標、恆昌店：以上貳錢正。

葉配勳、廣裕和、楊福成：以上壹錢八分。

劉華根、劉錫基：以上壹錢六分。

何材謙、何炳謙、何陳氏、何周氏：以上壹錢四分。

有財仁：壹錢。

麥邊市：

祐成當：四大員。

二和店：二大員。

林合店：一大員。

徐光熾：一大員。

順成店：一大員。

匯興店：四錢。

進昌店：四錢。

義隆店、保和堂、和興店：以上壹中員。

金和店：貳錢貳分。

何炳權、祥吉店：以上貳錢正。

吳應利：壹錢貳分。

沙村市：

洪生店：二大員。

德龍店：二大員。

茂合店：一大員。

陳江聚：一大員。

正利店：一大員。

聚豐店：一大員。

聚豐店：一大員。

蔭記店：一大員。

信和店：一大員。

配和堂、溫繼富、三和店、蕭義利、鍾戊先、廣名店、東義店、義材店、自得店、祥珍店：以上壹中員。

范雲楷、羅益倩、聚隆店、合珍店、泰盛店、泰升店、吉祥軒：以上貳錢正。

楊福蔭：壹錢。

沙村鄉：

黃炳祥：一大員。

監生黃如式、黃簡章、黃配基、黃匯波：以上壹中員。

黃景林、黃聖恩、黃宝乾、黃福惠、黃其壽、黃煜豐、黃學勤、黃汝槐、黃執波、黃作善、黃永賢、黃華東、黃汝亮、黃炳運：以上貳錢正。

黃有勝、黃蛋家、黃耿光、黃德光：以上壹錢五分。

黃七亮、黃結圖、黃有德、黃景文、德盛店、桂盛店、黃簡廷、黃成根、黃五珍、黃應朝、黃祥庚、黃金康、黃肇居：以上壹錢正。

監生崔炳光：一大員。

監生崔儒雅：一大員。

崔達柱：一大員。

崔曉卓：五錢。

庠生崔鳳標、崔應寬、崔喬遷：以上壹中員。

崔金來、崔錫鰲、崔再生、崔祐亨、崔鳳鏘、崔汝成、崔吉成、崔耀佳、崔吉樞、崔錦楊、崔時茂、崔福賢、崔吉祥、崔敬恩：以上貳錢正。

崔瑞言：壹錢五分。

崔鳳田、崔永均、崔敘言、宜盛店、耀昌店、崔進鏘、崔溢洋、崔衍基、崔玉恩、崔裔佳、崔翰英、崔永深、崔伍氏：以上壹錢正。

何廸昌、招廣元、招聚蜜、軍功六品招茂藩、招萬九、招桂良、招桂賢、招春茂、招榕森：以上壹中員。

招柱良、招閏珠、招全英、招桂和、招國輔、招桂蘭、招桂傅、招國芬、招宏大、招乾昌、招松彬：以上貳錢正。

招海能、招懷多、招繼長：以上壹錢六分。

樂棧店、茂盛店、招潘氏（貳錢）[1]、招汝順、招東輩：以上壹錢貳分。

招敬章、招全盛、招明新、招其釗、招松海、招松登、招維賢、招廣大、招萬鍾、招萬洲、招鶴錦、招容基、招亞旺、招亞金：以上壹錢正。

陳進春、陳首珍、陳鵬超、陳怡興、陳成秋、陳藍田、陳福山：以上貳錢正。

陳蔭賢、陳容茂：以上壹錢五分。

陳勝基、陳紹賢、陳達梅：以上壹錢正。

陳光輝：中員。

陳觀光：貳錢。

同益店、遇春堂、沙村鄉信農、應福海（一大員）[2]、洪惠垣、仇儀成、梁活川：以上壹中員。

關祺勳：貳錢四分。

關樹垣、關鶴增、關鶴勝、關鶴禧、仇廷高、仇恆達、仇恆枝、仇廷秀、魏福

---

① "貳錢"二字爲小字，位於"招潘氏"之下。
② "一大員"三字位於"龍福海"之下。

有、黎應華、鍾文耀、何汝平、黄浼容、黎應秋、黎全忠、朱匯祥、莫任高、鄒記

先：以上貳錢正。

朱結祥、朱有能、關連柱：以上四錢六分。

梁其裕：壹錢五分。

張梅坤、譚閏勝、譚敬□、譚金□。

（下洳）


同治十三年歲次甲戌仲冬穀旦敬立石。


【校記】

〔一〕"權"，當作"貯"。


【碑文考釋】

撰碑者陳念祖，廣東增城人，生平不詳。

本碑文首先記述增城之西的小逕墟，在同治年間已經發展到三百餘商戶的規模。碑文描述了當日小逕墟百貨輻輳、商賈雲集、趁墟人往來如織的繁榮景象。碑文告訴讀者小逕墟北帝廟就處在這樣一個人貨交匯流通之熱鬧墟市裏。接下來便介紹了玄武神的來歷（"北方七宿"，"為水之精"，"太一所生"），以及稱玄武的原因（"居坎位曰玄，有鱗介曰武"），並點出祭祀玄武的起源（"郊祀黑帝"）。不過，對小逕墟的商戶來說，奉祀玄武神的意義，卻是能得富壽："莫不富而康，壽而臧；多財善賈者，恒利市三倍焉。"玄武神儼然成為當地商戶的庇護神。

接下來的一段碑文記述了重修小逕墟北帝廟的過程，比較有特色的是碑文論述了商賈作為四民之一，亦自有其存在的意義，亦可邀神貺——"商亦四民之一者。誠能各安其業，以義為利，大道以生，將見億能屢中，六府修而三事治，必邀神貺於無窮。"

# 87 四帥古廟

## 【廟宇介紹】

廟今存,位於增城市新塘鎮仙村下境村塘面大街 24 號。始建年代不詳,曾於清乾隆二十四年(1759)、道光二十年(1840)、光緒十一年(1885)重修。供奉康主帥、李勣、馬于貞、趙玄壇等神像①。道光二十年,又於廟旁創建魁星閣和文武二帝廟。

## 87-1 清·列裔昌:重修四帥神廟碑記

清道光二十年(1840)

**上碑**

## 【碑刻信息】

存址:今增城縣四帥神廟內。

碑額:重修四帥神廟碑記。楷書。

碑題:無。

尺寸:碑高 117 厘米,寬 63 厘米。

碑文來源:原碑抄錄。

## 【碑文】

翳夫神也者,聰明正直而一者也②。故有神必有靈,有神必妥乎神之所依,而乃常顯其靈。因思事無久而不變之勢,物無故而不新之理,而實有神靈於其中默使之,而人不知其所以然者。吾鄉四帥神廟,由來舊矣,乾隆己

---

① 參陳建華主編:《廣州市文物普查彙編·增城市卷》,頁 139。

② 《左傳》:"神,聰明正直而壹者也,依人而行。"見晉·杜預注,唐·孔穎達正義:《春秋左傳正義》卷一〇,頁 181 下。

卯以前，距今尤遠，未及溯其伊始。己卯重修以後，歷八十餘年之久，過一花甲子之長，星霜變易，時序推遷，而廟貌之遞異其初制者，簷楹屢被風掀，梁桷幾遭雨蝕，縱未至於傾圮，亦難壯其觀瞻。倘不修建而緩圖之，非致奉祀之意也。爰是公議倡捐，因其故廟易而新之，略加潤色，式煥規模。而鳩工庀材，刻期告竣，估計所費白金不惜千兩之多。皆由眾信輸誠，共勷成事，況更有後嗣代先人而捐資者。此以見四帥神靈聰明正直而一之感人者妙也。又於廟旁創建魁星閣、文武二帝廟，各塑一神像，將前所設神位在古廟內之左者，遷而置於神像前，以永享夫千秋俎豆之馨香云。是為序。

邑庠列裔昌撰。

開列：

列忠靖祖題銀伍拾大員。

列貫道祖題銀叁拾伍大員。

溫祖慶祖題銀貳拾大員。

列仙源祖題銀拾大員。

列道生祖題銀陸大員。

本鄉乩壇題銀壹兩。

廣順當題銀叁拾大員。

茂隆店題銀壹拾貳大員。

福昌店題銀壹拾大員。

和興店題銀壹拾大員。

源昌店題銀壹拾大員。

潭村勝利店題銀壹拾大員。

成昌店題銀捌大員。

成和店題銀捌大員。

大盛店題銀伍大員。

县城陳曜常題銀叁兩陸錢五分。

怡和棧題銀肆大員。

鹽埠店題銀貳兩玖錢貳分。

大生店題銀貳兩陸錢貳分五厘。

大順店題銀貳兩陸錢貳分五厘。

遠昌店題銀叁大員。

同利店題銀叁大員。

正成堂題銀叁大員。

協和店題銀叁大員。

永順店題銀貳大員。

怡怡店題銀貳大員。

悅和店題銀貳大員。

均合店題銀貳大員。

萬昌店題銀貳大員。

廣發店題銀壹兩肆錢三分。

巧珠店題銀壹兩壹錢二分五厘。

南昌店題銀壹兩壹錢二分五厘。

南邑程宏芝題銀貳大員重玖錢六分。

李瑞祥題銀壹大員。

列秩文題銀貳大員。

勝昌店、義興店、萬安店、和就店、順昌店、寬合店、興利店、和昌店、元吉店、協盛店、新兩興、石下劉翰華：已上題銀壹大員。

同德堂、公和店、存和店、振合店、東生店、兩義店、下基陳聯旭、大安店、馮茂昌、東邑鍾林慶、東邑黎土鱗：已上題銀壹中員。

馮廣興、源興店、萬順店、順利店、泰和店、新利店、敏記店、義盛店、黎應乾、長興店、有利店、榮和店、同聚店、廖阿有、古亞賢：已上題銀叁錢六分。

列容興、泰安店、合和店：已上題銀三錢。

兩興店、義和店、松利店、萬聚店、永和店、新華店、千利店、秦德貴：已上題銀貳錢□分。

葉燦舉：二錢□分。

**下碑**

【碑刻信息】

存址：今增城縣四帥神廟內。

碑額：重修四帥神廟碑記。楷書。

碑題：無。

尺寸：碑高 117 厘米，寬 65 厘米。

碑文來源：原碑抄錄。

【碑文】

列香志題銀壹拾大員。

列起鵬題銀壹拾大員。

列全西題銀伍大員。

周俊學題銀肆大員。

列翰昭題銀叁大員。

列兆初題銀叁大員。

列廷澤題銀叁大員。

列燦揚題銀叁大員。

溫恆經題銀叁大員。

列振翼題銀貳大員。

列世家題銀貳大員。

庠生列國治題銀貳大員。

周茂高題銀貳大員。

列慶南題銀貳大員。

列朝進題銀貳大員。

列名顯題銀貳大員。

列際隆題銀貳大員。

列進高題銀貳大員。

周成高題銀貳大員。

列煥英題銀貳大員。

列成教題銀貳大員。

列乾有題銀壹兩零陸分。

列俊良題銀壹兩正。

列廷取題銀壹兩正。

列大興題銀壹兩正。

列宏應題銀壹兩正。

列茗綱題銀玖錢伍分。

列采章題銀捌錢四分。

列富邦題銀壹大員。

列宏選題銀壹大員。

列旭乾題銀壹大員。

溫抱經題銀壹大員。

列茂進、列松寬、列祖寬、列相堯、列玨新、列□吉、列□□、列□□、列□、列仲驥、列□光、列光顯、列連昭、列亞有、列文博、列拔南、列慶仔、列堯階、李高、列達亨、列潤初、列炳高、列駿英、列起初、列貴玉、監生列雲遇、列應龍、列斗歡、列錦慶、列錦基、列秀麟、列宏亨、列祖貴、列福其、列達朝：壹大員。

□□□、列大盛、□□良、□慶高、□喜良、列成貴、列俊蕚、列顯章、列祥貴、列存禮、列宋周、溫錫安、列汝剛、列達進、列秉仁、列錦盛、列□□、列展鵬、列儲芳、列廷傑、列貴有、列網瑚、列永義、列復周、溫國勝、列允安、列爵華、列紹剛、列萃文、列耀文、列耀隍、列□華、列廣高、列成波、列喜□、列恩拔：已上題銀壹大員。

列奕貴：銀四錢。

列福全、列裕廷、列貴茂、列恆茂、列廷昭、列得佐、列華玉、列觀祐、列明高、列文徵、列總福、列住仔、周華志、列勝茂、列柱國、列鎮經、列作求、列慶豐、列協和、列積善、列陽生、列炫章、列子俊、列廣耀、列子賢、列茂□、列榮萼、□□□、□□□、□□□、□□□、列永□、列恆有、列奮成、列芥禧、列子保、列茂平、列茂枝、列連興、列國成、列吳進、列善佳、列錫位、列起鳳、列貴邦、列展平、列朝進、列珠明、列光熊、列裕懷、列鳳儀、列器之、列狷生、列阮存、列□安、列在天、列亞□、列茂貴、列全勝、列常貴、列宏武、列亞容、列有□、□□□、□□□、□□□、□□□、溫明照、溫錫貴、溫裕經、溫□明、溫錫康、劉中望、列容富、列連發、列過龍、列常新、列榮福、列萃英、列盛剛、列福寧、列□明、列連□、列光照、列盧房、列煥新、列吳深、列積聖、列奕昭、列倬貴、列永禧、列耀西、列煥宜、列海祥、列亞祖、列□□、□□□、□□□、□□□、□□□、□□□。

（下泐）

聯慶社敬送四帥神前雕刻人物枱圍壹張，工料銀陸拾大員。

信紳列凌霄、列裔昌、列應祥、列慶蕃、列植深、列英進、列學芳，敬題頭門石扁臺個，工料銀壹拾陸大員。

值事列駿陸、列顯世、列茂春、列進瓊、列盤石、列晃如、列万欢、溫敬新敬題頭門石聯壹對，工料銀壹拾陸大員。

列文昭敬送香脊銀壹大員。

列廣隆敬送文武帝君神前錫香案壹副，銀捌大員。

列才吉敬送魁星斗君神前錫香案壹副，銀陸大員。

道光二十年歲次庚子穀旦。

## 【碑文考釋】

撰碑者列裔昌,廣東增城人,生平不詳。

碑文記述了四帥神廟於清道光二十年重修之事,並稱在廟旁創建魁星閣、文武二帝廟。

四帥,指的是康保裔、李勣、馬于貞、趙玄壇等四位元帥。其中,康保裔(康公)、馬于貞(華光)在前已介紹過。李勣(594—669)為唐初名將,原名徐世勣,字懋功(亦作茂公)。唐高祖李淵賜其姓李,後避唐太宗李世民諱改名爲李勣。曾破東突厥、高句丽,與李靖并稱。後被封爲英國公,爲凌煙閣二十四功臣之一。趙玄壇,即趙公明,因為道教中封趙公明為正一玄壇元帥,故名趙玄壇,又名趙公元帥。本為五方神,後傳說他能主持公道,使買賣得利,乃成為財神。

# 87-2 清·列鼎元:重修四帥神廟碑

清光緒十一年(1885)

## 【碑刻信息】

存址:今增城縣四帥神廟內。

碑額:重修四帥神廟碑。楷書。

碑題:無。

尺寸:碑高121厘米,寬54厘米。

碑文來源:原碑抄錄。

## 【碑文】

四帥神廟,吾鄉之創建由來久矣。經道光庚子第二次重修,規模式廓,氣象崢嶸。前之人既竭情崇奉,後之人似無事踵增矣。越光緒乙亥,相距僅三十餘年耳,適孟夏之月,颶風大作,高亭傾圮,兩廊崩折。延歷數載,未獲葺復。爰集同人酌量諏吉,所幸士女樂助輸誠,集腋成裘,捐有數百金。是以庀材鳩工,塗墍茨,塗丹[一],仍舊貫乎。然而廟貌煥然,神像亦儼然也。至於斯廟形勝,屏擁豸峰,堂朝鯉滘,山明而水秀,地傑則神靈。其受萬民之恭祝,享千秋之明禋,不待言而已明矣。爰誌顛末,以示不忘。

沐恩邑庠生列鼎元敬撰。

值事：信監列廣亨、武庠列良駒、信庠列鼎元、武舉列元章、信庠列德邦、信監列勵勷、信士列恆耀、信監列里英、信監列泰祥、信監列潤瑜、信監列嘉□、信庠列鉅彪、信士列灼成、信士列蕚菠、信監列光柱、信士列耀□。

職員列定邦率另侍衛國光合家題高腳牌五對,該工料銀貳拾大員。

署廣州協鎮府記名總鎮銳勇巴圖魯鄧安邦副□列氏敬題銅香爐壹個。

□列易學堂敬題日課。

列聯廣社題重修神前枳圍,該工料銀壹拾貳□□□。

列□盛社題鐵線炮塔壹座,該工料銀陸兩。

仙村合慶堂敬題繡橫絍壹副。

列三樂社題銀貳拾大員。

仙村永勝堂題銀貳拾大員。

信監列永欽題銀壹拾大員。

信監列毓芳題銀壹拾大員。

信監列卓英題銀壹拾大員。

信□列浦光題銀壹拾大員。

□□列邵文題銀壹拾大員。

信□列榮吉題銀玖大員。

列金吉題銀陸大員。

仙村列福押題銀陸大員。

□總列進脩題銀伍大員。

信監列廣亨題銀伍大員。

誥紳列傑邦題銀伍大員。

列繼志堂題銀伍大員。

列金賀題銀伍大員。

列錦盛題銀伍大員。

信監列福康題銀伍大員。

信庠列□彪題銀伍大員。

列德良題銀伍大員。

武舉列元章題銀肆大員。

信監列泰祥題銀肆大員。

信監列榮登題銀叁大員。

列潤朝題銀叁大員。

信監列耀星題銀叁大員。

信監列譽彰題銀叁大員。

信監列鼎元題銀叁大員。

信監列良佐題銀叁大員。

信監列勵勸題銀叁大員。

信監列柏亭題銀叁大員。

信監列嘉貞題銀叁大員。

信監列潤瑜題銀叁大員。

□□列□雄題銀叁大員。

列□康題銀叁大員。

列□□題銀叁大員。

列金福題銀叁大員。

列紹祥題銀叁大員。

列夢齡題銀叁大員。

正□店題銀叁大員。

□德店題銀叁大員。

信監列善福、武庠列□邦、列星河、信監列□彰、列德揚、信監列慶勳、列逢泰、信監列軾鈴、列暢達、列培進、信監列良輔、列耀焜、列迪康、列耀泉、列潤桃、武庠列永亨、列群發、列韓恩、列□□、列韓璧、列南柱、列灼成、列燦輝、列子群、列富春、列福麟、列汝光、列維新、列斗應、列晉祺、列陳志、列洪穩、周翰章、□□葉康國、深涌約、仙村盐埠、同棧店、□隆店、□□□、煥利店、德隆店、同利店、□行堂、沛利□：以上俱題銀貳大員。

列□成、列榮昌、列總惠、列群勝、列纘光、列雄邦：以上俱題銀壹兩零捌分。

列土興、列成祖、列連有、列楊景：以上俱題銀壹兩。

列昆耀、信監列寵勳、信監列程江、信監列敬齊、信監列遠華、信監列國華、信監列佐鈞、信監列□勳、信監列□□、列獻勳、列建勳、信監列勁勳、信監列瀏滌、列澄漢、信監列應□、信監列星源、列熙光、列福英、列謹□、列□□、列保歡、列土章、列成泰、列耀深、列金鏞、列金德、列啟林、列如栢、列燦成、列柱牛、列錦成、列洪進、列七容、列容進、列□懷、列祥顯、列燦禧、列潤照、列炳□、列□義社、列時要、列連發、列恆耀、列瑞康、列金爐、列志邦、列廷琨、列志揚、列紹□、列榮志、列相靈、列群珠、列金栢、列群旭、列榮基、列恆泰、列凌進、列明華、列滿福、列如金、列東林、列土枝、列熾□、列熾□、列喜福、列帝光、列和德、列子成、列七群、列嘉瑞、列毓昌、列佳瑞、列錦發、列工凌、列閏華、列進和、列容照、列曜光、列楊惠、列有章、列□□、列□□、列□□、列光□、列長勳、列計珍、列錦□、列洪波、列壬基、列沛□、列敬多、列送枝、列土旺、列錫祺、列引平、列保寧、列□朗、列□德、列景良、列景祥、列容日：□□□□□。

光緒十一年歲次甲申仲冬穀旦。

【校記】

〔一〕原碑如此，“塗丹”後當闕一“腠”字。

【碑文考釋】

撰碑者列鼎元，廣東增城人，生平不詳。

碑文記述了四帥神廟第三次重修的始末。這次重修距第二次重修僅四十餘年。第二次重修是在清道光二十年（1840），本來不必在較短時間內再次重修。然而光緒初年一場颶風導致亭圮廊折，廟宇被損壞。又過了數年，鄉民才捐資重修神廟。修成之後，“廟貌煥然，神像儼然”，加上廟周圍形勝頗佳，山明水秀，故作者預言斯廟當“受萬民之恭祝”，“享千秋之明禋”。

# 88　玄女古廟

## 【廟宇介紹】

　　玄女古廟,位於增城縣新塘鎮東洲村東洲大道 29 號。始建年份不詳,1986 年有過維修。廟內左牆上鑲嵌有兩方碑刻,其中一方爲王錫纘〈東洲年創會景碑文〉,另一方爲〈增城縣李太爺審斷告示碑記〉[①]。

## 88-1　清·王錫纘:東洲年創會景碑文[②]

清康熙三十六年(1697)

## 【碑刻信息】

　　存址:今增城縣玄女古廟內。

　　碑額:萬載題名。篆書。

　　碑題:東洲年創會景碑文。楷書。

　　尺寸:碑高 126 厘米,寬 68 厘米。

　　碑文來源:原碑抄錄。

## 【碑文】

　　從來三教一理,而迂儒多有不言釋道,謬矣。夫子曰:"鬼神之爲德,其盛矣乎!"[③]又曰:"敬鬼神而遠之,可謂知矣。"[④]要知鬼神能敬而又能遠也。予於□戌年戴罪東魯,彼地惟以事親爲首重,鬼神之事概置不論,即間有奉

---

　　① 參陳建華主編:《廣州市文物普查彙編·增城市卷》,頁 147。

　　② 此爲碑題。此碑碑額爲"萬載題名"四字,橫額,篆書。

　　③ 此語出自《中庸》第十六章:"子曰:'鬼神之爲德,其盛矣乎! 視之而弗見,聽之而弗聞,體物而不可遺。使天下之人齊明盛服,以承祭祀。'"宋·朱熹:《四書章句集注·中庸章句》,頁 25。參前清·容輝:〈重修古廟碑記〉[清嘉慶三年(1798),碑號 29-1,總 70]注。

　　④ 見《論語》卷三〈雍也〉,原文爲:"樊遲問知。子曰:'務民之義,敬鬼神而遠之,可謂知矣。'"見宋·朱熹:《四書章句集注》,頁 89。

神者,亦僅祀三皇、文昌、關帝而已。

甲戌春,補授茲土衙署,駐札東洲。此地不過一彈丸之所,居民大都數百餘家。一村之中,則有延壽庵、洪聖廟、觀音堂、玄女宮,各皆古建;獨康王一神,又屬行宮,輪坊侍奉。每逢仲秋朔六日,神遊本境,坊坊扮會,戶戶酬恩,演戲建醮者三晝夜。嗟乎! 蕞爾之地何堪如是。且其逃亡,目覩維艱,余又復請詳,將逃亡丁口豁除,兆民少獲樂業。惟逢會景之期,第見老少歡騰,貧富踴躍,予實不解。

不越月,晤鍾子達君者,閑談及此。彼則曰:"惟我鄉康王廼顯應,朝廷勅制地祇司道,果康真君福鎮東洲,感應不淺。本村原有涌口白米場坦腳,前朝承稅歸入神壇,以供香燈,憑坦竪椿,以固地方。此非神庇而何? 於是輪奉者曷敢少懈。去春,因坦腳而又有新生,闔鄉衿耆公議,均合併坊,仍復承稅,眾捐輸餉,利入神壇。此又非神助而何? 惟沙坦初承,歲收無幾,而本村年例且昭舊行。今眾姓復另捐錢貳拾陸千文,交南安會首一十二人,起領資生三分算息,不許派授甲丁,庶輪收得以應例,誠為有濟。直待庚辰年,計算坦腳租錢利息,約足伍拾餘千矣。余另有公費餘錢二千,併付為本。是年,輪應北寧坊起,每坊公舉才德者理之。一切年例醮戲會飾,儘利支用,不動原本,不派夫丁,該坊之人惟出人夫而已。仍將租利之內,每年撥錢貳千文,與本鄉青衿英俊,為會課之需;再撥資錢與延壽庵、洪聖廟、觀音堂、玄女宮,各廟每月清油六觔,以為長明琉璃之燈;又撥壹千文與觀音堂廟祝日用之費。計有羨餘,酌量支銷。今將東平、澳口、東昇、沙井、京兆、余黎、下隔水、元運驛、前街,歸併一坊;南安東約、西約、吳林二約、墊頭,歸併一坊;西定、塘邊、寬黎、莫翟邊、涌尾,歸併一坊;北寧、甘寧、涌尾基、上隔水,歸併一坊。總列四坊,輪流迎接康王行宮,歲奉香燈。庶上不致慢神,下不為科累。至地方公務,仍照舊五坊保長料理,一應衙門公差不許帶入神壇,自取罪譴。立碑之後,皆欣躍從事,咸曰:'有恒產而有恒心,毋致始勤終怠。以神助而祀神祇,庶几功垂永久。'"而鍾子命予為文記之。予不敏,聊以子所言者而重言之,幸勿以予在秦言秦,在楚言楚也。是為記。

　　廣州府增城縣分理烏石司事將仕郎金陵王錫纘撰。


　　鍾達君捐錢拾千文。

　　捐錢陸百文:鍾國亨。

　　捐錢伍百文:貢元洪士光、鍾振秀、黎文灝、單池卿、梁挺桂、鍾季銓、黎天祚。

　　捐錢叁百文:鍾秩章、鍾鴻聲、鍾熙政、鍾騰漠、鍾文夏、梁挺芳、鍾友上、倫宗昭、鍾恆客、鍾聲運、黎天扯。

　　捐錢貳百文:主員鍾得魁、黎之國、李胤兼、鍾國寶、吳沛卿、黎良璽、黃帝良、陸象球、黎憲章、秦文喜、生員鍾應福、黎天胤、黎振于、鍾燦卿、鍾應祐、鍾應裕、鍾應祥、黃式武、林清遠、黃廷偉、洪耀倉。

　　捐錢一百五十文:鍾重華、林鳳梧、黎德瑞、秦文廣、余英俊、黃國平、吳桂卿、丘雲奕、鍾立章、黎上子、周明煥。

　　捐錢一百文:生員鍾士驤、黎景元、林挺之、黎國英、李胤桂、吳元相、鍾畹士、張國熊、黎兆熊、黎祖榮、鍾朝卿、生員鍾□□、鍾觀瑞、鍾觀重、黎燕桂、李雲瑞、鍾鴻集、黎和子、關元卿、寬弘作、朱接源、何霄儀、鍾廷鉉、李廷□、寬宏佳、鍾斐佳、鍾耀佳、鍾奕文、李進長、張大有、黃文壯、翟元瑞、寬世扶、葉楚躋、李果珍、李爾詵、鍾桂、鍾炳佳、李端士、吳宗穎、林奇生、李世振、鍾佐君、寬朝碧、寬大相、鍾緒、單京泰、寬紹先、單光奕、黎信謙、黎國賓、林鳳高、吳英芝、林上錦、陳國瑞、李鳴春、鍾國俊。

　　捐錢六十文:吳家瑞、陸萬全、張廷賓、何旋客、洪子凡、李爾積、鍾苑亮、葉茂生。

　　捐錢五十文:鍾雷翰、鍾文尚、黃友奇、李向明、曾元昇、余文景、余英萬、黃朝佐、黃朝棟、彭美文、吳元贊、黎嘉閏、黎嘉珍、鍾□尚、鍾元謙、鍾元壯、朱鳳祥、黎鳴佳、鍾永福。

康熙叁拾陸年拾壹月初八日里人鍾達君公仝闔鄉衿耆保約立石。

【碑文考釋】

撰碑者王錫纘,江蘇金陵人,清康熙三十八年(1699)曾任增城縣分理烏石司事。

碑文首先引述孔夫子語,指出:"鬼神之為德,其盛矣乎!"奉祀鬼神對東州村村民福祉攸關。

碑文記錄增城東洲村康王(康元帥、康真君)祭祀情況。據碑文,東洲村康王祭奉的方式與當地已有的南海洪聖帝、觀音、玄女的供奉表現出很大的不同。後三種神靈在東洲村都有固定的祠廟——洪聖廟、觀音堂、玄女宮,而對康王的祭祀則實行四坊每歲輪流供奉的制度。每年中秋,遇到迎奉康王的日子,村子都要舉行酬恩醮會的廟會——"每逢仲秋朔六日,神遊本境,坊坊扮會,戶戶酬恩,演戲建醮者三晝夜。"

曾經出仕山東的王錫纘親見康王會景之期男女老少踴躍參加的歡騰熱鬧場面,感慨東洲村雖一彈丸之所,卻勤於事神敬神,於是將從鄉人鍾達君處所瞭解到的有關輪坊供祀康王的情況記錄下來,撰成此文。

碑文不但提供了康王輪坊祭祀的特殊方式,還詳細記載了東洲村里坊劃分、米塲坦腳租稅繳納及歸入神壇香燈和醮會之用,與管理坦腳租錢本金和利息等方面的信息,並臚列了捐資者的身份數目,提供了明清時期地方社會宗教、社會、經濟等方面諸多史料。

# 89　城隍廟

## 【廟宇介紹】

　　廟今不存。在縣城南門內稍西，即菊坡書院故址。明嘉靖元年（1522），舊縣令執行廣東提學副使魏校的搗毀淫祠令①，拆除縣治東之天妃廟，於原址改建成城隍廟。嘉靖十四年（1535），知縣孫雲於城南原址再重葺舊有的城隍廟，並給予廟田一頃。嘉靖四十五年（1566），知縣王師性重修。後廟田被萬壽寺僧包佔，萬曆四十七年（1619），知縣陳士章追回奉還。清康熙二十五年（1686），知縣蔡淑拓建。雍正二年（1724）②，知縣周天成復捐俸再修，撥付荒地二十餘畝，種竹以供寺廟日常之用。乾隆十六年（1751），攝縣陳廷枚再修。道光二十九年（1849），知縣呂應樞重修。光緒十一年（1885），增城鄉紳捐資重修。

## 89-1　明·孫雲：重遷〔一〕城隍廟記

明嘉靖十五年（1536）

## 【碑文】

　　粵嘉靖乙未冬十月，余放自夜郎，蒙今皇帝恩量移增城。既至之夕，齋宿邑城隍廟，祭告於神而後即事。蓋陰陽表裡，共宣王憲，載在令甲，匪不經也。廟故為天妃祠，舊令謂其淫而不惑，民不可以訓，毀之，遂以宅神。然偏置縣治東南一隅，湫隘喧囂，傾圮敝陋，齋明無地，神罔妥靈，顧瞻之餘，爲之踧踖。余乃進僚友問曰："茲何苟簡至此？夫明有法度，幽有鬼神，凡以警有眾、懲不格焉耳。吏敬不恭，神不歆享，非為政之闕歟？"僉曰："（邑南隅故有

---

　　①　明·黃佐：嘉靖《廣東通志》卷二〇，第2冊，頁530上稱："習尚，俗素尚鬼，三家之里必有淫祠庵觀。每有所事，輒求玪祈讖，以卜休咎，信之惟謹。有疾病，不肯服藥，而問香設鬼，聽命於師巫僧道，如恐不及。嘉靖初，提學副使魏校始盡毀，而痛懲之，今乃漸革。"另清·郭棐撰，黃國聲、鄧貴忠點校：《粵大記》卷六，頁144："（魏校）首禁火葬，令民興孝，乃大毀寺觀淫祠，或改公署及書院，餘盡建社學。"
　　②　乾隆《增城縣志》、嘉慶《增城縣志》和民國《增城縣志》之祠廟志"城隍廟"條，敘及周天成修城隍廟一事，均記作"雍正三年"。然從周天成〈修廟記〉碑的內容看，當在雍正二年。

廟在,昔遷神於斯,將事改作,而卒)<sup>[二]</sup>不潰於成,迄今凡(十年。茲因其)舊而新之,(固增民之)願也。"越三日余(往觀之,則榛蕪翳目),棟宇(撓敗,然可)薙而葺也。亟命鄉耆吳光(經營之),乃十一月(以下闕)至告於神而遷焉。遂新作廟門三楹,儀門(三楹,門左右廈)二楹,中作甬路,路(之中)傲戒石亭,作亭<sup>[三]</sup>(刻)石。其文曰:

(繄)善與惡,神佑以(歧<sup>[四]</sup>。神<sup>[五]</sup>靈)有赫,人心安欺。(前)後堂寢(六)楹,悉仍舊加新。儀章軌物,咸為具備。(堂左右),作(廈)二楹,召守廟道士居之,且令度徒以嗣。(給舊毀)長慶寺田一頃,為歲時香燈修廟之須。是(役也,經始)於冬十一月之至(日,竣)功於春正月既(望。計費若干,且)兩閱月而舉之。民不知財之(所由出)與力(之所)由勞,蓋(邑賢士)大夫相<sup>[六]</sup>成之功(居多)也。雖然,廟(以下闕)且不可慮始(以下闕)成。自今厥後,(吾民)瞻仰之下,赫赫有臨,洋洋如在,頓革反道(敗德之心),而(默啟遷善徙)義之念,則(是役)不為無助於我之政,而神(亦不可謂無功於吾民矣)。


【編者按】

碑文錄自清·蔡淑修,陳輝璧纂:康熙《增城縣志》卷一一〈藝文〉①,參校以王思章修,賴際熙纂:民國《增城縣志》卷一一〈祀典·秩祀〉②、清·管一清纂修:乾隆《增城縣志》卷八〈祠祭·秩祀〉③、清·趙俊等主修,李寶中等纂修:嘉慶《增城縣志》卷八〈祠廟〉④。


【校記】

〔一〕"遷",乾隆《增城縣志》、嘉慶《增城縣志》、民國《增城縣志》均作"復"。

〔二〕括號內文字底本闕,據民國《增城縣志》校補。下同。

〔三〕"亭",民國《增城縣志》作"序"。似以"序"為是。

---

① 清·蔡淑修,陳輝璧纂:康熙《增城縣志》,《中國地方志集成·廣東府縣志輯》第5卷,頁198下-199上。
② 王思章修、賴際熙纂:民國《增城縣志》,《中國地方志集成·廣東府縣志輯》第5卷,頁472下。
③ 清·管一清纂修:乾隆《增城縣志》,《故宮珍本叢刊》第167冊,頁434下。
④ 清·趙俊等主修,李寶中等纂修:嘉慶《增城縣志》,《中國方志叢書·華南地方》第161號,臺北:成文出版社,1974,據清同治十年刻本影印,頁608-609。

〔四〕"歧",乾隆《增城縣志》作"誅"。

〔五〕"神",乾隆《增城縣志》作"威"。

〔六〕"相",民國《增城縣志》作"襄"。

**【碑文考釋】**

撰碑者孫雲,江蘇昆山人。明嘉靖十四年(1535),由員外郎降補增城知縣。

碑文為增城知縣孫雲撰文記重遷城隍廟之事。據碑文,孫雲知增城之前,前知縣為執行廣東提學魏校搗毀淫祠庵觀令,以淫祀惑民為由毀掉縣治東南的天妃廟,然後把本位於城南的城隍神移奉過來,而將舊天妃廟作為城隍廟。孫雲知增城時,城隍廟已經頹敗不堪。之前邑民曾有把城隍廟遷回城南原址的打算,但最終因無力完成而擱置。對此情況,孫雲認為如此草率事奉城隍神是不對的,因為幽、明兩界是相互影響的,因為城隍神是主持陰間法律的制裁,能察奸除惡,驚醒世人不可為非作歹。若為官吏者對城隍神不恭敬,使不享祀祠,這都不是為政適當之道——"吏敬不恭,神不歆享,非為政之闕歟?"因此,在孫雲的倡議和邑賢士紳的資助下,新的城隍廟不但遷回城南原址,祠廟的規模也有很大改觀,碑文記載新城隍廟廟的布局是:"廟門三楹,儀門三楹,門左右廡二楹,中作甬路,路之中做戒石亭",並且在廟堂左右兩廡置寢間,供守廟道士居住,另外准道士可以度其徒以為嗣承。此外經濟上,更給廟田一頃,以供歲時香燈修廟之用。這樣重新安妥城隍神,孫雲認為對其施政有很大幫助效益。他說:"自今厥後,吾民瞻仰之下,赫赫有臨,洋洋如在,頓革反道敗德之心,而默啟遷善徙義之念,則是役不為無助於我之政,而神亦不可謂無功於吾民矣。"

# 89-2 明·黃〔一〕文典:重修城隍廟記

明隆慶元年(1567)

**【碑文】**

城隍廟在縣南菊坡之麓,地僻而勝。嘉靖歲壬午,遷於城東廢天妃宮。乙未,崑山員外郎孫公雲來知茲邑,百度聿修,以市囂莫可棲神,改復舊廟,神人以宜。閱今歲,迆廟頹將不可支。晉江王侯師性至,鎮靜無擾,民咸獲庇。始視廟,乃曰:"愛民,敬神,一也,是誠在我。"乃謀諸僚友,各捐俸金,屬邑民之樂助義者共圖之。經始於壬寅臘月既望,鳩工飭材,負者、楏者、砌者、斲者,繹如也。易土以磚,周匝三禺,棟櫨楣桷,厥材孔良。廟凡三間,間濶丈有四尺,崇三仞有奇,深倍三焉。凡八楹,前堂深廣稍次,楹數如之。由甬道東西為兩廊,儀門五間八楹,堂西去二十武為齋居,左右袤界樹址築垣惟謹。既歲而畢,改元隆慶四月也。

【編者按】

　　碑文出自清·管一清纂修:乾隆《增城縣志》卷八〈祠祭·秩祀〉①,參校以王思章修、賴際熙纂:民國《增城縣志》卷一一〈祀典·秩祀〉②。

【校記】

　　〔一〕"黃",民國《增城縣志》作"王"。

【碑文考釋】

　　撰碑者黃文典,廣東增城人,仕履不詳。

　　碑文記明隆慶元年(1567)增城知縣王師性重修城隍廟一事。此時距孫雲重遷城隍廟已三十餘年。當王師性巡視城隍廟時,王稱:"愛民,敬神,一也,是誠在我。"碑文除了記錄這次重建始末外,值得注意的是,碑文比較詳細的勾畫了新建城隍廟的建制佈局,可以大體知道當時城隍廟祭祀空間的構成情況,對於研究明清時期城隍廟建築佈局與演變具有一定的價值。

# 89-3　明·陸清源:重復城隍廟田記

明崇禎十一年(1638)

【碑文】

　　古國家制井法,闢田野,以備軍車,實俎豆,惟大夫士庶食租衣稅有籍,

---

① 　清·管一清纂修:乾隆《增城縣志》,《故宮珍本叢刊》第167冊,頁434下-435上。
② 　王思章修,賴際熙纂:民國《增城縣志》,《中國地方志集成·廣東府縣志輯》第5卷,頁472下-473上。

則與圭供、給神祇而已。我皇明建郡邑,首學宮,次及城隍廟。學以教育興行,廟主福善禍淫,先王神道設教之意,亦深遠哉!故學有田,禮儀軌物,修毀繕傾,濟給之需,咸取供焉。夫城隍之神治陰,陰不可見,一若賢有司之道。幽谷吹風,響來自應,寒暑雨暘,朝禱而夕庇,非若邪神佞魅得而瀆褻之者。俾廟貌匪嚴,曷生恪共;儀文不備,焉餙具瞻。風雨之摧零,可慮也;蠲潔之廢弛,可慮也;垣廈之圮壞,簪楹之崩折,可慮也。慮則百科歛之勞,不如善蓄聚之逸,於是歲計出入有常,可以垂之永久,無如設田之便,乃增之。

城隍廟初未聞有田也。田之設,為嘉靖間前令孫君雲遷復舊廟,僉備善謀,又召守廟道士,給舊毀長慶寺田百畝,為歲時香燈修廟之資。非所稱甚盛典哉?亡何,而僧之狡者侵占,眾莫為稽。爰及萬曆間,前令謝君士章[1]謀及修餙之費,邑之耆者舉前田對,乃率城內外十五約,詣院道,請復之。今皇戊寅,邑修明倫堂,廟戶以二載租金捐助,具呈,請碑以志其田。余從治茲土,俯恤民巖,仰欽神典,恨不表暴厥美為快。據其詳歷,肇建茲田為嘉靖乙未,復此田為萬曆己未,至天啟辛酉,始返業於廟。踰有年,所羨蓄贏餘,廟貌繕治一新。邑之人民入而告,虔者出而思,式寒暑不沴,雨暘時若,孰非神之力乎?前數年,寇盜犯境,捐金置買兵器銃藥,疇非軍國之需;而邑之安堵無恙,士庶拱手無虞,疇非折衝俎豆之事。諸凡歲時祈報,靡不修舉,又設為諸士賓興之費,咸有定式,而察淵沾潤者,不得問也。廟田之所關,固與學田並重哉!爰開其田畝若干,租入若干,勒於碑左,以志為不朽云。

【編者按】

碑文出自清·蔡淑修,陳輝璧纂:康熙《增城縣志》卷一一〈藝文〉[2]。另有節略見王思章修,賴際熙纂:民國《增城縣志》卷一一〈祀典·秩祀〉[3]、清·管一清纂修:乾隆《增城

---

① 謝士章,生平見〈拓建何仙姑祠記〉[明萬曆四十六年(1618),碑號90-5,總226]。
② 清·蔡淑修,陳輝璧纂:康熙《增城縣志》,《中國地方志集成·廣東府縣志輯》第5卷,頁202下-203下。
③ 王思章修,賴際熙纂:民國《增城縣志》,《中國地方志集成·廣東府縣志輯》第5卷,頁473上。

縣志》卷八〈祠祭・秩祀〉①。

【碑文考釋】

撰碑者陸清源,字嗣白,浙江平湖人。明崇禎九年(1636)任增城知縣。後兼署東莞、龍門、從化三縣。擢廣西道監察御史,巡按福建,歷陞都憲。後為亂兵所害。

碑文記增城城隍廟廟田歸復始末。廟田是寺廟所佔有的土地,來源有官府撥給和善信鄉民捐獻兩種。廟田大都用以出租或雇工經營,所得除供養僧道外,或維持祠廟歲時香燈修廟之資。

據碑文,增城城隍廟擁有廟田始於嘉靖十四年(1535),知縣孫雲重遷城隍廟,給廢長慶寺田一頃。然後來廟田漸被僧人侵佔。明萬曆間,知縣謝士章請復田於廟。至天啓元年(1621),由知縣陸清源把寺田歸還城隍廟。崇禎十一年(1638),廟田所出租金用於縣明倫堂之修,陸清源特為文以記。充分證實,擁有寺田可以使寺廟擁有相對獨立的經濟來源,以此作為香燈修廟及諸士賓興之費。因此之故,陸清源強調:"廟田之所關,固與學田並重哉。"這則碑文提供了關於地方祠廟寺田的記載,對於研究明清時期的地方廟宇經濟有一定史料價值。

# 89-4　清・蔡淑：重修城隍廟記

清康熙二十五年(1686)

【碑文】

皇天御極之二十有四年秋八月,余奉簡命來牧茲土。既受事,每月朔望,必詣邑城隍廟敬禮焉。瞻望之下,棟宇傾圮,心隱修飭[一],然蒞任方新,日事簿書,未遑也。比今歲孟夏,偶登鳳凰臺,周覽山川,相視風土。菊坡之麓,城隍廟枕焉,雙塔峙其前,龜鶴二峰環其後,靈區蔥鬱,秀氣所鍾。不禁躍然,謂[二]諸父老曰:"有地如此,足以妥神悽、捍城廓[三]矣。夫何歲逖廟頹,規模苟簡,觀瞻不具,草萊不葺,落落若是也?"諸父老進曰:"考城隍廟原在縣治東隅,明嘉靖年間,邑侯前員外郎、崑山孫公雲來知邑事,念舊廟地雜紛

---

① 清・管一清纂修:乾隆《增城縣志》,《故宮珍本叢刊》第 167 冊,頁 435 上。

囂,且秋隘莫可棲神,遷復於此,閱今百餘年矣。晦暝日月,風雨所加,雖久食
報於神,然力有未逮。君侯起而繕之,福我元元,侯之德也,民之願也。"余於是
捐俸鳩工,首飭堂寢,次東西兩廊,增建一十二司,一以勸善,一以殛惡,使民知
所觀感;更正頭門,遷進數十武,與儀門相接,聯絡氣脈,不使曠散。專文學鄭
生琚、何生文、鄭生士芳,武庠梁生源濯,暨鄉耆周用旋、尹德孚、林迪平、管化
鵬等董理。越數月而工竣,簷楹柱礎奐然一新。余乃率諸父老相祝於神,起告
有眾曰:"爾民亦知余今日修廟之意乎? 今聖天子敬天惟誠,凡我臣工,鑒臨是
懼。爾等群庶,蓋其知之。但爾等愚民也,民雖至愚,入廟未有不生敬者,矧城
隍之設,糾察善惡,赫濯無私,福善禍淫,毫釐不爽。則是舉也,固以妥神靈,崇
祀事,實以使爾民於歲時伏臘、對越昭虔之中,生孝弟忠信之心,消殘忍奸邪之
念。則禮樂之風可成,盜賊之跡可滅,訟獄之事可消,共樂郅隆之治,是所望於
爾民,交相率敬也。"諸父老僉曰:"善哉! 君侯愛教之深也。上報朝廷,下澤黎
庶,盍記之,以誌不朽。"爰將[四]經始之期與告成之旦,工費若干,材用若干,咸
鎸於麗牲之石,俾垂諸永久焉。余不佞,敬握管書於簡端。

時大清康熙二十五年歲在丙寅臘月穀旦,文林郎知增城縣事金陵巢湖
蔡淑為之記。

【編者按】

碑文錄自清·蔡淑修,陳輝璧纂:康熙《增城縣志》卷一一〈藝文〉①。參校以王思章
修,賴際熙纂:民國《增城縣志》卷一一〈祀典·秩祀〉②、清·管一清纂修:乾隆《增城縣
志》卷八〈祠祭·秩祀〉③。

【校記】

〔一〕"隘",民國志、乾隆志作"急",當以"急"為是。"飭",民國志作"飾"。

---

① 清·蔡淑修,陳輝璧纂:康熙《增城縣志》,《中國地方志集成·廣東府縣志輯》第5卷,頁201下-202下。
② 王思章修,賴際熙纂:民國《增城縣志》,《中國地方志集成·廣東府縣志輯》第5卷,頁473上。
③ 清·管一清纂修:乾隆《增城縣志》,《故宮珍本叢刊》第167冊,頁435上-下。

〔二〕"謂"前,民國志、乾隆志有"顧"字。

〔三〕"悽",民國志、乾隆志作"棲"。"廓",民國志、乾隆志作"郭"。當以"棲"、
"郭"為是。

〔四〕"將",民國志、乾隆志作"以"。

## 【碑文考釋】

撰碑者蔡淑,正白旗人,巢湖縣籍,清康熙二十四年(1685)任增城知縣。

碑文記康熙二十五年(1686)知縣蔡淑重修城隍廟之事。這次重修,除了對以前堂屋
進行翻新外,還增加了新的設置,更改了祠廟的結構,"增建一十二司,一以勸善,一以殛
惡,使民知所觀感。更正頭門,遷進數十武,與儀門相接,聯絡氣脈,不使曠散"。

碑文不但詳述了重修一事的前因後果,描述了重修主要進行的工程,而且敘述了清
廷修廟之意在於增強地方管治。因為"妥神靈、崇祀事"的作用是可使百姓在入廟瞻拜
城隍神(糾察善惡,赫濯無私,福善禍淫,毫釐不爽)之時,"生孝悌忠信之心,消殘忍奸邪
之念",以便有助於形成良好的民風民俗。蔡淑認為,奉祀城隍神會造成"禮樂之風可
成,盜賊之跡可滅,訟獄之事可消,共樂郅隆之治"的政治效果。

# 89-5　清·周天成:修廟記

清雍正二年(1724)

## 【碑文】

國家秩祀城隍神,以其德超出於高城深池之表,有鑒察斯民[一]之職,與山
川之布歙雲雨以育萬民者等,故同祀於山川壇;而復崇以廟,守令主之,非淫祀
比。歲甲辰,予初令增城。受事未幾,適聞輿論,以廟貌弗嚴,議將修之。予忻
然曰:"實獲我心也。"因集紳者定議,捐薄俸以鳩工庀材,士民咸踴躍勸功。經
始於孟夏之吉,越秋仲而觀成焉。厥材既臧,厥功既良,諸父老請曰:"君侯
修廟之功偉矣,盍記諸?"予曰:"治民事神,令職也,何功之有? 抑聞:'民,神
之主,故王者先成民而後致力於神。'[1]惟願吾民遵守教條,共敦親遜,無游手,

---

① 有關此句出處,詳參清·周日新:〈重修三清堂碑記〉[清道光十四年(1834),碑號7-3,總17]注釋。

無好訟,無輕生,無以眾暴寡,無以私滅公。夫而後,神降之福,雨暘時若,年穀順成,家詩書而戶禮樂,予庶可幸告無罪於民,以告無罪於神乎!"諸父老稽首曰:"君侯之言,深得事神之本矣,敢不勉旃。"因次其言,以鑴之石。

【編者按】

　　碑文出自清·管一清纂修:乾隆《增城縣志》卷八〈祠祭·秩祀〉①,參校以王思章修,賴際熙纂:民國《增城縣志》卷一一〈祀典·秩祀〉②。

【校記】

　　〔一〕"鑒察斯民",王思章修,賴際熙纂:民國《增城縣志》作"監察司民"。

【碑文考釋】

　　撰碑者周天成,江蘇上元人,清雍正二年(1724)任增城知縣。

　　碑文記雍正二年增城重修城隍廟之事。除此之外,碑文也發揮了一番"治民事神,令職也"的政教理論。總的來說,就是通過修廟妥神來對民眾實現教化(即"神道設教"),使民眾敬神敬天,遵守教條,從而神降之福,最終達成雨暘時若,年穀順成,家詩書而戶禮樂的大治局面。

# 89-6　清·管一清:重修城隍廟碑記

清乾隆十六年(1751)

【碑文】

　　城隍之祀,雜見於南、北史③,併張說、杜牧、李陽冰之文④,而究莫詳其所

---

① 清·管一清纂修:乾隆《增城縣志》,《故宮珍本叢刊》第 167 冊,頁 435 下。
② 王思章修,賴際熙纂:民國《增城縣志》,《中國地方志集成·廣東府縣志輯》第 5 卷,頁 473 下。
③ 唐·李百藥:《北齊書》卷二〇〈慕容儼傳〉第 1 冊,頁 281:"城中先有神祠一所,俗號城隍神,公私每有所祈禱。"唐·李延壽:《南史》卷五三〈蕭綸傳〉,第 5 冊,頁 1324:"改聽事爲正陽殿,內外齋省悉題署焉,而數有變怪。祭城隍神,將烹牛,有赤蛇繞牛口。"
④ 張說作有〈祭城隍文〉,見《張說之文集》卷二三,北京:文物出版社 1982 年,第 4 冊,頁 3 上。杜牧作有〈祭城隍神祈雨文〉,見《樊川文集》卷一四,上海:上海古籍出版社 1978 年點校本,頁 202。李陽冰作有〈縉雲縣城隍神記〉(一作"縉雲縣城隍廟記"),見宋·姚鉉:《唐文粹》卷七一、清·王昶:《金石萃編》卷九一。詳參明·蔡汝賢:〈重修廣州城隍廟記〉[明萬曆十三年(1585),碑號 46-1]。

自始。迨明之興,而後秩於祀典,與社稷等。特是社稷之制,在城之西北隅,為雨壇,一壇而不屋,尊之也,事之以神明之義也。城隍之神既附祭於岳瀆諸神之次矣,復令天下郡邑皆立廟,何與?夫先儒謂有社即不應復有城隍,此其說非也。古者年穀順成而八蜡通,於是乎合萬物而索饗之。凡坊與水庸以下,逮於郵表畷之屬,苟有少利益於民者,皆得並列於尸祝之間,以食其涓埃之報。況乎王公設險以守其國,星錯綦布以藩衛而保障之,耕者得安於其野,而懋遷有無者得安於其市,高枕而晏臥,無風雨之患,其安可忘憂,屋之庇焉。

增邑故無城,緣江而棲者,生齒以數十萬計。其幸則晏安無事,脫不幸而潢池俶擾,有風鶴之警,即東西奔竄無寧宇。守土者乃為之築陴而保焉,而後相恃以無恐。入[三]國朝以來,其士大夫歌詩而習禮,彬彬乎有鄒魯之遺俗;其父老子弟亦莫不耕田鑿井,以康其身,以種其子孫。優游太平,不復知有革兵之事,又百有餘年於茲矣。歲辛未,惠陽司馬陳公①攝理是邦,懼廟貌之弗飭,命典史馮天錫率袗耆鳩工庀材,一撤而新之。丹艧甫竣,適予來承乏,齋宿之夕,瞻顧森如,因知公敷布之優,洵足以資效法,其諸傳所謂成民而致力於神者與?雖然,社稷之祭,沿之數千載,而鄭元、王肅地祇人鬼之說,紛紛而未有定。若夫城隍之神,更不容遷就附會,指其人以實之。而或者謂冠裳蕭穆,儼然立於堂皇之上者,蓋東林之鉅儒,此視史矯舉之詞,前史議之舊矣。余心疑之,姑存而不論云。

【編者按】

碑文出自清·管一清纂修:乾隆《增城縣志》卷八〈祠祭·秩祀〉②,參校以王思章修,賴際熙纂:民國《增城縣志》卷一一〈祀典·秩祀〉③。

---

① 惠陽司馬陳公,指陳廷枚,貴陽人,吏員,乾隆十六年二月署任增城縣知縣。
② 清·管一清纂修:乾隆《增城縣志》,《故宮珍本叢刊》第167冊,頁436上。
③ 王思章修,賴際熙纂:民國《增城縣志》,《中國地方志集成·廣東府縣志輯》第5卷,頁473下-474上。

【校記】

〔一〕"入",民国《增城縣志》作"逮"。

【碑文考釋】

撰碑者管一清,字配寧,號穆軒,江南江都人。由翰林院庶吉士改授增城縣,乾隆十六年(1751)九月任。

碑文追溯了城隍神祭祀的歷史和城隍神進入明代國家祀典的時間,並探討了城隍神原本附祭於山川嶽瀆諸神之次,何以能夠獨立出來,享受祭祀的原因。接下來記敘了增城縣設縣治、立城隍廟的歷史,並讚揚了前署任知縣陳廷枚重修城隍廟的功績。

# 90　會仙觀

【廟宇介紹】

　　會仙觀,據明成化《廣州志》,"即何仙姑舊祠,在縣南鳳凰臺"①。根據嘉靖《增城縣志》,會仙觀"舊屬何仙姑宅,後爲觀。在鳳凰臺左"②。鳳凰臺在鳳凰山麓,嘉慶《增城縣志》云鳳凰山在"城內西南"③(大致在今增城縣小樓鎮荔城街)。另外嘉慶志又云,鳳凰山古名春岡,宋熙寧七年有鳳凰集於其上,故更今名④。

　　傳說觀曾於唐大曆間改創。成化《廣州志》:"唐大曆間道士蔡乙改創,於觀左立仙姑祠。"⑤

　　觀內有何仙姑化身的仙井。明洪武十一年(1378)孟士穎等於仙井上建井亭。乾隆《增城縣志》提到洪武十五年(1382)在會仙觀設道會司⑥。明萬曆十八年(1590)劉繼文重修會仙觀。明萬曆四十六年(1618),謝士章闢萬壽寺地,拓建仙姑祠。明崇禎九年(1636)前後,馮使君、陸清源等復重修。

　　清嘉慶四年(1799),黃大觀等倡題重修。光緒十一年(1885),邑人倡捐重修⑦。祠、觀於解放後被毀壞。

---

　　① 明·吳中、王文鳳纂修:成化《廣州志》卷二五〈寺觀·增城縣〉"會仙觀"條,《北京圖書館古籍珍本叢刊》第38冊,頁1081上。另參明·黃佐:嘉靖《廣東通志》卷六五〈外志二·寺觀·增城縣〉"會仙觀"條,第4冊,頁1739上。

　　② 明·文章修,張文海纂:嘉靖《增城縣志》卷一八〈雜志·寺觀類〉,《天一閣藏明代方志選刊續編》第65冊,上海:上海古籍書店,1990,據明嘉靖十七年(1538)刻本影印,頁543。

　　③ 明·文章修,張文海纂:嘉慶《增城縣志》,《中國方志叢書·華南地方》第161號,頁325。

　　④ 明·文章修,張文海纂:嘉慶《增城縣志》,《中國方志叢書·華南地方》第161號,頁325。

　　⑤ 明·吳中、王文鳳纂修:成化《廣州志》卷二五〈寺觀·增城縣〉"會仙觀"條,《北京圖書館古籍珍本叢刊》第38冊,頁1081上。另參明·黃佐:嘉靖《廣東通志》卷六五〈外志二·寺觀·增城縣〉"會仙觀"條,第4冊,頁1739上。

　　⑥ 清·管一清纂修:乾隆《增城縣志》卷八〈祠祭·列剎〉"會仙觀"條,《故宮珍本叢刊》第166冊,頁445下。

　　⑦ 王思章修,賴際熙纂:民國《增城縣志》卷一一〈祀典·寺觀〉"會仙觀"條,《中國地方志集成·廣東府縣志輯》第5卷,頁485上。

## 90-1　明·孟士穎：何仙姑井亭記

明洪武十一年（1378）

【碑文】

　　仙姑姓何氏，邑人何泰女也。生唐開耀間，有孝行，性靜柔簡淡。所居春岡，即今鳳凰臺，東北與羅浮山相望。仙姑嘗告其母曰："將遊羅浮。"父母怪之，私為擇配。親迎之夕，忽不知所之。明旦起，視家側井陘遺履一。頃有道士來自羅浮，見仙姑在麻姑石上，顧謂道士曰："而之增城，囑吾親收拾井上履。"道家所謂尸解者，其信然與？鄉人因稱之曰仙姑，祠於姑居，今會仙觀是也。初，仙姑生[一]，紫雲遶室，頂有六毫，四歲能舉移一鈞，恒自謂則天童子，時唐固未麗武氏禍也。所居地產雲母，嘗夢老人授服餌法，漸覺身輕健，尸解之術信有之與[二]？唐賜仙姑朝霞衣[三]一襲，宋元豐邑士譚粹為文刻之石，今井具存，而石竟燬於景炎之兵燹矣[四]。

　　洪武十有一年[五]，吉安謝君、江夏沙君與余偶過祠下。會教諭唐君、訓導溫君白其事，因為亭於井上，俾余記諸壁。嗟夫！神仙之說若誕幻不足深信，如何仙姑者[六]，詢之故老，考之郡乘，歷歷在人耳目[七]，抑尤有可信者焉[八]。況何氏之族至今尚蕃衍[九]，有足徵也[一〇]。

【編者按】

　　文錄自清·蔡淑修，陳輝璧纂：康熙《增城縣志》卷一四〈外志〉①。碑文又見清·王永瑞修，楊錫震等纂：康熙《新修廣州府志》卷五〇〈藝文〉②、清·郝玉麟等監修，魯曾煜等編纂：雍正《廣東通志》卷六〇〈藝文志〉③、清·張嗣衍主修，沈廷芳總纂：乾隆《廣州府

---

① 清·蔡淑修，陳輝璧纂：康熙《增城縣志》，《中國地方志集成·廣東府縣志輯》第5卷，頁259上-下。
② 清·王永瑞修，楊錫震等纂：康熙《新修廣州府志》，《北京圖書館古籍珍本叢刊》第40冊，北京：書目文獻出版社，1988，據清康熙年間抄本影印，頁1213上-下。
③ 清·郝玉麟等監修，魯曾煜等編纂：雍正《廣東通志》，《四庫全書》第564冊，頁737上-下。

志》卷五五〈藝文〉①。

【校記】

〔一〕"初,仙姑生",雍正《廣東通志》作"初生時"。

〔二〕"尸解之術,信有之與",雍正《廣東通志》作"井亭遺址者,其尸解時遺履於井上也。然則神仙之事,信有之與"。

〔三〕"衣",雍正《廣東通志》作"服"。

〔四〕"而石竟燬於景炎之兵燹矣",雍正《廣東通志》作"而石已泐,文已漫漶,傳為燬於景炎之兵燹也"。

〔五〕"洪武十有一年",雍正《廣東通志》作"洪武某年之春"。

〔六〕"神仙之說若誕幻,不足深信,如何仙姑者",雍正《廣東通志》作"迂誕之蹟似不足以垂信,然考之史冊,又若可歷據者,不特漢武外傳如上元夫人輩也"。

〔七〕"歷歷在人耳目",雍正《廣東通志》作"歷歷在人耳目前"。

〔八〕"抑尤有可信者焉","焉",雍正《廣東通志》作"矣",另此句後雍正志多出一句"而謂謬悠之說、荒唐之論,可乎"。

〔九〕"況何氏之族,至今尚蕃衍",雍正《廣東通志》作"且何氏之族,至今蕃衍"。

〔一〇〕"有足徵也",雍正《廣東通志》作"則又有異口同詞者,固知羅浮洞天不獨麻姑一現神異也"。

【碑文考釋】

撰碑者孟士潁,字子栗,浙江天台人。

碑文記孟士潁為何仙姑成仙時遺履的古井立亭一事,由此簡敍了何仙姑成仙始末。

廣州的何仙姑的傳說,最早的記載見於《太平廣記》卷六二引中唐戴孚《廣異記》的"何二娘"條,其中的何二娘被認為是何仙姑的前身。故事當中提到何二娘羅浮事僧,循州採楊梅,開元徵召等三件事,所敍內容與這碑文不同②。而後《白孔六帖》卷五又進一

---

① 清·張嗣衍主修,沈廷芳總纂:乾隆《廣州府志》,乾隆二十四年刻本膠捲本,頁11下–12下。
② 見《太平廣記》卷六二,北京:中華書局,1961,第2冊,頁390。

步指出何仙姑傳說的發生地點是增城①。碑文中所提到食雲母飛升事,見南宋王象之《輿地紀勝》的記載②。據《古今圖書集成‧神異典》記載,福建、廣東、浙江、安徽、湖南、廣西等地都有何仙姑信仰的產生與流傳。其中,最為流行說法是增城何仙姑,也許這是明洪武年間孟士穎等人在增城為傳說的何仙姑升仙處——仙姑井構建井亭的一個重要背景。實際上,何仙姑的形象與傳說是道教、民間傳說與文學塑造三種不同方式交互影響的結果,不同層面的何仙姑形象是不同的,增城方志中記載的何仙姑在顯現出道教神仙的特徵外,同時兼具鮮明的地方色彩,是作為地方神靈形象出現的。

　　本碑立於仙姑祠建成井亭之際,不僅記述了唐代之時增城何仙姑的長生,以及在羅浮山麻姑石上遺履尸解的傳說,並記載了鄉民在何仙姑身後對她的奉祀情況,如在何仙姑居所立祠,後來便成爲了會仙觀。除此之外,還記載了"唐賜仙姑朝霞衣一襲,宋元豐邑士譚粹為文刻之石"之事。最後作者發表了自己關於神仙可信的看法:"神仙之說若誕幻不足深信,如何仙姑者,詢之故老,考之郡乘,歷歷在人耳目,抑尤有可信者焉。"

## 90-2　明‧孫蕡:書井亭記後

明洪武十三年(1380)

【碑文】

　　天台孟士穎記何仙姑井亭事頗悉,然有可恨者,不記仙姑所遺詩,豈舊志無所於考耶? 仙姑,吾郡人,其詩吾父〔一〕記之,今以附此。

　　《鍊藥詩》云:"鳳臺雲母似天花,鍊作芙蓉白雪芽。笑殺狂遊勾漏令,卻從何處覓丹砂。"

　　《初昏長逝之夕留詩硯屏間》云:"麻姑怪我戀塵囂,一隔仙凡道路遙。去去滄洲弄明月,倒騎黃鶴聽鸞簫。"

　　〈羅浮道中口占三絕寄家〉云:"鐵橋風景勝天台,千樹萬樹桃花開。玉

---

　　① 見《白孔六帖》卷五〈山‧羅浮山十八〉"何氏女持石"條(臺北:新興書局,1969,據臺灣國防研究院圖書館藏明嘉靖年間覆宋刻本影印),頁99下:"增城何氏有神仙之術,持一石措小石樓之上,遠觀如畫。"此條又見《輿地紀勝》卷八九"何氏女"條引,下冊,頁521上。

　　② 《輿地紀勝》卷八九〈廣南東路‧廣州‧人物‧仙釋〉"何仙"條,下冊,頁521上:"〈會仙觀記〉:'昔有何仙居此,食雲母,唐景龍中白日昇仙。'"

笙吹過黃巖洞,勾引長庚跨鶴來。"又云:"寄語童童與阿瓊,休將塵事惱閑情。蓬壺①弱水今清淺②,蒲〔二〕地花陰護月明。"又云:"已趁群真入紫微,故鄉回首尚遲遲。千年留取〔三〕井邊履,說與草堂仙子知。"後二句無解之者。自開耀至洪武,今將六百年,而謝貳令英方表其事於石草塘〔四〕。貳令,號是也。"長庚"句亦不可曉,及余遇今增邑李大尹世英問之,乃天台黃巖人,始悟仙語無一不有謂云。洪武庚申八月望日識。

　　仙姑又嘗於羅浮黍珠菴東壁題一絕,字比晉人差清婉少骨。壁時半毀,惟餘"百尺水簾飛白虹,笙簫松栢語天"十三字。其下必"風"也。後二句,至今無續之者。因並附見。

【編者按】

　　文錄自清・蔡淑修,陳輝璧纂:康熙《增城縣志》卷一四〈外志〉③。又見清・王永瑞修,楊錫震等纂:康熙《新修廣州府志》卷五〇〈藝文〉④、清・趙俊等主修,李寶中等纂修:嘉慶《增城縣志》卷一八〈藝文〉⑤。

【校記】

　　〔一〕"父",康熙《新修廣州府志》作"及"。

　　〔二〕"蒲",康熙《新修廣州府志》、嘉慶《增城縣志》作"滿"。當以"滿"為是。

　　〔三〕"取",嘉慶《增城縣志》作"此"。

　　〔四〕"塘",康熙《新修廣州府志》、嘉慶《增城縣志》作"堂"。當以"堂"為是。

【碑文考釋】

　　撰碑者孫蕡,生平見前〈五仙觀記〉[明洪武二年(1369),碑號17-3,總36]。

---

① "蓬壺",王嘉:《拾遺記》卷一〈高辛〉(北京:中華書局,1981),頁20:"三壺,則海中三山也。一曰方壺,則方丈也;二曰蓬壺,則蓬萊也;三曰瀛壺,則瀛洲也。形如壺器。此三山上廣、中狹、下方,皆如工制,猶華山之似削成。"

② 胡守為校釋:《神仙傳校釋》卷三〈王遠〉(北京:中華書局,2010),頁94:"麻姑自說:'接待以來,已見東海三為桑田,向到蓬萊,水又淺于往昔,會時略半也,豈將復還為陵陸乎?'"。

③ 清・蔡淑修,陳輝璧纂:康熙《增城縣志》,《中國地方志集成・廣東府縣志輯》第5卷,頁259下-260上。

④ 清・王永瑞修,楊錫震等纂:康熙《新修廣州府志》,《北京圖書館古籍珍本叢刊》第40冊,頁1214上-下。

⑤ 清・趙俊等主修,李寶中等纂修:嘉慶《增城縣志》,《中國方志集成・華南地方》第161號,頁1519-1521。

此碑的主要内容為繼孟士穎〈何仙姑井亭記〉之後,補錄據傳為何仙姑所作的幾首詩歌。本碑可以與孟碑參照來讀,因為詩題與詩的内容都處處關係到何仙姑的本事。如第一首〈鍊藥詩〉的内容,即可參考前碑所云"所居地產雲母,嘗夢老人授服餌法,漸覺身輕健";而後兩首的詩題,更展示出何仙姑由人到仙的重要生活軌跡,也就是說,在婚嫁之前夕遁走羅浮,留詩一首(〈初昏長逝之夕留詩硯屏間〉),然後到羅浮山後,寫家書描述自己在羅浮的生活(〈羅浮道中口占三絶寄家〉)。詩歌所涉何仙姑的生活,也符合於前孟士穎碑所敘述的何仙姑的故事。只是這幾篇詩歌,雖云何仙姑所留,其實當出於後人偽託。

# 90-3　明·劉繼文:重修何仙姑廟碑[一]

明萬曆十八年(1590)

## 【碑刻信息】

存址:原在會仙觀内①。

碑文來源:嘉慶《增城縣志·金石志》。

## 【碑文】

仙姑姓何氏,為增城縣何泰女。唐開耀間,生於春岡里,即今鳳凰臺云。初生,紫氣遶室,頂有六毫,蓋仙徵也。已而,夢授服餌術,遂冥悟仙機,所居嘗產雲母。親迎之夕,忽遺履井側,飄然仙化,迄今所傳詩詠及井廟具存,前翰林典籍孫君蕢記之詳矣。余初慕仙名,而未灼知其出處。

歲己丑春,移鎮端州,時灣[二]酋李茂、陳德樂輩嘯聚海上,烏合至千餘眾。一時未集舟師,慮懷叵測,因籌計問仙。而仙姑至,乃憑箕授算,詩曰:"將軍穩臥九霄宮,進士高登萬歲樓。明公若欲談兵事,莫外區區一女流。"蓋自謂識兵也,竊欲同夫鍾、呂。又曰:"用兵勇往是良圖,懼敵全身豈令謀。將相協心同贊事,何愁山寇不消除。"蓋謂兵貴擇將也,而深有惡於貪生。時瓊崖當事參將懦怯,所謂畏敵全身者,因以邵都司往代之。不兩月間,而我師大

---

① 嘉慶《增城縣志》題下注曰:"正書,在會仙觀井亭左。"見《中國方志集成·華南地方》第 161 號,頁 1625。

捷,遂草薙禽獮,嶺海寧謐,悉符仙讖云。夫難料者兵,況女流談兵,古未有也。豈其仙靈圓朗,藏往察來,徵應之神,不異於鍾、呂二仙之談兵事耶?

余得仙姑之佑不忘,廼旁搜仙跡,而得其井廟。故址尚存,第歲久,將及湮頹。所謂有其存之,曷可廢也? 遂檄縣重加修飾[三],井亭垣宇,煥然改觀,為文遣官而致祭焉。夫仙姑,粵人也;粵,其故土也。仙雖屏謝塵囂,逍遙蓬閬,而其精靈焄爽,當必有戀戀於其鄉者,宜其談兵決策,殲數十年之逋寇,以永貽桑梓之洪庥,厥功偉矣。《禮》:"有功德於民者祀之。"①然則是舉也,所以答仙靈於既往,而祈福庇於將來,無非為粵土保安計耳,詎曰諂瀆云乎哉? 是為記。

時萬曆歲次庚寅孟夏吉旦。

欽差總督兩廣軍務兼理糧餉帶管鹽法兼巡撫廣東地方兵部右侍郎兼都察院右僉都御史劉繼文撰。增城縣知縣林繼衡立石。

## 【編者按】

文錄自清·趙俊等主修,李寶中等纂修:嘉慶《增城縣志》卷一九〈金石〉②。又見清·蔡淑修,陳輝璧纂:康熙《增城縣志》卷一四〈外志〉③、清·王永瑞修,楊錫震等纂:康熙《新修廣州府志》卷四九〈藝文〉④、清·管一清纂修:乾隆《增城縣志》卷八〈祠祭列剎〉⑤、王思章修,賴際熙纂:民國《增城縣志》卷三〇〈金石〉⑥。

## 【校記】

〔一〕康熙《增城縣志》、康熙《新修廣州府志》、乾隆《增城縣志》題作"重修何仙姑廟碑記"。

〔二〕"澚",康熙《新修廣州府志》、乾隆《增城縣志》作"澳"。

〔三〕"飾",康熙《增城縣志》、康熙《新修廣州府志》作"飭"。

---

① 此語出自《禮記·祭法》,參前清·馮景華:〈始祀張王爺碑記〉[清道光三十年(1850),碑號30-3,總73]注。
② 清·趙俊等主修,李寶中等纂修:嘉慶《增城縣志》,《中國方志叢書華南地方》第161號,頁1625–1628。
③ 清·蔡淑修,陳輝璧纂:康熙《增城縣志》,《中國地方志集成·廣東府縣志輯》第5卷,頁260上–261上。
④ 清·王永瑞修,楊錫震等纂:康熙《新修廣州府志》,《北京圖書館古籍珍本叢刊》第40冊,頁1192下–1193上。
⑤ 清·管一清纂修:乾隆《增城縣志》,《故宮珍本叢刊》第166冊,頁445下–446上。
⑥ 民國《增城縣志》,《中國地方志集成·廣東府縣志輯》第5卷,頁823下–824下。

【碑文考釋】

　　撰碑者劉繼文，生平見前〈粵秀山關聖帝廟碑〉〔明萬曆十七年（1589），碑號64-2，總158〕。

　　碑文記兩廣總督劉繼文在平息李茂、何德樂之亂過程中，通過扶乩獲取何仙姑的神示，而在戰勝之後重修增城何仙姑祠廟一事。

　　碑文記錄了扶乩所得兩首七絕。其一曰："將軍穩臥九霄宮，進士高登萬歲樓。明公若欲談兵事，莫外區區一女流。"其二曰："用兵勇往是良圖，懼敵全身豈令謀。將相協心同贊事，何愁山寇不消除。"與這種情況類似的，有前碑64-2劉繼文〈粵秀山關聖帝廟碑〉和64-4劉繼文〈張桓侯碑〉，前者記錄了扶乩所得關帝詩一首四句，後者記錄了扶乩所得張桓侯詩七絕兩首。

# 90-4　明·李得陽：增城何仙姑神應記

明萬曆十八年（1590）

【碑文】

　　余昔以九江郡擢巡潮陽，時先君多病，弗忍行，請告終養。棲遲林壑久之，宦情無有已。一夕夢如攜家赴任狀，稍憩旅館，登堂入室，東房戶半開。窺之，有一女姑，南向立，可十七八許，縝髮圓面，綠衣紅裳，玉顏秀異，非人間世有也。右攜一女，左侍一童。余詢誰何，曰："我何仙姑也。女，吾在黃生；童，吾在倪生。"余且驚且喜，再拜稽首，以傾夙仰，曰："然則仙姑曾適人乎？"曰："然。""適人亦可仙乎？"曰："然。"余婦後至，一一以告，引之亦拜。恍然覺矣，曰："異哉！今夕何夕，有此良遇。"因記《仙經》有黃婆嬰兒姹女之說，曰："仙姑命之矣。"乃結廬羲蒼，習所為養生者十餘年。萬曆丁亥，忽朝命起余巡閩之漳南。庚寅，復守粵之嶺南。度嶺下韶，取道濛瀧清溪間，峰巒聳秀，風物瀟（灑，如夢所憩，心竊異之。偶閱增志所載，仙姑蹤）[一]跡頗悉。增令來謁，詢仙姑祠宇，規制一與夢合。□余髮未乾，即聞有仙姑，一不知其為增人也，寧知今者得遊其鄉，厚幸多矣。十餘年前，旅館稍憩之兆，豈仙姑預知我有今日之遊耶？黃女倪童之說，豈仙姑默示我以入道之機耶？

宦遊茲土,以姑之靈,既碌碌事簿書,聊以無罪,敢不勇退急流,以終仙姑嬰兒姹女之訓? 茲以王事,復將度嶺而北,不得親拜仙姑之祠,悵恨為甚。謹捐俸,令縣治酒漿為禮,因刻石記之。

## 【編者按】

文錄自清·蔡淑修,陳輝璧纂:康熙《增城縣志》卷一四〈外志〉①。又見王思章修,賴際熙纂:民國《增城縣志》卷一一〈祀典·寺觀〉②、清·管一清纂修:乾隆《增城縣志》卷八〈祠祭·列刹〉③。

## 【校記】

〔一〕括號內文字底本無,據民國《增城縣志》校補。

## 【碑文考釋】

撰碑者李得陽,安徽廣德人。明嘉靖四十四年(1565)進士。萬曆十八年(1590)任廣東布政司左參政,累至南京工部侍郎。

儘管撰作於同年,李得陽此碑與前劉繼文碑偏於官方立場不同,側重於敘述自身經歷以體現對何仙姑靈驗的認知。碑文前半以記夢,描寫夢中所見何仙姑的情狀;後半則述宦遊嶺南的經歷,更點出所見景物一如十餘年前之夢中所歷,以實證虛。最後則表示自己希望遵守何仙姑的訓誡,然而因為公務卻不得參拜何仙姑之祠廟,所以托人祭拜,並刻碑爲記。

值得注意的是,李得陽儘管是一名朝廷要員,但在記敘這次經歷過程中,他始終站在仙姑信仰者的立場上,以一個虔誠入道者的身份來敘寫,碑文中不見一般碑記中撰者站在"神道設教"的立場上,對鬼神存在的那種敬而遠之的語氣,由此也反映出當時地方官員對於神靈世界的兩種不同的態度。

---

① 康熙《增城縣志》,《中國地方志集成·廣東府縣志輯》第5卷,頁261上-下。
② 民國《增城縣志》,《中國地方志集成·廣東府縣志輯》第5卷,頁485上-下。
③ 王思章修,賴際熙纂:乾隆《增城縣志》,《故宮珍本叢刊》第166冊,頁446上。

## 90-5　明·謝士章:拓建何仙姑祠記

明萬曆四十六年(1618)

【碑文】

　　仙姑祠在會仙觀之左,即剖觀東壁而軒之者。深可丈,廣尺者六,列像布几鼎而外,所容不能餘十跡,亦陋甚矣。祠隣萬壽寺,寺故多隙地,僧人十笏居,已鱗鱗相次,尤有幽窈閒室而掣於祠之肘,是可損有餘以補不足者。祠前可十武,存一井,為姑遺履處。舊以亭翳之,井從陰水,味雖冽而弗醴。陰□□謝子來令是邑,□二年,觀於士,士無懸省於□□□□(得暇)〔一〕偶(陟)〔二〕姑亭,(延)〔三〕里老問姑遺事。(里老談)〔四〕姑之仙異,不過餐雲母一節,(述)〔五〕姑性之芳潔,則(真仙)〔六〕乎,非傳記所悉也。余且耳傾之,心揖之矣。里(老因)〔七〕請〔八〕改其地而新是圖,且議貸寺邊裔地〔九〕,以益姑半畝宮,予可其請。里老遂釀貲協力,不匝月而結清宇者二,一以為姑龕,一為里人設俎燎栢之地。堂以除稱之,并撤其陰是井者而檻以石,津津一仙瀛雅觀矣。

　　落成之日,里老復請予記〔一〇〕,余曰:"予之為邑,為士也,為民也,豈以為是姑也而媚之。雖然,姑,邑人也,邑人則吾民也,吾民而有性靈不(蝕)〔一一〕、芳潔不淄之子若女,父母喜且舉以告人,邑人喜且傳以告後之人,矧為民父母者,寧不欣欣有喜色,思儀其賢以教國人耶? 邑之先民如菊坡,如甘泉,此誠不蝕性靈之丈夫矣。如使不祀於郡,不祀於社,人心弗公也,人心亦弗勵也。姑非芳潔則不能仙,姑不仙,不表其芳潔。邑之女盡芳潔之性如姑,即不餐雲母而無女不仙矣。是不可傳耶! 是(不可)〔一二〕祀耶! 不祀□□□□□女,猶之不祀菊坡、甘泉①,不足以教增士〔一三〕。是皆不可廢者

---

①　甘泉即明代著名哲學家湛若水(1466—1560),甘泉是其號。若水少師事陳獻章,後與王守仁同時講學,各立門戶,是明代理學的代表性人物。生平見〈五仙觀湛甘泉詩碑〉[明嘉靖三十三年(1554),碑號17-4,總37]。菊坡為南宋名臣崔與之(1158—1239),菊坡是其號。與之為官清廉,忠君愛民,以"無以財貨殺子孫,無以政事殺民,無以學術殺天下後世"的名句自警,為南宋一代名臣。生平見〈重建東嶽行宮記〉[宋紹熙四年(1194),碑號77-1,總190]。

也。則予表姑,亦為士為民之意也,故不妨新其祠而記之。

【編者按】

　　文錄自清·蔡淑修,陳輝璧纂:康熙《增城縣志》卷一四〈外志〉①。參校以清·管一清纂修:乾隆《增城縣志》卷八〈祠祭·列剎〉②、王思章修,賴際熙纂:民國《增城縣志》卷一一〈祀典·寺觀〉③。

【校記】

　　〔一〕"得暇",底本闕,據民國《增城縣志》校補。

　　〔二〕"陟",底本闕,據乾隆《增城縣志》補。

　　〔三〕"延",底本闕,據乾隆《增城縣志》補。

　　〔四〕"里老談",底本闕,據乾隆《增城縣志》補。

　　〔五〕"述",底本闕,據乾隆《增城縣志》補。

　　〔六〕"真仙",底本闕,據乾隆《增城縣志》補。

　　〔七〕"老因",底本闕,據乾隆《增城縣志》補。

　　〔八〕"請",乾隆志、民國志均作"謀"。

　　〔九〕"寺邊裔地",乾隆志、民國志均作"鄰寺隙地"。

　　〔一〇〕"請予記",民國志作"請予記之"。

　　〔一一〕"蝕",底本闕,據民國志校補。

　　〔一二〕"不可",底本闕,據乾隆《增城縣志》補。

　　〔一三〕"不祀□□□□□女,猶之不祀菊坡、甘泉,不足以教增士",乾隆志、民國志均作"祀姑以勵增女,猶祀菊坡、甘泉,以教增士"。

【碑文考釋】

　　撰碑者謝士章(也作陳士章),字含之,江西寧都人。本姓謝,幼育於貴州陳氏,隨其姓。明萬曆四十四年(1616)中進士,次年以進士知增城(一云四十四年任)。歷任刑部

---

①　清·蔡淑修,陳輝璧纂:康熙《增城縣志》,《中國地方志集成·廣東府縣志輯》第5卷,頁261下至262下。

②　清·管一清纂修:乾隆《增城縣志》,《故宮珍本叢刊》第166冊,頁446上-下。

③　王思章修,賴際熙纂:民國《增城縣志》,《中國地方志集成·廣東府縣志輯》第5卷,頁485下。

郎、重慶太守、廣西副使、雲南參政等職。

　　碑文乃增城知縣謝士章記拓建何仙姑祠之事。由碑文可知,仙姑祠介於會仙觀與萬壽寺之間,依會仙觀而建,構築簡陋。知縣謝士章到任之後,不但發現祠廟空間狹仄,還發現邑人對於何仙姑的記憶只停留在餌食雲母一事。謝士章把增城人對何仙姑記憶的淡忘與仙姑祠的破落以及祠廟香火的不盛聯繫起來。於是,徵闢相鄰萬壽寺地以拓建舊祠,新祠廟不但有專門供奉仙姑神龕的空間,還新增民眾祭拜的場所。這樣,有了信仰空間,接近失傳的仙姑信仰又會重新被記憶。

　　值得注意的是,碑文中稱許何仙姑為"性靈不蝕、芳潔不淄之子",值得邑民效仿;並將她與增城史上著名的學者湛甘泉、崔菊坡相比。甘泉即明代著名哲學家湛若水,甘泉是其號。湛若水少師事陳獻章,後與王守仁同時講學,各立門戶,是明代理學的代表性人物。菊坡為南宋名臣崔與之(1158—1239),菊坡是其號。崔與之為官清廉,忠君愛民,以"無以財貨殺子孫,無以政事殺民,無以學術殺天下後世"的名句自警,為南宋一代名臣。碑文把對何仙姑的祭祀與二人相提並論。

# 90-6　明·陸清源:存仙井亭記

明崇禎九年(1636)前後

## 【碑文】

　　千載而上,有仙焉存否〔一〕也? 吾不得而知之。千載而下〔二〕,有烱烱獨存者,心之靈乎,仙之靈也? 夫亦可得而深長思矣。語曰:"靈之來兮如雲。"①若有臨也。曰:"滿堂兮美人,忽獨與余目成。"②若有許也。得其解者,可以解馮使君存仙之旨矣。曷旨乎〔三〕? 感於井也。曷感於井? 井乃何姑得仙之遺跡〔四〕也。姑,邑人,詳於邑乘〔五〕,余亦習聞,而吏道塵俗,仙弗緣也〔六〕,乃緣於使君之夢而詔之矣。

　　夫使君按行諸部,肅官邪,剔吏奸,燭民隱,大小悉稟裁焉。倘猶綢繆於結課,紛紜於折獄,安所得暇而緣於夢哉? 然孰有如使君之亭亭物表、皎皎

---

①　此語出自《九歌·湘君》篇,見宋·洪興祖:《楚辭補注》,北京:中華書局,1983,頁68。
②　此語出自《九歌·大司命》篇,見宋·洪興祖撰:《楚辭補注》,頁72。

霞外者哉？使君至增，視倉庫畢，返行臺，經廟謁仙，遂歸而夢。且亟亟於井亭之圮廢，三致意焉。所謂臨之許之者，斯之謂歟？爰考其舊，舊同有制，古棟斯落，他宇斯立，誠如夢中所云。使君遂捐[七]貲為倡，戴君、蔣君、彭君為和，而督余總成。余受教經營，且得仙姑之後士遇與鉞二生，庀材鳩工，以任厥勞，一如使君所指定，少少變通焉。

井之北則撤而敞之，井之東則拓而方之，縱橫共廣數武。於是築臺以拱井，雕欄以護臺，臺瑩如玉，欄曲成徑。徑轉，去井七尺，為亭，曜以朱碧，顏以存仙，使君之記即碑於其中。亭下街廣丈餘，直街西向，為門。向也堂外即門，委井道側；今也周垣委迤，由門入亭，循欄繞井以升堂。爰造邃室，爰瞻遺像，仙欣欣其樂康矣。雖然，使君之意豈無有進焉者乎？

間考姑傳，姑約身柔靜，事母純孝，及憑箕授算，濟師殄寇，則姑之仙固以忠孝存也。古之君子訪羽人於丹丘，彼誠欲以自廣耳。度世要亦多術，茲非更端以示人也哉？使君又語余曰："酌泉①冷然，善夫我兩人之皆以清錫名也，晶哉！"余再拜受之。昔者崔煒得艾而聖於去庖[八]，使君得泉而聖於教廉，則一井也，炎涼之道又窮乎變焉。何姑、鮑姑，若因所遇為大小矣[九]，故曰："神而明之，存乎其人。"②得存之解[一○]，可以上下千載矣。

【編者按】

　　文錄自清·蔡淑修，陳輝璧纂：康熙《增城縣志》卷一四〈外志〉③。參校以清·管一

---

　　①　用東晉吳隱之典。余嘉錫撰，周祖謨、余淑宜整理：《世說新語箋疏》(北京：中華書局，1983)卷上之上〈德行第一〉第47條劉孝標注，上冊，頁52："鄭緝《孝子傳》曰：'隱之字處默，少有孝行……'《晉安帝紀》曰：'隱之既有至性，加以廉潔，奉祿頒九族，冬月無被。桓玄欲革嶺南之弊，以為廣州刺史。去州二十里，有貪泉，世傳飲之者其心無厭。隱之乃至水上，酌而飲之，因賦詩曰："石門有貪泉，一歃重千金。試使夷齊飲，終當不易心。"爲盧循所攻，還京師。歷尚書、領軍將軍。'《晉中興書》曰：'舊云：往廣州，飲貪泉，失廉潔之性。吳隱之爲刺史，自酌貪泉飲之，題石門爲詩云云。'"。吳隱之(？—413)，東晉時人，曾來嶺南爲廣州刺史，傳見唐·房玄齡等撰：《晉書》卷九○〈良吏傳〉，第8冊，頁2340-2343。

　　②　見魏·王弼、晉·韓康伯注，孔穎達疏：《周易注疏》卷七〈繫辭上〉頁158下："化而裁之存乎變，推而行之存乎通，神而明之存乎其人。"

　　③　清·蔡淑修，陳輝璧纂：康熙《增城縣志》，《中國地方志集成·廣東府縣志輯》第5卷，頁262下-263上。

清纂修：乾隆《增城縣志》卷八〈祠祭·列剎〉①，王思章修、賴際熙纂：民國《增城縣志》卷一一〈祀典·寺觀〉②。

【校記】

〔一〕"存否也"，民國《增城縣志》、乾隆《增城縣志》作"存乎否也"。

〔二〕"下"，康熙志作"所"，今據民國志、乾隆志校改。

〔三〕"曷旨乎"，民國志、乾隆志作"曷為存仙"。

〔四〕"遺跡"，民國志、乾隆志作"遺"。

〔五〕"姑，邑人，詳於邑乘"，民國志作"仙姑跡載志乘"。

〔六〕"而吏道塵俗，仙弗緣也"，民國志作"而吏道俗，仙弗緣也"。

〔七〕"捐"，康熙志作"損"，今據民國志、乾隆志校改。

〔八〕"庬"，疑為"疣"之誤。

〔九〕"余再拜受之。昔者崔煒得艾而聖於去庬，使君得泉而聖於教廉，則一井也，炎涼之道又窮乎變焉。何姑、鮑姑，若因所遇為大小矣"，民國志、乾隆志均作"余再拜謝曰：使君得泉而通乎教廉，仙之靈乎，心之靈也"。

〔一〇〕"得存之解"之"存"，民國志、乾隆志均作"傳仙"。

【碑文考釋】

撰碑者陸清源，生平見前〈重復城隍廟田記〉［明崇禎十一年（1638），碑號89-3，總218］。

碑文記修何仙姑井亭始末。仙姑井是傳說中仙姑升仙遺履的地方，是仙姑聖蹟存在的最直接證明，也成為維繫仙姑信仰的重要物證，所以後世仙姑信仰物質空間祠廟亭觀都是圍繞古井而建。屈大均在《廣東新語》卷四有"何仙姑井"條，記云："井在增城會仙觀。其深不測，水比他水重四兩。味清甘，人多汲之。何仙姑去時，脫履其上，故井上有亭曰存仙。吾疑井脈通羅浮，仙姑當時從井中潛出。"③可見對於古井的崇拜與記憶在當時是普遍存在的。

---

① 清·管一清纂修：乾隆《增城縣志》，《故宮珍本叢刊》第166冊，頁446下。
② 王思章修，賴際熙纂：民國《增城縣志》，《中國地方志集成·廣東府縣志輯》第5卷，頁485下-486上。
③ 清·屈大均：《廣東新語》卷四，頁158。

　　碑文記重修井亭一事，而緊扣存仙二字來發揮議論。不僅開頭即提出"千載而下，有烱烱獨存者"（意即與仙相通），究竟是因為心之靈還是因為仙之靈這一問題，而且修井亭一事也全由於馮使君（生平待考，從碑文看當為州郡一級的監察御史一類官員，曾到增城縣視察）拜何仙姑廟，歸而夢仙而起。作者讚馮使君"亭亭物表，皎皎霞外"，不受物累，所以才能有此通靈之夢。最後，乃將馮使君與崔煒相比較。後者幸得鮑姑的指點，學會用艾草治療贅疣；而馮使君則是幸得何仙姑入夢，用酌泉來激勵自己和作者保持清正廉潔。

## 新會縣

# 91　文昌宮

## 【廟宇簡介】

文昌宮,據方志,位於城内象山①。始建於明萬曆十六年(1588),建於何公祠上。清乾隆二十九年(1764)重修,陳其焜有記②。

## 91-1　明·黃淳:新修象山文昌宮記

明萬曆十六年(1588)

## 【碑刻信息】

存址:原在象山文昌宮内③。

碑文來源:道光《新會縣志·金石》。

## 【碑文】

保障在萬家,而功施在百世,偉哉重城險固！作者何公、伍侯④,皆以名

---

① 清·賈雒英訂定,薛起蛟、湯晉纂:康熙《新會縣志》卷九〈祀典〉,《日本藏中國罕見地方志叢刊》,北京:書目文獻出版社,1991,據日本東洋文化研究所藏清康熙二十九年刻本影印,頁209下;乾隆《新會縣志》卷三〈壇廟〉"文昌廟"條,《故宮珍本叢刊》第179-180冊,海口:海南出版社,2001,頁256下;道光《新會縣志》卷四〈壇廟〉"文昌宮"條,《中國地方志集成·廣東府縣志輯》第33卷,上海:上海書店等,2003,據清道光二十一年(1841)刻本影印,頁160下。

② 清·林星章主修,黃培芳、曾釗總纂:道光《新會縣志》卷四〈壇廟〉"文昌宮"條,《中國地方志集成·廣東府縣志輯》第33卷,頁160下。

③ 清·林星章主修,黃培芳、曾釗總纂:道光《新會縣志》文後按語云:"右刻在城西象山文昌宮。"見《中國地方志集成·廣東府縣志輯》第33卷,頁431下。

④ 何公,按察司僉事何子明,四川南充人。伍侯,知縣伍睿,廣西全州人。邑人因他們築新安縣外城有功,建何公祠、伍侯祠祀之。見清·賈雒英訂定,薛起蛟、湯晉纂:康熙《新會縣志》卷九〈祀典〉,《日本藏中國罕見地方志叢刊》,頁212下。

進士毅然當策。前溪彭公、虛巖林公、省齋陳公諸鄉老①，率度有成，顧籍安枕而思報者。涼齒弗振，象山之虛，兩祠落落，吁可嘆已！一日，磐洲林均、性雅許均輩計曰："念茲武功，文事亦賴昌焉。"象麟，馬角徵矣。載拉同志，即何祠上方鼎新之，是爲文昌宮。暨飾乎祠之所未備者，召司鑰氏以守，誠欲將興斯文，俾聯翩識兆者，屹屹雄天下，庶幾佛忘所自，兩祠亦賴暐曄與？重城存不朽，微且厚，諸均用心甚盛也。工始於萬曆某年某月某日，落成於某月某日，翼翼業業，奎璧煇騰。墊介劉均屬淳記之，淳表其大者於石如此，他姑略焉。

　　皆萬曆十有六年戊子歲長至之吉，賜進士第里中六柳居士黃淳頓首撰。

【編者按】

　　文錄自清·林星章主修，黃培芳、曾釗總纂：道光《新會縣志》卷一二〈金石〉②。

【碑文考釋】

　　撰碑者黃淳，字叔化，號鳴谷（一曰字鳴谷），廣東新會人。明隆慶元年（1567）舉人，萬曆八年（1580）進士，官寧海知縣。後謝歸鄉里三十餘年。晚年自號六柳先生。嘗與舉人李以龍修縣志。著有《鳴山堂集》、《李杜或問》。卒年八十五。

　　道光《新會縣志》文後按語曰："記稱作者何公，兵備僉事何子明也，南充人，嘉靖四十四年進士。伍公，知縣伍睿也，全州人，隆慶五年進士。前溪彭公，彭漢也，嘉靖十年舉人。虛巖林公，林大章也，嘉靖二十二年舉人。省齋陳公，陳吾德也，嘉靖四十四年進士。並見《太學進士題名碑錄》及王《志》〈選舉·人物傳〉。"③按，王志，指王植纂修乾隆《新

---

① 前溪彭公，彭漢，字源嶓，嘉靖十年（1531）舉人，授慈谿訓導。虛巖林公，林大章，字文經，號虛巖，嘉靖二十二年（1543）舉人，二十五年（1546）授江西東鄉令。見清·林星章主修，黃培芳、曾釗總纂：道光《新會縣志》卷九〈人物下〉，《中國地方志集成·廣東府縣志輯》第33卷，分別見頁306下、308上。省齋陳公，陳吾德，字懋修，號省齋，嘉靖四十四年（1565）進士，授行人，官至湖廣僉事。撰有《謝山子存稿》、《甲子圖律呂》等書。見清·賈雒英訂定，薛起蛟、湯晉纂：康熙《新會縣志》卷一二〈人物〉，《日本藏中國罕見地方志叢刊》，頁284上。

② 清·林星章主修，黃培芳、曾釗總纂：道光《新會縣志》，《中國地方志集成·廣東府縣志輯》第33卷，頁431下。

③ 均見清·林星章主修，黃培芳、曾釗總纂：道光《新會縣志》卷一二，《中國地方志集成·廣東府縣志輯》第33卷，頁431下。

會縣志》。

　　碑文記在象山創建文昌宮一事。象山本有兩祠，何公祠和伍侯祠，因按察司僉事何子明和知縣伍睿建造新會外城有功而立祠分別紀念之。而隨著歲月的流逝，兩祠也漸漸落寞。於是彭、林、陳、許諸公倡議創建文昌宮，以振興文運，於是就在何公祠之上建造了文昌宮，黃淳為文以記之。

# 92　文昌閣

## 【廟宇簡介】

文昌閣，明萬曆十二年(1584)知縣袁奎創建於學宮左。

## 92-1　明·袁奎：文昌閣記

明萬曆十二年(1584)

## 【碑刻信息】

存址：原在邑城馬山鐘樓①。

碑文來源：道光《新會縣志·金石》。

## 【碑文】

賜進士第文林郎知新會縣事豐城袁奎撰文，儒學教諭蕭端升書丹，訓導馬堪篆額。

按《天官書》，"斗魁戴匡六星，曰文昌宮"②，統將、相、祿、命諸宿。祠家更以降神於蜀，率肖象祀□□世而傳久矣。會故未有祠，祠肇於今者何？蓋先是堪輿家言，學□之水，發源圭峰，□□折□泮宮前，稍無環洄紆鬱之情，於風氣不固，是宜有以聚之。故學博蕭君自麓、郝君□□、□君〔一〕雲岳，暨諸文學士，僉議建祠文昌於此。議既諧，□基於□□□□地，得後天巽方，□□□又文明之兆焉。乃於萬曆癸未閏二月，合力鳩傭，度材凝土，築□臺七尺，臺上爲閣，□□□數月而懸棟巍然，檻櫨翼然，白□□堊，舉□□□□既□工，復相

① 清·林星章主修，黃培芳、曾釗總纂：道光《新會縣志》錄文後按語云："右刻在邑城馬山鐘樓。"見《中國地方志集成·廣東府縣志輯》第 33 卷，頁 430 上。

② 此語出自《史記》卷二七〈天官書〉，參前明·梁士濟：〈重修月溪文昌宮記〉[ 明天啟五年(1625)稍後，碑號 20-1，總 52 ] 注。

率命予記之。予□□□□義大矣哉：法象昭回，精光顯著者，天文也；潤身華國，以經緯宇宙者，人文也。斯□□□□□矣！然人非天不啟，天非人不因，默感潛孚，斷不容爽，一真精之所感也。今文昌之祠□□□，吾知將有望氣者言，黃雲紫水之間，赫赫奕奕，上燭於斗樞，下顯於俊彥，俾人文□天□□者，必自茲文昌之精作之也。噫！是舉也，以崇祀典則天象矣，以維風氣□地宜矣，以聚靈□肇人文矣，眾美備焉，抑何幸邁厥盛也！乃不辭而爲之記。若夫荒度土木，專經理之勞，□□劬勛，則陸生宏先率身任之；而倡義鳩財，則有陸生繼先、劉生貞、譚生必遷、伍生光國、許生欽文、潘生階、彭生繼祖分其事；協心□畫，則有[二]林生嘉讓贊其謀。至於喜斯事之有成也，而分貲來助，則合諸庠士暨鄉士大夫耆俊□□□力焉。謹別勒之貞石。

　　大明萬曆十二年歲次甲申春正月吉旦。

**【編者按】**

　　碑文錄自清·林星章主修，黃培芳、曾釗總纂：道光《新會縣志》卷一二〈金石〉①。

**【校記】**

　　〔一〕"君"，原文闕，據文意補。
　　〔二〕"則有"，原文闕，據文意補。

**【碑文考釋】**

　　撰碑者袁奎，字文卿，江西豐城人。明萬曆八年（1580）以進士爲新會縣令。
　　碑文記建文昌廟一事。據碑文，文昌宮的修建緣於堪輿家認爲，發源於圭峰的河水流經新會學宮之後，沒有形成停駐回漩之勢，所以應建文昌閣以聚斂風水。在這種說法的支持下，地方士紳開始動議籌建文昌閣。在修閣之前，主事者用後天卦位卜得巽方，以爲建文昌閣的吉兆，工程經過了幾個月。新建文昌閣與已有學宮相輔相承，成爲新會重要的人文景觀。

---

　　① 清·林星章主修，黃培芳、曾釗總纂：道光《新會縣志》，《中國地方志集成·廣東府縣志輯》第 33 卷，頁 429 下－430 上。

# 93　城隍廟

**【廟宇簡介】**

　　城隍廟,在縣治右,南向面古岡山①。城隍廟創建於明洪武三年(1370),知縣吳拳建。明天順末陶魯重修②。康熙志描述天順年間的規制爲:"深二十五丈,廣四丈五尺,大堂三間,後堂五間,儀門三間,大門三間。"③嘉靖中知縣王交重修,知縣余恩建感應門於儀門外。④

　　清康熙三十六年佟镕復修⑤。乾隆十九年知縣圖爾兵阿重修。道光十九年知縣林星章捐廉重建,接任言良鈺相繼董成,以紳士譚興然、何鳳、何朝昌、陳占元、黃震亨、黃肇彰、李炳麟督理其役⑥。

## 93-1　明·李承箕:重修城隍廟碑

明弘治六年(1493)至弘治十一年(1498)

**【碑文】**

　　新會有城隍,又有廟貌,在縣治西門內,創始于國初,天順末今憲使陶

---

　　① 清·林星章主修,黃培芳、曾釗總纂:《新會縣志》卷九,《日本藏中國罕見地方誌叢刊》,北京:書目文獻出版社,1991,頁209上;乾隆《新會縣志》卷三〈壇廟〉"城隍廟"條,《故宮珍本叢刊》第179-180冊,頁255下;道光《新會縣志》卷四〈壇廟〉"城隍廟"條,《中國地方志集成·廣東府縣志輯》第33卷,頁160上。
　　② 康熙《新會縣志》、道光《新會縣志》云明天順中知縣陶魯、丁積重修。丁積(?—1482),字彥誠,明成化十四年(1478)進士,授新會知縣。碑文云天順末陶魯為縣丞時重修,今據碑文改。
　　③ 康熙《新會縣志》卷九,《日本藏中國罕見地方誌叢刊》,北京:書目文獻出版社,1991,頁209上。
　　④ 康熙《新會縣志》卷九,《日本藏中國罕見地方誌叢刊》,頁209上;乾隆《新會縣志》卷三〈壇廟〉"城隍廟"條,《故宮珍本叢刊》第179-180冊,頁256上;道光《新會縣志》卷四〈壇廟〉"城隍廟"條,《中國地方志集成·廣東府縣志輯》第33卷,頁160下。
　　⑤ 乾隆《新會縣志》卷三〈壇廟〉"城隍廟"條,《故宮珍本叢刊》第179-180冊,頁256上;道光《新會縣志》卷四〈壇廟〉"城隍廟"條,《中國地方志集成·廣東府縣志輯》第33卷,頁160下。
　　⑥ 清·林星章主修,黃培芳、曾釗總纂:道光《新會縣志》卷四〈壇廟〉"城隍廟"條,《中國地方志集成·廣東府縣志輯》第33卷,頁160下。

公①縣丞時所重建也。公嘗語箕曰："鬼神之心固不可知,觀其理之著見於外而執持吾前者,如弓不張而發,如矢不注而中,隱然造化之柄也。曩年西賊之來,望吾城如銀山天塹,以限隔之,就予授首者不足言也。其威靈有益於民如此。又嘗遣人賫折稅銀之京師,將抵羊城,為賊所劫,乃下令得賊報者賞,且告於城隍,以必得賊為誓。是夕臥廟中,恍惚若有人撼予曰:'賊得矣。'予起,出廟門,行百步內,一室燭光隱見,喈喈聞人語云:'銀為賊所劫,我識其人而不知其姓名,蓋嘗往來鬻販於此者也。'明旦使踪跡,果得賊。其威靈有益於民又如此。然人徒知城隍有險之險,與山川之勢相為無窮,而不知其無險之險,與天地萬物相為無窮。有如是者乎?登山涉河,東封西祀,祇園靈境,金闕瓊臺,其地既非所以容民蓄眾,又非所以崇德顯功,方且低心,伈伈俔俔,而無所於底止,其為淫妄何如哉?予已修其廟貌,以嚴祀事,子能為書之乎?"承箕於是序之。

## 【編者按】

碑文輯錄自清·林星章主修,黃培芳、曾釗總纂:道光《新會縣志》卷四〈壇廟〉②。

## 【碑文考釋】

撰碑者李承箕,字世卿,都御史承勛、大理評事承芳之弟,湖廣嘉魚人。明成化元年(1465)為舉人,來新會從陳白沙遊。不樂仕進,築釣臺黃公山下,與兄承芳同隱。所著有《大厓集》行於世。

碑文為明天順末年重修城隍廟而作。碑文用重修者陶魯之言,敘城隍之靈應,並述重修之意旨。

文中云"廟創始於國初,天順末今憲使陶公縣丞時所重建也"。陶公,名魯,字自強,明左參政陶成子,廕授新會丞。憲使指御史臺或都察院的官員,奉旨監察或外巡均可稱

---

① 陶公,名魯,字自強,廕授新會丞。天順七年(1463),秩滿,遷知縣。後擢湖廣右布政使兼廣東按察副使,領嶺西道事,人稱"三廣公"。

② 清·林星章主修,黃培芳、曾釗總纂:道光《新會縣志》,《中國地方志集成·廣東府縣志輯》第33卷,頁160下。

憲使。按志,陶魯於明天順七年(1463)秩滿,遷知縣。弘治六年(1493)進湖廣按察使,後擢湖廣右布政使兼廣東按察副使,領嶺西道事,人稱"三廣公"。弘治十一年(1498),陶魯卒。故此文當撰於弘治六年(1493)後,弘治十一年(1498)前。

# 附　錄

## 清·林皋:祭城隍驅虎文

清康熙四十五年(1706)

【款文】

　　某奉朝命為茲邑長,封部之內,與神幽明共治者也。邑長有巡宰以宣其教化,一夫不獲,某則譙於巡宰,以無負天子;維山有山川百靈,以暢其靈貺,一物肆暴,神則讓於山川百靈,以無負維皇上帝。今茲環城之外,猛虎甘人者屢矣,將山川百靈罔聞知耶?將知之而不驅而遠之,坐視吾民為魚肉耶?罔聞知為不職,知之而坐視之為不仁,是神所宜督過之者也。然先聖有言曰"苛政猛於虎",將邑長之苛政實召感之耶?夫某為邑長,於茲數月矣,涖官行法,未嘗不以寬也;寓撫字于催科,未嘗重菙楚加鞭朴也。支山阻海,積為逋藪者,貢輸恐後,火米未登,夏稅已徹,此亦無苛政之效也。抑某聞童恢之令,不其也,一虎齧人,低頭瞑目□請死,宏農劉昆虎北渡河,九江宋均虎東渡江,或以仁心仁政,孚於異類。今某朝受事而夕飲水,似可告無罪於百姓矣,猶未能孚於異類,以率瀆於爾有神,豈帶牛佩犢者,或未盡化其鷹眼乎?遠所谿谷,疾苦或壅于上聞乎?暴戾恣睢之徒,以武斷於鄉曲者,或不能自直於鄉里之吏乎?干犯名義者,或輟食未化子弟之率未謹乎?何虎之肆然而眈逐也!是某之過也。雖然,治於幽以佐禮樂刑政之不逮者,神所司也;邑長之不賢,蔽罪於邑長可也,而縱不馴之獸,擇肉於人,實山川之不職不仁,而神未之督過也。邑長與神幽明共治,山川之不職不仁,而神未之督過;

邑長不與聞,則邑長為曠官,即為不職不仁,邑長將受其咎。是用吉蠲禋祀昭告於爾有神,屈山川百靈,驅彼猛虎,置之深山大澤之中,豺狼之與遊,狐貍之是飽,無近封部之內,以虐我子民,即神可無負於維皇上帝,某亦籍神庇以無負於天子。惟爾有神,克歆禋祀,永為人庥。尚享。

【編者按】

文錄自清·王植修:乾隆《新會縣志》卷一一〈藝文〉①。

---

① 清·王植修:乾隆《新會縣志》,《故宮珍本叢刊》第 179 冊,頁 40 下–41 下。

# 香山縣

# 94　天妃廟

## 【廟宇簡介】

廟在香山縣大欖鄉,曾名紗靈宮。始建年月不詳,明崇禎三年(1630)韓起龍重建①。

## 94-1　明·伍瑞隆:重建大欖天妃廟碑

明崇禎三年(1630)

## 【碑刻信息】

存址:原在大欖天妃廟②。

碑文來源:道光《新修香山縣志·金石》。

## 【碑文】

紗於人之謂神,故神道以近人而尊。蓋敬而遠之,知者之說也。而在人則欲其遠鬼神,在鬼神則欲其近人。大都神一,而神之情狀百。其(近)〔一〕於人者,不言而信,不法而恭,不撫摩而襁褓,謂之治世福神。如我紗靈昭應天妃,其於人惟恐不近,而人之敬〔二〕之者,亦惟恐其或遠之矣。

天妃本莆田之湄州人,都巡[簡](檢)〔三〕林愿第六女。母王氏,夢觀音大士授優鉢曇花食之,孕,十四月生妃。時地變紫色,異香聞海上,空中作簫鼓聲,時宋開寶元年三月二十三日。妃幼而神異,甫週歲,在提抱,見

---

① 清·祝淮主修,黃培芳纂:道光《新修香山縣志》卷五〈金石〉,臺北:臺灣學生書局,1968,據清道光七年(1827)刊本影印,頁825;光緒《重修香山縣志》卷六〈建置·壇廟〉"天妃廟"條,臺北:臺灣學生書局,1965,據清光緒五年刻本影印,頁328。

② 清·黃培芳纂:道光《新修香山縣志》,頁825文末按語云:"右碑在大欖天妃廟(即紗靈宮)。"

諸神像，輒叉手作拜狀。五歲能誦〈普門品經〉①，十一歲能婆娑按節以樂神，知人間休咎。然以衣冠族，不欲有此聲於外，間有就妃者，亦了無所應，韜晦而已。兄四人業商，往來海上。忽一日，妃手足若有所失，瞑目數晌。父母以為暴風之症，急呼之。妃醒而嘆曰："何不使我得全骨肉乎？"父母不解其意，亦不之問。逮兄歸，哭言前三日海風大作，兄弟各異船，冀有所免。忽見一女子狀如妹，牽五兩而行，飛渡濤若平地，三人俱得安。獨長兄船無牽五兩者，是時見彼女子，若有人速之去，船竟沒也。父母始知妃之瞑目，乃出神救其兄，其不得救者，呼之疾也。湄州故在海上，妃既有道術，每淩行島嶼間，或乘雲往來，人皆見之。忽於雍熙四年丁亥二月十九日端坐而化，年止二十。是後往往見在大海中，衣朱衣，擁幢幡，五采而過。里中人因祠之洲上，雨暘禱輒應。尤喜司孕，嗣婦人有未育者，咸於此祈而得之。

宣和癸卯，給事路允迪使高麗，中流遇風，八舟七覆。獨路所乘舟，妃降於檣，安流以濟。使還，奏聞，詔封靈惠夫人，賜順濟廟號。紹興己卯，江口海寇獗起，妃駕風一掃而去。其年疫，妃降於白湖，去潮尺許，掘坎涌泉，飲者輒愈。慶元戊午，朝廷調舟平大奚寇，妃見於空中，忽起大霧，此明彼暗，寇悉滅。開禧丙寅，虜逼淮甸，妃擁旗幟助戰而圍解。莆民故艱於食，會是月朔風浹旬，南舟不得往，食窘。禱於妃，即日反風，南舟至焉。景定辛酉，巨寇泊祠下，禱妃不允，群肆侮慢，醉臥廊廡間。妃縱火焚賊，賊駭而出，出則風沙晝晦，各跨淺而敗。有司以奏聞，因累封"助順"等號。國朝永樂間，中貴甘泉鄭和奉使暹羅、西洋諸國，有所禱，亦如宋路給事允迪故事。成祖文皇帝始詔修祠，己丑加今銜"護國庇民妙靈昭應弘仁普濟天妃"，賜廟。京師自是遣官致祭，歲以為常。一日，有一夷國率眾駕四巨舟，來迎化身，將至國，神舟遽沒。舟人見舟沒時，神飛出水上，朱衣象笏，北指而去，其三舟驚惶不已，稽首請命，徐以免。神舟覆處，忽涌出巨山，以

---

① 〈普門品經〉，為《妙法蓮華經》中的一章，亦單獨成經，主要為誦觀音名號法。

藏其化身。今夷海猶有天妃山云。此皆妃從前異跡百千中之一二。

粤與閩境相接,而妃之靈爽又每駕海島而行,故粤不論貴者、賤者、貧者、富者、舟者、陸者,莫不香火妃,而妃亦遂愛之,如其手足。吾所居之里,四面皆大海,出必以舟。亦為其山澤之藪,群盜乘以出沒。而妃之相之者,纖悉不遺,故其間或宦或士,或農或商,或來或往[四],有於海上遇危難者,群匍匐號泣呼妃。妃來,則有火光從空而下,止於檣。無檣,止於舟之背,或其櫓柁。眾乃起,鳴金伐皷而迎之。須臾舟定,火將往,眾又起,鳴金伐鼓而送之。諸如此類,嶺南人在在可據,大與尋常飾說鬼神者不同。人言父之鞠子,兒之呼母,以為情所必急。不知此猶有限於勢,不若妃之如響應聲。

所恨廟貌在市廛之上,二百年來未有擴其宇者。唯妃不必此而後近人,而我輩之所以報德者,殆有愧矣。韓君起龍,常與余出入京省,相依萬里之命。而是時,吾之僕蘇芳、梁捷者,亦預甘苦焉。雖遭遇粗康,而心之念妃者,無刻去。舊年臘月,因與談妃廟祀事,頗不自安。韓君乃挾其同志數人,就諸大檀越,謀為崇祀之舉。自正月初二日起至十三日止,所過大欖、小欖、圓欖,共五十八堡,皆本境有古鎮村者,妃告夢使往救其疾也。經行男女,焚香頂禮,如寒之就日,凡得施金貳佰三十。以崇禎三年春,命工改造祠宇於舊廟之右旁,其方背辛而面乙。其上共捌拾一椽,為屋凡九,中事妃,左事北帝及南宗六祖,舊廟同香火也,右則文、武二帝居焉。此外廚座壁砌、几筵幢竿、瓶供香水之屬,無不畢具。起工於庚午年四月二十一日,成於是年八月十八日。首事二三子,為余命觴焉,請曰:“惟子之能文也。勒石以志不朽,非子其誰?”余分不敢辭,因敘述其大凡,薰沐百拜而進之如此。其首事韓起龍、李芳新、胡聖福、韓仲諮、詹國耀、劉子榮、蘇芳、蕭上文、李永華、李昌祚、梁思謨、詹國棟,共十二人。諸檀越另有題名,茲不具載。

時大明崇禎三年庚午四月二十一日,弟子里人伍瑞隆薰沐稽首撰。第二十世孫番禺弟子員林穆書丹并篆額。

**【編者按】**

文錄自清・祝淮主修,黃培芳纂:道光《新修香山縣志》卷五〈金石〉①,參校以清・田明曜修,陳澧纂:光緒《重修香山縣志》卷六〈建置・壇廟〉②。

**【校記】**

〔一〕"近",底本闕此字,據光緒《重修香山縣志》補。

〔二〕"敬",光緒志作"近"。

〔三〕"簡",當爲"檢"之誤。

〔四〕"或來或往",光緒志作"或往或來",均通。

**【碑文考釋】**

撰碑者伍瑞隆,字國開,香山縣大欖鄉人。明天啟元年(1621)辛酉科解元,中崇禎十年(1637)會試副榜。歷官至河南兵巡道。晚號鳩艾山人,著有《臨雲集》、《辟塵集》、《金門草》、《白榆園草》、《石龍草》、《樂林草》、《鳩艾山近賦》、《少城別業近草》等。

碑文乃爲明崇禎三年(1630)大欖天妃廟的重建而作。篇幅較長,內容亦尤其豐富,可稱得上是關於天妃的一篇專論。碑文先從中國宗教的"人神的關係"談起,稱,"鈔於人之謂神,故神道以近人而尊",並稱讚了天妃於人的親近之感。接下來敘述了天妃的本事(至"端坐而化,年止二十"),大體包括了天妃本爲莆田湄洲人,林願第六女,生於宋開寶元年(968),卒於宋雍熙四年(987)等信息。然而碑文的敘述,距離最早有關天妃的記載已有較大出入,乃層累而成。第二個重要的內容,是對於天妃卒後世人對她的崇祀歷史的記述,清晰地昭示了天妃的信仰是怎樣從民間("里中人因祠之")延伸到官方的。碑文大略例舉了宋代五件事,明代一件事,描述天妃的靈應之蹟,總而言之,不外乎平寇、祛疫、保佑出海使臣等事。其中較大事蹟是宋宣和年間路允迪使高麗和明永樂年間鄭和使暹羅、下西洋,禱祈於天妃而獲得保佑之事。而隨著天妃的逐漸深入人心,朝廷對天妃

---

① 清・祝淮主修,黃培芳纂:道光《新修香山縣志》,頁820–825。

② 清・田明曜修,陳澧纂:光緒《重修香山縣志》,頁328–331。

也屢賜封號。很顯然天妃的信仰就是這樣互動性地擴大起來的。最後,碑文回到了粵地對天妃的信仰崇祀及所獲福佑,進而落到大欖天妃廟之重建。但所建之新廟(在舊廟之右)並不單祀天妃,左祀北帝及南宗六祖,右祀文武二帝。其中南宗六祖指的是禪宗六祖慧能。

# 95　北帝廟

## 【廟宇簡介】

　　據方志記載,廟原在縣城北門外①。此廟建於明成化元年(1465),明時分別於嘉靖十二年(1533)、萬曆四年(1576)重修。明萬曆四十二年(1614),知縣但啟元廣之。清康熙十八年(1679),知縣卞三魁重修;嘉慶二十二年(1817),知縣馬德滋重修。邑人又於清嘉慶二十五年(1820)復重修②。光緒元年(1875)復重修③。1923年後逐步拆毀④。

## 95-1　清·毛定周:北帝廟碑記

　　　　清康熙十八年(1679)

## 【碑文】

　　廟所以事神也。然事神者十之二三,而藉以補形勢者十之七八。當時創之,後世繼焉,故至今傳也。吾邑形勢自東而來,蓮峰峙焉。大尖拱其南,武峰峙其西,惟背山差小,舊建上帝廟以補之。廟之建始自成化乙酉,修於嘉靖癸巳,重修於萬曆丙戌,皆因仍舊制。迨萬曆乙卯〔一〕,邑侯但公始捐俸鳩工,購地而更大之。越今二十餘閏,而庭之殖者以墜,楹之覺者以欹,翬鳥之飛革者以墮。里人相視而歎曰:"是安得修舉廢墜如但侯者乎?"未幾,而我侯卞公⑤來蒞茲土,復以修補形勢為事。謂斯廟實縣治陰陽向背所關,烏容圮壞,首捐俸錢營作,勸助於眾以續之。不數月而內殿外亭、迴廊廚舍,與夫鐘鼓供器之屬,煥

---

　　① 清·暴煜修,李卓揆纂:乾隆《香山縣志》卷八〈壇廟〉"北帝廟"條,臺北:臺灣學生書局,1965,據清乾隆十五年(1750)刊本影印,頁906;清·祝淮主修,黃培芳纂:道光《香山縣志》卷二〈建置·壇廟〉"北帝廟"條,頁298。

　　② 清·祝淮主修,黃培芳纂:道光《香山縣志》卷二〈建置·壇廟〉"北帝廟"條,頁298-299;光緒《重修香山縣志》卷六〈建置壇廟〉"北帝廟"條,頁332-333。

　　③ 清·陳澧:光緒《重修香山縣志》卷六〈建置·壇廟〉"北帝廟"條,頁333。

　　④ 中山文化局編:《中山市文物志》,廣州:廣東人民出版社,1999,頁33。

　　⑤ 卞公,卞三魁,遼東人,舉人,清康熙十七年(1678)任香山縣知縣。

然一新。壝內特建香亭,以增所未備;又於左側蓋造數楹,以為民間歲時報賽飲福之所;門屏益加高大。落成,而我卞侯莅止,致虔禮焉。人之稱斯舉也,謂我侯大能繼也,兼乎創也,猗歟盛哉! 方廟之圮也,咸以為不克再振,及觀棟宇維新,不獨踵前人所有,而且增前人所未備也。嗚呼! 當此陵谷變遷之餘,物力凋敝之後,木石甓瓦之費,百倍於昔。毋論事神之舉或不復為,即事關形勢所藉,以補天地之不足者,安能必其繼耶? 乃我侯一倡,應者恐後,非其誠足以感神,德足以服眾,而能然耶? 吾蓋深幸斯廟大修之成,竊喜我侯之善為繼,而又甚有望乎來者之皆為我侯也。於是記其始末,以告來者。

## 【編者按】

文錄自清·祝淮主修,黃培芳纂:道光《新修香山縣志》卷二〈建置·壇廟〉①。參校以清·田明曜修,陳澧纂:光緒《重修香山縣志》卷六〈建置·壇廟〉②。

## 【校記】

〔一〕此處光緒《重修香山縣志》多一"年"字。

## 【碑文考釋】

撰碑者毛定周,字景紹,號中庵,廣東香山人。清順治十四年(1657))舉人,官丹徒知縣。

碑文記述了北帝廟的初建和重修的歷史。碑文稱,北帝廟之建不僅為事神,還為補香山邑之形勢。廟始建於自成化乙酉,即成化元年(1465),而又分別於嘉靖十二年(1533)、萬曆四年(1576)經過重修。但是這兩次重修都沒有擴大規模,而是沿襲了舊有的規制。到了萬曆乙卯,即明萬曆四十二年(1614),知縣但啟元才改變了這一情況,購地擴大了北帝廟的規制。但啟元,字五盧,江西人,明萬曆四十二年(1614)由舉人知香山縣。然而過了二十餘年,廟又一次頹敗。清康熙十八年(1679),知縣卞三魁重修此廟。卞三魁,遼東人,清康熙十七年(1678)以舉人任香山縣知縣。碑文稱讚卞侯"以修補形勢為事","以補天地之不足"。

---

① 清·祝淮主修,黃培芳纂:道光《新修香山縣志》,頁298–299。
② 清·田明曜修,陳澧纂:光緒《重修香山縣志》,頁332–333。

# 96　北極觀

## 【廟宇簡介】

　　廟祀真武神,但不知廟廢棄於何時。根據清申良翰纂康熙《香山縣志》,此觀本在縣東鎮撫司舊址。宋乾道五年(1169),縣令范文林建,宋淳祐三年(1243),主簿宋之望重建①。

## 96-1　宋・趙希循:北極觀記

宋淳祐五年(1245)

## 【碑文】

　　北極觀,邑之壯麗者也。雨暘之禱,朔節之拜,必先焉。余始抵任,謁時,覩其階級之崇嚴,輪奐之宏敞,景像不減於中州。退,見守者陳夢說曰:"若其功乎?"守者矍然辭曰:"明邑佐宋公實更此宇也。"初,經營隘陋,久廢不葺。垂及百年,內庭壓矣,幾毀寶像;兩廡墟矣,鞠為莽區。門觀亦就頹而僅支耳。惟三清殿巋然如魯靈光獨存。蓋改造於嘉熙之新元,而事力猶困,餘未暇理也。公見之惻然,乃循舊址,出新意,增廣而壯麗之,輟己俸為邑人先。而邑之勇於好善者,亦相與謀曰:"此為吾等植福基也。盍有以相其役歟?"故輸財而獻力者相屬。木石山富,工斷兩從,向之壓者今巋然,向之墟者今森然,與夫就頹而僅支者,俱煥然而一新。加闢二殿,左右對峙,慈濟祠乎東,魁星位乎西。庭壇儼肅,百具整修。癸卯十一月始營,而落成於甲辰之秋,役踰時而民不知倦。身督而政自理,其他勤且敏皆類此,不但心匠而經畫之精緻也。居無何,謁余求記。余知公廉強而明決,且志趣大異,當且

---

①　清・申良翰纂:康熙《香山縣志》卷一〇〈外志・寺觀〉,清康熙十二年(1673)刻本,頁九。

有燄燄可觀者,矧夫祀祠更造,民有依矣,邑校易治,士有養矣。凡經營矩度,皆所指授,愈出愈新,而各中其則,其規矩力量可知也。敬援筆記其大略,以諗後人。公名之望,字敬山,莆之世科云。淳祐乙巳秋記。

【編者按】

　　文錄自清・祝淮主修,黃培芳纂:道光《新修香山縣志》卷五〈古蹟・寺觀附〉①。參校以清・田明曜修,陳澧纂:光緒《重修香山縣志》卷九〈古蹟・寺觀附〉②。

【碑文考釋】

　　撰碑者趙希循,生平無考。宋淳祐時為香山縣主管勸農事。

　　碑文記述了宋淳祐三年(1243)縣主簿宋之望對北極觀的重建過程。從碑文可以看出,宋時的北極觀本為香山縣非常重要的一座廟宇。廟的歷史也很悠久,初建於宋乾道五年(1169),宋淳祐三年所進行的是重建。另外,廟宇的佈局,除了中殿為三清殿外,還有東殿慈濟祠、西殿魁星祠等。

---

① 清・祝淮主修,黃培芳纂:道光《新修香山縣志》,頁771–772。
② 清・田明曜修,陳澧纂:光緒《重修香山縣志》,頁669–670。

# 97　東嶽廟

## 【廟宇簡介】

　　廟位於今中山市東區柏椏直尾街。始建年月不詳,清方繩武〈萬興嶽廟碑〉謂始基南宋。曾於清嘉慶十二年(1807)重修。

　　根據 2011 年實地考察,該廟保存狀況良好,門額橫書"東嶽殿"三字,旁有對聯一副,曰:"降神惟嶽,峻極于天。"該廟現在同時作為柏椏村的老人中心。

　　廟內保存有清方繩武〈萬興嶽廟碑〉一通。

　　除了主祀神東嶽大帝的神像之外,還祀有六位元帥,分別是王元帥、馬元帥、李元帥、殷元帥、溫元帥和趙元帥。這一情況與〈萬興嶽廟碑〉中所述是一致的。

## 97-1　清・方繩武:萬興嶽廟碑

清嘉慶十二年(1807)

## 【碑刻信息】

　　存址:今中山市東區柏椏直尾街東嶽廟內。

　　碑額:萬興嶽廟碑。篆書。

　　碑題:無。

　　尺寸:碑高 155 厘米,寬 83 厘米。

　　碑文來源:原碑抄錄。

## 【碑文】

　　侯光大篆額書丹。

　　我香邑誠於祀神,立廟遍四境,而威靈赫濯,則城東柏椏東嶽為最著。廟峙蓮峰之陽,面臨平疇數百頃,前拱湖洲二臺,諸勝左右,七星五馬,環列遠近;煙霞吐吞,林泉掩映,洵靈秀之區也。考諸前志,始基南宋,逮我朝六七百年,中間興修不一。然前制度卑狹,且寖就傾圮,似弗稱神明所棲。邑人士謀鼎新之,虔卜於神,兆曰吉。於是唐君襄臣等董其任,凡得金五千四百兩有奇。鳩工庀材,物備力舉,庳者崇之,淺者邃之。右个後宮,仍舊制也;左个遷祀牛王,重農事也。習儀有所,尸祝有廬,堂寢崇閎,門廡壯麗,加以瓴甓峻整,圬墁堅緻,髹彤藻繢,照耀四隅,較昔改觀焉。由是謁廟瞻禮者益致其誠。以往既藏事,唐君襄臣問記於余,余敬諾。謹按:東嶽者,居五嶽之尊,帝出乎震,於時為春,是萬物發生之始也。故三代命祀,典禮特隆,自有唐肇封天齊王,有宋加封仁聖帝,聲靈丕著。我國家歲時遣使告祠,牲幣祝號之數,視古有加。惟聖天子至誠昭格,百餘年仁壽承平,神靈周宇內,俾衢禱巷祝,人人得自効其誠矣。即以斯廟之修,富者樂輸其財,貧者竟獻其力,不有使之而若或使之然者,謂非神之靈耶?願我邑人士仰維聰明正直之德,而深思福善禍淫之道,用以永其誠於勿替,惠邀神貺於無窮焉耳。是役也,經始於嘉慶丁卯夏六月,其明年春三月告藏,爰勒貞珉,用垂久遠。是為記。

邑人方繩武謹撰。

香山協鎮水陸等處地方副總兵官記功加一等加三級許香山縣知縣加七級又加四級隨帶加三級紀錄十一次彭,祝犁大荒落仲秋既望立。


今將喜認各物開列:

嶽帝大座壹尊、行宮壹尊:侯仲□敬塑。

司監貳尊:鄭張氏敬塑。

左輔壹尊:何方氏敬塑。

右弼壹尊:曉參敬塑。

王元帥壹尊:鄭吳氏敬塑。

馬元帥壹尊:楊鄭氏敬塑。

李元帥壹尊:劉奮東敬塑。

殷元帥壹尊：唐欽魯敬塑。

溫元帥壹尊：鄭古氏敬塑。

趙元帥壹尊：鄭張黃氏敬塑。

功曹壹尊：李何氏敬塑。

土地壹尊：陳祖堯敬塑。

嶽后大座壹尊：李芳彩敬塑。

行宮貳尊、宮妃貳尊：侯仲田敬塑。

牛王神壹尊：黃鄭氏敬塑。

鼎爐壹座：鄭羅氏偕男鴻敬奉。

寶庫貳座：鄭錦達同緣嚴氏敬奉。

雲石琴臺壹張：鄭位權、唐襄臣、朱大進、侯秉常敬奉。

錫香案壹副：劉張氏敬奉。

公棹壹張：劉應宸敬奉。

錫籤筒全副：鄭吳氏敬奉。

廟號扁額壹個：鄭雲敬奉。

頭門石柱壹對：唐錫璋偕男斗南敬奉。

后宮紗帳壹帷：吳楊氏敬奉。

## 【碑文考釋】

撰碑者方繩武，字伯謨，一字竹孫，廣東香山人，諸生。著有《七峯第一峯堂詩集》二卷。與黃培芳同時，以詩交。

碑文記敘了清嘉慶十二年對柏椏村東嶽廟的一次重修。碑文首先介紹了東嶽廟的所在靈境、始基年月以及重修的經過，作為自己撰寫此記原由的一個交代。然後碑文介紹了東嶽神的特質，在卦象上屬於震卦，在時間上屬於春季，掌萬物發生之始；所以自唐宋以來一直備受禮遇，不僅歷來遞加封號，而且清代歲時遣使告祠，祀神的廟宇也遍佈天下，使得"衢禱巷祝，人人得自効其誠"。進而碑文回到此次廟宇的重修，希望修廟可以起到教化百姓，移風易俗的作用，而邑人也可以一直得到神的佑護。

# 98　城隍廟

## 【廟宇簡介】

關於城隍廟的位置,清・暴煜修,李卓揆纂:乾隆《香山縣志》、清・祝淮主修,黃培芳纂:道光《香山縣志》和清・陳澧纂:光緒《香山縣志》均稱,據申志,城隍廟"在縣治左"①。然而清・申良翰:康熙《香山縣志》謂城隍廟在縣東側②。

關於廟的始建,曹啟益〈重修城隍廟碑記〉稱"肇自宋紹興,與城郭並建於一時",康熙縣志、乾隆縣志則云"明洪武元年縣丞沖敬建"③。

明清間城隍廟經歷多次重修或重建。明成化間知縣朱顯重修,嘉靖二十年(1592)知縣鄒驗重建,萬曆二十七年(1599),知縣孟習孔、耆民周鎮等復重修,邑人曹啟益撰有碑記④。清康熙十八年(1679),知縣卞三魁修;康熙四十九年(710),署縣陳廷綸倡里民重修;乾隆四十一年(1776),知縣楊椿重修;嘉慶十三年,知縣彭昭麟復重修,買廟右側市肆,增拓門外地⑤。

## 98-1　明・曹啟益:重修城隍廟碑記

明萬曆二十七年(1599)

## 【碑刻信息】

存址:原在城隍廟內⑥。

---

① 清・暴煜修,李卓揆纂:乾隆《香山縣志》卷八〈壇廟〉"城隍廟"條,頁904;清・祝淮主修,黃培芳纂:道光《香山縣志》卷二〈建置壇廟〉"城隍廟"條,臺北:臺灣學生書局,1965,頁294。清・田明曜修,陳澧纂:光緒《重修香山縣志》卷六〈建置・壇廟〉"城隍廟"條,頁321。

② 清・申良翰:康熙《香山縣志》卷二〈建置・壇廟〉,清康熙十二年(1673)刻本,頁12。

③ 清・申良翰:康熙《香山縣志》卷二〈建置・壇廟〉,清康熙十二年(1673)刻本,頁12。

④ 清・申良翰:康熙《香山縣志》卷二〈建置・壇廟〉,清康熙十二年(1673)刻本,頁12–13;乾隆《香山縣志》卷八〈壇廟〉"城隍廟"條,頁904–905。

⑤ 清・祝淮主修,黃培芳:道光《香山縣志》卷二〈建置・壇廟〉"城隍廟"條,頁294–295;清・田明曜修,陳澧纂:光緒《重修香山縣志》卷六〈建置・壇廟〉"城隍廟"條,頁322–324。

⑥ 清・祝淮主修,黃培芳纂:道光《新修香山縣志》,頁814按語云:"右碑在治東城隍廟。"

碑文來源:道光《新修香山縣志·金石》。

【碑文】

奉直大夫麻哈州知州邑人曹啟益撰文,邑庠生楊肇陞書丹,周文煥篆額。

香山縣城隍廟,肇自宋紹興,與城郭並建於一時,迄今四百餘年。世[亨](享)〔一〕鴻〔二〕龐熙洽之化,瀕海而(國)〔三〕者,屹然金湯,神之庇居多焉。歲久棟宇圮蝕,廟制隤然隘也。則咸相與慼之,顧費夥而筴之無從也。會〔四〕父母孟侯①蒞邑,申功令,振風猷,諸所翔革,咸次第經略圖之。而屬邑耆民周鎮、郭宗顏、周延、鄭綱、楊維〔五〕、楊文倫〔六〕六人請曰:"廟之欲一新也數矣,而竟以時詘見昵〔七〕,意者神之默有待也。非侯曷克舉之?"侯既已得是請〔八〕,則朔望詣廟,顧瞻興嘆曰:"妥靈迓庥[務]〔九〕,孰有先於是乎?夫令之與神,歧幽明而兩之,誠風馬牛不相[入](及)〔一〇〕。至於彰癉淑慝,使一方之民知所懼而不抵於罰〔一一〕,則又若交相待為理也。矧金簡錫而平成格,山川秩而百度熙,精誠感[格](召)〔一二〕之機,驗如左券。斯廟制之未恢也,則所司者誠愧之矣。"乃置印簿,分給鎮等徧題,邑縉紳士民義助,計得銀壹百柒拾餘兩。不足,侯捐橐裝資之。揆日僝工,以歲〔一三〕呈試飭百執事。前為鐘鼓樓,上下二楹,輪奐奕奕;次為儀門香亭,翼以兩廡,闌檻〔一四〕甬道,甃以文石;又次為中堂,後為大殿,皆易腐以堅,屏窻為麗〔一五〕,仍故址而式廓焉。城隍聖像,加飾莊嚴,遷六曹位於兩廊,建夫人祠於西側,隸人士女分列東西,大門左右塑神馬二、力士二。經始於萬曆丁酉年十一月,越戊戌年七月而告成。夫經國之準,不以彌文侈費,則制隆;秩祀之典,不以非神[傲]

---

① 孟侯,指知縣孟習孔。孟習孔,字魯南,湖廣武昌人,進士,萬曆二十五年任。萬曆二十六年調蘇州府吳縣令。官至太僕卿。關於孟習孔的到任香山縣令的年份,申良翰康熙志稱萬曆二十七年,此後暴煜乾隆志和黃培芳道光志均沿此說。然道光志卻下按語云:"按,孟習孔修城隍廟,曹啟益撰碑云經始於萬曆丁酉,則二十五年習孔已蒞香山矣。《湖廣通志》稱習孔'乙未進士,授香山令'。疑七字為五字之偽。"見清·祝淮主修,黃培芳纂:道光《香山縣志》卷三〈職官表〉,頁447。另據清·李銘皖修,馮桂芬纂:同治《蘇州府志》卷五三〈職官二·歷代縣令·吳縣〉:"孟習孔,古徒武昌人,進士,萬曆二十有六年由香山改任,二十九年以憂去。"《中國方志叢書·華中地方》第5號,臺北:成文出版社,1970,第3冊,頁1439上。由此看來,孟習孔當為萬曆二十五年任香山縣令,到任後當年即主持修廟,但二十六年即調任吳縣令,月份不詳,廟未知成否。曹啟益碑則撰於孟習孔去後。

（徽）<sup>〔一六〕</sup>福，則禮協。非此道也，雖極土木之華，無所用之。是舉也，財不出［於］<sup>〔一七〕</sup>公帑，役不妨農作，功享其成，眾不稱屬，人胥和矣；廟貌仡仡，眾觀濟濟，風氣以完<sup>〔一八〕</sup>，溫厚攸萃，神斯歆<sup>〔一九〕</sup>矣；歲時伏臘，報祀祈禳，海氛不入，頌德謳唫<sup>〔二〇〕</sup>，德馨廣矣。語曰：“有其舉之，莫可廢也；有其廢之，莫可舉也。”①噫！由是觀之，雖千百世且廟食無間焉，疇得而易之。首事六人，以修廢為己任，可謂勤事；尺計寸估，巨細靡遺，可謂節費；不給則措置補之，可謂綜理。勤事，義也；節用，儉也；綜理，敏也。一舉而三善備焉，迺伐玄石，列其姓氏，繫以年月，以志重建之所始。

時萬曆二十七年歲次己亥正月孟春吉日立。

【編者按】

文錄自清·祝淮主修，黃培芳纂：道光《新修香山縣志》卷五〈金石〉②，參校以清·申良翰纂：康熙《香山縣志》卷八〈藝文〉③、清·暴煜修，李卓揆等纂：乾隆《香山縣志》卷九〈藝文〉④、清·張嗣衍主修，沈廷芳總纂：乾隆《廣州府志》卷五八〈藝文〉⑤、清·田明曜修，陳澧纂：光緒《香山縣志》卷六〈建置·壇廟〉⑥。

【校記】

〔一〕“亯”，康熙《香山縣志》、乾隆《香山縣志》、光緒《香山縣志》及乾隆《廣州府志》均作“享”。當以“享”為是。

〔二〕“鴻”，康熙《香山縣志》、乾隆《香山縣志》、乾隆《廣州府志》作“淳”。

〔三〕“國”，原文闕，據其他方志補。

〔四〕“會”，康熙《香山縣志》作“令”，乾隆《香山縣志》、乾隆《廣州府志》作“前令”。

〔五〕“楊維”，康熙《香山縣志》、乾隆《香山縣志》、乾隆《廣州府志》作“楊維陞”。

---

① 漢·鄭玄注，唐·孔穎達疏：《禮記注疏》卷五，頁97下：“凡祭，有其廢之，莫敢舉也；有其舉之，莫敢廢也。”
② 清·祝淮主修，黃培芳纂：道光《新修香山縣志》，頁812–814。
③ 清·申良翰纂：康熙《香山縣志》，清康熙十二年（1673）刻本，頁46–47。
④ 清·暴煜修，李卓揆等纂：乾隆《香山縣志》，頁1148–1150。
⑤ 清·張嗣衍主修，沈廷芳總纂：乾隆《廣州府志》，乾隆二十四年刻本膠卷本，頁50上–51下。
⑥ 清·田明曜修，陳澧纂：光緒《重修香山縣志》，頁321–322。

〔六〕“楊文倫”，康熙《香山縣志》、乾隆《香山縣志》、乾隆《廣州府志》作“楊六倫”。

〔七〕“昵”，康熙《香山縣志》、乾隆《香山縣志》、光緒《香山縣志》及乾隆《廣州府志》均作“尼”。

〔八〕“侯既已得是請”，康熙《香山縣志》、乾隆《香山縣志》、乾隆《廣州府志》作“侯既得是請”。均通。

〔九〕“務”字，康熙《香山縣志》、乾隆《香山縣志》、乾隆《廣州府志》無，當爲衍文。

〔一〇〕“入”，康熙《香山縣志》、乾隆《香山縣志》、乾隆《廣州府志》作“及”。當以“及”爲是。

〔一一〕“不抵於罰”，康熙《香山縣志》、乾隆《香山縣志》、乾隆《廣州府志》作“不敢抵於罰”。

〔一二〕“格”，康熙《香山縣志》、乾隆《香山縣志》、乾隆《廣州府志》作“召”。當以“召”爲是。

〔一三〕“歲”後康熙《香山縣志》、乾隆《香山縣志》、乾隆《廣州府志》多一“時”字。

〔一四〕“闌檻”，康熙《香山縣志》、乾隆《香山縣志》、乾隆《廣州府志》作“欄楹”。

〔一五〕“麗”，康熙《香山縣志》、乾隆《香山縣志》、乾隆《廣州府志》作“嚴”，亦通。

〔一六〕“儌”，康熙《香山縣志》、乾隆《香山縣志》、乾隆《廣州府志》、光緒《香山縣志》均作“徼”。當以“徼”爲是。

〔一七〕“於”，康熙《香山縣志》、乾隆《香山縣志》、乾隆《廣州府志》均無此字，當爲衍字。

〔一八〕“完”，康熙《香山縣志》、乾隆《香山縣志》、乾隆《廣州府志》作“敦”。亦通。

〔一九〕“歆”，康熙《香山縣志》、乾隆《香山縣志》、乾隆《廣州府志》作“格”，亦通。

〔二〇〕“頌德謳唫”，康熙《香山縣志》、乾隆《香山縣志》、乾隆《廣州府志》作“頌祝謳吟”，亦通。

【碑文考釋】

撰碑者曹啟益，字文泉，廣東香山人。由選貢歷官至知州。工書畫，詩詞文賦亦佳。

本文記載了明萬曆二十七年（1599）知縣孟習孔重修香山縣城隍廟的經過。碑文稱，“香山縣城隍廟肇自宋紹興，與城郭並建於一時”。關於城隍廟的始建，暴煜纂乾隆《香山縣志》載“明洪武元年縣丞沖敬建”。後出的方志，如黃培芳纂道光《重修香山縣志》和光緒《香山縣志》均據曹碑將這一說法修改為"宋紹興間建,明洪武元年縣丞沖敬復建"。按,香山縣的設置,的確始於宋紹興二十二年。但是,是否城隍廟亦建於彼時,除此碑外尚未見其他記載。

## 98-2　清·梁金震:城隍廟記

清康熙五十二年(1713)

【碑文】

香山環海而邑。為天子撫育蒸黎,涵濡教澤,惟令之功;贊襄亭毒,保合太和,禦災而捍患,繫城隍之力。陰陽雖異,厥職維均,典綦重哉!吾邑城隍,距縣治數十武。仁山聚秀,岐水紆廻,間氣所鍾,特著靈異,邑人士晨夕莊奉惟謹。歷年數百,木石朽蠹,舖舍近逼廟門,湫隘尤甚。前尹力謀鼎建,計費弗給而止。庚寅夏杪,仁化陳侯①攝理邑篆,周視庭宇,太息低徊者久之。居無何,耆老以修廟請,侯曰:"是吾志也。夫琳宮梵宇,猶且盛雕鏤,窮藻繪,罄筐篋而不辭,矧澤被邊城,功糸造化,神之為靈昭昭也,寧敢後諸?"遂捐俸為倡。一時縉紳士夫,以逮農工商賈、委巷深閨,靡不傾積貯,奉金錢,忻舞匡襄,罔間遐邇。乃鳩工庀材,首建大門,理復侵地,次儀門,次中堂,規模宏廠,視昔有加。既而邱侯踵建,捐資助役,累土築基,後庭日益高峻。西有堂,以祠夫人,於東獨缺,制頗弗稱,復買民居建東堂,奉勾芒之祀,重繪列像,豐采儼然,衣冠奕奕,有生色。始於康熙庚寅八月,至癸巳,越四載而告成。殿宇矗雲,飛甍麗日,階廣以平,垣堅以密,煌煌乎一邑之壯觀矣。

夫國有常祀,雖華而非以為侈也;民有常尊,雖費而非以為勞也。廟制之興,與邑治並重,廓而新之,靈以妥焉,神以格焉。春秋享祀,牲牷酒醴,籩豆靜嘉,九閽之上,必有縉銅章、懸絳節,驂雲而至止者,陰以操彰癉之權,而陽以佐

---

①　仁化陳侯,指仁化縣知縣陳廷綸,當時攝理香山縣。陳廷綸,字誕江,廣西平樂人,康熙三十九年進士,四十六年任韶州仁化縣知縣,五十五年任甘肅鞏昌府知府,康熙五十九年任江南廬州府知府。官至吏部員外郎(據《清述秘聞》、同治《韶州府志》、雍正《廣西通志》、乾隆《甘肅通志》、乾隆《江南通志》等書)。

有司政教所不逮,俾邑人士咸澡浴其身,齋被其志,遷善遠過,而神降之福。風雨節,寒暑時,氛祲全消,災眚不作,大化之行,其何盡之與? 有是役也,天啟其衷,人協其應,不煩公帑,不費農時。宏締造於千秋,擴前規所未備,費省而堅,役均而節,惟諸父老倡之,亦惟諸父老成之。其經營佽助,左提而右挈者,兩侯力也。爰述其始終,紀其歲月,勒之貞珉,以垂永久,使後之君子,得有所考焉。是為記。

【編者按】

文錄自清·暴煜修,李卓揆等纂:乾隆《香山縣志》卷九〈藝文〉①,參校以清·祝淮主修,黃培芳纂:道光《新修香山縣志》卷二〈建置·壇廟〉②、清·田明曜修,陳澧纂:光緒《重修香山縣志》卷六〈建置·壇廟〉③。

【碑文考釋】

撰碑者梁金震,字允大,號容洲,廣東香山人。清康熙四十一年(1702)舉人,選除貴州安化令。不久引退,閉門讀書。年八十卒。著有《菉筠詩集》六卷,刊行文集四卷。

碑文記述了清康熙四十九年至五十二年,攝理縣令陳廷綸對香山縣城隍廟的一次重修。文中提到"廟制之興,與邑治並重",因為城隍神將會"陰以操彰癉之權,而陽以佐有司之政教所不逮",並且降福於邑民。

# 98-3　清·鄭應元:城隍廟記

清嘉慶十五年(1810)

【碑文】

吾邑重建城隍廟成,邑侯彭君④屬予為記。余惟事神治民,理同事異,必

---

① 清·暴煜修,李卓揆等纂:乾隆《香山縣志》,頁1128-1131。
② 清·祝淮主修,黃培芳纂:道光《新修香山縣志》,頁294-295。
③ 清·田明曜修,陳澧纂:光緒《重修香山縣志》,頁323-324。
④ 邑侯彭君,彭昭麟,字井南,四川雙流人。由拔貢任南江教諭,以軍功陞廣東陽春縣知縣,清嘉慶九年(1804)調香山。後以薦陞登州同知,以知府用督撫,奏留廣東。著有《從征》、《過嶺》、《嶺南》等詩草。見清·陳澧纂:光緒《重修香山縣志》卷一二〈宦績志〉,《中國地方志集成》第32冊,頁255下至頁256上。

先成民而後致力於神,則民和而神降之福①。侯之甫莅斯土也,洋匪鴟張,民心騰沸。侯奮厥武,蛟鱷遠徙。善後有經,乃審要隘,則建碉樓,甃臺水栅,分形角立,翼翼鱗鱗。民工既鳩,民心無恐,於是仰答神庥,鼎新斯宇。經始於嘉慶戊辰年三月,告成於是年十二月。有[後](基)〔一〕勿壞,大美斯彰,靚深庨豁,瑰瑋嶠皇。侯乃假廟用牲,萃眾受福,乃昌言於眾,曰:"惟神聰明正直,福善禍淫。爾無耽逸樂,逸樂則思淫,如是者禍;爾其服勤勞,勤勞則思善,如是者福。攻外洋之盜易,攻內心之盜難;事在廟之神易,事爾室之神難。"眾惶悚,受命而退。大哉侯言,神實鑒之矣!攻內心之盜,忠信為甲胄,禮義為干櫓,勁如雷電,發如風雨,以此攻心,何淫不克?事爾室之神,洗心以藏密,潔齊以相見,不顯亦臨,無射亦保,以此事心,何善不集?侯以弭盜之心,為成民之事,即以覺民之道,為事神之經,行見人敦良善,俗鮮慆淫,水旱不災,疫癘不作,於以靖海疆而受帝祉,諸福之來,正未有艾。而神之廟食於我邑者,亦且綿綿延延,與天地無終極。爰書侯語,用勒貞珉,俾後之覽者,咸知禍福之宗,神明之奧,惴惴乎不敢從匪彝,以取罪戾,是區區之志也。夫至是廟之肇造,代有踵修,自宋迄今,增其式廓,前記已備,茲不復贅。彭君名昭麟,四川雙流縣人,由拔貢考授教諭,以捕盜擢知縣,任今官,尋以平定洋匪,功舉卓異,推陞直隸知州,勇於除害,能急先務云。嘉慶十五年庚午孟冬。

【編者按】

　　文錄自清·祝淮主修,黃培芳纂:道光《新修香山縣志》卷二〈建置·壇廟〉②,參校以清·田明曜修,陳澧纂:光緒《香山縣志》卷六〈建置·壇廟〉③。

【校記】

　　〔一〕"後",光緒《香山縣志》作"基",當以"基"為是。《周易》:"履,德之基也。德

---

① 有關此句出處,詳參周日新:〈重修三清堂碑記〉(道光十四年(1843),碑號7-3,總17)注釋。
② 清·祝淮主修,黃培芳纂:道光《新修香山縣志》,頁295-296。
③ 清·田明曜修,陳澧纂:光緒《重修香山縣志》,頁324-325。

行於禮,有基勿壞。"

【碑文考釋】

撰碑者鄭應元,字文川,廣東香山人,清乾隆四十六年(1781)進士,由庶吉士改授內閣中書,充三通館纂修官兼總校官。

這是一篇撰於清嘉慶十五年(1810),重修城隍廟落成時的記事碑文。嘉慶十年,海寇攔入內地,碑文作者鄭應元與邑令彭昭麟籌畫守禦,在險要地設立炮臺、水柵、碉堡,有效地抵禦了海寇的劫掠擾民。城隍廟的重修也是在這種背景下,由縣令彭昭麟主持進行的。

碑文記述了嘉慶十三年(1808)縣令彭昭麟重修城隍廟一事。修廟之前,適逢海盜侵入,故碑文中有"侯之甫涖斯土也,洋匪鴟張,民心騰沸。侯奮厥武,蛟鱷遠徙"之句。彭昭麟到香山縣任乃在嘉慶九年(1804)。據光緒《香山縣志·紀事》載,嘉慶十年六月,海寇夜焚劫港口,八月郭婆帶率船三百餘,由獨子洋入攻大黃圃,鄉人力戰禦之。次日海盜遁去,復掠港口。彭昭麟令紳士立礮臺水柵。十二年夏海寇復至,彭昭麟率兵民擊退之[1]。於是在十三年,重修了城隍廟。

不僅如此,彭昭麟還在廟落成典禮上發表了一番言論:"惟神聰明正直,福善禍淫。爾無耽逸樂,逸樂則思淫,如是者禍;爾其服勤勞,勤勞則思善,如是者福。攻外洋之盜易,攻內心之盜難;事在廟之神易,事爾室之神難。"作者對這一番話推崇備至,說他是"以弭盜之心,為成民之事,即以覺民之道,為事神之經"。

# 附　錄

## 1　城隍廟鐘款

明成化十六年(1480)

右鐘在治東城隍廟。款云:"成化十六年。"

---

① 清·陳澧纂:光緒《重修香山縣志》卷二二,《中國地方志集成》本,頁463下。

【編者按】

　　文錄自清·祝淮主修,黃培芳纂:道光《新修香山縣志》卷五〈金石〉①。

## 2　城隍廟銅鑪款

　　明隆慶元年(1567)

　　右鑪在治東城隍廟。款云:"隆慶元年丁卯仲秋吉造。"

【編者按】

　　文錄自清·祝淮主修,黃培芳纂:道光《新修香山縣志》卷五〈金石〉②。

## 3　城隍廟鐘款

　　明崇禎元年(1628)

　　右鐘在治東城隍廟。款云:"崇禎元年。"

【編者按】

　　文錄自清·祝淮主修,黃培芳纂:道光《新修香山縣志》卷五〈金石〉③。

## 4　清·申良翰:驅虎牒城隍文

　　約清康熙十年(1671)

　　嘗讀"苛政猛於虎"之言,即撫膺自矢曰:"不出而司民社則已,苟出而司民社,苛政焉忍為之。"今筮仕茲邑,多虎害,民畏之猶苛政也。司民社者,與有責焉。良翰德薄,不能如劉桓公使虎負子渡河。維神為民社主,聲靈赫

---

①　清·祝淮主修,黃培芳纂:道光《新修香山縣志》,頁806。
②　清·祝淮主修,黃培芳纂:道光《新修香山縣志》,頁809。
③　清·祝淮主修,黃培芳纂:道光《新修香山縣志》,頁819。

濯,禦患攘災,邑人攸賴,是用虔戒,致禱於神,其默相之,取彼戾蟲,投畀荒裔,毋俾滋害。不用命者,納諸陷阱,殪於鋒械,使峋無負,使穴無踞,茆寮不驚,四野以清。此邦之黎赤,獲勤稽事,而急公好義,實蒙休庇。鑒茲誠悃,幸勿我棄。

【編者按】

　　文錄自清·申良翰纂修:康熙《香山縣志》卷八〈藝文〉①,又見清·暴煜修,李卓揆等纂:乾隆《香山縣志》卷九〈藝文〉②。

　　申良翰,陝西人,清康熙十年(1671)以舉人任香山縣令。

---

①　清·申良翰:康熙《香山縣志》,清康熙十二年(1673)刻本。
②　清·暴煜修,李卓揆等纂:乾隆《香山縣志》,頁 1157-1158。

# 三水縣

# 99　文昌宮

## 【廟宇簡介】

文昌廟,清嘉慶十年(1805)縣令洪先燾建。

## 99-1　清·洪先燾:文昌帝君廟記

清嘉慶十年(1805)

## 【碑文】

国家文治覃敷,裨瀛向化。今聖天子蘿圖肇膺,詔天下郡縣秩祀文昌帝君,春秋釋奠,如至聖先師禮。備哉燦爛,帝者之上儀,靡不舉矣。三水舊祀帝君於鳳岡書院,未立專廟,堂所不能成秩祀禮;又學宮舊制,大成殿後為明倫堂,堂後為尊經閣,而崇聖祠乃在鳳岡書院後,於規制未愜。予下車伊始,瞻仰徘徊,竊欲新建移修,念與邑人士接見日淺,未遑及也。歲乙丑,邑人士僉請建文昌廟於尊經閣舊址,並改修明倫堂為崇聖祠,以符體制;而移明倫堂於舊建崇聖祠所。是役也,工費出於題簽,鳩庀董以首事;守土者廣為勸捐,而不事督責;襄理者不辭勤瘁,而僃盡經營。規模閎敞,甍宇巍峩,算則五千有奇矣。落成後,蠲吉迎祀,崇奠如儀,諸首事屬予為記,以勒貞砥。嘗考文昌六星,躔近斗魁,主司人間祿命,而帝君實為其神。葢其生有自來,精爽昭明,不第申呂自嶽降、傅說為列星也。邑人士虔切崇祀,惟有神之默相,庶斯文之益振乎?抑予竊更有進者:帝君垂訓之文,以《陰隲》名篇①,於敦倫

---

① 關於《陰騭文》,參前明·梁士濟:〈重修月溪文昌宮記〉[明天啟五年(1625)稍後,碑號20-1,總52]碑文考釋中有關介紹。

飭紀、利時濟物之道,諄諄致意,是推廣惟天陰隲下民之旨,以扶世而立教也。顧芸芸之倫,必示以懲勸,則又謂古人狀元之選、宰相之榮,與夫門建駟馬而枝折五桂者,皆陰隲之應。是推廣嚮福威極之旨,以砭愚而訂頑也。學者景行前哲,爭自濯磨,躪帝君之門庭而畏其神,誦帝君之訓篇而服其教,屋漏不愧,文行兼修,處為鄉黨醇謹之士,出為朝廷有用之才,我知諸福之物、可致之祥,必不期自至矣,而於聖天子所以尊崇帝君、媲美至聖之至意,亦庶無負於萬一也。邑人士勉乎哉!抑又思邑衝繁冠、嶺表守土者,碌碌簿書,僕僕河干,其於興廢舉修,往往有志未逮。今邑人士乃能不遺餘力,擘畫兩載,蕆茲大工。事難於創始,其可不思亟謀善後乎?予故備挈建移之顛末,並誌守土者期望之深心,而復設禁約數條如左,亦願廟貌常新,奕焉千載,用昭我國家文明之治云爾。至於風水形勝之說,前人浚池塘,立牆垣,論之綦詳。神人感召之機,其應如響,異時人文彪炳,科第蟬聯,與地運適相符契,亦理之自然者。予素不譜形家言,不敢辭費而貽誚說堪也。是為記。

## 【編者按】

文錄自清·李友榕等主修,鄧雲龍等纂:嘉慶《三水縣志》卷一四〈藝文〉①。

## 【碑文考釋】

撰碑者洪先燾,湖北鶴峰州人,舉人。清嘉慶九年(1804)任三水縣知縣,後調署南海縣。

碑文首先記述了三水縣創建文昌廟的前因後果。文中提到嘉慶帝"詔天下郡縣秩祀文昌帝君,春秋釋奠,如至聖先師禮",這指的是嘉慶六年所發生之事。《清史稿》卷八四〈禮志·吉禮〉"文昌帝君"條:"明成化間,因元祠重建。在京師地安門外,久圮。嘉慶五年,潼江寇平,初寇闞梓潼,望見祠山旗幟,卻退。至是御書'化成耆定'額,用彰異績。發中帑重新祠宇,明年夏告成,仁宗躬謁九拜,詔稱:'帝君主持文運,崇聖闢邪,海內尊

---

① 清·李友榕等主修,鄧雲龍等纂:嘉慶《三水縣志》,《中國地方志集成·廣東府縣志輯》第30卷,上海:上海書店等,2003,據清嘉慶二十四年(1819)刻本影印,頁803下–805下。

奉,與關聖同,允宜列入祀典。'"①而三水縣的文昌之祀,尚未有專廟,因此才有了嘉慶十年文昌廟的創建。

接下來碑文追溯了文昌帝君的來源,即文昌帝君實際本來是文昌六星之神,掌管人間祿命,因而得到眾人的崇奉。但是作者認為文昌之重要不止於此。文昌帝君的《陰騭文》,對於社會教化作用很大,所以士大夫不僅"畏其神",而且"服其教"。最後碑文對這次文昌廟的建設工程表示褒獎,並希望本邑能夠"人文彪炳"、"科第蟬聯",文明大行。

---

① 趙爾巽等撰:《清史稿》,北京:中華書局,1977 年,第 10 冊,頁 2542。

# 100　城隍廟

【廟宇簡介】

　　城隍廟在縣署後街西北,與縣署並建。明隆慶元年(1567),知縣鄭孔道增修,中為堂,堂前有亭,兩廊為齋所二廡,房六,其旁廚庫二,前堂一座三間,中有板屏,外立總門,視舊制加廠。萬曆三十六年(1608),知縣韓紹忠重修,建坊廟前。崇禎八年(1635),知縣沈起蛟重修坊亭,原中堂兩廊,多用殼砌。清康熙十一年(1672),知縣蘇嵋用磚修建大堂一座,旁建西房為齋宿之所,從兩廊遞及頭門內圍牆,悉行修復。① 乾隆五十三年(1788),知縣王淦重修②。

## 100-1　明·鄭孔道:修城隍廟記

　　明隆慶元年(1567)

【碑文】

　　恭惟我皇明龍飛江甸,混一區宇,乃崇祀城隍之神,大封天下府州縣,為王公侯伯,以配所在山川之祀。凡官於其土者,始至必刑牲載誓而後就列,嗣此則月有謁、歲有饗,無或厭斁者,豈徒以徼福冥冥而求利其身哉?國依於民,民仰於神。惟神時降厥庥,以庇於民,民安則神斯顯:神與民本一理,幽與明本二道。聖人能通幽明之故,立廟以祀神者,乃所以為民也。

　　三水邑新創於嘉靖之五年,其城隍故未有封號。然威靈赫奕,以佑此下民,作善者予之以福,作惡者予之以殃;間有不平之事,悉詣神而心頓釋焉。非

---

① 參清·鄭玫修輯:康熙《三水縣志》卷五〈建置表〉"城隍廟"條,《故宮珍本叢刊》第177冊,海口:海南出版社,2001,據清康熙四十九年(1710)刻本影印,頁342上;清·李友榕等主修,鄧雲龍等纂:嘉慶《三水縣志》卷二〈建置·廟宇〉"城隍廟"條,《中國地方志集成·廣東府縣志輯》第30卷,頁574下。康熙志與嘉慶志均云:"嘉靖四十六年,知縣鄭孔道增修。"按:嘉靖年號無四十六年,嘉靖四十五年(1566)後即為隆慶元年(1567),故鄭孔道增修年份改為隆慶元年。

② 參清·李友榕等主修,鄧雲龍等纂:嘉慶《三水縣志》卷二〈建置廟宇〉"城隍廟"條,《中國地方志集成·廣東府縣志輯》第30卷,頁574下。

有功於民爲甚大乎？廟制日久，值颶風大作，屋宇頹圮殆盡。余始蒞任，遵制欲齋於廟中，左右進曰："是無息所矣。"余曰："嘻！是何言也！神，民之主也，而可至是也？"於是捐俸數十金，經始而新之；暨邑父老聞而好義者，不令而集，咸出資有差。及拔其尤數人董其事，庀工市材，取石於山，陶瓦於郊，鼎立廟堂。堂前有亭一，東西有齋所二，有廡房六；中一座稱後有扁一，題曰"千古威靈"，其傍有廚庫二，外立總門一；塗暨〔一〕丹艧，洗裝神像綵塑，左右六司，與夫鐘鼓之屬，靡不備焉。計肇工及告成不數月，勿亟而辦，其神之有感而然乎？抑亦吾民之樂於赴工而然乎？於戲！民之赴工，民之義也；至於代天粒民，神之司也。三水之土瘠，而食土之毛者，不能別事經營，惟桑蔴禾黍，緝絍耕耨是務。水多則潦漲，所產之利，恒沒爲魚鱉之區；旱多則土燥，而生意遂息。雖有上農力本之勤，亦無所用。斯盜賊之繁，皆繇於衣食之歉也。今神之廟已新矣，爲之禦災，爲之捍患，使境內黔黎無至失所，孰任其責歟？況旱乾水溢則變置，法典具存，若而神者，慎無以杳冥莫惻而漫不加意也乎。雖然，神其可盡委耶？《傳》曰："鬼神無常依，惟德是依。"[1]俾爲是邑之官者，恒懷天鑒在茲之念，兢兢業業以圖稱職，不怠不荒，不虐不侮，無總於貨寶，反觀於我而無疾，則德政成矣。神其舍之乎？苟徒自私自利以便身圖，勿論民怨，朝萃夕積，囂囂然四境，無樂生之心，雖欲牲牷肥腯、享祀豐潔，神其格之乎？夫神，民之主，而官尤爲神之主、民之望也。弗行其德，則弗卹其民；弗卹其民，則弗庇其神；弗庇於神，則獲罪於天矣。豈能以一人肆於民上，而不懼且殆哉？余不敏，素不能文，茲因父老之請也，不獲辭，乃備述祀神之意與夫格神之道，錄之以志歲月云。

【編者按】

　　文錄自清·李友榕等主修，鄧雲龍等纂：嘉慶《三水縣志》卷一四〈藝文〉[2]。

―――――――――――

　　[1]　語出《左傳·僖公五年》，原文爲："對曰：'臣聞之，鬼神非人實親，惟德是依。故周書曰："皇天無親，惟德是輔。"又曰："黍稷非馨，明德惟馨。"又曰："民不易物，惟德繄物。"如是則非德民不和，神不享矣。'"見《左傳注疏》卷一二，頁208上。
　　[2]　清·李友榕等主修，鄧雲龍等纂：嘉慶《三水縣志》，《中國地方志集成·廣東府縣志輯》第30卷，頁788上－789上。

【校記】

〔一〕"暨",根據文意,當作"墾"字。

【碑文考釋】

撰碑者鄭孔道,福建閩縣人。舉人。明嘉靖四十三年(1564)任三水縣令。後陞南京戶部主事。

這篇碑文記敘了明嘉靖年間重修三水縣城隍廟之事。碑文首先提到了明初朝廷對於城隍廟之祀的重視,封天下府州縣的城隍為王公侯伯,而且要求凡新任為官者,到任要先去謁拜城隍。對此作者的看法是,立廟祀神,不是為自己求福,而是為民。

接下來談三水縣的城隍廟。由於三水縣到嘉靖五年(1526)才分治,所以三水縣的城隍沒有趕上明朝廷的封號。但是三水的城隍神一樣發揮著懲惡揚善,保佑百姓的作用,所以在城隍廟的廟宇即將傾頹的情況下,新到任的縣令鄭孔道就號召重修了三水的城隍廟。

從"民之赴工,民之義也;置於代天粒民,神之司也"一句起,碑文轉入到民祀神之意和官格神之道的討論。一方面,作者指出三水土地貧瘠,百姓營生艱難,由於衣食之歉從而造成盜賊之繁。所以,需要城隍神為百姓禦災捍患。另一方面,作者又強調,為官者並不能把一切的責任都委付給神靈。為官者一定要推行德政,以德服民,以達到民安神庇的效果;否則,若"弗行其德,則弗卹其民;弗卹其民,則弗庇其神;弗庇於神,則獲罪於天矣",認識到這種神道政教關係,為官者就不會"以一人肆於民上,而不懼〔神〕而殆哉?"

# 100-2　清·蘇峒:重建城隍廟碑記〔一〕

清康熙十一年(1672)

【碑文】

秦漢以來取輿地,而郡縣之在在有神,與守令分治陰陽,相助為理,而封號不一。明初,以城隍稱名,始正,敕諸路咸廟祀之,甚盛典也。嘉靖中,粵東當事議割南海、高要兩邑幅員之遼闊者,設三水縣,得請於朝,一切皆循制建立,而神廟剏焉。維時草昧經營,規模狹隘,百餘年間,雖繼起重修者不乏,大抵因陋就簡,未嘗改觀。嗣值鼎革之秋,兵燹頻仍,室廬蕩然,民無寧止,遑問及神廟乎?己酉之冬,余奉命涖茲土。至之日,緣例謁神,則見梁棟俱圮,風雨漂搖,神且與露處弗異,怦怦於中,輒思所以修葺之。奈邑當孔道,折腰奔走,鞅掌簿書,有志而久未逮也。洎辛亥春,余乃決意勉力,期新廟貌以妥神靈。詢謀僉同,倡捐董率,爰鳩工庀材,越歲而樂觀厥成。凡正殿之壁,兩廡之牆,昔僅堊土版築,今盡為陶甀甓石以易之。拓其階除,鞏其前埔,華其坊額,而神暨曹官隸卒諸像,俱煥然一新。余因欲紀其事而有以告神也:"神與令幽明之形勢固殊,隱顯之政化如一。自今以往,神其默相余於冥冥之中,保障此四郊,撫綏此百姓,神式憑余以告無罪於天,余仰賴神以告無罪於天子,神匪尸位而光秩宗,余免素餐而徵奏最,詎不休哉?"是役也,始於辛亥年三月,至壬子年十一月落成。計所用,余自捐銀二百兩,邑之僚屬、紳士、里民,共助銀二百餘兩,並勒姓氏於貞珉,以垂不朽。

【編者按】

　　文錄自清·鄭玫修輯:康熙《三水縣志》卷一五〈藝文〉①。參校以清·李友榕等主修,鄧雲龍等纂:嘉慶《三水縣志》卷一四〈藝文〉②。

【校記】

　　〔一〕嘉慶《三水縣志》作"重修城隍廟記"。

【碑文考釋】

　　撰碑者蘇嵋,字羲月,河南汲縣人。清康熙八年(1669)以進士來三水任縣令。曾主修三水縣志。

　　碑文記載清康熙年間對三水縣城隍廟的一次重修。碑文先簡單回顧了城隍祭祀的歷史,自從秦漢建立郡縣,已發展到在在有神的地步。然而到了明才正式給城隍神以封

---

①　清·鄭玫修輯:康熙《三水縣志》,《故宮珍本叢刊》第177冊,頁453上至下。
②　清·李友榕等主修,鄧雲龍等纂:嘉慶《三水縣志》,《中國地方志集成·廣東府縣志輯》第30卷,頁789上-下。

號。洪武二年將都、府、州、縣、城隍各賜王、公、侯、伯之號,洪武三年,又革去封號,止稱某府某州某縣城隍之神,並定廟制與當地官署正衙高廣相當。

　　接下來碑文談到三水縣的建治與城隍廟之建,指出三水縣的城隍廟一直規模比較小,雖經重修,但一直未有改觀。所以在作者到任後便決心重修廟宇。在敘述重修乃至落成的過程之後,碑文以作者"有以告神"的一番話語為形式,表明了自己對城隍神與邑令雖是隱顯各異,但作用如一的看法——"神與令幽明之形勢固殊,隱顯之政化如一"。並希望城隍能夠幫助自己,保障百姓,各自向上司述職的時候,可以不辱使命。

# 101 胥江北帝廟

## 【廟宇簡介】

胥江北帝廟(又稱胥江祖廟),在華山麓,今廣東佛山市三水區蘆苞鎮東北郊龍坡山下。經實地考察,廟宇保存狀況良好。

方志云胥江北帝廟始建於南宋嘉定年間(1208—1225),由元至明,歷有修葺,明代留有朱端明撰碑〈胥江武當行宮記〉。清康熙五年(1666)重建,康熙九年(1670)和乾隆五年(1740)兩次遭火災,鄉眾捐資修復①。清嘉慶十四年(1809)復重修,有謝蘭生撰碑〈重修胥江真武廟記〉。

廟初為兩座,近北的為觀音廟,近南的為北帝廟,清嘉慶年間加建文昌廟於北帝廟之南,成為一列三座的整體廟宇。從1982年開始,縣政府先後撥款進行修繕,列為縣重點文物保護單位。1986年又列為佛山市重點文物保護單位。被評為三水新八景之一,曰"祖廟春暉"②。

## 101-1 明·朱端明:胥江武當行宮記

明嘉靖二十三年(1544)

## 【碑文】

國家設官以弼治,禮神以翊化,二者相須,不可偏廢。三水為南海、高要舊治,地僻而習纈。宏治末年,正德初載,撫按三司二次聞於朝,有征執訊獲醜,久之始定。嘉靖五年,始立縣治,諸祠廟盡廢,胥江真武廟巍然獨留。官匪私於神,神之功義不可泯。考諸祀典,神實北方武宿。護國佑民,楚武當最為著,衍之天下,莫不通祀。胥江之廟,枕於華山,岡阜雄峙,方池清瑩,江

---

① 清·鄭玫修輯:參康熙《三水縣志》卷一四〈外志·廟寺〉"胥江北帝廟"條,《故宮珍本叢刊》第177冊,頁422下。
② 參三水縣地方志編纂委員會編:《三水縣宗教志》,出版者不詳,1995年,頁30-31;三水市地方志編纂委員會、三水市文化局編:《三水縣文化志》,頁80-81。

流橫亙其前,秀傑之氣若散漫弗收,而茲地適覽其概。故神之靈亦視他處獨顯,闢邪扶正,祈禱響應,功德甚盛。一鄉之民,敬瞻戀慕,有如所生。每歲三月初間,竭誠醻報,禮盛樂和,遠方至者萬計。《禮》稱:"禦大災、捍大患則祀之。"①神之勳與造化相流通,固當萬世祀也。廟始於宋嘉定年間,元再新,我朝又新,嘉靖又新。鄉保正歐陽生、姜雍等,恐歲久無以祀神烈,請予記之。予忝牧茲土,陰隲之功不能無賴於神,固不當辭,乃為之書。廟鄰華山寺,前人已立為書院,舊有田,為鄉民侵耕。予請諸上司復田歸僧,為歲時祝聖天子壽,及鄉民習禮講法之所,於義亦不當廢,因併記之。

【編者按】

文錄自清·鄭玫修輯:康熙《三水縣志》卷一五〈藝文〉②。碑文又見清·李友榕等主修,鄧雲龍等纂:嘉慶《三水縣志》卷一四〈藝文〉③。

【碑文考釋】

撰碑者朱瑞明,字應文,福建莆田人,舉人,明嘉靖二十三年(1544)任三水知縣。

此篇碑文乃為明嘉靖年間胥江北帝廟的重修而撰。但碑文開頭即云"國家設官以弼治,禮神以翊化,二者相須,不可偏廢。"之後,碑文先從三水縣於嘉靖五年(1526)的開始設置談起。雖然受到廣東提學魏校推行搗毀淫祠令的影響,以致諸祠廟盡廢④,但是三水縣尚能保留胥江真武廟,由此可見此廟此神之重要,故稱"神之功義不可泯"。而事實上,奉祀真武神乃經過官方認可,真武廟亦遍於天下。接下來碑文談了真武神的來源("北方武宿")、功德("護國佑民")以及影響("衍之天下,莫不通祀")。接著,又回到胥江的真武廟。碑文更盛讚了此廟所佔山水之勝,故神之靈顯,以致"闢邪扶正,祈禱響應,功德甚盛。一鄉之民,敬瞻戀慕,有如所生。每歲三月初間,竭誠醻報,禮盛樂和,遠方至者萬計"。

---

① 語出《禮記·祭法》,參前清·馮景華:〈始祀張王爺碑記〉[清道光三十年(1850),碑號30-3,總73]注。

② 清·鄭玫修輯:康熙《三水縣志》,《故宮珍本叢刊》第177冊,頁458下。

③ 清·李友榕等主修,鄧雲龍等纂:嘉慶《三水縣志》,《中國地方志集成·廣東府縣志輯》第30卷,頁787下–788上。

④ 關於明嘉靖元年廣東提學魏校在廣東大毀淫祠,見明·黃佐纂:嘉靖《廣東通志》卷二〇,第2冊,頁530上。

根據碑文，此廟早在宋代嘉定年間（1208—1225）已有之，元、明都有重修，而最近一次則在嘉靖年間。受鄉保正所托，朱端明故為此碑文以記廟史。

## 101-2　清·謝蘭生：重修胥江真武廟記

清嘉慶十四年（1809）

【碑文】

　　蓋聞河圖一六，水居其北，後天卦位，坎仍居北。夫北水之滙也，氣之關也，天地之水，皆從此胚胎，而吾粵水源亦自北江始。北江由雄韶而下，逮清遠，挾建瓴之勢，以赴三水之胥江，而又下合洋牁江、肆江以與海潮會。春夏間，極海潮瀰漫，至胥江而不復能上。然則江海於此交接，匪第一邑搤吭之衡，乃全省命脈之源也。其地有華山，宋嘉定時建有真武廟，額題“武當行宮”者是也。至嘉靖五年，初立縣治，毀諸祠廟不在祀典者，而真武廟獨存。豈不以捍大災、禦大患，神實有功德於民，永宜崇祀弗替耶？神之靈，肇於均州太和山，其後廟祀遍宇內，是猶古之顓頊元冥，實能司水者歟？夫元武北方列宿之號也，廟則北江總滙之區也。以北方之宿司北方之水，其靈應固宜。抑全粵之地勢，離卦也；胥江之方位，坎卦也。離與坎，疑不相為用。然左氏曰：“火，水妃也。”[①]又曰：“火，水之牡也。”《洪範·九疇》：“一曰水。”[②]水一行敘而五行皆敘。故水克朝宗，並能出內乎火。況祝融之墟，尺地莫不濱海，神司上流，以及於委，其為闔省司命，又何疑焉？廟重建於康熙五年，至九年及乾隆五年，兩遭回祿，雖已修復，未極牢固。距今又六十餘年，眾議撤而新之，凡土木磚甃，必擇精良，以祈永久。其右序大士廟，歷年崇奉，一體煥新。其餘亭臺廊廡，以及廟外舖舍、官道，亦葺其既有而補所未備。始於嘉慶戊辰六月，至己巳十月畢工。其捐輸者，自鄉人以逮省會人士，莫不

---

　　① “火，水妃也”，出自《左傳·昭公九年》，原文爲：“陳，水屬也。火，水妃也，而楚所相也。今火出而火陳，逐楚而建陳也。”見《春秋左傳注疏》卷四五，頁779下。

　　② 見《尚書注疏》卷一二〈洪範〉頁169上，原文爲：“一五行，一曰水，二曰火，三曰木，四曰金，五曰土。”

奔走踴躍，以效厥誠。而董事諸君，尤能矢慎矢公，固<sup>〔一〕</sup>所辦悉臻完美。蓋神道之感人，真如水在地中，發源於一方，而充滿洋溢於四海，謂為闔省之司命，尚猶舉近而言之也歟！是為記。

**【編者按】**

　　文錄自清・李友榕等主修，鄧雲龍等纂：嘉慶《三水縣志》卷一四〈藝文〉①。

**【校記】**

　　〔一〕"固"，根據文意當爲"故"字。

**【碑文考釋】**

　　撰碑者謝蘭生，生平見前〈增修關帝古廟碑記〉[清嘉慶十年（1805），碑號63-1，總156]。

　　碑文首先描述和分析了胥江在全省水脈中的重要性，然後指出其地有華山，則山麓的真武廟所居形勝自不言而喻。同上篇碑文一樣，此篇碑文也提到三水置縣，毀諸祠廟不在祀典者，而唯獨真武廟得以保存，正是因為真武禦災捍患，有功德於民。然後碑文又將真武的神性與胥江真武廟的地勢聯繫起來，認為北帝司水，乃北方之宿，而廟處於北江總匯之區，所以理應有靈應——"夫元武北方列宿之號也，廟則北江總滙之區也。以北方之宿司北方之水，其靈應固宜。"最後碑文回顧了廟宇入清以來，歷康熙五年（1666）及乾隆五年（1740）兩次重修的歷史，並詳細介紹了第三次嘉慶十四年重修的情況。

# 101-3　清・黃善書：一二三舖賀誕碑記

　　　　清嘉慶二十一年（1816）

**【碑刻信息】**

　　存址：今廣東佛山市三水區蘆苞鎮東北華山麓胥江北帝廟內。

---

① 清・李友榕等主修，鄧雲龍等纂：嘉慶《三水縣志》，《中國地方志集成・廣東府縣志輯》第30卷，頁805下-806下。

碑額：一二三舖賀誕碑記。楷書。

碑題：一二三舖捐積歷年賀誕醮戲祀本碑記。楷書。

尺寸：碑高 177 厘米，寬 97 厘米。

碑文來源：原碑抄錄。

【碑文】

龍坡山，古今勝地也。宋嘉定年間，有形家尋龍審脈至此，喜形勝而欲私之。適兒童對於山麓作建廟狀，形家知為神佔，舍而他往，而兒童亦莫知所之。都人覺為靈境，始倡建真武廟於此山之麓。前臨通津，後枕崇阜，惟地得山川之勝槩，故神之英靈亦惟胥江特顯，祈禱響應，功□甚盛，遠邇奉祀，切於所生。其右序大士廟，創自明天啟年間，其靈應與真武廟同，而崇奉者亦如之。惟是兩廟向無產業，嘗項其香油，則各鄉四時虔供，無遠弗屆。廟前燈亭備列鄉名流，統計三百有奇。神之靈感□人之誠心，不可概見歟。至於恭遇二聖寶誕，則惟一二三舖輪年值理，雖戲醮費用均屬按丁科派，然無不各竭其誠，亦無不備舉之，事數百年如一日也。乾隆四十七年歲壬寅，三舖公議□為久遠之□，□□□派之□□□甲銀會祀本資息，眾見不敷，又於五十四年歲在己酉，仍前消集銀會，前後二會共計銀壹千二百餘兩，用以置買產業，收租支費，董其事者，前則有若堤中黃公、德法□公、歐陽□公、□□□□、□□□公、可□公，後則有若北元劉公、歐陽祚公、茂英麥公、明均鄧公、德顯龔公，為之經營圖度，不辭勞苦。是廟中產業之創始，實此數人之力。近因踵事增華，戲價數倍於前，所入不供所出，是□□□□事□可□□黃德可翁、歐陽郁彰翁為總理，於嘉慶十七年請集三益銀會三百兩，又於二十年各舖按丁共科銀三百兩，俾得置產生息，以為遞年賀誕敷用。此乃千百不□之良法，神人共樂之美舉也。第□□創議以來，至今三十餘年，設法不下數次，值事幾經易手，創業之難如此，尤望繼□前，愈久益盛，有以虔祀事於千秋，而圖報於永遠，將見錫福降祥，民安物阜，神之庇蔭日進無□，直與皇圖鞏固，同垂於億萬斯年矣。至按丁起科之外，另行捐銀者，遞年賀誕，眾議飲福受胙，以嘉踴躍之誠，於義亦不當廢。因併記之。

公舉協辦值事：歐陽郁秀、劉梓榮、謝英秀（下闕）

恩薦明經進士候選儒學教諭里人黃善書敬撰。

嘉慶二十一年歲次丙子季秋九月穀旦，一二三舖衿耆暨眾言仝敬立。

【碑文考釋】

撰碑者黃善書，里人，進士，撰碑時爲候選儒學教諭。

碑文先回顧了胥江祖廟所在的龍坡山爲形家所發現進而建廟的過程，但是本碑的重點在介紹該廟的廟產之來由。如碑所述，本來兩廟（真武廟和觀音廟）均無產業，平時的香燈費用靠的是各鄉四時的虔供，而神誕日的建醮戲費用則來自於按丁科派，由一二三舖輪年值理。乾隆四十七年（1782）和五十四年（1789），三舖商議集資置辦產業，以為長久之計，這就是胥江祖廟廟產創辦之始；前後兩次共集銀壹千二百餘兩，用以置買產業，收租支費。然而，嘉慶年間漸因物價騰貴，廟產所入已不敷建醮日戲費之使用，所以又於嘉慶十七年（1812）和二十年（1815）分兩次集資，擴大廟產，共集銀六百兩，俾得置產生息，以為賀神誕日之敷用。碑文指出，這種集資置辦廟產，以為“遞年賀誕敷用”的辦法是維持廟宇興盛的良法，乃“神人共樂之美舉”。所以本碑所述，主要是廟產的創辦和發展過程，由此碑可以見出廟不同的經濟來源。

# 102　真武廟（城北）

## 【廟宇簡介】

　　真武廟（城北），舊在縣內城隍廟左，後改建北門外。清順治十七年（1660），靖南王耿繼茂捐銀一百兩修復。後火災，殃及前殿，城內五甲會眾修復，西旁添建觀音堂。至康熙四十四年（1705），縣丞鄭其祥捐修後殿；四十五年，知縣鄭玫捐修前殿前門，重塑神像①。乾隆五十年（1785），知縣郎珍復修之②。

## 102-1　清·鄭玫：重修武當行宮記

清康熙四十六年（1707）

## 【碑文】

　　三邑之北，重巒疊阜，逶迤連互。距城半里許，山阜突翠，肆江環抱，眾山星拱：三邑形勝，咸聚於是。夫地勝者其神必靈。茲山舊有武當行宮，歲久將傾。康熙乙酉三月，縣佐鄭君愷吉攝邑篆，捐俸修葺後殿。工未竣而新令至，以貲力不給而尼。歲在丙戌，余奉簡命承乏茲土。始至謁神，見前殿門廡頹廢，乃召住持僧一恒而告之曰：“廟之廢興，蓋有時也。昔之粉壁雕梁者，浸至破瓦頹垣矣；則今之破瓦頹垣，何不可轉為粉壁雕梁也？余當修之，而曷董其役？”僧曰：“唯唯。”乃捐俸，購磚瓦椽角，鳩工庀材；不足，更益以贖鍰焉。經始於丙戌十月，越次年五月，而行宮告成。重塑神像，紫金煥發；竹翠榕陰，山環水抱，廟成而地之形勝益奇。夫武當為元帝飛昇之地，而行宮自通都大國以至遐方遠徼，莫不皆有，蓋神之靈無往而不在也。無往而不

---

　　① 參清·鄭玫修輯：康熙《三水縣志》卷一四〈外志·廟寺〉“城北真武廟”條，《故宮珍本叢刊》第177冊，頁422下；嘉慶《三水縣志》卷二〈建置·廟宇〉“真武廟”條，《中國地方志集成·廣東府縣志輯》第30卷，頁575上。
　　② 清·李友榕等主修，鄧雲龍等纂：參嘉慶《三水縣志》卷二〈建置·廟宇〉“真武廟”條，《中國地方志集成·廣東府縣志輯》第30卷，頁575上。

在,故無處而不祀也。而三邑行宮久廢,至今日煥然復新,豈繄人力?蓋神有以默相之也。余既為之記,復作迎神、送神辭,使邑人歌以祀神焉。詞曰:

榴花舒兮梅子黃,擊鍾鼓兮吹笙簧,羞蘭椒兮奠桂漿。駕雲車兮驂鸞鳳,風伯御兮雷師將,靈之來兮翩翩入北堂。祀事孔明兮神醉飽,俾我民兮咸壽考;風雨調兮無旱潦,五穀稔兮婦子保。享太平兮歌神庥,神之歸兮不可留,水綠山青兮思悠悠。

【編者按】

文錄自清·李友榕等主修,鄧雲龍等纂:嘉慶《三水縣志》卷一四〈藝文〉①。

【碑文考釋】

撰碑者鄭玫,字伯潤(一曰字子玉,一曰字文玉),號虛舟,福建龍岩人。清康熙二十九年(1690)舉人,除三水縣令,康熙四十五年(1706)到任。在任十二年,以母老乞歸。崇尚正學,兼工詩、古文、詞。所著有文鈔、詩鈔,刊行。

碑文記述了康熙四十六年(1707)重修城北真武廟一事。根據碑文所載,康熙四十四年(1705)縣丞鄭凱吉代理縣令期間,曾出資重修後殿,但是以資金不足而告未浚。康熙四十五年(1706),鄭玫到任縣令,又繼續主持重修,終於於次年告竣。

碑文題目為"重修武當行宮記",之所以稱"行宮",是因為作者認為武當山是真武神的飛升之地,爲正寢所在,而其餘地方的真武廟都是行宮;而因為真武神靈無往而不在,因此,也可以無處而不祀之。

---

① 清·李友榕等主修,鄧雲龍等纂:嘉慶《三水縣志》,《中國地方志集成·廣東府縣志輯》第30卷,頁798下-799上。

# 103　關帝廟

## 【廟宇簡介】

　　關帝廟,舊在南門內東偏。明萬曆三十四年(1606),改建東門外教場上,有知縣陳原道撰碑〈遷建漢壽亭侯廟記〉。廟後有小亭,刻帝像於石而豎之①。清乾隆五十七年(1792),知縣王宿善捐修,并建神醫祠於廟旁②。

## 103-1　明·陳原道:遷建漢壽亭侯廟記

明萬曆三十四年(1606)

## 【碑文】

　　三水縣治浹於前,凡八十春秋有奇。邑城南門其左闉為故壽亭侯〔一〕廟,廟震向而湫甚,歲久浸且圮,無能妥侯之靈。甲辰,余謬綰邑符,徧謁諸祠廟,為我侯實恫然者久之。乃鳩諸耆民,選勝為遷計。得善地肆武亭北隅,山勢峻嶒,林木翁翳,平田映其左,雉堞障其右;海若南頃,滙西北巨浸而遶其前。四顧峰巒,若象若豸,若冠若筆,若旗〔二〕鼓,貢奇逞幻,不一而足,風颿霧楫,昕夕共潮流還往。余撫掌曰:"地無勝於此矣。"於是課物力程,經費檀施不足,則余區畫佐之。經始於乙巳之四月,凡匝朞而告厥成。最中為寢殿,侯主之;縮兩尋而贏衡,倍三之一,接檐而軒;不盈十筊者四,東西設棶欄,便遊人憑頻,兩楹為香積,為茶寮,為客榻,為方丈;布級南下,左右為金寶焚爐,再縱為堂修廣準之寢,又縱西南垂盡,乃署楔表之,其背寢為罘罳,則昇元像厝焉;最北竹間為臺,凡數尺,上為大節亭,中鍥侯像,為宋馬遠名

---

　　① 清·鄭玫修輯:康熙《三水縣志》卷一四〈外志·廟寺〉"城東關帝廟"條,《故宮珍本叢刊》第177冊,頁422下;嘉慶《三水縣志》卷二〈建置·廟宇〉"關帝廟"條,《中國地方志集成·廣東府縣志輯》第30卷,頁575上。
　　② 參清·李友棆等主修,鄧雲龍等纂:嘉慶《三水縣志》卷二〈建置·廟宇〉"關帝廟"條,《中國地方志集成·廣東府縣志輯》第30卷,頁575上。

筆。此則新廟之大凡也。先是，廟貌成，將顏我侯之像，欲覓土於三江水湄，值地主茂才冠倫[三]以事之羊城，侯示之夢曰："歸乎，縣檄至矣。"歸廬而使至，後先不爽毫釐。都人爭詫為大異事。未幾，有宵人夜祈茭於侯前，語不法，忽風墮門幹，中賊背，幾死。其他靈異種種，大都類是。夫以我侯精英，萬古一日，余春秋耀吾甲士，邀侯之靈，賈侯之勇，一當百，十當千，其以固吾圉乎！猶未也，艷侯者曰萬人之敵，曰國士之風，夫兩言則有間矣。如徒以喑啞叱咤、豎髮裂眥、斷犀舉鼎，為我侯雄稱無敵，則於國士之義何居？故余之多侯不於侯之力，而於侯之心。何以故？則以浮氣易逞而貞心難滅也。夫我侯誦法《春秋》，尊王討賊，一念曒烈，無璺無倪，天地鑑焉，鬼神福焉，故曰"兵莫憯於志而鏌鋣為下"①。余願以侯教闔邑，使闔邑人士人人心侯之，心將何之不可者，又寧唯是修封疆，耀甲兵，為一時觀美已耶？不然，吾人有侯，吾自失之，喪吾存而謬以存，侯雖入而目，侯猶之乎腕也，履侯之堂，及侯之門，猶之乎遠千里隔萬山也，又安取余之嘵舊仍也者！而作之，是為記。

## 【編者按】

文錄自清·鄭玫修輯：康熙《三水縣志》卷一五〈藝文〉②。參校以清·李友榕等主修，鄧雲龍等纂：嘉慶《三水縣志》卷一四〈藝文〉③。

## 【校記】

〔一〕"故壽亭侯"，"故"字嘉慶《三水縣志》作"漢"字。

〔二〕此處當闕一"若"字。

〔三〕"冠倫"，嘉慶志作"郭冠倫"。

---

① 此語出自《莊子》，見清·郭慶藩集釋：《莊子集釋》卷八上〈雜篇·庚桑楚〉，頁785："兵莫憯於志，鏌鋣為下；寇莫大於陰陽，無所逃於天地之間。"

② 清·鄭玫修輯：康熙《三水縣志》，《故宮珍本叢刊》第177冊，頁457下–458上。

③ 清·李友榕等主修，鄧雲龍等纂：嘉慶《三水縣志》，《中國地方志集成·廣東府縣志輯》第30卷，頁789下–790下。

【碑文考釋】

撰碑者陳原道，廣西馬平人，進士。明萬曆三十一年（1603）任三水縣知縣。後調番禺。

碑文記載了明萬曆年間遷建關帝廟的經過。作者到任後發現邑城南門內的關帝廟空間過於狹小，而且即將傾圮，於是決定重新選址遷建。經過了一番努力，終於覓得勝地，實現了遷建計劃。接下來碑文詳細描述了新落成的關帝廟的佈局結構，並回顧了遷建過程中所遇到的異事。最後碑文對關侯（壽亭侯）的精神做出了一個總結。對關羽的評價有二，一是"萬人之敵"，一是"國士之風"，在二者中間，作者更看重的是後者，即"余之多侯不於侯之力，而於侯之心"，以及"余願以侯教闔邑，使闔邑人士人人心侯之"。也就是說，作者認為更值得士大夫學習的是關侯"誦法春秋，尊王討賊"的忠義精神。

# 103-2　清·王宿善：重修武廟記

清乾隆五十七年（1792）

【碑文】

前明萬曆丙午，邑令陳公遷建武帝廟於演武廳之西端，未詳載邑志。閱今幾二百年，向之巍然者頹矣，向之隆然者朽矣，風雨不蔽，何以妥神靈而將祀事，有守土之責者其將誰諉？歲庚戌，署縣郎公動興修之謀，迫於瓜期，留金五十以為之倡。辛亥七月，宿善權署邑篆，差務旁午，折腰不遑。稍暇，集同官籌畫，需費千金以上，爰先捐俸壹百五十兩，諸寅好量力分捐，並邑中商民舖戶，及武管隊、文吏書，亟公好義，咸出貲輸鏹有差，紳士亦有聞風樂從者。福緣自種，不相強也。度其勢，可以興作，相與搆材鳩工。仍其舊基，重為改革，易樑易棟，毳磚毳石，煥然維新。潤垛除七尺，趨蹌得舒也；東建神醫祠，從眾請也；西建更衣亭，昭容也。夫宿善為帝鄉後人，帝廟在州治之西郊，紅牆數仞，外周九里有奇，內則金碧輝煌，木石壯麗，寶殿九楹，玉堦九尺，門廡樓閣，高大宏敞，勢俱相稱，至於僧寮香舍千有餘間，誠三晉之巨觀矣。是廟也，局於地，限於財，視吾鄉百不及一。然以帝之靈爽，式憑天下，如日月之照臨，隨處皆周，但願入廟肅然，致敬致誠，亦足邀福於無疆，曾何大小之云云？工起於壬子孟夏，落成在中秋。經營勸贊，不憚勤勞，典史金元潞也；司出入，任督課，則孝廉鄧惠堯、武庠錢宗琳，與里民譚貴中、嚴朝冠、董恊中輩，亦均不辭辛勤，共成巨功者。自宜與輸助姓氏同貞諸石，以勵頹風，是為記。

**【編者按】**

文錄自清·李友榕等主修，鄧雲龍等纂：嘉慶《三水縣志》卷一四〈藝文〉①。

**【碑文考釋】**

撰碑者王宿善，山西安邑縣人。舉人，清乾隆五十六年（1791）署任三水知縣。

碑文記清乾隆年間重修關帝廟的前後經過。碑文上承明代陳原道遷修關帝廟之事，交代了這次修廟的起因，籌劃的經過，以及所募集的善款。此次重修增建了神醫祠與更衣廳，規模明顯要比明代所建有所擴大，祠廟的功能也相應增加。然後，撰者將此廟與自己家鄉山西的關羽廟進行比較，認為前者在規模上要差很多。不過，關帝的靈爽無處不在，只要入廟祇肅，具足誠敬，就一樣可以得到福佑。

① 清·李友榕等主修，鄧雲龍等纂：嘉慶《三水縣志》，《中國地方志集成·廣東府縣志輯》第30卷，頁803上–下。

新寧縣

# 104　文昌宮

【廟宇簡介】

　　文昌宮,舊在城隍廟西,明萬曆三十八年(1610),在原來文昌閣廢址重建。滕之俊有碑記。清雍正十年(1732)知縣王喬遷建於明倫堂東舊崇聖祠,以舊祠改義學。[①] 清乾隆四十二年(1777)修建後座,四十九年續前座如堂制,建大魁樓。嘉慶六年奉旨列入祀典,春秋致祭[②]。清道光十六年復重修[③]。

## 104-1　明·滕之俊:創建文昌宮碑記

　　　　明萬曆三十八年(1610)

【碑刻信息】

　　存址:舊在文昌宮內[④]。

　　碑文來源:光緒《新寧縣志·金石略》。

【碑文】

　　梓潼帝君,說者謂是文昌下界,代著宏文,定亂偉績,凡七十三化身而為

---

　　①　參清·王喬重修,陳份等纂:乾隆《新寧縣志》卷一〈建置·秩祀廟〉"文昌祠"條,《故宫珍本叢刊》第175冊,海口:海南出版社,2000,據清乾隆三年(1738)刻,嘉慶九年(1804)補刻本影印,頁505下;清·何福海等主修,林國賡等總纂:光緒《新寧縣志》卷九〈建置略上·壇廟〉"文昌宮"條,《中國地方志集成·廣東府縣志輯》第35卷,上海:上海書店等,2003,據清光緒十九年(1893)刻本影印,頁303上。

　　②　參清·何福海等主修,林國賡等總纂:光緒《新寧縣志》卷九〈建置略上·壇廟〉"文昌宮"條,見《中國地方志集成·廣東府縣志輯》第35卷,頁303上。

　　③　清·何福海等主修,林國賡等總纂:光緒《新寧縣志》卷一四《事紀略下》,《中國地方志集成·廣東府縣志輯》第35卷,頁353下。

　　④　清·何福海等主修,林國賡等總纂:光緒《新寧縣志》按語云:"右刻在邑城文昌宮。"見《中國地方志集成·廣東府縣志輯》第35卷,頁390上。

余氏子，□梓潼雷柱峰而神焉以帝云。此其本末，未之深考，大率謂文章□□之司者近是。其神最靈通顯應，所在無不飾宮閣，奉祠惟謹。新甯學宮之左當巽方，於天星為文昌位，戊子□□，曾建閣此，蓋昌文□教至意，垂成而廢，何也？甲午，先令王公於西城隅建閣，實當學宮之庚方，堪輿所謂三吉方也。閣成至今，人文日益顯盛，識者謂□閣之應。乃或者則謂於城西居人，風水不便，遂令剝落毀穨，不復議修，神若恫焉。己酉春，邑志刻成，剩銀若干，先掌教予里□□□可遊視處亭焉。諸生聚而議曰：“文閣故址見在，盍仍為宮，神可棲而人可觀也。”議上，朱令公曰：“可。”且囑□□□，遂以巡宰周時來董厥役，卜日興工。乃合諸所助，通前羨餘，未當工費之半，始不得不倡義於諸生矣。諸生亦樂義，多寡視力為差。於是堂構可成，其制外周磚牆，內棟以六柱，橫列三間，中為臺，奉神像。近衢，議為頭門，閟如。堂未成，而令公以論去，掌教以遷行。予至且晚，獨司訓黃君與二三生拮據於物力，既盡之餘，良苦矣。且先是諸務草率，即一像塑不暇擇良，像雖成，弗肖。一日，諸生瞻拜間，皆曰：“神若有知，甯認此其像乎？嘗聞福神姸媸亦關奉者禍福，勢必更為而可。如物力何？”黃君時膺直指，李公獎勵諸生，厚為賀，正思以報，遂因眾所出資，與改為焉，神始凜然。莫不相慶，謂是可以香火無斁矣。顧堂簷實淺，不無風雨漂搖之患，方計所為遮蔽者，未得。而署縣徐公勞心撫字，更亟興文，實念斯宮之不可無也，覃德意而隆施之。於是庀材鳩工，復為卷篷一座，堂基甬路，俱鋪以磚，門頭扁以金額，不旬日而告成。廟貌深閟整飭，亦巡宰趙嘉貞課督之勤也。功成，諸子恐湮所自，屬予記之。予惟事固作始易而成終難也，不有後來者隆施斯宮，幾為不完之役耳。然則登堂思德，誰尸其最？當有歸矣，當有歸矣。抑有說焉：人不天不成，天不人不因，斯宮之作，為爾多士昌文翊運計也。今而後，神既效靈，人更鼓精，俾天人協應，科第鼎台，蟬聯星列，庶無負於斯宮之作也乎！庶無負於斯宮之作也乎！是役也，經始於己酉夏四月，以今庚戌五月工竣，創造逾年，計所費用若干，其所自出者，悉記如左。

時萬曆三十有八禩,歲在庚戌仲夏,新甯縣儒學署教諭事粵西舉人滕之俊盥手拜撰,訓導瓊南陵江黃卷篆額書丹。

知縣事朱公郁文

署縣事徐公仕陞

儒學教諭戴仁行

訓導黃卷

署捕事□□□

巡檢方□□

場大使金謨

施訓

徭官曹尚倫

【編者按】

文錄自清·何福海等主修,林國賡等總纂:光緒《新寧縣志》卷一七〈金石略〉①。

【碑文考釋】

撰碑者滕之俊,廣西全州人,明萬曆二十八年(1600)庚子科舉人。明萬曆三十八年(1610)任新寧縣儒學教諭。亦曾任新會縣知縣。明萬曆四十三年(1615)任河南修武縣知縣。

碑文開始所云梓潼帝君的本末——"文昌下界,代著宏文,定亂偉績,凡七十三化身而為余氏子,□梓潼雷柱峰而神焉以帝",乃是出於關於文昌帝君的勸善書。對此傳說,作者並不完全相信,只云"此其本末,未之深考"。而可信的是文昌"大率謂文章(祿命)之司者近是"。進而作者提出,對於文昌的信仰和崇祀已經達到了"其神最靈通顯應,所在無不飾宮閣,奉祠惟謹"的地步。

本文的主要篇幅用於記述明萬曆年間創建文昌宮的前後過程。戊子年,本在學宮之

---

① 清·何福海等主修,林國賡等總纂:光緒《新寧縣志》,《中國地方志集成·廣東府縣志輯》第35卷,頁389上-390上。

左建文昌閣,但垂成而廢。甲午年,又在西城隅建文昌閣。但有人認為西城居人於風水不利,於是又廢墮。最後,己酉春,文人們聚集在一起,商議將原來的文閣改為文昌宮。終於開始興建,可是又因為一些人事的變遷,以及資金的困難,使得文昌宮從始建到最後落成,經歷了不少波折。最後碑文總結此事,慨歎"事固作始易而成終難",沒有後來人的堅持,又幾乎成一項未成之築。另外作者又提出一個觀點——"人不天不成,天不人不因",也就是說,一則沒有天的默許默助,人不能成事,二則天也要靠人來達成事功。總之,文昌宮建成,天人協應,距離科第蟬聯的局面應該也就不遠了。

# 105　城隍廟

## 【廟宇簡介】

城隍廟,在學宮東①。光緒《新寧縣志》云明弘治十二年建②。嘉靖《新寧縣志》描述當時城隍廟的規制是:"正堂三間,兩廊各三間,大門一間。"③

明正德六年(1511)署縣朱源重修,嘉靖十一年(1532)知縣譚才養重修。嘉靖二十二年(1543)知縣王晨重修。明嘉靖三十六年(1557)縣令潘相重修,龐嵩有記。明萬曆三十年(1602)知縣熊文華重建,海邁有記。

清乾隆五十七年(1792)修,道光元年(1821)知縣江涵敦、十七年(1837)知縣徐乃蕃、咸豐二年(1852)知縣陳其昌復修。光緒十一年(1885)邑人聚金數萬,撤而新之,爲向所未有④。

## 105-1　明·龐嵩:重修城隍廟記

明嘉靖三十六年(1557)

## 【碑文】

弘治十有二年己未始建新寧縣治,創城池,遂有城隍廟,以主斯土。緣兵革民疲之後,制度苟簡,且縣當萬山之中,下流束隘,或雷公潭龍起時,有颶風洪潦之患,而城宇祠廟之隳廢,恒因之。故自始建僅四載,歲在癸亥秋

---

① 明·王臣修,陳元珂纂:嘉靖《新寧縣志》卷四〈創造志·祠廟〉"城隍廟"條,《華東師大圖書館藏稀見方志叢刊》第5冊,北京:北京圖書館出版社,2005,據明嘉靖二十四年(1545)刊本影印,頁523;清·王劻重修,陳份等纂:乾隆《新寧縣志》卷一〈建置·秩祀廟〉"城隍廟"條,《故宮珍本叢刊》第175冊,頁504下;清·何福海等主修,林國賡等總纂:光緒《新寧縣志》卷九〈建置略上·壇廟〉"城隍廟"條,《中國地方志集成·廣東府縣志輯》第30卷,頁303下。

② 清·何福海等主修,林國賡等總纂:光緒《新寧縣誌》卷九〈建置略上·壇廟〉"城隍廟"條,《中國地方志集成·廣東府縣志輯》第30卷,頁303下。

③ 明·王臣修,陳元珂纂:嘉靖《新寧縣志》卷四〈創造志·祠廟〉"城隍廟"條,《華東師大圖書館藏稀見方志叢刊》第5冊,頁523。

④ 以上明清兩代關於城隍廟的重修資料據清·何福海等主修,林國賡等總纂:光緒《新寧縣志》卷九〈建置略上·壇廟〉"城隍廟"條,《中國地方志集成·廣東府縣志輯》第30卷,頁303下。

九月，廟塈城宇俱圮。正德六年辛未冬十一月，署縣事通判朱公源，奉按治周公橄，併修完復。嘉靖八年己丑秋而再圮，十有一年壬辰夏四月，邑侯譚公才養，奉撫按橄，大修城池公署，建守禦所，廟亦修復。越二十二年，癸卯夏四月，廟與城池又俱圮。是冬，邑侯王公臣請於提督蔡公咸加修葺，然廟在郡邑之末，財力方匱，未克堅永，中更風雨摧剝，勢漸不支。三十五年，丙辰季夏，一月而颶風大雨者再，廟之僅存者頹仆盡矣。棲神之坐僅以茨覆，遇雨則荒址流潦，瞻謁者病之，然未有加意者。是年之冬十一月，適邑侯潘石泠公下車涖政，矢告祠下，愀然曰：「吾令是邑，實與神明相為表裏，忍視祠廟至此也耶？」迺首節惠與民休戚，越月，得俸金若干，捐之，為修廟。其時，署所揮使見溪劉一蕎率先承差，亦捐俸為助。鄉耆李允隆、王君澤、汪繼遠、何宗鰲、黃大行等，舉欣欣然，喜而相告曰：「吾侯修廟以福吾民也，吾輩能自藐然也耶？」各捐己貲，願首執役效勞，而仗義之士亦各視己之力，咸舉施預為之備。允隆等簿記其所入，計度其所費，市材植，鉤磚瓦，鳩工役。百兩既集，爰始工於丁巳春之三月，越秋九月而告成。為神寢者三間，堂搆是大，門亞於堂，如其數，翼以廟廡，周以甓垣，塗塈設飾，煥然一新。比舊制宏深峻偉，既精且良，可垂永久，前所未有也。涖任祭告者於斯，朔望展拜者於斯，奠安城池、祈禱暘雨、為民捍災禦患者於斯，惠之所及，寧有既哉？百姓聿觀厥成，咸舉首加額，歸功於侯；侯不自居，而歸功於民。如是相遜者久之，未有碑記也。嵩適明農荒邇於白水之野，間得瞻廟，而樂聞其事，為之語曰：「浩侯之斯舉也，有四善焉：國朝命官，率先祀典，侯始入邑，特輇修廟，知敬神之急矣。然不有馨德，神將吐之，侯清介之守，真可對越屋漏，則得格神之本矣。曩之修者，呈之諸司，奔走庶民，騷然始集。今侯不費公帑，上不知役，下不知勞，捐助者翕然并至，則得人和之應矣。自有廟以後，屢以地方之故，玉石俱焚，則神有知，必戚然不安，故災變屢作，天地厄否，祠亦旋興旋廢，混混於其間。今大寇甫平，兵不妄戮，間有遺蘖，亦以漸擒撫之。邑稱太平，修廢舉墜，神人胥慶，天時地運，至此亦謂昭明也已，又非邁昌期之徵矣乎？傋茲四者,是宜有紀,以永貽後。"諸鄉耇聞之躍然,曰:"固夙心也,乞子言,勒諸石。"潘侯名相,號石泠,江南丹徒縣人。弱冠膺鄉薦,初尹奉新,補今職,多惠政,此特其一耳。若仗義樂施之士,則具載碑陰云。

## 【編者按】

文錄自清·王暠重修,陳份等纂:乾隆《新寧縣志》卷四〈藝文〉①。參校以清·張嗣衍主修,沈廷芳總纂:乾隆《廣州府志》卷五六〈藝文〉②。

## 【碑文考釋】

撰碑者龐嵩,字振卿,居南海弼唐鄉,學者稱弼唐先生。明嘉靖十三年(1534)舉於鄉,講學羅浮山。嘉靖二十三年(1544)甲辰授應天府通判。官至雲南曲靖知府。卒年七十七。所著有《太極解》、《圖書解》、《弼唐遺言》等。嘗講學於黃龍洞,有飛雲頂詩、麻姑峰示諸生詩。

碑文記敘了明弘治十二年新寧縣建治以來,城隍廟多次傾圮和重修的情況,並詳細記載了嘉靖三十六年(1557)邑令潘相對城隍廟的一次重修。碑文最後稱讚了潘相這次重修城隍廟的功勞,將之概括為四善:知敬神之急、得格神之本、得人和之應、遘昌期之徵。

# 105-2　明·海邁:熊侯重創城隍廟記

明萬曆三十年(1602)

## 【碑刻信息】

存址:舊在城隍廟內③。

碑文來源:光緒《新寧縣志·金石略》。

---

① 清·王暠重修,陳份等纂:乾隆《新寧縣志》,《故宮珍本叢刊》第176冊,頁118上-119上。

② 清·張嗣衍主修,沈廷芳總纂:乾隆《廣州府志》,乾隆二十四年刻本膠捲本,頁2下-4下。

③ 清·何福海等主修,林國賡等總纂:光緒《新寧縣志》按語云:"右刻在邑城城隍廟。"見《中國地方志集成·廣東府縣志輯》第35卷,上海:上海書店等2003據清光緒十九年(1893)刻本影印,頁388下。

【碑文】

自古金城湯池,必有神焉以默相之,然後可以永奠於磐石。我國家定鼎中原,設官分職,築城濬隍,星布棊列,郡邑立宇崇祀,赫然稱霛,其所由來遠矣。新甯城隍廟在縣治堂之東。辛丑夏秋,颶風迭作,廟宇坍塌,蕩為丘莽,神無所棲。是歲八月,邑侯熊甫下車,詣廟謁神,幾同野祭,憮然太息曰:“陰陽禍福,相為表裏。所以司其權者,明屬之縣令,幽屬鬼神。今廟圮壞如此,如神何?”於是庀材鳩工丁,藏積匱乏,正費僅三十金。侯即首捐俸薪一季,以倡士民,且給之干紀者。不足,又從黃冠之請,而資之募緣。噫!侯之用心亦勞矣。然侯非徒補苴舊制,取堂構而一新之已也。曰:“城隍,古制也。盰盰小民,彼惡知此制為何義哉?神道貴嚴,嚴斯畏,畏斯感,古廟制十王之設,有由然矣。”惟是特於門廉隙地,東羽廟五,西羽廟五,設陰府掌刑之官,儼然塑像於其間,如周制,左九棘,右三槐。然規制於是,其大備哉,即藩郡所設,不過是也。說者曰:“此幽道也,不可以語於明。”不知明有禮樂,幽有鬼神,其權一也。人以賞善罰惡而明用其權,鬼神以福善禍淫而陰用其權,二者相濟,而後可以常行於世。嘗觀世之人強凌弱眾,暴寡負屈,輒仰天大呼,詣廟蒲訴其人,其人亦即惶懼戰慄。今廟制森然,刑罰凜然,使民過而觀,觀而畏,輒心口相語曰:“幽有刑罰如此,刑罰之慘烈也如此,吾即為不善,能逃於明者,不能逃於幽。奈何不勉而為鬼神所苦哉!”凡機詐者、強悍者,莫不趨善避惡,以不詭於禮樂。即夏楚榜笞,無以得此。是神道也,固所以助人道之所不及也。侯以吾明與人為善,不若陰與人為善,能使一邑之人為善,則吾父母斯民之責盡矣。不計其功在人也,在神也。是侯增設意也,如區區為棲神計,則舉舊而新之足矣,增之何為也。侯於幽明之際,深乎深乎!是役也,經始於春初,至夏月,計貲程庸已踰二百八十餘金,告竣,邑士民咸誦賢侯之功,欲鑴石以垂不朽,而屬記於余。余感侯之功,庇神之惠,竊喜而記之,以勸邑之為善者。侯諱文華,號養素,江右金谿人也。共襄其事則幕史戴遇,募緣則道士劉君道,督修醫官李文魁,壽官者民何宗鑾、李懋秀、劉漢業,并記之。

萬曆壬寅中秋吉旦,新甯縣儒學署教諭事舉人海邁頓首拜撰,秣陵李懋植書。

> 署縣事按察司經歷郭登儁
>
> 前署教諭事舉人盧章
>
> 訓導鄭兆元
>
> 饒學憲篆額
>
> 巡檢湯榮
>
> 蔣謙亨
>
> 矬峝大使曹榮
>
> 幕史劉宗範
>
> 廣海衛掌印指揮劉承緒
>
> 新甯守禦所軍政掌印廣州右衛千戶李道基

**【編者按】**

文錄自清·何福海等主修,林國賡等總纂:光緒《新寧縣志》卷一七〈金石略〉①。

**【碑文考釋】**

撰碑者海邁,瓊山人,明萬曆十六年(1588)舉人。萬曆二十七年(1599)任新寧教諭。後轉瓊州府處州推官、五城兵馬司。

碑文記載了明萬曆三十年(1602)邑令熊文華對新寧縣城隍廟重修的過程,強調這次重修不只是簡單的修補和重新,而是擴大了廟的規模,並新塑了陰府刑官的塑像。接下來碑文重點探討了此次重修擴建的重要意義和主持者熊知縣的"深意"。碑文開頭即云,"自古金城湯池,必有神焉以默相之,然後可以永奠於磐石"。也就是說,城隍神將起到鞏固城池,保佑百姓的作用。但是不僅這樣,鬼神還能輔助陽間的官員,陰用其權,起

---

① 清·何福海等主修,林國賡等總纂:光緒《新寧縣志》,《中國地方志集成·廣東府縣志輯》第35卷,頁387下-388下。

到"福善禍淫"的作用。碑文云:"明有禮樂,幽有鬼神,其權一也。人以賞善罰惡而明用其權,鬼神以福善禍淫而陰用其權,二者相濟,而後可以常行於世。"除此之外,修繕的塑像、廟制還有教化的作用,從而使得民過而生畏,從而不敢為惡。碑文云:"嘗觀世之人強凌弱眾,暴寡負屈,輒仰天大呼,詣廟蒲訴其人,其人亦即惶懼戰慄。今廟制森然,刑罰凜然,使民過而觀,觀而畏,輒心口相語曰:'幽有刑罰如此,刑罰之慘烈也如此,吾即為不善,能逃於明者,不能逃於幽。奈何不勉而為鬼神所苦哉!'"這樣也就實現了以神道助人道之所不及。而這也就是熊侯增建城隍廟的深意所在。

# 105-3 明·劉聖範:聖母廟新塑奶娘神像碑

明萬曆三十五年(1607)

【碑刻信息】

存址:舊在城隍廟聖母宮內①。

碑文來源:清·何福海等主修,林國賡等總纂:光緒《新寧縣志·金石略》

【碑文】

嘗謂天者眾生之父也,而鬼神者造化之功用也。天生人而還以相生,神護人而始以嗣生。第有生者,有所以生者,必得其所以生者,而後相生相息於無窮焉,則天之生人,又未始非人之自生也。顧天生物之權,恒不自用而恒分,是故羲氏推輪,望舒繼晷,飛廉噫氣,豐隆奮擊,各有所主,以司其功。則監生聖母之專於嗣息也,有由然矣。本廟有監生聖母殿者,舊未之創也,創於萬曆之辛丑歲,唐復禎、林永秀等五人發心塑像,陳學德等十二人發心長燈,自是各生子。而本學海、饒二師聞而異之,躬禱求嗣,未越晬而應驗若桴鼓,擊節賞曰:"既生必既育,奶娘胡可以不設也。"臨喬遷,屬簿於余,序其顛以倡厥舉,眾心欣然,不日而成。諸君過余,揖而請曰:"前藉仁言為嚆矢,

---

① 清·何福海等主修,林國賡等總纂:光緒《新寧縣志》按語云:"右刻在城隍廟聖母宮。"見《中國地方志集成·廣東府縣志輯》第 35 卷,頁 389 上。

其事報竣,欲鐫石以志不朽。"余謝曰:"生匪才,奚足以揚休美。獨神聖不可以虛文,自受二師託以來,旦夕兢兢,惟懼殘傷所性,自適無從。今秋七月幸誕季子,或者神聖不吐,余之一念乎?苟藉口祀神,甘心敗行,神必吐之。萬一倖冥冥之庇,其後亦未必終私一人也,則又余之所見以為非。昔者常聞蘇老泉早歲未子,禱神得軾、轍。吁!知老泉之所以禱,則知軾、轍之所以生矣。又何怪二師與諸君之禱應與?"遂記之付石,以為求子者勸云。

　　時萬曆丁未歲八月既望,邑人劉聖範頓首拜撰,邑庠鍾黃道篆額。

【編者按】

　　文錄自清·何福海等主修,林國賡等總纂:光緒《新寧縣志》卷一七〈金石略〉①。

【碑文考釋】

　　撰碑者劉聖範,廣東新寧人,明萬曆三十四年(1606)貢生。明萬曆三十九年(1611)任新寧縣訓導。

　　碑文主要敘述城隍廟內監生聖母殿新塑奶娘神像的經過。根據碑文,監生聖母殿創建於萬曆二十九年(1601),當時並沒有奶娘像。而發心塑像或長燈的數人,均各有子。另有海、饒二師聽到此事,向聖母殿禱告求子,不到一年也應驗了。於是眾人共同捐資塑造了奶娘像,迎入聖母殿祭祀。碑文反映了監生聖母爲掌嗣女神的特色,也清楚顯示出當地對於這位女神的篤誠信仰。

---

　　① 清·何福海等主修,林國賡等總纂:光緒《新寧縣志》,《中國地方志集成·廣東府縣志輯》第35卷,頁388下至389上。

# 清遠縣

# 106　文昌宮

## 【廟宇簡介】

文昌宮,舊在天湖之隈,清乾隆二年(1737),縣令陳哲拆舊縣署,將文昌廟移建於舊縣署基址①。清咸豐間又重修②。

根據光緒《清遠縣志》,文昌宮本有若干間鋪戶收租以供祀典,然而由於丁亥兵燹,房屋拆毀,地段變更,本有產業多失去,從而闕祭。直到康熙三十一年(1692),幾位紳士呈明知縣于珽和張象乾,漸查回原來產業的十分之一。後來知縣陳哲又將縣署前的餘地拿出來,讓紳士捐修鋪舍,批租供祭③。

## 106-1　清・陳哲:遷文昌宮記

清乾隆二年(1737)

## 【碑文】

按《天官書》,文昌宮有六星,曰上將、下將、貴相、司命、司中、司祿。④《星經》云"在北斗魁前,天之六府也"⑤。占者謂敷文教者法之。今帝君亦曰文昌,其星精所降,如生申之嶽降者歟?抑嘗敷文教,故神之因以名歟?

---

① 清・陳哲修,佘錫純等纂:參乾隆《清遠縣志》卷五〈嘗祀・壇廟〉"文昌宮"條,《故宮珍本叢刊》第170冊,海口:海南出版社,2001,據清乾隆三年(1738)刻本影印,頁382上;光緒《清遠縣志》卷四〈建置・壇廟〉"文昌廟"條,《中國方志叢書》第54號,頁55上。

② 參清・吳鳳聲等修,朱汝珍纂:民國《清遠縣志》卷一七〈祠宇壇廟〉"文昌廟"條,《中國地方志集成・廣東府縣志輯》第13卷,上海:上海書店等,2003,據民國二十六年(1933)鉛印本影印,頁530上。

③ 參清・李文煊主修,朱潤芳等纂:光緒《清遠縣志》卷四〈建置・壇廟〉"文昌廟"條,《中國方志叢書・華南地方》第54號,臺北:臺灣成文出版社,1967,據清光緒六年(1880)刻本影印,頁55上。

④ 此語出自《史記》卷二七〈天官書〉,參前明・梁士濟:〈重修月溪文昌宮記〉[明天啟五年(1625)稍後,碑號20-1,總52]注。

⑤ 見《晉書》卷一一〈天文志上〉,第2冊,頁291:"文昌六星,在北斗魁前,天之六府也,主集計天道。"

是皆不可知。而要之，實聰明正直而一者①也。故其毓靈於蜀，而昭靈於寰宇，瀰淪磅礴，無往不御。主科名，司文章，或予或奪，因人而施，尺寸錙銖，權衡不爽。《傳》曰："皇天無親，惟德是輔。"②其帝君之謂乎？甚矣，事之者之不可以不謹也。

城中舊有文昌宮，坐於天湖之隈，瓦屋數椽，殊失瞻仰。邑之紳士，久有葺之之心，而未決也。丁巳，值予營新署，培植縣治，因析舊署而遷之。堊丹臒，飾槤桷，陳几筵，煥然改觀。復撥鰲塔田若干穀，以歲供祀事。誠鉅典矣。爰即其傍之軒堂數楹，設為義學，使多士日誦習其中。因思帝君司開化之權，多士必求所以被其化者。夫今日而士，他日而聖賢，化其內也；今日而士，他日而公卿，化其外也。化其外者人艷之，化其內者神鑒之。然必內蘊其實而後外著其名，則又士之所以自勉之也。毋曰肅衣冠潔粢盛，遂可以邀靈覘也。陟降左右，帝君其臨爾矣。尚其凜諸！

【編者按】

文錄自清·陳哲修，佘錫純等纂：乾隆《清遠縣志》卷一三〈藝文〉③。又見清·李文煊主修，朱潤芳等纂：光緒《清遠縣志》卷一三〈藝文〉④。

【碑文考釋】

撰碑者陳哲，字愚庵，江南銅陵人，清康熙五十年（1711）中舉人，雍正十三年（1735）任清遠知縣。後陞甘肅寧州知州。

碑文首先探究了文昌帝君得名之由，作者提出有兩種可能，一是星精所降，故名文昌，這種思想來源於《史記·天官書》中關於文昌宮的記載；二是因為文昌主理文教之事，故名文昌。究竟是為何得名文昌，作者沒有得到答案。但是，他提出，文昌之昭靈天

---

① 晉·杜預注，唐·孔穎達正義：《春秋左傳正義》卷一〇，頁181下："神，聰明正直而壹者也，依人而行。"
② 此語出自《左傳·僖公五年》，參前明·鄭孔道〈修城隍廟記〉[明嘉靖四十六年（1567），碑號100-1，總239]注。
③ 清·陳哲修，佘錫純等纂：乾隆《清遠縣志》，《故宮珍本叢刊》第171冊，頁50下-51上。
④ 清·李文煊主修，朱潤芳等纂：光緒《清遠縣志》，《中國方志叢書·華南地方》第54號，頁187上-下。

下卻是無可懷疑的。另外，碑文云"故其毓靈於蜀，而昭靈於寰宇"，則昭示出文昌神的另一個來源，即源於巴蜀的梓潼神信仰。所以，文昌其實乃由兩種信仰合併而來，一是有司祿功能的文昌星君信仰，二是主科名的巴蜀梓潼神信仰。無論如何，在碑文作者看來，既然文昌帝君主科名，司文章，事之不可以不謹。

接下來碑文便轉入這次遷建文昌宮一事，記述了遷建之原因、過程與竣工後的盛況。除此之外，碑文作者還記載了自己在文昌宮旁興建義學之事，並說明這樣做的原因是輔助文昌帝君行使"開化"之權。作者詳述了自己關於"化其內"與"化其外"的論點，強調讀書人"化其內"，成為聖賢的重要，而不能像大多數世人一樣只豔羨"化其外"（變身公卿）。因為"化其外者人豔之，化其內者神鑒之"。

# 107 北帝廟(石角墟)

## 【廟宇簡介】

北帝廟,方志載在城西石角墟,屬於迴岐。建自明代,清道光十一年(1831)重修①。

## 107-1 清·李謨:重建石角墟北帝廟序

清道光十一年(1831)

## 【碑文】

夫建廟崇祀,所以妥神靈,庇群生也。帝君代天理物,正位北方,茂育眾彙,功及斯民,正直聰明,靈耀顯著,溥天之下,敬之奉之。以故通邑大都,廟宇宏敞,都人士誠潔瞻拜,穆若肅若,猗歟盛哉!石角之墟,佛岡一勝境也,帝君之廟在焉。枕山帶河,左環右抱,風雨之所會也,陰陽之所和也。溯修葺而後,迄今閱數十年,民人樂業,年穀順成,為士者秀而文,業農者勤而樸,商旅輻輳,其益無方。至於人無疵癘之災,邑無水旱之警,特餘事耳。顧歷時且久,神靈如故,廟貌宜新。邑之人相與聚而言曰:"神之貺我多矣,盍黝堊之以壯觀瞻。"居斯土者,踴躍從事,各捐白金,共勸義舉,鳩工庀材,厥功告成。於是美奐美輪,昭其制也;有嚴有翼,昭其威也;利人利物,昭其德也。永永年代,靈爽式憑,休徵疊見,嘉祥畢集。誰之賜歟?抑又聞帝為北方鎮武七宿,位居坎。坎,水也,以水德潤生民。斯地名號吉河,水與水相遇,帝君之恩流愈遠,宜其眷顧獨隆,而膺受多福也。因樂為之序云。

---

① 參清·龔耿光:咸豐《佛岡廳志》卷三〈廟壇〉"北帝廟"條,《中國方志叢書·華南地方》第167號,臺北:臺灣成文出版社,1974,據清咸豐元年刊本影印,頁296。

【編者按】

　　文錄自清‧龔耿光:咸豐《佛岡縣志》卷四①。

【碑文考釋】

　　撰碑者李謨,嘉應州人。舉人,廣西知縣。

　　碑文分三個層次來寫。首先頌北帝有功有靈,天下崇祀;然後述佛岡石角墟有北帝廟,風水佳,鄉人獲益良多;最後敘此次重修之前因後果。落成之後,廟貌得以重新,神靈顯示威德,作者預祝本土將獲得更多恩福,因為北帝位居坎位,屬水,故水德潤生民萬物,而本邑又名為"吉河",所以水與水相遇,兩者性質相同,故更膺受多福。

---

① 清‧龔耿光:咸豐《佛岡廳志》,《中國方志叢書‧華南地方》第 167 號,頁 397-398。

# 108　北帝廟（城北）

## 【廟宇簡介】

北帝廟，在城北①。清乾隆五年（1740）埠商葉宏智重修②。清嘉慶五年（1800）重修。清光緒七年（1881）復重修。

## 108-1　清・葉宏智：重修北帝廟碑記

清乾隆五年（1740）

## 【碑文】

北帝廟祀徧宇內，其靈爽最著者爲楚之武當。吾邑之齊雲，有禱必應，如扣斯響，四方重趼累繭而至，不遠數千里，角崩稽首，齋宿儼恪，洋洋乎若臨在上而質在旁也。粵東俗事神素謹，而奉北帝尤虔，禋享駿奔，日無虛晷。蓋帝位居北極，粵地介南離，福曜所照，祝融無警。以是報答神庥，眾誠如一。清遠縣向故有帝廟，自前明迄今歷百餘稔。凡雨暘之不若，百穀之不堅實，疾病之不時去，他無可告，惟神是歸；春秋伏臘，典禮罔缺。嗚呼，盛矣！余以康熙癸巳秋謁明府孫公，過清，縱覽諸名勝。偶憩廟下，顧瞻堂廡像設傾頹剝落，懼於靈爽弗稱。時驛佐俞君偕游，默禱座前，謂余異日得承乏，此地當爲重新，用酹神貺。余遜謝弗遑。未三年，果符所貺。余感帝垂祐，且重懼俞君之食諾也。遂捐白金百二十緡，庀材鳩工，以繕以葺。緣司事非

---

①　參清・陳哲修，佘錫純等纂：乾隆《清遠縣志》卷五〈嘗祀壇廟〉"真武廟"條，《故宮珍本叢刊》第170冊，頁381下；光緒《清遠縣志》卷四〈建置・壇廟〉"真武廟"條，《中國方志叢書》第54號，頁55下；民國《清遠縣志》卷一七〈祠宇壇廟〉"真武廟"條，《中國地方志集成・廣東府縣志輯》第13卷，頁533下。

②　清・陳哲修，佘錫純等纂：乾隆《清遠縣志》及光緒志、民國志均云葉宏智在清雍正十三年重修，而根據葉宏智的重修碑刻，當在乾隆五年。故以碑刻爲準。

人，未久旋敝。私念善果未完，不敢諉異人任，歲乙卯爰命兒子夢奎專督厥役。材堅以良，垣周以固，宇高以達，丹艧之屬潔以華。凡八閱月而工成。其規制視舊增擴，中殿虔奉帝像，左右各一區，分祀藥王洎金花聖母，面關方池，聿正厥位。別建崇臺，為賽醑綵舞之所。計縻白金五百緡有奇。宏敞莊嚴，金碧焜燿，拈瓣香而請禱者咸悚然，入廟生敬。另募一人司掃除之役，歲予廩給，以為常。自重造以來垂二十載，祀事具舉，歲稔民康。蓋帝眷此兆庶，降福孔皆。雖不因廟貌之隆有所加惠，要以崇德報功，用誌勿諼，則固陰受庇依者之所宜然，不容忘帝力於何有也。夫帝之靈爽萬古攸昭，而土木成毀，勢不能歷久而弗壞。後之君子尚其接踵事增華以綿延於勿替，是則余所厚望也。夫時乾隆五年庚申閏夏月。

【編者按】

文錄自清·吳鳳聲等修，朱汝珍纂：民國《清遠縣志》卷一七〈祠宇壇廟·碑〉①。

【碑文考釋】

撰碑者葉宏智，天都人，同知職銜。

碑文首先敘述了天下對北帝的崇祀以及粵東虔事北帝的情況，並指出北帝位於北極，屬水；粵地屬南方炎帝所居之地，由於北帝的庇佑，才能夠免於火災，所以粵人虔奉北帝。接下來說到清遠縣有北帝廟，始於明代，百餘年以來，對當地百姓來說，到廟禱祈一直是生活的重要一部分，更不用說春秋伏蠟的祭祀。至此碑文才轉入正題，也就是對清遠北帝廟的重修一事。原來此廟是碑文作者為了答謝北帝，特意捐資重修的。中間雖有波折，終告成功。結果廟貌有了很大改變，規模也更加宏偉，而且增加了藥王和金花聖母的神位。最後作者表示希望修廟者後繼有人，以使北帝的崇祀可以綿延下去。

① 清·吳鳳聲等修，朱汝珍纂：民國《清遠縣志》，《中國地方志集成·廣東府縣志輯》第13卷，頁533下-534上。

## 108-2　清·饒應泰:重修北帝廟碑記

清嘉慶五年(1800)

【碑文】

　　邑城北舊有北帝廟,歲久傾圮。邑士商人捐資修葺,既成而請記於余,以勸後之續修者,甚盛意也。余維北居五方之一,其宮元武,於位為坎,坎伏離,故列祀焉,而尊之則統曰天帝。《周禮》:遇旱,雩五方上帝。是合而享,不聞專廟以享也。又《大宗伯》:以元璜禮北方。是望以祭,不聞崇像以祭也。自宋徽宗尊道教傳者,詔其朝夕虔禱,求帝示法像。帝乃現大金身。徽宗親摹以傳於世,而專廟崇像之制以興。顧其事不可考,而神之靈赫赫在人耳目。前年春夏之交,天時亢旱,禱於帝而霖雨大作。邑人商士爰即舊廟更新而式廓之。法像仍據《真仙通鑑》以肖,祀而下列龜蛇。龜,元也;蛇,武也。義取北宮元武,尊水以制火,祝融旱魃不能災焉。後之人思欲永迓神庥,其致念於此,日經營之匪易,而隨時修葺,俾勿替乃前功。是則余作記之心也夫! 嘉慶五年四月。

【編者按】

　　文錄自清·吳鳳聲等修,朱汝珍纂:民國《清遠縣志》卷一七〈祠宇壇廟·碑〉[1]。

【碑文考釋】

　　撰碑者饒應泰,江西瀘溪人,清嘉慶三年(1798)由舉人選授清遠縣知縣。

　　碑文開篇即點出主旨,即為重修城北北帝廟而撰記。然後碑文探討了北帝受崇祀的歷史,指出按照《周禮》,五方上帝是合而郊祀的,因此,本來北方上帝是不應有專廟崇祀的;並且按照《大宗伯》,北方上帝只享"望祭",而不會崇祀其像及祭之。然自宋徽宗開始尊崇道教,並朝夕虔禱玄武神,及求神示法像,結果"徽宗親摹以傳於世,而專廟崇像之

---

[1]　清·吳鳳聲等修,朱汝珍纂:民國《清遠縣志》,《中國地方志集成·廣東府縣志輯》第13卷,頁534上-下。

制以興。"最後碑文回到重修之事,原來是因為前年向北帝禱雨有靈驗,本邑的士商才重修了北帝廟,並仍根據《歷世真仙體道通鑑》中的玄武北帝像塑造法像,下踏龜蛇,蓋因"龜,玄也,蛇,武也。"故此,玄武北帝就有龜蛇相纏之相。末尾點出修廟者的意願,就是希望隨時修廟,永遠獲得神的庇佑。

# 108-3　清·陸存謙:重修北帝古廟碑記

清光緒七年(1881)

## 【碑文】

　　蓋聞武耀鎮天,坎德仰專司之體;澤能潤物,離明昭對待之功。溯靈應於玉虛,宜尊居夫金闕。清邑北帝古廟,向建城內北隅,並祀齊天大聖、藥王、炎帝、金花普主,列聖英靈,羣生永賴。和風甘雨,普天歌駿惠之敷;益壽宜男,率土沐鴻庥之錫。無如廟經久遠,勢欲傾頹。棟宇依然,等茅茨之蔽雨;亭臺具在,慨蔓草於荒烟。覯此摧殘,亟應構造。因念明、巾、獨三山國王,原潮郡之土神,膺屢朝之封典。光生誌乘,隋唐宋之盛績昭昭;祀享崇祠,惠潮嘉之香烟奕奕。迨咸豐丙辰、丁巳,妖氛大作,中宿遭圍。幸靈爽之式臨,決先機於不測。降神童而破敵,穿墉之鼠穴無驚;先士卒以前驅,壓境之狼氛盡滅。既當天以許祀,乃乏地而稽延。茲值古廟重修,正合專祠共建。然瑤臺煥彩,固須呵護夫神靈;玉宇生輝,端賴捐簽夫善信。幸狐裘之集腋,爰鳥革以更新。溯庚辰冬仲而肇工,迄辛巳秋初而蕆事,同心策畫,竭力經營。寶相莊嚴,輪奐耀丹青之色;雄圖式廓,巍峨增金碧之輝。當鳩匠之告成,勒鴻名於不朽。將見北門管鑰,與河山帶礪而俱長;南國衣冠,偕黼黻文章而並麗矣。是為序。

　　光緒七年歲次辛巳桂月。

## 【編者按】

　　文錄自清·吳鳳聲等修,朱汝珍纂:民國《清遠縣志》卷一七〈祠宇壇廟·碑〉①。

――――――――――

① 清·吳鳳聲等修,朱汝珍纂:民國《清遠縣志》,《中國地方志集成·廣東府縣志輯》第13卷,頁534下–535上。

## 【碑文考釋】

撰碑者陸存謙,清末人,生平不詳。

碑文先敘清遠城北的北帝古廟,祀有北帝以及齊天大聖、藥王、炎帝、金花娘娘等列聖,長久以來共同庇佑鄉人。但是歲月久遠,需要重修。次敘三山國王(明、巾、獨三山國王),本屬於潮州土神,已受到朝廷封典,而且在潮州、嘉州等地香煙頗盛。咸豐丁巳年間,此神顯靈保佑了粵地不受外敵的侵略,所以想在本地建立三山國王的神廟以崇奉之,苦於沒有土地。於是,正好將三山國王的崇祀與北帝古廟的重修兩件事合併在一起,一舉兩得。此事得以告成,廟宇莊嚴,將給鄉里帶來更多的福佑。

碑文云:"迨咸豐丙辰、丁巳,妖氛大作,中宿遭圍。"這裡所敘的乃是咸豐六年至七年清遠圍城一事。光緒《清遠縣志》卷一六〈雜錄〉:"咸豐六年賊圍縣城,自十一月至來年二月,圍始解。"又同書卷一二〈前事〉:"咸豐六年四月賊首練四苦、侯陳帶等,統黨萬餘,由廣甯竄三坑、太平市焚殺……(十月)時賊勢窮蹙,適賊首陳金剛聚黨在秤架,練逆邀援。十一月初四日遂出濱江,與練賊合……初四夜知縣程兆桂聞報驚惶,仰藥死,委員鄭某、典史胡某俱逃。初五日賊圍城。……(七年)二月珠岡司巡檢張清鑑督鄉勇千餘人,大敗賊於橫石。賊走濱江,城圍遂解。"[1]

碑文所提到的"妖氛",方志裏所云的"賊",其實就是洪兵。咸豐四年(1854)夏,廣東天地會發動大起義(又叫洪兵起義),以廣州地區為中心,地跨五嶺南北粵、桂、湘、贛、黔五省。起義始於當年六月中旬的東莞石龍鎮陳六起義和七月初的佛山陳開起義,在短短三四個月之內,先後攻克府州縣城四十餘座。但是,廣州地區的義軍全力圍攻廣州城半年之久,清朝兩廣總督葉名琛邀得外國侵略者的協助,最終被迫解圍,分頭轉移。其中有何六、甘先、陳金釭等一支北入湖南。這一支本擬穿過湖南投奔太平軍,但在湘南受阻,無法繼續北進。咸豐六年(1856)初,何六犧牲,陳金釭折回廣東。另外,當時分頭轉移者,還有一支為陳顯良、練四虎所率領,據有清遠以北北江區域的英德、陽山山區。[2] 所以,在咸豐六年十一月開始圍攻清遠縣城的,就是這兩支洪兵。

碑文又云:"幸靈爽之式臨,決先機於不測。降神童而破敵,穿埠之鼠穴無驚;先士卒以前驅,壓境之狼氛盡滅。既當天以許祀,乃乏地而稽延。"這裡所說的是三山神在抗擊

---

① 清·李文煊主修,朱潤芳、麥瑞芳總纂:光緒《清遠縣志》,《中國方志叢書》第 54 號,分別見頁 236 下、170 上-171 上。

② 以上關於廣東洪兵起義的歷史敘述,依據駱寶善:〈廣東洪兵起義略論〉,《嶺南文史》1983 年第 1 期,頁 82-89。

洪兵過程中發生了靈異作用。方志中也有相關記載,光緒《清遠縣志》卷一六〈雜錄〉:
"咸豐六年十一月賊復困城,時何其偉部下潮勇在城安奉潮州三山大王,屢顯靈異,憑勇傳言,指出賊欲在城西暗掘地穴,俾先事提防。城垣不陷。雖曰人事,神亦與有力焉。解圍後欲立廟,未得地基,中止。光緒五年六月,門政謝心存回揭陽,攜眷託送額酬神,心存繪神像,書誕期……今接入北帝廟暫行安奉,俟卜吉建廟宇焉。"①

---

① 清·吳鳳聲等修,朱汝珍纂:民國《清遠縣志》卷一六,《中國方志叢書》第 54 號,頁 237 上-下。

# 109　北帝廟(圓崗村)

## 【廟宇簡介】

北帝廟,位於清遠縣沙河區圓崗鄉圓崗嶺下,今仍存,廟門面尚好。清代屬於城北濱江池水鄉井塘堡。該廟始建於明代後期,清順治初年毀於烽火,乾隆五十七年(1792)修復。嘉慶元年(1796)又重修。道光三年(1823)復重修。廟內存有立於嘉慶元年和道光三年的兩通重修碑①。

## 109-1　清·佚名:水口廟碑序

清嘉慶元年(1796)

## 【碑刻信息】

存址:今清遠縣沙河圓崗北帝廟內。

碑額:水口廟碑序。

碑題:無。

尺寸:碑高 150 公分,闊 70 公分②。

碑文來源:《清遠縣文物志》。

## 【碑文】

夫圓崗嶺處乃井塘堡,本境通崗之水口也。故我等建立北極上帝大殿於此。司祝者晨鐘暮鼓,威靈之聲遠播,所以鎮守本崗全局之風水焉!然廟宇既成,碑文當豎。凡有樂助者,其神丁姓名,永勒於後,以垂不朽,則獲福無疆矣。

---

① 清遠縣文物志編纂組編印:《清遠縣文物志》,1987 年,頁 31。
② 清遠縣文物志編纂組編印:《清遠縣文物志》,頁 67。

嘉慶元年歲丙辰仲冬。

**【編者按】**

文錄自《清遠縣文物志》①。

**【碑文考釋】**

碑文記載了清嘉慶元年在圓崗嶺處重修北帝廟一事。因為北帝廟的方位屬於水口，所以稱此廟為水口廟。碑文提到，因為圓崗嶺處乃水口，所以建北極上帝大殿於此，鎮守全局之風水，這是因為據傳北帝位屬北方，其性屬水。

# 109-2　清·佚名:重修北帝廟碑記

清道光三年(1823)

**【碑刻信息】**

存址:今清遠縣沙河圓崗北帝廟內。

碑額:水口廟碑序。

碑題:無。

尺寸:碑高 52 公分,闊 69 公分②。

碑文來源:《清遠縣文物志》

**【碑文】**

永遠流芳

嘗觀廟宇之設,卜地興建,誠以風水攸關者也。茲我井塘堡原有北帝古廟,枕近圓崗而關水口,接長溪以護鄉村,左右兩山如篸耀日月,前後二嶺若際會風雲。地既靈矣,人自傑焉。是以金殿唱名,宏開兩榜;罩屏作障,峻列三才。傳武庫於中宿,流雅化於鳳城,文韜武略。後因順治初年,牆垣傾於

---

① 清遠縣文物志編纂組編印:《清遠縣文物志》,頁 67。
② 清遠縣文物志編纂組編印:《清遠縣文物志》,頁 70。

烽火;迨至乾隆壬子,廟宇復於英靈。由是風俗益敦,人才俊秀。喜成均之濟濟,德厚之光;羨教諭之堂堂,學優之士。人籍神之靈,神興地之傑,鐘飛來而鏗鞳,槐夾井以清泓。今我同仁樂成,買植圓崗之嶺,佇看樹木蕃盛,永蔭神恩之福澤矣。是為引。

道光三年歲次癸未三月吉日立。

**【編者按】**

文錄自《清遠縣文物志》①。

**【碑文考釋】**

碑文介紹了井塘堡(今圓崗村)北帝古廟枕山近水的優越形勢,然後即以"地靈人傑"為核心,盛讚本鄉人才輩出的大好局面,以示神廟對於本鄉的重要。繼而碑文又敘及順治初廟宇燬於兵燹,乾隆五十七年(1792)修復,從而使得"風俗益敦,人才俊秀",更"確證"此廟對於鄉里的作用,自然修廟的意義也就不言而喻了。

---

① 清遠縣文物志編纂組編印:《清遠縣文物志》,頁70。

# 110　廻瀾廟

## 【廟宇簡介】

廻瀾廟,在奎光閣下流,鼇頭塔對面。清乾隆二年(1737)知縣陳哲捐俸倡建①。廟祀梓童文昌帝君、關聖帝君。

## 110-1　清·陳哲:新建奎光閣暨廻瀾廟記

清乾隆二年(1737)

## 【碑文】

清遠脈接衡陽,群山萬壑,蜿蜒而赴,至花尖大小帽諸峰,倏而蒼莽平衍,邑城踞焉。洌水襟其前,七星大龍,層巒環抱,紫翠森聳,如插笏然,蓋志所云福地者也。王漸逵謂人物充盛,視如中州,亦其形勝有可憑歟?乙卯,予宰是邑,考閱往昔,竊怪其國朝以來,山河如昨,而衣冠人物大異所聞。及以巡歷故往來河涘,而後知沙水之變態,實今古之不同也。《尸子》曰:"玉水方折,珠水圓折。"②水而不折,珠玉絕產,而況鍾於人乎?今滇江滙於溱湟,一出峽門,萬派奔瀉,繞城而西,去不可挽,風氣之缺,此為較甚,是不可不有以培之也。越丁巳,乃集紳士倡捐,卜地鳩工,建閣於邑城之坤位,以為西捍。閣凡三層,窗櫺八面,上插青漢,下俯碧波,顏曰"奎光",與鼇塔鼎峙,夾河而競秀焉。夫鼇塔者,亦以鎮水口也。考其建之之日,一時會榜鍾王并登,而靈秀不長,後難繼響,亦其勢孤耳。茲建閣以并之,譬之一身,昔者右臂榮衛,其左不無痿痺,今則血脈均調,元氣流貫,亦豈有不天道回而地靈効

---

① 參清·陳哲修,佘錫純等纂:乾隆《清遠縣志》卷五〈嘗祀·壇廟〉"廻瀾廟"條,《故宫珍本叢刊》第170冊,頁382上;光緒《清遠縣志》卷四〈建置·壇廟〉"廻瀾廟"條,《中國方志叢書》第54號,頁56上。

② 此語出自《尸子》卷下,原文為:"凡水其方折者有玉,其圓折者有珠。"見《尸子》,臺北:臺灣中華書局1966年影印《四部備要》本,頁3下。

者哉？雖然，奔流迅駛，至此一束，恐猶有未殺之勢，可若何？復度於閣下半里許，立廟以輔之，奉祀文武二帝，總以收縣治來龍之翠，名之曰"廻瀾"，蓋廻狂瀾於既倒。而瀦者瀠抱，去者盤桓，其諸有金陵特朝之象歟？昔人以清遠幽勝甲於天下，今而後其真無愧矣。宣邑人文，彪炳寰宇，吾拭目俟之。或者謂閣下廟傍，須多種林木，使一帶長隄菁蔥拱護，又築塞崩基以斷穿割，斯言誠善。惜予奉調且去，身不及為，姑記之，以待後之有心者。

【編者按】

文錄自清・陳哲修，佘錫純等纂：乾隆《清遠縣志》卷一三〈藝文〉①。

【碑文考釋】

撰碑者陳哲，生平見前〈遷文昌宮記〉[清乾隆二年(1737)，碑號106-1，總251]。

碑文敘奎光閣與廻瀾廟修建始末。碑文首先描繪清遠山川交錯的地貌特徵，認為清代以來文運不昌是因為滇江繞城西流而沒有遮擋，已有的鼇塔孤立難挽頹勢，致使風水漏泄。於是在邑城西邊滇江水口建奎光塔，與隔河相望的鼇塔成鼎峙之勢。但是，由於仍然擔心"奔流猶有未殺之勢"，於是又在奎光閣下半里許建廻瀾廟。廟名"廻瀾"，意思是"廻狂瀾於既倒"。廻瀾廟祀文武二帝，不過其實仍著重於文運。做完了這些工作，碑文作者認為，從此清遠真無愧於幽勝甲天下之號了，而且以後將會"人文彪炳"。

---

① 清・陳哲修，佘錫純等纂：乾隆《清遠縣志》，《故宮珍本叢刊》第171冊，頁51下-52上。

# 111　城隍廟

## 【廟宇簡介】

城隍廟,在縣治西南鳳凰臺,即舊縣治故址。明洪武十四年(1381)創建,嘉靖三十二年(1553)知縣林古潭重修,三十六年(1557)落成,有陳幅所撰碑記。① 明萬曆八年(1580)重修神像,有朱士讚撰碑②。清乾隆二年(1737)知縣陳哲重修,埠商葉宏智捐助,又創建後樓一座,有陳哲撰碑③。道光元年(1821)、咸豐元年(1851)並重修,均有碑記。

## 111-1　明·陳幅:修城隍廟碑記

明嘉靖三十六年(1557)

## 【碑文】

仰惟我國家於祀典神祇,歲時遣官致祭,肆於嶽瀆山川,咸秩乃祀。蓋以其功庇境土,澤及生民,始享祀[一]。清遠城隍,自國初洪武十四年建立於鳳凰臺,廟貌巍峨,為邑巨鎮,歲時祈禱,厥應不爽。邑治距大小羅山不滿百里,山谷猺獞聚嘯靡常,窮日之力可以突至。惟神之祐,默禦其兇,竟莫敢犯。迨嘉靖壬子,寇肆猖獗,漸不可長。方欲荼毒人民,垂涎城邑,適閩之莆陽林君古潭承命來佐邑政,而詰奸捕盜,又其專職。蒞任未旬,日益報警,古潭患之,於是除戎器,修隍塹,練士卒。又聞城隍之神,有禱輒應,乃廟謁而牒之曰:"惟神血食茲土,惟予祿食茲土,其享一也;惟神保民於冥,惟予治民

---

① 有方志記載明嘉靖二十二年知縣林繼賢重修,見清·李文烜主修,朱潤芳等纂:光緒《清遠縣志》卷四〈建置壇廟〉"城隍廟"條,《中國方志叢書》第54號,頁55下;清·吳鳳聲等修,朱汝珍纂:民國《清遠縣志》卷一七〈祠宇壇廟〉"城隍廟"條,《中國地方志集成·廣東府縣志輯》第13卷,頁531上。

② 參清·吳鳳聲等修,朱汝珍纂:民國《清遠縣志》卷一七〈祠宇壇廟〉"城隍廟"條,《中國地方志集成·廣東府縣志輯》第13卷,頁531上。

③ 參清·陳哲修,佘錫純等纂:乾隆《清遠縣志》卷五〈嘗祀壇廟〉"城隍廟"條,《故宮珍本叢刊》第170冊,頁381下;清李文烜主修,朱潤芳等纂:光緒《清遠縣志》卷四〈建置·壇廟〉"城隍廟"條,《中國方志叢書》第54號,頁55下。

於明,其責一也;使不能戡一方之寇,奠斯土之民,其素餐亦一也。神其聽之:毋俾殘兇殄我民人,庶幾不媿厥祀,不負厥職,實神之責,於予有光。"既而群盜畢集,刻期犯境。時久安長治,民不知兵,莫可如何。幸而是夜大風雨雹,寇遂中道而旋。諜報,林君喜曰:"此神力也。與夫睢水之圍而以大風得脫、滹沱之役而以冰合獲濟者,同一致矣。"遂謀廣其廟貌,以酬其功。乃屬其耆民而告之曰:"若知所以有室家而享安堵之慶乎?"咸曰:"不敏願有聞焉。"林君曰:"始予聞寇警,默禱於神,既而將至,雨雹寇止。夫方夏盛暑,敢望雹乎?屆期雷雹,何及時乎?神功默祐,信昭昭矣。予慨城隍祠湫隘弗稱,謀廣而新之,何如?"諸耆老咸曰:"諾!"林君遂捐金六兩,乃俾其疏,徧告於眾,聞者興起,以相厥成。繇是武弁、邑人,各以其力而助之者,凡二百餘人。林君復恢其舊址,廣其規模,新其廟貌。前為大門,次為拜亭,最後為正寢,兩翼則為宰牲齋宿之所,視舊製於茲,煥然矣。鳩工於嘉靖三十二年正月元日,落成於三十六年十二月十一日。耆老二三輩以事宜鐫石,以貽久遠,致書徵言於予。(予)〔二〕時濫竽清遠教事,樂觀厥成,因嘉林君以正直而禱於神,神以正直應之,則所以祿食、血食者,皆無媿於茲土茲民也。而茲土茲民,又能感恩而知報,好義以終事,財資於民而民不匱,力取於民而民不勞,一舉而眾善集焉,是可嘉也。予因諸耆民之請,遂樂為之記,以志其一時之盛。至於協力捐資,共相其成者,則列於碑陰云。

【編者按】

　　文錄自清・吳鳳聲等修,朱汝珍纂:民國《清遠縣志》卷一七〈祠宇壇廟・碑〉①。文又見清・陳哲修,佘錫純等纂:乾隆《清遠縣志》卷一三〈藝文〉②、清・李文烜主修,朱潤芳等纂:光緒《清遠縣志》卷一三〈藝文〉③、清・張嗣衍主修、沈廷芳總纂:乾隆《廣州府

---

① 清・吳鳳聲等修,朱汝珍纂:民國《清遠縣志》,《中國地方志集成・廣東府縣志輯》第13卷,頁531上-下。
② 清・陳哲修,佘錫純等纂:乾隆《清遠縣志》,《故宮珍本叢刊》第171冊,頁22下-23下。
③ 清・李文烜主修,朱潤芳等纂:光緒《清遠縣志》,《中國方志叢書・華南地方》第54號,頁181上-下。

志》卷五五〈藝文〉①。

【校記】

〔一〕"始享祀",乾隆《清遠縣志》、光緒《清遠縣志》、乾隆《廣州府志》均作"始克享祀"。

〔二〕原書無第二個"予"字,根據文意補。

【碑文考釋】

撰碑者陳幅,江西瑞昌人,清遠縣訓導,明嘉靖三十六年(1557)在任。

碑文敘清遠縣民重修城隍廟一事。碑文首先敘述城隍廟創建於洪武十四年,自此,城隍神靈應和給予鄉民庇佑,能將邑治百里外的山猺"默禦其兇"。碑文云"邑治距大小羅山不滿百里,山谷猺獞聚嘯靡常",是說清遠縣城離瑤族聚居的大小羅山不遠,瑤族人經常聚集在一起,靠打劫為生。"猺獞"是元明清時期漢族地主對瑤族人的蔑稱。

接下來述及嘉靖三十一年以來瑤族打劫者漸漸猖獗。三十六年縣令林古潭到任,便開始加強團練,築城抵禦。他聽說城隍神有禱即應,即入廟祝禱神的輔助。結果真的在敵人即將到來的危急時刻,突降大雨冰雹,使敵人中道而返。林石潭把這次化險為夷歸於城隍的神力,並打算重修城隍廟。遂以此為號召,向民眾集資,對城隍廟進行修繕。修繕工程歷經四年,終告成功。不過志書記載這次瑤民入侵是有過交鋒的。光緒《清遠縣志》卷一二〈前事〉:"(嘉靖)三十六年三月,羅山猺亂。提督侍郎王鈁討平之。大小羅山接壤清遠、四會、懷集諸處,出沒無忌,侍郎談愷集兵七萬,分嶺西嶺南二道,進討。會愷勒致仕,南贛都御史王鈁加秩代愷,遂領其眾。俘斬八千六百餘人。"②

這篇碑文裏面,比較有特色的是知縣林古潭向城隍神發出之牒文,非常清楚地表達了清代知縣和城隍之間的"關係",就是一明一暗,一陽一陰,一個祿食,一個血食;但他們的職責卻是一樣的,都要保障一方之民。最後碑文總結道,"所以祿食、血食者,皆無愧於茲土茲民也,而茲土茲民又能感恩而知報,好義以終事",將知縣、城隍和民眾之間的一種理想化的關係描述得很清楚。當然,作者是認為林知縣是實現了這樣一種關係,所以

---

① 清·張嗣衍主修,沈廷芳總纂:乾隆《廣州府志》,乾隆二十四年刻本膠捲本,頁39上-41上。

② 清·李文煊主修,朱潤芳等纂:光緒《清遠縣志》,《中國方志叢書》第54號,頁161下。

才在此加以褒揚。

## 111-2　明·朱士讚：重塑城隍神像記

明萬曆八年(1580)

【碑文】

　　城隍有祠,始自唐也,因沿至今。秩酒常祀,非為民造福耶?清遠據五嶺上流,擅山川之勝,而鳳凰臺最高。則城隍廟也,擁層岡,臨巨匯,以故靈威震赫,邇遐爭趨事之。遇水旱,丁疾痛,與冤抑不平莫可伸訴者,罔不號籲廟下,迄今二百餘年不輟。顧廟貌類飾,而神像如故,無以令眾庶見也。當事者謀更新焉,斂財鳩工,諏日始事。不踰月,神像巍峨,煌煌金碧,而左右兩廡諸鬼神亦煥乎大改觀矣。夫明有法宇,幽有神明,皆所以治人,俾之遷善易惡也。然五尺童子譎詐公行,捶楚不易,至交神承祀,即巨奸夙猾,悵悵然失步,無敢遁情慢貌。此曷以故?豈人可欺而神則不可度耶?語云:"天道無親,常與善人。"[1]又云:"祭則受福。"[2]何者?善福相因,粢牲璧帛有不與也。余願諸君子毋事神以貌,而事神以心;毋恭敬於廟祀之時,而玩愒於飲食之頃;毋飾情於昭昭之表,而惰行於冥冥之中,□□□天理,神罔怨恫,純嘏之禎,將孚而躬矣。嗟夫,萬物並育於天而有榮枯之別者,非天意也;萬室共主於神而有修短不齊者,非神意也。體神意合吉□□□□□□□與?茲役也,經始於己卯夏六月,訖工於是年秋八月。董厥事者,□□□□□□□君遇也;殫厥心者,鄭君週也;紀厥成者,朱生士讚也。萬曆八年十二月十五日。

【編者按】

　　文錄自清·吳鳳聲等修,朱汝珍纂:民國《清遠縣志》卷一七〈祠宇壇廟·碑〉[3]。文

---

① 此語出自《老子》第七十九章,見朱謙之校釋:《老子校釋》,頁306。
② 此語出自《禮記·禮器第十》,參前清·鄧大林:〈重修東嶽廟記〉[清嘉慶二年(1797),碑號78-4,總194]注。
③ 清·吳鳳聲等修,朱汝珍纂:民國《清遠縣志》,《中國地方志集成·廣東府縣志輯》第13卷,頁531下–532上。

末按語曰:"碑存。"

【碑文考釋】

　　撰碑者朱士讚,字少襄,號紫峯。自號十九峰主人,嘗建十九峰書院,隱此讀書。嘗與郭棐等結浮邱詩社。

　　碑文敘述了明萬曆年間重塑城隍廟神像一事。碑文首先介紹了清遠城隍廟的絕佳位置。清遠本來就據五嶺之上遊,而鳳凰臺又是最高,清遠的城隍廟就位於鳳凰臺上。所以城隍廟"靈威震赫",遠近爭著奉祀,凡有災難、疾病、冤情,都會到廟申訴。只是神像一直未有更新,於是重塑神像。接下來碑文討論了廟宇神像對於教化人心、遷善易惡的作用,暗示了重塑神像的重要意義。最後,碑文再次解釋"天道無親,常與善人"及"祭則受福"二者相關的道理。

# 111-3　清·陳哲:重修城隍廟碑記

清乾隆二年(1737)

【碑文】

　　城隍之有廟,猶縣治之有堂,陰陽定位,各有司也。然而獨陽則亢,萬物所由[一]軼也;沍陰則寒,雨雹所由書也。故必陰陽和,風雨調,天澤降,然後國無冤民,邑無厲鬼也。予蒞任之夕,齋宿於廟,誓而入官,曰:"若吾矢志不愧於天,亦欲神之不愧於人,相助爲理也。"越日謁廟,仰視榱題朽矣,蟲嚙罘罳,粉頹四壁,視吾官舍苔蘚沿階,聊蔽風雨,將毋同乎?丁巳冬,埠商葉君揖余而請曰:"侯之官此二年,雲物更新,百廢具舉,吾固知侯力之瘁也。商雖貧,願捐文馬,助厥成功。"吾曰:"子義士也,將賈餘勇爲子先倡。"爰鳩工庀材,未數月,而門庭殿宇煥然一新。又特創寢室於殿之後,爲神休息之所。凡物生於動而息於靜,動靜循環,績用成焉。故陰長居於大冬而生於夏,所以輔陽剛之德,而享生人之供、宮室之安也;陽常居於大夏而生於冬,所以資陰柔之仁,而無生民水草疾疫之憂也。勉(司於)[二]城,勿謂予有歸善之調,而置斯民於度外(也)[三]。廟門外爲臺,昔傳鳳凰所集,臺之所由名也。茲並新之,以供邑人祈報演劇之場。羽衣霓裳,老幼聚觀,所云與民同樂者,未必不在夫〔四〕此。葉君名宏智,敘用州同,江南天都人。並紀於石。

【編者按】

　　文錄自清·陳哲修,佘錫純纂:乾隆《清遠縣志》卷一三〈藝文〉①。參校以清·吳鳳聲等修,朱汝珍纂:民國《清遠縣志》卷一七〈祠宇壇廟·碑〉②。民國志云出自光緒志。

【校記】

　　〔一〕"由",光緒志、民國志均作"猶"。
　　〔二〕"司於"二字,原本闕,今據民國志補。
　　〔三〕"也"字,原本闕,今據民國志補。
　　〔四〕"夫",光緒志、民國志作"乎"。

【碑文考釋】

　　撰碑者陳哲,生平見前〈遷文昌宮記〉[清乾隆二年(1737),碑號106-1,總251]。

　　碑文記述了清乾隆年間對城隍廟的重修。碑文首先論述城隍廟與縣治的關係爲一陰一陽,既各有所司,但又相助爲用。因爲"陰陽和,風雨調,天澤降,然後國無冤民,邑無厲鬼也"。接下來詳細敘述了重修城隍廟的前後經過。作者蒞任之時到城隍廟齋宿,誓詞表達了與城隍神相助爲理的願望。然而次日謁廟卻發現城隍廟已經破敗不堪,需要重修。此爲始發心修廟。然後乾隆二年葉宏智來請求修廟,作者決定自己首先捐資,此爲修廟之發端。幾個月後,修廟成功,碑文又描述了新廟各方面的改創,並說明作這些變更與修建的用意,比如在廟宇後殿創建寢室,作爲神休息之所;重修廟門外的鳳凰臺,作爲邑人祈報演劇之場等等。碑文當中多次表達了陰陽協和、動靜循環的思想。

---

① 　清·陳哲修,佘錫純纂:乾隆《清遠縣志》,《故宮珍本叢刊》第171冊,頁52下至53上。
② 　清·吳鳳聲等修,朱汝珍纂:民國《清遠縣志》,《中國地方志集成·廣東府縣志輯》第13卷,頁532上-下。

## 111-4　清·佚名:道光建造城隍廟前後堦鞏碑記

清道光元年(1821)

【碑文】

嘗謂職宰三司,萬戶群沾德澤;恩流一捕,百姓咸沐威靈。令行一邑,德達上天。眾庶星羅,久藉陰扶安又[一];芝生森列,盡荷默布平和。不忘厚德,各展丹心。連一城眾姓之題,爲萬載公庭之築。眾信等見廟貌常新,固顯威靈於赫濯。殿前堦路,議建亭鞏,以(利)[二]往來,不惟遮蔽雨風,參神方便,而且殿前亭疊,益壯觀瞻。曩昔欲建芳規,意殷財乏;茲今簽題湊積,亭立工完。從此聲益赫,威益嚴,永鎮千秋於玉座;地更靈,人更傑,光分一邑之龍膏。將來眾庶共秉貞誠,獲奏康衢,於此日更以列信相鐫珉石,垂留姓字於他年矣。是爲序。

道光元年季冬吉日。

【編者按】

文錄自清·吳鳳聲等修,朱汝珍纂:民國《清遠縣志》卷一七〈祠宇壇廟·碑〉①。文末按語曰:"碑存。"

【校記】

〔一〕"又",據文意當作"乂"字。

〔二〕"利"字,原本無,據文意補。

【碑文考釋】

碑文首先頌揚了城隍神給一邑百姓帶來的恩德,然後轉入百姓不忘恩德,因此簽題修築。這一次重修主要修築的是廟前的堦路和亭鞏,這樣不但可以為參神者遮風擋雨,

---

① 　清·吳鳳聲等修,朱汝珍纂:民國《清遠縣志》,《中國地方志集成·廣東府縣志輯》第13卷,頁532下。

而且更壯觀瞻。最後碑文表示了對於將來的祝願,神則更聲靈赫濯,鄉里則更地靈人傑。

# 111-5　清·郭鍾熙:重修城隍廟碑記

清咸豐元年(1851)

【碑文】

都邑城隍,載在祀典。以其功庇境土,澤及生民,祈報所必隆也。前明洪武十四年建廟於茲,屢著靈異。嘉靖壬子之夏,寇肆猖獗,刻期犯境。時承平日久,民不知兵,林邑侯虔禱於神。是夜大風雨雹,寇至中道而旋。陳廣文修廟碑詳紀其事。以今證古,神之爲靈益昭昭矣。道光己酉,英德游匪鄧南保、劉才等肆行劫掠,提督祥公統兵征剿,先禱於神,兵不血刃,群就俘戮。邑侯程公倡捐重修廟宇,而程公調任廣寧。邑侯馬公蒞任,事神爲謹。庚戌春夏之交,英德長寧游匪鄧十富、胡黃、毛五、周亞華、李單眼任等,益肆披猖,中丞子爵葉公、廉訪祁公駐邑剿辦。提督祥公卒於軍,祁方伯陞任去。至辛亥六月,崔廉訪始克蕆事。前後兩載,被匪蹂躪者八廳縣,本邑界在其中。居民賴神之力,團練自固,游匪不敢輕犯。旋獲賊首數十人,梟示者二千餘人,皆神之靈有以陰奪其魄也。軍事旁午,廟工未竣。邑侯馬公乃屬其耆老而告之曰:"若等所以保全室家而享安堵之慶者,神恩不可忘也。"即捐廉俸百金。聞者興起,各以其力而助。輪奐增美,金碧輝煌,煥然改觀矣。廟前爲鳳凰臺,宋端拱元年秋,鳳凰集合歡樹,高六尺。遂即其地建臺。明萬曆十九年秋,有二大鳥來集高岡,樹上五彩成文。旋飛於鰲塔九霄之上,一宿而去。吳邑侯構亭於鳳凰臺上識之。霸州參議鍾公書《卷阿》之詩九章,刻石其上。嘉慶十二年,侍御豫堂曾叔祖倡修廟宇,並其臺而新之。旋復傾圯,因築石爲臺,冀垂永久存舊址,即所以迓神庥也。廟後寢室爲神藏息之所,宜於靜謐,尤當嚴潔肅清。神靈既安,凡我邑人無不受茲介福矣。抑《伊訓》有言曰:"作善降之百祥,作不善降之百殃。"①

---

① "作善,降之百祥;作不善,降之百殃",出自《尚書·伊訓》。參前清·吳榮光〈重修佛山三官廟碑記〉[清道光八年(1828),碑號5-1,總13]注。

神,聰明正直而壹者也①,苟爲不善,雖牲牷肥腯,神其吐之。入廟思敬,尚其勉力爲善也可。是役也,鳩工於道光二十九年十一月二十六日,落成於咸豐元年閏八月初九日。熙與天才麥君、文興關君實終始其事,爰叙其顛末如此。至於協力捐資,共相其成者,俱泐芳名於石。

咸豐元年季秋。

【編者按】

文錄自清·吳鳳聲等修,朱汝珍纂:民國《清遠縣志》卷一七〈祠宇壇廟·碑〉②。文末按語曰:"碑存。"

【碑文考釋】

撰碑者郭鍾熙,字載榮,號榕石,道光元年(1821)舉人,挑授廉州合浦訓導兼署欽州學正,丁内艱歸,主邑書院講席。後於同治四年(1865)授德慶州學正,蒞任數月,以病歸,卒。著有《教諭語纂要》一卷、《竹趣館詩集》二卷、《焚餘詩草》二卷、《思訓錄》一卷、《榕石文集》等。

碑文前半用了較大篇幅敘述城隍神的"靈異",然其中包含了較多清遠"剿匪"的歷史片斷。首先敘述的是嘉靖年間林古潭向城隍祈禱制止瑤民爲亂一事,見於前碑陳幅《修城隍廟記》。然後敘述道光年間的"剿匪"經過,事情發生在道光二十九年和道光三十年,文中提到的英德遊匪鄧南保、劉才,英德、長寧遊匪鄧十富、胡黄毛五、周亞華、李單眼任等,均爲天地會成員。道咸之際,廣東天地會活動頻繁,醞釀了咸豐五年的金田太平天國起義。碑文簡略敘述了道光二十九年至三十年兩年間官方與天地會之間的鬥爭過程,其中涉及到的政府官員有提督祥麟、廣東巡撫葉名琛、觀察使祁宿藻、崔侗,清遠前後知縣程兆桂、馬映階等。

光緒《清遠縣志·前事》:

"(道光)二十八年冬佛岡土匪鄧南保糾黨千餘,由濱江壩仔墟出珠坑,過廣甯,劫富

---

① 《左傳》:"神,聰明正直而壹者也,依人而行。"見晉·杜預注,唐·孔穎達正義:《春秋左傳正義》卷一〇,頁181下。

② 清·吳鳳聲等修,朱汝珍纂:民國《清遠縣志》,《中國地方志集成·廣東府縣志輯》第13卷,頁532下–533上。

戶江某……勢漸猖獗。"

"二十九年知縣程兆桂堵截賊於濱江白石譚,官軍失利。三月,鹽運使徐有壬偕提督祥麟統兵剿賊,獲匪首鄧南保等,磔之。戮其黨三百餘人。"

"三十年五月土匪黃毛五、鄧十富、周阿華等嘯聚英德、鐵溪、上下汰等處,蔓延清遠、滬江,其勢甚張……八月按察使祁宿藻、提督祥麟統兵至清遠,祥麟尋卒。九月巡撫葉名琛來縣督師。咸豐元年春黃毛五等以次就擒,磔之,並戮其黨。三月巡撫葉名琛還廣州,令按察使祁宿藻留辦善後。夏四月祁宿藻遷任江甯布政使,新任按察使崔侗接辦,秋七月事竣。"①

由此而見,碑文所記與志書所載大致相同,可證信然。

述事中間,碑文夾雜敘述了修城隍廟的經過。而且,廟之成即在平定"動亂"之後的咸豐元年。最後碑文描述了竣工之後城隍廟的情況,主要說明的是新築的鳳凰臺和廟後的寢室,其間附記了鳳凰臺的歷史。同時,由於神靈既有安息之所受崇祀,碑文相信"凡我邑人無不受茲介福矣"。

———————————

① 清·李文烜主修,朱潤芳等纂:光緒《清遠縣志》卷一二,《中國方志叢書》第54號,頁169上。

# 112　洪鎮廟

## 【廟宇簡介】

在神逕水口。祀祝融火帝和玄武北帝。花邑孝廉宋灝爲之記①。

## 112-1　清·宋灝:重建神逕水口洪鎮廟記

清嘉慶十七年(1812)

## 【碑文】

嘉慶壬申,松制軍至佛岡,設廳建城。駐防既定,野有安堵,莽無伏戎,屬之士庶,咸思修舉其鄉之舊典,治人事神,罔不祇肅,而神逕洪鎮廟於是復立。先是,廟坦歲久,無碑記,鄉人僅傳其地爲洪鎮廟。洪鎮者,大鎮;是鄉也,或曰神逕,巒重嶂疊,眾溪畢納,洪水驟發,故立廟以鎮之。今觀廟所塑像,冕旒而笏者,祝融火帝;披髮而劍者,鎮武水帝。既祀水又祀火,其不專以鎮洪水,故名可知矣。予嘗覽傳記,南海火帝,唐開元冊尊爲廣利王,亦稱廣利洪聖;北宮黑帝,其精元武,漢武嘗祠之,亦稱北極鎮天。然則洪鎮廟者,蓋神逕鄉人所以祀水、火二帝,合"洪聖"、"鎮天"兩徽號而質言之。夫粵爲火位,亦爲水國,火者,南人之命;水者,南人之居。南人生於火而養於水,生於火者祀火帝,養於水者祀水帝,亦庶人自致其報本之意,不可以僭褻疑也已。神逕在佛岡城北三十里,萬山盤鬱,生水出焉,東流爲吉河,與滘滇相吐納於潢漢之墟,與鷹巖馬寨相揖讓於雲嵐之壑。其編氓皆勤生而嗇出,其士夫咸飭隅以礪俗。一時趨廟事、戴神休者,類能率乎鄉人,明一其心,可不謂先成民而後致力於神②者乎!庚辰,灝自花來省族人,廟工適竣,屬予記其

---

① 參清·龔耿光纂:咸豐《佛岡廳志》卷三〈廟壇〉"洪鎮廟"條,《中國方志叢書·華南地方》第167號,頁297。
② 有關此句出處,詳參清·周日新〈重修三清堂碑記〉[清道光十四年(1824),碑號7-3,總17]注釋。

事。予以爲佛岡初建，興誌從略，斯廟之所在，建而又圮，與鄉人之祀舉而或廢，必有治忽興衰之故與於其間，父老雖道之而弗能詳。然以今日廟復祀修之典，正佛岡設城建廳之會，鄉廟廢興，若與郡邑相終始，亦可以知其故矣。則所以處其廟事，胡勿慨然深思而遠慮哉？落成之日，又於廟左置四九集，父老因得以時相聚，講約讀法，以教誡其子弟，型正其風俗。而神職掌是境，使無水旱□□之虞，公主神總之懿，以世享其報，是則神之德力所能，而鄉人之心所永戴者也。若其董役經費諸事，別書碑陰。灝請誌其大者，以告吉河諸君子。

【編者按】

文錄自清·龔耿光纂：咸豐《佛岡廳志》卷四①。

【碑文考釋】

撰碑者宋灝，字由溪，廣東花縣人。清嘉慶十三年（1808）舉人，授四川新津縣知縣，移知江津。官至直隸州知州。

碑文記述了佛岡設廳以及重修神逕水口洪鎮廟之事。碑文開頭即記載，嘉慶十七年（1812）佛岡設廳，於是鄉士庶復重修佛岡城北神逕的洪鎮廟。接下來碑文對廟名“洪鎮”做了一番考究。本來鄉民相傳洪鎮是“大鎮”的意思，但是作者不以此爲滿足，入廟觀像，發現同時有祝融和玄武的塑像。而祝融火帝曾被封爲廣利洪聖，玄武北帝曾被稱爲北極鎮天，由此而言，廟名“洪鎮”是因爲合祀水火二帝，取“洪聖”、“鎮天”二號中各一字而言之。進而碑文又從粵人“生於火而養於水”著眼，認爲其祀水火是“自致其報本之意”。

碑文後半描述了神逕一地的風水以及良好民風，並回到修廟作記一事上來，點出了此番修廟的重要意義。廟得以修復，祭祀得以修舉，正值佛岡設城建廳之會，所以“鄉廟廢興，若與郡邑相終始”。這樣就把一所鄉廟的重修，與郡邑的整個治化聯繫在一起，提升了修鄉廟的意義。

---

① 　清·龔耿光纂：咸豐《佛岡廳志》，《中國方志叢書·華南地方》第 167 號，頁 385–388。

# 113 關帝廟

## 【廟宇簡介】

關帝廟,原在縣治東①,後遷至縣城西。清咸豐七年(1857)重修。民國三年(1914)置關羽、岳飛牌位於此,改稱"關岳廟"。民國二十年(1931)毀之,改建中山紀念堂②。

## 113-1 清·佚名:重建關聖古廟碑記

清咸豐七年(1857)③

## 【碑文】

竊謂重新廟貌,實爲一邑觀瞻;鐫勒碑文,廼見群情踴躍。我邑城關帝廟,向設縣署之西,局勢堂皇,美極輪奐,緣久未修葺,漸近傾頹。迨咸豐三年,眾議重修,甫經拆卸,適逆匪圍城,軍務頻仍,未遑興作。比年以來,幸藉神力,四境肅清,萬民樂業。覩廟牆之坍塌,眾志測〔一〕然;念神澤之高深,天良勃發。爰集同人經營修復,一朝倡議,合邑贊成。文武官紳各情殷於捐俸,工商士庶倍樂意於解囊。於以見帝君之德之感人爲最深,而人思所以報之爲最切。於是鳩工庀材,丹垣刻桷,榱題煥采,殿宇重輝。既有以妥神靈,自足以邀神貺。佇見伏魔盪寇,闔境共荷鴻庥;祐善安良,萬姓咸歌燕喜。茲幸工程告竣,爰將事蹟臚陳,俾義舉昭著於千秋,芳名流傳於萬古。是爲序。

---

① 乾隆《清遠縣志》尚稱關帝廟"在縣治右"。見該書卷五〈嘗祀·壇廟〉"關帝廟"條,《故宮珍本叢刊》第 170 冊,頁 381 下。

② 參清·吳鳳聲等修,朱汝珍纂:民國《清遠縣志》卷一七〈祠宇壇廟〉"關帝廟"條,《中國地方志集成·廣東府縣志輯》第 13 卷,頁 535 上。

③ 清·吳鳳聲等修,朱汝珍纂:民國《清遠縣志》題云"咸豐五年重建關聖古廟碑記",但根據碑文可知,廟之重修在清遠縣城解圍之後。而解圍是在咸豐七年二月。故改正之。參本篇提要。

【編者按】

　　文錄自清・吳鳳聲等修,朱汝珍纂:民國《清遠縣志》卷一七〈祠宇壇廟・碑〉①。文末曰“碑存”。

【校記】

　　〔一〕“測”,根據文意當作“惻”字。

【碑文考釋】

　　碑文記載咸豐年間重修關帝廟一事。據碑文,咸豐三年本來已經在商議重修之事,但“甫經拆卸,適逆匪圍城,軍務頻仍,未遑興作”。這裡所說的“逆匪圍城”一事,時間在咸豐六年,光緒《清遠縣志》卷一六〈雜錄〉:“咸豐六年賊圍縣城,自十一月至來年二月,圍始解。”②由此可知,縣城解圍是在咸豐七年二月。修廟的終於成事也是在這之後。最後碑文將關廟重修落成的意義與抵抗洪兵聯繫在一起:“既有以妥神靈,自足以邀神貺,佇見伏魔盪寇,闔境共荷鴻庥;祐善安良,萬姓咸歌燕喜。”

---

①　清・吳鳳聲等修,朱汝珍纂:民國《清遠縣志》,《中國地方志集成・廣東府縣志輯》第13卷,頁535上。
②　清・李文煊主修,朱潤芳、麥瑞芳總纂:光緒《清遠縣志》,《中國方志叢書・華南地方》第54號,頁236下。

# 新安縣

# 114　文昌閣

## 【廟宇簡介】

文昌閣,始建於明萬曆三十九年(1611),知縣鄧文照等倡建。

## 114-1　明·鄧文照:尊經文昌二閣記

明萬曆三十九年(1611)

## 【碑文】

夫經,常道也。經學不明,則彝訓不飭,士多詭易,以行其私。國家廣屬學官二百數十餘年,政以俗成,道沿世革,而訓彝不敝,尊經之效也。新安故僻壤,然文學之士彬彬,後先蠱起,可不謂聖主道化隆盛,諸賢大夫德教浸灌所施及哉!而尊經閣獨缺而未備,使人不復知聖帝明王之業,固即在膠庠泮序之中也。余愀然念之,遂藉贖鍰,畢力於此。時總戎李公,儒將也,亦慨然捐貲,偕鄧公以愛助余。越去夏迄今,甫期年,而學博黃公至,乃協贊厥事,三閱月而閣成。更謂余曰:"經學樹,文運昌,若左券然,安得表裏經閣?因墉築基,妥帝君其上,使夫經生學士一對瞻而不能自已也。新邑其有興乎?"余唯唯。斯義也,首彝常而策足,望孝友以適歸,日與諸弟子砥勵切磋其間,自新邑而達之天下,洵在是夫!兩閣對峙輝映,非諸君子實紀綱之,將焉及此哉?余深幸一時同心共濟,落成而紀之如此。李公名楷,蘄州人;黃公名鵬飛,同安人;鄧公名良遇,曲江人;章君諱習之,貴池人。

【編者按】

碑文錄自清・靳文謨修,鄧文蔚等纂,張一兵校點:康熙《新安縣志》卷一二〈藝文志〉①,參校以清・舒懋官主修,王崇熙總纂:嘉慶《新安縣志》卷二三〈藝文〉②。

【碑文考釋】

撰碑者鄧文照(康熙志作"鄧文昭"),江西人,歲貢,明萬曆三十八年(1610)至四十一年(1613)任新安知縣。

碑文記述了新安縣創建尊經、文昌二閣的經過。首倡者為當任知縣鄧文照,同時協助的還有李楷、黃鵬飛、鄧良遇、章習之等人。碑文不記年代,據嘉慶《新安縣志・職官志》的記載,李楷,湖廣蘄州人,時為武官參將,明萬曆三十八年(1610)至四十年(1612)在任③;黃鵬飛,福建同安人,時為文官教諭,萬曆三十九年(1611)至四十二年(1614)在任④;鄧良遇,曲江人,時為訓導,萬曆三十五年(1607)至四十一年(1613)在任⑤;章習之,慈州貴池人,時為典史,萬曆三十八年(1610)至四十一年(1613)在任⑥。而建閣時此數人都在新安任上,故建閣的時間即在明萬曆三十九年至四十年。

文中又曰:"越去夏迄今,甫期年,而學博黃公至,乃協贊厥事,三閱月而閣成。"可見建閣時間為黃公到任的時間,也就是明萬曆三十九年。

---

① 清・靳文謨修,鄧文蔚等纂,張一兵校點:康熙《新安縣志》,收於《深圳舊志三種》,深圳:海天出版社,2006,頁470。

② 清・舒懋官主修,王崇熙總纂:嘉慶《新安縣志》,《中國地方志集成・廣東府縣志輯》第18卷,上海:上海書店等,2003,據清嘉慶二十四年(1819)刻本影印,頁969上-下。

③ 清・舒懋官主修,王崇熙總纂:嘉慶《新安縣志》卷六,《中國地方志集成・廣東府縣志輯》第18卷,頁789上。

④ 清・舒懋官主修,王崇熙總纂:嘉慶《新安縣志》卷五,《中國地方志集成・廣東府縣志輯》第18卷,頁777上。

⑤ 清・舒懋官主修,王崇熙總纂:嘉慶《新安縣志》卷五,《中國地方志集成・廣東府縣志輯》第18卷,頁779上。

⑥ 清・舒懋官主修,王崇熙總纂:嘉慶《新安縣志》卷五,《中國地方志集成・廣東府縣志輯》第18卷,頁784下。

# 115　赤灣天后廟

【廟宇簡介】

在南山赤灣（今深圳市赤灣）。廟祀天后，在歷史上曾爲廣東最大天后廟之一。梁懷文清嘉慶二十五年（1820）〈重修天后廟碑記〉稱：“粤爲海國，多祀天后者。省垣而外，新安赤灣沙廟爲最。而我樵右濱海一廟，亦稱顯焉。”

據稱赤灣天后廟爲明永樂初宦官張源建，曾於明清兩代多次重修。規模比較大的有：明天順七年（1463）兵科給事中王汝霖、行人劉泰重修；明萬曆八年（1580）海防同知周希尹、署縣鄧凌雲、王維翰、前縣令梁大晫、知縣丘體乾重修；明萬曆十五年（1587）新安知縣丘體乾重修；明萬曆四十四年（1616）知縣王延砌大門外月池，崇禎五年（1632）知縣烏文明重修牌樓，崇禎八年（1635），黎延慶重修前殿；清順治十三年（1656）守備張應科重修；清乾隆初年埠商倪重修；清嘉慶二十二年（1817）知縣孫海觀重修。

廟已毀，今存者爲1996年重建。

## 115-1　明·黃諫：新建赤灣天妃廟後殿記

明天順八年（1464）

【碑文】

天妃行祠，海濱地皆有，而東莞則有二，一在縣西百餘里赤灣南山下。凡使外國者，具太牢祭於海岸沙上，故謂辭沙。太牢去肉留皮，以草實之，祭畢沉於海。永樂初，中貴張公源使暹羅國，先祀天妃，得吉兆，然後辭沙。天妃舊有廟，公復建殿於舊廟東南，歲久巋然尚存。去年冬，兵科給事中王公汝霖、行人劉公泰有占城之行，泊舟廟下，於神是禱。往返無虞，出錢二萬緡，托東莞吳知縣[①]於後建正殿四楹，易前殿爲享堂，令巡檢馬善督工。刑科

_____

① 此處提到的“東莞吳知縣”，當爲知縣吳中（字時中），江西樂平人，明天順五年以進士任東莞知縣。

給事中陳公嘉猷、行人彭公盛大,自滿剌加國還,復發錢萬緡以相其事,不越月而成。吳君請言記之石。善夫！惟神有靈福人,惟人以誠答神,感應之妙,捷於影響。肅書於石,俾使而辭此者知非諂事求福也。

翰林院學士判廣州府事黃諫撰文。

大明天順八年九月九日立石。

【編者按】

文錄自清·舒懋官主修,王崇熙纂:嘉慶《新安縣志》卷二三〈藝文〉①。

【碑文考釋】

撰碑者黃諫,生平介紹見前64-1。

這篇碑記是目前可見的最早關於赤灣天妃廟的碑刻材料。碑文記述了明天順年間新建赤灣天妃廟後殿一事的前後過程,也包含了豐富的有關此廟的信息。

在記述此次重修之前,碑文先回顧了永樂初年張源出使暹羅國,先"辭沙"祀天妃以及建立赤灣天后廟之事。"辭沙"是指在海岸沙上而設的太牢祭,而此祭的特色是先把太牢去肉留皮,以草結之,祭畢後,把祭品沉於海。因為這是赤灣祀天妃和立天妃廟之始。碑文首先追溯了赤灣天后廟的創建。據碑文,赤灣天后廟乃張源所建,但這並不是最早的天后廟,因為是在舊廟東南另建新廟,而這也就是隆盛一時的赤灣天后廟。赤灣天后廟建自張源之手這一說法影響很大,應即源自黃諫此碑。然而現在看來仍有一些令人疑惑處。據碑文,截至明天順八年(1464),東莞②有兩個天妃廟,其中一個就是赤灣天后廟,在縣西百餘里的赤灣南山下,為宦官張源在永樂初所建。然而根據崇禎《東莞縣志》,東莞有兩個英烈天妃廟,一在西江口,一在海月巖。其中海月巖的天后廟為張元在永樂六年在海月巖建③。可是海月巖在今東莞厚街鎮涌口村金牛山,與赤灣相去甚遠。宦官張源,在《明史·宦官傳》中卻不見記載。究竟崇禎志中的張元和黃諫碑文中的張源是不是同一人,此疑點待考。

---

① 清·舒懋官主修,王崇熙總纂:嘉慶《新安縣志》,《中國地方志集成·廣東府縣志輯》第18卷,頁960上至下。

② 新安縣建治是在明萬曆元年(1573),黃諫撰此碑時新安尚未建治,仍屬東莞縣。

③ 見明·張二果、曾起莘撰,楊寶霖點校:崇禎《東莞縣志》卷三〈學校志·賢祠·附廟〉"英烈天妃廟"條,頁185:"洪武十七年指揮張資建於縣西江口,後以其地爲校場,遷廟於新村頭。永樂六年,內官張元建於海月巖。"

碑文詳細記載了明天順年間重修赤灣天后廟的事件，涉及不少居高位者。主事者乃東莞知縣吳中，而前後出資者則有兵科給事中王汝霖、行人劉泰，以及刑科給事中陳嘉猷、行人彭盛大。前二人乃出使占城，後二人則為出使滿剌加國，都是因為天妃保佑了他們的行程，出錢酬謝，由此方有修廟之舉。

## 115-2 明·吳國光：重修赤灣天妃廟記

明萬曆十四年（1586）①

【碑文】

王者主罔，梯航萬國，懷柔百神，煌煌乎盛矣。余考圖牒，天妃之神自宋至我朝累賜封號。廣之有廟，建自征南將軍廖永忠，敕加賜額，有司春秋致祭。赤灣地濱大海，永樂八年欽〔一〕差中貴張源使暹羅，始立廟。又行人某使外國還，捐金令父老吳松山等買田供祀。前後朝紳奉使，每出緡〔二〕佐之。歷歲寖久，稍就頹圮。萬曆八年貳守周公以海防事至，顧瞻祠宇，低徊久之。乃集鄉父老議，鳩工聚〔三〕材，為鼎新計。逾四年告成，父老謁國光記之。光曰："余小子戔戔，不嫺於辭，然竊有慨於中矣。夫明有禮樂，幽有鬼神，其理一也。捍災則祀，恤患則祀，其典鈞也。余聞故老相傳神靈顯海上，舟楫遇風顛危，呼禱輒應。夫聖人不語神，懼惑天下也。今顯赫徵異若此，其英烈之氣鬱結磅礴，必且靖鯨波、除旱魃，彰善癉惡，上之輔國，下之庇民，功德弘茂，用光帝命，雖與天壤俱敝、國家其〔四〕悠久可也。"赤灣，余童子釣遊所。歲時展拜祠下，西以南俯溟海，波濤萬頃，奔騰澎湃，慨然興朝宗之思焉；東北眺群峯，逶儷倚伏，羅浮梧桐，隱隱雲端，四顧鬱蔥，令人心神怡曠。山川之奇若彼，神顯赫徵異又若此，宜其靈傑益彰也哉。余小子管窺之說，亦安所當，聊以備觀省耳。乃若訪西來本始，搜遺經四十二章之義，則余未逮也。

---

① 碑文提到今縣侯丘體乾（清·舒懋官主修、王崇熙總纂：嘉慶《新安縣志》、道光《廣東通志》、光緒《廣州府志》均作"邱體乾"，乃因雍正三年詔改"丘"姓爲"邱"姓之故），道光省志云"萬曆四十三年知新安縣"，嘉慶新安志、光緒府志則均云萬曆十四年知新安縣，結合此碑知丘體乾當在萬曆十四年知新安，而碑亦當作於此年。

神姓氏出處,其見廣志。廟之寢殿三間,堂三間,寢至堂且以亭,堂之前為重檐門樓三間,堂左右為二廳,周圍垣牆,楚楚翼翼。是舉也,創議于貳守周公希尹,後先襄之者,則署縣鄧公凌雲、王公維翰、前縣侯梁公大皡、今縣侯[五]丘公體乾也。督工父老吳□鄭仕才輩,與有勞並書之。祀田坵畝暨捐金姓氏別有記。

## 【編者按】

文錄自清·靳文謨修,鄧文蔚等纂,張一兵校點:康熙《新安縣志》卷一二〈藝文志〉①,參校以清·王永瑞修,楊錫震等纂:康熙《新修廣州府志》卷四九〈藝文〉②、清·舒懋官主修,王崇熙總纂:嘉慶《新安縣志》卷二三〈藝文〉③。

## 【校記】

〔一〕"欽",康熙《新修廣州府志》無此字。

〔二〕"緡",康熙《新修廣州府志》作"錢",嘉慶《新安縣志》作"緡錢"。

〔三〕"聚",嘉慶《新安縣志》作"庀"。

〔四〕"其",康熙《新修廣州府志》、嘉慶《新安縣志》均作"共",當以"共"為是。

〔五〕該句中"前縣侯"、"後縣侯",嘉慶志作"前邑侯"、"後邑侯"。

## 【碑文考釋】

撰碑者吳國光,字觀光(一曰字觀可),新安人。明萬曆七年(1579)鄉試解元。署福永教諭,陞廣西興安知縣,後謫福建泉州府教授,尋擢浙江樂清縣令。後歸鄉邑,邑令丘體乾聘之修邑志。著有《石龍軒寓徐永署雁蕩諸稿》。

碑文敘明萬曆年間重修赤灣天后廟之事。

碑文提到:"天妃之神自宋至我朝累賜封號。廣之有廟,建自征南將軍廖永忠。敕加賜額,有司春秋致祭。"明李待問作於崇禎元年的〈柵下天妃廟記〉一碑(14-1,總24)云:

① 清·靳文謨修,鄧文蔚等纂,張一兵校點:康熙《新安縣志》,收於《深圳舊志三種》,頁477-478。

② 清·王永瑞修,楊錫震等纂:康熙《新修廣州府志》,《北京圖書館古籍珍本叢刊》第40冊,北京:書目文獻出版社1988年據清康熙十二年(1673)抄本影印,頁1195下-1196上。

③ 清·舒懋官主修,王崇熙總纂:嘉慶《新安縣志》,《中國地方志集成·廣東府縣志輯》第18卷,頁965下-966上。

"五羊城南有特祠,當事者春秋司享。"又阮元道光《廣東通志》卷一四五〈建置略‧廟祠〉:"天后宮,在歸德門外五羊驛東,明洪武元年征南將軍廖永忠建,國朝康熙五十九年重修。歲以春秋二仲癸日致祭(南海縣志),禮儀視名宦祠(番禺縣志)。"①可見廣東最早的天后廟建自明洪武元年(1368)。而赤灣天后廟則建自永樂年間,這在廣東也算是比較早的了。

在談到天順年間的重修時,碑稱"又行人某(按:指劉公泰)使外國還,捐金令父老吳松山等買田供祀。前後朝紳奉使,每出錢佐之。"而前黃諫碑只提到捐資修殿,沒有說到買田供祀。故此處所述可視為對天順間事的一個補充。

關於萬曆年間的此次重修,據碑文可知,倡議於明萬曆八年(1580),終於萬曆十四年(1586)左右。倡議者為貳守周公海防(即其他碑文亦曾提及的"周海防",名周希尹,當時為海防同知),而主持重修者,則先後有署縣鄧凌雲、王維翰,知縣梁大皡以及知縣丘體乾。由此可見,倡議修廟者的身份與此前相比已經發生了很大變化。以前的出資修廟者(張源、王汝霖、劉泰、陳嘉猷、彭盛大等)都是負責出使外國者,於出使前向天妃占卜,辭沙拜祭,然後出行;返回後還願重修廟宇。然而進入 16 世紀,東南沿海出現了倭寇(海盜)的問題,朝廷就派官兵前去平叛,於是赤灣天后廟又變成了保佑平叛的官員順利完成軍事任務的祭祀場所。

紀事之後,碑文又作了一番發揮,盛讚了天妃的顯赫徵異與山川的奇麗壯闊,從而預言神必將"靖鯨波,除旱魃","彰善癉惡","輔國庇民"。

# 115-3　清‧王應華:重修赤灣天妃廟記[一]

清順治十八年(1661)

【碑文】

天后之神與海相終始。自宋以來,累冊封號,遣有司春秋致祭,其重幾與祝融、勾芒、顓頊、蓐收四海神[二]等。虎門為吾粵中路咽喉地,凡朝紳由廣出使,與夫占城、暹羅、爪哇、真臘、滿剌加[三]、三佛齊諸國,所貢獻自[四]廣入者,悉艤過[五]於此。大洋之外,風汛叵測,往往多漂沒。明永樂間,中使張源

---

① 　清‧阮元主修,陳昌齊纂:道光《廣東通志》卷一四五,《中國省志彙編》之十,頁 2489 下至 2490 上。

始祀天妃[六]於赤灣，以卜濟。其後左行人加以祀田，王兵科、陳刑科廣以后殿，周海防復踵而增之，而廟貌巋然矣。世俗南北之濟者，必禱於海岸，得吉而後敢濟，謂之辭沙。神之顯赫，真如度量衡石，必不吾欺者。順治十[七]三年春，守備張君應科奉平南王令，轉餉瓊海，舟過赤灣，俯謁祠下，告有事焉。且見廟之來已久，為制桷[八]楳下窄[九]，上[一〇]不足以致[一一]虔妥靈，而又櫨桷失丹艧，垣堂失黝堊，祝以往返無虞，恭新其面貌[一二]，以會神貺。已而，果得順風。致事之日，以所祝請於王，王曰"可"。張君[一三]乃[一四]出橐中五百金，復請於都督張公[一五]，得百金[一六]，暨張公之侄，得五十金[一七]。其餘勸募，諸公及貨舶所喜助有差[一八]。於以鳩工庀葺，仍用後殿為正殿，前殿為享拜[一九]之堂，旁增廂房十二，大門內增鐘、鼓樓各一[二〇]，環廟皆匝以牆。經始於今年二月，落成於八月。既竣，謁記於余。余嘗[二一]讀《詩》，至《時邁》之二章，曰"懷柔百神，及河喬嶽"①，誠以聖天子在上，幽明皆盡職也。王[二二]宣上威德，以底定全粵。都督公復從而鎮撫海上之軍民。則惟我有祠，固默相之久矣。豈其轉餉所至，為國家大命，加[二三]以守備張君，拜禱如禮，歲時修祀，不懈益虔，而神尚有不效靈[二四]者乎？宜夫海不揚波，而一切享海國澄清之福者[二五]，歆神之靈顯以赫，而知朝廷之德久[二六]以遐，并知奉朝廷之命者，其所治明而所事誠也。故不敢以不文辭，而書此以畁之為記。

## 【編者按】

文錄自清·靳文謨修，鄧文蔚等纂，張一兵校點：康熙《新安縣志》卷一二〈藝文志〉②，參校以清·郭文炳修，文超靈纂：康熙《東莞縣志》卷九之三〈祠廟〉③、清·周天成重修：雍正《東莞縣志》卷九之三〈祠廟〉④。

---

① 此句出自漢·毛亨傳，鄭玄箋，唐·孔穎達疏：《毛詩注疏》卷一九之二〈周頌·時邁〉，頁 719 上："時邁其邦，昊天其子之寶，右序有周，薄言震之。莫不震疊，懷柔百神。及河喬嶽，允王維后。"

② 清·靳文謨修，鄧文蔚等纂，張一兵校點：康熙《新安縣志》，收於《深圳舊志三種》，頁 502–503。

③ 清·郭文炳修，文超靈纂：康熙《東莞縣志》，頁 273A–274A。

④ 清·周天成重修：雍正《東莞縣志》，《故宮珍本叢刊》第 173 冊，頁 445 上–下。

康熙《新安縣志·宮室志·廟祠》:"順治十八年平南王、張總鎮會同各官捐俸重修，刻碑於廟。"①

【校記】

〔一〕康熙《東莞縣志》、雍正《東莞縣志》作"赤灣天妃廟記"。

〔二〕"祝融、勾芒、顓頊、蓐收四海神"，康熙《東莞縣志》、雍正《東莞縣志》作"四瀆"。

〔三〕"暹羅"、"滿剌加"，康熙《新安縣志》無，據康熙《東莞縣志》和雍正《東莞縣志》補。

〔四〕"自"，康熙《東莞縣志》、雍正《東莞縣志》作"由"。

〔五〕"過"，康熙《東莞縣志》、雍正《東莞縣志》作"泊"。

〔六〕"天妃"，康熙《東莞縣志》、雍正《東莞縣志》作"天后"。

〔七〕"有"，康熙《東莞縣志》、雍正《東莞縣志》無此字。

〔八〕"桷"，康熙《東莞縣志》作"輒"。當以"輒"為是。

〔九〕"下窄"，康熙《東莞縣志》、雍正《東莞縣志》無此二字。

〔一〇〕"上"，康熙《東莞縣志》、雍正《東莞縣志》無此字。

〔一一〕"致"，康熙《東莞縣志》、雍正《東莞縣志》作"揭"。

〔一二〕"面貌"，康熙《東莞縣志》、雍正《東莞縣志》作"廟"。

〔一三〕"張君"，康熙《東莞縣志》、雍正《東莞縣志》無此二字。

〔一四〕"乃"字後，康熙《東莞縣志》、雍正《東莞縣志》均有"自"字。

〔一五〕"張公"，康熙《東莞縣志》作"張公暨張公之弟某公"，雍正《東莞縣志》作"張公兄弟"。

〔一六〕"得百金"，康熙《東莞縣志》、雍正《東莞縣志》均作"得若干金"。

〔一七〕"暨張公之侄，得五十金"，康熙《東莞縣志》、雍正《東莞縣志》均無此句。

〔一八〕"其餘勸募，諸公及貨舶所喜助有差"，此句康熙《東莞縣志》作"其餘貨舶所捐題有差"，雍正《東莞縣志》作"其餘貨舶所捐有差"。

〔一九〕"享拜"，康熙《東莞縣志》、雍正《東莞縣志》均作"饗禳"。

———————————

① 清·靳文謨修，鄧文蔚等纂，張一兵校點:康熙《新安縣志》卷五，收於《深圳舊志三種》，頁328。

〔二〇〕"大門内增鐘、鼓樓各一",康熙《東莞縣志》、雍正《東莞縣志》均作"外增鐘樓、鼓樓各一"。

〔二一〕"嘗",康熙《東莞縣志》、雍正《東莞縣志》均無此字。

〔二二〕"王"前,康熙《東莞縣志》有一"今"字。

〔二三〕"加",康熙《東莞縣志》作"兼"。

〔二四〕"劾靈",雍正《東莞縣志》作"默相之"。

〔二五〕"享海國澄清之福者",康熙《東莞縣志》、雍正《東莞縣志》均作"貨艚番艘,交集如織,使往來於海者"。

〔二六〕"久",康熙《東莞縣志》、雍正《東莞縣志》作"大"。

【碑文考釋】

撰碑者王應華,字崇闇,號園長,廣東東莞人。明萬曆四十六年(1618)舉人,崇禎元年(1628)進士。初除武學教授,遷工部主事。歷員外、郎中,出為寧紹道副使,招撫海寇數千人。擢福建按察使、禮部侍郎。甲申之變,歸鄉里廣州,擁戴唐王弟聿鐭,改元紹武,應華與蘇觀生同拜東閣大學士。大清兵至,唐王方事校射,急易服踰垣,走匿應華家。應華遂偕何吾騶出降。後隱居水南,與黎銓、盧鼐輩結豁南文社。

碑文記清順治十三年守備張應科出資修天后廟之事。而碑文提到虎門的重要作用,足資航海史與外交史之用。

# 115-4 清·孫海觀:重修赤灣天后廟引

清嘉慶十九年(1814)

【碑文】

粵稽典禮,禦災捍患、有功於民,則祀。仰惟天后尊神,覆冒江海,奠安生民,隨地劾靈、代天布化、濟人利物之功,莫可殫述。是以歷代崇封,建廟設祀。我朝晉加徽號,勅封"護國庇民靈佑顯著宏仁普濟羣生教主太后元君",春秋致祭,著為令典。而新安赤灣天后廟,為省會藩籬之地,扼外洋要害之衝,護衛虎門、澳門,以作保障,滙東北諸海,以為歸宿;外而占城、爪哇、真臘、三佛齊，番舶來賣，莫不經由於此，然後就岸。望海若而朝宗，荷慈航之普渡，功施丕著，中外蒙麻。往歲盜賊披猖，蔓延濱海，郡邑制府，百都督童，秉鉞南來，命師剿捕。維時駐轄赤灣，舟船成市，車騎如流，官弁稽首，禱祀於後。將事之日，乘風克敵，轉舵登陴，士無傷殘，民無瘅屬，守禦三年，皆各安堵如故。惟神助順，惟帝庸功，海氛蕩平，海宇清晏。堂堂介胄，俄而影組雲臺；奕奕兜鍪，亦復拖紳虎帳。於是環拜墀下，願新作廟，以答宏麻。既而官各一方，不獲協力成之。茲者都督童屬其事於邑。有司爰率紳耆，周視內外，棟桷摧杇，牆垣傾頹。相度基址，規畫堂構，鳩工庀材。貲費萬金有奇，官分餘俸，力不能支。因思赤灣為洋舶往來之所，必經富商巨賈，既邀神眖而享其利，必報神德而輸其誠，廼偕同官捐貲倡首，卜吉興工。更望四方善信，發施金布地之心，祈履險如夷之福，竚見萬感靈旗，招搖立應，九天龍象，降格來臨，允惟廟貌重新，庶得瞻依共遂云爾。

【編者按】

　　文錄自清·舒懋官主修、王崇熙總纂：嘉慶《新安縣志》卷二三〈藝文〉①。

【碑文考釋】

　　撰碑者孫海觀，甘肅平涼人，拔貢，清嘉慶十九年（1814）任新安知縣。

　　這篇碑文當作於嘉慶十九年開始赤灣天后宮的重修工程之前夕，敘述重修之緣由，號召各富商巨賈踴躍捐資，以作重修廟宇之用。重修的發起者為百都督童，即兩廣總督百齡，於嘉慶十四年上任。碑文提到："往歲盜賊披猖，蔓延濱海郡邑，制府百都督童秉鉞南來，命師剿捕。維時駐轄赤灣……將事之日，乘風克敵，轉舵登陴，士無傷殘，民無瘅屬，守禦三年，皆各安堵如故。惟神助順，惟帝庸功，海氛蕩平，海宇清晏。"據嘉慶《新安縣志》卷一三〈寇盜〉記載，"嘉慶九年，郭婆帶、鄔石二、鄭一等，流劫海洋，擄掠居民……十五年，制府百（齡）招撫海賊，郭婆帶等投誠。沿海居民遂無烽煙之警，而安耕鑿之常

―――――――――――――――

①　清·舒懋官主修，王崇熙總纂：嘉慶《新安縣志》，《中國地方志集成·廣東府縣志輯》第18卷，頁977上-下。

矣。"①爲了答謝天后的保佑,都督百齡要重修天后廟。但又由於他要離開新安,因而拜託當地知縣孫海觀來完成此事。

## 115-5 清·蔡學元:重修赤灣天后廟記

清嘉慶二十一年(1816)

【碑文】

赤灣地濱大海,左控羅浮梧桐之勝,右瞰虎門龍穴之險,其地秀傑,其神靈異。凡出使外國,與占城、爪哇、真臘、三佛齊諸國入貢,悉經於此。宋宣和間,給事中高允迪使高麗,中流震風,神降於檣,賴以安濟。明永樂八年,中使張源出使暹羅,廼於此立廟。赤灣之有天后廟,自此始也。萬曆十四年,邑令王添築大門外月池,跨以石橋,橋前為牌樓,為牕十二。崇禎八年,副總兵黎修前殿,以後殿為寢殿;大門及中殿左右,各置官房。自時厥後,遞有增建。我朝順治十三年,守備張公轉餉瓊海,艤舟虔禱,履險如夷。重修舊廟,旁增廂房十二,大門內增鐘鼓樓各一,環廟皆匝以牆。迄今百有六十載,中間葺而復圮者屢矣。往歲海氛未靖,瀕海郡邑,日懼傷殘。制府百都督童命師剿捕,駐轄赤灣,守禦三年,士民安堵。惟神助順,乘風克敵,醜類掃除。廼偕同官捐俸倡首,願新棟宇,以答靈貺。邑宰孫公復率紳耆相度規畫,諏吉於甲戌年八月。鳩工庀材,週圍易以甋石,因而高前門,廣內殿,黝堊堂垣,丹腹櫨桷,規模式廓,視前有加。巍乎煥乎!凡以報禦災悍患之功,而為一勞永逸之計者,非徒侈觀瞻已也。方今聖天子德威遐布,幽明効職,海不揚波,向之蠢然思動者,胥就蕩平,無復竊發,濱海之民,咸樂其生。因得以時仰觀廟貌,禱祀益虔,此則官斯土者之力,亦生斯土者之福哉!是役也,費動一萬餘金,功成二十七月;董其事者,武德騎尉蔡乾就,武舉黃大鯤,解元吳懋修,貢生黃大堅,職員陳雄邦,監生鄭損、杜輝宇,生員黃大斌、吳

---

① 清·舒懋官主修,王崇熙總纂:嘉慶《新安縣志》,《中國地方志集成·廣東府縣志輯》第18卷,頁864下。

霄、陳治平、陳大見，壽員鄭瓊枝，均與有勞，例得備書。

　　大清嘉慶十九年九月立石。

【編者按】

　　文錄自清·舒懋官主修，王崇熙總纂：嘉慶《新安縣志》卷二三〈藝文〉①。

【碑文考釋】

　　撰碑者蔡學元，廣東新安人，清嘉慶十三年（1808）中進士，授咸安宮學漢教習，任肇慶府教授。嘉慶二十一年（1816）調任潮州府教授。

　　這篇碑文作於嘉慶二十一年赤灣天后宮重修竣工之後。碑文回顧了該廟歷次重修的歷史，然後敘述此次重修的前後情況。重修的發起者為兩廣總督百齡，而執行者則為知縣孫海觀。天后的作用已由明代最初的出使外國者的海上保護神的角色變化為保護地方的神靈。

---

　　① 　清·舒懋官主修，王崇熙總纂：嘉慶《新安縣志》，《中國地方志集成·廣東府縣志輯》第 18 卷，頁 977 下–978 下。

花縣

# 116　三聖古廟（步雲村）

【廟宇簡介】

　　廟在今廣州市花都區炭步鎮步雲村，始建於清乾隆四十七年（1782），所祀三聖（或云三帝）爲玄天上帝、文昌帝君和關聖帝君。

## 116-1　清·佚名：建造三帝廟題名碑記

清乾隆四十七年（1782）

【碑文】

　　伏惟玄天上帝，北斗化身，亙古今而立極也。文昌帝君，為一十七世宰官，繼帝王而宣化者也。關聖帝君，義勇精忠，萬古綱常之昭著也。三帝之尊，功參天地，德布人間，豈淺鮮哉！溯自我藏書始創以來，荷天地之生成，感帝恩而默佑，匪朝伊夕。藉庇雖久，報答無由。於是集議，相商建廟於南方，但紛議未定。請興師於盤點位，坐坤向艮兼寅申，位屬帝旺，矧秀峰聳峙於前，獅形擁擠於後，左右曲水瀠洄。興師果嘆曰：“美哉勝地，異日伊鄉長享富貴，大開文運，端兆於此矣。”斯時眾皆歡諾，遂指日樂助，簽題殷然，請匠而經始，不一月而鳩工告成。將見廟宇輝煌赫濯，聲靈益顯，神明得所，士庶載彌深。此固三帝之靈，亦我鄉之福也。詢哉地靈人杰，良不虛也。是為序。


　　乾隆四十七年歲次壬寅季秋月　旦立。

【編者按】

　　碑文輯錄自冼劍民、陳鴻鈞編:《廣州碑刻集》①。據稱此碑尚存廟内。

【碑文考釋】

　　這篇碑文記載了清乾隆四十七年(1782)在步雲村建造一座三帝廟的事實。三帝,分別是玄天上帝、文昌帝君和關聖帝君。

---

① 冼劍民、陳鴻鈞編:《廣州碑刻集》,頁452-453。

# 117　天后廟（寶鴨湖村）

## 【廟宇簡介】

廟仍存，位於今廣州市花都區炭步鎮寶鴨湖村，爲該村張、羅二姓的香火廟，廟內供奉天后元君。廟始建年月不詳，曾於清雍正九年（1731）重修，於嘉慶五年（1800）遷建。清晚期，又分別於同治二年（1863）和光緒三十三年（1907）兩次重修。

天后廟兩側原有康公廟和洪聖古廟，民國二十七年（1938）遭到日軍炮擊毀壞。1952年，拆除康公廟和洪聖古廟，建材運送花縣二中建新校舍。天后廟現仍存，但已棄置①。

## 117-1　清·許鍾霖：花縣寶鴨湖村重修天后廟記

清雍正九年（1731）

## 【碑刻信息】

存址：今廣州市花都區炭步鎮寶鴨湖村天后廟內。

碑額：無。

碑題：花縣寶鴨湖村重修天后廟記。楷書。

碑文來源：原碑抄錄。

## 【碑文】

凡國邑有常祀，載諸祀典，歷世守之，若子孫之世守其祖廟者，禮也。花爲廣屬末邑，其幅圓賦稅不及大縣四之一。蓋以花山寇聚，割南番之遠郊而建邑於康熙二十五年，到今四十餘年。雖經生聚教訓，而井里蕭條，人民稀少，視南番之綺麗，若天淵也。余以雍正八年六月奉命來粵，試用委署茲土，首謁學宮及城隍廟，皆傾圮不堪。凜然以事神治民爲邑宰之職，神無所依，

---

① 　以上資料參考陳建華主編：《廣州市文物普查彙編·花都區卷》，頁85。

民失其庇,用是不遑寢處,因事利道而漸次振舉。城隍廟、崇聖祠皆已落成,而修葺學宮亦刻下昂[一],須將伯設簿勸捐,期上不戾於功令,下不拂乎民情,亦綦難矣。無何而寶鴨湖之村耆老張文遇、張象淮等以重修天后廟告成,欲壽諸石而乞言於余。余考天后之神,自宋至今累錫封號,會城建廟於赤灣,明洪武初加號"昭孝純正靈應孚濟聖妃",至國朝尊為后。相傳神聖林氏,宋都巡檢林公愿女,生而神靈,預知人禍福。歿而靈顯海上,舟[掉](棹)[二]遇風顛危,呼禱輒應。夫聖人不語神,懼惑眾也。然明有禮樂,幽有鬼神,相輔為理;捍災則祀,恤患則祀,其典惟均。以故祠宇遍列於湖海,有司致祭於春秋,凡以神之顯赫,靖鯨波而除旱魃,軫民難而惜生靈,彰善癉惡,福國庇民,功德弘茂,其宜祠祀,非寶鼎神芝、碧雞金馬之比。今寶鴨湖之有是廟也,為張氏[三]兩姓之先世所合建,及其圮也,兩姓之子孫不以委諸他人,而修復之惟急,以妥神靈,以承先志,以謹常祀,以福鄉鄰,孝友睦婣任恤之六事具焉,是足以風一邑矣。吾意邑之將來趨事於文廟者,不啻若張羅二姓之於天后也。先是羅氏之碑,前輩應公為之記,未盡其說,余遂不獲以不文辭,於是乎書。

　　峕雍正九年歲次辛亥季冬吉旦。

　　特簡試用知縣署廣州府花縣事金壇許鍾霖薰沐拜撰。

　　首事:張弘祖、張弘立、張任遠、張鳶羽、張徵賢、張紹祖、袁有積。

　　信士張文遇、張象淮、張弘玘、張積玉、張弘熙、張敬君、張鴻羽、張輝王、張三遠、張弘讓、張嘉賓、張弘韜、張佩玉、張弘羨、張承恩、張嘉進、張弘利、張望、張恩遠、張士登、張元魁、張敬忠、張周有、張弘北、張朝昇、張弘遠、張殿臣、張元科、張敬信、張南士、張殿侯、張弘憲、張嘉、張文、張惠球、張伯茂、張紹載、張廣泰、張朝羽、張仁長、張弘用、張聖君、張達三、張南壽、張武、張士彰、張徵明、張萬全、張元龍、張南勝、張弘毓、張萬壽、張士祿、張弘通、張南任、張李真、張南有、張萬勝、張弘相、張軾、張弘道、張弘宣、張作球、張弘典、張弘鉽、張紹正、張南偉、張帝壽、張士佳、張信三、張應伯、張子勝、張達侯、張其羽、張朝焯、張其任、張公長、張弘璉、張弘富、張子壽、張應羽、張鳴羽、張廣文、張南傑、張士元、張永錫、張憲周、張萬貴、張廣明、張際禎、張周文、張文嵩、張其傑、張占鰲、張元錫、張帥明、張英喜、張應讓、張宗羽、張際會、張洪昌、張冠三、張占庭、張廣佐、張文卿、張德周、張元聖、張湖羽、張通周、張士文、張位長、張聖達、張成長、張聖朝、張明周、張其瑞、張聖載、張元有、張乃昱、張廣才、張應周、張聖仲、張占惠、張其上、張廣興、張全羽、張際游、張聖作、張連周、張經位、張乃昭、張士朝、張聖祥、張德惠、張元位、張弘琛、張廣照、張聖球、張三玲、張際亨、張聖生、張殿文、張北賜、張際湖、張際源、張聖國、張嵩喜、張晚成、張聖孫、張新好、張辛有、張啟周、張廣庇、張開運、張際各、張士廷、張際淳、張聖傑、張聖佐、張際深、張任文、張際洪、張開彥、張三有、張廣藩、張聖鰲、張占炤、張士烈、張際華、張林祐、張聖治、張開朝、張開相、張占仁、張超良、張聖序、張際潢、張三瑚、張聖發、張聖有、張開大、張士弘、張聖聰、張聖衡、張聖寵、張際運、張聖廣、張穀興、張開建、張聖賛、張曰上、張觀球、張君易、張君秀、張際添、張洪昪、張大聲、張聖量、張倫傑、張應第、張伯伍、張聖清、張御祖、張聖賓、張聖參、張聖壽、張社歡、張細美、張德長、張萬歡、張祖帶、張開發、張士顯、張倫祖、張際時、張御發、張聖養、張鳴上、張細晚、張超信、張稷貴、張子德、張聖禮、張從長、張萬帝、張石長、張倫芳、張後勝、張達上、張開文、張際芳、張勝伍、張勝六、張富有、張大遠、張開秀、張帝標、張來長、張庚海、張三瑜、張統基、張接傳、張大綱、張聖義、張開上、張通興、張大宴、張聖群、張聖修、張際聲、張聖新、張子敬、張伯仲、張聖珍、張聖志、張日才、張開球、張用德、張長興、張聖浩、張伯一、張士奇、張聖公、張任興、張聖任、張統超、張承宣、張大音、張統文、張棚子、張連歡、張開吉、張聖龍、張士堂、張聖尹、張聖心、張大任、張聖旦、張懷福、張君渭、張統恒、張觀帶、張觀勝、張新興、張劉貴、張統昌、張庚有、張連有、張祖望、張聖宗、張從山、張統緒、張運長、張英長、張士王、張聖昌、張統德、張中旺、張聖鳳、張聖潤、張國興、張開舉、張聖科、張統振、張祖得、張昇穀、張聖寶、張聖傳、張統發、張統朝、張統昇、張統耀、張聖和、張龍子、張聖進、張觀泰、張厚傳、張統義、張統禮、張統智、張統信、張倫玉、張倫達、張聖穆、張聖行、張聖拔、張聖遠、張聖建、張統照、張統明、張開子、張聖運、張開明、張聖略、張聖澤、張倫壽：已上各壹錢六分。

　　林春秀、平裕糧、甘德洪、梁興瑞、龍有顯、林鳳全、林春茂、林春鳴、許有進、羅維瑞、何進興、林春奇、侯有生、林春洪、夏德海、陳有安、林恒潤、林春元、羅起瑞、杜良鳳、林春澤、潘應祿、陳有興、林春法、林潤祖、黃金麒、霍全興、林春岳、平世禎、平世君、梁康長、平世英、平世顯、袁秀名、林二祖、林春海、龍上敬、林潤洪、龍殿朝、龍殿元、李太賓、劉永可、林德潤、林祖祐、劉有昌、何來喜、林永安、梁康祐、潘世明、黃秀任、平世略、梁全高、林朝進、甘程養、龍殿彩、林晚興、梁康明、甘程福、甘程祿、龍殿賓、林亞律、龍興千、林春連、林春漢、林潤芳、林潤餘、林栢生、許觀五、何亞引、林連喜、林連養、林百堅、林百英、夏能養、夏攜養、袁秀清、袁秀鳳、袁百全、陳帝祿、許還勝、許永全、戴貴昌、林鎮有、林百喜、羅洪鮮、羅亞應、林細帶、潘朝子、潘朝養、潘朝貴、李學尹、李學聖、黃月有、黃瑞生、陳亞大、黃亞三、李學才、林百和、林百有、陳長帶、林栢興、林二興、林長有、霍亞申、林春會、平明后、林妹仔、林栢瑞、林社存、劉亞九、梁康帶、韋美德、韋癸長、平世卓、林栢千、梁亞細、林朝信、帶能勝、陳永勝、何亞福、袁亞仔、何亞興、林辛酉、李有得、李有義、李有進、黃亞祿、平牛養、龍興發、龍興國、林伯松、林伯順：已上各壹錢。

【校記】

〔一〕"亦刻下昂"，原文如此。似有闕字。

〔二〕"掉"，原文如此。據文意改為"棹"字。

〔三〕"氏"字似為後來所改，原字當爲"羅"字。

【碑文考釋】

撰碑者許鍾霖,清雍正八年(1730)任花縣知縣。

碑文本為記寶鴨湖村天后廟之重修而撰,但在敘天后廟之事之前,先介紹了花縣建縣的歷史(自康熙二十五年以來,不過四十餘年)以及花縣為廣東眾縣之中為小("井里蕭條,人民稀少"),進而介紹花縣學宮、廟宇的不理想狀況以及自己急於修築的心情。就在這種情況下,傳來寶鴨湖村張、羅二姓鄉民自己組織重修天后廟落成的消息,作者的心情自不待言。

接下來便回顧了天后的本事以及明清以來受尊崇封號的歷史,讚天后有功德於民,所以理應享有祠祀。最後碑文介紹了寶鴨湖村的天后廟興建重修的經過,稱讚建廟修廟的張、羅二姓做到了"以妥神靈,以承先志,以謹常祀,以福鄉鄰,孝友睦婣任恤之六事",足為花邑的模範。

# 117-2　清·羅忠揚:遷建天后宮碑誌

清嘉慶五年(1800)

【碑刻信息】

存址:今廣州市花都區炭步鎮寶鴨湖村天后廟內。

碑額:遷建天后宮碑誌。楷書。

碑題:無。

碑文來源:原碑抄錄。

【碑文】

鴨湖天后宮原在下流湖口,相距於茲不過里許。由來已久,神之為靈較著,士女瞻拜雲集,先人顏其扁曰:湖口古廟。越數百年,圮者復之,剝者墁之,莫敢廢焉。乾隆甲申歲,洪水泛濫,湧塞炭步,大河上流一帶,決歸古廟湖口而注,漸被水勢沖陷河傍。嘉慶四年洪水尤甚,廟前為沼,因見水患難防,更諸小壠荒林卜築。從前廟制未宏,東設帥府,洪聖缺廟,附入右宮前進西側。蓋嘗與鄉人坐論，久欲前籌而別為興創也。茲兩族均捐，謀廓其制，中天后，左帥府，右洪聖，平列三殿，牆隔戶通。從此威鎮兩河，恩流鴨浦，似較徒前為更勝。第平林度地，左右有餘，前後不足，規模淺狹，非所以肅觀瞻而答神貺。前買稅田一分一厘，後買稅田九分柒厘零，務成堂堂廟貌，不負初志經營。是役也，肇於庚申歲春，越數月而告竣，於以見吾鄉人鼎建踴躍，而非神之威靈亦不能鼓舞若是也。爰誌其巔末，俾後之修舉者知有所考云。

庠生羅忠揚薰沐敬撰并書。

首事：羅國斌、汝堤、朝樞。

登任郎：羅國葉、國斌、國美。

登仕郎：羅朝用、璿士、殿陞、科士、殿選、寧士。

登仕郎：羅瓊士、純士、從德、蘭士、紳士、文士、有月、敬士、傑士、就士、屏士、桂士、正士、威士、燦士、惠士、殿□、贊士、璞士、莊士、東來、孔士、旦士、厚士、銘士、美士、槐士、友士、榮士、嚴士、呈士、光士、回士、天從、禮士、成士、允士、興士。

修職郎：羅汝賢。

登仕郎：羅英瑞。

庠生：羅忠揚。

監生：羅汝琮、汝翼、汝璽、汝輝。

登仕郎：羅汝聰、汝翰。

登仕郎：羅相志、汝士、汝將、汝神、汝英、汝瑞、汝□、汝寬、汝興、汝宏、汝俊、汝順、汝□、成萬、汝獻、汝明、汝亨、汝陞、汝珮、汝常、汝璣、汝魁、汝瑗、汝湘、汝芳、汝經、汝彰、汝惠、汝玲、汝科、汝珖、汝郁、汝清、汝□、汝壽、汝迪、汝尚、汝湛、汝楨、汝璧、星朗、汝修、汝璠、汝誦、汝茂、汝據、汝佳、汝憑、汝欣、汝謀、汝萬、汝弼、汝望、汝良、汝能、汝鏢、汝聘、汝嘉、聯元、汝聯、汝有、汝等、汝創、汝祐、汝鈿、汝覲、汝根、汝澤、汝壯、汝亮、汝端、孔百禮、汝

□、汝啟、汝珍、汝見、汝申、得勝、和娣、亞九、至何、汝瑚、汝第、得節、汝強、汝鏊、□□、汝猷、德聖、汝職、□□、汝緝、汝登、連元、汝杳、汝仁、汝述、汝彥、汝就、汝灼、汝洋、汝休、汝敦、汝象、亞柏、萬藻、汝豐、汝再、汝韜、孔官、汝和、汝勝、汝培、汝胄、汝遲、壽全、汝暢、汝殿、汝貢、汝香、勝祖、儀北、汝雍、求官、元芳、汝□、汝博、汝兆、汝參、汝規、聯芳、汝安、汝祐、明見、福右、汝鈞、瑞珍、汝佐、汝矩、汝鏞、汝智、仕信、廣學、平□、汝穎、鳴盛、汝栗、賡楊、連芳、汝廉、世寬、汝桓、有□、留芳、魁光、應會、仙庇、汝先、汝晚、汝倩、常見、汝豫、汝克、庚帶、五福、汝琛、自成、應歡、景雲、汝睨、夏勝、汝煩、壽影、有勝、康泰、祖受、石喜、公樂、作求、高元、天祐、汝高、王興、汝肇、五好、得木、柏如、汝鶴、右作、恒官、多福、□珍、□月、□德、□二、和□、□丕、汝軒、全養、汝晏、聚德、應運、廣英、恒安、松如、汝發、英明、宿成、奇保、庚明、朝珍、朝豐、朝喜、朝藝、朝興、朝楨、朝基、朝、朝發、朝獻、朝督、朝□。

庠生：羅廷耀、廷顯、朝惠、朝彰、朝豎、朝翰、朝柱。

庠生：羅壽□、朝福、朝貴、朝金、朝彥、湛光、朝連、朝遠、廷光、朝龍、朝會、朝殿、廷聖、朝躍、朝燊、朝忠、朝贊、朝璧、朝廣、朝□、朝照、朝聰、朝樞、朝成、朝□、朝□、朝□、朝□、朝達、朝□、朝柏、朝雄、朝澤、朝猷、朝阜、朝進、朝賜、朝倫、朝敬、朝政、朝大、詩修、朝祐、朝施、朝藩、朝利、朝滿、朝郁、朝直、朝□、朝拜、朝選、朝漢、朝盛、朝耀、朝玉、朝作、朝有、朝禮、廷□、廷賜。

庠生：羅廷翰、朝就、朝瑛、亞棚、朝瑜、朝四、朝舉、朝嚚、朝棟、朝冕、朝華、朝珝、朝勸、朝輛、朝標、朝茂、朝□。

庠生：羅□□、朝著、廷相。

庠生：朝羨、簡貴、□能、從康。

庠生：羅夾□、朝重。

庠生：朝玲、朝□、朝□、朝山、朝謙、朝庚、朝諏、朝烈、朝庚、朝智、朝品、朝信、朝芝、朝傑、朝順朝恩、朝修、朝聘、朝燮、逢得、朝悅、才殿、高帶、伯祥、朝旒、百嵩、朝和、朝端、朝康、朝斌、朝威、廷維、朝馭、朝尊、挺秀、得久、得明、亞昌、萬就、朝肅、朝仰、德閏、朝紀、德庫、連彰、朝通、純兒、逢酉、朝育、廷侃、朝萬、逢閏、有秋、廷重、元右、朝星、經濟、瑞珠、廷敬、牛詩、恩成、廣文、朝根、胡啟、朝允、細妹、朝對、朝應、朝善、得富、得運、福勝、朝愛、朝結、逢樂、亞永、朝瑚、朝邦、鄉雲、興運、妹仔、朝董、亞斗、廷燦、廷恩、朝幹、朝億、朝珩、瑞通、朝芹、廷與、朝庚、瑞雄、朝霧、朝宇、朝錫、秀峰、顯珮、弼兒、亞世、朝苑、右長、朝兼、朝好、重歡、得成、朝乙、逢修、朝養、廷芬、朝安、朝鐸、朝派、繼昌、成道、朝讓、朝莊、宗靈、應鐘、沾珮、朝敏、朝聯、朝□、祖□、瑞龍、朝祖、登三、朝光、應勤、蓬信、重喜、右粵、朝侃、棟國、裕宗、逢英、逢玉、伯□、日成、用彰、炳宗、當木、松□、積珮、廷安、平安、亞閏、朝慎、世興、朝閱、朝參、朝熙、朝皞、朝明、朝桓、仙扶、璇璣、全珮、聚成、執勝、英長、逢廣、大安、亞新、騎宗、廷璞、柏長、公悅、新美、朝宣、德和、燦然、土生、載道、朝美、廷斌、朝銘、得陞、和興、閏勝、朝椅、奇歡、閏興、意成、朝斐、昭漢、朝琨、朝公、上大、上餘、上楨、上聰、上球。

廩生：羅輝祖。

庠生：羅行昭、上澤、上旌、上祖、上斌、上詩。

庠生：羅輝漢、上聿、上熾、上錦、上珍、上毓、上帶、上寵、上三、上誼、上官、上五、上珩、上弼、上憑、上珮、上修、上燕、遠成、上池、上幹、上舒、上國、上啟、旦光、上吉、上連、上锴、上準、上登、上紀、上齊、上煒、上引、上結、上勤、上興、上長、上學、上勝、上安、上傳、上品、上矢、亞漢、伍美、玉衡、上泰、上陟、成就、紹倫、上用、上成、上猷、就窩、上平、上賴、上寬、上濟、旦登、上壽、上字、上慕、念祖、上依、上揚、永歡、上明、上聘、念宗、成業、上興、祖貴、上培、上玲、上庇、上文、亞松、上悅、丙智、萬勝、上勸、作久、上筆、上簡、上輔、上敬、上攜、祖興、上宸、上樂、從順、萬興、上貴、上芳、上愛、上合、上瓊、上乘、上盛、上佐、敬德、上康、因喜、興子、上開、上湛、上振、上贊、上允、上苑、亞石、上友、天培、上堯、祖能、上懷、上爵、上嘉、上作、始養、上智、上恩、祖蔭、上槐、上彥、上演、上□、上盈、上倉、上□、上彤、上超、上佳、上貽、上保、上護、上景、上能、上採、上慶、上美、上理、上祐、上珠、上昌、上雍、上衛、上題、上廣、上好、上經、上嵩、上就、上照、上勇、上吏、□□、文治、文惠、文活、文藻、文簡、文瑞、文華、文麗、文韜、文勝、文輔、文彥、文芳、文祥、文博、文宜、文著、文彩、文衡、文廣、文興、文貴、文修、文開、文信、文任、文律、文連、文讓、文苑、文矩、文芬、文佐、文鰲、上年、文源、文啟、文周、文耀、文則、百通、亞書、有財、千成、亞連、赦有、茂成、揚中、秉中、炳照、方富、福進、福成、來好、松傑、君相、寶三、義盛、輔賢、積富、至吉、用得、恒有、得悅、哥誼、亞奇、壽得、至有、甲申、祖已、率從、佐賢、奇觀、煥章、閏興、閏得、閏辰、從勝、重興、恒歡、英發、連登、貴得、萬長、寅恭、亞勝、萬有、就勝、勤興、牛仔、亞巢、常貴、權邦、群英、百財、全恭、萬為、百興、閏身、昇平、至忠、祖遺、集福、亞次、平章、勝常、連貴、百有、百和、來興、亞彰、才富、恭泰、得安、宴祖、三恭、新帶、公帶、昌傑、秋檢、身保、成子、至恭、合喜、□喜、百聚、丙有、亞□、甲妹、俊發、寅長、聚安、宗明、素馨、至好、秋得、乙好、有得、亞權、始安、妹娣、宗豫、紀順、己長、就富、秋喜、從養、可喜、詩長、恒升。

　　嘉慶五年歲在庚申季冬吉旦,羅姓弟子全拜勒石。

【碑文考釋】

　　撰碑者羅忠揚,里人,生平不詳,撰碑時爲庠生。

　　碑文記述了清嘉慶五年(1800)遷建天后宮的原因和經過。碑文指出,廟原在相距里許的下流湖口,而近年來洪水為災,結果廟前形成了沼澤。於是鄉人決定遷廟,並擴大了廟的規模。結果形成了"中天后,左帥府,右洪聖"的三殿格局。除此之外,還在廟前後各購買了十分八厘的稅田,以供應廟之所需。

# 118　文昌先農廟

## 【廟宇簡介】

文昌廟和先農廟,始建年月不詳。清嘉慶十七年(1812)知縣閆掄閣重建二廟。

## 118-1　清·閆掄閣:重建文昌先農二廟碑記

清嘉慶十八年(1813)

## 【碑文】

先王以神道設教,凡福惠蒼生而有功德於民者,皆崇以廟祠,秩以祀典而敬禮焉。花山為廣南望邑,科第蟬聯,民康物阜,要非神罔怨恫,默為呵護,奚克致此? 使之必有以報之禮也。丁卯之歲,余來牧斯土。既授事,詣各祠。見縣之北有文[見]〔一〕昌宮,不惟規模湫隘,而棟宇亦皆摧折。春日行耕籍禮於先農,壇亦舊,壝亦圮且盡,居民牧豎,視為荒垆。余罔寧於心,亟欲薙而葺之,未果。午歲,余以餉差入都,越明年春二月回任。差幸戎無伏莽,四境安堵,爰集紳耆定議,捐薄俸以鳩工庀材。士民咸踊躍勸助。經始於孟冬之吉,越夏仲而觀成焉。殿宇肅然,門楹煥然,牆垣巍然。厥材既藏,厥工既良,諸父老請曰:“維茲修建,教養兼及,君侯之功偉矣。盍記諸?” 余曰:“治民事神,令之職也,何功之有? 抑聞:民,神之主,故王者先成民而後致力於神①。惟願吾民恪守帝君陰隲文,默啟遷善徙義之念,勉為盛世良民:無游手,無好訟,無輕生,無以眾暴寡,無以私滅公。夫而後,神降之福,雨暘時若,年穀順成,家詩書而戶耕鑿,予庶可幸告無罪於民,以告無罪於神乎!”諸父老稽首曰:“君侯之言,深得事神之本矣,敢不祗勉。”是役也,司鐸

---

① 此語出自《左傳·桓公六年》,參前清·周日新:〈重修三清堂碑记〉[清道光十四年(1834),碑號7-3,總17]注。

陳君實率先之,國學羅啟元、羅桂榮、楊逢春,庠生陳元韜四君子董其事。其工費若干,材費若干,各義士簽助芳名,咸另鐫於石以誌不朽,故不贅。

嘉慶十八年癸酉,特授花縣正堂加十級紀錄十次閆掄閣。

【編者按】

文錄自孔昭度、符矩存修,利璋纂:民國《花縣志》卷一一〈金石志〉①。

【校記】

〔一〕"見",當為衍文。

【碑文考釋】

撰碑者閆掄閣,號紫峯,陝西榆林府谷縣人。賜進士,知花縣事加五級記錄八次,於清嘉慶十二年(1807)到任②,又於嘉慶十六年(1811)復任。嘉慶二十一年(1816)任南海縣知縣。

本碑記載了清嘉慶十七年(1812)知縣閆掄閣重建文昌宮和先農廟之事。工始於清嘉慶十七年冬,而竣於次年夏。此碑便作於竣工廟成之時。碑文的重點在於表述修廟的本意,即治民事神。文中提到:"民,神之主,故王者先成民而後致力於神。"意為應該先治理好人民然後再致力事神。但是,碑文則意在強調"治民"、"事神"都為有司的份內之事,撰碑者更希望可以通過修廟(事神),使百姓體會到遷善改過的精神,按照《文昌帝君陰騭文》的要求——"無游手,無好訟,無輕生,無以眾暴寡,無以私滅公",做好為民的本分。這樣也就實現了為令者自己下治民、上事神的願望。

《文昌帝君陰騭文》,簡稱《陰騭文》。此書成於《太上感應篇》之後,有各種手抄本、刊刻本。康熙年間彭定求已指出"帝君陰騭文刻板甚多"。及至乾隆七年(1743),劉體恕把文昌帝君各種經文符籙,輯為《文帝全書》三十二卷,而收進《陰騭文》的註釋本,包

---

① 孔昭度、符矩存修,利璋纂:民國《花縣志》,《中國地方志集成·廣東府縣志輯》第4卷,上海:上海書店等,2003,據民國十三年(1924)鉛印本影印,頁131下。

② 孔昭度、符矩存修,利璋纂:民國《花縣志》卷七〈官師志·宦績傳〉云"十二年到任",同卷〈官師志·職官表〉卻云,"閆掄閣,山西谷縣進士,嘉慶十三年任"。碑文稱"丁卯之歲,余來牧斯土",丁卯為嘉慶十二年,故當以十二年為正。

括《文昌化書》、《大洞經》、《陰騭文註證》、《丹桂籍註案》等①。此外,嘉慶《道藏輯要》星集收有《陰騭文》一卷本。另外《昭代叢書別集》有《陰騭文頌》一卷,《三益集》有《陰騭文像》四卷。這本書在中國歷史上具有極其廣泛和深遠的影響,它與《太上感應篇》、《關帝覺世真經》等同為社會流行的勸善書。其主要內容就是以人天道為基礎,以因果律為準繩,告誡人們為人處世的道理,從而達到理想的人生境界,所以被視為教人為善去惡的範本。

---

① 　清·劉體恕輯:《文帝全書》。另參游子安:《善與人同:明清以來的慈善與教化》,北京;中華書局,2005,頁28-30。

# 119　城隍廟

【廟宇簡介】

　　廟在舊花縣縣治東北（今花山鎮花城圩城東）。清康熙二十五年（1686）首任知縣王永名創建①。清乾隆三十八年（1773）知縣峗開發重建，並在其東建太歲廟，西建金花廟。今已湮沒。

## 119-1　清·峗開發：重建城隍廟碑記

清乾隆三十八年（1773）

【碑文】

　　蓋夫築城為防，所以保障方隅；而神道設教，因之隱惕人心。花邑自建縣以來，舊有城隍神廟，位鎮東城，連宇三進，數十年來降康士庶渥矣。茲因歷年既深，荒廢已久。而每於朔望致虔之時，目擊棟宇摧殘，不足以妥神明，爰與闔邑紳庶議及重修，且增式廓。一時鼓舞從事者，樂輸恐後。因念神之降福於花邑，與花邑之不敢慢神者，即此可見，而余亦行自凜也。役始於壬辰之夏，工竣於癸巳之秋，閱十有七月。凡兩架三間，一連三進，中坐新設甬道，上為神殿，復房新建，東有太歲廟，西有金花廟，各相環衛。行見廟宇重煥其煌輝，神靈益照其赫濯，士庶一致其敬恭，闔邑永沾其庥嘉矣。爰勒數言於石，以記其始末云。

　　乾隆三十八年癸巳，廣州府花縣正堂加三級紀錄六次記功一次王署廣州府花縣正堂加一級紀錄九次峗。

---

　　①　孔昭度、符矩存修，利璋纂：參民國《花縣志》卷三〈建置志·壇廟〉"城隍廟"條，《中國地方志集成·廣東府縣志輯》第4卷，頁24上；〈花都區已湮沒的重要史跡一覽表〉，《廣州市文物考察彙編·花都區卷》，頁488。

**【編者按】**

文錄自孔昭度、符矩存修,利璋纂:民國《花縣志》卷一一〈金石志〉①。

**【碑文考釋】**

撰碑者峣開發,四川人,清乾隆三十二年(1767)任花縣知縣。

此碑記載了清乾隆三十七年(1772)至三十八年(1773),知縣峣開發重建城隍廟的經過。文中提到城隍神自開縣建廟以來,"降康士庶",所以當廟宇摧殘,應該重修以妥神靈。另外也提到重修得到了廣大紳庶的踴躍捐助,足見一方面神降福於花縣,另一方面花縣人民也不敢怠慢神靈。至於重修後城隍廟的建築規是:"凡兩架三間,一連三進,中坐新設甬道,上為神殿,復房新建,東有太歲廟,西有金花廟,各相環衛。"最後,碑文主要意旨仍在於神道設教,修廟妥神以保佑人民。

# 附　錄

## 清·秦蕙田:城隍考

清乾隆元年(1736)至二十九年(1764)間

**【碑文】**

祈報之祭,達於王公士庶,京國郡邑而無乎不徧者,在古惟社稷。而後世則有城隍。且其義其秩,頗與社稷類。而威靈赫濯、奔走巫祝,為民物之保護、官吏之所倚庇者,則更甚於社稷。在《易》曰:"城復於隍。"《禮記》:"天子大蜡八。伊耆氏始為蜡。"水庸居七,水隍也,庸隍也,說者謂之古城隍之始。自兩漢後,廟祀見於志乘者,則有吳赤烏之年號,而《北齊書·慕容儼傳》守郢城,禱城隍神護佑事。唐諸州長吏刺史如張說、張九齡、杜牧輩,皆有祭文傳於世。逮後唐清泰中,遂封以王爵。宋建隆後,其祀徧天下。明

---

① 孔昭度、符矩存修,利璋纂:民國《花縣志》,《中國地方志集成·廣東府縣志輯》第4卷,頁130下。

初,京都郡縣並為壇以祭,加封爵,府曰公,州曰侯,縣曰伯。洪武三年,去封號。二十年,改修廟宇,俱如公廨,設座判事如長吏狀。迄於今,牧守縣令朔望展謁。又廟外則為城隍,偶有水旱,鞠跪拜叩,呼號祈請,實唯城隍;迎神賽會,百姓施舍恐後,亦唯城隍。至廟貌之巍峨,章服之鮮華,血食品饌之豐繁,歲時伏臘,陰晴朝暮,史巫紛若,殆無虛日,較之社稷之春祈秋報,用牲伐鼓,蓋十百矣。夫明有禮樂,幽有鬼神,苟可以庇民利國者,揆之聖人神道設教之意,列之祀典,固所不廢。古人事殊,其誼一也。

【編者按】

　　文錄自孔昭度、符矩存修,利璋纂:民國《花縣志》卷三〈建置略·壇廟〉①。

　　文後按語曰:"按,城內城隍廟上堂縣一大鏡,上書'照瞻'二字,旁掛一聯曰:'鑒察兩隅,看我良善報施,何曾差了半點;照臨三屬,任爾奸邪鬼秘,幾時逃過一人。'此乾隆四十五年,知縣王廷栢所書也。又掛一大珠算,算盤長五尺,闊一尺六寸,書曰:'人有千算,天只一算。陰謀暗算,終歸失算。'此同治五年知縣彭榮紹所書也。"②

　　秦蕙田(1702—1764),字樹峰,一字樹灃,號味經,江蘇金匱人。清乾隆元年(1736),進士第三人及第,授編修,命南書房行走。官至刑部尚書。秦蕙田通經能文,尤精於三禮,撰《五禮通考》。

---

①　孔昭度、符矩存修,利璋纂:民國《花縣志》卷三,《中國地方志集成·廣東府縣志輯》第4卷,頁24上。
②　孔昭度、符矩存修,利璋纂:民國《花縣志》卷三,《中國地方志集成·廣東府縣志輯》第4卷,頁24上。

# 120　康公廟(水口村)

## 【廟宇簡介】

　　廟仍存,在今廣州市花都區炭步鎮水口村,又稱主帥廟,始建年月不詳。根據清康熙十九年重修碑和民國《花縣志》,此廟乃由明竺峰寺改建。此廟曾於清康熙十九年(1680)、乾隆十七年(1752)、乾隆五十四年(1789)、嘉慶十一年(1806)、嘉慶二十四年(1819)、同治四年(1865)重修。

　　該廟距今已有三百多年的歷史,爲花縣現存最古的廟宇之一。

## 120-1　清·佚名:重修康公廟碑

清康熙十九年(1680)

## 【碑刻信息】

　　存址:今廣州市花都區炭步鎮水口村康公廟內。

　　碑額:重修康公廟碑。篆書。

　　碑題:無。

　　碑文來源:原碑抄錄。

## 【碑文】

　　自昔聖主之有天下,百神效職,其聲靈赫濯者,咸建廟勒石,奉祀不替。蓋其為德之盛,足以福庇群倫也。我水溪康公元帥一廟,始則寺,建名竺峰,後被提學魏公所廢,因改為此。面丙背壬,鎖朔氣之沉瀯,引薰和之長養。遙望山川蔚秀,近觀第宅珠聯,亦既歸然佳障矣。且元帥承天帝之封,為地祇之顯,賴及多方,恩覃二向,每見耄耋優遊者若而人,宣昭義問者若而人,豐耕斂而資商賈者若而人,絡繹蒙休,神德之盛為何如哉!但廟貌隳頹已非一日,觸目無不悚心,用是一片丹誠,聚族捐資重修。卜吉己未初夏,鳩工庀

材,共期苞茂。茲適輪奐落成,摛詞勒石,亦不朽之喜誌也。讚曰:

於維勝境,重以祇靈。東南報祀,永奠全禎。


信士任引公:肆兩。

任元耀:貳兩伍錢。

任明初:貳兩伍錢。

任桂芳:貳兩伍錢。

任仕遼:貳兩伍錢。

任可受:貳兩伍錢。

任象乾:貳兩。

任紫綬:貳兩。

任家良:貳兩。

任可期:貳兩。

任洪端:貳兩。

任鳴臯:壹兩玖錢伍分。

任昌胤:壹兩柒錢。

任國瑜:壹兩伍錢。

任天爵:壹兩伍錢。

任敦覺:壹兩伍錢。

任帝勝:壹兩伍錢。

任明柱:壹兩肆錢伍分。

任元俊:壹兩肆錢伍分。

賴名宗:壹兩肆錢伍分。

任可忠:壹兩肆錢伍分。

任達欄:壹兩貳錢伍分。

任帝寵:壹兩貳錢伍分。

任達□:壹兩貳錢伍分。

任善覺:壹兩貳錢伍分。

任伯珩:壹兩壹錢伍分。

任元健:壹兩壹錢。

任達生:壹兩零伍分。

任紹生:壹兩零伍分。

任林皋:壹兩。

任圓祚:壹兩。

任勳奇:壹兩。

任明義:壹兩。

任天如:壹兩。

賴沃君:壹兩。

洪貴章:壹兩。

任家相:玖錢伍分。

任興運:玖錢伍分。

任昭睍:玖錢伍分。

賴名立:壹兩。

任賚求:玖錢伍分。

任廷賴:捌錢伍分。

任弘基:捌錢伍分。

任家聖:捌錢伍分。

任繼美:捌錢伍分。

任國□:捌錢伍分。

任龍□:捌錢伍分。

任明□:捌錢伍分。

任錫穎:捌錢伍分。

任魁岸:捌錢伍分。

任始華:捌錢伍分。

任□彥:捌錢伍分。

任儒燦:捌錢伍分。

任廷柳:柒錢玖分。

任元□:柒錢伍分。

任仕亨:柒錢玖分。

賴樂廷:柒錢伍分。

任節文:柒錢玖分。

任學遁:陸錢伍分。

任善習:陸錢伍分。

任龍友:陸錢伍分。

任一成:陸錢伍分。

任鳴虬:陸錢伍分。

任夢齡:陸錢伍分。

賴名臣:陸錢伍分。

任雲客:陸錢。

任帝任:陸錢。

任明生:伍錢。

任曰興:伍錢。

任明禮:伍錢。

任昌後:伍錢。

任明替:伍錢。

任仕貞:伍錢。

任二為:伍錢。

任廷弼:伍錢。

任勅為:伍錢。

任廷□:伍錢。

任員王:伍錢。

任穀客:伍錢。

賴士弘:柒錢伍分。

賴元爵:柒錢伍分。

任朝相:伍錢。

任景鈞:肆錢伍分。

任觀佐:肆錢伍分。

任觀佺:肆錢伍分。

任世厓:肆錢伍分。

任澤民:肆錢伍分。

任國球:肆錢伍分。

任國琪:肆錢伍分。

任國錫:肆錢伍分。

任朝璉:肆錢伍分。

任思興:肆錢伍分。

任善同:肆錢伍分。

賴帥保:肆錢伍分。

任學貫:肆錢伍分。

賴聖祖:肆錢伍分。

任元壯:肆錢伍分。

任明瑞:肆錢伍分。

任明達:肆錢伍分。

任景和:肆錢伍分。

任景亨:肆錢伍分。

任學求:肆錢伍分。

任元寬:肆錢伍分。

任天柱:肆錢伍分。

任英覺:肆錢伍分。

任希覺:肆錢伍分。

任衛卿:肆錢伍分。

賴士元:肆錢伍分。

任卓亨:肆錢伍分。

任儒炳:肆錢伍分。

任可進:肆錢伍分。

任士登:肆錢伍分。

賴名生:肆錢伍分。

任帝裕:肆錢。

任裕成:肆錢。

任世泰:肆錢伍分。

任建生:叁錢壹□伍分。

任奕彰:叁錢。

任文玉:貳錢。

任明信:叁錢。

李昌鳳:肆錢。

盧帥生:肆錢。

任奕生:肆錢伍分。

任家才:肆錢伍分。

任廷客:叁錢。

任廷賓:貳錢。

湯天堯:貳錢。

譚抱林：貳錢。

任阿申：貳錢。

張帝奇：叁錢玖分。

任雲會：貳錢。

任帥□：貳錢叁分。

任賓相：壹錢叁分。

任印詔：壹錢叁分。

任文珩：貳錢。

任耀垣：陸錢。

任曰奇：肆錢伍分。

任自卓：肆錢伍分。

任善進：肆錢。

任紹績：肆錢。

賴天麟：肆錢。

任曰祥：叁錢。

任自達：貳錢伍分。

任自立：貳錢伍分。

任聖任：壹錢叁分。

賴名升：肆錢。

任元籠：叁錢。

任元鳳：臺錢叁分。

任明重：貳錢。

任明韜：貳錢。

任明宣：貳錢。

任運覺：肆錢。

任洪鵪：肆錢伍分。

謝際熙:壹錢伍分。

任理生:壹錢叁分。

任帝大:壹錢叁分。

任帝連:壹錢叁分。

賴聖元:肆錢。

賴名發:肆錢。

李醇生:肆錢。

任朝達:肆錢。

任廷敏:肆錢。

任見日:肆錢。

任元耀妻胡氏:壹兩。

任門陳氏:壹兩。

任□乾妻鄒氏:伍□。

任昌胤母鍾氏:叁□。

任昭覘妻湯揚氏:肆□。

任帝勝母湯氏:伍□。

任則夔:肆錢。

任則盛:貳錢伍分。

任公式:肆錢。

賴聖餘:肆錢。

任子海:肆錢。

任觀德:壹錢叁分。

任朝德:壹錢叁分。

任觀□:壹錢叁分。

任元迪:肆錢。

賴懋昭:肆錢。

任洪運:肆錢。

任熙運:肆錢。

任元達:肆錢。

賴廷選:貳錢伍分。

賴廷義:壹錢伍分。

任潤生:柒錢伍分。

賴名捷:伍錢。

賴天祥:肆錢。

任芝倫:肆錢伍分。

任文思:肆錢。

任遇上:肆錢。

任君相:肆錢。

鄧有名:壹兩。

鄧貴興:陸錢伍分。

湯有聲:肆錢伍分。

李毓昌:伍錢。

李枝秀:肆錢。

李瑞廣:肆錢。

植世科:肆錢伍分。

霍應恒:肆錢。

霍文瑞:肆錢。

董卓真:肆錢。

陳世績:肆錢。

張志亮:肆錢。

張亞田:肆錢。

朱瑞松:肆錢。

鍾應登:肆錢。

霍彥績:肆錢。

葉秀立:肆錢。

盧萬祥:肆錢。

謝朝爵:肆錢。

何德隆:貳錢伍分。

陳伯有:肆錢。

朱瑞珍:肆錢。

朱朝升:肆錢。

黃萬善:肆錢。

羅敬從:肆錢。

楊家齊:肆錢。

張亞二:叄錢。

李秀鳳:肆錢。

黃家彥:肆錢。

鍾汝寧:肆錢。

郭貞賢:肆錢。

李世茂:肆錢。

李世林:肆錢。

高君爵:肆錢。

李秀成:肆錢。

李茂達:肆錢。

黃家宴:肆錢。

朱學明:肆錢。

黃聖興:肆錢。

黃聖美:肆錢。

李茂勝：肆錢。

李秀真：肆錢。

盧世隆：肆錢。

劉觀倫：肆錢。

高君成：肆錢。

黃業進：肆錢。

陳友球：肆錢。

林隆富：肆錢伍分。

盧昌祐：肆錢。

黃燦生：肆錢。

霍文相：貳錢伍分。

區啟元：貳錢。

張達芝：貳錢。

龔誰興：肆錢。

葉泉生：肆錢。

康熙歲次庚申孟冬穀旦立。

【碑文考釋】

本篇碑文記述了清康熙十九年（1680）對水口村的康公廟的一次重修。碑文首先述及水口村康公廟的歷史。廟原為竺峯寺，後廢，因明嘉靖年間提學魏校的搗毀淫祠。及後，才改為康公元帥廟。魏校毀祠庵觀一事，發生在明嘉靖初年，事見明嘉靖三十七年《廣東通志》卷二〇〈民物志一·風俗〉："習尚，俗素尚鬼。三家之里必有淫祠庵觀。每有所事，輒求珓祈籤，以卜休咎，信之惟謹。有疾病，不肯服藥，而問香設鬼，聽命於師巫僧道，如恐不及。嘉靖初，提學副使魏校始盡毀而痛懲之，今乃漸革。"[1]

① 明·黃佐纂：嘉靖《廣東通志》，第 2 冊，頁 530 上。

1308

可見廟之建可以追溯到明嘉靖年間。接下來碑文稱述了康公元帥的功德,從而昭示修廟的意義。

## 120-2　清·佚名:重修觀音康公廟簽金碑記[①]

清乾隆十七年(1752)

【碑刻信息】

存址:今廣州市花都區炭步鎮水口村康公廟内。

碑額:福祿壽。篆書。

碑題:無。

碑文來源:原碑抄錄。

【碑文】

是歲重修觀音、康公二廟,鄉内每一大丁科銀叁錢,每一小丁科銀四分,但銀少不足,又立部簽題以成厥美。茲適落成,爰將簽助多寡以勒石。

信士任上龍捐銀拾兩捌錢叁分。

信士任頓之捐銀叁兩貳錢。

信監任猶龍捐銀貳兩零貳分。

信□任乃維捐銀貳兩零□分。

信監任大成捐銀貳兩。

信士任冠伊捐銀壹兩捌錢。

任炳錕捐銀壹兩壹錢貳分。

任乃占捐銀壹兩壹錢。

任大權捐銀壹兩零捌分。

任齊升捐銀壹兩零貳分。

---

① 此題目爲本書編者自擬。

信秀任文芳捐銀捌錢□分。

信監任殿□捐銀捌錢□分。

信監任殿侶捐銀捌錢叁分。

信士任羅所捐銀捌錢貳分。

任秉綱捐銀捌錢。

任振國:柒錢陸分。

信監任揮南:柒錢貳分。

信監任忠:柒錢貳分。

信秀任乘修:柒錢貳分。

信監任兄門:柒錢貳分。

信士任式邦:柒錢貳分。

□政田□南任勳階:柒錢貳分。

任汝桓:伍錢伍分。

信監任和:伍錢。

信士任殿宜:伍錢。

任英士:伍錢。

信監任騰芳:伍錢。

信士任殿邦:伍錢。

任德滋肆錢:玖分。

任文鳳:肆錢伍分。

任乃窗:肆錢伍分。

信監任培:肆錢伍分。

信士任敬則:肆錢伍分。

任瑞芳:肆錢肆分。

任佑先:肆錢。

任遵元:肆錢。

任乃序:叁錢陸分。

信監任乃和:叁錢陸分。

信監任兆賞:叁錢伍分。

信秀任大烈:叁錢伍分。

信士任騰伊:叁錢伍分。

任仕先:叁錢伍分。

任憲佳:叁錢伍分。

任彰毅:叁錢伍分。

任憲則:叁錢伍分。

信士任見龍:叁錢。

任乃貞:叁錢。

任殿名:叁錢。

任華珍:叁錢。

任齊之:叁錢。

任振賢:叁錢。

任振豪:叁錢。

任約之:叁錢。

任汝迪:叁錢。

任逝義:叁錢。

任造邦:叁錢。

任躍邦:叁錢。

任長庚:叁錢。

任袁良:叁錢。

任始發:叁錢。

任秉瓊:叁錢。

任命伊:貳錢伍分。

任殿長：貳錢伍分。

賴經藏：貳錢伍分。

任庇得：貳錢伍分。

任乘超：貳錢伍分。

任基裕：貳錢伍分。

任湛剛：貳錢伍分。

任秉韜：貳錢伍分。

任正剛：貳錢伍分。

任拱吉：貳錢伍分。

任沛剛：貳錢伍分。

任常吉：貳錢伍分。

任徽伊：貳錢。

任大廷：貳錢。

任大裕：貳錢。

任大猷：貳錢。

任大榮：貳錢。

任大建：貳錢。

任大楫：貳錢。

任渾之：貳錢。

任世傑：貳錢。

賴耀全：貳錢。

賴蘭珠：貳錢。

賴蘭貞：貳錢。

任振紀：貳錢。

任汝省：貳錢。

信監任榮：貳錢。

信士任振朝：貳錢。

任大礶先：貳錢。

信秀任珍：貳錢。

信秀任英良：貳錢。

信士任汝贊：貳錢。

任舉之：貳錢。

信秀任兆麟：貳錢。

信士任耀佳：貳錢。

任庸弼：貳錢。

任資弼：貳錢。

任輔弼：貳錢。

任延佳：貳錢。

任嶽佳：貳錢。

信秀任平：貳錢。

信秀任翔：貳錢。

信士任加吉：貳錢。

任殿文：壹錢伍分。

任大文：壹錢伍分。

任德先：壹錢伍分。

任振剛：壹錢伍分。

任豚之：壹錢伍分。

任為季：壹錢伍分。

任彰正：壹錢伍分。

任平佳：壹錢伍分。

任弘千：壹錢伍分。

任習宜：壹錢伍分。

任振奮：壹錢伍分。

任汝臻：壹錢伍分。

任憲章：壹錢伍分。

稟□信秀任登：壹錢伍分。

信士任憲元：壹錢伍分。

任璟芳：壹錢伍分。

信秀任昌：壹錢伍分。

信士任憲賢：壹錢伍分。

任琇芳：壹錢伍分。

任阿□：壹錢伍分。

任□四：壹錢伍分。

任秉洞：壹錢伍分。

任成邦：壹錢伍分。

信監任秉釣：壹錢伍分。

信士任□邦：壹錢伍分。

任現□：壹錢伍分。

任□□：壹錢伍分。

任允正：壹錢伍分。

任武則：壹錢伍分。

任照□：壹錢伍分。

任秉昌：壹錢伍分。

任姑朗：壹錢伍分。

任達□：壹錢伍分。

任履吉：壹錢伍分。

任惠□：壹錢伍分。

任振伊：壹錢。

任□伊:壹錢。

任平伊:壹錢。

任秩公:壹錢。

任為公:壹錢。

任居廣:壹錢。

任庚先:壹錢。

任歡可:壹錢。

任會先:壹錢。

任達士:壹錢。

任□千:壹錢。

任若先:壹錢。

任登之:壹錢。

任為時:壹錢。

任作之:壹錢。

任擾才:壹錢。

任居桂:壹錢。

任茂先:壹錢。

任汝斌:壹錢。

任行之:壹錢。

任良弼:壹錢。

任振谷:壹錢。

任廷芳:壹錢。

任同先:壹錢。

任振玉:壹錢。

任全之:壹錢。

任倫先:壹錢。

任社庇：壹錢。

任秀□：壹錢。

任悅□：壹錢。

任佐邦：壹錢。

任統修：壹錢。

任秉輕：壹錢。

任輕邦：壹錢。

任現修：壹錢。

任秉端：壹錢。

任和鋒：壹錢。

任言則：壹錢。

任秉瓊：壹錢。

任正吉：壹錢。

霍略極：貳錢。

霍集植：壹錢伍分。

張士銘：壹錢。

張士□：壹錢。

鍾朝升：壹錢。

李廷獻：壹錢。

張悅經：壹錢。

郊國任：壹錢。

張悅華：壹錢。

霍澤旗：壹錢。


乾隆拾柒年歲次壬申孟冬庚午穀旦。

【碑文考釋】

碑文記載了乾隆十七年重修康公廟捐金之事。由碑文可知,當時的康公廟之側已經
有觀音廟。

# 120-3　清·佚名:重修康公廟碑記①

清乾隆五十四年(1789)

【碑刻信息】

存址:今廣州市花都區炭步鎮水口村康公廟內。

碑額:重修。楷書。

碑題:無。

碑文來源:原碑抄錄。

【碑文】

水口鄉廟宇朽爛,各社誠心簽題,大修以壯威靈。爰是標名勒石以誌。

信士任文吉助銀一兩四錢四分。

任明時助銀一錢二分。

任雄章助銀一錢二分。

信監任汝來助銀五錢。

信士任全天助銀四錢一分。

任基純助銀四錢。

任習宜、增生任珍、信士任侯弼、任雍時、信庠任龍、信監任秉鈞、信士任
基裕、任養階、任言章、任聯揚、任瓊章、任明經、任宜澤:已上銀員六分。

任裕章、任薑遠、任文經:已上三錢。

任述宜、任續緒、任浩章:已上二錢六分。

---

① “康公廟碑記”五字為編者所加。原碑碑額為“重新”。

任廷宜、任勵章、任培昌、任應剛：已上二錢二分。

任拔之：銀二錢二分。

信監任大楣、信士任振穀、任耀佳、任濟先、任聖時、任修、任侯達、任志昌、任上達、任洪昌、任勝官、任平霄、任眷章、李連元、任堯贊、任朝贊、任蕃茂、任立志。

任純經、任芳林、任洪高、任舒泰、任恩澤：已上二錢。

任振瑞、任勳階、賴上謙、信庠任道：已上一錢六分。

信士任利時、任禮則、任勵志、任敬修、任基永、李廷獻、任始昌、任嗣昌、任振揚、任騰邦、任□剛：已上一錢五分。

任輔弼、任賢弼、信庠任成斌、信士任壽昌、鍾學賢、任百齡、任瓊茂、任大志、任言輝、任聖澤：已上一錢二分。

任炳伊、任敬則、任世重、任紹宜、任蕃宜、任廷弼、任驟先、任樂天、任躋時、任哲時、任聖宜、任萃時、任秉瓊、任躍霄、任倫達、任基成、任安邦、任臨霄、任基和、任進邦、任廣達、賴上聘、任泰昌、賴上恩、任定章、任常修、賴也禎、任卓章、任蕃昌、任富昌、賴也秀、任明達、任勵奇、賴也貴、任愈昌、任勵勤、任齊章、任勵和、賴也賓、任聚階、任華茂、信監任參兩、任賢茂、任偶吉、任明湛、任連湛、任協贊、任邦贊、任奕贊、任嘉茂、任嘉猷、任朗吉、賴豐爵、任德顯、任信耐、任輝茂、任殖剛、任經憲、任華澤、任輝、任金澤、任明憲：已上一錢。

鍾朝昇：銀二錢。

董上明、李允清、賴上德：已上一錢。


乾隆歲序己酉年菊月。


【碑文考釋】

由此碑知廟曾於清乾隆五十四年（1789）重修。

# 120-4　清·佚名:重修康公廟碑記

清嘉慶十一年(1806)

## 上碑

【碑刻信息】

存址:今廣州市花都區炭步鎮水口村康公廟內。

碑額:重修廟碑記。楷書。

碑題:重修廟碑序。楷書。

碑文來源:原碑抄錄。

【碑文】

　　今夫神之為靈昭昭也,而宅靈奧之區則尤甚。我水溪康公廟,其聲靈赫濯,由來尚矣。遙望西北諸山,峯巒聳翠,環繞而至,而廟適當其衝,鎖朔氣之沉瀯,為一鄉之保障,所謂地勝神安,而人咸蒙其庇者非耶?迺溯自康熙庚申以來,百有餘年,亦幾經修葺矣。迄於今凡厥鄉人歲時祈禱者,莫不曰此廟不修且壞,況西邊觀音廟無正門,又空其東邊,殊非所以壯威靈而崇保障之道也。於是聚族而謀所以鼎新之者。每大丁科銀肆錢,幼丁六分,然工費浩繁,淝此所能支。何期眾心踴躍,輸誠恐後,助金助力,不約而同,若或有相之者焉。乙丑仲夏,鳩工庀材,卜吉興事,因其故廟,易而新之。增建香亭於中座,西翼觀音廟開其正門,東翼創立文昌廟。三廟巍然,厥製孔張,厥材孔良,飾以丹漆,奕奕有光,夫固增其式廓而煥然改觀矣,然豈狹前人而侈後觀哉!香亭建,行見心香一炷,而福蔭靡涯也;慈門啟,楊枝一滴,而萬戶皆春也;東壁開,奎光瀉影,文明日盛也。夫神之靈,能使人齋蕭奉祀不替,況宅靈奧之區,而被麻光於有素者乎!則踵事有增,亦威靈所感,而人自不能已焉者耳。茲當落成,爰述其巔末,以誌不朽云。

任國才祖捐金四百伍十四兩二錢正。

任永泰祖捐金壹百一十九兩正。

任裔興祖捐金四十九兩八錢正。

廟銀四百伍十二兩正。

首事：任安邦、任敬修、任紀章、任大昌、任養階、任廣達、任秋榮、任平霄。

庫生主：任道、任御榮、任芳林、任紹光、任明經、任應剛、任良猷、任洪高、任魁望、任信□。

庫生：任曜光。

信監：任大進、任經憲、任介孚、任智魁、賴百和、□嘉瑞。

并將香油地土名開列於後：

計開：

一土名平嶺頭，一土名新烟墩，一土名舊烟墩，一土名牛欄窟，一土名老虎巖，一土名黃泥坑尾，一土名荳腐磨，一土名冬瓜崗，一土名逕潭尾。

嘉慶歲次丙寅孟夏吉旦。

**中碑**

【碑刻信息】

存址：今廣州市花都區炭步鎮水口村康公廟內。

碑額：無。

碑題：無。

碑文來源：原碑抄錄。

【碑文】

信士任雍時捐銀壹十四兩四錢正。

信士任明經捐銀壹十二兩五錢六分。

信士任雲章捐銀壹十一兩正。

登士郎任基裕捐銀壹十兩另八錢正。

信士任基成捐銀八兩六錢四分。

信士任國贊捐銀七兩九錢二分。

信監任大進捐銀七兩二錢正。

恩九品任耀佳捐銀五兩八錢六分。

信士任洪澤捐銀五兩八錢六分。

信士任傑魁捐銀五兩七錢六分。

信士任聖時捐銀五兩另四分。

信士任介孚捐銀五兩另四分。

信士任裕章捐銀四兩四錢二分。

信士任蕃宜捐銀四兩三錢二分。

信士任名時捐銀四兩三錢二分。

信士任廣達捐銀四兩三錢二分。

信庠任大經捐銀四兩三錢二分。

信士任亨泰捐銀四兩三錢二分。

信□任大楫捐銀三兩六錢正。

信士任利時捐銀三兩六錢正。

信士任基永捐銀三兩六錢正。

信士任洪高捐銀三兩六錢正。

信士任成孚捐銀三兩六錢正。

信士任勝孚捐銀三兩六錢正。

信廩任道捐銀三兩二錢正。

信士任廣高捐銀三兩一錢七分。

信監任必中捐銀三兩另八分。

信士任逢時捐銀三兩正。

信士任永榮捐銀三兩正。

信士任尚然捐銀三兩正。

信士任養階捐銀二兩九錢八分。

信士任奕階捐銀二兩九錢八分。

信士任紹光捐銀二兩九錢八分。

信士任信□捐銀二兩九錢三分。

任大昌、賴茂源、任文吉、任應剛、任昌隆、任義高、任經憲、任智魁：已上二兩八錢八分。

邑庠任夢鈴：二兩五錢六分。

任延霄：二兩五錢二分

任朝英：二兩五錢二分

任瓊英：二兩五錢二分

任世隆：二兩五錢二分

任纘昌：二兩四錢六分

任壽昌：二兩三錢六分

任冠猷：二兩三錢一分

任恩澤：二兩二錢六分

任述宜、任修時、任達時、任芝文、任上達、任元邦、任欣榮、任燦階、任言章、任繼昌、任常修、任敏昌、任帝章、任安榮、任純經、任文經、任周湛、任崇經、賴也貴、任德輝、任煥寧、任福泰、任功泰：已上二兩一錢六分。

任景猷：一兩六錢正。

邑庠任龍：一兩五錢四分。

任泰昌：一兩五錢四分。

任文英：一兩五錢四分。

任參贊：一兩五錢四分。

任養高：一兩五錢四分。

任倫澤：一兩五錢四分。

任因時：一兩五錢正。

任聖澤：一兩五錢正。

任國興：一兩五錢正。

任濟先、任彭宜、任益宜、邑庠任剛、任節時、任安邦、任敬修、任基榮、任洪昌、任聚階、任富昌、任平霄、任正昌、任裕階、任秋榮、任御榮、任芳林、任啟章、任悅階、任卷章、任俊英、任餘澤、任餘蒼、任嘉贊、任昇吉、任嘉猷、任大志、任循剛、任建朝、任仕剛、任翹望、任昇顯、任可茂、任仁猷、任作寧、任嶽華、邑庠任曜光、任亮高、任麗猷、任仰高、任賢慶、任文憲、任啟魁、任華澤、□步吳宏勳、任芳憲、任金澤、賴英賢、任珍然、任嘉帶：已上一兩四錢四分。

任臨霄：一兩一錢二。

八品□□郎任佐佳、任益時、任勵彰、任勤修、任勵勤、任能修、任仁英、任志剛、任全聚、任文信、任明憲、任紹瓊：已上一兩一錢正。

任祿章：一兩另八分。

任亨啟：一兩另八分。

任德澤：一兩另八分。

任信英：一兩另四分。

任施澤：一兩另四分。

任廣榮：一兩另四分。

任炳伊、任躋時、任粹時、任芝林、任志昌、任彩邦、任厥榮、任純章、任華茂、任奇茂、任盈高、任順剛、任述泰、任文泰、任楊泰：已上一兩正。

任茂澤：九錢六分。

任協贊：九錢二分。

任遜志：九錢正。

任展猷：九錢正。

任康泰：九錢正。

任富瓊：八錢九分。

任爵英：八錢八分。

任毓英：八錢七分。

任殿貞：八錢五分。

任孔榮：八錢五分。

任興邦：八錢四分。

任權之、任惟好、任勵翔、任言輝、任健志、任運開：已上八錢二分。

任宇華：八錢一分。

任常先、任敬天、任覺之、任參天、任郁觀、任從修、任勵瓊、任和昌、任伍子、任壯猷、任盛剛、任茂湛、任建聯、任捷遠、任宴吉、任敬華、任統華、任和澤、任光泰、任名孚、任子成、任麟瑞、任祿泰：已上八錢正。

任固剛：七錢八分。

任□章：七錢七分。

任戊喜：七錢七分。

任徵憲：七錢七分。

任昌漢：七錢七分。

任仕昌：七錢六分。

任明英：七錢六分。

任時澤：七錢六分。

任平修：七錢五分。

任再子：七錢五分。

任世英：七錢五分。

任榮憲：七錢五分。

任朝佳:七錢四分。

任卓章:七錢四分。

任天華:七錢四分。

任接伊、任合宜、任全天、任憲天、任信宜、任敘天、任聖宜、任英宜、任常宜、任進霄:已上七錢二分。

任述修、任紀章、任才邦、任璉章、賴上德、任昂霄、賴上才、任勇章、任奇林、任賢英、任絡章、任靖昌、任超林、任聖昌、任霄階、任瓊章、任彩昌、任貴章、任進階、任東昌、任饒階、任祿榮、任鈞榮、任鳳階、任仕榮、任泰階、任雲階、任聯階、任西昌、任全仁、任藩修、任嗣章、任傑英、任瑞英、賴上思、任楊英、任慶階、任官榮、任華階、任崇英、任合未、任士珍、任能昌、任維保、任恆吉、任源茂、任賢茂、任顯剛、任立志、任交贊、任明吉、任明贊、任宏經、任廣志、任朗吉、任始茂、任昌志、任良猷、任朝茂、任維吉、任德贊、任宗春、任楊顯、任榮茂、任光輝、任德顯、任賢高、任成剛、任聚剛:已上七錢二分。

任賢剛、任顯茂、任凱朝、任國華、任國輝、任鵬輝、任可信、任君顯、任成聯、任光華、任高志、任德華、任饒高、任興信、任貴華、任傳望、任儀望、任運通、任麗華、任昭華、任瓊華、任兆華、任饒志、任熙啟、任菁華、任烷寧、任宏茂、任邦寧、任雄寧、任留伍、任廣寧、任洵齊、任得勝、任執持、任□□、任□□、任□□、任□□、任會□、任成□、任判□、任祖□、任扶□、任會□、任□□、任捅□、任秋□、任功□、任南□、任昌□、任彰□、任昇□、任仁□、任順□、任貴□、任福□、任聖□、任時□、賴也□、任明□、任成□、任□□、任□□、任□□、任顯□、任煥□、任□□。

## 下碑

【碑刻信息】

存址:今廣州市花都區炭步鎮水口村康公廟內。

碑額:無。

碑題：無。

碑文來源：原碑抄錄。

【碑文】

任嘉泰、任嬴泰、賴也福、任廣瑞、任惠澤、任嘉然、任天成、任炳文、任彰海、賴松芳、任麟兒、任天愛、任神蒂、任耀祖、任壽君、任瑞海、任象蒂、任柏君、任聯長、任東養、賴日昌、賴德昌、賴茂昌、任宴瓊、任積瓊、賴和福、任就慶、塱溪許廷鳳、炭宋義利、步湯仁昌、墟黃高熙、客陳伯愛：已上七錢二分皇□。

任耀霄：六錢正。

任纘泰：六錢正。

任魁憲：五錢五分。

任賃娣：五錢五分。

任可則：五錢正。

任伯章：五錢正。

任遠達：五錢正。

任林保：五錢正。

任殿高：五錢正。

任威茂：五錢正。

任直剛：五錢正。

任燦高：五錢正。

任蕃子：五錢正。

任普澤：五錢正。

任應開：五錢正。

任日帶：五錢正。

任昇贊：四錢六分。

任護祖：四錢六分。

任識時：四錢五分。

賴禹賢：四錢五分。

賴雲開：四錢五分。

任國祥：四錢五分。

任鵬祖：四錢五分。

任立修：四錢二分。

任勵功：四錢二分。

任振英：四錢二分。

任厚澤：四錢二分。

任紹宜：四錢一分。

任賢林：四錢一分。

任朝錫：四錢一分。

任朝忠：四錢一分。

任運傳：四錢一分。

□□任宏宜：四錢正。

任倫邦、賴國超、任晉觀、任賢昌、賴也貞、任寶昌、任儒林、任成保、任綠修、任慶林、任瓊林、任隆茂、任美輝、任尚志、任建祥、任定剛、任熙澤、任維先、任康祐、任楊梅、任百解：已上四錢正。

任用君：三錢八分。

任由君、任聚之、任美宜、任孔達、任濟昌、任殖章、任作光、任謨英、任華超、任連有：已上三錢六分。

任振榮、任顯修、任恆階、賴也亨、賴象賢、賴應賢、任瓊修、任敬英、任燦榮、任日章、任巨榮、任高林、任秀榮、任宏修、任士聰、任貴保、任東洋、任自和、任美保、任遠茂、任祖遠、任祥經、任敦志、任賢經、任萬千、賴也顯、賴也聰、賴也明、賴也其、賴也臣、賴也敬、賴也文、賴也廣、任時剛、任建積、任才茂、任玉華、任永茂、任厚剛、任顯望、任長元、任身信、任侶文、任同華、任祖養、賴丁山、賴廣燦、任萬通、任居伍、任銳剛、任細見、任廣茂、賴時昌、賴進昌、賴泰昌、賴美勝、賴昇福、任炎高、任利興、任和勝、任聖剛、任服德、任舜伍、任介伍、任健伍、任瑞遠六分、任全興、任怡伍、任彰伍、任閏勝、任康庇、任寧養、任遠德、任耀伍、任見開、任經伍、任榕伍、任觀開、任連勝、任天歡、任丙歡、任後祥、任秋養、任紹昌、任林有、任貞有、任福養、任怡德、任意騂、任勝祖、任安庇、任德興、任榮庇、任楊憲、任宗憲、任昭憲、任全運、任臣澤、任仁澤、任德孚、任宏澤、任全寬、任祿興、任成澤、任振孚、任聯長、任健揚、任閏興、任賢德、任群榮、任天全、任嘉進、任天德、任天恩、任悅勝、任雙明、任鄉士、任壽安、任潤旗、任天賜、任啟萬、任初慶、任朝慶、任金好、任天秀、任餘慶、任福生、任吉慶、任廣元、任揚貴、任復有：已上三錢六分。

任蒲朝、任養有、任勝有、任甲有、任燦林、任燧慶、任耀斌、任西就、任成斌、任建勳、任仕林、任戀斌、任遇寶、任放勳、任鴻斌、望溪袁闈章：已上三錢六分。

任連英：三錢二分。

任見養：三錢二分。

任保養：三錢一分。

任創成：三錢一分。

任護養：三錢一分。

任至歡：三錢一分。

任光林：三錢正。

任鳳昌、任詵修、任長德、任永寧、任東寧、任酌子、任壽寧、任士毅、任士忠、任士亨、任日隆、任宜茂、任能高、任後保、任觀流、任彥品、任楊宗、任能澤、任健岳、任應寬、任志元、任承纘、任逢纘、任興隆：以上三錢正。

任天降：二錢八分。

任富茂：二錢七分。

任聖經：二錢六分。

任雍華：二錢六分。

任百成：二錢六分。

任廣澤：二錢六分。

任裕祖：二錢六分。

任大經：二錢五分。

任祖貴：二錢五分。

任美帶：二錢五分。

任三帶：二錢五分。

任令慶：二錢五分。

任六帶：二錢四分。

任田帶：二錢四分。

任和帶：二錢三分。

任光憲：二錢二分。

任七好：二錢二分。

任文林、任賢修、任達超、任剛志、任統志、任奕高、任蟾高、賴熙賢、任公信、賴才山、任思炎、任帥買、任東田、任怡祖、任和德、任天然、任澤然、任茂然、任德泰、任健猷、任健齡、任百昌、任勤德、任健慶、任朋管、任新福、任能好、任健珍、任秋喬、任福祖、任倫慶、任始文、任宏開、任宏展、任宏茂、任□□。

楊祥盛：五錢。

霍成啟：五錢。

霍元重：四錢四□。

霍齊長：四錢□。

張景茂：三錢。

張景高：三錢□。

李允清、何贊元、李明漢、霍元昌、李北長、李明高、李明尚、鄧成澤、鍾厚長、鍾壽長：已上三（下闕）。

張榮萬：三錢（下闕）。

張百升：三錢（下闕）。

羅逢養：三錢（下闕）。

郭成蒂：三錢（下闕）。

何進安：三錢（下闕）。

羅逢有：三錢（下闕）。

譚元昌：二錢（下闕）。

羅逢好：二錢（下闕）。

鍾遠宏：二錢（下闕）。

湯能養：二錢（下闕）。

嘉慶歲次丙寅孟夏吉旦。

【碑文考釋】

　　碑文記述了清嘉慶十年（1805）對水口村的康公廟的一次重修。碑文首先描繪了廟所在的位置頗佳，適當山勢之要衝，從而地勝神安，保佑鄉民，成為一鄉之保障。接下來碑文用主要的篇幅敘述了廟宇的重修經過。這次重修，主要進行了三方面的工程，一是在中座增建香亭，二是在西翼的觀音廟增開正門，三是在東翼創建文昌廟。這樣就使得該廟的體制更加完整和合理，又增加了規模。最後，碑文用抒情的筆調揭示了重修將會帶來的裨益：有了香亭，進香人將會得到福庇；觀音廟有了正門，觀音大士用楊枝甘露將給千家萬戶帶來春天；而增建了文昌廟，鄉里的文明事業將會一天天興盛。這也就是修廟和立碑的意義。

# 120-5　清·佚名：重修康公廟碑

清嘉慶二十四年（1819）

【碑刻信息】

　　存址：今廣州市花都區炭步鎮水口村康公廟內。

碑額：重修康公廟碑。楷書。

碑題：無。

碑文來源：原碑抄錄。

【碑文】

　　□□□□□□□□□鎮朔方之肅氣，鎮乾位之文風，由來舊矣。自嘉慶十年重修以來，式廓既增，自有□□常新之義；而罅漏時補，亦曰相沿勿替之文。爰議首事，發簿簽題，腋集幸已成裘，鳩工共勤厥事。獨是區區修□，敢云足述乎哉，亦曰不敢忘其所有事耳。茲當工竣，勒石謹述以誌。

　　首事：信監任安榮、叠錫任應□、任信隆、信監任宜澤、叠錫任聖澤、任聖孚、任光、任□。

　　今將簽題銀兩開列：

任森澤捐銀貳兩正。

信□任安榮捐銀二大員。

任義高捐銀一大員。

信監任宜澤捐銀一大員。

疊錫任聖澤捐銀一大員。

任廣達捐銀伍分。

任亨泰捐銀伍分。

任聖孚捐銀伍分。

任聖和捐銀四分。

　　任彩邦、任勵純、任紹光、任瓊英、任信隆、廩生任大經、任經憲、任恩澤、任福泰、任光進、任加進、任恩進、任梴秀：捐銀三錢六分。

　　任應剛、任瓊□：已上三錢□分。

　　任興郵、任平霄、任祿章、任文吉、任亮高、任仕剛、任介孚、任成孚、任智魁、任德澤：已上二錢五分。

任昭華捐銀二錢一分。

任永榮、任繼昌、任富昌、任御榮、任眷章、任敏昌、任帝章、任高林：已上二錢正。

任藩修、任慶林、任官榮、任馴剛、任國祥、任高志、任道華、任延祥、任朝華、任華澤、任金澤、任祿泰、任澤宗、任其澤、任綸秀、任交孚：已上二錢正。

任元邦、任勤修、任紀章、任平修、任能修、任日章：已上一錢五分。

任厥榮、任瑞英、任理邦、任揚英、任廷莫、任德贊、任益贊、任德顯、任耀光、任煥寧、任仰高、任昌隆、任麗華、任均顯、任悰寧、任桓高、任洪澤、任時澤、任厚澤、任明憲、任均澤、任熙澤：已上一錢五分。

任世澤、任瓊勳、任利時捐銀一錢三分。

任永茂捐銀一錢三分。

任英宜、任萃時、任欣榮、任卓章、任悅階、任孔榮、任昭林、任廣榮、任賢英、任芳林、任顯修、任靖昌、任啟章、任仁英、任基延、任宏修、任世昌、任瑞榮：已上一錢正。

任勵翽、任蟾英、任紹昌、任澤昌、任加猷、任仁猷、任世隆、任亨啟、任榮茂、任燕堂、任直剛、任順剛、任玉華、任銳剛、任節高、任兆華、任建朝、任德華、任德輝、任廷華、任勳華、任炳華：已上一錢正。

任茂華、任厚剛、任信剛、任廣寧、任傑剛、任近剛、任宗華、任樂華、任位祥、任宴華、任仁望、任寵華、任良茂、任祥啟、任榮庇、任瑤光、任文憲、任倫澤、任施澤、任魁憲、任富澤、任友憲、任愛與、□振孚、任揚興、任和□、任發憲、任大澤、任聖瑞、任祖球、任紹瓊。

嘉慶二十四年季冬吉旦。

**【碑文考釋】**

碑文本為記嘉慶二十四年的重修而作。碑文回顧了嘉慶十年的重修，表示應當時時修補，以示相沿勿替之義。但是兩次重修相距不到十五年，應當是嘉慶十年的重修不夠到位。

# 121　關帝廟

## 【廟宇簡介】

廟建於城北縣署後。清康熙四十七年(1708),知縣王敏捐建①。

## 121-1　清·王敏:新建關帝廟碑記

清康熙四十九年(1710)

## 【碑文】

朝廷設邑分治而保護生民。凡邑有創建,必有期濟於民,使邑之紳士黎庶咸知創之以為民也,鼓舞而贊厥成,久而弗替。此於祀事為尤重焉。花邑多崇山隧谷,林木陰翳,向為萑苻藪。今皇上之御極有二十有五年,允中丞公之請,割南番二邑地,立為縣,建治築城②。城雖在山之麓,而地勢高廠,見而山於百里之外,左右環護,青翠層列,立城北平嶺之中阜,遂攬一邑之勝。余承乏斯土,每一登眺,輒思有濟於民,凡所以宣聖化,崇禋祀,納民於軌物者,必誠必敬,罔敢自戲。因更思各邑皆立廟祀關帝,壯武威以捍疆圉,矧立邑於層巒疊巘之中,招徠撫輯,煙井叢增,尤當有以鎮之。覩關闠之星羅,規斗杓之正位,無逾於城北中阜者。爰就倉基擴而築之,此關聖神廟之所以建也。夫漢壽亭侯,義勇忠烈,稟天地之正氣,為千古偉人。今花邑界在南交,關於宿莽,惟神之威足以鎮護巖邑,且以感發人忠孝節義之氣,此事之大有濟於民者,余寧不汲汲以經營位置之勿緩乎?爰是解橐,鳩工築基,庀材興

---

① 參孔昭度、符矩存修,利璋纂:民國《花縣志》卷三〈建置志·壇廟〉"關帝廟"條,《中國地方志集成·廣東府縣志輯》第4卷,頁24上。

② 按,關於花縣建治的年代,志的說法稍有不同。孔昭度、符矩存修,利璋纂:民國《花縣志》卷二〈輿地志·沿革〉:"花縣自宋以後為番禺二縣地,康熙二十四年析至花縣,屬廣州府。"見《中國地方志集成》第4卷,頁6上。

作,經始於康熙戊子歲之仲春,落成於仲夏。前為門庭三楹,左右各分半楹,塑神馹於外;中入為甬道,東西修袤為廊;後為正殿三楹,奉神像於中,凡鐘鼓香案五供畢具。東側而入為廟祝之居,西為爨室,悉築牆垣而環匝之。廟南向,巍峨輪奐,榱桷輝燦。而峙白雲之峰,舒青鬱翠,為邑屏障;左右護龍虎山,如旗鼓分列。俯視井里原隰、村舍田疇,蔥鬱繡錯,於以壯廟貌而妥神祇,神必享之。今見花之民,凡吉慶災危,皆擔壺漿,攜老絜幼,羅拜以虔禱於神,固知花民之有敬心也。敬思畏,畏則思為善,而不敢為不善,是不獨有濟於民,且有濟於令也。其賴於神者豈淺鮮歟?是役也,余為之捐俸董其成,簿書之餘,必親往指麾,按日省試以經營之。始規度籌計,審顧精詳,則王子瑚,殫心竭力,捐助獨多。惜其歿而未見廟之成也。其子王彥士等,咸繼父志而襄助之。故同時監工稽核者,諸紳士也;紀錄工課者,邑尉賈漢誼也。夫大工興舉,不敢取之民力。而余橐不繼,得樞部許公九儀樂輸之,裕以峻厥工,並獲分防黃公友、康公有勝概[一]割廉俸,而紳士亦共有助焉。古云:"正神擁護則川嶽效靈。"今而後,將見山埜之盡寧謐也,閭閻之日繁盛也,田園之益豐穰也,士林之愈炳蔚也,黎庶之悉敦禮義也,商賈之日輻輳也,牲牷雞豚之俱碩大蕃滋也。邑之人知創建之有濟於民,求紀其年日,壽之於石。余執筆,焚香以告於神曰:"神之憑依,民之藉也;民之康樂,令之福也。富有日新,賴神力之普存也。"是為記。

康熙四十九年歲次庚寅孟夏日勒石。

【編者按】

文錄自孔昭度、符矩存修,利璋纂,民國《花縣志》卷一〇〈藝文志〉①。

【校記】

〔一〕"概",原文如此,據文意當為"慨"。

---

① 孔昭度、符矩存修,利璋纂:民國《花縣志》,《中國地方志集成·廣東府縣志輯》第4卷,頁110下–111上。

【碑文考釋】

撰碑者王敏,號又謙,清康熙四十九年(1710)任花縣知縣。

此碑述康熙四十七年(1708)至四十九年(1710)建關帝廟的前因後果。碑文先從"設邑分治目的在於濟民"說起,講花縣建治築城的情況,然後敘述自己來做花縣知縣,也每每希望有濟於民。從此心願出發,就自然過渡到想建關帝廟來保護疆土,這也就是興建關帝廟的緣由。接下來又補敘關帝之威足以鎮護花縣,又足以感發人忠孝節義之氣,補充說明創建關帝廟的理由。

碑文次敘建廟之經過、落成及花縣鄉民奉祀之盛況。碑文云:"今見花之民,凡吉慶災危,皆擔壺漿,攜老絜幼,羅拜以虔禱於神。"之後,則議及花縣的百姓對神靈的"敬心",認為有敬心則知畏懼、思為善,這樣不但有濟於民,而且有濟於令。最後引"正神擁護則川嶽効靈",表達對修廟之後黎民富庶、文教大行的美好局面的憧憬。

# 附　　表

## 附表一　總目錄

### 廣州府屬

6 三帝廟（小洲村）

清道光二十四年（1844）      清·簡湘元：重修三帝廟碑記      6-1（14）      三帝廟（小洲村）

7 三清堂（南崗村）

清乾隆四年（1739）      清·佚名：重修三清古廟碑記      7-1（15）      三清堂（南崗村）

清乾隆四十五年（1780）      清·佚名：重修三清古廟碑記      7-2（16）      三清堂（南崗村）

清道光十四年（1834）      清·周日新：重修三清堂碑      7-3（17）      三清堂（南崗村）

8 三聖廟（大穀村）

清順治八年（1651）      清·黎春曦：鼎建三聖廟碑記      8-1（18）      三聖廟（大穀村）

9 天后古廟（龍溪）

清乾隆五十一年（1786）      清·佚名：重修龍溪天后古廟碑記      9-1（19）      天后古廟（龍溪）

10 天后宮（練溪村）

清宣統二年（1910）      清·陸應暄：重修天后宮碑記      10-1（20）      天后宮（練溪村）

11 天后宮（勝洲村）

清同治四年（1865）      清·佚名：改建天后文武二廟碑記      11-1（21）      天后宮（勝洲村）

清光緒十年（1884）      清·陳□輝：重建天后宮文武廟碑記      11-2（22）      天后宮（勝洲村）

12 天后廟（小洲村）

清乾隆二十七年（1762）      清·佚名：重修天后廟碑記      12-1（23）      天后廟（小洲村）

13 天后廟（小文教村）

清嘉慶二十五年（1820）      清·梁懷文：重修天后廟碑記      13-1（24）      天后廟（小文教村）

14 天后廟（柵下）

明崇禎元年（1628）      明·李待問：柵下天妃廟記      14-1（25）      天后廟（柵下）

清光緒二年（1876）      清·佚名：大清光緒二年重修天后廟碑      14-2（26）      天后廟（柵下）

15 天后古廟（張槎堡）

清光緒十二年（1886）      清·佚名：重修天后古廟碑記      15-1（27）      天后古廟（張槎堡）

| 清乾隆五十年(1785) | 清·張錦芳:重修仁威古廟碑記 | 18-6(49) | 仁威廟 |
| 清同治六年(1867) | 清·梁玉森:重修仁威祖廟碑記 | 18-7(50) | 仁威廟 |

**19 文武廟(茭塘東村)**

| 清光緒十八年(1892) | 清·佚名:新建蔭善會碑記 | 19-1(51) | 文武廟(茭塘東村) |

**20 文昌宮(白雲山)**

| 明天啟五年(1625)略後 | 明·梁士濟:重修月溪文昌宮記 | 20-1(52) | 文昌宮(白雲山) |

**21 文昌宮(協天勝里)**

| 清乾隆五十八年(1793) | 清·韓紹賢:重修文昌宮堂寢碑記 | 21-1(53) | 文昌宮(協天勝里) |

**22 文昌宮(桂香街)**

| 清康熙二十三年(1684) | 清·蔣伊:重修文昌宮碑記 | 22-1(54) | 文昌宮(桂香街) |

**23 文昌閣(海口)**

| 清乾隆十三年(1748) | 清·黃興禮:海口文昌閣記 | 23-1(55) | 文昌閣(海口) |
| 清道光六年(1826) | 清·吳榮光:重修佛山海口文昌閣記 | 23-2(56) | 文昌閣(海口) |

**24 文帝宮(園下村)**

| 清光緒三十年(1904) | 清·顏仲瑜、顏載宏:重建文帝廟碑記 | 24-1(57) | 文帝宮(園下村) |

**25 文教廟(小文教村)**

| 清康熙五十八年(1719) | 清·鍾和聲:重修文教古廟碑記 | 25-1(58) | 文教廟(小文教村) |
| 清同治四年(1865) | 清·王賢超:文教古廟碑記 | 25-2(59) | 文教廟(小文教村) |

**26 北帝古廟(塘頭村)**

| 清乾隆元年(1736) | 清·鍾光尚:重建廟宇碑記 | 26-1(60) | 北帝古廟(塘頭村) |
| 清乾隆三十九年(1774) | 清·佚名:重修北帝廟碑記 | 26-2(61) | 北帝古廟(塘頭村) |
| 清嘉慶十二年(1807) | 清·鍾谷:題捐創建本廟東廳記 | 26-3(62) | 北帝古廟(塘頭村) |
| 清咸豐六年(1856) | 清·鍾文煥:重修北帝古廟碑記 | 26-4(63) | 北帝古廟(塘頭村) |

**27 北帝古廟(滄頭村)**

| 清乾隆六十年(1795) | 清·區必佳:重修北帝古廟碑記 | 27-1(64) | 北帝古廟(滄頭村) |

33 玉虛宮(小洲村)

| 清乾隆二十三年(1758) | 清・簡謙:重修本廟碑記 | 33-1(87) | 玉虛宮(小洲村) |

34 玉虛宮(元貝村)

| 清乾隆五十年(1785) | 清・佚名:元貝村禁約 | 34-1(88) | 玉虛宮(元貝村) |
| 清乾隆五十六年(1791) | 清・鍾鳳:重建上帝祖廟碑記 | 34-2(89) | 玉虛宮(元貝村) |
| 清嘉慶十八年(1813) | 清・鍾騰蛟:重建元貝鄉上帝爺廟碑記 | 34-3(90) | 玉虛宮(元貝村) |
| 清道光十八年(1838) | 清・佚名:嚴禁風水樹條例 | 34-4(91) | 玉虛宮(元貝村) |
| 清道光二十七年(1847) | 清・鍾瑞翔、鍾佩翔:重建玉虛宮添建文武殿碑記 | 34-5(92) | 玉虛宮(元貝村) |

35 玉虛宮(楊箕村)

| 清康熙六十年(1721) | 清・佚名:重建玄帝古廟碑記 | 35-1(93) | 玉虛宮(楊箕村) |
| 清乾隆十九年(1754) | 清・佚名:玉虛宮重修碑記 | 35-2(94) | 玉虛宮(楊箕村) |
| 清嘉慶四年(1799) | 清・姚允楫:重修北帝廟碑記 | 35-3(95) | 玉虛宮(楊箕村) |
| 清嘉慶十年(1805) | 清・姚允楫:重修兩廟碑記 | 35-4(96) | 玉虛宮(楊箕村) |
| 清道光二十三年(1843) | 清・姚仰居:重建玉虛宮碑記 | 35-5(97) | 玉虛宮(楊箕村) |
| 清光緒二十七年(1901) | 清・姚登翰:重修玉虛宮碑記 | 35-6(98) | 玉虛宮(楊箕村) |

36 玉虛宮(長龍村)

| 清乾隆四十二年(1777) | 清・鍾槙國:鼎建真武帝廟碑記 | 36-1(99) | 玉虛宮(長龍村) |
| 清嘉慶十二年(1807) | 清・佚名:重修玉虛宮碑記 | 36-2(100) | 玉虛宮(長龍村) |

37 安期仙祠

| 清嘉慶十八年(1813) | 清・黃培芳:蒲澗安期仙祠碑記 | 37-1(101) | 安期仙祠 |

附錄

| 清・陳恭尹:重修安期巖碑記 | 清康熙五年(1666) |

38 佛山祖廟

| 明宣德四年(1429) | 明・唐璧:重修祖廟碑記 | 38-1(102) | 佛山祖廟 |
| 明正統三年(1438) | 明・佚名:重修慶真堂記 | 38-2(103) | 佛山祖廟 |
| 明景泰二年(1451) | 明・陳贄:佛山真武祖廟靈應記 | 38-3(104) | 佛山祖廟 |
| 明崇禎二年(1629) | 明・李待問:重修靈應祠鼓樓記 | 38-4(105) | 佛山祖廟 |
| 明崇禎十四年(1641) | 明・李待問:重修靈應祠記 | 38-5(106) | 佛山祖廟 |

### 42 金花古廟

| | | | |
|---|---|---|---|
| 清康熙二十二年(1683) | 清·龔章:金花古廟重修增建記 | 42-1(122) | 金花古廟 |
| 清康熙三十年(1691) | 清·梁佩蘭:金花廟前新築地基碑記 | 42-2(123) | 金花古廟 |
| 清乾隆二十一年(1756) | 清·馮成修:重建金花古廟碑記 | 42-3(124) | 金花古廟 |

### 43 官涌古廟

| | | | |
|---|---|---|---|
| 明崇禎十三年(1640) | 明·佚名:官涌通鄉伍顯關帝禾華等神廟堂碑記 | 43-1(125) | 官涌古廟 |
| 清康熙三十九年(1700) | 清·佚名:官涌通鄉伍顯關帝禾華等神廟堂碑記 | 43-2(126) | 官涌古廟 |
| 清乾隆十七年(1752) | 清·麥士□:重修鄉約亭題名碑記 | 43-3(127) | 官涌古廟 |

### 44 南田神廟

| | | | |
|---|---|---|---|
| 清康熙六十一年(1722)之前 | 清·僧成鷟:南田神廟記 | 44-1(128) | 南田神廟 |

### 45 南安古廟(南安村)

| | | | |
|---|---|---|---|
| 清嘉慶十七年(1812) | 清·佚名:重修南安古廟碑記 | 45-1(129) | 南安古廟(南安村) |
| 清咸豐十一年(1861) | 清·佚名:重建南安古廟碑記 | 45-2(130) | 南安古廟(南安村) |

### 46 城隍廟

| | | | |
|---|---|---|---|
| 明萬曆十三年(1585) | 明·蔡汝賢:重修廣州城隍廟記 | 46-1(131) | 城隍廟 |
| 明萬曆十六年(1588) | 明·陳大猷:助修城隍廟記 | 46-2(132) | 城隍廟 |
| 清乾隆十八年(1753) | 清·莊有恭:重修城隍廟記 | 46-3(133) | 城隍廟 |
| 清同治十三年(1874) | 清·李光表:重修都城隍廟記略 | 46-4(134) | 城隍廟 |

### 47 帥府廟(鍾村)

| | | | |
|---|---|---|---|
| 清咸豐三年(1853) | 清·馬鳳儀:重修帥府廟碑記 | 47-1(135) | 帥府廟(鍾村) |

### 48 華光古廟(小谷圍)

| | | | |
|---|---|---|---|
| 清雍正十一年(1733) | 清·佚名:華光古廟助金題名碑記 | 48-1(136) | 華光古廟(小谷圍) |
| 清嘉慶十年(1805) | 清·梁殿珍:重修華光廟碑記 | 48-2(137) | 華光古廟(小谷圍) |
| 清道光二十七年(1847) | 清·何若瑤:重修華帝廟碑記 | 48-3(138) | 華光古廟(小谷圍) |

49 華光廟（蠔岡堡）

清康熙四十年（1701）　　　　清·釋成鷟：蠔岡華光廟重修記　　　49-1（139）　　華光廟（蠔岡堡）


50 真武廟（大東門外）

明嘉靖四十二年（1563）　　　明·佚名：新建東山祖堂記　　　　50-1（140）　　真武廟（大東門外）


51 真武廟（新基古渡）

清道光二年（1822）　　　　　清·吳榮光：重建廣州城西真武廟碑記　51-1（141）　　真武廟（新基古渡）


52 純陽觀

清道光九年（1829）　　　　　清·李明徹：鼎建純陽觀碑記　　　　52-1（142）　　純陽觀


53 萬真觀

清雍正八年（1730）　　　　　清·倫之綱：重建洞天宮記　　　　　53-1（143）　　萬真觀


54 康公廟古廟（官堂村）

清康熙四十三年（1704）　　　清·林總戴：重修康公古廟碑記　　　54-1（144）　　康公廟古廟（官堂村）


55 康公主帥廟（誅敦村）

清道光十五年（1835）　　　　清·佚名：重修康公廟宇碑記　　　　55-1（145）　　康公主帥廟
　　　　　　　　　　　　　　　　　　　　　　　　　　　　　　　　　　　　（誅敦村）

清光緒二十九年（1903）　　　清·孔繼楨：重修闔鄉各古廟碑記　　55-2（146）　　康公主帥廟
　　　　　　　　　　　　　　　　　　　　　　　　　　　　　　　　　　　　（誅敦村）


56 康公廟（鍾村）

明崇禎元年（1628）　　　　　明·陳思觀：鍾村聖堂廟碑記　　　　56-1（147）　　康公廟（鍾村）

清光緒三十四年（1908）　　　清·盧崇寫：倡建鍾村墟場砌石碑記　56-2（148）　　康公廟（鍾村）


57 塔坡廟

清光緒十六年（1890）　　　　清·趙從端：重修佛山塔坡古廟碑記　57-1（149）　　塔坡廟


58 雲泉仙館

清咸豐十年（1860）　　　　　清·馮贊勳：鼎建雲泉仙館碑　　　　58-1（150）　　雲泉仙館

清光緒三十三年（1907）　　　清·李樹恭：重修雲泉仙館增建帝親殿碑　58-2（151）　　雲泉仙館

**59 蒙聖里觀音廟**

清咸豐三年(1853)      清·區鑑清:蒙聖里觀音廟記      59-1(152)      蒙聖里觀音廟

**60 嘉猷古廟(望岡堡)**

清咸豐元年(1851)      清·黎崇基:重建嘉猷古廟碑記      60-1(153)      嘉猷古廟(望岡堡)

**61 龍塘觀**

清道光九年(1829)      清·吳榮光:龍塘觀記      61-1(154)      龍塘觀

**62 關夫子廟(下九甫)**

清雍正元年(1723)      清·陳似源:重修城西關聖帝君祖廟碑記      62-1(155)      關夫子廟(下九甫)

**63 關帝廟(小港)**

清嘉慶十年(1805)      清·謝蘭生:增修關帝古廟碑記      63-1(156)      關帝廟(小港)

**64 關帝廟(粵秀山)**

明天順五年(1461)      明·黃諫:重修關將軍廟記      64-1(157)      關帝廟(粵秀山)

明萬曆十七年(1589)      明·劉繼文:粵秀山關聖帝廟碑      64-2(158)      關帝廟(粵秀山)

明萬曆十七年(1589)      明·劉繼文:關武安王祭文      64-3(159)      關帝廟(粵秀山)

明萬曆十七年(1589)      明·劉繼文:張桓侯碑      64-4(160)      關帝廟(粵秀山)

清順治十一年(1654)      清·李棲鳳:重修張桓侯廟記      64-5(161)      關帝廟(粵秀山)

清康熙六年(1667)      清·尚之信:重修張桓侯廟記      64-6(162)      關帝廟(粵秀山)

清康熙十一年(1672)      清·佚名:崇祀關帝廟永旋祖案碑記      64-7(163)      關帝廟(粵秀山)

清康熙二十七年(1688)      清·佚名:三聖會建醮奉祀碑記      64-8(164)      關帝廟(粵秀山)

清康熙六十年(1721)      清·李士傑:重建關帝廟頭門碑記      64-9(165)      關帝廟(粵秀山)

清雍正八年(1730)      清·子瑛:重修張將軍廟前包臺碑記      64-10(166)      關帝廟(粵秀山)

清乾隆四十七年(1782)      清·李天培:粵秀山武廟重修碑文      64-11(167)      關帝廟(粵秀山)

**65 關帝廟(禺山麓)**

明天順七年(1463)      明·陳洙:重修漢關將軍廟碑      65-1(168)      關帝廟(禺山麓)

清康熙二十二年(1683)      清·李士楨:關帝廟重修碑記      65-2(169)      關帝廟(禺山麓)

**66 關聖廟(汾水)**

清道光十年(1830)      清·吳榮光:重修佛山分水關帝廟記      66-1(170)      關聖廟(汾水)

## 順德縣

| 清雍正三年(1725) | 清·佚名:重修錦巖中廟碑記 | 75-3(183) | 錦巖廟 |
| 清乾隆三十三年(1768) | 清游法珠:重修錦巖廟碑記 | 75-4(184) | 錦巖廟 |
| 清乾隆四十九年(1784) | 清羅廷璉:錦巖廟裝金題名碑記 | 75-5(185) | 錦巖廟 |

附錄

清·余象斗:錦巖記　清順治十五年(1658)至十八年(1661)

## 東莞縣

### 76 上清觀

| 宋政和六年(1116) | 宋·楊襘:上清觀殿後壁記 | 76-1(186) | 上清觀 |
| 明宣德元年(1426) | 明·陳璉:重修上清觀記 | 76-2(187) | 上清觀 |
| 明嘉靖四十三年(1564) | 明·王希文:崔霞僊遺履亭真像記 | 76-3(188) | 上清觀 |
| 明崇禎十一年(1638) | 明·郭九鼎:文昌廟記 | 76-4(189) | 上清觀 |

### 77 東嶽行宮

| 宋紹熙四年(1193) | 宋·崔與之:重建東嶽行宮記 | 77-1(190) | 東嶽行宮 |

### 78 東嶽廟(茶山)

| 明正德十五年(1520) | 明·林光:重建東嶽行宮記 | 78-1(191) | 東嶽廟(茶山) |
| 明嘉靖二十一年(1542) | 明·佚名:重建東嶽行宮信士題名 | 78-2(192) | 東嶽廟(茶山) |
| 清康熙四十四年(1705) | 清·鄧廷喆:重修茶山東嶽廟碑記 | 78-3(193) | 東嶽廟(茶山) |
| 清嘉慶二年(1797) | 清·鄧大林:重修東嶽廟記 | 78-4(194) | 東嶽廟(茶山) |

### 79 城隍廟

| 宋元祐五年(1090) | 宋·李巖:重修城隍廟記 | 79-1(195) | 城隍廟 |
| 明崇禎十二年(1639) | 明·李楷:重修城隍廟碑記 | 79-2(196) | 城隍廟 |
| 清雍正十一年(1733) | 清·沈曾同:重修城隍廟記 | 79-3(197) | 城隍廟 |

### 80 關帝廟

| 明崇禎年間(1628-1644) | 明·林有本:重修關聖帝君廟記 | 80-1(198) | 關帝廟 |

## 從化縣

### 81 三官廟

| 清康熙三十二年(1693) | 清·郭遇熙:三官廟碑文 | 81-1(199) | 三官廟 |

82 大魁閣

| 清康熙三十二年(1693) | 清·郭遇熙:重修大魁閣記 | 82-1(200) | 大魁閣 |
| 清雍正九年(1731) | 清·龔崧林:重修大魁閣記 | 82-2(201) | 大魁閣 |
| 清雍正九年(1731) | 清·張經圖:重建大魁閣記 | 82-3(202) | 大魁閣 |
| 清雍正九年(1731) | 清·黃甲先:重建大魁閣記 | 82-4(203) | 大魁閣 |
| 清雍正九年(1731) | 清·黃玉堂:重建大魁閣記 | 82-5(204) | 大魁閣 |

83 天妃廟

| 清康熙二十九年(1690) | 清·郭遇熙:創建天妃廟文峰塔碑 | 83-1(205) | 天妃廟 |
| 清康熙三十三年(1694) | 清·張德桂:建天妃廟文峯塔記 | 83-1(206) | 天妃廟 |

84 城隍廟

| 清順治十八年(1661)中 | 清·孫繩:重修城隍廟碑記 | 84-1(207) | 城隍廟 |
| 清康熙三十一年(1692) | 清·張德桂:重建城(隍廟記) | 84-2(208) | 城隍廟 |

附錄

清·郭遇熙:告從化城隍文　　清康熙二十七年(1688)

85 清寧廟

| 清康熙二十八年(1689) | 清·郭遇熙:重建清寧廟碑記 | 85-1(209) | 清寧廟 |

## 增城縣

86 北帝古廟

| 清乾隆七年(1742) | 清·陳德魁:重建小逕墟碑記 | 86-1(210) | 北帝古廟 |
| 清道光四年(1824) | 清·陳憲祖:重修北帝古廟碑記 | 86-2(211) | 北帝古廟 |
| 清同治十三年(1874) | 清·陳念祖:重修小逕墟北帝古廟碑記 | 86-3(212) | 北帝古廟 |

87 四帥古廟

| 清道光二十年(1840) | 清·列裔昌:重修四帥神廟碑記 | 87-1(213) | 四帥古廟 |
| 清光緒十一年(1885) | 清·列鼎元:重修四帥神廟碑 | 87-2(214) | 四帥古廟 |

88 玄女古廟

| 清康熙三十六年(1697) | 清·王錫纘:東洲年創會景碑文 | 88-1(215) | 玄女古廟 |

89 城隍廟

| | | | |
|---|---|---|---|
| 明嘉靖十五年(1536) | 明·孫雲:重遷城隍廟記 | 89-1(216) | 城隍廟 |
| 明隆慶元年(1567) | 明·王文典:重修城隍廟記 | 89-2(217) | 城隍廟 |
| 明崇禎十一年(1638) | 明·陸清源:重復城隍廟田記 | 89-3(218) | 城隍廟 |
| 清康熙二十五年(1686) | 清·蔡淑:重修城隍廟記 | 89-4(219) | 城隍廟 |
| 清雍正二年(1724) | 清·周天成:修廟記 | 89-5(220) | 城隍廟 |
| 清乾隆十六年(1751) | 清·管一清:重修城隍廟碑記 | 89-6(221) | 城隍廟 |

90 會仙觀

| | | | |
|---|---|---|---|
| 明洪武十一年(1378) | 明·孟士穎:何仙姑井亭記 | 90-1(222) | 會仙觀 |
| 明洪武十三年(1380) | 明·孫賁:書井亭記後 | 90-2(223) | 會仙觀 |
| 明萬曆十八年(1590) | 明·劉繼文:重修何仙姑廟碑 | 90-3(224) | 會仙觀 |
| 明萬曆十八年(1590) | 明·李得陽:增城何仙姑神應記 | 90-4(225) | 會仙觀 |
| 明萬曆四十六年(1618) | 明·謝士章:拓建何仙姑祠記 | 90-5(226) | 會仙觀 |
| 明崇禎九年(1636)前後 | 明·陸清源:存仙井亭記 | 90-6(227) | 會仙觀 |

## 新會縣

91 文昌宮

| | | | |
|---|---|---|---|
| 明萬曆十六年(1588) | 明·黃淳:新修象山文昌宮記 | 91-1(228) | 文昌宮 |

92 文昌閣

| | | | |
|---|---|---|---|
| 明萬曆十二年(1584) | 明·袁奎:文昌閣記 | 92-1(229) | 文昌閣 |

93 城隍廟

| | | | |
|---|---|---|---|
| 明弘治六年(1493)至弘治<br>十一年(1498) | 明·李承箕:重修城隍廟碑 | 93-1(230) | 城隍廟 |

附錄

| | |
|---|---|
| 清·林皋:祭城隍軀虎文 | 清康熙四十五年(1706) |

## 香山縣

94 天妃廟

| | | | |
|---|---|---|---|
| 明崇禎三年(1630) | 明·伍瑞隆:重建大欖天妃廟碑 | 94-1(231) | 天妃廟 |

95 北帝廟

| 清康熙十八年（1679） | 清·毛定周：北帝廟碑記 | 95-1（232） | 北帝廟 |

96 北極觀

| 宋淳祐五年（1245） | 宋·趙希循：北極觀記 | 96-1（233） | 北極觀 |

97 東嶽廟

| 清嘉慶十二年（1807） | 清·方繩武：萬興嶽廟碑 | 97-1（234） | 東嶽廟 |

98 城隍廟

| 明萬曆二十七年（1599） | 明·曹啟益：重修香山城隍廟碑記 | 98-1（235） | 城隍廟 |
| 清康熙五十二年（1713） | 清·梁金震：城隍廟記 | 98-2（236） | 城隍廟 |
| 清嘉慶十五年（1810） | 清·鄭應元：城隍廟記 | 98-3（237） | 城隍廟 |

附錄

| 1 城隍廟鐘款 | 明成化十六年（1480） |
| 2 城隍廟銅鑪款 | 明隆慶元年（1567） |
| 3 城隍廟鐘款 | 明崇禎元年（1628） |
| 4 清·申良翰：驅虎牒城隍文 | 約清康熙十年（1671） |

# 三水縣

99 文昌宮

| 清嘉慶十年（1805） | 清·洪先燾：文昌帝君廟記 | 99-1（238） | 文昌宮 |

100 城隍廟

| 明隆慶元年（1567） | 明·鄭孔道：修城隍廟記 | 100-1（239） | 城隍廟 |
| 清康熙十一年（1672） | 清·蘇嵋：重建城隍廟碑記 | 100-2（240） | 城隍廟 |

101 胥江北帝廟

| 明嘉靖二十三年（1544） | 明·朱端明：胥江武當行宮記 | 101-1（241） | 胥江北帝廟 |
| 清嘉慶十四年（1809） | 清·謝蘭生：重修胥江真武廟記 | 101-2（242） | 胥江北帝廟 |
| 清嘉慶二十一年（1816） | 清·黃善書：一二三舖賀誕碑記 | 101-3（243） | 胥江北帝廟 |

102 真武廟(城北)

| 清康熙四十六年(1707) | 清·鄭玫:重修武當行宮記 | 102-1(244) 真武廟(城北) |

103 關帝廟

| 明萬曆三十四年(1606) | 明·陳原道:遷建漢壽亭侯廟記 | 103-1(245) 關帝廟 |
| 清乾隆五十七年(1792) | 清·王宿善:重修武廟記 | 103-2(246) 關帝廟 |

## 新寧縣

104 文昌宮

| 明萬曆三十八年(1610) | 明·滕之俊:創建文昌宮碑記 | 104-1(247) 文昌廟 |

105 城隍廟

| 明嘉靖三十六年(1557) | 明·麗嵩:重修城隍廟記 | 105-1(248) 城隍廟 |
| 明萬曆三十年(1602) | 明·海邁:熊侯重創城隍廟記 | 105-2(249) 城隍廟 |
| 明萬曆三十五年(1607) | 明·劉聖範:聖母廟新塑奶娘神像碑 | 105-3(250) 城隍廟 |

## 清遠縣

106 文昌宮

| 清乾隆二年(1737) | 清·陳哲:遷文昌宮記 | 106-1(251) 文昌宮 |

107 北帝廟(石角墟)

| 清道光十一年(1831) | 清·李謨:重建石角墟北帝廟序 | 107-1(252) 北帝廟(石角墟) |

108 北帝廟(城北)

| 清乾隆五年(1740) | 清·葉宏智:重修北帝廟碑記 | 108-1(253) 北帝廟(城北) |
| 清嘉慶五年(1800) | 清·饒應泰:重修北帝廟碑記 | 108-2(254) 北帝廟(城北) |
| 清光緒七年(1881) | 清·陸存謙:重修北帝古廟碑記 | 108-3(255) 北帝廟(城北) |

109 北帝廟(圓崗村)

| 清嘉慶元年(1796) | 清·佚名:水口廟碑序 | 109-1(256) 北帝廟(圓崗村) |
| 清道光三年(1823) | 清·佚名:重修北帝廟碑記 | 109-2(257) 北帝廟(圓崗村) |

110 廻瀾廟

清乾隆二年(1737)　　　　　清·陳哲:新建奎光閣暨廻瀾廟記　　　　110-1(258)　廻瀾廟

111 城隍廟

明嘉靖三十六年(1557)　　　明·陳幅:修城隍廟碑記　　　　　　　111-1(259)　城隍廟

明萬曆八年(1580)　　　　　明·朱士讚:重塑城隍神像記　　　　　111-2(260)　城隍廟

清乾隆二年(1737)　　　　　清·陳哲:重修城隍廟碑記　　　　　　111-3(261)　城隍廟

清道光元年(1821)　　　　　清·佚名:道光建造城隍廟前後堦鞏碑記　111-4(262)　城隍廟

清咸豐元年(1851)　　　　　清·郭鍾熙:重修城隍廟碑記　　　　　111-5(263)　城隍廟

112 洪鎮廟

清嘉慶十七年(1812)　　　　清·宋灝:重建神逕水口洪鎮廟記　　　112-1(264)　洪鎮廟

113 關帝廟

清咸豐七年(1857)　　　　　清·佚名:重建關聖古廟碑記　　　　　113-1(265)　洪鎮廟

# 新安縣

114 文昌閣

明萬曆三十九年(1611)　　　明·鄧文照:尊經文昌二閣記　　　　　114-1(266)　文昌閣

115 赤灣天后廟

明天順八年(1464)　　　　　明·黃諫:新建赤灣天妃廟後殿記　　　115-1(267)　赤灣天后廟

明萬曆十四年(1586)　　　　明·吳國光:重修赤灣天妃廟記　　　　115-2(268)　赤灣天后廟

清順治十八年(1661)　　　　清·王應華:重修赤灣天后廟記　　　　115-3(269)　赤灣天后廟

清嘉慶十九年(1814)　　　　清·孫海觀:重修赤灣天后廟引　　　　115-4(270)　赤灣天后廟

清嘉慶二十一年(1816)　　　清·蔡學元:重修赤灣天后廟記　　　　115-5(271)　赤灣天后廟

# 花縣

116 三聖古廟(步雲村)

清乾隆四十七年(1782)　　　清·佚名:建造三帝廟題名碑記　　　　116-1(272)　三聖古廟(步雲村)

117 天后廟（寶鴨湖村）

| 清雍正九年（1731） | 清·許鍾霖：花縣寶鴨湖村重修天后廟記 | 117-1（273） 天后廟（寶鴨湖村） |
| 清嘉慶五年（1800） | 清·羅忠揚：遷建天后宮碑誌 | 117-2（274） 天后廟（寶鴨湖村） |

118 文昌先農廟

| 清嘉慶十八年（1813） | 清·閆掄閣：重建文昌先農二廟碑記 | 118-1（275） 文昌先農廟 |

119 城隍廟

| 清乾隆三十八年（1773） | 清·嵼開發：重建城隍廟碑記 | 119-1（276） 城隍廟 |

附錄

| 清·秦蕙田：城隍考 | 清乾隆元年（1736）至二十九年（1764）間 | |

120 康公廟（水口村）

| 清康熙十九年（1680） | 清·佚名：重修康公廟碑 | 120-1（277） 康公廟（水口村） |
| 清乾隆十七年（1752） | 清·佚名：重修觀音康公廟簽金碑記 | 120-2（278） 康公廟（水口村） |
| 清乾隆五十四年（1789） | 清·佚名：重修康公廟碑記 | 120-3（279） 康公廟（水口村） |
| 清嘉慶十一年（1806） | 清·佚名：重修康公廟碑記 | 120-4（280） 康公廟（水口村） |
| 清嘉慶二十四年（1819） | 清·佚名：重修康公廟碑 | 120-5（281） 康公廟（水口村） |

121 關帝廟

| 清康熙四十九年（1710） | 清·王敏：新建關帝廟碑記 | 121-1（282） 關帝廟 |

# 附表二 《廣州府道教廟宇碑刻集釋》所收碑刻目錄
## （按年代編排）

| 碑刻年代 | 碑題 | 碑號（總序號） | 廟宇·屬地 |
| --- | --- | --- | --- |
| 宋元豐二年（1079） | 宋·薛唐：廣州重修天慶觀記 | 16-1（28） | 元妙觀·廣州府屬 |
| 宋元祐五年（1090） | 宋·李巖：重修城隍廟記 | 79-1（195） | 城隍廟·東莞縣 |
| 宋元符二年（1099） | 宋·蘇軾：衆妙堂記 | 16-2（29） | 元妙觀·廣州府屬 |
| 宋政和四年（1114） | 宋·張勱：廣州重修五仙祠記 | 17-1（34） | 五仙觀·廣州府屬 |
| 宋政和六年（1116） | 宋·楊褆：上清觀殿後壁記 | 76-1（186） | 上清觀·東莞縣 |
| 宋紹興二十五年（1155） 左右 | 宋·洪邁：修天慶觀三清殿記 | 16-3（30） | 元妙觀·廣州府屬 |
| 宋紹熙四年（1193） | 宋·崔與之：重建東嶽行宮記 | 77-1（190） | 東嶽行宮·東莞縣 |
| 宋淳祐五年（1245） | 宋·方大琮：廣州修復天慶觀衆妙堂記 | 16-4（31） | 元妙觀·廣州府屬 |
| 宋淳祐五年（1245） | 宋·趙希循：北極觀記 | 96-1（233） | 北極觀·香山縣 |
| 宋德祐間（1275-1276） | 宋·佚名：五僊觀古仙詩碑 | 17-2（35） | 五仙觀·廣州府屬 |
| 明洪武二年（1369） | 明·孫蕡：五仙觀記 | 17-3（36） | 五仙觀·廣州府屬 |
| 明洪武十一年（1378） | 明·孟士穎：何仙姑井亭記 | 90-1（222） | 會仙觀·增城縣 |
| 明洪武十三年（1380） | 明·孫蕡：書井亭記後 | 90-2（223） | 會仙觀·增城縣 |
| 明宣德元年（1426） | 明·陳璉：重修上清觀記 | 76-2（187） | 上清觀·東莞縣 |
| 明宣德四年（1429） | 明·唐璧：重修祖廟碑記 | 38-1（102） | 佛山祖廟·廣州府屬 |
| 明正統三年（1438） | 明·佚名：重修慶真堂記 | 38-2（103） | 佛山祖廟·廣州府屬 |
| 明景泰二年（1451） | 明·陳贄：佛山真武祖廟靈應記 | 38-3（104） | 佛山祖廟·廣州府屬 |
| 明天順五年（1461） | 明·黃諫：重修關將軍廟記 | 64-1（157） | 關帝廟（粤秀山）·廣州府屬 |
| 明天順七年（1463） | 明·陳洙：重修漢關將軍廟碑 | 65-1（168） | 關帝廟（禺山麓）·廣州府屬 |
| 明天順八年（1464） | 明·黃諫：新建赤灣天妃廟後殿記 | 115-1（267） | 赤灣天后廟·新安縣 |
| 明弘治六年（1493）至弘治 十一年（1498） | 明·李承箕：重修城隍廟碑 | 93-1（230） | 城隍廟·新會縣 |
| 明正德十四年（1519） | 明·陳希元：玄真觀道士月囷置田創殿記 | 72-1（178） | 元真觀·順德縣 |
| 明正德十五年（1520） | 明·林光：重建東嶽行宮記 | 78-1（191） | 東嶽廟（茶山）·東莞縣 |
| 明嘉靖十五年（1536） | 明·孫雲：重遷城隍廟記 | 89-1（216） | 城隍廟·增城縣 |
| 明嘉靖十八年（1539） | 明·佚名：蒲盧園陂圍碑記 | 32-1（80） | 玄帝廟（筆村）·廣州府屬 |

| 明嘉靖二十一年（1542） | 明・佚名：重建東嶽行宮信士題名 | 78-2（192） | 東嶽廟（茶山）·東莞縣 |
|---|---|---|---|
| 明嘉靖二十三年（1544） | 明・朱端明：胥江武當行宮記 | 101-1（241） | 胥江北帝廟·三水縣 |
| 明嘉靖二十八年（1549） | 明・梁有譽：重修三皇像碑 | 16-5（32） | 元妙觀·廣州府屬 |
| 明嘉靖三十三年（1554） | 明・湛若水：五仙觀湛甘泉詩碑 | 17-4（37） | 五仙觀·廣州府屬 |
| 明嘉靖三十六年（1557） | 明・龐嵩：重修城隍廟記 | 105-1（248） | 城隍廟·新寧縣 |
| 明嘉靖三十六年（1557） | 明・陳幅：修城隍廟碑記 | 111-1（259） | 城隍廟·清遠縣 |
| 明嘉靖四十二年（1563） | 明・佚名：新建東山祖堂記 | 50-1（140） | 真武廟（大東門外）·廣州府屬 |
| 明嘉靖四十三年（1564） | 明・王希文：崔霞僊遺履亭真像記 | 76-3（188） | 上清觀·東莞縣 |
| 明嘉靖四十四年（1565） | 明・黎民表：真武像贊 | 17-5（38） | 五仙觀·廣州府屬 |
| 明隆慶元年（1567） | 明・鄭孔道：修城隍廟記 | 100-1（239） | 城隍廟·三水縣 |
| 明隆慶元年（1567） | 明・王文典：重修城隍廟記 | 89-2（217） | 城隍廟·增城縣 |
| 明萬曆八年（1580） | 明・朱士讚：重塑城隍神像記 | 111-2（260） | 城隍廟·清遠縣 |
| 明萬曆十二年（1584） | 明・袁奎：文昌閣記 | 92-1（229） | 文昌閣·新會縣 |
| 明萬曆十三年（1585） | 明・蔡汝賢：重修廣州城隍廟記 | 46-1（131） | 城隍廟·廣州府屬 |
| 明萬曆十四年（1586） | 明・吳國光：重修赤灣天妃廟記 | 115-2（268） | 赤灣天后廟·新安縣 |
| 明萬曆十六年（1588） | 明・陳大猷：助修城隍廟記 | 46-2（132） | 城隍廟·廣州府屬 |
| 明萬曆十六年（1588） | 明・黃淳：新修象山文昌宮記 | 91-1（228） | 文昌宮·新會縣 |
| 明萬曆十七年（1589） | 明・劉繼文：粵秀山關聖帝廟碑 | 64-2（158） | 關帝廟（粵秀山）·廣州府屬 |
| 明萬曆十七年（1589） | 明・劉繼文：關武安王祭文 | 64-3（159） | 關帝廟（粵秀山）·廣州府屬 |
| 明萬曆十七年（1589） | 明・劉繼文：張桓侯碑 | 64-4（160） | 關帝廟（粵秀山）·廣州府屬 |
| 明萬曆十八年（1590） | 明・劉繼文：重修何仙姑廟碑 | 90-3（224） | 會仙觀·增城縣 |
| 明萬曆十八年（1590） | 明・李得陽：增城何仙姑神應記 | 90-4（225） | 會仙觀·增城縣 |
| 明萬曆二十一年（1593） | 明・金節：桂洲真武廟碑記 | 74-1（180） | 桂洲真武廟·順德縣 |
| 明萬曆二十七年（1599） | 明・曹啟益：重修香山城隍廟碑記 | 98-1（235） | 城隍廟·香山縣 |
| 明萬曆三十年（1602） | 明・鄧文照：尊經文昌二閣記 | 114-1（266） | 文昌閣·新安縣 |
| 明萬曆三十四年（1606） | 明・海邁：熊侯重創城隍廟記 | 105-2（249） | 城隍廟·新寧縣 |
| 明萬曆三十五年（1607） | 明・陳原道：遷建漢壽亭侯廟記 | 103-1（245） | 關帝廟·三水縣 |
| 明萬曆三十八年（1610） | 明・劉聖籠：聖母廟新塑奶娘神像碑 | 105-3（250） | 城隍廟·新寧縣 |
| 明萬曆三十九年（1611） | 明・滕之俊：創建文昌宮碑記 | 104-1（247） | 文昌廟·新寧縣 |
| 明萬曆四十三年（1615） | 明・薛藩：錦巖碑記 | 75-1（181） | 錦巖廟·順德縣 |
| 明萬曆四十六年（1618） | 明・謝士章：拓建何仙姑祠記 | 90-5（226） | 會仙觀·增城縣 |
| 明萬曆四十八年（1620） | 明・明成祖：文昌帝君暨侍者像石刻並題字 | 31-1（76） | 北廟（大北門直街）·廣州府屬 |
| 明天啟元年（1621） | 老子像石刻暨題字 | 31-2（77） | 北廟（大北門直街）·廣州府屬 |

| | | | |
|---|---|---|---|
| 明天啟二年(1622) | 明·佚名:重修真武廟記 | 18-1(44) | 仁威廟·廣州府屬 |
| 明天啟三年(1623) | 明·佚名:闔邑士民創建元都紫府祭田香燈記 | 70-1(175) | 大良北帝廟·順德縣 |
| 明天啟五年(1625)略後 | 明·梁士濟:重修月溪文昌宮記 | 20-1(52) | 文昌宮(白雲山)·廣州府屬 |
| 明崇禎年間(1628-1644) | 明·林有本:重修關聖帝君廟記 | 80-1(198) | 關帝廟·東莞縣 |
| 明崇禎元年(1628) | 明·陳思覲:鍾村聖堂廟碑記 | 56-1(147) | 康公廟(鍾村)·廣州府屬 |
| 明崇禎元年(1628) | 明·李待問:柵下天妃廟記 | 14-1(25) | 天后廟(柵下)·廣州府屬 |
| 明崇禎二年(1629) | 明·李待問:重修靈應祠鼓樓記 | 38-4(105) | 佛山祖廟·廣州府屬 |
| 明崇禎三年(1630) | 明·伍瑞隆:重建大欖天妃廟碑 | 94-1(231) | 天妃廟·香山縣 |
| 明崇禎六年(1633) | 許真君像石刻暨題字 | 31-3(78) | 北廟(大北門直街)·廣州府屬 |
| 明崇禎九年(1636)前後 | 明·陸清源:存仙井亭記 | 90-6(227) | 會仙觀·增城縣 |
| 明崇禎十一年(1638) | 明·郭九鼎:文昌廟記 | 76-4(189) | 上清觀·東莞縣 |
| 明崇禎十一年(1638) | 明·陸清源:重復城隍廟田記 | 89-3(218) | 城隍廟·增城縣 |
| 明崇禎十二年(1639) | 明·李檉:重修城隍廟碑記 | 79-2(196) | 城隍廟·東莞縣 |
| 明崇禎十三年(1640) | 明·佚名:官涌通鄉伍顯關帝禾華等神廟堂碑記 | 43-1(125) | 官涌古廟·廣州府屬 |
| 明崇禎十四年(1641) | 明·李待問:重修靈應祠記 | 38-5(106) | 佛山祖廟·廣州府屬 |
| 南明隆武元年(1645) | 明·鍾鼎臣:鼎建玄帝廟碑記 | 32-2(81) | 玄帝廟(筆村)·廣州府屬 |
| 清順治八年(1651) | 清·黎春曦:鼎建三聖廟碑記 | 8-1(18) | 三聖廟(大穀村)·廣州府屬 |
| 清順治九年(1652) | 清·尚可喜:新建東西得勝廟碑 | 41-1(121) | 東得勝廟(小北門外東)·廣州府屬 |
| 清順治十一年(1654) | 清·李棲鳳:重修張桓侯廟記 | 64-5(161) | 關帝廟(粵秀山)·廣州府屬 |
| 清順治十二年(1655) | 清·耿繼茂:重修五仙觀碑記 | 17-6(39) | 五仙觀·廣州府屬 |
| 清順治十三年(1656) | 清·李棲鳳:修建三元殿記 | 4-1(7) | 三元宮·廣州府屬 |
| 清順治十六年(1659) | 清·耿繼茂:重修玄帝廟碑記 | 31-4(79) | 北廟(大北門直街)·廣州府屬 |
| 清順治十八年(1661) | 清·趙鳴玉:重修北帝祖廟碑記 | 18-2(45) | 仁威廟·廣州府屬 |
| 清順治十八年(1661) | 清·王應華:重修赤灣天后廟記 | 115-3(269) | 赤灣天后廟·新安縣 |
| 清順治十八年(1661)中 | 清·孫繩:重修城隍廟碑記 | 84-1(207) | 城隍廟·從化縣 |
| 清康熙三年(1664) | 清·趙鳴玉:修醫靈廟記 | 68-1(172) | 醫靈廟(華村里)·廣州府屬 |
| 清康熙五年(1666) | 清·尚可喜:重修玄妙觀記 | 16-6(33) | 元妙觀·廣州府屬 |
| 清康熙六年(1667) | 清·尚之信:重修張桓侯廟記 | 64-6(162) | 關帝廟(粵秀山)·廣州府屬 |
| 清康熙七年(1668) | 清·佚名:重修關帝廟并三年圓滿功德碑記 | 17-7(40) | 五仙觀·廣州府屬 |
| 清康熙十一年(1672) | 清·佚名:崇祀關帝廟永旋祖案碑記 | 64-7(163) | 關帝廟(粵秀山)·廣州府屬 |

| | | | |
|---|---|---|---|
| 清康熙十一年（1672） | 清·蘇嵋：重建城隍廟碑記 | 100-2（240） | 城隍廟·三水縣 |
| 清康熙十七年（1678） | 清·佚名：北帝廟香燈祭業碑 | 18-3（46） | 仁威廟·廣州府屬 |
| 清康熙十八年（1679） | 清·毛定周：北帝廟碑記 | 95-1（232） | 北帝廟·香山縣 |
| 清康熙十九年（1680） | 清·佚名：重修康公廟碑 | 120-1（277） | 康公廟（水口村）·花縣 |
| 清康熙二十二年（1683） | 清·龔章：金花古廟重修增建記 | 42-1（122） | 金花古廟·廣州府屬 |
| 清康熙二十二年（1683） | 清·李士楨：關帝廟重修碑記 | 65-2（169） | 關帝廟（禺山麓）·廣州府屬 |
| 清康熙二十三年（1684） | 清·郎廷樞：修靈應祠記 | 38-6（107） | 佛山祖廟·廣州府屬 |
| 清康熙二十三年（1684） | 清·蔣伊：重修文昌宮碑記 | 22-1（54） | 文昌宮（桂香街）·廣州府屬 |
| 清康熙二十五年（1686） | 清·蔡淑：重修城隍廟記 | 89-4（219） | 城隍廟·增城縣 |
| 清康熙二十七年（1688） | 清·佚名：三聖會建醮奉祀碑記 | 64-8（164） | 關帝廟（粵秀山）·廣州府屬 |
| 清康熙二十八年（1689） | 清·郭遇熙：重建清寧廟碑記 | 85-1（209） | 清寧廟·從化縣 |
| 清康熙二十九年（1690） | 清·李錫祚：重修靈應祠記 | 38-8（109） | 佛山祖廟·廣州府屬 |
| 清康熙二十九年（1690） | 清·郭遇熙：創建天妃廟文峰塔碑 | 83-1（205） | 天妃廟·從化縣 |
| 清康熙三十年（1691） | 清·梁佩蘭：金花廟前新築地基碑記 | 42-2（123） | 金花古廟·廣州府屬 |
| 清康熙三十年（1691） | 清·徐勃：重建文昌閣記 | 73-1（179） | 文昌閣·順德縣 |
| 清康熙三十年（1691）以前 | 清·冼煜：重修錦香池記 | 38-7（108） | 佛山祖廟·廣州府屬 |
| 清康熙三十一年（1692） | 清·陳恭尹：重修錦巖三廟碑記 | 75-2（182） | 錦巖廟·順德縣 |
| 清康熙三十一年（1692） | 清·張德桂：重建城（隍廟記） | 84-2（208） | 城隍廟·從化縣 |
| 清康熙三十二年（1693） | 清·郭遇熙：三官廟碑文 | 81-1（199） | 三官廟·從化縣 |
| 清康熙三十二年（1693） | 清·郭遇熙：重修大魁閣記 | 82-1（200） | 大魁閣·從化縣 |
| 清康熙三十三年（1694） | 清·張德桂：建天妃廟文峯塔記 | 83-1（206） | 天妃廟·從化縣 |
| 清康熙三十六年（1697） | 清·王錫縉：東洲年創會景碑文 | 88-1（215） | 玄女古廟·增城縣 |
| 清康熙三十九年（1700） | 清·佚名：官涌通鄉伍顯關帝禾華等神廟堂碑記 | 43-2（126） | 官涌古廟·廣州府屬 |
| 清康熙四十年（1701） | 清·釋成鷲：蠔岡華光廟重修記 | 49-1（139） | 華光廟 |
| 清康熙四十三年（1704） | 清·林總戴：重修康公古廟碑記 | 54-1（144） | 康公廟古廟（官堂村）·廣州府屬 |
| 清康熙四十四年（1705） | 清·鄧廷喆：重修茶山東嶽廟碑記 | 78-3（193） | 東嶽廟（茶山）·東莞縣 |
| 清康熙四十五年（1706） | 清·佚名：清復靈應祠租雜記 | 38-9（110） | 佛山祖廟·廣州府屬 |
| 清康熙四十六年（1707） | 清·鄭玫：重修武當行宮記 | 102-1（244） | 真武廟（城北）·三水縣 |
| 清康熙四十九年（1710） | 清·王敏：新建關帝廟碑記 | 121-1（282） | 關帝廟·花縣 |
| 清康熙五十二年（1713） | 清·戴佩：鼎建仁威祖廟天樞宮題名碑文 | 18-4（47） | 仁威廟·廣州府屬 |
| 清康熙五十二年（1713） | 清·梁金震：城隍廟記 | 98-2（236） | 城隍廟·香山縣 |
| 清康熙五十八年（1719） | 清·鍾和聲：重修文教古廟碑記 | 25-1（58） | 文教廟（小文教村）·廣州府屬 |

| 清康熙五十九年(1720) | 清·佚名:靈應祠廟鋪還廟碑示 | 38-10(111) | 佛山祖廟·廣州府屬 |
|---|---|---|---|
| 清康熙六十年(1721) | 清·佚名:重建玄帝古廟碑記 | 35-1(93) | 玉虛宮(楊箕村)·廣州府屬 |
| 清康熙六十年(1721) | 清·李士傑:重建關帝廟頭門碑記 | 64-9(165) | 關帝廟(粤秀山)·廣州府屬 |
| 清康熙六十一年(1722) 之前 | 清·僧成鷟:南田神廟記 | 44-1(128) | 南田神廟·廣州府屬 |
| 清雍正元年(1723) | 清·陳似源:重修城西關聖帝君祖廟碑記 | 62-1(155) | 關夫子廟(下九甫)·廣州府屬 |
| 清雍正二年(1724) | 清·周天成:修廟記 | 89-5(220) | 城隍廟·增城縣 |
| 清雍正三年(1725) | 清·佚名:重修錦巖中廟碑記 | 75-3(183) | 錦巖廟·順德縣 |
| 清雍正八年(1730) | 清·倫之綱:重建洞天宮記 | 53-1(143) | 萬真觀·廣州府屬 |
| 清雍正八年(1730) | 清·子瑛:重修張將軍廟前包臺碑記 | 64-10(166) | 關帝廟(粤秀山)·廣州府屬 |
| 清雍正九年(1731) | 清·龔崧林:重修大魁閣記 | 82-2(201) | 大魁閣·從化縣 |
| 清雍正九年(1731) | 清·張經圖:重建大魁閣記 | 82-3(202) | 大魁閣·從化縣 |
| 清雍正九年(1731) | 清·黃甲先:重建大魁閣記 | 82-4(203) | 大魁閣·從化縣 |
| 清雍正九年(1731) | 清·黃玉堂:重建大魁閣記 | 82-5(204) | 大魁閣·從化縣 |
| 清雍正九年(1731) | 清·許鍾霖:花縣寶鴨湖村重修天后廟記 | 117-1(273) | 天后廟(寶鴨湖村)·花縣 |
| 清雍正十一年(1733) | 清·佚名:華光古廟助金題名碑記 | 48-1(136) | 華光古廟(小谷圍)·廣州府屬 |
| 清雍正十一年(1733) | 清·沈曾同:重修城隍廟記 | 79-3(197) | 城隍廟·東莞縣 |
| 清雍正十二年(1734) | 清·何遠:武帝金像碑記 | 40-1(115) | 武帝古廟(沙灣)·廣州府屬 |
| 清乾隆元年(1736) | 清·鍾光尚:重建廟宇碑記 | 26-1(60) | 北帝古廟(塘頭村)·廣州府屬 |
| 清乾隆二年(1737) | 清·陳哲:遷文昌宮記 | 106-1(251) | 文昌宮·清遠縣 |
| 清乾隆二年(1737) | 清·陳哲:新建奎光閣暨廻瀾廟記 | 110-1(258) | 廻瀾廟·清遠縣 |
| 清乾隆二年(1737) | 清·陳哲:重修城隍廟碑記 | 111-3(261) | 城隍廟·清遠縣 |
| 清乾隆四年(1739) | 清·佚名:重修三清古廟碑記 | 7-1(15) | 三清堂(南崗村)·廣州府屬 |
| 清乾隆五年(1740) | 清·葉宏智:重修北帝廟碑記 | 108-1(253) | 北帝廟(城北)·清遠縣 |
| 清乾隆七年(1742) | 清·陳德魁:重建小逕墟碑記 | 86-1(210) | 北帝古廟·增城縣 |
| 清乾隆十一年(1746) | 清·馮任:重建北帝廟碑記 | 30-1(71) | 北帝廟(黃埔村)·廣州府屬 |
| 清乾隆十三年(1748) | 清·佚名:重修仁威祖廟碑記 | 18-5(48) | 仁威廟·廣州府屬 |
| 清乾隆十三年(1748) | 清·黃興禮:海口文昌閣記 | 23-1(55) | 文昌閣(海口)·廣州府屬 |
| 清乾隆十五年(1750) | 清·佚名:重建玄帝廟碑 | 32-3(82) | 玄帝廟(筆村)·廣州府屬 |
| 清乾隆十六年(1751) | 清·管一清:重修城隍廟碑記 | 89-6(221) | 城隍廟·增城縣 |
| 清乾隆十七年(1752) | 清·麥士□:重修鄉約亭題名碑記 | 43-3(127) | 官涌古廟·廣州府屬 |
| 清乾隆十七年(1752) | 清·佚名:重修觀音康公廟簽金碑記 | 120-2(278) | 康公廟(水口村)·花縣 |
| 清乾隆十八年(1753) | 清·莊有恭:重修城隍廟記 | 46-3(133) | 城隍廟·廣州府屬 |
| 清乾隆十九年(1754) | 清·佚名:玉虛宮重修碑記 | 35-2(94) | 玉虛宮(楊箕村)·廣州府屬 |

| | | | |
|---|---|---|---|
| 清乾隆二十一年（1756） | 清·馮成修：重建金花古廟碑記 | 42-3（124） | 金花古廟·廣州府屬 |
| 清乾隆二十三年（1758） | 清·簡謙：重修本廟碑記 | 33-1（87） | 玉虛宮（小洲村）·廣州府屬 |
| 清乾隆二十七年（1762） | 清·陳炎宗：重修南海佛山靈應祠碑記 | 38-11（112） | 佛山祖廟·廣州府屬 |
| 清乾隆二十七年（1762） | 清·佚名：重修天后廟碑記 | 12-1（23） | 天后廟（小洲村）·廣州府屬 |
| 清乾隆三十年（1765） | 清·梁世虞：三元殿碑 | 2-1（2） | 三元古廟（吉山村）·廣州府屬 |
| 清乾隆三十三年（1768） | 清·游法珠：重修錦巖廟碑記 | 75-3（184） | 錦巖廟·順德縣 |
| 清乾隆三十八年（1773） | 清·嵋開發：重建城隍廟碑記 | 119-1（276） | 城隍廟·花縣 |
| 清乾隆三十九年（1774） | 清·佚名：重修北帝廟碑記 | 26-2（61） | 北帝古廟（塘頭村）·廣州府屬 |
| 清乾隆四十二年（1777） | 清·鍾楨國：鼎建真武帝廟碑記 | 36-1（99） | 玉虛宮（長龍村）·廣州府屬 |
| 清乾隆四十二年（1777） | 清·梁景璋：大良北帝廟碑 | 70-2（176） | 大良北帝廟·順德縣 |
| 清乾隆四十五年（1780） | 清·郁教甯：鮑姑祠記 | 4-2（8） | 三元宮·廣州府屬 |
| 清乾隆四十五年（1780） | 清·佚名：重修三清古廟碑記 | 7-2（16） | 三清堂（南崗村）·廣州府屬 |
| 清乾隆四十七年（1782） | 清·佚名：武帝廟重修碑記 | 40-2（116） | 武帝古廟（沙灣）·廣州府屬 |
| 清乾隆四十七年（1782） | 清·李天培：粵秀山武廟重修碑文 | 64-11（167） | 關帝廟（粵秀山）·廣州府屬 |
| 清乾隆四十七年（1782） | 清·佚名：建造三帝廟題名碑記 | 116-1（272） | 三聖古廟（步雲村）·花縣 |
| 清乾隆四十八年（1783） | 清·朱廉：重修玄帝廟碑記 | 32-4（83） | 玄帝廟（筆村）·廣州府屬 |
| 清乾隆四十九年（1784） | 清·羅廷璉：錦巖廟裝金題名碑記 | 75-5（185） | 錦巖廟·順德縣 |
| 清乾隆五十年（1785） | 清·張錦芳：重修仁威古廟碑記 | 18-6（49） | 仁威廟·廣州府屬 |
| 清乾隆五十年（1785） | 清·佚名：元貝村禁約 | 34-1（88） | 玉虛宮（元貝村）·廣州府屬 |
| 清乾隆五十年（1785） | 清·李茂新：重修三元古廟碑誌 | 3-1（4） | 三元古廟（三元里）·廣州府屬 |
| 清乾隆五十年（1785） | 清·蕭雲漢：重建斗姥殿碑記 | 4-3（9） | 三元宮·廣州府屬·廣州府屬 |
| 清乾隆五十一年（1786） | 清·佚名：重修龍溪天后古廟碑記 | 9-1（19） | 天后古廟（龍溪）·廣州府屬 |
| 清乾隆五十四年（1789） | 清·佚名：重修康公廟碑記 | 120-3（279） | 康公廟（水口村）·花縣 |
| 清乾隆五十五年（1790） | 清·佚名：重修北帝古廟碑 | 28-1（65） | 北帝古廟（塘口村）·廣州府屬 |
| 清乾隆五十六年（1791） | 清·鍾鳳：重建上帝祖廟碑記 | 34-2（89） | 玉虛宮（元貝村）·廣州府屬 |
| 清乾隆五十六年（1791） | 清·佚名：砌市街石碑記 | 40-3（117） | 武帝古廟（沙灣）·廣州府屬 |
| 清乾隆五十七年（1792） | 清·王宿善：重修武廟記 | 103-2（246） | 關帝廟·三水縣 |
| 清乾隆五十八年（1793） | 清·韓紹賢：重修文昌宮堂寢碑記 | 21-1（53） | 文昌宮（協天勝里）·廣州府屬 |
| 清乾隆五十八年（1793） | 清·佚名：禁鍬白堨告示碑 | 40-4（118） | 武帝古廟（沙灣）·廣州府屬 |
| 清乾隆六十年（1795） | 清·區必佳：重修北帝古廟碑記 | 27-1（64） | 北帝古廟（滄頭村）·廣州府屬 |
| 清嘉慶元年（1796） | 清·黎簡：彌教元君古廟碑 | 71-1（177） | 彌教元君古廟·順德縣 |
| 清嘉慶元年（1796） | 清·佚名：水口廟碑序 | 109-1（256） | 北帝廟（圓崗村）·清遠縣 |
| 清嘉慶二年（1797） | 清·陳其燡：重修靈應祠鼎建靈宮碑記 | 38-12（113） | 佛山祖廟·廣州府屬 |
| 清嘉慶二年（1797） | 清·鄧大林：重修東嶽廟記 | 78-4（194） | 東嶽廟（茶山）·東莞縣 |

| 清嘉慶三年(1798) | 清·容輝:重修古廟碑記 | 29-1(70) | 北帝神廟(曾邊村)·廣州府屬 |
|---|---|---|---|
| 清嘉慶三年(1798) | 清·佚名:起建靈蟠廟各信碑 | 69-1(173) | 靈蟠古廟(石樓鄉)·廣州府屬 |
| 清嘉慶四年(1799) | 清·姚允楫:重修北帝廟碑記 | 35-3(95) | 玉虛宮(楊箕村)·廣州府屬 |
| 清嘉慶五年(1800) | 清·饒應泰:重修北帝廟碑記 | 108-2(254) | 北帝廟(城北)·清遠縣 |
| 清嘉慶五年(1800) | 清·羅忠揚:遷建天后宮碑誌 | 117-2(274) | 天后廟(寶鴨湖村)·花縣 |
| 清嘉慶十年(1805) | 清·梁殿珍:重修華光廟碑記 | 48-2(137) | 華光古廟(小谷圍)·廣州府屬 |
| 清嘉慶十年(1805) | 清·謝蘭生:增修關帝古廟碑記 | 63-1(156) | 關帝廟(小港)·廣州府屬 |
| 清嘉慶十年(1805) | 清·洪先燾:文昌帝君廟記 | 99-1(238) | 文昌宮·三水縣 |
| 清嘉慶十年(1805) | 清·姚允楫:重修兩廟碑記 | 35-4(96) | 玉虛宮(楊箕村)·廣州府屬 |
| 清嘉慶十一年(1806) | 清·佚名:重修康公廟碑記 | 120-4(280) | 康公廟(水口村)·花縣 |
| 清嘉慶十一年(1806) | 清·佚名:重修北帝古廟碑 | 28-2(66) | 北帝古廟(塘口村)·廣州府屬 |
| 清嘉慶十二年(1807) | 清·鍾谷:題捐創建本廟東廳記 | 26-3(62) | 北帝古廟(塘頭村)·廣州府屬 |
| 清嘉慶十二年(1807) | 清·佚名:重修玉虛宮碑記 | 36-2(100) | 玉虛宮(長龍村)·廣州府屬 |
| 清嘉慶十二年(1807) | 清·方繩武:萬興嶽廟碑 | 97-1(234) | 東嶽廟·香山縣 |
| 清嘉慶十四年(1809) | 清·謝蘭生:重修胥江真武廟記 | 101-2(242) | 胥江北帝廟·三水縣 |
| 清嘉慶十五年(1810) | 清·鄭應元:城隍廟記 | 98-3(237) | 城隍廟·香山縣 |
| 清嘉慶十七年(1812) | 清·佚名:重修南安古廟碑記 | 45-1(129) | 南安古廟(南安村)·廣州府屬 |
| 清嘉慶十七年(1812) | 清·宋灝:重建神逕水口洪鎮廟記 | 112-1(264) | 洪鎮廟·清遠縣 |
| 清嘉慶十七年(1812) | 清·曾燠:重修南海五仙觀碑 | 17-8(41) | 五仙觀·廣州府屬 |
| 清嘉慶十八年(1813) | 清·黃培芳:蒲澗安期仙祠碑記 | 37-1(101) | 安期仙祠·廣州府屬 |
| 清嘉慶十八年(1813) | 清·閭掄閣:重建文昌先農二廟碑記 | 118-1(275) | 文昌先農廟·花縣 |
| 清嘉慶十八年(1813) | 清·鍾騰蛟:重建元貝鄉上帝爺廟碑記 | 34-3(90) | 玉虛宮(元貝村)·廣州府屬 |
| 清嘉慶十九年(1814) | 清·孫海觀:重修赤灣天后廟引 | 115-4(270) | 赤灣天后廟·新安縣 |
| 清嘉慶二十一年(1816) | 清·黃善書:一二三舖賀誕碑記 | 101-3(243) | 胥江北帝廟·三水縣 |
| 清嘉慶二十一年(1816) | 清·蔡學元:重修赤灣天后廟記 | 115-5(271) | 赤灣天后廟·新安縣 |
| 清嘉慶二十四年(1819) | 清·佚名:重修康公廟碑 | 120-5(281) | 康公廟(水口村)·花縣 |
| 清嘉慶二十五年(1820) | 清·梁懷文:重修天后廟碑記 | 13-1(24) | 天后廟(小文教村)·廣州府屬 |
| 清道光元年(1821) | 清·佚名:道光建造城隍廟前後堦墼碑記 | 111-4(262) | 城隍廟·清遠縣 |
| 清道光二年(1822) | 清·吳榮光:重建廣州城西真武廟碑記 | 51-1(141) | 真武廟(新基古渡)·廣州府屬 |
| 清道光二年(1822) | 清·佚名:重修三元古廟碑記 | 3-2(5) | 三元古廟(三元里)·廣州府屬 |
| 清道光三年(1823) | 清·何敬中:無題碑 | 40-5(119) | 武帝古廟(沙灣)·廣州府屬 |
| 清道光三年(1823) | 清·佚名:重修北帝廟碑記 | 109-2(257) | 北帝廟(圓崗村)·清遠縣 |
| 清道光四年(1824) | 清·陳憲祖:重修北帝古廟碑記 | 86-2(211) | 北帝古廟·增城縣 |
| 清道光六年(1826) | 清·吳榮光:重修佛山海口文昌閣記 | 23-2(56) | 文昌閣(海口)·廣州府屬 |

| | | | |
|---|---|---|---|
| 清道光八年（1828） | 清·吳榮光：重修佛山三官廟碑記 | 5-1（13） | 三官廟（觀音堂鋪）·廣州府屬 |
| 清道光九年（1829） | 清·李明徹：鼎建純陽觀碑記 | 52-1（142） | 純陽觀·廣州府屬 |
| 清道光九年（1829） | 清·吳榮光：龍塘觀記 | 61-1（154） | 龍塘觀·廣州府屬 |
| 清道光十年（1830） | 清·吳榮光：重修佛山分水關帝廟記 | 66-1（170） | 關聖廟（汾水）·廣州府屬 |
| 清道光十一年（1831） | 清·李謨：重建石角墟北帝廟序 | 107-1（252） | 北帝廟（石角墟）·清遠縣 |
| 清道光十二年（1832） | 清·周瑞生：重修北帝古廟碑記 | 28-3（67） | 北帝古廟（塘口村）·廣州府屬 |
| 清道光十二年（1832） | 清·佚名：番禺縣正堂訊斷繪註蒲蘆園陂<br>園各圳水道圖形 | 32-5（84） | 玄帝廟（筆村）·廣州府屬 |
| 清道光十四年（1834） | 清·周日新：重修三清堂碑 | 7-3（17） | 三清堂（南崗村）·廣州府屬 |
| 清道光十五年（1835） | 清·佚名：重修康公廟宇碑記 | 55-1（145） | 康公主帥廟（詵敦村）·廣<br>州府屬 |
| 清道光十六年（1836） | 清·黃大幹：重建豪賢街二聖古廟碑 | 1-1（1） | 二聖古廟·廣州府屬 |
| 清道光十七年（1837） | 清·鄧士憲：重修三元宮碑記 | 4-4（10） | 三元宮·廣州府屬 |
| 清道光十八年（1838） | 清·佚名：嚴禁風水樹條例 | 34-4（91） | 玉虛宮（元貝村）·廣州府屬 |
| 清道光十九年（1839） | 清·佚名：靈蟠廟重修碑記 | 69-2（174） | 靈蟠古廟（石樓鄉）·廣州府屬 |
| 清道光二十年（1840） | 清·列裔昌：重修四帥神廟碑記 | 87-1（213） | 四帥古廟·增城縣 |
| 清道光二十三年（1843） | 清·姚仰居：重建玉虛宮碑記 | 35-5（97） | 玉虛宮（楊箕村）·廣州府屬 |
| 清道光二十四年（1844） | 清·陳珍：重建三元古廟碑記 | 2-2（3） | 三元古廟（吉山村）·廣州府屬 |
| 清道光二十四年（1844） | 清·簡湘元：重修三帝廟碑記 | 6-1（14） | 三帝廟（小洲村）·廣州府屬 |
| 清道光二十五年（1845） | 清·黃恩彤：重修五仙觀碑文 | 17-9（42） | 五仙觀·廣州府屬 |
| 清道光二十七年（1847） | 清·何若瑤：重修華帝廟碑記 | 48-3（138） | 華光古廟（小谷圍）·廣州府屬 |
| 清道光二十七年（1847） | 清·鍾瑞翔、鍾佩翔：重建玉虛宮添建文<br>武殿碑記 | 34-5（92） | 玉虛宮（元貝村）·廣州府屬 |
| 清道光二十九年（1849） | 清·馮景華：北帝廟重修碑 | 30-2（72） | 北帝廟（黃埔村）·廣州府屬 |
| 清道光三十年（1850） | 清·馮景華：始祀張王爺碑記 | 30-3（73） | 北帝廟（黃埔村）·廣州府屬 |
| 清咸豐元年（1851） | 清·黎崇基：重建嘉猷古廟碑記 | 60-1（153） | 嘉猷古廟（望岡堡）·廣州府屬 |
| 清咸豐元年（1851） | 清·郭鍾熙：重修城隍廟碑記 | 111-5（263） | 城隍廟·清遠縣 |
| 清咸豐三年（1853） | 清·馬鳳儀：重修帥府廟碑記 | 47-1（135） | 帥府廟（鍾村）·廣州府屬 |
| 清咸豐三年（1853） | 清·區鑑清：蒙聖里觀音廟記 | 59-1（152） | 蒙聖里觀音廟·廣州府屬 |
| 清咸豐六年（1856） | 清·鍾文煥：重修北帝古廟碑記 | 26-4（63） | 北帝古廟（塘頭村）·廣州府屬 |
| 清咸豐七年（1857） | 清·佚名：重建關聖古廟碑記 | 113-1（265） | 洪鎮廟·清遠縣 |
| 清咸豐十年（1860） | 清·馮贊勳：鼎建雲泉仙館碑 | 58-1（150） | 雲泉仙館·廣州府屬 |
| 清咸豐十一年（1861） | 清·佚名：重建南安古廟碑記 | 45-2（130） | 南安古廟（南安村）·廣州府屬 |
| 清咸豐十一年（1861） | 清·李福成：復建三元古廟碑誌 | 3-3（6） | 三元古廟（三元里）·廣州府屬 |

| 清同治四年(1865) | 清・王賢超:文教古廟碑記 | 25-2(59) | 文教廟(小文教村)・廣州府屬 |
|---|---|---|---|
| 清同治四年(1865) | 清・佚名:改建天后文武二廟碑記 | 11-1(21) | 天后宮(勝洲村)・廣州府屬 |
| 清同治四年(1865) | 清・馮晴華:重修玉虛宮碑記 | 30-4(74) | 北帝廟(黃埔村)・廣州府屬 |
| 清同治六年(1867) | 清・梁玉森:重修仁威祖廟碑記 | 18-7(50) | 仁威廟・廣州府屬 |
| 清同治七年(1868) | 清・梁其緒:重修北帝古廟碑記 | 28-4(68) | 北帝古廟(塘口村)・廣州府屬 |
| 清同治八年(1869) | 清・朱用孚:重修三元宮碑記 | 4-5(11) | 三元宮・廣州府屬 |
| 清同治九年(1870) | 清・朱堯勳:重修玄帝古廟碑記 | 32-6(85) | 玄帝廟(筆村)・廣州府屬 |
| 清同治九年(1870) | 清・汪琛:重修廣州三元宮碑銘 | 4-6(12) | 三元宮・廣州府屬 |
| 清同治十一年(1872) | 清・承惠:重修五仙觀碑記 | 17-10(43) | 五仙觀・廣州府屬 |
| 清同治十三年(1874) | 清・李光表:重修都城隍廟記略 | 46-4(134) | 城隍廟・廣州府屬 |
| 清同治十三年(1874) | 清・陳念祖:重修小逕墟北帝古廟碑記 | 86-3(212) | 北帝古廟・增城縣 |
| 清光緒二年(1876) | 清・佚名:大清光緒二年重修天后廟碑 | 14-2(26) | 天后廟(柵下)・廣州府屬 |
| 清光緒五年(1879) | 清・何文涵:己卯重修武廟碑記 | 40-6(120) | 武帝古廟(沙灣)・廣州府屬 |
| 清光緒七年(1881) | 清・陸存謙:重修北帝古廟碑記 | 108-3(255) | 北帝廟(城北)・清遠縣 |
| 清光緒九年(1883) | 清・黃德華:重修玄帝殿觀音殿碑記 | 32-7(86) | 玄帝廟(筆村)・廣州府屬 |
| 清光緒十年(1884) | 清・陳□輝:重建天后宮文武廟碑記 | 11-2(22) | 天后宮(勝洲村)・廣州府屬 |
| 清光緒十一年(1885) | 清・列鼎元:重修四帥神廟碑 | 87-2(214) | 四帥古廟・增城縣 |
| 清光緒十二年(1886) | 清・佚名:重修天后古廟碑記 | 15-1(27) | 天后古廟(張槎堡)・廣州府屬 |
| 清光緒十六年(1890) | 清・趙從端:重修佛山塔坡古廟碑記 | 57-1(149) | 塔坡廟・廣州府屬 |
| 清光緒十七年(1891) | 清・馮煥章:重建玉虛宮碑 | 30-5(75) | 北帝廟(黃埔村)・廣州府屬 |
| 清光緒十八年(1892) | 清・佚名:新建蔭善會碑記 | 19-1(51) | 文武廟(芰塘東村)・廣州府屬 |
| 清光緒二十四年(1898) | 清・彭金銘:塘口北帝廟重修碑記 | 28-5(69) | 北帝古廟(塘口村)・廣州府屬 |
| 清光緒二十七年(1901) | 清・姚登翰:重修玉虛宮碑記 | 35-6(98) | 玉虛宮(楊箕村)・廣州府屬 |
| 清光緒二十七年(1901) | 清・佚名:倡建橫沙呂帝廟碑記 | 39-1(114) | 呂帝廟(橫沙村)・廣州府屬 |
| 清光緒二十九年(1903) | 清・孔繼楨:重修闔鄉各古廟碑記 | 55-2(146) | 康公主帥廟(詵敦村)・廣州府屬 |
| 清光緒三十年(1904) | 清・顏仲瑜、顏載宏:重建文帝廟碑記 | 24-1(57) | 文帝宮(園下村)・廣州府屬 |
| 清光緒三十三年(1907) | 清・李樹恭:重修雲泉仙館增建帝親殿碑 | 58-2(151) | 雲泉仙館・廣州府屬 |
| 清光緒三十四年(1908) | 清・盧崇寓:倡建鍾村墟場砌石碑記 | 56-2(148) | 康公廟(鍾村)・廣州府屬 |
| 清宣統元年(1909) | 清・佚名:重修醫靈廟記 | 67-1(171) | 醫靈古廟(鶴邊村)・廣州府屬 |
| 清宣統二年(1910) | 清・陸應暄:重修天后宮碑記 | 10-1(20) | 天后宮(練溪村)・廣州府屬 |

# 附表三 《廣州府道教廟宇碑刻集釋》所收碑刻目錄

（按碑題筆劃編排）

| 碑刻名稱 | 作者 | 編號（總序號） | 年份 | 廟宇‧屬地 |
| --- | --- | --- | --- | --- |
| **1 劃** | | | | |
| 一二三舖賀誕碑記 | 清‧黃善書 | 101-3（243） | 清嘉慶二十一年（1816） | 胥江北帝廟‧三水縣 |
| **3 劃** | | | | |
| 三元殿碑 | 清‧梁世虞 | 2-1（2） | 清乾隆三十年（1765） | 三元古廟（吉山村）‧廣州府屬 |
| 三官廟碑文 | 清‧郭遇熙 | 81-1（199） | 清康熙三十二年（1693） | 三官廟‧從化縣 |
| 三聖會建醮奉祀碑記 | 清‧佚名 | 64-8（164） | 清康熙二十七年（1688） | 關帝廟（粵秀山）‧廣州府屬 |
| 上清觀殿後壁記 | 宋‧楊襏 | 76-1（186） | 宋政和六年（1116） | 上清觀‧東莞縣 |
| 大良北帝廟碑 | 清‧梁景璋 | 70-2（176） | 清乾隆四十二年（1777） | 大良北帝廟‧順德縣 |
| 大清光緒二年重修天后廟碑 | 清‧佚名 | 14-2（26） | 清光緒二年（1876） | 天后廟（柵下）‧廣州府屬 |
| 己卯重修武廟碑記 | 清‧何文涵 | 40-6（120） | 清光緒五年（1879） | 武帝古廟（沙灣）‧廣州府屬 |
| **4 劃** | | | | |
| 五仙觀記 | 明‧孫蕡 | 17-3（36） | 明洪武二年（1369） | 五仙觀‧廣州府屬 |
| 五仙觀湛甘泉詩碑 | 明‧湛若水 | 17-4（37） | 明嘉靖三十三年（1554） | 五仙觀‧廣州府屬 |
| 五僊觀古仙詩碑 | 宋‧佚名 | 17-2（35） | 宋德祐間（1275-1276） | 五仙觀‧廣州府屬 |
| 元貝村禁約 | 清‧佚名 | 34-1（88） | 清乾隆五十年（1785） | 玉虛宮（元貝村）‧廣州府屬 |
| 文昌帝君暨侍者像石刻並題字 | 明‧明成祖 | 31-1（76） | 明萬曆四十八年（1620） | 北廟（大北門直街）‧廣州府屬 |
| 文昌帝君廟記 | 清‧洪先燾 | 99-1（238） | 清嘉慶十年（1805） | 文昌宮‧三水縣 |
| 文昌閣記 | 明‧袁奎 | 92-1（229） | 明萬曆十二年（1584） | 文昌閣‧新會縣 |
| 文昌廟記 | 明‧郭九鼎 | 76-4（189） | 明崇禎十一年（1638） | 上清觀‧東莞縣 |
| 文教古廟碑記 | 清‧王賢超 | 25-2（59） | 清同治四年（1865） | 文教廟（小文教村）‧廣州府屬 |
| 水口廟碑序 | 清‧佚名 | 109-1（256） | 清嘉慶元年（1796） | 北帝廟（圓崗村）‧清遠縣 |
| **5 劃** | | | | |
| 北帝廟重修碑 | 清‧馮景華 | 30-2（72） | 清道光二十九年（1849） | 北帝廟（黃埔村）‧廣州府屬 |

之前

| 城隍廟記 | 清·梁金震 | 98-2(236) | 清康熙五十二年(1713) | 城隍廟·香山縣 |
| 城隍廟記 | 清·鄭應元 | 98-3(237) | 清嘉慶十五年(1810) | 城隍廟·香山縣 |
| 柵下天妃廟記 | 明·李待問 | 14-1(25) | 明崇禎元年(1628) | 天后廟(柵下)·廣州府屬 |
| 砌市街石碑記 | 清·佚名 | 40-3(117) | 清乾隆五十六年(1791) | 武帝古廟(沙灣)·廣州府屬 |
| 胥江武當行宮記 | 明·朱端明 | 101-1(241) | 明嘉靖二十三年(1544) | 胥江北帝廟·三水縣 |
| 重建三元古廟碑記 | 清·陳珍 | 2-2(3) | 清道光二十四年(1844) | 三元古廟(吉山村)·廣州府屬 |
| 重建上帝祖廟碑記 | 清·鍾鳳 | 34-2(89) | 清乾隆五十六年(1791) | 玉虛宮(元貝村)·廣州府屬 |
| 重建大魁閣記 | 清·張經圖 | 82-3(202) | 清雍正九年(1731) | 大魁閣·從化縣 |
| 重建大魁閣記 | 清·黃甲先 | 82-4(203) | 清雍正九年(1731) | 大魁閣·從化縣 |
| 重建大魁閣記 | 清·黃玉堂 | 82-5(204) | 清雍正九年(1731) | 大魁閣·從化縣 |
| 重建大欖天妃廟碑 | 明·伍瑞隆 | 94-1(231) | 明崇禎三年(1630) | 天妃廟·香山縣 |
| 重建小逕墟碑記 | 清·陳德魁 | 86-1(210) | 清乾隆七年(1742) | 北帝古廟·增城縣 |
| 重建元貝鄉上帝爺廟碑記 | 清·鍾騰蛟 | 34-3(90) | 清嘉慶十八年(1813) | 玉虛宮(元貝村)·廣州府屬 |
| 重建文昌先農二廟碑記 | 清·閆掄閣 | 118-1(275) | 清嘉慶十八年(1813) | 文昌先農廟·花縣 |
| 重建文昌閣記 | 清·徐勍 | 73-1(179) | 清康熙三十年(1691) | 文昌閣·順德縣 |
| 重建文帝廟碑記 | 清·顏仲瑜、<br>顏載宏 | 24-1(57) | 清光緒三十年(1904) | 文帝宮(園下村)·廣州府屬 |
| 重建斗姥殿碑記 | 清·蕭雲漢 | 4-3(9) | 清乾隆五十年(1785) | 三元宮·廣州府屬 |
| 重建北帝廟碑記 | 清·馮任 | 30-1(71) | 清乾隆十一年(1746) | 北帝廟(黃埔村)·廣州府屬 |
| 重建玄帝古廟碑記 | 清·佚名 | 35-1(93) | 清康熙六十年(1721) | 玉虛宮(楊箕村)·廣州府屬 |
| 重建玄帝廟碑 | 清·佚名 | 32-3(82) | 清乾隆十五年(1750) | 玄帝廟(筆村)·廣州府屬 |
| 重建玉虛宮添建文武殿碑記 | 清·鍾瑞翔、鍾佩翔<br>34-5(92) | | 清道光二十七年(1847) | 玉虛宮(元貝村)·廣州府屬 |
| 重建玉虛宮碑 | 清·馮煥章 | 30-5(75) | 清光緒十七年(1891) | 北帝廟(黃埔村)·廣州府屬 |
| 重建玉虛宮碑記 | 清·姚仰居 | 35-5(97) | 清道光二十三年(1843) | 玉虛宮(楊箕村)·廣州府屬 |
| 重建石角墟北帝廟序 | 清·李謨 | 107-1(252) | 清道光十一年(1831) | 北帝廟(石角墟)·清遠縣 |
| 重建東嶽行宮信士題名 | 明·佚名 | 78-2(192) | 明嘉靖二十一年(1542) | 東嶽廟(茶山)·東莞縣 |
| 重建東嶽行宮記 | 宋·崔與之 | 77-1(190) | 宋紹熙四年(1193) | 東嶽行宮·東莞縣 |
| 重建東嶽行宮記 | 明·林光 | 78-1(191) | 明正德十五年(1520) | 東嶽廟(茶山)·東莞縣 |
| 重建金花古廟碑記 | 清·馮成修 | 42-3(124) | 清乾隆二十一年(1756) | 金花古廟·廣州府屬 |
| 重建南安古廟碑記 | 清·佚名 | 45-2(130) | 清咸豐十一年(1861) | 南安古廟(南安村)·廣州府屬 |
| 重建城(隍廟記) | 清·張德桂 | 84-2(208) | 清康熙三十一年(1692) | 城隍廟·從化縣 |

| 重建城隍廟碑記 | 清·蘇崌 | 100-2(240) | 清康熙十一年(1672) | 城隍廟·三水縣 |
|---|---|---|---|---|
| 重建城隍廟碑記 | 清·峴開發 | 119-1(276) | 清乾隆三十八年(1773) | 城隍廟·花縣 |
| 重建洞天宮記 | 清·倫之綱 | 53-1(143) | 清雍正八年(1730) | 萬真觀·廣州府屬 |
| 重建神逕水口洪鎮廟記 | 清·宋灝 | 112-1(264) | 清嘉慶十七年(1812) | 洪鎮廟·清遠縣 |
| 重建清寧廟碑記 | 清·郭遇熙 | 85-1(209) | 清康熙二十八年(1689) | 清寧廟·從化縣 |
| 重建嘉猷古廟碑記 | 清·黎崇基 | 60-1(153) | 清咸豐元年(1851) | 嘉猷古廟（望岡堡）·廣州府屬 |
| 重建豪賢街二聖古廟碑 | 清·黃大幹 | 1-1(1) | 清道光十六年(1836) | 二聖古廟·廣州府屬 |
| 重建廟宇碑記 | 清·鍾光尚 | 26-1(60) | 清乾隆元年(1736) | 北帝古廟（塘頭村）·廣州府屬 |
| 重建廣州城西真武廟碑記 | 清·吳榮光 | 51-1(141) | 清道光二年(1822) | 真武廟（新基古渡）·廣州府屬 |
| 重建關帝廟頭門碑記 | 清·李士傑 | 64-9(165) | 清康熙六十年(1721) | 關帝廟（粵秀山）·廣州府屬 |
| 重建關聖古廟碑記 | 清·佚名 | 113-1(265) | 清咸豐七年(1857) | 洪鎮廟·清遠縣 |
| 重修三元古廟碑記 | 清·佚名 | 3-2(5) | 清道光二年(1822) | 三元古廟（三元里）·廣州府屬 |
| 重修三元古廟碑誌 | 清·李茂新 | 3-1(4) | 清乾隆五十年(1785) | 三元古廟（三元里）·廣州府屬 |
| 重修三元宮碑記 | 清·鄧士憲 | 4-4(10) | 清道光十七年(1837) | 三元宮·廣州府屬 |
| 重修三元宮碑記 | 清·朱用孚 | 4-5(11) | 清同治八年(1869) | 三元宮·廣州府屬 |
| 重修三帝廟碑記 | 清·簡湘元 | 6-1(14) | 清道光二十四年(1844) | 三帝廟（小洲村）·廣州府屬 |
| 重修三皇像碑 | 明·梁有譽 | 16-5(32) | 明嘉靖二十八年(1549) | 元妙觀·廣州府屬 |
| 重修三清古廟碑記 | 清·佚名 | 7-1(15) | 清乾隆四年(1739) | 三清堂（南崗村）·廣州府屬 |
| 重修三清堂碑 | 清·周日新 | 7-3(17) | 清道光十四年(1834) | 三清堂（南崗村）·廣州府屬 |
| 重修上清觀記 | 明·陳璉 | 76-2(187) | 明宣德元年(1426) | 上清觀·東莞縣 |
| 重修大魁閣記 | 清·郭遇熙 | 82-1(200) | 清康熙三十二年(1693) | 大魁閣·從化縣 |
| 重修大魁閣記 | 清·龔崧林 | 82-2(201) | 清雍正九年(1731) | 大魁閣·從化縣 |
| 重修小逕墟北帝古廟碑記 | 清·陳念祖 | 86-3(212) | 清同治十三年(1874) | 北帝古廟·增城縣 |
| 重修五仙觀碑文 | 清·黃恩彤 | 17-9(42) | 清道光二十五年(1845) | 五仙觀·廣州府屬 |
| 重修五仙觀碑記 | 清·耿繼茂 | 17-6(39) | 清順治十二年(1655) | 五仙觀·廣州府屬 |
| 重修五仙觀碑記 | 清·承惠 | 17-10(43) | 清同治十一年(1872) | 五仙觀·廣州府屬 |
| 重修仁威古廟碑記 | 清·張錦芳 | 18-6(49) | 清乾隆五十年(1785) | 仁威廟·廣州府屬 |
| 重修仁威祖廟碑記 | 清·佚名 | 18-5(48) | 清乾隆十三年(1748) | 仁威廟·廣州府屬 |
| 重修仁威祖廟碑記 | 清·梁玉森 | 18-7(50) | 清同治六年(1867) | 仁威廟·廣州府屬 |
| 重修天后文武廟碑記 | 清·陳□輝 | 11-2(22) | 清光緒十年(1884) | 天后宮（勝洲村）·廣州府屬 |
| 重修天后古廟碑記 | 清·佚名 | 15-1(27) | 清光緒十二年(1886) | 天后古廟（張槎堡）·廣州府屬 |
| 重修天后宮碑記 | 清·陸應暄 | 10-1(20) | 清宣統二年(1910) | 天后宮（練溪村）·廣州府屬 |
| 重修天后廟碑記 | 清·佚名 | 12-1(23) | 清乾隆二十七年(1762) | 天后廟（小洲村）·廣州府屬 |
| 重修天后廟碑記 | 清·梁懷文 | 13-1(24) | 清嘉慶二十五年(1820) | 天后廟（小文教村）·廣州府屬 |

| | | | | |
|---|---|---|---|---|
| 重修文昌宮堂寢碑記 | 清·韓紹賢 | 21-1(53) | 清乾隆五十八年(1793) | 文昌宮(協天勝里)·廣州府屬 |
| 重修文昌宮碑記 | 清·蔣伊 | 22-1(54) | 清康熙二十三年(1684) | 文昌宮(桂香街)·廣州府屬 |
| 重修文教古廟碑記 | 清·鍾和聲 | 25-1(58) | 清康熙五十八年(1719) | 文教廟(小文教村)·廣州府屬 |
| 重修月溪文昌宮記 | 明·梁士濟 | 20-1(52) | 明天啟五年(1625)略後 | 文昌宮(白雲山)·廣州府屬 |
| 重修北帝古廟碑 | 清·佚名 | 28-1(65) | 清乾隆五十五年(1790) | 北帝古廟(塘口村)·廣州府屬 |
| 重修北帝古廟碑記 | 清·區必佳 | 27-1(64) | 清乾隆六十年(1795) | 北帝古廟(滄頭村)·廣州府屬 |
| 重修北帝古廟碑記 | 清·陳憲祖 | 86-2(211) | 清道光四年(1824) | 北帝古廟·增城縣 |
| 重修北帝古廟碑記 | 清·周瑞生 | 28-3(67) | 清道光十二年(1832) | 北帝古廟(塘口村)·廣州府屬 |
| 重修北帝古廟碑記 | 清·鍾文煥 | 26-4(63) | 清咸豐六年(1856) | 北帝古廟(塘頭村)·廣州府屬 |
| 重修北帝古廟碑記 | 清·梁其緒 | 28-4(68) | 清同治七年(1868) | 北帝古廟(塘口村)·廣州府屬 |
| 重修北帝古廟碑記 | 清·陸存謙 | 108-3(255) | 清光緒七年(1881) | 北帝廟(城北)·清遠縣 |
| 重修北帝祖廟碑記 | 清·趙鳴玉 | 18-2(45) | 清順治十八年(1661) | 仁威廟·廣州府屬 |
| 重修北帝廟碑記 | 清·葉宏智 | 108-1(253) | 清乾隆五年(1740) | 北帝廟(城北)·清遠縣 |
| 重修北帝廟碑記 | 清·姚允楫 | 35-3(95) | 清嘉慶四年(1799) | 玉虛宮(楊箕村)·廣州府屬 |
| 重修北帝廟碑記 | 清·饒應泰 | 108-2(254) | 清嘉慶五年(1800) | 北帝廟(城北)·清遠縣 |
| 重修北帝廟碑記 | 清·佚名 | 109-2(257) | 清道光三年(1823) | 北帝廟(圓崗村)·清遠縣 |
| 重修古廟碑記 | 清·容輝 | 29-1(70) | 清嘉慶三年(1798) | 北帝神廟(曾邊村)·廣州府屬 |
| 重修四帥神廟碑 | 清·列鼎元 | 87-2(214) | 清光緒十一年(1885) | 四帥古廟·增城縣 |
| 重修四帥神廟碑記 | 清·列裔昌 | 87-1(213) | 清道光二十年(1840) | 四帥古廟·增城縣 |
| 重修本廟碑記 | 清·簡謙 | 33-1(87) | 清乾隆二十三年(1758) | 玉虛宮(小洲村)·廣州府屬 |
| 重修玄妙觀記 | 清·尚可喜 | 16-6(33) | 清康熙五年(1666) | 元妙觀·廣州府屬 |
| 重修玄帝古廟碑記 | 清·朱堯勳 | 32-6(85) | 清同治九年(1870) | 玄帝廟(筆村)·廣州府屬 |
| 重修玄帝殿觀音殿碑記 | 清·黃德華 | 32-7(86) | 清光緒九年(1883) | 玄帝廟(筆村)·廣州府屬 |
| 重修玄帝廟碑記 | 清·耿繼茂 | 31-4(79) | 清順治十六年(1659) | 北廟(大北門直街)·廣州府屬 |
| 重修玄帝廟碑記 | 清·朱廉 | 32-4(83) | 清乾隆四十八年(1783) | 玄帝廟(筆村)·廣州府屬 |
| 重修玉虛宮碑記 | 清·佚名 | 36-2(100) | 清嘉慶十二年(1807) | 玉虛宮(長龍村)·廣州府屬 |
| 重修玉虛宮碑記 | 清·馮晴華 | 30-4(74) | 清同治四年(1865) | 北帝廟(黃埔村)·廣州府屬 |
| 重修玉虛宮碑記 | 清·姚登翰 | 35-6(98) | 清光緒二十七年(1901) | 玉虛宮(楊箕村)·廣州府屬 |
| 重修何仙姑廟碑 | 明·劉繼文 | 90-3(224) | 明萬曆十八年(1590) | 會仙觀·增城縣 |
| 重修佛山三官廟碑記 | 清·吳榮光 | 5-1(13) | 清道光八年(1828) | 三官廟(觀音堂鋪)·廣州府屬 |
| 重修佛山分水關帝廟記 | 清·吳榮光 | 66-1(170) | 清道光十年(1830) | 關聖廟(汾水)·廣州府屬 |
| 重修佛山海口文昌閣記 | 清·吳榮光 | 23-2(56) | 清道光六年(1826) | 文昌閣(海口)·廣州府屬 |
| 重修佛山塔坡古廟碑記 | 清·趙從端 | 57-1(149) | 清光緒十六年(1890) | 塔坡廟·廣州府屬 |
| 重修赤灣天后廟引 | 清·孫海觀 | 115-4(270) | 清嘉慶十九年(1814) | 赤灣天后廟·新安縣 |

| | | | | |
|---|---|---|---|---|
| 重修赤灣天后廟記 | 清·王應華 | 115-3(269) | 清順治十八年(1661) | 赤灣天后廟·新安縣 |
| 重修赤灣天后廟記 | 清·蔡學元 | 115-5(271) | 清嘉慶二十一年(1816) | 赤灣天后廟·新安縣 |
| 重修赤灣天妃廟記 | 明·吳國光 | 115-2(268) | 明萬曆十四年(1586) | 赤灣天后廟·新安縣 |
| 重修兩廟碑記 | 清·姚允楫 | 35-4(96) | 清嘉慶十年(1805) | 玉虛宮(楊箕村)·廣州府屬 |
| 重修東嶽廟記 | 清·鄧大林 | 78-4(194) | 清嘉慶二年(1797) | 東嶽廟(茶山)·東莞縣 |
| 重修武當行宮記 | 清·鄭玫 | 102-1(244) | 清康熙四十六年(1707) | 真武廟(城北)·三水縣 |
| 重修武廟記 | 清·王宿善 | 103-2(246) | 清乾隆五十七年(1792) | 關帝廟·三水縣 |
| 重修南安古廟碑記 | 清·佚名 | 45-1(129) | 清嘉慶十七年(1812) | 南安古廟(南安村)·廣州府屬 |
| 重修南海五仙觀碑 | 清·曾燠 | 17-8(41) | 清嘉慶十七年(1812) | 五仙觀·廣州府屬 |
| 重修南海佛山靈應祠碑記 | 清·陳炎宗 | 38-11(112) | 清乾隆二十七年(1762) | 佛山祖廟·廣州府屬 |
| 重修城西關聖帝君祖廟碑記 | 清·陳似源 | 62-1(155) | 清雍正元年(1723) | 關夫子廟(下九甫)·廣州府屬 |
| 重修城隍廟記 | 宋·李巖 | 79-1(195) | 宋元祐五年(1090) | 城隍廟·東莞縣 |
| 重修城隍廟記 | 明·麗嵩 | 105-1(248) | 明嘉靖三十六年(1557) | 城隍廟·新寧縣 |
| 重修城隍廟記 | 明·王文典 | 89-2(217) | 明隆慶元年(1567) | 城隍廟·增城縣 |
| 重修城隍廟記 | 清·蔡淑 | 89-4(219) | 清康熙二十五年(1686) | 城隍廟·增城縣 |
| 重修城隍廟記 | 清·沈曾同 | 79-3(197) | 清雍正十一年(1733) | 城隍廟·東莞縣 |
| 重修城隍廟記 | 清·莊有恭 | 46-3(133) | 清乾隆十八年(1753) | 城隍廟·廣州府屬 |
| 重修城隍廟碑 | 明·李承箕 | 93-1(230) | 明弘治六年(1493)至<br>弘治十一年(1498) | 城隍廟·新會縣 |
| 重修城隍廟碑記 | 明·李楷 | 79-2(196) | 明崇禎十二年(1639) | 城隍廟·東莞縣 |
| 重修城隍廟碑記 | 清·孫繩 | 84-1(207) | 清順治十八年(1661)中 | 城隍廟·從化縣 |
| 重修城隍廟碑記 | 清·陳哲 | 111-3(261) | 清乾隆二年(1737) | 城隍廟·清遠縣 |
| 重修城隍廟碑記 | 清·管一清 | 89-6(221) | 清乾隆十六年(1751) | 城隍廟·增城縣 |
| 重修城隍廟碑記 | 清·郭鍾熙 | 111-5(263) | 清咸豐元年(1851) | 城隍廟·清遠縣 |
| 重修帥府廟碑記 | 清·馬鳳儀 | 47-1(135) | 清咸豐三年(1853) | 帥府廟(鍾村)·廣州府屬 |
| 重修胥江真武廟記 | 清·謝蘭生 | 101-2(242) | 清嘉慶十四年(1809) | 胥江北帝廟·三水縣 |
| 重修香山城隍廟碑記 | 明·曹啟益 | 98-1(235) | 明萬曆二十七年(1599) | 城隍廟·香山縣 |
| 重修真武廟記 | 明·佚名 | 18-1(44) | 明天啟二年(1622) | 仁威廟·廣州府屬 |
| 重修祖廟碑記 | 明·唐璧 | 38-1(102) | 明宣德四年(1429) | 佛山祖廟·廣州府屬 |
| 重修茶山東嶽廟碑記 | 清·鄧廷喆 | 78-3(193) | 清康熙四十四年(1705) | 東嶽廟(茶山)·東莞縣 |
| 重修康公古廟碑記 | 清·林總戴 | 54-1(144) | 清康熙四十三年(1704) | 康公廟古廟(官堂村)·廣<br>州府屬 |
| 重修康公廟宇碑記 | 清·佚名 | 55-1(145) | 清道光十五年(1835) | 康公主帥廟(詵敦村)·廣<br>州府屬 |

| 重修康公廟碑 | 清·佚名 | 120-1(277) | 清康熙十九年(1680) | 康公廟(水口村)·花縣 |
| 重修康公廟碑 | 清·佚名 | 120-5(281) | 清嘉慶二十四年(1819) | 康公廟(水口村)·花縣 |
| 重修康公廟碑記 | 清·佚名 | 120-4(280) | 清嘉慶十一年(1806) | 康公廟(水口村)·花縣 |
| 重修闔鄉各古廟碑記 | 清·孔繼楨 | 55-2(146) | 清光緒二十九年(1903) | 康公主帥廟(詵敦村)·廣州府屬 |
| 重修張桓侯廟記 | 清·李棲鳳 | 64-5(161) | 清順治十一年(1654) | 關帝廟(粵秀山)·廣州府屬 |
| 重修張桓侯廟記 | 清·尚之信 | 64-6(162) | 清康熙六年(1667) | 關帝廟(粵秀山)·廣州府屬 |
| 重修張將軍廟前包臺碑記 | 清·子瑛 | 64-10(166) | 清雍正八年(1730) | 關帝廟(粵秀山)·廣州府屬 |
| 重修都城隍廟記略 | 清·李光表 | 46-4(134) | 清同治十三年(1874) | 城隍廟·廣州府屬 |
| 重修華光廟碑記 | 清·梁殿珍 | 48-2(137) | 清嘉慶十年(1805) | 華光古廟(小谷圍)·廣州府屬 |
| 重修華帝廟碑記 | 清·何若瑤 | 48-3(138) | 清道光二十七年(1847) | 華光古廟(小谷圍)·廣州府屬 |
| 重修鄉約亭題名碑記 | 清·麥士□ | 43-3(127) | 清乾隆十七年(1752) | 官涌古廟·廣州府屬 |
| 重修雲泉仙館增建帝親殿碑 | 清·李樹恭 | 58-2(151) | 清光緒三十三年(1907) | 雲泉仙館·廣州府屬 |
| 重修北帝廟碑記 | 清·佚名 | 26-2(61) | 清乾隆三十九年(1774) | 北帝古廟(塘頭村)·廣州府屬 |
| 重修三清古廟碑記 | 清·佚名 | 7-2(16) | 清乾隆四十五年(1780) | 三清堂(南崗村)·廣州府屬 |
| 重修康公廟碑記 | 清·佚名 | 120-3(279) | 清乾隆五十四年(1789) | 康公廟(水口村)·花縣 |
| 重修漢關將軍廟碑 | 明·陳洙 | 65-1(168) | 明天順七年(1463) | 關帝廟(禺山麓)·廣州府屬 |
| 重修北帝古廟碑 | 清·佚名 | 28-2(66) | 清嘉慶十一年(1806) | 北帝古廟(塘口村)·廣州府屬 |
| 重修廣州三元宮碑銘 | 清·汪璥 | 4-6(12) | 清同治九年(1870) | 三元宮·廣州府屬 |
| 重修廣州城隍廟記 | 明·蔡汝賢 | 46-1(131) | 明萬曆十三年(1585) | 城隍廟·廣州府屬 |
| 重修慶真堂記 | 明·佚名 | 38-2(103) | 明正統三年(1438) | 佛山祖廟·廣州府屬 |
| 重修錦香池記 | 清·冼煜 | 38-7(108) | 清康熙三十年(1691)以前 | 佛山祖廟·廣州府屬 |
| 重修錦巖三廟碑記 | 清·陳恭尹 | 75-2(182) | 清康熙三十一年(1692) | 錦巖廟·順德縣 |
| 重修錦巖中廟碑記 | 清·佚名 | 75-3(183) | 清雍正三年(1725) | 錦巖廟·順德縣 |
| 重修錦巖廟碑記 | 清·游法珠 | 75-4(184) | 清乾隆三十三年(1768) | 錦巖廟·順德縣 |
| 重修龍溪天后古廟碑記 | 清·佚名 | 9-1(19) | 清乾隆五十一年(1786) | 天后古廟(龍溪)·廣州府屬 |
| 重修醫靈廟記 | 清·佚名 | 67-1(171) | 清宣統元年(1909) | 醫靈古廟(鶴邊村)·廣州府屬 |
| 重修關帝廟并三年圓滿功德碑記 | 清·佚名 | 17-7(40) | 清康熙七年(1668) | 五仙觀·廣州府屬 |
| 重修關將軍廟記 | 明·黃諫 | 64-1(157) | 明天順五年(1461) | 關帝廟(粵秀山)·廣州府屬 |
| 重修關聖帝君廟記 | 明·林有本 | 80-1(198) | 明崇禎年間(1628-1644) | 關帝廟·東莞縣 |
| 重修靈應祠記 | 明·李待問 | 38-5(106) | 明崇禎十四年(1641) | 佛山祖廟·廣州府屬 |
| 重修靈應祠記 | 清·李錫祚 | 38-8(109) | 清康熙二十九年(1690) | 佛山祖廟·廣州府屬 |

| 創建文昌宮碑記 | 明·滕之俊 | 104-1(247) | 明萬曆三十九年(1611) | 文昌廟·新寧縣 |
|---|---|---|---|---|
| 尊經文昌二閣記 | 明·鄧文照 | 114-1(266) | 明萬曆三十年(1602) | 文昌閣·新安縣 |
| 弼教元君古廟碑 | 清·黎簡 | 71-1(177) | 清嘉慶元年(1796) | 弼教元君古廟·順德縣 |
| 復建三元古廟碑誌 | 清·李福成 | 3-3(6) | 清咸豐十一年(1861) | 三元古廟(三元里)·廣州府屬 |
| 無題碑 | 清·何敬中 | 40-5(119) | 清道光三年(1823) | 武帝古廟(沙灣)·廣州府屬 |
| 番禺縣正堂訊斷繪註蒲蘆園陂圍各圳水道圖形 | 清·佚名 | 32-5(84) | 清道光十二年(1832) | 玄帝廟(筆村)·廣州府屬 |
| 棠妙堂記 | 宋·蘇軾 | 16-2(29) | 宋元符二年(1099) | 元妙觀·廣州府屬 |
| 鼎建三聖廟碑記 | 清·黎春曦 | 8-1(18) | 清順治八年(1651) | 三聖廟(大穀村)·廣州府屬 |
| 鼎建仁威祖廟天樞宮題名碑文 | 清·戴佩 | 18-4(47) | 清康熙五十二年(1713) | 仁威廟·廣州府屬 |
| 鼎建玄帝廟碑記 | 明·鍾鼎臣 | 32-2(81) | 南明隆武元年(1645) | 玄帝廟(筆村)·廣州府屬 |
| 鼎建真武帝廟碑記 | 清·鍾楨國 | 36-1(99) | 清乾隆四十二年(1777) | 玉虛宮(長龍村)·廣州府屬 |
| 鼎建純陽觀碑記 | 清·李明徹 | 52-1(142) | 清道光九年(1829) | 純陽觀·廣州府屬 |
| 鼎建雲泉仙館碑 | 清·馮贊勳 | 58-1(150) | 清咸豐十年(1860) | 雲泉仙館·廣州府屬 |

## 13 劃

| 塘口北帝廟重修碑記 | 清·彭金銘 | 28-5(69) | 清光緒二十四年(1898) | 北帝古廟(塘口村)·廣州府屬 |
|---|---|---|---|---|
| 新建赤灣天妃廟後殿記 | 明·黃諫 | 115-1(267) | 明天順八年(1464) | 赤灣天后廟·新安縣 |
| 新建東山祖堂記 | 明·佚名 | 50-1(140) | 明嘉靖四十二年(1563) | 真武廟(大東門外)·廣州府屬 |
| 新建東西得勝廟碑 | 清·尚可喜 | 41-1(121) | 清順治九年(1652) | 東得勝廟(小北門外東)·廣州府屬 |
| 新建奎光閣暨廻瀾廟記 | 清·陳哲 | 110-1(258) | 清乾隆二年(1737) | 廻瀾廟·清遠縣 |
| 新建蔭善會碑記 | 清·佚名 | 19-1(51) | 清光緒十八年(1892) | 文武廟(茭塘東村)·廣州府屬 |
| 新建關帝廟碑記 | 清·王敏 | 121-1(282) | 清康熙四十九年(1710) | 關帝廟·花縣 |
| 新修象山文昌宮記 | 明·黃淳 | 91-1(228) | 明萬曆十六年(1588) | 文昌宮·新會縣 |
| 禁鍬白坭告示碑 | 清·佚名 | 40-4(118) | 清乾隆五十八年(1793) | 武帝古廟(沙灣)·廣州府屬 |
| 粵秀山武廟重修碑文 | 清·李天培 | 64-11(167) | 清乾隆四十七年(1782) | 關帝廟(粵秀山)·廣州府屬 |
| 粵秀山關聖帝廟碑 | 明·劉繼文 | 64-2(158) | 明萬曆十七年(1589) | 關帝廟(粵秀山)·廣州府屬 |
| 聖母廟新塑奶娘神像碑 | 明·劉聖範 | 105-3(250) | 明萬曆三十八年(1610) | 城隍廟·新寧縣 |
| 萬興嶽廟碑 | 清·方繩武 | 97-1(234) | 清嘉慶十二年(1807) | 東嶽廟·香山縣 |
| 道光建造城隍廟前後堦礱碑記 | 清·佚名 | 111-4(262) | 清道光元年(1821) | 城隍廟·清遠縣 |
| 蒙聖里觀音廟記 | 清·區鑑清 | 59-1(152) | 清咸豐三年(1853) | 蒙聖里觀音廟·廣州府屬 |

蜑岡華光廟重修記　　　　　清・釋成鷟　49-1(139)　　清康熙四十年(1701)　　華光廟（蜑岡堡）・廣州府屬

**24 劃**

靈應祠廟鋪還廟碑示　　　　清・佚名　38-10(111)　　清康熙五十九年(1720)　佛山祖廟・廣州府屬

靈蟠廟重修碑記　　　　　　清・佚名　69-2(174)　　清道光十九年(1839)　靈蟠古廟（石樓鄉）・廣州府屬

# 附表四　《廣州府道教廟宇碑刻集釋》所收碑刻目錄

（按作者筆劃編排）

| 作者及碑刻名稱 | 編號 | 年份 | 廟宇·屬地 |
|---|---|---|---|
| **3 劃** | | | |
| 清·子瑛：重修張將軍廟前包臺碑記 | 64-10（166） | 清雍正八年（1730） | 關帝廟（粵秀山）·廣州府屬 |
| **4 劃** | | | |
| 清·孔繼楨：重修闔鄉各古廟碑記 | 55-2（146） | 清光緒二十九年（1903） | 康公主帥廟（詵敦村）·廣州府屬 |
| 宋·方大琮：廣州修復天慶觀衆妙堂記 | 16-4（31） | 宋淳祐五年（1245） | 元妙觀·廣州府屬 |
| 清·方繩武：萬興嶽廟碑 | 97-1（234） | 清嘉慶十二年（1807） | 東嶽廟·香山縣 |
| 清·毛定周：北帝廟碑記 | 95-1（232） | 清康熙十八年（1679） | 北帝廟·香山縣 |
| 明·王文典：重修城隍廟記 | 89-2（217） | 明隆慶元年（1567） | 城隍廟·增城縣 |
| 明·王希文：崔霞僊遺履亭真像記 | 76-3（188） | 明嘉靖四十三年（1564） | 上清觀·東莞縣 |
| 清·王宿善：重修武廟記 | 103-2（246） | 清乾隆五十七年（1792） | 關帝廟·三水縣 |
| 清·王敏：新建關帝廟碑記 | 121-1（282） | 清康熙四十九年（1710） | 關帝廟·花縣 |
| 清·王賢超：文教古廟碑記 | 25-2（59） | 清同治四年（1865） | 文教廟（小文教村）·廣州府屬 |
| 清·王錫纘：東洲年創會景碑文 | 88-1（215） | 清康熙三十六年（1697） | 玄女古廟·增城縣 |
| 清·王應華：重修赤灣天后廟記 | 115-3（269） | 清順治十八年（1661） | 赤灣天后廟·新安縣 |
| **6 劃** | | | |
| 明·伍瑞隆：重建大欖天妃廟碑 | 94-1（231） | 明崇禎三年（1630） | 天妃廟·香山縣 |
| 清·列裔昌：重修四帥神廟碑記 | 87-1（213） | 清道光二十年（1840） | 四帥古廟·增城縣 |
| 清·列鼎元：重修四帥神廟碑 | 87-2（214） | 清光緒十一年（1885） | 四帥古廟·增城縣 |
| 明·朱士讚：重塑城隍神像記 | 111-2（260） | 明萬曆八年（1580） | 城隍廟·清遠縣 |
| 清·朱用孚：重修三元宮碑記 | 4-5（11） | 清同治八年（1869） | 三元宮·廣州府屬 |
| 清·朱堯勳：重修玄帝古廟碑記 | 32-6（85） | 清同治九年（1870） | 玄帝廟（筆村）·廣州府屬 |
| 清·朱廉：重修玄帝廟碑記 | 32-4（83） | 清乾隆四十八年（1783） | 玄帝廟（筆村）·廣州府屬 |
| 明·朱端明：胥江武當行宮記 | 101-1（241） | 明嘉靖二十三年（1544） | 胥江北帝廟·三水縣 |
| 老子像石刻暨題字 | 31-2（77） | 明天啟元年（1621） | 北廟（大北門直街）·廣州府屬 |

**7 劃**

| | | | |
|---|---|---|---|
| 清·何文涵:己卯重修武廟碑記 | 40-6(120) | 清光緒五年(1879) | 武帝古廟(沙灣)·廣州府屬 |
| 清·何若瑤:重修華帝廟碑記 | 48-3(138) | 清道光二十七年(1847) | 華光古廟(小谷圍)·廣州府屬 |
| 清·何敬中:無題碑 | 40-5(119) | 清道光三年(1823) | 武帝古廟(沙灣)·廣州府屬 |
| 清·何遠:武帝金像碑記 | 40-1(115) | 清雍正十二年(1734) | 武帝古廟(沙灣)·廣州府屬 |
| 清·佚名:三聖會建醮奉祀碑記 | 64-8(164) | 清康熙二十七年(1688) | 關帝廟(粵秀山)·廣州府屬 |
| 清·佚名:大清光緒二年重修天后廟碑 | 14-2(26) | 清光緒二年(1876) | 天后廟(柵下)·廣州府屬 |
| 宋·佚名:五僊觀古仙詩碑 | 17-2(35) | 宋德祐間(1275-1276) | 五仙觀·廣州府屬 |
| 清·佚名:元貝村禁約 | 34-1(88) | 清乾隆五十年(1785) | 玉虛宮(元貝村)·廣州府屬 |
| 清·佚名:水口廟碑序 | 109-1(256) | 清嘉慶元年(1796) | 北帝廟(圓崗村)·清遠縣 |
| 清·佚名:北帝廟香燈祭業碑 | 18-3(46) | 清康熙十七年(1678) | 仁威廟·廣州府屬 |
| 清·佚名:玉虛宮重修碑記 | 35-2(94) | 清乾隆十九年(1754) | 玉虛宮(楊箕村)·廣州府屬 |
| 清·佚名:改建天后文武二廟碑記 | 11-1(21) | 清同治四年(1865) | 天后宮(勝洲村)·廣州府屬 |
| 明·佚名:官涌通鄉伍顯關帝禾華等神廟堂碑記 | 43-1(125) | 明崇禎十三年(1640) | 官涌古廟·廣州府屬 |
| 清·佚名:官涌通鄉伍顯關帝禾華等神廟堂碑記 | 43-2(126) | 清康熙三十九年(1700) | 官涌古廟·廣州府屬 |
| 清·佚名:武帝廟重修碑記 | 40-2(116) | 清乾隆四十七年(1782) | 武帝古廟(沙灣)·廣州府屬 |
| 清·佚名:建造三帝廟題名碑記 | 116-1(272) | 清乾隆四十七年(1782) | 三聖古廟(步雲村)·花縣 |
| 清·佚名:砌市街石碑記 | 40-3(117) | 清乾隆五十六年(1791) | 武帝古廟(沙灣)·廣州府屬 |
| 清·佚名:重建玄帝古廟碑記 | 35-1(93) | 清康熙六十年(1721) | 玉虛宮(楊箕村)·廣州府屬 |
| 清·佚名:重建玄帝廟碑 | 32-3(82) | 清乾隆十五年(1750) | 玄帝廟(筆村)·廣州府屬 |
| 明·佚名:重建東嶽行宮信士題名 | 78-2(192) | 明嘉靖二十一年(1542) | 東嶽廟(茶山)·東莞縣 |
| 清·佚名:重建南安古廟碑記 | 45-2(130) | 清咸豐十一年(1861) | 南安古廟(南安村)·廣州府屬 |
| 清·佚名:重建關聖古廟碑記 | 113-1(265) | 清咸豐七年(1857) | 洪鎮廟·清遠縣 |
| 清·佚名:重修三元古廟碑記 | 3-2(5) | 清道光二年(1822) | 三元古廟(三元里)·廣州府屬 |
| 清·佚名:重修三清古廟碑記 | 7-1(15) | 清乾隆四年(1739) | 三清堂(南崗村)·廣州府屬 |
| 清·佚名:重修仁威祖廟碑記 | 18-5(48) | 清乾隆十三年(1748) | 仁威廟·廣州府屬 |
| 清·佚名:重修天后古廟碑記 | 15-1(27) | 清光緒十二年(1886) | 天后古廟(張槎堡)·廣州府屬 |
| 清·佚名:重修天后廟碑記 | 12-1(23) | 清乾隆二十七年(1762) | 天后廟(小洲村)·廣州府屬 |
| 清·佚名:重修北帝古廟碑 | 28-1(65) | 清乾隆五十五年(1790) | 北帝古廟(塘口村)·廣州府屬 |
| 清·佚名:重修北帝廟碑記 | 109-2(257) | 清道光三年(1823) | 北帝廟(圓崗村)·清遠縣 |
| 清·佚名:重修玉虛宮碑記 | 36-2(100) | 清嘉慶十二年(1807) | 玉虛宮(長龍村)·廣州府屬 |

清・佚名：靈蟠廟重修碑記　　　　69-2(174)　　清道光十九年(1839)　　靈蟠古廟(石樓鄉)・廣州府屬

明・吳國光：重修赤灣天妃廟記　　115-2(268)　　明萬曆十四年(1586)　　赤灣天后廟・新安縣

清・吳榮光：重建廣州城西真武廟碑記　51-1(141)　　清道光二年(1822)　　真武廟(新基古渡)・廣州府屬

清・吳榮光：重修佛山三官廟碑記　　5-1(13)　　　清道光八年(1828)　　三官廟(觀音堂鋪)・廣州府屬

清・吳榮光：重修佛山分水關帝廟記　66-1(170)　　清道光十年(1830)　　關聖廟(汾水)・廣州府屬

清・吳榮光：重修佛山海口文昌閣記　23-2(56)　　　清道光六年(1826)　　文昌閣(海口)・廣州府屬

清・吳榮光：龍塘觀記　　　　　　　61-1(154)　　清道光九年(1829)　　龍塘觀・廣州府屬

清・宋灝：重建神逕水口洪鎮廟記　　112-1(264)　　清嘉慶十七年(1812)　　洪鎮廟・清遠縣

清・李士傑：重建關帝廟頭門碑記　　64-9(165)　　清康熙六十年(1721)　　關帝廟(粵秀山)・廣州府屬

清・李士楨：關帝廟重修碑記　　　　65-2(169)　　清康熙二十二年(1683)　關帝廟(禺山麓)・廣州府屬

清・李天培：粵秀山武廟重修碑文　　64-11(167)　　清乾隆四十七年(1782)　關帝廟(粵秀山)・廣州府屬

清・李光表：重修都城隍廟記略　　　46-4(134)　　清同治十三年(1874)　　城隍廟・廣州府屬

明・李承箕：重修城隍廟碑　　　　　93-1(230)　　明弘治六年(1493)至　　城隍廟・新會縣

　　　　　　　　　　　　　　　　　　　　　　　弘治十一年(1498)

清・李明徹：鼎建純陽觀碑記　　　　52-1(142)　　清道光九年(1829)　　純陽觀・廣州府屬

明・李待問：柵下天妃廟記　　　　　14-1(25)　　　明崇禎元年(1628)　　天后廟(柵下)・廣州府屬

明・李待問：重修靈應祠記　　　　　38-5(106)　　明崇禎十四年(1641)　　佛山祖廟・廣州府屬

明・李待問：重修靈應祠鼓樓記　　　38-4(105)　　明崇禎二年(1629)　　佛山祖廟・廣州府屬

明・李得陽：增城何仙姑神應記　　　90-4(225)　　明萬曆十八年(1590)　　會仙觀・增城縣

清・李茂新：重修三元古廟碑誌　　　3-1(4)　　　清乾隆五十年(1785)　　三元古廟(三元里)・廣州府屬

清・李棲鳳：重修張桓侯廟記　　　　64-5(161)　　清順治十一年(1654)　　關帝廟(粵秀山)・廣州府屬

清・李棲鳳：修建三元殿記　　　　　4-1(7)　　　清順治十三年(1656)　　三元宮・廣州府屬

明・李楷：重修城隍廟碑記　　　　　79-2(196)　　明崇禎十二年(1639)　　城隍廟・東莞縣

清・李福成：復建三元古廟碑誌　　　3-3(6)　　　清咸豐十一年(1861)　　三元古廟(三元里)・廣州府屬

清・李樹恭：重修雲泉仙館增建帝　　58-2(151)　　清光緒三十三年(1907)　雲泉仙館・廣州府屬
　　親殿碑

清・李錫祚：重修靈應祠記　　　　　38-8(109)　　清康熙二十九年(1690)　佛山祖廟・廣州府屬

清・李謨：重建石角墟北帝廟序　　　107-1(252)　　清道光十一年(1831)　　北帝廟(石角墟)・清遠縣

宋・李巖：重修城隍廟記　　　　　　79-1(195)　　宋元祐五年(1090)　　城隍廟・東莞縣

清・汪璟：重修廣州三元宮碑銘　　　4-6(12)　　　清同治九年(1870)　　三元宮・廣州府屬

清・沈曾同：重修城隍廟記　　　　　79-3(197)　　清雍正十一年(1733)　　城隍廟・東莞縣

## 8 劃

清・冼煜：重修錦香池記　　　　　　38-7(108)　　清康熙三十年(1691)　　佛山祖廟・廣州府屬

以前

## 9 劃

左右

## 10 劃

| | | | |
|---|---|---|---|
| 明·孫蕡:書井亭記後 | 90-2(223) | 明洪武十三年(1380) | 會仙觀·增城縣 |
| 清·孫繩:重修城隍廟碑記 | 84-1(207) | 清順治十八年(1661)中 | 城隍廟·從化縣 |
| 清·容輝:重修古廟碑記 | 29-1(70) | 清嘉慶三年(1798) | 北帝神廟(曾邊村)·廣州府屬 |
| 清·徐勃:重建文昌閣記 | 73-1(179) | 清康熙三十年(1691) | 文昌閣·順德縣 |
| 明·海邁:熊侯重創城隍廟記 | 105-2(249) | 明萬曆三十四年(1606) | 城隍廟·新寧縣 |
| 清·耿繼茂:重修五仙觀碑記 | 17-6(39) | 清順治十二年(1655) | 五仙觀·廣州府屬 |
| 清·耿繼茂:重修玄帝廟碑記 | 31-4(79) | 清順治十六年(1659) | 北廟(大北門直街)·廣州府屬 |
| 明·袁奎:文昌閣記 | 92-1(229) | 明萬曆十二年(1584) | 文昌閣·新會縣 |
| 清·馬鳳儀:重修帥府廟碑記 | 47-1(135) | 清咸豐三年(1853) | 帥府廟(鍾村)·廣州府屬 |
| 清·莊有恭:重修城隍廟記 | 46-3(133) | 清乾隆十八年(1753) | 城隍廟·廣州府屬 |
| 明·郭九鼎:文昌廟記 | 76-4(189) | 明崇禎十一年(1638) | 上清觀·東莞縣 |
| 清·郭遇熙:三官廟碑文 | 81-1(199) | 清康熙三十二年(1693) | 三官廟·從化縣 |
| 清·郭遇熙:重建清寧廟碑記 | 85-1(209) | 清康熙二十八年(1689) | 清寧廟·從化縣 |
| 清·郭遇熙:重修大魁閣記 | 82-1(200) | 清康熙三十二年(1693) | 大魁閣·從化縣 |
| 清·郭遇熙:創建天妃廟文峰塔碑 | 83-1(205) | 清康熙二十九年(1690) | 天妃廟·從化縣 |
| 清·郭鍾熙:重修城隍廟碑記 | 111-5(263) | 清咸豐元年(1851) | 城隍廟·清遠縣 |
| 清·陳□輝:重修天后文武廟碑記 | 11-2(22) | 清光緒十年(1884) | 天后宮(勝州村)·廣州府屬 |
| 明·陳大猷:助修城隍廟記 | 46-2(132) | 明萬曆十六年(1588) | 城隍廟·廣州府屬 |
| 清·陳似源:重修城西關聖帝君祖廟碑記 | 62-1(155) | 清雍正元年(1723) | 關夫子廟(下九甫)·廣州府屬 |
| 明·陳希元:玄真觀道士月困置田創殿記 | 72-1(178) | 明正德十四年(1519) | 元真觀·順德縣 |
| 清·陳其焜:重修靈應祠鼎建靈宮碑記 | 38-12(113) | 清嘉慶二年(1797) | 佛山祖廟·廣州府屬 |
| 清·陳念祖:重修小逕墟北帝古廟碑記 | 86-3(212) | 清同治十三年(1874) | 北帝古廟·增城縣 |
| 清·陳炎宗:重修南海佛山靈應祠碑記 | 38-11(112) | 清乾隆二十七年(1762) | 佛山祖廟·廣州府屬 |
| 明·陳思觀:鍾村聖堂廟碑記 | 56-1(147) | 明崇禎元年(1628) | 康公廟(鍾村)·廣州府屬 |
| 明·陳洙:重修漢關將軍廟碑 | 65-1(168) | 明天順七年(1463) | 關帝廟(禺山麓)·廣州府屬 |
| 清·陳珍:重建三元古廟碑記 | 2-2(3) | 清道光二十四年(1844) | 三元古廟(吉山村)·廣州府屬 |
| 明·陳原道:遷建漢壽亭侯廟記 | 103-1(245) | 明萬曆三十五年(1607) | 關帝廟·三水縣 |
| 清·陳哲:重修城隍廟碑記 | 111-3(261) | 清乾隆二年(1737) | 城隍廟·清遠縣 |
| 清·陳哲:新建奎光閣暨廻瀾廟記 | 110-1(258) | 清乾隆二年(1737) | 廻瀾廟·清遠縣 |
| 清·陳哲:遷文昌宮記 | 106-1(251) | 清乾隆二年(1737) | 文昌宮·清遠縣 |
| 清·陳恭尹:重修錦巖三廟碑記 | 75-2(182) | 清康熙三十一年(1692) | 錦巖廟·順德縣 |
| 明·陳幅:修城隍廟碑記 | 111-1(259) | 明嘉靖三十六年(1557) | 城隍廟·清遠縣 |

**12 劃**

| | | | |
|---|---|---|---|
| 清·彭金銘:塘口北帝廟重修碑記 | 28-5(69) | 清光緒二十四年(1898) | 北帝古廟(塘口村)·廣州府屬 |
| 清·曾燠:重修南海五仙觀碑 | 17-8(41) | 清嘉慶十七年(1812) | 五仙觀·廣州府屬 |
| 清·游法珠:重修錦巖廟碑記 | 75-4(184) | 清乾隆三十三年(1768) | 錦巖廟·順德縣 |
| 明·湛若水:五仙觀湛甘泉詩碑 | 17-4(37) | 明嘉靖三十三年(1554) | 五仙觀·廣州府屬 |
| 清·馮任:重建北帝廟碑記 | 30-1(71) | 清乾隆十一年(1746) | 北帝廟(黃埔村)·廣州府屬 |
| 清·馮成修:重建金花古廟碑記 | 42-3(124) | 清乾隆二十一年(1756) | 金花古廟·廣州府屬 |
| 清·馮景華:北帝廟重修碑 | 30-2(72) | 清道光二十九年(1849) | 北帝廟(黃埔村)·廣州府屬 |
| 清·馮景華:始祀張王爺碑記 | 30-3(73) | 清道光三十年(1850) | 北帝廟(黃埔村)·廣州府屬 |
| 清·馮晴華:重修玉虛宮碑記 | 30-4(74) | 清同治四年(1865) | 北帝廟(黃埔村)·廣州府屬 |
| 清·馮煥章:重建玉虛宮碑 | 30-5(75) | 清光緒十七年(1891) | 北帝廟(黃埔村)·廣州府屬 |
| 清·馮贊勳:鼎建雲泉仙館碑 | 58-1(150) | 清咸豐十年(1860) | 雲泉仙館·廣州府屬 |
| 清·黃大斡:重建豪賢街二聖古廟碑 | 1-1(1) | 清道光十六年(1836) | 二聖古廟·廣州府屬 |
| 清·黃玉堂:重建大魁閣記 | 82-5(204) | 清雍正九年(1731) | 大魁閣·從化縣 |
| 清·黃甲先:重建大魁閣記 | 82-4(203) | 清雍正九年(1731) | 大魁閣·從化縣 |
| 清·黃恩彤:重修五仙觀碑文 | 17-9(42) | 清道光二十五年(1845) | 五仙觀·廣州府屬 |
| 清·黃培芳:蒲澗安期仙祠碑記 | 37-1(101) | 清嘉慶十八年(1813) | 安期仙祠·廣州府屬 |
| 清·黃善書:一二三舖賀誕碑記 | 101-3(243) | 清嘉慶二十一年(1816) | 胥江北帝廟·三水縣 |
| 清·黃德華:重修玄帝殿觀音殿碑記 | 32-7(86) | 清光緒九年(1883) | 玄帝廟(筆村)·廣州府屬 |
| 清·黃興禮:海口文昌閣記 | 23-1(55) | 清乾隆十三年(1748) | 文昌閣(海口)·廣州府屬 |
| 明·黃淳:新修象山文昌宮記 | 91-1(228) | 明萬曆十六年(1588) | 文昌宮·新會縣 |
| 明·黃諫:重修關將軍廟記 | 64-1(157) | 明天順五年(1461) | 關帝廟(粵秀山)·廣州府屬 |
| 明·黃諫:新建赤灣天妃廟後殿記 | 115-1(267) | 明天順八年(1464) | 赤灣天后廟·新安縣 |

**13 劃**

| | | | |
|---|---|---|---|
| 宋·楊襸:上清觀殿後壁記 | 76-1(186) | 宋政和六年(1116) | 上清觀·東莞縣 |
| 清·葉宏智:重修北帝廟碑記 | 108-1(253) | 清乾隆五年(1740) | 北帝廟(城北)·清遠縣 |

**14 劃**

| | | | |
|---|---|---|---|
| 清·僧成鷟:南田神廟記 | 44-1(128) | 清康熙六十一年(1722)<br>之前 | 南田神廟·廣州府屬 |
| 清·管一清:重修城隍廟碑記 | 89-6(221) | 清乾隆十六年(1751) | 城隍廟·增城縣 |
| 宋·趙希循:北極觀記 | 96-1(233) | 宋淳祐五年(1245) | 北極觀·香山縣 |

清·戴佩:鼎建仁威祖廟天樞宮題名碑文 18-4(47)　　清康熙五十二年(1713)　　仁威廟·廣州府屬

清·謝蘭生:重修胥江真武廟記　　101-2(242)　　清嘉慶十四年(1809)　　胥江北帝廟·清遠縣

清·謝蘭生:增修關帝古廟碑記　　63-1(156)　　清嘉慶十年(1805)　　關帝廟(小港)·廣州府屬

清·鍾文煥:重修北帝古廟碑記　　26-4(63)　　清咸豐六年(1856)　　北帝古廟(塘頭村)·廣州府屬

清·鍾光尚:重建廟宇碑記　　26-1(60)　　清乾隆元年(1736)　　北帝古廟(塘頭村)·廣州府屬

清·鍾谷:題捐創建本廟東廳記　　26-3(62)　　清嘉慶十二年(1807)　　北帝古廟(塘頭村)·廣州府屬

清·鍾和聲:重修文教古廟碑記　　25-1(58)　　清康熙五十八年(1719)　　文教廟(小文教村)·廣州府屬

清·鍾楨國:鼎建真武帝廟碑記　　36-1(99)　　清乾隆四十二年(1777)　　玉虛宮(長龍村)·廣州府屬

明·鍾鼎臣:鼎建玄帝廟碑記　　32-2(81)　　南明隆武元年(1645)　　玄帝廟(筆村)·廣州府屬

清·韓紹賢:重修文昌宮堂寢碑記　　21-1(53)　　清乾隆五十八年(1793)　　文昌宮(協天勝里)·廣州府屬

清·鍾瑞翔、鍾佩翔:重建玉虛宮添建　　34-5(92)　　清道光二十七年(1847)　　玉虛宮(元貝村)·廣州府屬
　　文武殿碑記

清·鍾鳳:重建上帝祖廟碑記　　34-2(89)　　清乾隆五十六年(1791)　　玉虛宮(元貝村)·廣州府屬

清·鍾騰蛟:重建元貝鄉上帝爺廟碑記 34-3(90)　　清嘉慶十八年(1813)　　玉虛宮(元貝村)·廣州府屬


## 18 劃

清·簡湘元:重修三帝廟碑記　　6-1(14)　　清道光二十四年(1844)　　三帝廟(小洲村)·廣州府屬

清·簡謙:重修本廟碑記　　33-1(87)　　清乾隆二十三年(1758)　　玉虛宮(小洲村)·廣州府屬

清·顏仲瑜、顏載宏:重建文帝廟碑記　24-1(57)　　清光緒三十年(1904)　　文帝宮(園下村)·廣州府屬


## 19 劃

明·龐嵩:重修城隍廟記　　105-1(248)　　明嘉靖三十六年(1557)　　城隍廟·新寧縣

清·羅廷璉:錦巖廟裝金題名碑記　　75-5(185)　　清乾隆四十九年(1784)　　錦巖廟·順德縣

清·羅忠揚:遷建天后宮碑誌　　117-2(274)　　清嘉慶五年(1800)　　天后廟(寶鴨湖村)·花縣

清·蘇嵋:重建城隍廟碑記　　100-2(240)　　清康熙十一年(1672)　　城隍廟·三水縣

宋·蘇軾:衆妙堂記　　16-2(29)　　宋元符二年(1099)　　元妙觀·廣州府屬


## 20 劃

清·釋成鷟:蜆岡華光廟重修記　　49-1(139)　　清康熙四十年(1701)　　華光廟(蜆岡堡)·廣州府屬

清·饒應泰:重修北帝廟碑記　　108-2(254)　　清嘉慶五年(1800)　　北帝廟(城北)·清遠縣


## 23 劃

清·龔崧林:重修大魁閣記　　82-2(201)　　清雍正九年(1731)　　大魁閣·從化縣

清·龔章:金花古廟重修增建記　　42-1(122)　　清康熙二十二年(1683)　　金花古廟·廣州府屬

# 附表五 《廣州府道教廟宇碑刻集釋》所收碑刻總表

| 總序號 | 作名·碑題 | 年份 | 所屬廟宇 |
| --- | --- | --- | --- |
| （1） | 清·黃大榦：重建豪賢街二聖古廟碑 | 清道光十六年（1836） | 二聖古廟 |
| （2） | 清·梁世虞：三元殿碑 | 清乾隆三十年（1765） | 三元古廟（吉山村） |
| （3） | 清·陳珍：重建三元古廟碑記 | 清道光二十四年（1844） | 三元古廟（吉山村） |
| （4） | 清·李茂新：重修三元古廟碑誌 | 清乾隆五十年（1785） | 三元古廟（三元里） |
| （5） | 清·佚名：重修三元古廟碑記 | 清道光二年（1822） | 三元古廟（三元里） |
| （6） | 清·李福成：復建三元古廟碑誌 | 清咸豐十一年（1861） | 三元古廟（三元里） |
| （7） | 清·李棲鳳：修建三元殿記 | 清順治十三年（1656） | 三元宮 |
| （8） | 清·郁教甯：鮑姑祠記 | 清乾隆四十五年（1780） | 三元宮 |
| （9） | 清·蕭雲漢：重建斗姥殿碑記 | 清乾隆五十年（1785） | 三元宮 |
| （10） | 清·鄧士憲：重修三元宮碑記 | 清道光十七年（1837） | 三元宮 |
| （11） | 清·朱用孚：重修三元宮碑記 | 清同治八年（1869） | 三元宮 |
| （12） | 清·汪瑔：重修廣州三元宮碑銘 | 清同治九年（1870） | 三元宮 |
| （13） | 清·吳榮光：重修佛山三官廟碑記 | 清道光八年（1828） | 三官廟（觀音堂鋪） |
| （14） | 清·簡湘元：重修三帝廟碑記 | 清道光二十四年（1844） | 三帝廟（小洲村） |
| （15） | 清·佚名：重修三清古廟碑記 | 清乾隆四年（1739） | 三清堂（南崗村） |
| （16） | 清·佚名：重修三清古廟碑記 | 清乾隆四十五年（1780） | 三清堂（南崗村） |
| （17） | 清·周日新：重修三清堂碑 | 清道光十四年（1834） | 三清堂（南崗村） |
| （18） | 清·黎春曦：鼎建三聖廟碑記 | 清順治八年（1651） | 三聖廟（大轂村） |
| （19） | 清·佚名：重修龍溪天后古廟碑記 | 清乾隆五十一年（1786） | 天后古廟（龍溪） |
| （20） | 清·陸應暄：重修天后宮碑記 | 清宣統二年（1910） | 天后宮（練溪村） |
| （21） | 清·佚名：改建天后文武二廟碑記 | 清同治四年（1865） | 天后宮（勝洲村） |
| （22） | 清·陳□輝：重修天后文武廟碑記 | 清光緒十年（1884） | 天后宮（勝洲村） |
| （23） | 清·佚名：重修天后廟碑記 | 清乾隆二十七年（1762） | 天后廟（小洲村） |
| （24） | 清·梁懷文：重修天后廟碑記 | 清嘉慶二十五年（1820） | 天后廟（小文教村） |
| （25） | 明·李待問：柵下天妃廟記 | 明崇禎元年（1628） | 天后廟（柵下） |
| （26） | 清·佚名：大清光緒二年重修天后廟碑 | 清光緒二年（1876） | 天后廟（柵下） |
| （27） | 清·佚名：重修天后古廟碑記 | 清光緒十二年（1886） | 天后古廟（張槎堡） |
| （28） | 宋·薛唐：廣州重修天慶觀記 | 宋元豐二年（1079） | 元妙觀 |

| (29) | 宋·蘇軾:衆妙堂記 | 宋元符二年(1099) | 元妙觀 |
|---|---|---|---|
| (30) | 宋·洪邁:修天慶觀三清殿記 | 宋紹興二十五年(1155)左右 | 元妙觀 |
| (31) | 宋·方大琮:廣州修復天慶觀衆妙堂記 | 宋淳祐五年(1245) | 元妙觀 |
| (32) | 明·梁有譽:重修三皇像碑 | 明嘉靖二十八年(1549) | 元妙觀 |
| (33) | 清·尚可喜:重修玄妙觀記 | 清康熙五年(1666) | 元妙觀 |
| (34) | 宋·張勸:廣州重修五仙祠記 | 宋政和四年(1114) | 五仙觀 |
| (35) | 宋·佚名:五僊觀古仙詩碑 | 宋德祐間(1275-1276) | 五仙觀 |
| (36) | 明·孫蕡:五仙觀記 | 明洪武二年(1369) | 五仙觀 |
| (37) | 明·湛若水:五仙觀湛甘泉詩碑 | 明嘉靖三十三年(1554) | 五仙觀 |
| (38) | 明·黎民表:真武像贊 | 明嘉靖四十四年(1565) | 五仙觀 |
| (39) | 清·耿繼茂:重修五仙觀碑記 | 清順治十二年(1655) | 五仙觀 |
| (40) | 清·佚名:重修關帝廟并三年圓滿功德碑記 | 清康熙七年(1668) | 五仙觀 |
| (41) | 清·曾燠:重修南海五仙觀碑 | 清嘉慶十七年(1812) | 五仙觀 |
| (42) | 清·黃恩彤:重修五仙觀碑文 | 清道光二十五年(1845) | 五仙觀 |
| (43) | 清·承惠:重修五仙觀碑記 | 清同治十一年(1872) | 五仙觀 |
| (44) | 明·佚名:重修真武廟記 | 明天啟二年(1622) | 仁威廟 |
| (45) | 清·趙鳴玉:重修北帝祖廟碑記 | 清順治十八年(1661) | 仁威廟 |
| (46) | 清·佚名:北帝廟香燈祭業碑 | 清康熙十七年(1678) | 仁威廟 |
| (47) | 清·戴佩:鼎建仁威祖廟天樞宮題名碑文 | 清康熙五十二年(1713) | 仁威廟 |
| (48) | 清·佚名:重修仁威祖廟碑記 | 清乾隆十三年(1748) | 仁威廟 |
| (49) | 清·張錦芳:重修仁威古廟碑記 | 清乾隆五十年(1785) | 仁威廟 |
| (50) | 清·梁玉森:重修仁威祖廟碑記 | 清同治六年(1867) | 仁威廟 |
| (51) | 清·佚名:新建蔭善會碑記 | 清光緒十八年(1892) | 文武廟(茭塘東村) |
| (52) | 明·梁士濟:重修月溪文昌宮記 | 明天啟五年(1625)略後 | 文昌宮(白雲山) |
| (53) | 清·韓紹賢:重修文昌宮堂寢碑記 | 清乾隆五十八年(1793) | 文昌宮(協天勝里) |
| (54) | 清·蔣伊:重修文昌宮碑記 | 清康熙二十三年(1684) | 文昌宮(桂香街) |
| (55) | 清·黃興禮:海口文昌閣記 | 清乾隆十三年(1748) | 文昌閣(海口) |
| (56) | 清·吳榮光:重修佛山海口文昌閣記 | 清道光六年(1826) | 文昌閣(海口) |
| (57) | 清·顏仲瑜、顏載宏:重建文帝廟碑記 | 清光緒三十年(1904) | 文帝宮(園下村) |
| (58) | 清·鍾和聲:重修文教古廟碑記 | 清康熙五十八年(1719) | 文教廟(小文教村) |
| (59) | 清·王賢超:文教古廟碑記 | 清同治四年(1865) | 文教廟(小文教村) |
| (60) | 清·鍾光尚:重建廟宇碑記 | 清乾隆元年(1736) | 北帝古廟(塘頭村) |
| (61) | 清·佚名:重修北帝廟碑記 | 清乾隆三十九年(1774) | 北帝古廟(塘頭村) |
| (62) | 清·鍾谷:題捐創建本廟東廊記 | 清嘉慶十二年(1807) | 北帝古廟(塘頭村) |

| (63) | 清·鍾文煥:宣修北帝古廟碑記 | 清咸豐六年(1856) | 北帝古廟(塘頭村) |
|---|---|---|---|
| (64) | 清·區必佳:宣修北帝古廟碑記 | 清乾隆六十年(1795) | 北帝古廟(滄頭村) |
| (65) | 清·佚名:重修北帝古廟碑 | 清乾隆五十五年(1790) | 北帝古廟(塘口村) |
| (66) | 清·佚名:重修北帝古廟碑 | 清嘉慶十一年(1806) | 北帝古廟(塘口村) |
| (67) | 清·周瑞生:宣修北帝古廟碑記 | 清道光十二年(1832) | 北帝古廟(塘口村) |
| (68) | 清·梁其緒:宣修北帝古廟碑記 | 清同治七年(1868) | 北帝古廟(塘口村) |
| (69) | 清·彭金銘:塘口北帝廟重修碑記 | 清光緒二十四年(1898) | 北帝古廟(塘口村) |
| (70) | 清·容輝:重修古廟碑記 | 清嘉慶三年(1798) | 北帝神廟(曾邊村) |
| (71) | 清·馮任:重建北帝廟碑記 | 清乾隆十一年(1746) | 北帝廟(黃埔村) |
| (72) | 清·馮景華:北帝廟重修碑 | 清道光二十九年(1849) | 北帝廟(黃埔村) |
| (73) | 清·馮景華:始祀張王爺碑記 | 清道光三十年(1850) | 北帝廟(黃埔村) |
| (74) | 清·馮晴華:重修玉虛宮碑記 | 清同治四年(1865) | 北帝廟(黃埔村) |
| (75) | 清·馮煥章:重建玉虛宮碑 | 清光緒十七年(1891) | 北帝廟(黃埔村) |
| (76) | 明·明成祖:文昌帝君暨侍者像石刻並題字 | 明萬曆四十八年(1620) | 北廟(大北門直街) |
| (77) | 老子像石刻暨題字 | 明天啟元年(1621) | 北廟(大北門直街) |
| (78) | 許真君像石刻暨題字 | 明崇禎六年(1633) | 北廟(大北門直街) |
| (79) | 清·耿繼茂:重修玄帝廟碑記 | 清順治十六年(1659) | 北廟(大北門直街) |
| (80) | 明·佚名:蒲盧園陂圍碑記 | 明嘉靖十八年(1539) | 玄帝廟(筆村) |
| (81) | 明·鍾鼎臣:鼎建玄帝廟碑記 | 南明隆武元年(1645) | 玄帝廟(筆村) |
| (82) | 清·佚名:重建玄帝廟碑 | 清乾隆十五年(1750) | 玄帝廟(筆村) |
| (83) | 清·朱廉:重修玄帝廟碑記 | 清乾隆四十八年(1783) | 玄帝廟(筆村) |
| (84) | 清·佚名:番禺縣正堂訊斷繪註蒲蘆園陂圍各圳水道圖形 | 清道光十二年(1832) | 玄帝廟(筆村) |
| (85) | 清·朱堯勳:重修玄帝古廟碑記 | 清同治九年(1870) | 玄帝廟(筆村) |
| (86) | 清·黃德華:重修玄帝殿觀音殿碑記 | 清光緒九年(1883) | 玄帝廟(筆村) |
| (87) | 清·簡謙:重修本廟碑記 | 清乾隆二十三年(1758) | 玉虛宮(小洲村) |
| (88) | 清·佚名:元貝村禁約 | 清乾隆五十年(1785) | 玉虛宮(元貝村) |
| (89) | 清·鍾鳳:重建上帝祖廟碑記 | 清乾隆五十六年(1791) | 玉虛宮(元貝村) |
| (90) | 清·鍾騰蛟:重建元貝鄉上帝爺廟碑記 | 清嘉慶十八年(1813) | 玉虛宮(元貝村) |
| (91) | 清·佚名:嚴禁風水樹條例 | 清道光十八年(1838) | 玉虛宮(元貝村) |
| (92) | 清·鍾瑞翔、鍠佩翔:重建玉虛宮添建文武殿碑記 | 清道光二十七年(1847) | 玉虛宮(元貝村) |
| (93) | 清·佚名:重建玄帝古廟碑記 | 清康熙六十年(1721) | 玉虛宮(楊箕村) |
| (94) | 清·佚名:玉虛宮重修碑記 | 清乾隆十九年(1754) | 玉虛宮(楊箕村) |
| (95) | 清·姚允楫:重修北帝廟碑記 | 清嘉慶四年(1799) | 玉虛宮(楊箕村) |

| （96） | 清·姚允楫:重修兩廟碑記 | 清嘉慶十年（1805） | 玉虛宮（楊箕村） |
| --- | --- | --- | --- |
| （97） | 清·姚仰居:重建玉虛宮碑記 | 清道光二十三年（1843） | 玉虛宮（楊箕村） |
| （98） | 清·姚登翰:重修玉虛宮碑記 | 清光緒二十七年（1901） | 玉虛宮（楊箕村） |
| （99） | 清·鍾楨國:鼎建真武帝廟碑記 | 清乾隆四十二年（1777） | 玉虛宮（長龍村） |
| （100） | 清·佚名:重修玉虛宮碑記 | 清嘉慶十二年（1807） | 玉虛宮（長龍村） |
| （101） | 清·黃培芳:蒲澗安期仙祠碑記 | 清嘉慶十八年（1813） | 安期仙祠 |
| （102） | 明·唐璧:重修祖廟碑記 | 明宣德四年（1429） | 佛山祖廟 |
| （103） | 明·佚名:重修慶真堂記 | 明正統三年（1438） | 佛山祖廟 |
| （104） | 明·陳贊:佛山真武祖廟靈應記 | 明景泰二年（1451） | 佛山祖廟 |
| （105） | 明·李待問:重修靈應祠鼓樓記 | 明崇禎二年（1629） | 佛山祖廟 |
| （106） | 明·李待問:重修靈應祠記 | 明崇禎十四年（1641） | 佛山祖廟 |
| （107） | 清·郎廷樞:修靈應祠記 | 清康熙二十三年（1684） | 佛山祖廟 |
| （108） | 清·冼煜:重修錦香池記 | 清康熙三十年（1691）以前 | 佛山祖廟 |
| （109） | 清·李錫祚:重修靈應祠記 | 清康熙二十九年（1690） | 佛山祖廟 |
| （110） | 清·佚名:清復靈應祠租雜記 | 清康熙四十五年（1706） | 佛山祖廟 |
| （111） | 清·佚名:靈應祠廟鋪還廟碑示 | 清康熙五十九年（1720） | 佛山祖廟 |
| （112） | 清·陳炎宗:重修南海佛山靈應祠碑記 | 清乾隆二十七年（1762） | 佛山祖廟 |
| （113） | 清·陳其焜:重修靈應祠鼎建靈宮碑記 | 清嘉慶二年（1797） | 佛山祖廟 |
| （114） | 清·佚名:倡建橫沙呂帝廟碑記 | 清光緒二十七年（1901） | 呂帝廟（橫沙村） |
| （115） | 清·何遠:武帝金像碑記 | 清雍正十二年（1734） | 武帝古廟（沙灣） |
| （116） | 清·佚名:武帝廟重修碑記 | 清乾隆四十七年（1782） | 武帝古廟（沙灣） |
| （117） | 清·佚名:砌市街石碑記 | 清乾隆五十六年（1791） | 武帝古廟（沙灣） |
| （118） | 清·佚名:禁鍬白坭告示碑 | 清乾隆五十八年（1793） | 武帝古廟（沙灣） |
| （119） | 清·何敬中:無題碑 | 清道光三年（1823） | 武帝古廟（沙灣） |
| （120） | 清·何文涵:己邜重修武廟碑記 | 清光緒五年（1879） | 武帝古廟（沙灣） |
| （121） | 清·尚可喜:新建東西得勝廟碑 | 清順治九年（1652） | 東得勝廟（小北門外東） |
| （122） | 清·龔章:金花古廟重修增建記 | 清康熙二十二年（1683） | 金花古廟 |
| （123） | 清·梁佩蘭:金花廟前新築地基碑記 | 清康熙三十年（1691） | 金花古廟 |
| （124） | 清·馮成修:重建金花古廟碑記 | 清乾隆二十一年（1756） | 金花古廟 |
| （125） | 明·佚名:官涌通鄉伍顯關帝禾華等神廟堂碑記 | 明崇禎十三年（1640） | 官涌古廟 |
| （126） | 清·佚名:官涌通鄉伍顯關帝禾華等神廟堂碑記 | 清康熙三十九年（1700） | 官涌古廟 |
| （127） | 清·麥士□:重修鄉約亭題名碑記 | 清乾隆十七年（1752） | 官涌古廟 |
| （128） | 清·僧成鷥:南田神廟記 | 清康熙六十一年（1722）之前 | 南田神廟 |
| （129） | 清·佚名:重修南安古廟碑記 | 清嘉慶十七年（1812） | 南安古廟（南安村） |

(130)　清·佚名:重建南安古廟碑記　　　　　清咸豐十一年(1861)　　　南安古廟(南安村)

(131)　明·蔡汝賢:重修廣州城隍廟記　　　　　明萬曆十三年(1585)　　　城隍廟

(132)　明·陳大猷:助修城隍廟記　　　　　　　明萬曆十六年(1588)　　　城隍廟

(133)　清·莊有恭:重修城隍廟記　　　　　　　清乾隆十八年(1753)　　　城隍廟

(134)　清·李光表:重修都城隍廟記略　　　　　清同治十三年(1874)　　　城隍廟

(135)　清·馬鳳儀:重修帥府廟碑記　　　　　　清咸豐三年(1853)　　　　帥府廟(鍾村)

(136)　清·佚名:華光古廟助金題名碑記　　　　清雍正十一年(1733)　　　華光古廟(小谷圍)

(137)　清·梁殿珍:重修華光廟碑記　　　　　　清嘉慶十年(1805)　　　　華光古廟(小谷圍)

(138)　清·何若瑤:重修華帝廟碑記　　　　　　清道光二十七年(1847)　　華光古廟(小谷圍)

(139)　清·釋成鷲:蟠岡華光廟重修記　　　　　清康熙四十年(1701)　　　華光廟(蟠岡堡)

(140)　明·佚名:新建東山祖堂記　　　　　　　明嘉靖四十二年(1563)　　真武廟(大東門外)

(141)　清·吳榮光:重建廣州城西真武廟碑記　　清道光二年(1822)　　　　真武廟(新基古渡)

(142)　清·李明徹:鼎建純陽觀碑記　　　　　　清道光九年(1829)　　　　純陽觀

(143)　清·倫之綱:重建洞天宮記　　　　　　　清雍正八年(1730)　　　　萬真觀

(144)　清·林總戴:重修康公古廟碑記　　　　　清康熙四十三年(1704)　　康公廟古廟(官堂村)

(145)　清·佚名:重修康公廟宇碑記　　　　　　清道光十五年(1835)　　　康公主帥廟(詵敦村)

(146)　清·孔繼楨:重修闔鄉各古廟碑記　　　　清光緒二十九年(1903)　　康公主帥廟(詵敦村)

(147)　明·陳思覲:鍾村聖堂廟碑記　　　　　　明崇禎元年(1628)　　　　康公廟(鍾村)

(148)　清·盧崇寓:倡建鍾村墟場砌石碑記　　　清光緒三十四年(1908)　　康公廟(鍾村)

(149)　清·趙從端:重修佛山塔坡古廟碑記　　　清光緒十六年(1890)　　　塔坡廟

(150)　清·馮贊勳:鼎建雲泉仙館碑　　　　　　清咸豐十年(1860)　　　　雲泉仙館

(151)　清·李樹恭:重修雲泉仙館增建帝親殿碑　清光緒三十三年(1907)　　雲泉仙館

(152)　清·區鑑清:蒙聖里觀音廟記　　　　　　清咸豐三年(1853)　　　　蒙聖里觀音廟

(153)　清·黎崇基:重建嘉猷古廟碑記　　　　　清咸豐元年(1851)　　　　嘉猷古廟(望岡堡)

(154)　清·吳榮光:龍塘觀記　　　　　　　　　清道光九年(1829)　　　　龍塘觀

(155)　清·陳似源:重修城西關聖帝君祖廟碑記　清雍正元年(1723)　　　　關夫子廟(下九甫)

(156)　清·謝蘭生:增修關帝古廟碑記　　　　　清嘉慶十年(1805)　　　　關帝廟(小港)

(157)　明·黃諫:重修關將軍廟記　　　　　　　明天順五年(1461)　　　　關帝廟(粵秀山)

(158)　明·劉繼文:粵秀山關聖帝廟碑　　　　　明萬曆十七年(1589)　　　關帝廟(粵秀山)

(159)　明·劉繼文:關武安王祭文　　　　　　　明萬曆十七年(1589)　　　關帝廟(粵秀山)

(160)　明·劉繼文:張桓侯碑　　　　　　　　　明萬曆十七年(1589)　　　關帝廟(粵秀山)

(161)　清·李棲鳳:重修張桓侯廟記　　　　　　清順治十一年(1654)　　　關帝廟(粵秀山)

(162)　清·尚之信:重修張桓侯廟記　　　　　　清康熙六年(1667)　　　　關帝廟(粵秀山)

(163)　清·佚名:崇祀關帝廟永旋祖案碑記　　　清康熙十一年(1672)　　　關帝廟(粵秀山)

| (164) | 清·佚名：三聖會建醮奉祀碑記 | 清康熙二十七年（1688） | 關帝廟（粵秀山） |
| (165) | 清·李士傑：重建關帝廟頭門碑記 | 清康熙六十年（1721） | 關帝廟（粵秀山） |
| (166) | 清·子瑛：重修張將軍廟前包臺碑記 | 清雍正八年（1730） | 關帝廟（粵秀山） |
| (167) | 清·李天培：粵秀山武廟重修文 | 清乾隆四十七年（1782） | 關帝廟（粵秀山） |
| (168) | 明·陳洙：重修漢關將軍廟碑 | 明天順七年（1463） | 關帝廟（禺山麓） |
| (169) | 清·李士楨：關帝廟重修碑記 | 清康熙二十二年（1683） | 關帝廟（禺山麓） |
| (170) | 清·吳榮光：重修佛山分水關帝廟記 | 清道光十年（1830） | 關聖（汾水） |
| (171) | 清·佚名：重修醫靈廟記 | 清宣統元年（1909） | 醫靈古廟（鶴邊村） |
| (172) | 清·趙鳴玉：修醫靈廟記 | 清康熙三年（1664） | 醫靈廟（華村里） |
| (173) | 清·佚名：起建靈蟠廟各信碑 | 清嘉慶三年（1798） | 靈蟠古廟（石樓鄉） |
| (174) | 清·佚名：靈蟠廟重修碑記 | 清道光十九年（1839） | 靈蟠古廟（石樓鄉） |
| (175) | 明·佚名：闔邑士民創建元都紫府祭田香燈記 | 明天啟三年（1623） | 大良北帝廟 |
| (176) | 清·梁景璋：大良北帝廟碑 | 清乾隆四十二年（1777） | 大良北帝廟 |
| (177) | 清·黎簡：弼教元君古廟碑 | 清嘉慶元年（1796） | 弼教元君古廟 |
| (178) | 明·陳希元：玄真觀道士月困置田創殿記 | 明正德十四年（1519） | 元真觀 |
| (179) | 清·徐勛：重建文昌閣記 | 清康熙三十年（1691） | 文昌閣 |
| (180) | 明·金節：桂洲真武廟碑記 | 明萬曆二十一年（1593） | 桂洲真武廟 |
| (181) | 明·薛藩：錦巖碑記 | 明萬曆四十三年（1615） | 錦巖廟 |
| (182) | 清·陳恭尹：重修錦巖三廟碑記 | 清康熙三十一年（1692） | 錦巖廟 |
| (183) | 清·佚名：重修錦巖中廟碑記 | 清雍正三年（1725） | 錦巖廟 |
| (184) | 清·游法珠：重修錦巖廟碑記 | 清乾隆三十三年（1768） | 錦巖廟 |
| (185) | 清·羅廷璉：錦巖廟裝金題名碑記 | 清乾隆四十九年（1784） | 錦巖廟 |
| (186) | 宋·楊禩：上清觀殿後壁記 | 宋政和六年（1116） | 上清觀 |
| (187) | 明·陳璉：重修上清觀記 | 明宣德元年（1426） | 上清觀 |
| (188) | 明·王希文：崔霞偓遺履亭真像記 | 明嘉靖四十三年（1564） | 上清觀 |
| (189) | 明·郭九鼎：文昌廟記 | 明崇禎十一年（1638） | 上清觀 |
| (190) | 宋·崔與之：重建東嶽行宮記 | 宋紹熙四年（1193） | 東嶽行宮 |
| (191) | 明·林光：重建東嶽行宮記 | 明正德十五年（1520） | 東嶽廟（茶山） |
| (192) | 明·佚名：重建東嶽行宮信士題名 | 明嘉靖二十一年（1542） | 東嶽廟（茶山） |
| (193) | 清·鄧廷喆：重修茶山東嶽廟碑記 | 清康熙四十四年（1705） | 東嶽廟（茶山） |
| (194) | 清·鄧大林：重修東嶽廟記 | 清嘉慶二年（1797） | 東嶽廟（茶山） |
| (195) | 宋·李巖：重修城隍廟記 | 宋元祐五年（1090） | 城隍廟 |
| (196) | 明·李檀：重修城隍廟碑記 | 明崇禎十二年（1639） | 城隍廟 |
| (197) | 清·沈曾同：重修城隍廟記 | 清雍正十一年（1733） | 城隍廟 |

| （198） | 明·林有本：重修關聖帝君廟記 | 明崇禎年間（1628－1644） | 關帝廟 |
| --- | --- | --- | --- |
| （199） | 清·郭遇熙：三官廟碑文 | 清康熙三十二年（1693） | 三官廟 |
| （200） | 清·郭遇熙：重修大魁閣記 | 清康熙三十二年（1693） | 大魁閣 |
| （201） | 清·龔崧林：重修大魁閣記 | 清雍正九年（1731） | 大魁閣 |
| （202） | 清·張經圖：重建大魁閣記 | 清雍正九年（1731） | 大魁閣 |
| （203） | 清·黃甲先：重建大魁閣記 | 清雍正九年（1731） | 大魁閣 |
| （204） | 清·黃玉堂：重建大魁閣記 | 清雍正九年（1731） | 大魁閣 |
| （205） | 清·郭遇熙：創建天妃廟文峰塔碑 | 清康熙二十九年（1690） | 天妃廟 |
| （206） | 清·張德桂：建天妃廟文峯塔記 | 清康熙三十三年（1694） | 天妃廟 |
| （207） | 清·孫繩：重修城隍廟碑記 | 清順治十八年（1661）中 | 城隍廟 |
| （208） | 清·張德桂：重建城（隍廟記） | 清康熙三十一年（1692） | 城隍廟 |
| （209） | 清·郭遇熙：重建清寧廟碑記 | 清康熙二十八年（1689） | 清寧廟 |
| （210） | 清·陳德魁：重建小逕墟碑記 | 清乾隆七年（1742） | 北帝古廟 |
| （211） | 清·陳憲祖：重修北帝古廟碑記 | 清道光四年（1824） | 北帝古廟 |
| （212） | 清·陳念祖：重修小逕墟北帝古廟碑記 | 清同治十三年（1874） | 北帝古廟 |
| （213） | 清·列裔昌：重修四帥神廟碑記 | 清道光二十年（1840） | 四帥古廟 |
| （214） | 清·列鼎元：重修四帥神廟碑 | 清光緒十一年（1885） | 四帥古廟 |
| （215） | 清·王錫纘：東洲年創會景碑文 | 清康熙三十六年（1697） | 玄女古廟 |
| （216） | 明·孫雲：重遷城隍廟記 | 明嘉靖十五年（1536） | 城隍廟 |
| （217） | 明·王文典：重修城隍廟記 | 明隆慶元年（1567） | 城隍廟 |
| （218） | 明·陸清源：重復城隍廟田記 | 明崇禎十一年（1638） | 城隍廟 |
| （219） | 清·蔡淑：重修城隍廟記 | 清康熙二十五年（1686） | 城隍廟 |
| （220） | 清·周天成：修廟記 | 清雍正二年（1724） | 城隍廟 |
| （221） | 清·管一清：重修城隍廟碑記 | 清乾隆十六年（1751） | 城隍廟 |
| （222） | 明·孟士穎：何仙姑井亭記 | 明洪武十一年（1378） | 會仙觀 |
| （223） | 明·孫蕡：書井亭記後 | 明洪武十三年（1380） | 會仙觀 |
| （224） | 明·劉繼文：重修何仙姑廟碑 | 明萬曆十八年（1590） | 會仙觀 |
| （225） | 明·李得陽：增城何仙姑神應記 | 明萬曆十八年（1590） | 會仙觀 |
| （226） | 明·謝士章：拓建何仙姑祠記 | 明萬曆四十六年（1618） | 會仙觀 |
| （227） | 明·陸清源：存仙井亭記 | 明崇禎九年（1636）前後 | 會仙觀 |
| （228） | 明·黃淳：新修象山文昌宮記 | 明萬曆十六年（1588） | 文昌宮 |
| （229） | 明·袁奎：文昌閣記 | 明萬曆十二年（1584） | 文昌閣 |
| （230） | 明·李承箕：重修城隍廟碑 | 明弘治六年（1493）至弘治十一年（1498） | 城隍廟 |

| | | | |
|---|---|---|---|
| （231） | 明·伍瑞隆:重建大欖天妃廟碑 | 明崇禎三年（1630） | 天妃廟 |
| （232） | 清·毛定周:北帝廟碑記 | 清康熙十八年（1679） | 北帝廟 |
| （233） | 宋·趙希循:北極觀記 | 宋淳祐五年（1245） | 北極觀 |
| （234） | 清·方繩武:萬興嶽廟碑 | 清嘉慶十二年（1807） | 東嶽廟 |
| （235） | 明·曹啟益:重修香山城隍廟碑記 | 明萬曆二十七年（1599） | 城隍廟 |
| （236） | 清·梁金震:城隍廟記 | 清康熙五十二年（1713） | 城隍廟 |
| （237） | 清·鄭應元:城隍廟記 | 清嘉慶十五年（1810） | 城隍廟 |
| （238） | 清·洪先燾:文昌帝君廟記 | 清嘉慶十年（1805） | 文昌宮 |
| （239） | 明·鄭孔道:修城隍廟記 | 明隆慶元年（1567） | 城隍廟 |
| （240） | 清·蘇峋:重建城隍廟碑記 | 清康熙十一年（1672） | 城隍廟 |
| （241） | 明·朱端明:胥江武當行宮記 | 明嘉靖二十三年（1544） | 胥江北帝廟 |
| （242） | 清·謝蘭生:重修胥江真武廟記 | 清嘉慶十四年（1809） | 胥江北帝廟 |
| （243） | 清·黃善書:一二三舖賀誕碑記 | 清嘉慶二十一年（1816） | 胥江北帝廟 |
| （244） | 清·鄭玫:重修武當行宮記 | 清康熙四十六年（1707） | 真武廟（城北） |
| （245） | 明·陳原道:遷建漢壽亭侯廟記 | 明萬曆三十四年（1606） | 關帝廟 |
| （246） | 清·王宿善:重修武廟記 | 清乾隆五十七年（1792） | 關帝廟 |
| （247） | 明·滕之俊:創建文昌宮碑記 | 明萬曆三十八年（1610） | 文昌廟 |
| （248） | 明·龐嵩:重修城隍廟記 | 明嘉靖三十六年（1557） | 城隍廟 |
| （249） | 明·海邁:熊侯重創城隍廟記 | 明萬曆三十年（1602） | 城隍廟 |
| （250） | 明·劉聖範:聖母廟新塑奶娘神像碑 | 明萬曆三十五年（1607） | 城隍廟 |
| （251） | 清·陳哲:遷文昌宮記 | 清乾隆二年（1737） | 文昌宮 |
| （252） | 清·李謨:重建石角墟北帝廟序 | 清道光十一年（1831） | 北帝廟（石角墟） |
| （253） | 清·葉宏智:重修北帝廟碑記 | 清乾隆五年（1740） | 北帝廟（城北） |
| （254） | 清·饒應泰:重修北帝廟碑記 | 清嘉慶五年（1800） | 北帝廟（城北） |
| （255） | 清·陸存謙:重修北帝古廟碑記 | 清光緒七年（1881） | 北帝廟（城北） |
| （256） | 清·佚名:水口廟碑序 | 清嘉慶元年（1796） | 北帝廟（圓崗村） |
| （257） | 清·佚名:重修北帝廟碑記 | 清道光三年（1823） | 北帝廟（圓崗村） |
| （258） | 清·陳哲:新建奎光閣暨廻瀾廟記 | 清乾隆二年（1737） | 廻瀾廟 |
| （259） | 明·陳幅:修城隍廟碑記 | 明嘉靖三十六年（1557） | 城隍廟 |
| （260） | 明·朱士讚:重塑城隍神像記 | 明萬曆八年（1580） | 城隍廟 |
| （261） | 清·陳哲:重修城隍廟碑記 | 清乾隆二年（1737） | 城隍廟 |
| （262） | 清·佚名:道光建造城隍廟前後堦礱碑記 | 清道光元年（1821） | 城隍廟 |
| （263） | 清·郭鍾熙:重修城隍廟碑記 | 清咸豐元年（1851） | 城隍廟 |
| （264） | 清·宋灝:重建神逕水口洪鎮廟記 | 清嘉慶十七年（1812） | 洪鎮廟 |

（265）　清·佚名:重建關聖古廟碑記　　　　　　清咸豐七年(1857)　　　　洪鎮廟

（266）　明·鄧文照:尊經文昌二閣記　　　　　　明萬曆三十九年(1611)　　文昌閣

（267）　明·黃諫:新建赤灣天妃廟後殿記　　　　明天順八年(1464)　　　　赤灣天后廟

（268）　明·吳國光:重修赤灣天妃廟記　　　　　明萬曆十四年(1586)　　　赤灣天后廟

（269）　清·王應華:重修赤灣天后廟記　　　　　清順治十八年(1661)　　　赤灣天后廟

（270）　清·孫海觀:重修赤灣天后廟引　　　　　清嘉慶十九年(1814)　　　赤灣天后廟

（271）　清·蔡學元:重修赤灣天后廟記　　　　　清嘉慶二十一年(1816)　　赤灣天后廟

（272）　清·佚名:建造三帝廟題名碑記　　　　　清乾隆四十七年(1782)　　三聖古廟(步雲村)

（273）　清·許鍾霖:花縣寶鴨湖村重修天后廟記　清雍正九年(1731)　　　　天后廟(寶鴨湖村)

（274）　清·羅忠揚:遷建天后宮碑誌　　　　　　清嘉慶五年(1800)　　　　天后廟(寶鴨湖村)

（275）　清·閆掄閣:重建文昌先農二廟碑記　　　清嘉慶十八年(1813)　　　文昌先農廟

（276）　清·嵠開發:重建城隍廟碑記　　　　　　清乾隆三十八年(1773)　　城隍廟

（277）　清·佚名:重修康公廟碑　　　　　　　　清康熙十九年(1680)　　　康公廟(水口村)

（278）　清·佚名:重修觀音康公廟簽金碑記　　　清乾隆十七年(1752)　　　康公廟(水口村)

（279）　清·佚名:重修康公廟碑記　　　　　　　清乾隆五十四年(1789)　　康公廟(水口村)

（280）　清·佚名:重修康公廟碑記　　　　　　　清嘉慶十一年(1806)　　　康公廟(水口村)

（281）　清·佚名:重修康公廟碑　　　　　　　　清嘉慶二十四年(1819)　　康公廟(水口村)

（282）　清·王敏:新建關帝廟碑記　　　　　　　清康熙四十九年(1710)　　關帝廟

# 附表六 《廣州府道教廟宇碑刻集釋》所收廟宇名稱表

| 序號 | 廟宇 | 序號 | 廟宇 | 序號 | 廟宇 |
| --- | --- | --- | --- | --- | --- |
| 1 | 二聖古廟 | 29 | 北帝神廟(曾邊村) | 57 | 塔坡廟 |
| 2 | 三元古廟(吉山村) | 30 | 北帝廟(黄埔村) | 58 | 雲泉仙館 |
| 3 | 三元古廟(三元里) | 31 | 北廟(大北門直街) | 59 | 蒙聖里觀音廟 |
| 4 | 三元宮 | 32 | 玄帝廟(筆村) | 60 | 嘉猷古廟(望岡堡) |
| 5 | 三官廟(觀音堂鋪) | 33 | 玉虛宮(小洲村) | 61 | 龍塘觀 |
| 6 | 三帝廟(小洲村) | 34 | 玉虛宮(元貝村) | 62 | 關夫子廟(下九甫) |
| 7 | 三清堂(南崗村) | 35 | 玉虛宮(楊箕村) | 63 | 關帝廟(小港) |
| 8 | 三聖廟(大穀村) | 36 | 玉虛宮(長龍村) | 64 | 關帝廟(粵秀山麓) |
| 9 | 天后古廟(龍溪) | 37 | 安期仙祠 | 65 | 關帝廟(禺山麓) |
| 10 | 天后宮(練溪村) | 38 | 佛山祖廟 | 66 | 關聖廟(汾水) |
| 11 | 天后宮(勝洲村) | 39 | 呂帝廟(横沙) | 67 | 醫靈古廟(鶴邊村) |
| 12 | 天后廟(小洲村) | 40 | 武帝古廟(沙灣) | 68 | 醫靈廟(華村里) |
| 13 | 天后廟(小文教村) | 41 | 東得勝廟(小北門外東) | 69 | 靈蟠古廟(石樓鄉) |
| 14 | 天后廟(柵下) | 42 | 金花古廟 | 70 | 大良北帝廟 |
| 15 | 天后廟(張槎堡) | 43 | 官涌古廟(官涌村) | 71 | 元君古廟(弼教村) |
| 16 | 元妙觀 | 44 | 南田神廟 | 72 | 元真觀 |
| 17 | 五仙觀 | 45 | 南安古廟(南安村) | 73 | 文昌閣 |
| 18 | 仁威廟 | 46 | 城隍廟 | 74 | 桂洲真武廟 |
| 19 | 文武廟(菱塘東村) | 47 | 帥府廟(鍾村) | 75 | 錦巖廟 |
| 20 | 文昌宮(白雲山) | 48 | 華光古廟(練溪村) | 76 | 上清觀 |
| 21 | 文昌宮(協天勝里) | 49 | 華光廟(蠔岡堡) | 77 | 東嶽行宮 |
| 22 | 文昌宮(桂香街) | 50 | 真武廟(大東門外) | 78 | 東嶽廟(茶山) |
| 23 | 文昌閣(海口) | 51 | 真武廟(新基古渡) | 79 | 城隍廟 |
| 24 | 文帝宮(園夏村) | 52 | 純陽觀 | 80 | 關帝廟 |
| 25 | 文教古廟(小文教村) | 53 | 萬真觀 | 81 | 三官廟 |
| 26 | 北帝古廟(塘頭村) | 54 | 康公古廟(官堂村) | 82 | 大魁閣 |
| 27 | 北帝古廟(滄頭村) | 55 | 康公主帥廟(詵敦村) | 83 | 天妃廟 |
| 28 | 北帝古廟(塘口村) | 56 | 康公廟(鍾村) | 84 | 城隍廟 |

# 附表七 《廣州府道教廟宇碑刻集釋》所收現存廟宇位置表

| 屬區 | 廟宇編號 | 廟宇名稱 | 地址 |
|---|---|---|---|
| **廣州府屬** | | | |
| | 2 | 三元古廟（吉山村） | 廣州市天河區吉山村 |
| | 3 | 三元古廟（三元里） | 廣州市白雲區瑤台三元里 |
| | 4 | 三元宮 | 廣州市越秀區解放北應元路（粵越山西南麓） |
| | 6 | 三帝廟（小洲村） | 廣州市海珠區小洲村 |
| | 7 | 三清堂（南崗村） | 廣州市白雲區江高鎮南崗村 |
| | 10 | 天后宮（練溪村） | 廣州市番禺區小穀圍練溪村 |
| | 11 | 天后宮（勝洲村） | 廣州市番禺區石樓鎮勝洲村 |
| | 12 | 天后廟（小洲村） | 廣州市海珠區小洲村 |
| | 17 | 五仙觀 | 廣州市越秀區惠福西路 |
| | 18 | 仁威廟 | 廣州市荔灣區龍津路廟前街（舊泮塘鄉） |
| | 19 | 文武廟（茭塘東村） | 廣州市番禺區石樓鎮茭塘東村 |
| | 24 | 文帝宮（園夏村） | 廣州市白雲區太和鎮園夏村 |
| | 26 | 北帝古廟（塘頭村） | 廣州市蘿崗區均安坊 |
| | 27 | 北帝古廟（滄頭村） | 廣州市黃埔區荔聯街滄頭村 |
| | 28 | 北帝古廟（塘口村） | 廣州市黃埔區魚珠塘口村 |
| | 29 | 北帝神廟（曾邊村） | 廣州市番禺區新造鎮曾邊行政村白賢堂自然村涌邊大街 1 號 |
| | 30 | 北帝廟（黃埔村） | 廣州市海珠區柳塘大街鳳浦公園內 |
| | 32 | 玄帝廟（筆村） | 廣州市蘿崗區筆村 |
| | 33 | 玉虛宮（小洲村） | 廣州市海珠區小洲村 |
| | 34 | 玉虛宮（元貝村） | 廣州市蘿崗區蘿崗鎮元貝村 |
| | 35 | 玉虛宮（楊箕村） | 廣州市越秀區中山一路楊箕村泰興直街 60 號 |
| | 36 | 玉虛宮（長龍村） | 廣州市蘿崗區長龍村 |
| | 38 | 佛山祖廟 | 廣州市佛山市禪城區祖廟路 21 號 |
| | 39 | 呂帝廟（橫沙村） | 廣州市白雲區石井鎮橫沙村 |

| | | |
|---|---|---|
| 40 | 武帝古廟（沙灣） | 廣州市番禺區沙灣鎮安寧東街 |
| 43 | 官涌古廟（官涌村） | 廣州市番禺區石碁鎮官涌村武陵街 12 號 |
| 45 | 南安古廟（南安村） | 廣州市荔灣區東漖鎮西朗南安村 |
| 47 | 帥府廟（鐘村） | 廣州市番禺區鐘村鎮 |
| 48 | 華光古廟（小谷圍） | 廣州市番禺區小谷圍練溪村 |
| 52 | 純陽觀 | 廣州市海珠區新港西路五鳳村漱珠岡 |
| 54 | 康公古廟（官堂村） | 廣州市番禺區南村鎮官堂村 |
| 55 | 康公主帥廟（詵敦村） | 廣州市番禺區市橋詵敦路 |
| 56 | 康公廟（鍾村） | 廣州市番禺區鍾村鎮鍾四村十字街口 |
| 58 | 雲泉仙館 | 南海市西樵山白雲洞 |
| 67 | 醫靈廟（鶴邊村） | 廣州市白雲區嘉禾街鶴邊村鶴南自然村 |
| 69 | 靈蟠古廟（石樓鄉） | 廣州市番禺區石樓鎮市蓮路石樓環衛處以北 |

### 順德縣

| | | |
|---|---|---|
| 74 | 桂洲真武廟 | 順德桂洲鎮外村二街範圍內 |
| 75 | 錦巖廟 | 順德縣北錦巖公園內 |

### 東莞縣

| | | |
|---|---|---|
| 78 | 東嶽廟（茶山） | 東莞市茶山鎮象嶺南麓 |

### 增城縣

| | | |
|---|---|---|
| 86 | 北帝古廟 | 增城市新塘鎮小逕墟村 |
| 87 | 四帥古廟 | 增城市新塘鎮仙村下境村塘面大街 24 號 |
| 88 | 玄女古廟 | 增城市新塘鎮東洲村東洲大道 29 號 |

### 香山縣

| | | |
|---|---|---|
| 97 | 東嶽廟 | 中山市東區柏椏直尾街 |

### 三水縣

| | | |
|---|---|---|
| 101 | 胥江北帝廟 | 廣東佛山市三水區蘆苞鎮東北郊龍坡山下 |

### 清遠縣

| | | |
|---|---|---|
| 109 | 北帝廟（圓崗村） | 廣東清遠縣沙河區圓崗鄉圓崗嶺下 |

### 花縣

| | | |
|---|---|---|
| 116 | 三聖古廟（步雲村） | 廣州市花都區炭步鎮步雲村 |
| 117 | 天后廟（寶鴨湖村） | 廣州市花都區炭步鎮寶鴨湖村 |
| 120 | 康公廟（水口村） | 廣州市花都區炭步鎮水口村 |

# 附表八 《廣州府道教廟宇碑刻集釋》所收現存碑刻
## 　　　一覽表

| 屬區 | 碑文序號 | 碑文題目 | 碑刻年代 | 碑文作者 | 碑藏所 |
|---|---|---|---|---|---|
| **廣州府屬** | | | | | |
| | 2–1 | 三元殿碑 | 清乾隆三十年(1765) | 清·梁世虞 | 三元古廟(吉山村)內 |
| | 2–2 | 重建三元古廟碑記 | 清道光二十四年(1844) | 清·陳珍聘 | 三元古廟(吉山村)內 |
| | 3–1 | 重修三元古廟碑記 | 清道光二年(1822) | 清·佚名 | 三元古廟(三元里)內 |
| | 3–2 | 重修三元古廟碑記 | 清道光二年(1822) | 清·佚名 | 三元古廟(三元里)內 |
| | 3–3 | 復建三元廟碑志 | 清咸豐十一年(1861) | 清·李福成 | 三元古廟(三元里)內 |
| | 4–5 | 重修三元宮碑記 | 清同治八年(1869) | 清·朱用孚 | 三元宮內 |
| | 6–1 | 重修三帝廟碑記 * | 清道光二十四年(1844) | 清·簡湘元 | 三帝廟(小洲村)內 |
| | 7–1 | 重修三清古廟碑記 | 清乾隆四年(1739) | 清·佚名 | 三清堂(南崗村)內 |
| | 7–2 | 重修三清古廟碑記 | 清乾隆四十五年(1780) | 清·佚名 | 三清堂(南崗村)內 |
| | 7–3 | 重修三清堂碑記 | 清道光十四年(1834) | 清·周日新 | 三清堂(南崗村)內 |
| | 10–1 | 重修天后宮碑記 | 清宣統二年(1910) | 清·陸應暄 | 天后宮(練溪村)內 |
| | 11–1 | 改建天后文武二廟碑記 | 清同治四年(1865) | 清·佚名 | 天后宮(勝洲村)內 |
| | 11–2 | 重修天后文武廟碑記 | 清光緒十年(1884) | 清·陈□輝 | 文武廟(勝洲村)內 |
| | 12–1 | 重修天后廟碑記 * | 清乾隆二十七年(1762) | 清·佚名 | 天后廟(小洲村)內 |
| | 17–1 | 廣州重修五仙祠記 | 宋政和四年(1114) | 宋·張勵 | 五仙觀內 |
| | 17–2 | 五僊觀古仙詩碑 | 宋德祐間(1275–1276) | 宋·佚名 | 五仙觀內 |
| | 17–8 | 重修五仙觀碑記 | 清順治十二年(1655) | 清·耿繼茂 | 五仙觀內 |
| | 17–9 | 重修南海五仙觀碑 | 清嘉慶十七年(1812) | 清·曾燠 | 五仙觀內 |
| | 17–10 | 重修五仙觀碑文 | 清道光二十五年(1845) | 清·黃恩彤 | 五仙觀內 |
| | 18–1 | 重修真武廟記 | 明天啓二年(1622) | 明·佚名 | 仁威廟內 |
| | 18–2 | 重修北帝祖廟碑記 | 清順治十八年(1661) | 清·趙鳴玉 | 仁威廟內 |
| | 18–3 | 北帝廟香燈祭業碑 | 清康熙十七年(1678) | 清·佚名 | 仁威廟內 |
| | 18–4 | 鼎建仁威祖廟天樞宮<br>題名碑文 | 清康熙五十二年(1713) | 清·戴佩 | 仁威廟內 |
| | 18–5 | 重修仁威祖廟碑記 | 清乾隆十三年(1748) | 清·佚名 | 仁威廟內 |
| | 18–6 | 重修仁威古廟碑記 | 清乾隆五十年(1785) | 清·張錦芳 | 仁威廟內 |

| 18-7 | 重修仁威廟碑記 | 清同治六年(1867) | 清·梁玉森 | 仁威廟內 |
|---|---|---|---|---|
| 19-1 | 新建蔭善會碑記 | 清光緒十八年(1892) | 清·佚名 | 文武廟(茭塘東村)內 |
| 24-1 | 重建文帝廟碑記 | 清光緒三十年(1904) | 清·顏仲瑜、顏載宏 | 文帝宮(園夏村)內 |
| 26-1 | 重建廟宇碑記 | 清乾隆元年(1736) | 清·鍾光尚 | 北帝古廟(塘頭村)內 |
| 26-2 | 重建北帝廟碑記 | 清乾隆三十九年(1774) | 清·佚名 | 北帝古廟(塘頭村)內 |
| 26-3 | 題捐創建本廟東廳記 | 清嘉慶十二年(1807) | 清·鍾谷 | 北帝古廟(塘頭村)內 |
| 26-4 | 重修北帝古廟碑記 | 清咸豐六年(1856) | 清·鍾文駿 | 北帝古廟(塘頭村)內 |
| 27-1 | 重修北帝古廟碑記 | 清乾隆六十年(1795) | 清·區必佳 | 北帝古廟(滄頭村)內 |
| 28-1 | 重修北帝古廟碑記 | 清乾隆五十五年(1790) | 清·佚名 | 北帝古廟(塘口村)內 |
| 28-2 | 重修北帝古廟碑 | 清嘉慶十一年(1806) | 清·佚名 | 北帝古廟(塘口村)內 |
| 28-3 | 重修北帝古廟碑記 | 清道光十二年(1832) | 清·周瑞生 | 北帝古廟(塘口村)內 |
| 28-4 | 重修北帝古廟碑記 | 清同治七年(1868) | 清·梁其緒 | 北帝古廟(塘口村)內 |
| 28-5 | 塘口北帝廟重修碑記 | 清光緒二十四年(1898) | 清·彭金銘 | 北帝古廟(塘口村)內 |
| 29-1 | 重修古廟碑記 | 清嘉慶三年(1798) | 清·容輝 | 北帝神廟(曾邊村)內 |
| 30-1 | 重建北帝廟碑記 | 清乾隆十一年(1746) | 清·馮任 | 北帝廟(黃埔村)內 |
| 30-2 | 北帝廟重修碑 | 清道光二十九年(1849) | 清·馮景華 | 北帝廟(黃埔村)內 |
| 30-3 | 始祀張王爺碑記 | 清道光三十年(1850) | 清·馮景華 | 北帝廟(黃埔村)內 |
| 30-4 | 重修玉虛宮碑 | 清同治四年(1865) | 清·馮晴華 | 北帝廟(黃埔村)內 |
| 30-5 | 重建玉虛宮碑 | 清光緒十七年(1891) | 清·馮煥章 | 北帝廟(黃埔村)內 |
| 32-1 | 蒲盧園陂圍碑記 | 明嘉靖十八年(1539) | 明·佚名 | 玄帝廟(筆村)內 |
| 32-2 | 鼎建玄帝廟碑記 | 南明隆武元年(1645) | 明·鍾鼎臣 | 玄帝廟(筆村)內 |
| 32-3 | 重建玄帝廟碑 | 清乾隆十五年(1750) | 清·佚名 | 玄帝廟(筆村)內 |
| 32-4 | 重修玄帝廟碑記 | 清乾隆四十八年(1783) | 清·朱廉 | 玄帝廟(筆村)內 |
| 32-5 | 番禺縣正堂訊斷繪注蒲蘆園陂圍各圳水道圖形 | 清道光十二年(1832) | 清·佚名 | 玄帝廟(筆村)內 |
| 32-6 | 重修玄帝古廟碑記 | 清同治九年(1870) | 清·朱堯勳 | 玄帝廟(筆村)內 |
| 32-7 | 重修玄帝殿觀音殿碑記 | 清光緒九年(1883) | 清·黃德華 | 玄帝廟(筆村)內 |
| 33-1 | 重修本廟(玉虛宮)碑記 | 清乾隆二十三年(1758) | 清·簡謙 | 玉虛宮(小洲村)內 |
| 34-1 | 元貝村禁約 | 清乾隆五十年(1785) | 清·佚名 | 玉虛宮(元貝村)內 |
| 34-2 | 重建上帝祖廟碑記 | 清乾隆五十六年(1791) | 清·鍾鳳 | 玉虛宮(元貝村)內 |
| 34-3 | 重建元貝鄉上帝爺廟碑記 | 清嘉慶十八年(1813) | 清·鍾騰蛟 | 玉虛宮(元貝村)內 |
| 34-4 | 嚴禁風水樹條例 | 清道光十八年(1838) | 清·佚名 | 玉虛宮(元貝村)內 |

| 34-5 | 重建玉虛宮添建文武殿碑記 | 清道光二十七年（1847） | 清·鍾瑞翔、鍾佩翎 | 玉虛宮（元貝村）內 |
|---|---|---|---|---|
| 35-1 | 重建玄帝古廟碑記 | 清康熙六十年（1721） | 清·佚名 | 玉虛宮（楊箕村）內 |
| 35-2 | 玉虛宮重修碑記 | 清乾隆十九年（1754） | 清·佚名 | 玉虛宮（楊箕村）內 |
| 35-3 | 重修北帝廟碑記 | 清嘉慶四年（1799） | 清·姚允楫 | 玉虛宮（楊箕村）內 |
| 35-4 | 重修兩廟碑記 | 清嘉慶十年（1805） | 清·姚允楫 | 玉虛宮（楊箕村）內 |
| 35-5 | 重修玉虛宮碑記 | 清道光二十三年（1843） | 清·姚仰居 | 玉虛宮（楊箕村）內 |
| 35-6 | 重修玉虛宮碑記 | 清光緒二十七年（1901） | 清·姚登翰 | 玉虛宮（楊箕村）內 |
| 36-1 | 鼎建真武帝廟碑記 | 清乾隆四十二年（1777） | 清·鐘楨國 | 玉虛宮（長龍村）內 |
| 36-2 | 重修玉虛宮碑記 | 清嘉慶十二年（1807） | 清·佚名 | 玉虛宮（長龍村）內 |
| 38-2 | 重修慶真堂記 | 明正統三年（1438）春二月 | 明·佚名 | 佛山祖廟內 |
| 38-3 | 佛山真武祖廟靈應記 | 明景泰二年（1451） | 明·陳贊 | 佛山祖廟內 |
| 附錄2 | 忠義流芳碑記 | 清雍正七年（1729） | 清·蔣迪 | 佛山祖廟內 |
| 39-1 | 倡建橫沙呂帝廟碑記 | 清光緒二十七年（1901） | 清·佚名 | 呂帝廟（橫沙村）內 |
| 39-2) | 倡建橫沙呂帝廟碑記 | 清光緒三十年（1904） | 清·佚名 | 呂帝廟（橫沙村）內 |
| 40-1 | 武帝金像碑記 | 清雍正十二年（1734） | 清·何遠 | 武帝古廟（沙灣）內 |
| 40-2 | 武帝廟重修碑記 | 清乾隆四十七年（1782） | 清·何學青 | 武帝古廟（沙灣）內 |
| 40-3 | 砌市石街碑記 | 清乾隆五十六年（1791） | 清·佚名 | 武帝古廟（沙灣）內 |
| 40-4 | 禁鍬白塊告示碑 | 清乾隆五十八年（1793） | 清·佚名 | 武帝古廟（沙灣）內 |
| 40-5 | 無題 | 清道光三年（1823） | 清·何敬中 | 武帝古廟（沙灣）內 |
| 40-6 | 己卯重修武廟碑記 | 清光緒五年（1879） | 清·何文涵 | 武帝古廟（沙灣）內 |
| 43-1 | 官涌通鄉五顯關帝禾華等神廟堂碑記 | 明崇禎十三年（1640） | 明·佚名 | 官涌古廟（官涌村）內 |
| 43-2 | 官涌通鄉五顯關帝禾華等神廟堂碑記 | 清康熙三十九年（1700） | 清·佚名 | 官涌古廟（官涌村）內 |
| 43-3 | 重修鄉約亭題名碑記 | 清乾隆十七年（1752） | 清·麥士□ | 官涌古廟（官涌村）內 |
| 45-1 | 重修南安古廟碑記 | 清嘉慶十七年（1812） | 清·佚名 | 南安古廟（南安村） |
| 45-2 | 南安古廟碑記 | 清咸豐十一年（1861） | 清·佚名 | 南安古廟（南安村） |
| 47-1 | 重修帥府廟碑記* | 清咸豐三年（1853） | 清·馬鳳儀 | 帥府廟（鍾村）內 |
| 48-1 | 華光古廟助金題名碑記 | 清雍正十一年（1733） | 清·佚名 | 華光古廟（小穀圍）內 |
| 48-2 | 重建華光廟碑記 | 清嘉慶十年（1805） | 清·梁殿珍 | 華光古廟（小穀圍）內 |
| 48-3 | 重修華帝廟碑記 | 清道光二十七年（1847） | 清·何若瑤 | 華光古廟（小穀圍）內 |
| 54-1 | 重修康公古廟碑記* | 清康熙四十三年（1704） | 清·林總戴 | 康公古廟內 |

| 55-1 | 重修康公廟宇碑記 | 清道光十五年（1835） | 清·佚名 | 康公主帥廟（詵敦村）內 |
|---|---|---|---|---|
| 55-2 | 重修闔鄉各古廟碑記 | 清光緒二十九年（1903） | 清·孔繼禎 | 康公主帥廟（詵敦村）內 |
| 56-1 | 鍾村聖堂廟碑記 | 明崇禎元年（1628） | 明·陳思覯 | 康公廟（鍾村）內 |
| 56-2 | 倡建鍾村墟場砌石碑記 | 清光緒三十四年（1908） | 清·盧崇寯 | 康公廟（鍾村）內 |
| 57-1 | 重修佛山塔坡古廟碑記 | 清光緒十六年（1890） | 清·趙從端 | 佛山祖廟碑廊內 |
| 58-1 | 鼎建雲泉仙館碑 | 清咸豐十年（1860） | 清·馮贊勳 | 雲泉仙館內 |
| 58-2 | 重修雲泉仙館增建帝親殿碑 | 清光緒三十三年（1907） | 清·李樹恭 | 雲泉仙館內 |
| 67-1 | 重修醫靈古廟碑記 | 清宣統元年（1909） | 清·佚名 | 醫靈古廟（鶴邊村）內 |
| 69-1 | 起建靈蟠廟各信碑 | 清嘉慶三年（1798） | 清·佚名 | 靈蟠古廟（石樓鄉）內 |
| 69-2 | 靈蟠廟重修碑記 | 清道光十九年（1839） | 清·佚名 | 靈蟠古廟（石樓鄉）內 |

**順德縣**

| 70-2 | 大良北帝廟碑 * | 清乾隆四十二年（1777） | 清·梁景璋 | 順德縣博物館碑廊 |
|---|---|---|---|---|
| 74-1 | 桂洲真武廟碑記 | 明萬曆二十一年（1593） | 明·金節 | 桂洲真武廟內 |
| 75-1 | 錦巖碑記 | 明萬曆四十三年（1615） | 明·薛藩 | 錦巖廟內 |
| 75-2 | 重修錦巖三廟碑記 | 清康熙三十一年（1692） | 清·陳恭尹 | 錦巖廟內 |
| 75-3 | 重修錦巖中廟碑記 | 清雍正三年（1725） | 清·佚名 | 錦巖廟內 |
| 75-4 | 重修錦巖廟碑記 | 清乾隆三十三年（1768） | 清·游法珠 | 錦巖廟內 |
| 75-5 | 錦巖廟裝金題名碑記 | 清乾隆四十九年（1784） | 清·羅廷璉 | 錦巖廟內 |

**東莞縣**

| 78-1 | 重建東嶽行宮記 | 明正德十五年（1520） | 明·林光 | 東嶽廟（茶山）內 |
|---|---|---|---|---|
| 78-2 | 重建東嶽行宮信士題名 | 明嘉靖二十一年（1542） | 明·佚名 | 東嶽廟（茶山）內 |
| 78-4 | 重修東嶽廟記 | 清嘉慶二年（1797） | 清·鄧大林 | 東嶽廟（茶山）內 |

**增城縣**

| 86-1 | 重建小逕墟碑記 | 清乾隆七年（1742） | 清·陳德魁 | 北帝古廟（增城）內 |
|---|---|---|---|---|
| 86-2 | 重修北帝古廟碑記 | 清道光四年（1824） | 清·陳憲祖 | 北帝古廟（增城）內 |
| 86-3 | 重修小逕墟北帝古廟碑記 | 清同治十三年（1874） | 清·陳念祖 | 北帝古廟（增城）內 |
| 87-1 | 重修四帥神廟碑記 | 清道光二十年（1840） | 清·列裔昌 | 四帥古廟（增城）內 |

| | 87-2 | 重修四帥神廟碑 | 清光緒十一年(1885) | 清·列鼎元 | 四帥古廟(增城)內 |
|---|---|---|---|---|---|
| | 88-1 | 東洲年創會景碑文 | 清康熙三十六年(1697) | 清·王錫纘 | 玄女古廟(增城)內 |
| **香山縣** | | | | | |
| | 97-1 | 萬興嶽廟碑 | 清嘉慶十二年(1807) | 清·方繩武 | 東嶽廟(中山)內 |
| **三水縣** | | | | | |
| | 101-3 | 一二三鋪賀誕碑記 | 清嘉慶二十一年(1816) | 清·黃善書 | 胥江北帝廟內 |
| **清遠縣** | | | | | |
| | 109-1 | 水口廟碑序 | 清嘉慶元年(1796) | 清·佚名 | 北帝廟(圓崗村)內 |
| | 109-2 | 重修北帝廟碑記 | 清道光三年(1823) | 清·佚名 | 北帝廟(圓崗村)內 |
| **花縣** | | | | | |
| | 116-1 | 建造三帝廟題名碑記 | 清乾隆四十七年(1782) | 清·佚名 | 三聖古廟(步雲村)內 |
| | 117-1 | 花縣寶鴨湖村重修天后廟記 | 清雍正九年(1731) | 清·許鍾霖 | 天后廟(寶鴨湖村)內 |
| | 117-2 | 遷建天后宮碑誌 | 清嘉慶五年(1800) | 清·羅忠揚 | 天后廟(寶鴨湖村)內 |
| | 120-1 | 清重修康公廟碑 | 清康熙十九年(1680) | 清·佚名 | 康公廟(水口村)內 |
| | 120-2 | 重修觀音康公廟簽金碑記 | 清乾隆十七年(1752) | 清·佚名 | 康公廟(水口村)內 |
| | 120-3 | 重修康公廟碑記 | 清乾隆五十四年(1789) | 清·佚名 | 康公廟(水口村)內 |
| | 120-4 | 重修康公廟碑記 | 清嘉慶十一年(1806) | 清·佚名 | 康公廟(水口村)內 |
| | 120-5 | 重修康公廟碑記 | 清嘉慶二十四年(1819) | 清·佚名 | 康公廟(水口村)內 |

注:加有＊者爲編者未見之碑。

# 參考書目

## 石志類：

宋・歐陽修：《集古錄》，《石刻史料叢書》乙編之一，臺北：藝文印書館，1967。

清・阮元主修，梁中民校點：《廣東通志・金石略》，廣州：廣東人民出版社 1994。

清・陸耀遹：《金石續編》，臺北：藝文印書館，1967。

北京圖書館金石組編：《北京圖書館藏中國歷代石刻拓本匯編》，鄭州：中州古籍出版
　　社，1989。

新文豐出版公司編輯部編：《石刻史料新編》，臺北：新文豐出版公司，1977。

明・于奕正編：《天下金石志》，第二輯第 2 冊。

清・王昶編：《金石萃編》，第一輯，第 2 冊。

清・史澄纂：《廣州金石略》七卷，第三輯第 21 冊。

清・史澄纂：《番禺金石志》四卷，第三輯第 21 冊。

清・朱潤芳纂：《清遠金石志》不分卷，第三輯第 22 冊。

清・吳榮光纂：《佛山忠義金石志》一卷，第三輯第 21 冊。

清・李寶中纂：《增城金石略》一卷，第三輯第 21 冊。

清・林國賡纂：《新寧金石略》一卷，第三輯第 21 冊。

清・周廣等輯：《廣東考古輯要》，第二輯第 15 冊。

清・翁方綱撰：《粵東金石略》九卷，第一輯第 17 冊。

清・陳昌齊纂：《廣東金石略》十七卷，第三輯第 20 冊。

清・陳澧纂：《香山碑志》，第三輯第 21 冊。

清・陸耀遹編：《金石續編》，第一輯第 5 冊。

清・馮奉初纂：《順德金石志》二卷，第三輯第 21 冊。

清・黄培芳纂:《新會金石志》,第三輯第 21 冊。

清・梁紹獻等纂:《南海金石略》二卷,第三輯第 21 冊。

清・鄧士憲等纂:《南海金石略》二卷,第三輯第 21 冊。

民・冼寶幹纂:《佛山忠義金石志》三卷,第三輯第 21 冊。

民・佚名:《順德金石志》一卷,第三輯第 21 冊。

民・陳伯陶纂:《東莞金石略》七卷,第三輯第 21 冊。

民・鄔慶時纂:《龍門金石志》不分卷,第三輯第 21 冊。

楊殿珣編:《石刻題跋索引》,北京:商務印書館,1990。

## 方志類:

元・陳大震、呂桂孫纂修:大德《南海志》二十卷,《續修四庫全書》第 713 冊(史部地理類),上海:上海古籍出版社,1995,據元大德八年(1304)刊本影印。

明・王臣修,陳元珂纂:嘉靖《新寧縣志》十卷,《華東師範大學圖書館藏稀見方志叢刊》第 5 冊,北京:北京圖書館出版社,2005,據明嘉靖二十四年(1545)刻本影印。

明・文章修,張文海纂:嘉靖《增城縣志》十九卷,《天一閣藏明代方志選刊續編》第 65 卷,上海古籍書店,1990,據明嘉靖十七年(1538)刻本影印。

明・吳中、王文鳳纂修:成化《廣州志》三十二卷,《北京圖書館古籍珍本叢刊》第 38 卷,北京:書目文獻出版社,1988,據明成化九年(1473)刻本影印。

明・郭棐纂修:萬曆《廣東通志》七十二卷,《四庫全書存目叢書》第 197–198 冊,臺南縣柳營鄉:莊嚴文化事業有限公司,1996,據日本內閣藏明萬曆三十年(1602)刻本影印。

明・張二果、曾起莘重修:崇禎《東莞縣志》八卷,東莞:東莞市人民政府,1995,據廣東中山圖書館藏崇禎十二年(1639)抄本重印。

明・張二果、曾起莘重修:崇禎《東莞縣志》八卷,全國圖書館文獻縮微複製中心,2001,據中山圖書館藏崇禎《東莞縣志》影印。

明・黄佐等纂修:嘉靖《廣東通志》七十卷,香港:大東圖書公司,1977,據明嘉靖四十年(1561)刊本影印。

明·黃佐等纂:《羅浮山志》十二卷,嘉靖三十六年(1557)刻本,香港中文大學圖書館顯微資料。

明·戴璟、張嶽等纂修:嘉靖《廣東通志初稿》四十卷,首一卷,《北京圖書館古籍珍本叢刊》第38冊,北京:書目文獻出版社,1988,據明嘉靖十四年(1535)刻本影印。

明·戴璟、張嶽等纂修:嘉靖《廣東通志初稿》四十卷,首一卷,《四庫全書存目叢書》第189冊,臺南縣柳營鄉:莊嚴文化事業有限公司,1996,據日本內閣藏明嘉靖十四年(1535)刻本影印。

明·劉廷元修,王學曾等纂:《南海縣志》十三卷,殘存卷一至四,一一至一二卷,萬曆三十七年(1609)刻本,廣東省立中山圖書館藏。

明·朱光熙修,龐景忠等纂:《南海縣志》十三卷,崇禎十五年(1642)刻本,北京圖書館顯微資料藏。

清·汪永瑞修,楊錫震等纂:《新修廣州府志》五十四卷,殘存卷四,七至二十三,二十六至三十四,三十七至五十三,《北京圖書館古籍珍本叢刊》第40冊,北京:書目文獻出版社,1988,據康熙十二年(1673)刻本影印。

清·孔昭度等主修,利璋、符矩存總纂:宣統《花縣志》,《中國地方志集成·廣東府縣志輯》第4卷,上海:上海書店等,2003,據民國十三年(1924)鉛印本影印。

清·王永名創輯,黃士龍、黃虞同輯:康熙《花縣志》四卷,《中國方志叢書·華南地方》第55卷,臺北:成文出版社,1967,據光緒十六年(1890)重刊本影印。

清·王永名創輯,黃士龍、黃虞同輯:康熙《花縣志》四卷,故宮博物院編:《故宮珍本叢刊》第166-167冊,海口:海南出版社,2001。

清·王永瑞修,楊錫震等纂:康熙新修《廣州府志》,《北京圖書館古籍珍本叢刊》第40冊,北京:書目文獻出版社,1988,據抄本影印。

清·王植纂修:乾隆《新會縣志》十三卷,首一卷,《故宮珍本叢刊》第179-180冊,海口:海南出版社,2001,據清乾隆六年(1741)刻本影印。

清·王暠重修,陳份等彙纂:乾隆《新寧縣志》四卷,《故宮珍本叢刊》175-176冊,海口:海南出版社,2001,影印本。

清·王崇熙總纂:《新安縣志》上下卷,《中國方志叢書》,第170號,臺北:成文出版社,1964。

清·申良翰纂修,歐陽羽文編輯:康熙《香山縣志》十卷,清康熙十二年(1673)刻本。

清・田明曜修,陳澧纂:光緒《香山縣志》二十二卷,臺北:臺灣學生書局,1968,據清光緒五年(1879)刻本影印。

清・田明曜修,陳澧纂:光緒《香山縣志》二十二卷,《續修四庫全書》713 史部地理類,上海:上海古籍出版社,1995,據清光緒五年(1879)刻本影印。

清・田明曜修,陳澧纂:光緒《香山縣志》二十二卷,《中國地方志集成・廣東府縣志輯》第 32 卷,上海書店等,2003,據清光緒五年(1879)刻本影印。

清・任果、常德主修,檀萃、凌魚纂修:乾隆《番禺縣志》二十卷,《故宮珍本叢刊》第 168 冊,《故宮珍本叢刊・廣東府州縣志》第 3 冊,海口:海南出版社,2001,影印本。

清・吳榮光纂:道光《佛山忠義鄉志》十四卷,《中國地方志集成・鄉鎮志專輯》第 30 卷,南京:江蘇古籍出版社等,1992,據清道光十一年(1831)刻本影印。

清・金光祖纂修:《廣東通志》三十卷,康熙三十六年(1697)刻本,五十二年(1713)增補本,廣東省立山圖書館藏。

清・李文煊主修,朱潤芳、麥瑞芳總修:光緒《清遠縣志》十六卷,首一卷,《中國方志叢書・華南地方》第 54 號,臺北:成文出版社,1967,據清光緒六年(1880)廣州翰元樓刻本影印。

清・李友榕等主修,鄧雲龍、董思誠等纂:嘉慶《三水縣志》十六卷,首一卷,《中國方志叢書》第 8 號,臺北:成文出版社,1966,據清嘉慶二十四年(1819)刻本影印。

清・李友榕等主修,鄧雲龍、董思誠等纂:嘉慶《三水縣志》十六卷,首一卷,《中國地方志集成・廣東府縣志輯》第 30 卷,上海書店等,2003,據清嘉慶二十四年(1819)影印。

清・李福泰主修,史澄、何若瑤總纂:同治《番禺縣志》五十四卷,首一卷,附錄一卷,《中國地方志集成・廣東府縣志輯》第 6 卷,上海書店,2003,據清同治十年(1871)刻本影印。

清・何福海、鄭守昌主修,林國賡、黃榮熙總纂:光緒《新寧縣志》二十六卷,首一卷,《新修方志叢刊》第 127 號,臺北:臺灣學生書局,1968,影印本。

清・何福海、鄭守昌主修,林國賡、黃榮熙總纂:光緒《新寧縣志》二十六卷,首一卷,《中國地方志集成・廣東府縣志輯》第 35 卷,上海書店等,2003,據清光緒十九年(1893)刻本影印。

清・阮元等修,陳昌齊等纂:道光《廣東通志》三百三十四卷,《續修四庫全書》第 669–675 冊(史部地理類),上海:上海古籍出版社,1995,據 1934 商務印書館影印清道光二年

（1822）年刊本影印。

清·阮元等修，陳昌齊等纂：道光《廣東通志》三百三十四卷，《中國省志彙編》第 10 卷，臺北：華文書局，1968，據同治三年（1864）重刊本影印。

清·周天成重纂：雍正《東莞縣志》十四卷，首一卷，《故宮珍本叢刊》第 172-174 卷，《廣東府州縣志》第 7-9 冊，海口：海南出版社，2001，據清雍正十年（1732）刻本影印。

清·長善等修，劉彥明纂：《駐粵八旗志》，《續修四庫全書》第 859-860 冊，上海：上海古籍出版社，1995，據清光緒五年（1879）刻本。

清·林星章主修，黃培芳、曾釗總纂：道光《新會縣志》十四卷，首一卷，《中國地方志集成·廣東府縣志輯》第 33 卷，上海：上海書店等，2003，據清道光二十一年（1841）刻本影印。

清·郝玉麟等監修，魯曾煜等編纂：雍正《廣東通志》六十四卷，《四庫全書》第 562-564 冊，上海：上海古籍出版社，1987。

清·祝淮主修，黃培芳纂：道光《香山縣志》八卷，首一卷，附錄一卷，臺北：台灣學生書局，1968，據清道光八年（1828）廣州富文齋刻本影印。

清·郝玉麟等監修，魯曾煜等編纂：《廣東通志》六十四卷，《四庫全書》史部地理類第 562-564 冊。上海：上海古籍出版社，1987，據清雍正九年（1731）刻本。

清·陳夢雷纂輯，蔣廷錫等奉敕校：《廣州府部匯考》，雍正四年（1726）刻本，《古今圖書集成》方輿匯編職方典卷 1299-1314，臺北：鼎文書局，1977。

清·陳哲修，佘錫純等纂：乾隆《清遠縣志》十四卷，故宮博物院編：《故宮珍本叢刊》第 170-171 冊，海口：海南出版社，2001，影印本。

清·梁鼎芬倡修，丁仁長等總纂：宣統《番禺縣續志》四十四卷，首一卷，《中國地方志集成·廣東府縣志輯》第 7 卷，2003，上海書店據民國二十年（1931）本影印。

清·郭爾𢇁監修，胡雲客重校：《南海縣志》十七卷，康熙三十年（1691）刻本，北京圖書館顯微資料藏。

清·郭文炳修，文超靈纂：康熙《東莞縣志》十四卷，東莞：東莞市人民政府，1994，據日本內閣文庫藏我國康熙二十八年（1689）刻本影印。

清·郭汝誠修，馮奉初等纂：咸豐《順德縣志》三十二卷，香港順德聯誼會，1970，據清咸豐三年（1853）刻本影印。

清·郭汝誠修，馮奉初等纂：咸豐《順德縣志》三十二卷，《中國方志叢書·華南地方》第

187 號,臺北:成文出版社,1974,據咸豐三年(1853)刻本影印。

清·郭遇熙纂修,梁長吉增補,蔡廷鑣續修,張經綸續纂:雍正《從化縣新志》五卷,《中國地方志集成·廣東府縣志輯》第 4 卷,上海書店,2003,據清康熙四十九年(1710)修,雍正八年(1730)續修刻本影印。

清·郭遇熙纂修,梁長吉增補,蔡廷鑣續修,張經綸續纂:雍正《從化縣新志》五卷,《中國方志叢書·華南地方》第 194 號,1974,臺北成文出版社據康熙四十九年(1710)修,宣統元年(1909)重刊,民國十九年(1930)鉛印本影印。

清·張嗣衍主修,沈廷芳總纂:乾隆《廣州府志》六十卷,卷首一,乾隆二十四年(1759)刻本縮微膠卷。

清·舒懋官主修,王崇熙總纂:嘉慶《新安縣志》二十四卷,《中國方志叢書·華南地方》第 172 號,臺北:成文出版社,1974,據清嘉慶二十四年(1819)刻本影印。

清·舒懋官主修,王崇熙總纂:嘉慶《新安縣志》二十四卷,《中國地方志集成·廣東府縣志輯》第 18 卷,上海:上海書店等,2003,據清嘉慶二十四年(1819)刻本影印。

清·黃培彝修,嚴而舒纂:康熙《順德縣志》十三卷首一卷,《中國地方志集成·廣州府縣志輯》第 31 卷,上海書店,2003,據清康熙十三年(1674)刻本影印。

清·彭人傑、范文安主修,黃時沛纂修:嘉慶《東莞縣志》四十六卷,香港 1982 年據清嘉慶二年(1797)東莞縣衙重修版影印。

清·彭君穀主修,鍾應元、李星輝等分纂:同治《新會縣續志》十卷,首一卷,《中國地方志集成·廣東府縣志輯》第 33 卷,上海:上海書店等,2003,據清同治九年(1870)刻本影印。

清·賈雒英訂定,薛起蛟、湯晉纂:康熙《新會縣志》十八卷,首一卷,《日本藏中國罕見地方志叢刊》,北京:書目文獻出版社,1991,據日本東洋文化研究所藏清康熙二十九年(1690)刻本影印。

清·靳文謨纂修,鄧文蔚參輯:康熙《新安縣志》十三卷,張一兵校点:《深圳旧志三种》,深圳:海天出版社,2006。

清·管一清纂修:乾隆《增城縣志》二十卷,首一卷,《故宮珍本叢刊》第 167 冊,海口:海南出版社,2001,影印本。

清·趙俊等主修,李寶中等纂修:嘉慶《增城縣志》二十卷,首末各一卷,《中國方志叢書·華南地方》第 161 號,臺北:成文出版社,1974,據清同治十年(1871)刻本影印。

清·鄭夢玉等主修,梁紹獻等總纂:同治《南海縣志》二十六卷,《中國方志叢書》第 50 號,臺北:成文出版社,1967,影印清同治十一年(1872)廣州翰元樓刻本。

清·鄭榮等主修,桂坫等總纂:宣統《南海縣志》二十六卷,末一卷,《中國地方志集成·廣東府縣志輯》第 30 卷,上海書店等,2003,據清宣統三年(1872)刻本影印。

清·鄭玫修輯:康熙《三水縣志》十五卷,首一卷,《故宮珍本叢刊》第 177 冊,海口:海南出版社,2001,據清康熙四十九年(1710)刻本影印。

清·潘尚楫等修,鄧士憲等纂:道光《南海縣志》四十四卷,首末各一卷,清同治八年(1869)重刻本。

清·黎春曦纂:《南海九江鄉志》五卷,《中國地方志集成·鄉鎮志專輯》第 31 卷,南京:江蘇古籍出版社等,1992,據抄本影印。

清·蔡淑修,陳輝璧纂:康熙《增城縣志》十四卷,《中國地方志集成·廣州府縣志輯》第 5 卷,上海書店等,2003,據清康熙二十五年(1686)刻本影印。

清·暴煜修,李單揆、陳書撰:乾隆《香山縣志》八卷,首一卷,《新修方志叢刊》121 號,臺北:臺灣學生書局,1968,據清乾隆十五年(1750)刻本影印。

清·戴肇辰等主修,史澄、李光廷等纂:光緒《廣州府志》一百六十三卷,《中國方志叢書》第 1-3 卷,臺北:成文出版社,1966,據光緒五年(1879)刻本影印。

清·戴肇辰等主修,史澄、李光廷等纂:光緒《廣州府志》一百六十三卷,《中國地方志集成·廣東府縣志輯》第 1-3 卷,上海:上海書店等,2003,據光緒五年(1879)刻本影印。

清·魏綰重修,陳張翼彙纂:乾隆《南海縣志》二十卷,清乾隆六年(1741)刻本縮微膠捲本。

民·王思章主修,賴際熙等總纂:民國《增城縣志》三十一卷,首一卷,《中國地方志集成·廣州府縣志輯》第 5 卷,上海書店,2003,據民國十年(1921)刻本影印。

民·吳鳳聲、余榮謀監修,朱汝珍總纂:民國《清遠縣志》二十一卷,《中國地方志集成·廣東府縣志輯》第 13 卷,上海:上海書店等,2003,據民國二十六年(1937)廣州亞東印務局鉛印本影印。

民·汪宗準等監修,冼寶幹總纂:民國《佛山忠義鄉志》十四卷,《中國地方志集成·鄉鎮志專輯》第 30 卷,南京:江蘇古籍出版社等,1992,據民國十五年(1926)刻本影印。

民·李文烜、朱潤芸等纂:民國《清遠縣志》十六卷,《中國方志叢書》第 54 號,臺北:成文出版社,1967。

民·周之貞、馮葆熙倡修,周朝槐等總纂:民國《順德縣志》二十四卷(附郭志刊誤二卷、捐冊一卷),《中國方志叢書》第4號,臺北:成文出版社,1966,(民國55)據民國十八年(1929)刻本影印。

民·周之貞、馮葆熙倡修,周朝槐等總纂:民國《順德縣志》二十四卷(附郭志刊誤二卷、捐冊一卷),《中國地方志集成·廣州府縣志輯》第31卷,上海:上海書店,2003,據民國十八年(1929)刻本影印。

民·梁鼎芬等修:民國《番禺縣續志》四十四卷,《中國方志叢書》第49號,臺北:成文出版社,1967。

民·陳伯陶修纂:民國《東莞縣志》九十八卷,首一卷(附沙田志四卷),《中國方志叢書·華南地方》第52號,臺北:成文出版社,1967,據民國十年(1921)鉛印本影印。

民·陳伯陶修纂:民國《東莞縣志》九十八卷,首一卷(附沙田志四卷),《中國地方志集成·廣東府縣志輯》第19卷,2003,上海:上海書店等,據民國十年(1921)鉛印本影印。

民·凌鶴書纂:民國《番禺縣續志》不分卷,《中國地方志集成·廣東府縣志輯》第7卷,上海:上海書店等,2003,據民國七年抄本影印。

民·黃仁恒編:《番禺河南小志》九卷,《中國地方志集成·鄉鎮志專輯》第32卷,南京:江蘇古籍出版社,1992,據民國三十四年(1945)傳抄稿本影印。

民·厲式金主修,汪文炳、張丕基總纂:民國《香山縣志》十六卷,首一卷,《中國方志叢書·華南地方》第111號,臺北:成文出版社,1967,據民國十二年(1923)刻本影印;

民·厲式金主修,汪文炳、張丕基總纂:民國《香山縣志》十六卷,首一卷,《中國地方志集成·廣東府縣志輯》第32卷,上海:上海書店等,2003,據清民國十二年(1923)刻本影印。

## 道書類:

《道藏》,上海:上海書店出版社;北京:文物出版社;天津:天津古籍出版社,1988。

《上清太上帝君九真中經》,《道藏》第34冊。

《太上元始天尊說北帝伏魔神咒妙經》，《道藏》弟 34 冊。

《太上玄靈斗姆大聖元君本命延生心經》，《道藏》第 11 冊。

《太上老君說常清靜妙經》，《道藏》第 34 冊。

《太上老君說城隍感應消災集福妙經》，《道藏》第 34 冊。

《太上洞玄靈寶三元品戒功德輕重經》，《道藏》第 6 冊。

《太上說玄天大聖真武本傳神咒妙經》，《道藏》第 17、18 冊。

《元始天尊說北方真武妙經》，《道藏》第 1 冊。

《正一法文天師教戒科經》，《道藏》第 18 冊。

《玄天上帝啟聖錄》，《道藏》第 19 冊。

《玄天上帝啟聖錄》，《道藏》第 19 冊。

《玄天上帝啟聖靈異錄》，《道藏》第 19 冊。

《要修科儀戒律鈔》，《道藏》第 6 冊。

《修真十書》，《道藏》第 4 冊。

《真武靈應真君增上佑聖尊號冊文》，《道藏》，第 18 冊。

《真武靈應護世消災滅罪寶懺》，《道藏》第 1 冊。

《清河內傳》，《道藏》第 3 冊。

《紫陽真人內傳》，《道藏》第 5 冊。

《道法會元》，《道藏》第 29 冊。

《猶龍傳》，《道藏》第 18 冊。

唐·杜光庭：《道教靈驗記》，《道藏》第 10 冊。

宋·蔣叔輿：《無上黃籙大齋立成儀》，《道藏》第 9 冊。

宋·陳伀集疏：《太上說玄天大聖真武本傳神咒妙經注》，《道藏》第 18 冊。

元·李道謙：《甘水仙源錄》，《道藏》第 19 冊。

元·劉道明：《武當福地總真集》，《道藏》第 19 冊。

胡道靜、李一泯等主編：《藏外道書》，成都：巴蜀書社，1994。

清·陳銘珪：《長春道教源流》，《藏外道書》第 31 冊。

彭文勤等纂輯,賀龍驤校勘:《道藏輯要》,成都:巴蜀書社,1986。

《懺法大觀》,《道藏輯要》第 21 冊。

## 文集類：

唐・杜牧:《樊川文集》,上海:上海古籍出版社,1978,點校本。

唐・李商隱撰,清・馮浩注:《樊南文集詳注》,《續修四庫全書》第 1312 冊,上海:上海古籍出版社,1995,據清乾隆四十五年德聚堂刻本影印。

唐・張說:《張說之文集》,北京:文物出版社,1982。

唐・韓愈:《昌黎先生文集》,上海:上海古籍出版社,1994,據北京圖書館藏宋蜀刻本影印。

宋・方大琮:《宋寶章閣直學士忠惠鐵庵方公文集》四十五卷,《北京圖書館古籍珍本叢刊》第 89 冊,北京:書目文獻出版社,1988,據明正德八年方良節刻本影印。

宋・李昂英:《文溪集》,清・伍元薇輯:《粵十三家集》第 3 冊,道光二十年詩雪軒校刊本。

宋・蘇軾撰,孔凡禮點校:《蘇軾文集》,北京:中華書局,1986。

宋・蘇軾撰,清・王文誥輯注:《蘇軾詩集》,北京:中華書局,1982。

宋・蘇軾撰,清・王文誥輯:《蘇文忠公詩編注集成總案》,成都:巴蜀書社,1985,據清嘉慶二十四年刊本影印。

清・汪琇撰:《隨山館叢稿》四卷,《續修四庫全書》集部第 1558 冊,上海:上海古籍出版社,1995,據中國科學院圖書館藏清光緒刻隨山館全集本影印。

清・吳榮光撰:《石雲山人文集》五卷,《續修四庫全書》第 1498 冊,

上海:上海古籍出版社,1995,據湖北省圖書館藏清道光 21 年(1841)吳氏筠清館刻本影印。

清・陳恭尹撰:《獨漉堂文集》,《四庫禁燬書叢刊》集部 183,北京:北京出版社,2000,據北京圖書館藏清康熙晚成堂刻本影印。

清・釋成鷲撰:《咸陟堂文集》二十五卷,《四庫禁燬書叢刊》集部第 149 冊,北京:北京出

版社,2000,據首都圖書館藏清康熙刻本影印。

# 其他古籍：

魏·王弼、晉·韓康伯注,唐·孔穎達疏:《周易注疏》。臺北:學生書局,1967,重刊宋本。

《周禮注疏》,臺北:藝文印書館,1976,據宋刊十三經注疏本影印。

《禮記注疏》,臺北:藝文印書館,1976,影印宋刊十三經注疏本。

《毛詩正義》,臺北:藝文印書館,1976,影宋刊《十三經注疏》本。

漢·孔安國傳,唐孔穎達正義:《尚書正義》卷八,臺北:藝文印書館,1955,據宋刊《十三經注疏》影印。

《春秋左傳正義》,臺北:藝文印書館,1976,據宋刊十三經注疏本影印。

黎翔鳳撰,梁運華整理:《管子校注》,北京:中華書局,2004。

《尸子》,臺北:台灣中華書局,1966,影印《四部備要》本。

《列仙傳》,《龍溪精舍叢書》第98冊,潮陽鄭氏用郝氏遺書本校刊。

漢·司馬遷:《史記》,北京:中華書局,1959。

漢·班固《漢書》,北京:中華書局,1959,點校本,

漢·劉安撰,馮逸、喬華點校:《淮南鴻烈集解》,北京:中華書局,1989。

晉·葛洪撰,王明校釋:《抱朴子內篇校釋》,北京:中華書局,1985。

晉·葛洪撰,胡守爲校釋:《神仙傳校釋》,北京:中華書局,2010。

晉·顧微:《廣州記》,收入魯迅、楊偉群點校,嶺南文庫編輯委員會、廣東中華民族文化促進會合編:《歷代嶺南筆記八種》,廣州:廣東人民出版社,2011。

南朝宋·王嘉《拾遺記》,北京:中華書局,1981,校注本。

南朝宋·劉義慶編,余嘉錫箋疏,周祖謨、余淑宜整理:《世說新語箋疏》,北京:中華書局,1983。

唐·白居易撰,宋·孔傳續:《白孔六帖》,臺北:新興書局,1969,據臺灣國防研究院圖書館藏明嘉靖年間覆宋刻本影印。

唐·李百藥:《北齊書》,北京:中華書局,1972。

唐·房玄齡撰:《晉書》,北京:中華書局,1977。

唐·歐陽詢撰,汪紹楹校:《藝文類聚》,上海:上海古籍出版社,1982。

唐·魏徵:《隋書》,北京:中華書局,1973。

宋·王存撰,王文楚、魏嵩山點校:《元豐九域志》附《新定九域志》。北京:中華書局,1984。

宋·王象之:《輿地紀勝》,臺北:文海出版社,1962。

宋·方信孺撰,劉瑞點校:《南海百詠》,廣州:廣東人民出版社,2010。

宋·朱熹:《周易本義》,《四庫全書》第12冊,上海:上海古籍出版社,1987。

宋·朱熹撰:《四書章句集注》,北京:中華書局,1983。

宋·朱熹編:《二程遺書》,《四庫全書》第698冊。上海:上海古籍出版社1987。

宋·李攸撰:《宋朝事實》,北京:中華書局,1955。

宋·周去非著,楊武泉校注:《嶺外代答校注》,北京:中華書局,1999。

宋·洪邁撰、何卓點校:《夷堅志》,北京:中華書局,1981。

宋·洪興祖撰:《楚辭補注》,北京:中華書局,1983,點校本。

宋·姚鉉:《唐文粹》,臺北:台灣商務印書館,1967,據上海商務印書館1936,縮印校宋明嘉靖刊本影印。

宋·趙彥衛:《雲麓漫鈔》,北京:中華書局。

宋·蔡絛撰:《鐵圍山叢談》,北京:中華書局,1983。

宋·佚名:《宋大詔令集》,北京:中華書局,1962。

元·馬端臨:《文獻通考》,臺北:新興書局,1960。

元·郭畀:《客杭日記》,《叢書集成初編》第2983冊,據知不足齋叢書本排印。

元·脫脫等編:《宋史》,北京:中華書局,1977。

明·余象斗:《南遊記》,收入《四遊記》,臺北:世界書局,1958。

明·吳承恩撰,黃永年、黃壽成點校:《西遊記》,北京:中華書局,2005。

明·陸應陽撰:《廣輿記》,臺北:學海出版社,1969。

清·仇巨川纂,陳憲猷校注:《羊城古鈔》,廣州:廣東人民出版社,1993。

清·朱謙之校釋:《老子校釋》,北京:中華書局,1984。

清·屈大均:《廣東新語》,北京:中華書局,1985。

清·孫灝等撰:雍正《河南通志續通志》,《中國省志彙編》之十四,臺北:華文書局,1969,據清光緒八年(1882)刊本影印。

清·郭棐撰,黃國聲、鄧貴忠點校:《粵大記》,廣州:中山大學出版社,1998。

清·郭慶藩集釋:《莊子集釋》,北京:中華書局,1961,排印本。

清·畢沅編著:《續資治通鑑》,北京:中華書局,1957。

清·徐松輯:《宋會要》,《續修四庫全書》第 775 冊,上海:上海古籍出版社,1995。

清·黃芝:《粵小記》,收入吳綺等撰、林子雄點校:《清代廣東筆記五種》,廣州:廣東人民
　　出版社,2006。

清·黃亨撰:《西樵白雲洞志》,道光己亥刊本,官山榮亨茶莊印務承印。

清·張廷玉等撰:《明史》,北京:中華書局,1974。

清·樊封:《南海百詠續編》,《叢書集成續編》第 236 冊,臺北:新文豐出版公司,1989,據
　　1916 年翠琅玕館叢書本影印。

清·羅天尺:《五山志林》,收入吳綺等撰、林子雄點校:《清代廣東筆記五種》,廣州:廣東
　　人民出版社,2006。

清·顧炎武:《肇域志》,《續修四庫全書》(史部地理類)第 595 冊,上海:上海古籍出版
　　社,1995。

清·嚴可均輯:《全上古三代秦漢三國六朝文》,北京:中華書局,1965,據廣雅書局本
　　影印。

清·趙爾巽等撰:《清史稿》,北京:中華書局,1977。

清·葉德輝校訂、重刊:《繪圖三教源流搜神大全》,臺北:聯經出版事業公司,1980。

## 現代論著、論文及資料彙編:

I、中、日文論著論文(以筆劃為序)

丁培仁:〈明道藏有關文昌梓童帝君文獻考述〉,《宗教學研究》2004 第 3 期,頁 41-52。

丁常雲、劉仲宇、葉有貴:《欽賜仰殿與東嶽信仰》,上海:上海辭書出版社,2004。

三水縣地方誌編纂委員會編:《三水縣志》,廣州:廣東人民出版社,1995。

三水縣地方志編纂委員會編:《三水縣宗教志》,出版者不詳,1995。

三水市地方志編纂委員會、三水市文化局編:《三水縣文化志》,出版者不詳,1996。

中山市文化局編:《中山市文物志》,廣州:廣東人民出版社,1999。

毛遠明:《碑刻文獻學通論》,北京:中華書局,2009。

孔凡禮:《蘇軾年譜》,北京:中華書局,1998。

王承文：〈唐五代羅浮山道教宮觀考〉，收入黎志添主編：《香港及華南道教研究》，香港：中華書局，2004。

王承文：〈葛洪晚年隱居羅浮山事跡釋証——以袁宏《羅浮記》為中心〉，《道家文化研究》第二十一輯，2006，頁158–184。

王學泰：〈關羽崇拜的形成〉，收入盧曉衡主編：《關羽、關公和關聖》，北京：社會科學文獻出版社，2002，頁72–87。

中國人民政治協商會議廣東省廣州市委員會文史資料研究委員會編：《廣州百年大事記》下，廣州：廣東人民出版社，1984。

中國第一歷史檔案館、廣州市檔案局（館）、廣州市越秀區人民政府編著：《廣州歷史地圖精粹》，北京：中國大百科全書出版社，2003。

中國民俗學會、北京民俗博物館編：《東嶽文化與大眾生活》，桂林：廣西師範大學出版社，2009。

井上徹：〈魏校の淫祠破壞令–廣東における民間信仰と儒教〉，《東方宗教》99號，2002，頁1–17。

甘滿堂：《村廟與社區公共生活》，北京：社會科學文獻出版社，2007。

朱萬章：《嶺南金礦書法論叢》，北京：文化藝術出版社，2001。

朱澤君主編：《崔與之與嶺南文化研究》，北京：人民出版社，2010。

志賀市子：《近代中國のシヤーマニズムと道教》，東京：勉誠出版，1999。

李仲偉、林子雄、倪俊明編著：《廣州文獻書目提要》，廣州：廣東人民出版社，2000。

李建青：〈東莞茶園東嶽廟的故事〉，《民俗》第四十一、二期合刊，1929，頁113–114。

李養正：《道教史略講》，北京：中國道教學院，1997。

李養正：《當代中國道教》，北京：中國社會科學出版社，1993。

李養正：《當代道教》，北京：東方出版社，2000。

李豐楙：〈嚴肅與遊戲：道教三元齋與唐代節俗〉，收入《傳承與創新——中央研究院中國文哲研究所十周年紀念論文集》，臺北：中央研究院中國文哲研究所籌備處，1999，頁53–110。

李獻編：《廣東方志要錄》，廣州：廣東省方誌編纂委員會，1988。

吳綺等撰、林子雄點校：《清代廣東筆記五種》，廣州：廣東人民出版社，2006。

吳榮曾：〈鎮墓文中所見到的東漢道巫關係〉，收入氏著：《先秦兩漢史研究》，北京：中華書局,1995,頁 362–378。

呂永光:〈《金花廟前新築地基碑記》考〉,《嶺南文史》1988 年第 1 期,頁 99–101。

肖海明:《真武圖像研究》,北京:文物出版社,2007。

肖海明:《中樞與象徵:佛山祖廟的歷史、藝術與社會》,北京:文物出版社,2009。

何啟忠:《寶松抱鶴記》,香港:雲鶴山房,1962。

佛山市博物館編:《佛山市文物志》,廣州:廣東科技出版社,1991。

佛山市博物館編:《佛山祖廟》,北京:文物出版社,2005。

芥舟:〈廣州城隍廟考略〉,《恆道》,2011 年第 1 期,頁 30–33。

周康燮主編:《廣東風俗綴錄》,香港:崇文書店,1972。

招汝基主編:《順德縣志》,北京市:方志出版社,1999。

冼玉清:〈天文家李明徹與漱珠岡〉,原載《嶺南學報》第 10 卷 2 期,1950,後收入廣東省
    文史館及佛山大學佛山文史研究室編:《冼玉清文集》,廣州:中山大學出版社,1995,
    頁 193–214。

冼劍民,陳鴻鈞編:《廣州碑刻集》,廣州:廣東高等教育出版社,2006。

東莞市建設委員會編:《東莞建設志》,廣州:廣東人民出版社,1993。

東莞市地方志編纂委員會編:《東莞市志》,廣州:廣東人民出版社,1995。

科大衛:〈明嘉靖初年廣東提學魏校毀“淫祠”之前因後果及其對珠江三角洲的影響〉,收
    入《地域社會與傳統中國》,西安:西北大學出版社,1995,頁 129–134

科大衛、陸鴻基、吳倫霓霞合編:《香港碑銘彙編》,香港:香港市政局出版,1986。

柳存仁:〈四游記的明刻本〉,收入氏著:《和風堂文集》下冊,上海:上海古籍出版社,
    1991 年。

胡小偉:《關公崇拜溯源》二冊,太原:北嶽文藝出版社,2009。

侯會:〈華光變身火神考——明代小說《南遊記》源流初探〉,《明清小說研究》,2008 年第
    2 期,頁 234–246。

南海縣地方誌編纂委員會辦公室、南海縣西樵風景區管理處編:《西樵山志》,廣州:廣州
    人民出版社,1992。

容肇祖:〈廣州河南的金花廟〉,《民俗周刊》41/42 期,收入周康燮主編:《廣東風俗綴
    錄》,香港:崇文書店,1972,頁 128–130。

馬書田:《華夏諸神·道教卷》,臺北:書品文化事業公司,1993。

夏至前:〈雲泉仙館與近代南的呂祖信仰〉,發表於香港中文大學道教文化研究中心於
　　2006 年舉辦的"廣東道教歷史研討會"。

袁冰凌:〈北京東嶽廟碑文考述〉,收入《三教文獻》第 3 期,1999,頁 137–158。

袁冰凌:〈北京東嶽廟香會〉,《法國漢學》第七輯,2002,頁 397–426。

袁冰凌:〈北京東嶽廟的興建及其社會經濟背景〉,收入北京市檔案館編:《檔案與北京史
　　國際學術討論會論文集》下冊,北京:中國檔案出版社,2003,頁 477–488。

清遠縣文物志編纂組編印:《清遠縣文物志》,1987。

順德縣檔案館編:《順德縣志》,1972,該館油印本。

順德市地方誌編纂委員會編:《順德縣志》,北京:中華書局,1996。

順德縣文物志編委會、博物館編:《順德文物志》,1991。

張一平、徐尚黎、楊武生:《赤灣天后宮》,香港:海峰出版社,1998。

梅莉:《明清時期武當山進香研究》,武漢:華中師範大學出版社,2007。

梅莉、晏昌貴:〈明清時期武當山香會研究〉,《歷史研究》2008 年第 3 期,頁 4–22。

章文煥:《萬壽宮》,南昌:華夏出版社,2003。

曾昭璇:《廣州歷史地理》,廣州:廣東人民出版社,1991。

陳中主編:《從化縣文物志》,廣州:嶺南美術出版社,2002。

陳玉女:《明代佛教與社會》,北京:北京大學出版社,2011。

陳玉環:〈晚清時期的三元古廟與三元里〉,《羊城考古》1990 年第 6 期,頁 28–33。

陳玉環:〈三元古廟與三元里的鄉村組織──以《重修三元古廟碑記》為中心的考察〉,收
　　入廣州博物館編:《鎮海樓論稿──廣州博物館成立七十周年紀念》,廣州:嶺南美
　　術出版社,1999,頁 165–176。

陳代光:《廣州城市發展史》,廣州:暨南大學出版社,1996。

陳垣:《南宋初河北新道教考》,北京:中華書局,1962。

陳垣編纂,陳智超、曾慶瑛校補:《道家金石略》,北京:文物出版社,1988。

陳建華主編:《廣州市文物普查彙編》,廣州:廣州出版社,2008。

陳坤撰:《六脈渠圖說》,收入《廣東叢書》第 3 集,上海:商務印書館,1948。

陳學霖:〈"真武神・永樂像"傳說〉,收入氏著:《明代人物與傳說》。香港:中文大學出版
　　社,1997,頁 87–128。

陳霞:《道教勸善書研究》,成都:巴蜀書社,1999 年。

游子安編:《道風百年:香港道教與道觀》,香港:利民出版社,2002。

游子安:《善與人同——明清以來的慈善與教化》,北京:中華書局,2005年。

張建明:《廣州城中村研究》,廣州:廣東人民出版社,2003。

黃兆漢:〈玄帝考〉,收入氏著:《道教研究論文集》,香港:中文大學出版社,1988,頁
　　121-158。

黃兆漢:〈粵劇戲神華光考〉,收入氏著:《道教與文學》,臺北:學生書局,1994,頁
　　155-190。

黃拾青:〈西樵雲泉仙館的回憶〉,收入政協南海縣委員會文史組編:《南海文史資料》第3
　　輯(1983),頁56-59。

黃佛頤編纂、仇江、鄭力民、遲以武點註:《廣州城坊志》,廣州:廣東人民出版社,1994。

黃佩賢:〈仁威廟〉,《廣州文史資料》第45輯(1993),頁203-205。

黃炎培編:《一歲之廣州市》,上海:商務印書館,1927。

黃梓林選輯:《廣東文獻輯覽》,黃立德堂家藏本,香港中文大學崇基圖書館藏。

賈二強:〈說五顯靈官和華光天王〉,《中國典籍與文化》2002年第3期,頁81-88。

森清太郎:《嶺南紀勝》,東京:岳陽堂藥行出版部,1928。

曾昭璇:《廣州歷史地理》,廣州:廣東人民出版社,1991。

蜂屋邦夫編著:《中國の道教——その活動と道觀の現狀》,東京:汲古書院,1995。

楊立志:《武當文化概論》,北京:社會科學文獻出版社,2008。

楊莉:〈鮑姑火傳遠——鮑姑艾傳說及其民間文化土壤〉,收入黎志添主編:《香港及華南
　　道教研究》,香港:中華書局,2005,頁334-357。

楊箕村編:《楊箕村歷史》,影印本,2009。

趙衛東、莊明軍編:《山東道教碑刻集:青州、昌樂卷》,濟南:齊魯書社,2010。

蒲柱良等著:《風俗改革叢刊》,收入國立北京大學中國民俗學會編:《民俗叢書》,第131
　　冊,1930。

黎志添:〈《先天斛食濟煉幽科》考:一部廣東道教科儀本的文本源流研究〉,《中國文化研
　　究所學報》第51期(2010),頁117-142。

黎志添:〈澳門吳慶雲道院的歷史變遷:十九世紀以來澳門正一派火居道士研究〉,收入
　　吳炳鋕、王忠人合編:《澳門道教科儀音樂》,澳門:澳門道教協會,2009,頁467-488。

黎志添:〈香港新界鄉村建醮儀式中道教與民間神祇祭祀〉,收入黎志添主編:《宗教的和

平與衝突——香港中文大學與北京大學宗教研究學術論文集》,香港:中華書局,2008,頁 115–130。

黎志添:《廣東地方道教研究——道觀、道士及科儀》,香港:中文大學出版社,2007。

黎志添:〈近代廣東羅浮山全真教道觀考〉,《中國文化研究所學報》第 47 期(2007),頁 395–430。

黎志添:〈清初廣東全真道教——杜陽棟與曾一貫考〉,收入《2006 道文化國際學術研討會論文集》,高雄:國立高雄師範大學經學研究所,2006,頁 951–974。

黎志添主編:《香港及華南道教研究》,香港:中華書局,2005。

黎志添:〈廣州元妙觀考釋〉,《中央研究院歷史語言研究所集刊》第 75 本,第 3 分冊,2004,頁 445–514。

黎志添:〈香港道教齋醮中的"祭幽"儀式與現代社會的意義關係〉,收入郭武主編:《道教教義與現代社會學術論文集》,上海:上海古籍出版社,2003,頁 458–481。

黎志添:〈民國時期廣州市"喃嘸道館"的歷史考究〉,《中央研究院近代史研究所集刊》第 37 期,2002,頁 1–40。

黎志添:〈天地水三官信仰與早期天師道治病解罪儀式〉,《臺灣宗教研究》,第三期(2002),頁 1–40。

黎志添、游子安、吳真:《香港道教:歷史源流及其現代轉型》,香港:中華書局,2010。

黎志添、游子安、吳真:《香港道堂科儀歷史與傳承》,香港:中華書局,2007。

魯迅、楊偉群點校:《歷代嶺南筆記八種》,廣州:廣東人民出版社,2011。

[意]衛匡國:《韃靼戰記》,收入杜文凱編:《清代西人見聞錄》,北京:中國人民大學出版社,1985。

劉志偉:〈大族陰影下的民間神祭祀:沙灣的北帝崇拜〉,收入《寺廟與民間文化研討會論文集》下冊,臺北:"國立中央圖書館"出版,1994,頁 707–722。

劉志偉:〈神明的正統性與地方化——關於珠江三角洲地區北帝崇拜的一個解釋〉,《中山大學集刊》第 2 輯,1994,頁 107–125。

劉向明:〈民國時期廣州的道教〉,《羊城古今》第 5 期,1992,頁 44–45。

劉長久、胡文和、李永翹編:《大足石刻內容總錄》,成都:四川省社會科學院出版社,1985。

劉厚滋:〈北平東嶽廟碑刻目錄〉,收入《國立北平研究院院務匯報》第 7 卷,第 6 期(1936)。

樊光春：《西北道教史》，北京：商務印書館，2010。

樊封撰、劉瑞點校：《南海百詠續編》，廣州：廣東人民出版社，2010 年。

鄭志明：〈關公的信仰與善書〉，收入氏著：《民間信仰與儀式》，臺北：文津出版社，2010。

鄭振滿、丁荷生編纂：《福建宗教碑銘彙編》三卷，福州：福建人民出版社，2003。

廣州市宗教志編纂委員會編：《廣州宗教誌資料匯編》第二冊《道教》，廣州：廣東人民出版社，1942。

廣州市宗教志編纂委員會編撰：《廣州宗教志》，廣州：廣東人民出版社，1996。

廣州市文化局、廣州市地方誌辦公室及廣州市文物考古研究所編：《廣州文物志》，廣州：廣州出版社，2000。

廣州市荔灣區地方志編纂委員會編：《廣州市荔灣區志》，廣州：廣東人民出版社，1998。

廣州市天河區吉山村民委員會編：《吉山村志》，北京：中華書局，2004。

廣州市文物志編委會編著：《廣州市文物志》，廣州：嶺南美術出版社，1990。

廣州市天河區文化局編：《廣州市天河區文物志》，廣州：廣東人民出版社，1994。

廣州博物館編：《廣州文物與古跡》，北京：文物出版社，1987。

廣東省社會科學院歷史研究所中國古代史研究室、中山大學歷史系中國古代史教研室，廣東省佛山市博物館編：《明清佛山碑刻文獻經濟資料》，廣州：廣東人民出版社，1987。

廣東省政府廣東年鑑編纂委員會編：《廣東年鑑》，廣州，1942。

廣東省中山圖書館編印：《館藏廣東地方誌目錄》，廣州：廣東省中山圖書館歷史文獻部，1986。

駱偉主編：《廣東文獻綜錄》，廣州：中山大學出版社，2000。

戴裔煊：〈宋代三佛齊重修廣州天慶觀碑記考釋〉，《學術研究》1962 年第 2 期，頁 63–77。

關漢璆、黃耀成、陳天傑：〈西樵山雲泉仙館史記〉，收入政協南海縣委員會文史組編：《南海文史資料》第 3 輯（1983），頁 51–56。

龍顯昭、黃海德主編：《巴蜀道教碑文集成》，成都：四川大學出版社，1997。

蕭國鈞、蕭國健著：《寶安歷史研究論集》，香港：顯朝書室，1988。

蕭國健、沈思合編：《深圳碑刻集》，香港：顯朝書室，2003。

龍顯昭、黃海德主編：《巴蜀道教碑文集成》，成都：四川大學出版社，1997。

翼宸翰：〈石刻史料的檔案價值——從北京白雲館的石碑看白雲觀的歷史〉，收入北京市

　　檔案館編:《檔案與北京史國際學術討論會論文集》下冊,北京:中國檔案出版社,
　　2003,頁 489-493。

羅一星:《明清佛山經濟發展與社會變遷》,廣州:廣東人民出版社,1994。

羅菁:〈道家山依舊〉,《東莞文史》第二十一輯,1993,頁 86。

譚世寶:《金石銘刻的澳門史》,廣州:廣東人民出版社,2006。

譚標:〈西樵山雲泉仙館與耆英其人〉,《南海文史資料》第 2 輯(1987),頁 44-45。

譚德貴、寧俊偉:〈文昌信仰的神諭性訓誡研究——以昌勸善書為中心〉,《世界宗教研
　　究》2011 年第 2 期,頁 73-79。

譚棣華、曹騰騑、冼劍民編:《廣東碑刻集》,廣州:廣東高等教育出版社,2001。

顧頡剛:〈東莞城隍廟圖〉,《民俗》第四十一、二合期,1929,頁 28-49。

蘇東軍:〈清代佛山道教歷史管窺——以佛山市博物館藏道士畫像為主〉,《中國道教》
　　2011 年第 1 期,頁 12-19。

蘇東軍:〈民國時期佛山萬真觀史實鉤沉〉,《世界宗教研究》2011 年第 5 期,頁 12-17。

蘇啓昌主編:《順德文物志》,順德:順德文物志編委會,1991。


Ⅱ、西文論著

Cahill, Suzanne E. "Taoism at the Sung Court: The Heavenly Text Affair of 1008," *Bulletin of Sung and Yuan Studies* 16 (1980): 23-44.

Davis, Edward. *Society and the Supernatural in Song China*. Honolulu: University of Hawai'i Press, 2001.

Dean, Kenneth. "Taoism in Contemporary China," in D. Lopez (ed.), *Chinese Religion in Practice*, pp. 306-26. Princeton: Princeton University Press, 1996.

Faure, David. *The Structure of Chinese Rural Society: Lineage and Village in the Eastern New Territories*. Hong Kong: Oxford University Press, 1986.

Garrett, Valery M. *Heaven is High, the Emperor Far Away: Merchants and Mandarins in Old Canton*. New York: Oxford University Press, 2002.

Goossaert, Vincent. *The Taoists of Peking* 1800-1949: *A Social History of Urban Clerics*. Cambridge (Massachusetts): Harvard University Asia Center, 2007.

Goossaert, Vincent. "Counting the Monks: The 1736-1739 Census of the Chinese

Clergy," *Late Imperial China*, vol. 21, No. 2 (2000): 40-85.

Goossaert, Vincent. "The Quanzhen Clergy, 1700-1950," in John Lagerwey (ed.), *Religion and Chinese Society*, vol. 1, pp. 699 - 771. Hong Kong: Chinese University Press, 2004.

Gray, J. Henry. *Walks in the City of Canton*. Hong Kong: De Souza & Co. , 1875.

Ichiko, Shiga. "Manifestation of Lüzu in Modern Guangdong and Hong Kong: The Rise and Growth of Spirit-Writing," in Livia Kohn and Harold D. Roth (eds.), *Daoist Identity: History, Lineage, and Ritual*, pp. 185-209. Honolulu: University of Hawai'i Press, 2002.

Kerr, J. Glasgow. *A Guide to the City and Suburbs of Canton*. Hong Kong: Kelley & Walsh, Ltd. , 1918.

Kohn, Livia ed. *The Taoism Handbook*. Brill: Leiden, 2000.

Lai, Chi Tim. "Zhengyi Taoist Masters in the Pearl River Delta: Ruptures and Continuities in the Transmission of Tradition," in David Palmer and Liu Xun (eds. ) *Daoism in the 20<sup>th</sup> Century: Between Eternity and Modernity*, pp. 1-45. Berkeley: University of California Press, 2011.

Lai, Chi Tim. "Hong Kong Daoism: A Study of Daoist Altars and Lü Dongbin Cults. " *Social Compass* 50 (2003): 459-470.

Lai, Chi Tim. "Daoism in China Today, 1980 - 2002. " *The China Quarterly* 174 (2003): 413-427 and reprinted in Daniel L. Overmyer (ed. ), *Religion in China Today*, pp. 107-121. Cambridge: Cambridge University Press, 2003.

Little, Stephen. "Zhenwu, the Perfected Warrior. " In Stephen Little (ed. ), *Taoism and the Arts of China*, pp. 291-292. Chicago: The Art Institute of Chicago in association with University of California Press, 2000.

Naquin, Susan. *Peking: Temples and City Life*, 1400 - 1900. Berkeley: University of California Press, 2000.

Overmyer, Daniel ed. *Ethnography in China Today: A Critical Assessment of Methods and Results*. Taipei: Yuan-liou Publishing Co. Ltd. , 2002.

Schipper, Kristofer. "Taoist Ritual and Local Cults of the Tang Dynasty," in Michel Strickmann (ed. ), *Tantric and Taoist Studies*, vol. 2, pp. 812-834. Brussels: Institut Belge des Hautes Etudes Chinoises, 1983.

Schipper, Kristofer. "Vernacular and Classical Ritual in Taoism," *Journal of Asian Studies* 65 (1985): 21-51

Schipper, Kristofer. *The Taoist Body*, translated by Karen C. Duval. Berkeley: University of California, 1993.

Schipper, Kristofer. "Sources of Modern Popular Worship in the Taoist Canon: A Critical Appraisal," in Hanxue yanjiu zhongxin 漢學研究中心 (ed.), *Minjian xinyang yu Zhongguo wenhua guoji yantaohui lunwenji* 民間信仰與中國文化國際研討會論文集, pp. 1-23. Taipei: Hanxue yanjiu zhongxin, 1994.

Schipper, Kristofer and Franciscus Verellen eds. *The Taoist Canon: A Historical Companion to the Daozang.* 3 volumes. Chicago and London: The University of Chicago Press, 2004.

Tanaka, Issei, "The *Jiao* Festival in Hong Kong and the New Territories," in Julian F. Pas (ed.) *The Turning of the Tide: Religion in China Today*, pp. 271-298. Hong Kong: Royal Asiatic Society, Hong Kong Branch, in association with Oxford University Press, 1989.

ter Haar, Barend J. "Local Society and the organization of Cults in Early Modern China: A Preliminary Study." *Studies in Central and East Asian Religion* 8 (1995): 1-43.

Tsin, Michael. *Nation, Governance, and Modernity in China: Canton, 1900 - 1927.* Stanford, California: Stanford University Press, 1999.

Tsui, Batholomew. *Taoist Tradition and Change: The Story of the Complete Perfection Sect in Hong Kong.* Hong Kong: Christian Study Center on Chinese Religion and Culture, 1991.

Vermeer, Eduard B. *Chinese Local History: Stone Inscriptions from Fukien in the Song to Ch'ing Periods.* Westview, 1991.

# 名詞索引

## 凡　例

一、本索引所收詞條分別是：(1)人物；(2)廟宇、道觀及殿閣名稱；(3)地名；(4)碑刻碑題；(5)道教術語。

二、人物主要包括三類：(1)撰碑者及與廣東廟宇歷史相關聯者；(2)道教人士；(3)與道教和民間信仰相關之神祇。

三、地名是指所收廟宇之具體所在區位，如官涌、楊箕等；其他未能準確標示或範圍太廣者，概不收錄，如廣州、南海等。

四、本索引覆蓋"錄文集釋"中除附表、參考文獻及注釋之外的全部內容。

五、本索引以詞條首字筆畫排列。

## 8 劃

圖

版

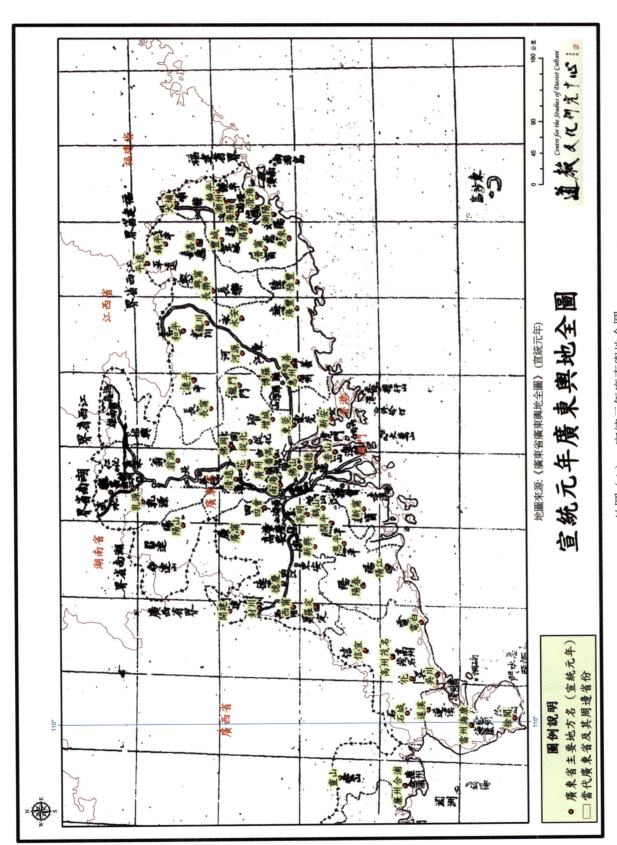

宣統元年廣東輿地全圖

地圖來源：《廣東省廣東輿地全圖》（宣統元年）

地圖（1）：宣統元年廣東輿地全圖

圖例說明

● 廣東省主要地方名（宣統元年）
□ 當代廣東省及其周邊省份

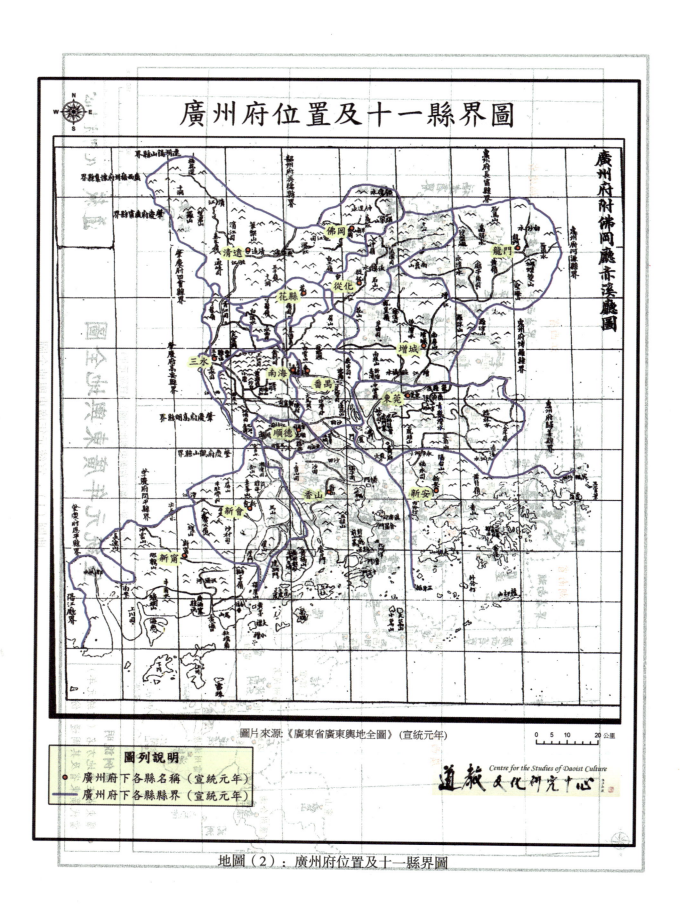

地圖（2）：廣州府位置及十一縣界圖

道光十五年廣州府城圖

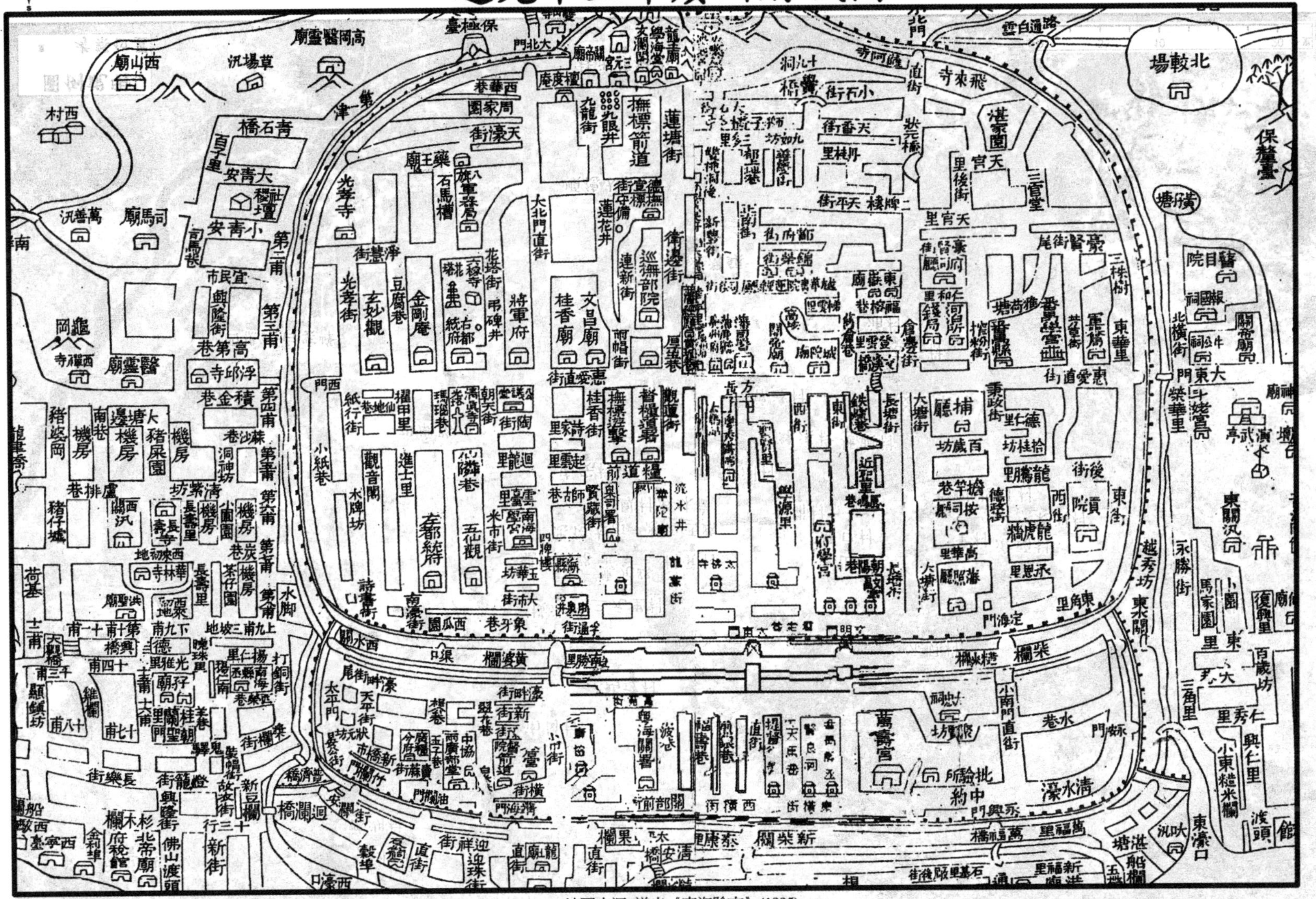

地圖來源：道光《南海縣志》（1835）

地圖（3）：道光年間廣州府城圖

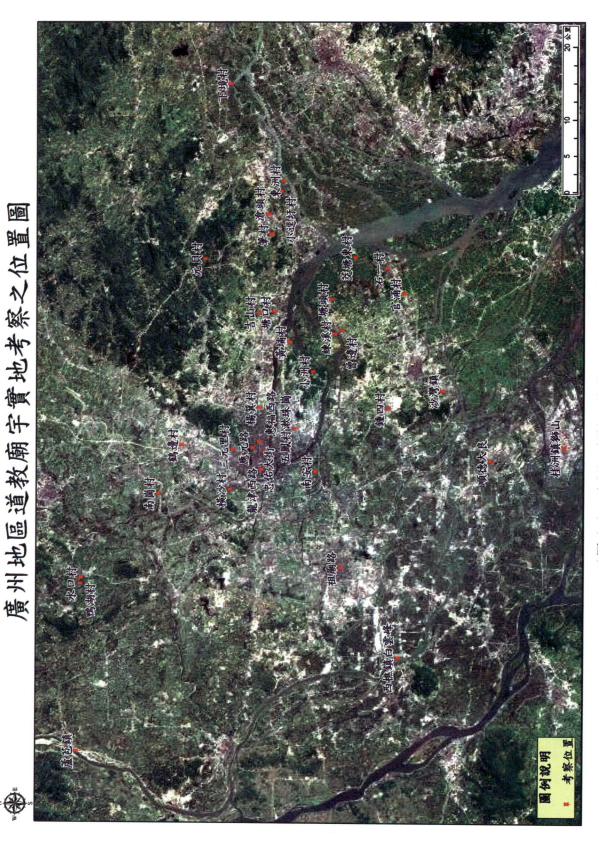

廣州地區道教廟宇實地考察之位置圖

地圖（4）：廣州地區道教廟宇實地考察之位置圖

廣州三元宮實景圖

地圖（5）：廣州三元宮實景圖

# 廣州五仙觀實景圖

海珠橋
海珠廣場
解放中路
五仙觀
惠福西路

地圖（6）：廣州五仙觀實景圖

圖例說明
五仙觀

廣州仁威廟實景圖

洋塘路

仁威廟

荔灣湖公園

珠江河

N
W E
S

道教文化研究中心 Centre for the Studies of Daoist Culture

地圖（7）：廣州仁威廟實景圖

圖例說明
仁威廟

佛 山 祖 廟 實 景 圖

佛山祖廟

祖廟路

人民西路

地圖（8）：佛山祖廟實景圖

圖例說明

佛山祖廟

廣州城隍廟實景圖

廣州起義
烈士陵園

中山四路

城隍廟

江灣橋

洲江橋

圖例說明

城隍廟

N
W E
S

地圖（9）：廣州城隍廟實景圖

廣州純陽觀實景圖

新港西路

瑞康路

純陽觀

圖例說明
純陽觀

地圖（10）：廣州純陽觀實景圖

# 西樵山雲泉仙館實景圖

西樵大橋

雲泉仙館

西樵山國家森林公園

嶺西村

N
W　E
S

圖例說明
 雲泉仙館

地圖（11）：西樵山雲泉仙館實景圖

1471

# 同治十年番禺縣捕屬圖

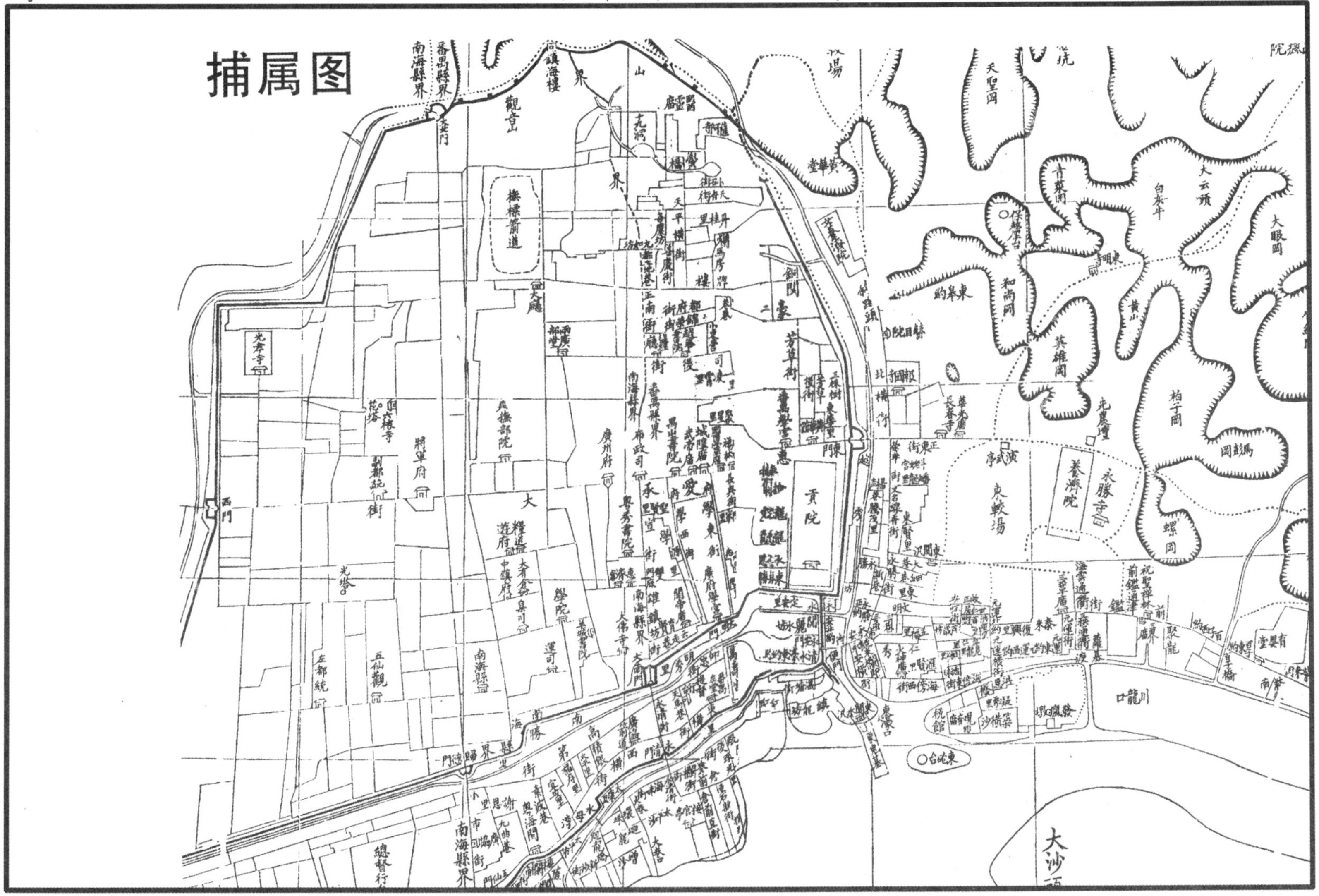


地圖來源: 同治《番禺縣志》(1871)

地圖（12）：同治十年番禺縣捕屬圖

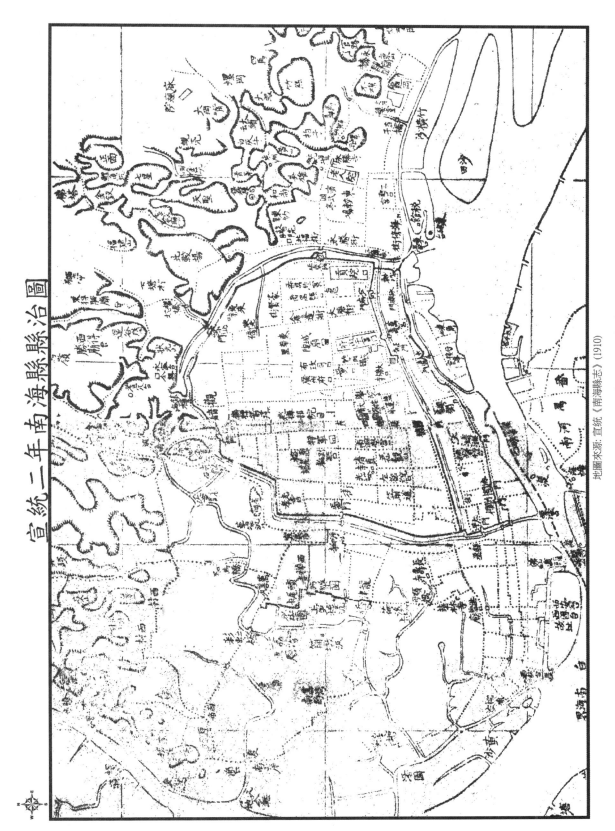

地圖來源：宣統《南海縣志》(1910)

地圖（13）：宣統二年南海縣縣治圖

1473

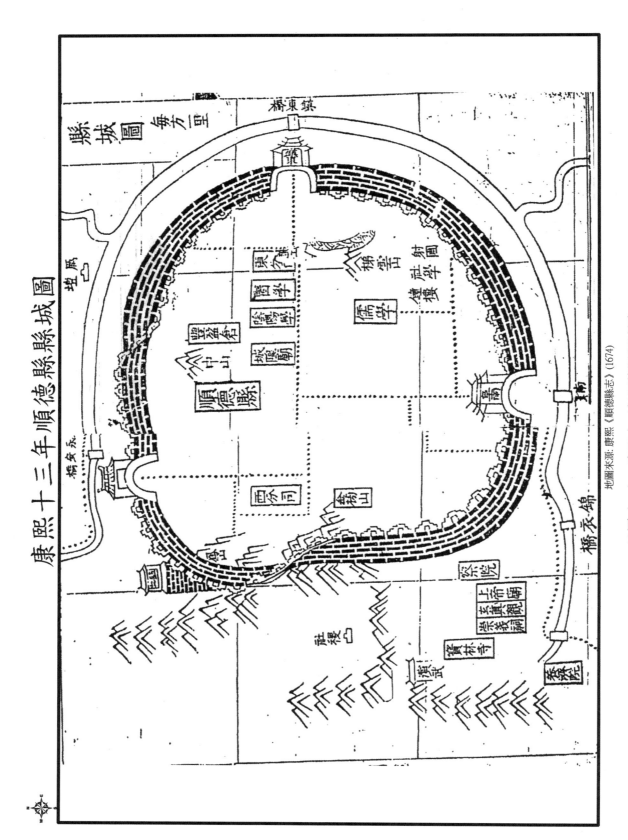

康熙十三年順德縣縣城圖

地圖來源：康熙《順德縣志》(1674)

地圖（14）：康熙十三年順德縣縣城圖

1474

民國十六年東莞縣縣城圖

縣城圖

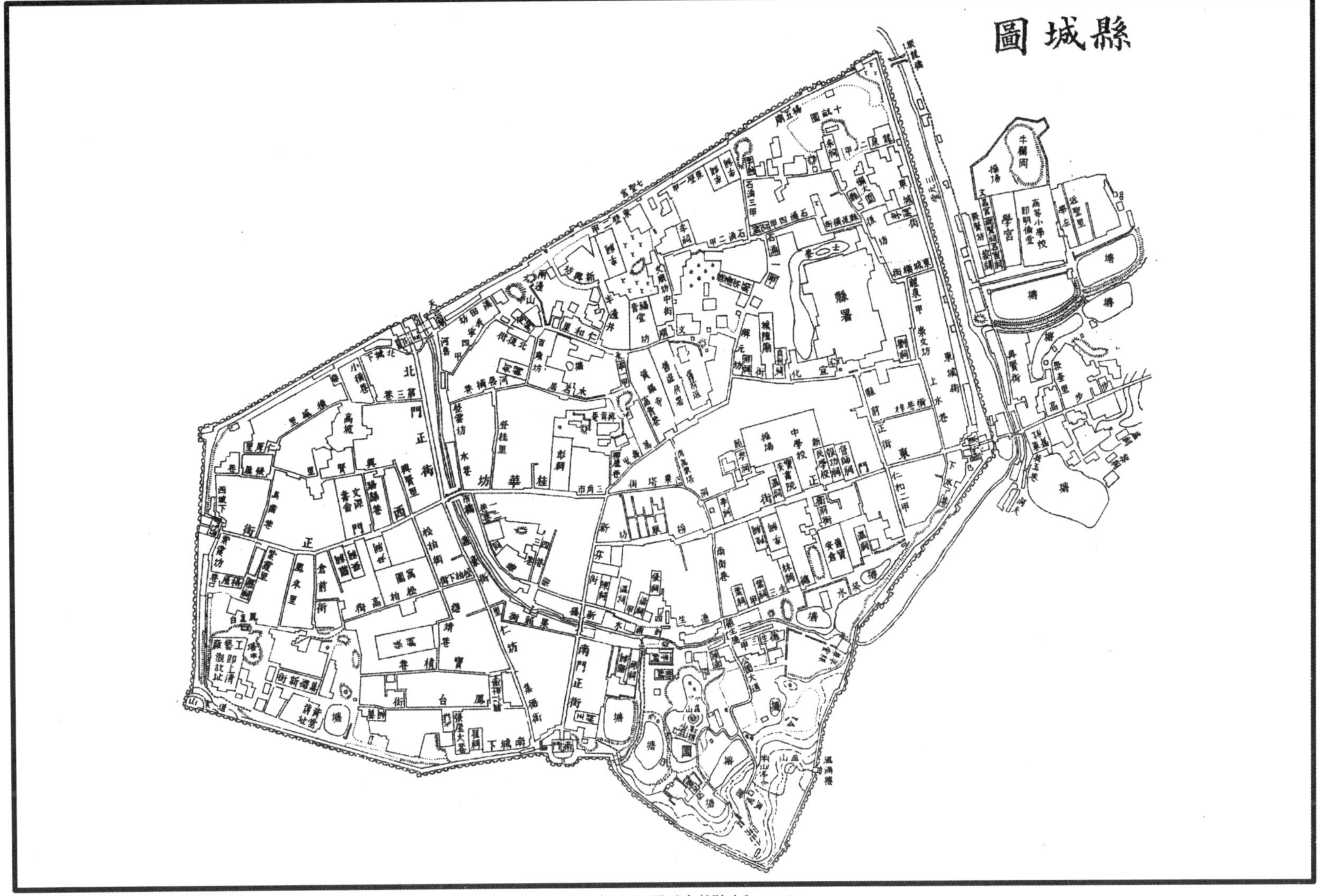

地圖來源：民國《東莞縣志》(1927)

地圖（15）：民國十六年東莞縣縣城圖

# 雍正八年從化縣縣城圖

地圖來源: 雍正《從化縣志》(1730)

地圖（16）: 雍正八年從化縣縣城圖

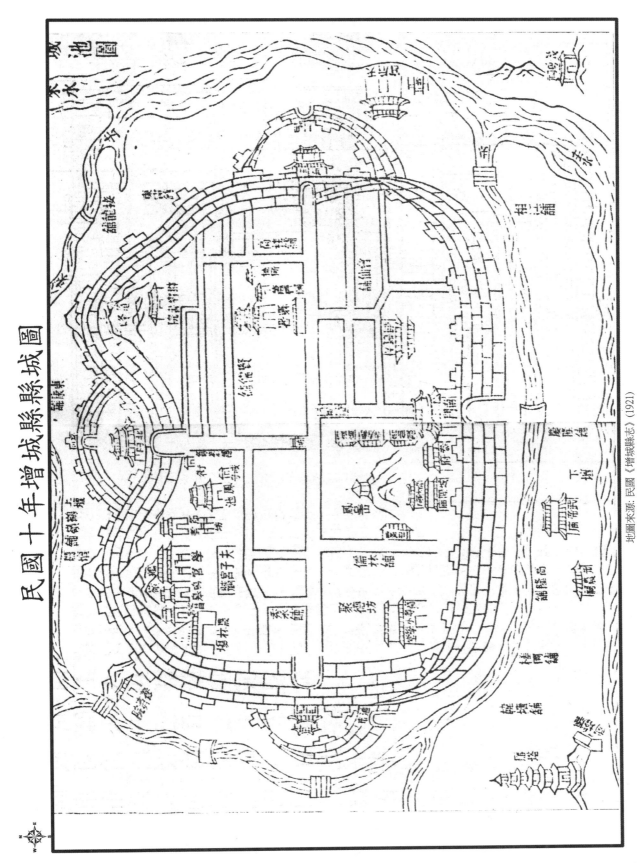

民國十年增城縣縣城圖

地圖來源: 民國《增城縣志》(1921)

地圖（17）：民國十年增城縣縣城圖

道光二十一年新會縣縣城圖

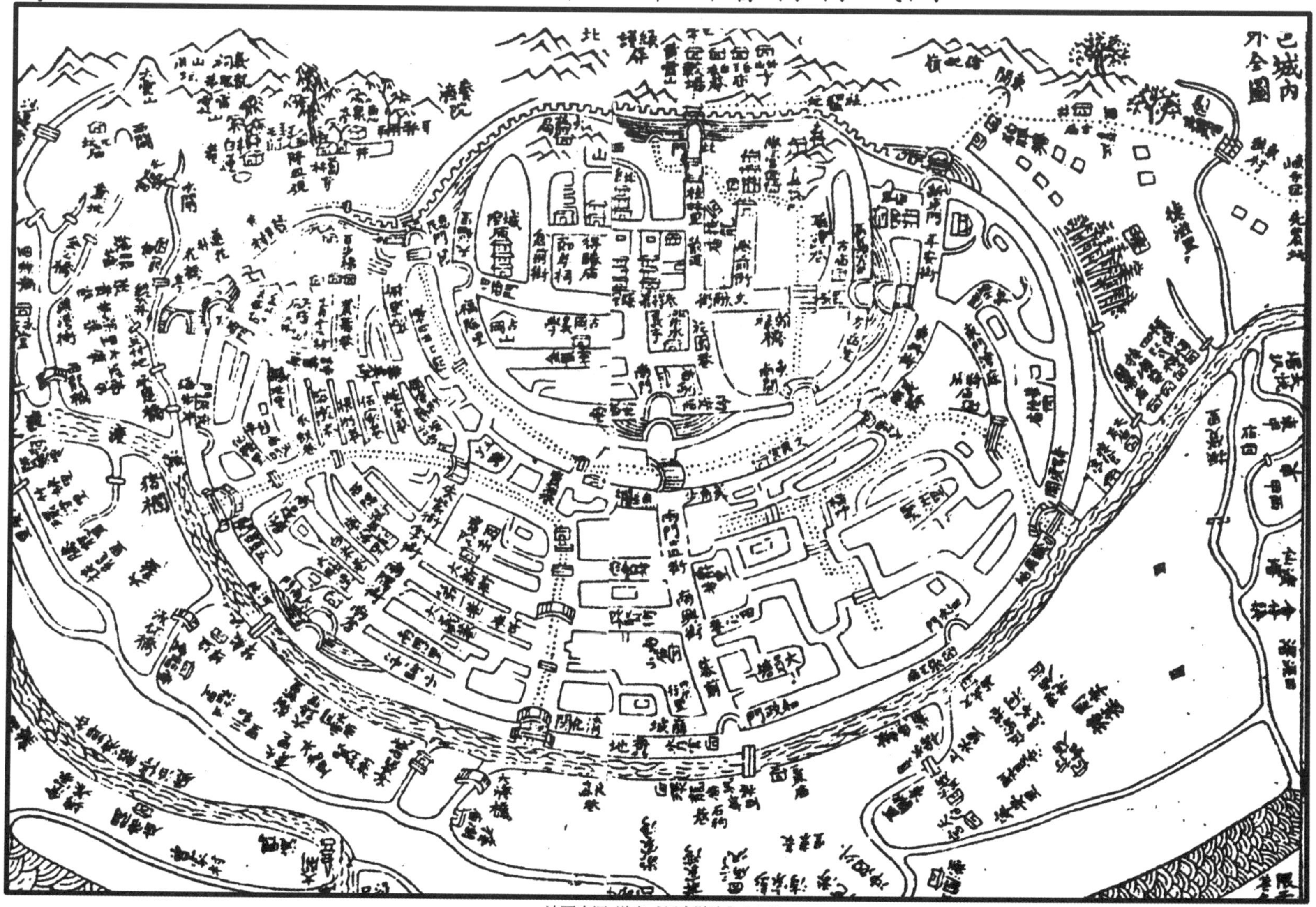

地圖來源：道光《新會縣志》(1879)

地圖（18）：道光二十一年新會縣縣城圖

乾隆年間香山縣縣城圖

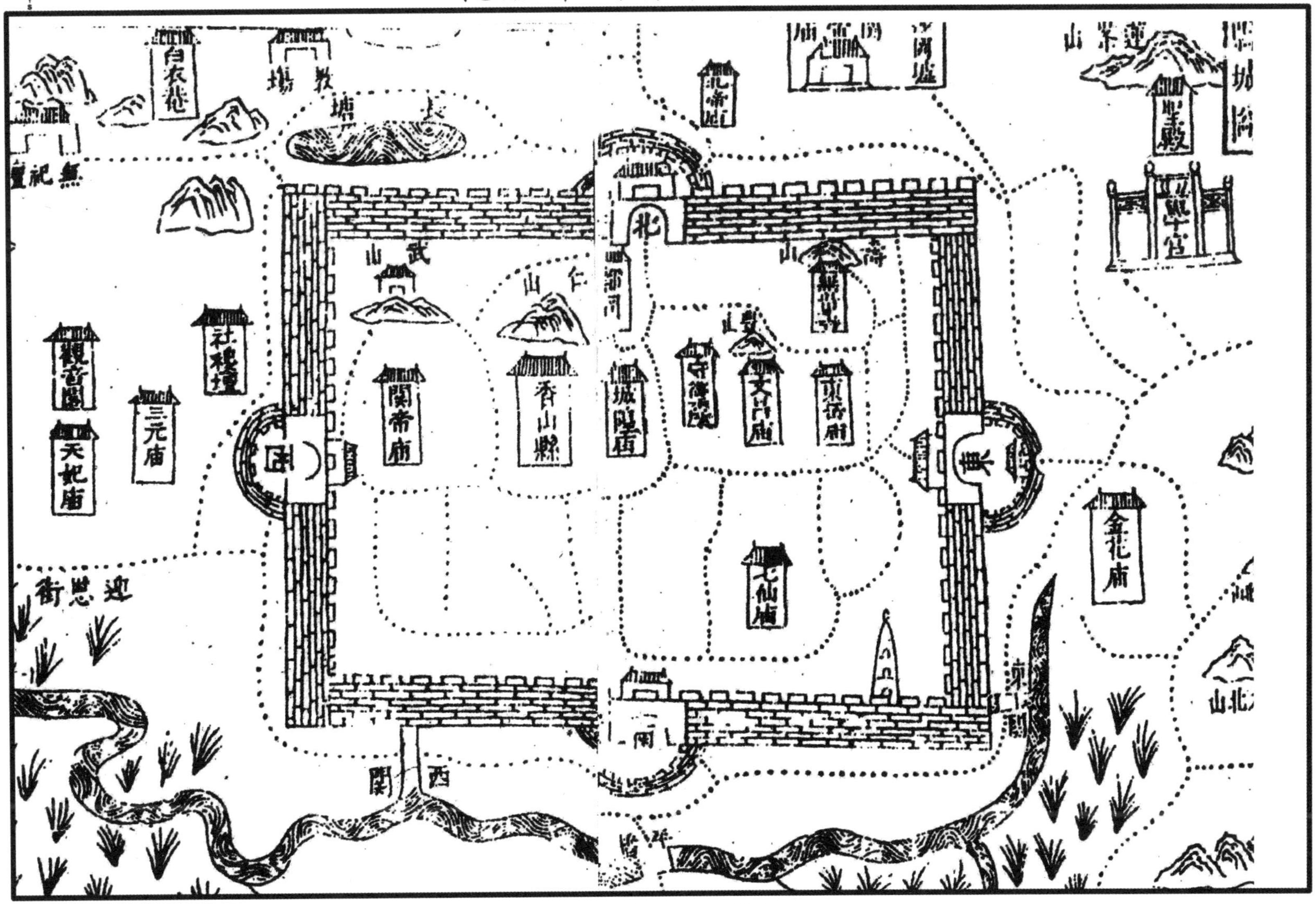

地圖來源：乾隆《香山縣志》

地圖（19）：乾隆年間香山縣縣城圖

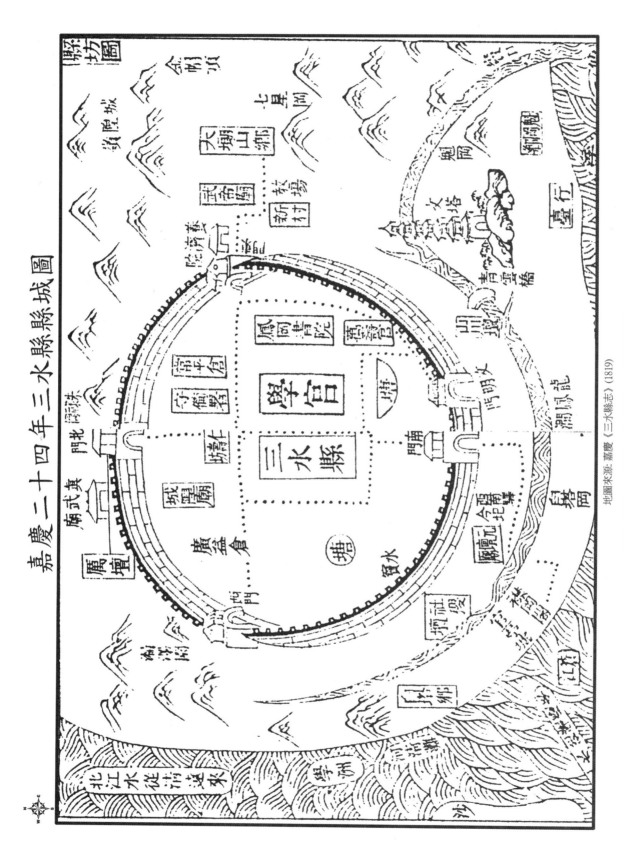

嘉慶二十四年三水縣縣城圖

地圖來源：嘉慶《三水縣志》(1819)

地圖（20）：嘉慶二十四年三水縣縣城圖

光緒十九年新寧縣縣城圖

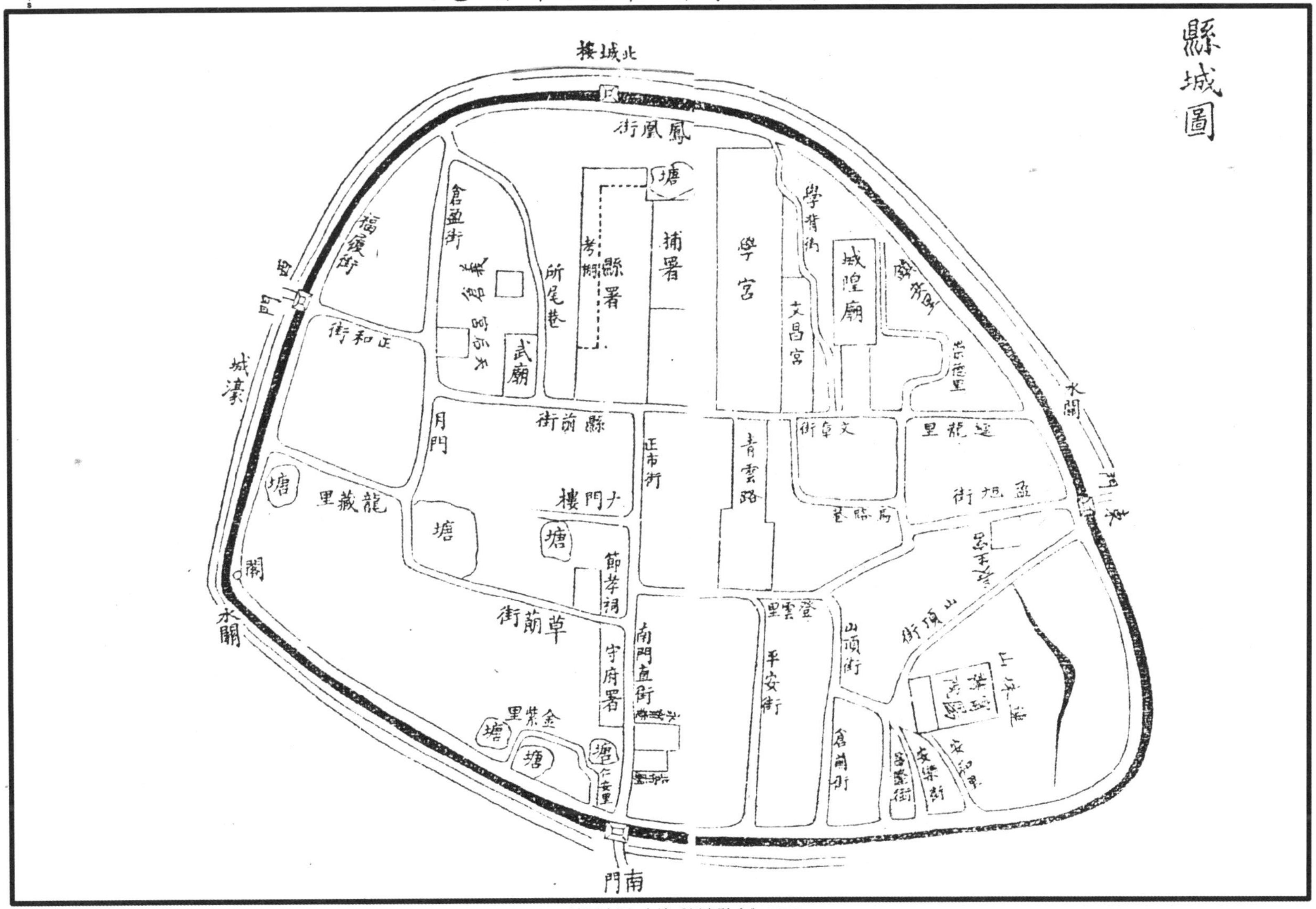

縣城圖

東門

水湖

山床連

學博行

城隍廟

文昌宮

學宮

北城橋

街貞承馮

捕署

新興縣博物所

縣署

所尾長

武廟

聖殿

天后宮

寶盈行

街和正

龍蔽里

福緩府

城漢

南門

水關

地圖來源: 光緒《新寧縣志》(1893)

地圖 (21): 光緒十九年新寧縣縣城圖

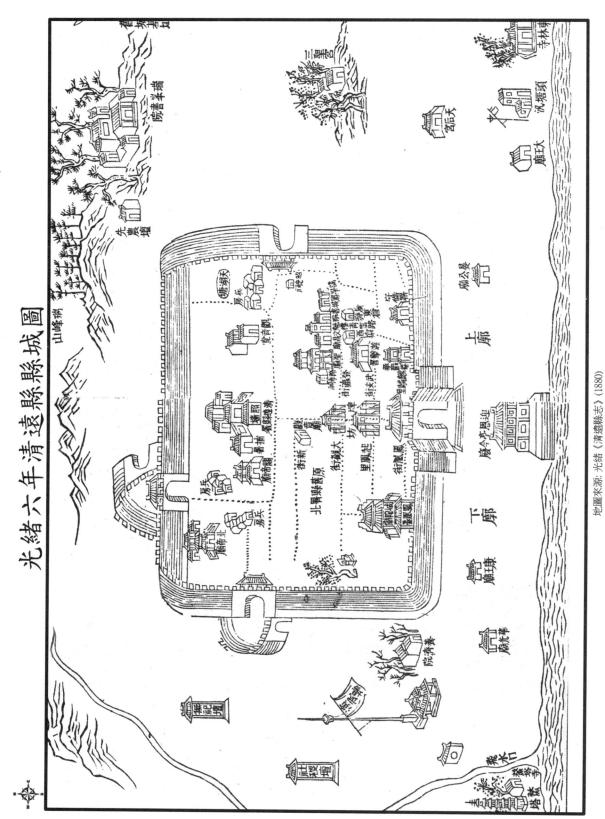

光緒六年清遠縣縣城圖

地圖來源:光緒《清遠縣志》(1880)

地圖(22):光緒六年清遠縣縣城圖

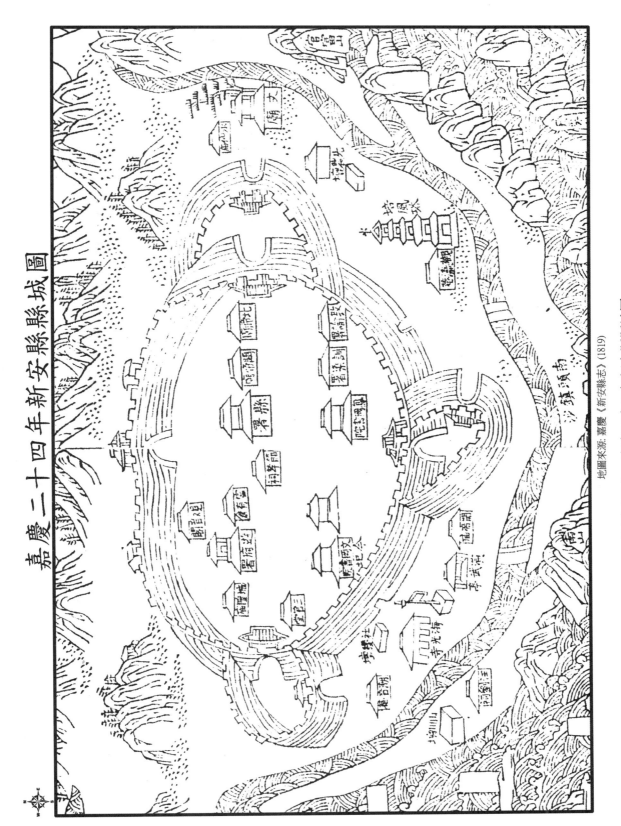

嘉慶二十四年新安縣縣城圖

地圖來源: 嘉慶《新安縣志》(1819)

地圖 (23) : 嘉慶二十四年新安縣縣城圖

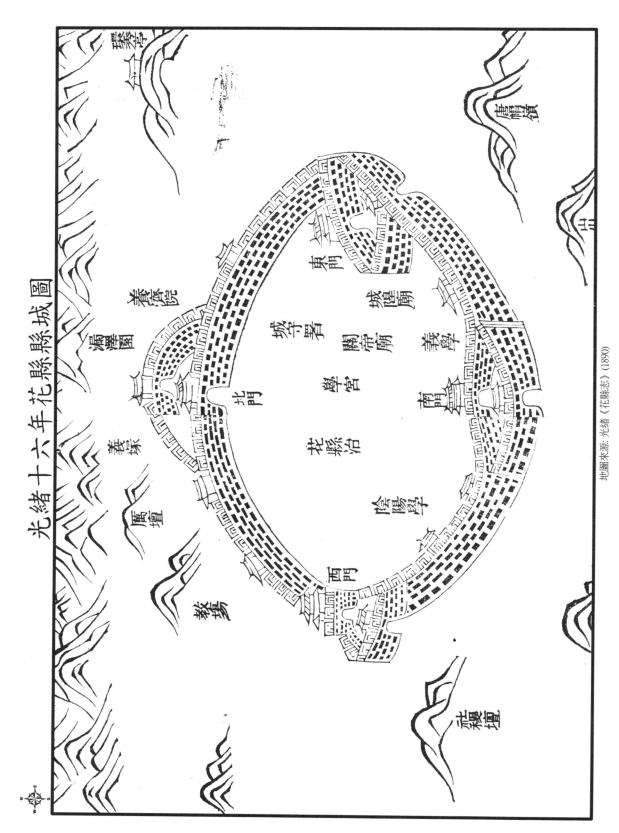

光緒十六年花縣縣城圖

地圖來源: 光緒《花縣志》(1890)

地圖（24）：光緒十六年花縣縣城圖

廟圖（1）：三元古廟（廟號3）

廟圖（2）：三元宮（廟號4）

廟圖（3）：三元宮三元寶殿

廟圖（4）：三元宮鮑姑神像

廟圖（5）：南崗村三清堂（已圮）（廟號7）

廟圖（6）：練溪村天后宮（廟號10）

廟圖（7）：勝洲村天后宮（廟號11）

廟圖（8）：五仙觀（廟號17）

廟圖（9）：五仙觀禁鐘樓（攝於1920年）

廟圖（10）：五仙觀碑廊

廟圖（11）：仁威廟（廟號18）

廟圖（12）：仁威廟北帝神像

廟圖（13）：茭塘東村文武廟（廟號19）

廟圖（14）：茭塘東村文武廟文昌、關帝神像

廟圖（15）：園夏村文帝古廟（廟號24）

廟圖（16）：塘頭村北帝古廟（廟號26）

廟圖（17）：滄頭村北帝古廟

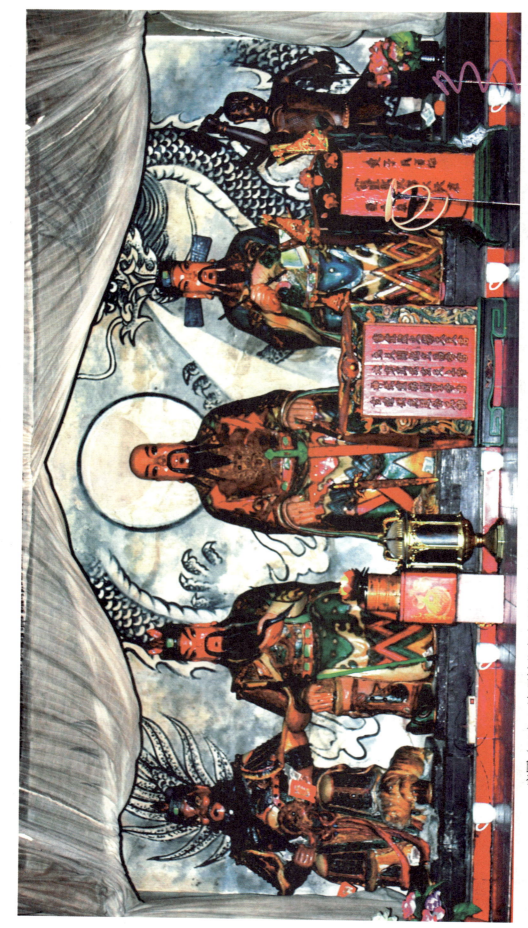

廟圖（18）：滄頭村北帝古廟神像，左起：趙公元帥、關聖帝君、玄天上帝、文昌帝君、雷霆欻火鄧大天君

廟圖（19）：塘口村北帝古廟（廟號28）

廟圖（20）：黃埔村北帝廟（廟號30）

廟圖（21）：筆村玄帝廟（廟號32）

廟圖（22）：筆村玄帝廟神像，左起：趙公元帥、康真君、玄天上帝、文昌帝君、華光大帝

廟圖（23）：小洲村玉虛宮（廟號33）

廟圖（24）：元貝村玉虛宮（廟號34）

廟圖（25）：元貝村玉虛宮北帝神像

廟圖（26）：楊箕村玉虛宮（廟號35）

廟圖（27）：楊笙村玉虛宮北帝神像

廟圖（28）：佛山祖廟（廟號38）

廟圖（29）：佛山祖廟南紫霄宮

廟圖（30）：佛山祖廟北帝神像

廟圖（31）：沙灣武帝古廟（廟號40）

廟圖（32）：沙灣武帝古廟關聖帝君

廟圖（33）：沙灣武帝古廟魁星像

廟圖（34）：沙灣武帝古廟"魁"字碑

廟圖（35）：官涌村官涌古廟（廟號43）

廟圖（36）：官涌村官涌古廟神像，左起：關聖帝君、華光大帝、文昌帝君

廟圖（37）：廣州城隍廟（廟號46）

廟圖（38）：廣州城隍神

廟圖（39）：小谷圍華光古廟華光神像（廟號48）

廟圖（40）：純陽觀（廟號52）

廟圖（41）：純陽觀純陽寶殿

廟圖（42）：純陽觀李明徹像

廟圖（43）：詵敦村康公主帥廟（廟號55）

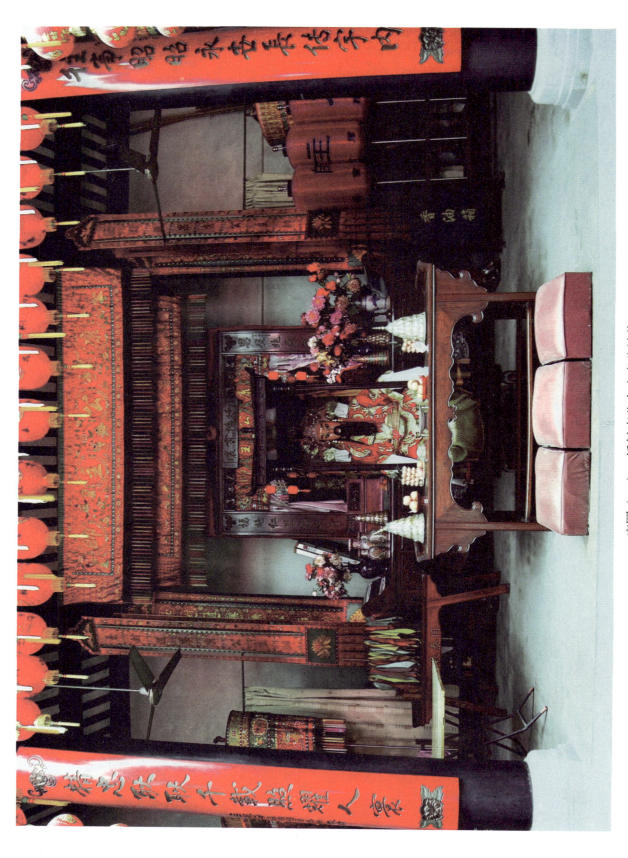

廟圖（44）：鍾村康公古廟康公神像

廟圖（45）：雲泉仙館贊化宮（廟號58）

廟圖（46）：雲泉仙館山門

廟圖（47）：雲泉仙館呂祖神像

廟圖（48）：鶴邊村醫靈古廟（廟號67）

廟圖（49）：靈蟬廟（廟號69）

廟圖（50）：靈蟠廟北帝神像

1534

廟圖（51）：桂洲真武廟真武神像（廟號74）

廟圖（52）：桂洲真武廟元帥神像

廟圖（53）：桂洲真武廟華光大帝神像

廟圖（54）：順德錦巖廟（廟號75）

廟圖（55）：茶山東嶽廟（廟號78）

廟圖（56）：茶山東嶽廟東嶽神像

廟圖（57）：增城小逕村北帝廟（廟號86）

廟圖（58）：中山東嶽廟廟門（廟號97）

廟圖（59）：中山東嶽廟東嶽大帝神像

廟圖（60）：中山東嶽廟元帥神像

廟圖（61）：三水胥江北帝廟（廟號101）

廟圖（62）：三水胥江北帝廟北帝神像

廟圖（63）：赤灣天后廟（廟號115）

廟圖（64）：赤灣天后廟天后神像

廟圖（65）：水口村康公廟（廟號120）

廟圖（66）：水口村康公廟康公神像

碑圖（1）：清乾隆三十年〈三元殿碑〉（碑2-1）

碑圖（2）：清道光二十四年〈重建三元古廟碑記〉（碑2-2）

碑圖（3）：清乾隆五十年〈重修三元古廟碑誌〉（碑3–1）

碑圖（4）：清道光二年〈重修三元古廟碑記〉（碑3-2）

碑圖（5）：清咸豐十一年〈復見三元古廟碑記〉（碑3-3）

碑圖（6）：清同治八年〈重修三元宮碑記〉（碑4-5）

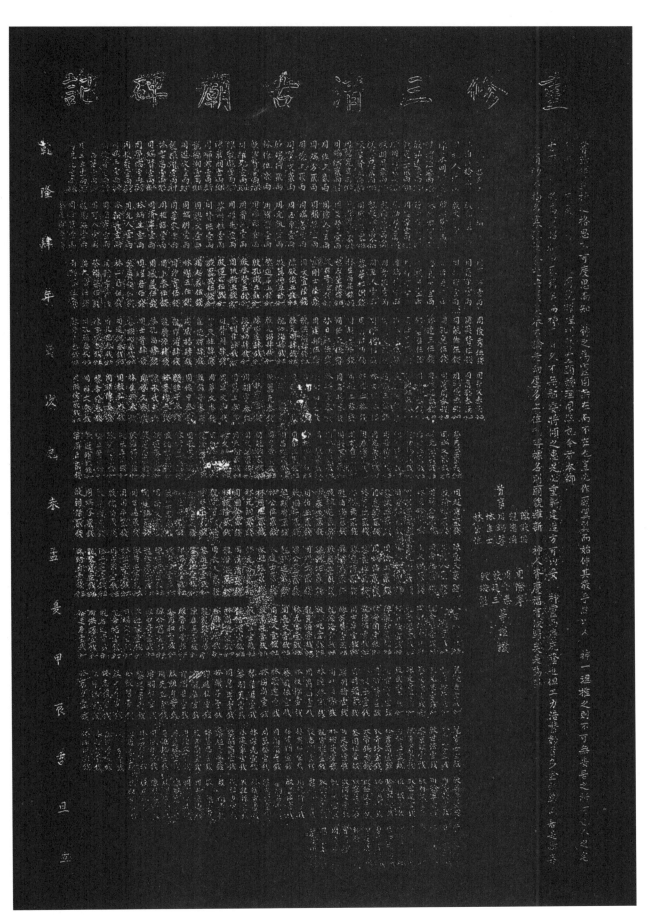

碑圖（7）：清乾隆四年〈重修三清古廟碑記〉（碑7-1）

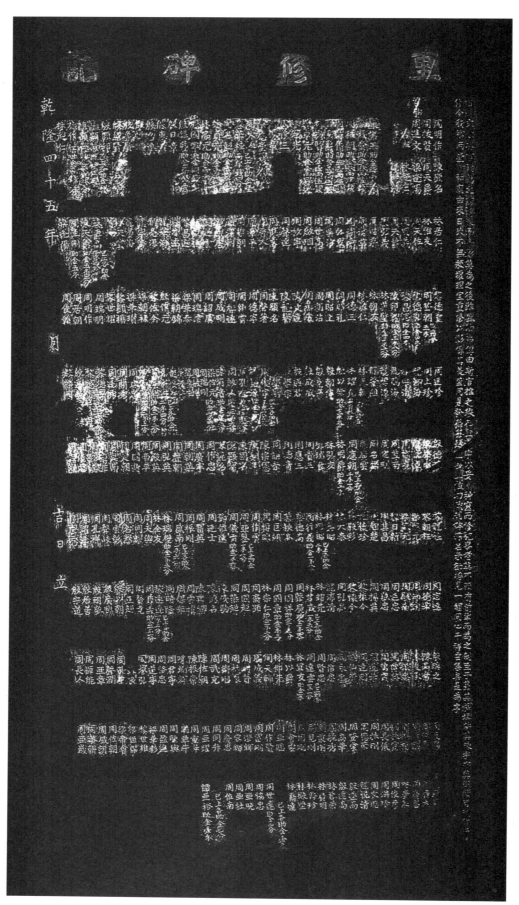

碑圖（8）：清乾隆四十五年〈重修三清古廟碑記〉（碑7–2）

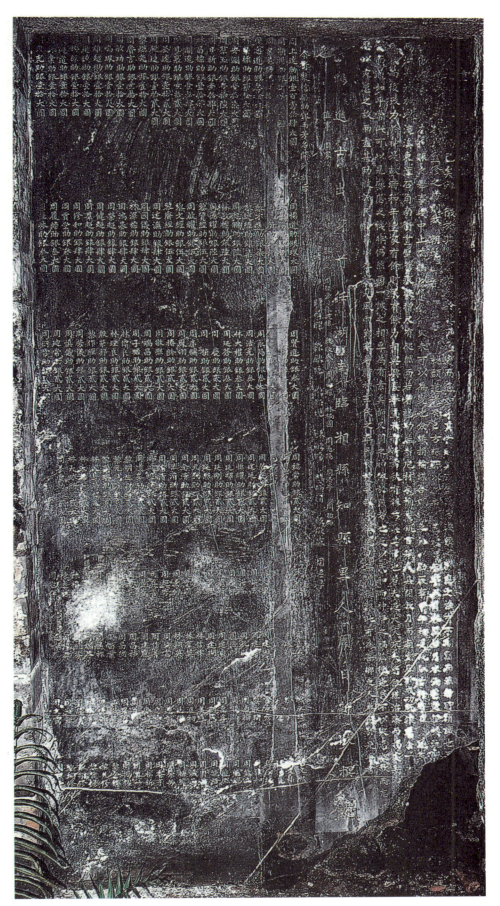

碑圖（9）：清道光十四年〈重修三清堂碑記〉（碑7-3）

碑圖（10）：清宣統二年〈重修天后宮碑記〉（碑10-1）

碑圖（11）：清同治四年〈改建天后文武二廟碑記〉（碑11-1）

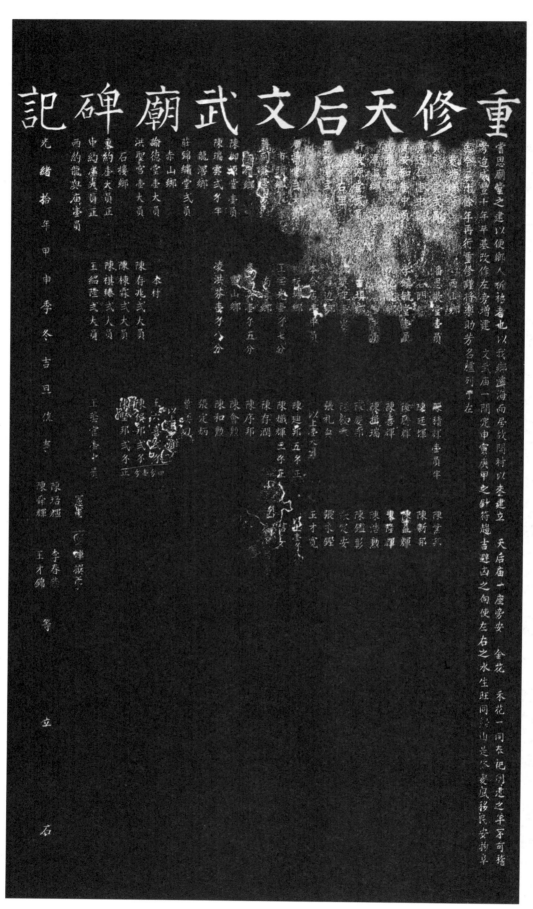

碑圖（12）：清光緒十年〈重修天后文武廟碑記〉（碑11-2）

碑圖（13）：宋元豐二年〈廣州重修天慶觀記〉（碑16-1）

廣州重修五仙祠記

碑圖（14）：宋政和四年〈廣州重修五仙祠記〉（碑17-1）

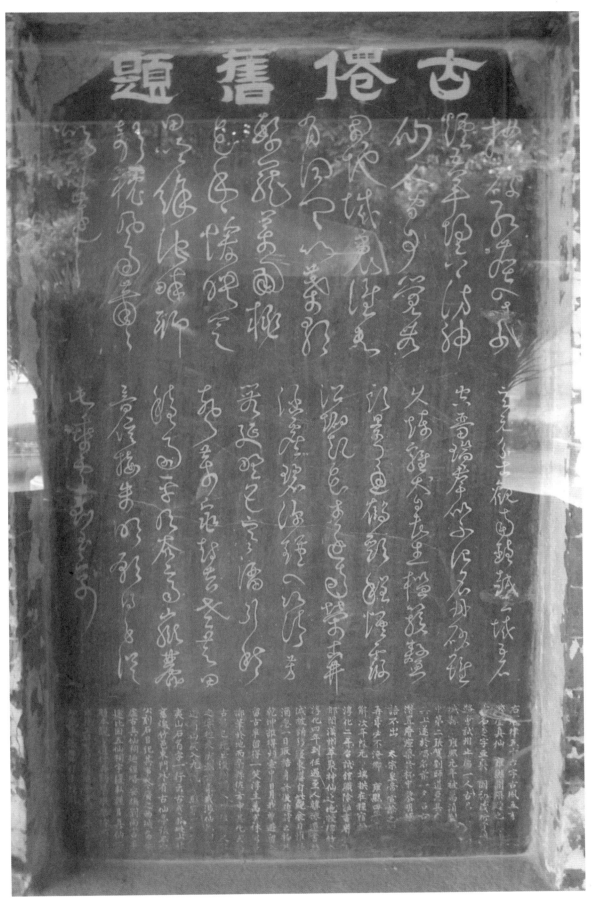

碑圖（15）：宋德祐間〈五僊觀古仙詩碑〉（碑17-2）

碑圖（16）：清嘉慶十七年〈重修南海五仙觀碑〉（碑17-8）

碑圖（17）：清道光二十五年〈重修五仙觀碑文〉（碑17-9）

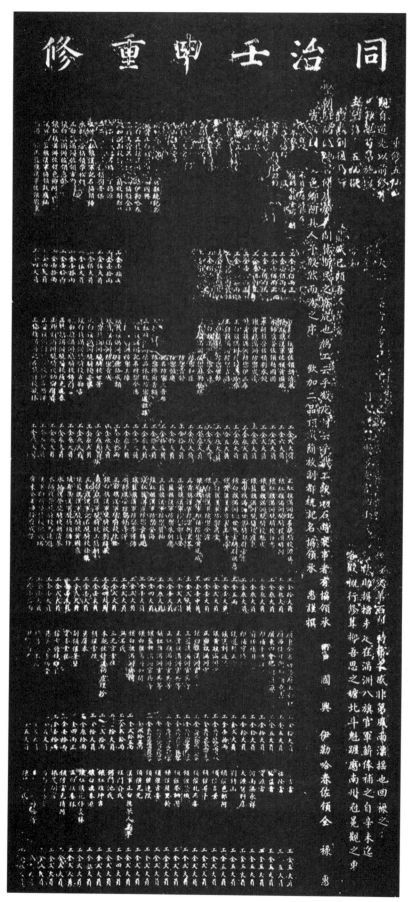

碑圖（18）：清同治十一年〈重修五仙觀碑記〉（碑17-10）

碑圖（19）：明天啟二年〈重修真武廟記〉（碑18-1）

碑圖（20）：清康熙十七年〈北帝廟香燈祭業碑〉（碑18-3）

碑圖（21）：清乾隆十三年〈重修仁威祖廟碑記〉（碑18-5）

重脩仁威古廟碑記

重脩仁威古廟碑記

廣州府城之西四里而近地為南海之平塘有廟以奉
真武之神鄉人而稱仁威廟者也其
擬建年月無可考而更脩則在有明天啟二年蓋廟之由來舊矣
國朝百餘年來香火不絕
而歲久漸圮邦人鳩工庀材葺而新之經始于乾隆庚子年七月以迄己巳年十一月告成蓋余
仁記余紫元式齋北方七宿北為水位故其神司水昔歲陽陽氏以水德帝少暤氏之子曰脩曰
熙相繼為玄宮故記稱帝顓頊其神元冥兩顓有功於民則祀之者也
真武之神蓋亦北
有功於洪枝隆以列宿之顓而司水者歟神帝顯於坤州之太和山起今奉祀遍天下而廣州
濱海為水鄉之神之靈散享於是里廣州之水皆自洋阿江而東注出鍾羊峽匯
北江湞洭諸水以入大洋而當昌而水溱郡係郡多破塘有魚稻菱芡之
陌大者沃連陂疇居人咸思福於神以不憂旱魃而水溱則多破次是之
利無咀如聖隆之苦似神之獨厚於吳鄉者宜鄉人之奉祀倍虔謀
也廟舊為屋三重秦神於正殿而西序以奉別神今擴築東序與西相接凡齋室三槵廟之
庀匪莫不平治蓋提梅被溝為蓋招土不阿旒之費計二萬有奇而遠近踴工者屋三千奢人
夫南海祝融之神載在祀典廟之脩除劂墾竿于十司而
神之廟則民資之有以記嫋於
之此以見水利之闗於民者甚難不特上之為民之祈福而民之有以
其誠也余牧樂鄉以記以諗後之將事無怠者乾隆五十年十一月朔聯珝林榮書

碑圖（22）：清乾隆五十年〈重修仁威古廟碑記〉（碑18-6）

1572

碑圖（23）：清同治六年〈重修仁威祖廟碑記〉（碑18–7）

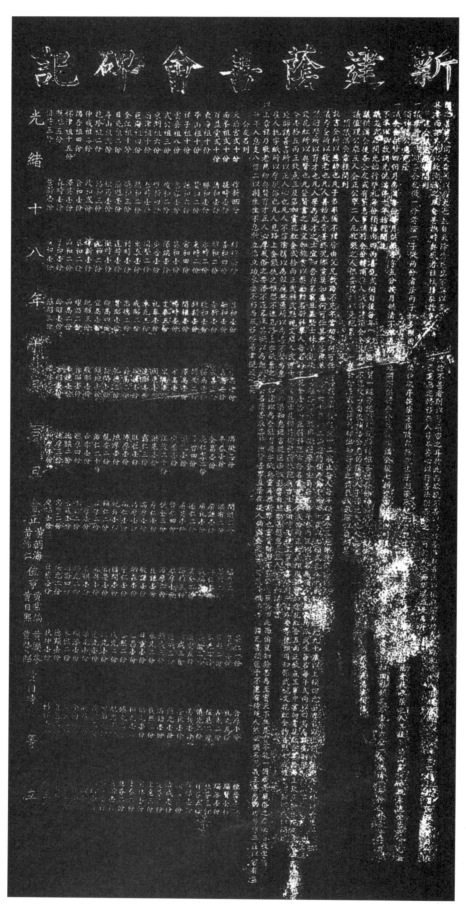

碑圖（24）：清光緒十八年〈新建蔭善會碑記〉（碑19-1）

重建文帝廟小引

嘗聞申生佩玦且通夢於新城子晉吹笙亦昇仙於緱嶺從可知神靈之昭著自古皆然烈我
文帝廟結數百年香火之緣者也時至今日棟折垣頹日虞傾陷使或委諸草莽任其摧殘何以妥
神靈而伸拜跪然而經費實繁籌辦匪易爰集闔鄉之老幼詢謀僉同更援外埠之泉刀資其補助多矽募寮聽其隨緣百百乘
千任其樂助想當年桑里安居屢感
文星之照堂今日
梓宮重建肯慳翰墨之濡將見鳥革落成共慶美奐美輪之耀而鳩工既屆先憑銀山銀海之來所有芳名簽題備勒於後

後學顏載宏仲瑜敬撰

乩批宅主顏建舉
乩批董理顏仲瑜
乩批郡理顏朝彥
謹將本鄉神會並各善信喜助工金芳名列

劉健廷
林滙高

樊日登
顏載宏
劉洋昭

顏成枝

林聯興
劉顯祥
顏俊升

老文昌會助銀叁拾大員
張陝文昌會助銀捌大員
新文昌會助銀拾大員
三界公會助銀壹拾大員
康公會助銀壹拾大員
天后公會助銀拾大員
壯志堂助銀五大員
松柏堂助銀叁大員
金花會助銀捌大員
洪福堂助銀四大員
祐福堂助銀四大員
本鄉簽題芳名列
東政會助銀六大員
顏建舉助銀六大員
顏仲瑜助銀五大員
劉仲助銀五大員
顏宏助銀五大員
樊宏助銀五大員
劉顯祥助銀五大員
林聯輝助銀四大員

顏朝彥助銀五大員
劉悅隆助銀拾大員
林滙高助銀拾大員
劉焕技助銀陸大員
顏俊成助銀重大員
顏煥標助銀重大員
顏祖彥助銀拾大員
顏厚光助銀陸大員
顏溫氏助銀拾大員
顏朝光助銀六大員
顏慶祺助銀五大員
顏錫珍助銀五大員
劉宏珍助銀五大員
劉廣源助銀五大員
顏東陽助銀五大員
劉洋成助銀五大員

顏偉雲助銀四大員
顏朝登助銀五大員
陸國銘助銀五大員
龐培堅助銀四大員
顏士鴻助銀四大員
顏士衛助銀四大員
顏詠慶助銀四大員
顏頌吟助銀四大員
顏廷琇助銀四大員
顏慶嗜助銀四大員
顏慶祺助銀貳大員
顏善培助銀四大員
劉俊宏助銀五大員
劉准廣助銀貳大員
顏朝欣助銀貳大員
顏朝祺助銀貳大員

劉統勳助銀貳大員
劉厚華助銀貳大員
劉實華助銀貳大員
劉春華助銀貳大員
劉齊國助銀貳大員
劉橋國助銀貳大員
劉可釋助銀貳大員
劉寶傳助銀貳大員
顏祥思助銀貳大員
顏錫興助銀貳大員
林榮堂助銀貳大員
劉間安助銀貳大員
劉福安助銀貳大員
林鳥助銀貳大員

顏載宏助銀貳大員
劉洋昭助銀貳大員
顏成枝助銀貳大員

林聯興助銀貳大員
劉顯祥助銀貳大員
顏俊升助銀貳大員

林展泰助銀貳大員
顏福成助銀貳大員
林茂勳助銀貳大員
林滋源助銀貳大員
顏錦榮助銀貳大員
顏間安助銀貳大員
林存安助銀貳大員
顏廣安助銀貳大員
劉錫興助銀貳大員

顏朝佐助銀貳大員
顏敬宜助銀貳大員
顏溢昇助銀貳大員
顏玉珍助銀貳大員
顏懷興助銀貳大員
劉寵光助銀貳大員
顏耀光助銀貳大員
林放泰助銀貳大員
劉洋福助銀貳大員
劉戀光助銀貳大員
顏朝振助銀貳大員
劉大坤助銀貳大員
顏昭光助銀貳大員

顏垣培助銀貳大員
顏廟傳助銀貳大員
林廟約助銀貳大員
劉時光助銀貳大員
林智福助銀貳大員
劉存光助銀貳大員

顏藻華助銀貳大員
顏周氏助銀貳大員
顏英昌助銀貳大員
劉改陽助銀貳大員
顏月沂助銀貳大員
劉戴光助銀貳大員
劉翰光助銀貳大員
顏名光助銀貳大員
劉錫勳助銀貳大員
顏燦傳助銀貳大員
林壁垣助銀貳大員
劉焊祥助銀貳大員

劉樹技助銀大員
顏茂光助銀大員
劉名平助銀大員
林其沂助銀大員
顏鏡池助銀大員
劉戴沂助銀大員

林展春助銀貳大員

顏朝佐助銀貳大員

顏朝彥
劉悅隆

碑圖（25）：清光緒三十年〈重建文帝廟碑記〉（碑24-1）

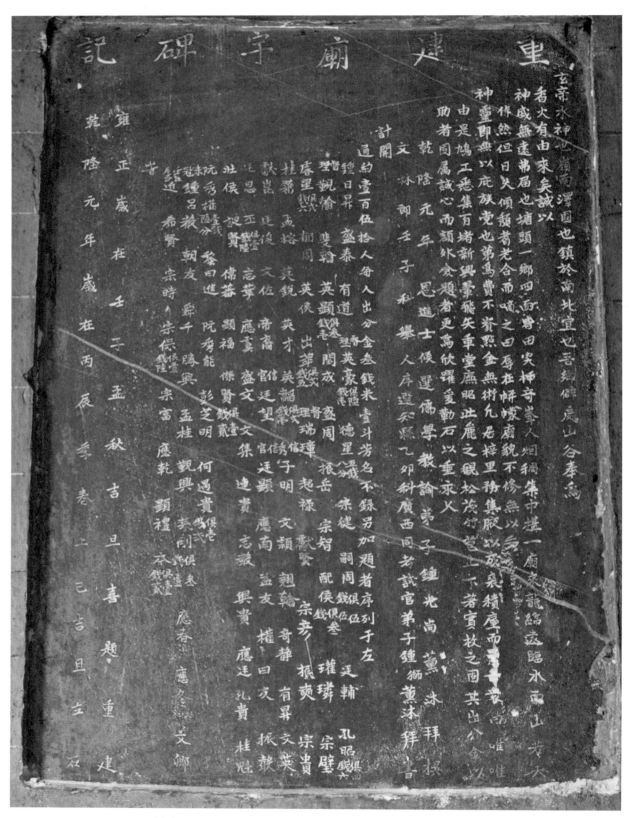

碑圖（26）：清乾隆元年〈重建廟宇碑記〉（碑26-1）

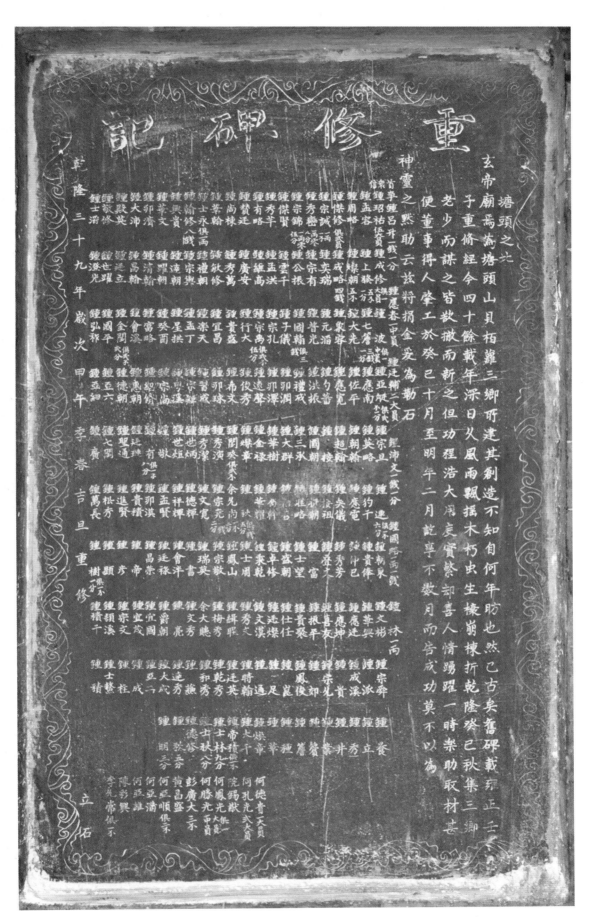

碑圖（27）：清乾隆三十九年〈重修北帝廟碑記〉（碑26-2）

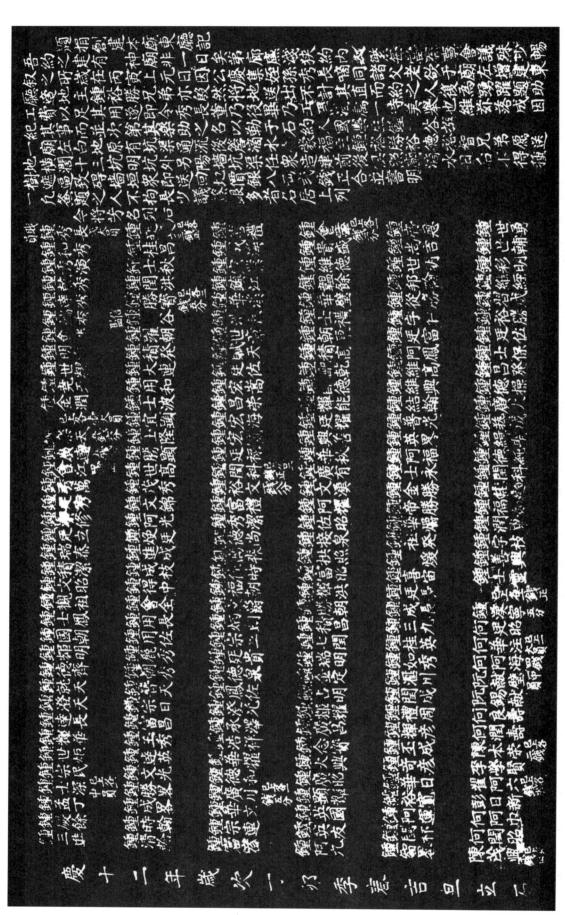

碑圖（28）：清嘉慶十二年〈題捐創建本廟東廳記〉（碑26-3）

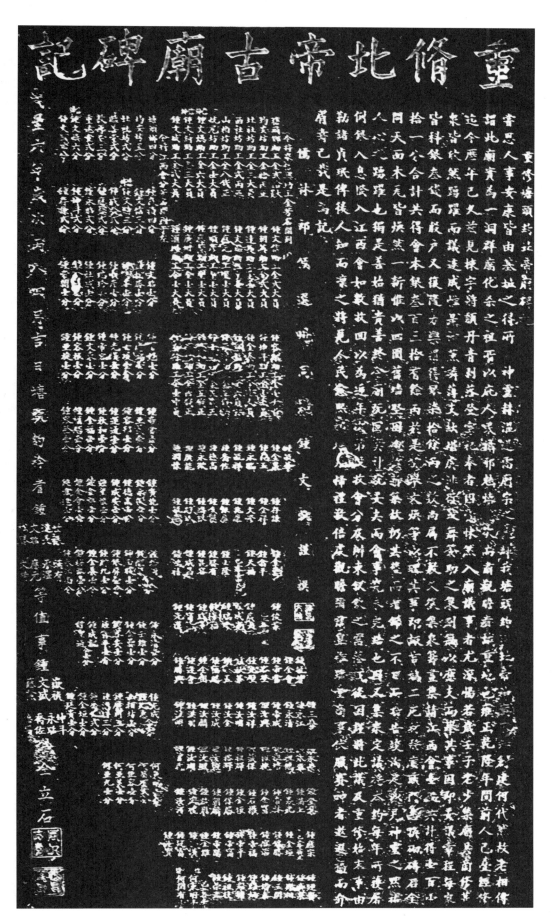

碑圖（29）：清咸豐六年〈重修北帝古廟碑記〉（碑26-4）

碑圖（30）：清乾隆六十年〈重修北帝古廟碑記〉（碑27-1）

碑圖（31）：清乾隆五十五年〈重修北帝古廟碑記〉（碑28-1）

碑圖（32）：清嘉慶十一年〈重修北帝古廟碑〉（碑28-2）

碑圖（33）：清道光十二年〈重修北帝古廟碑記〉（碑28-3）

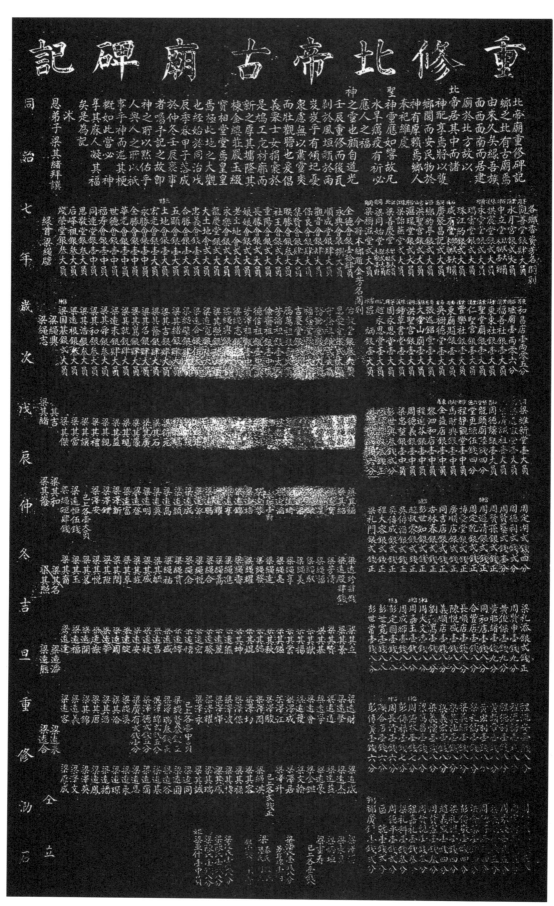

碑圖（34）：清同治七年〈重修北帝古廟碑記〉（碑28-4）

碑圖（35）：清光緒二十四年〈塘口北帝廟重修碑記〉（碑28-5）

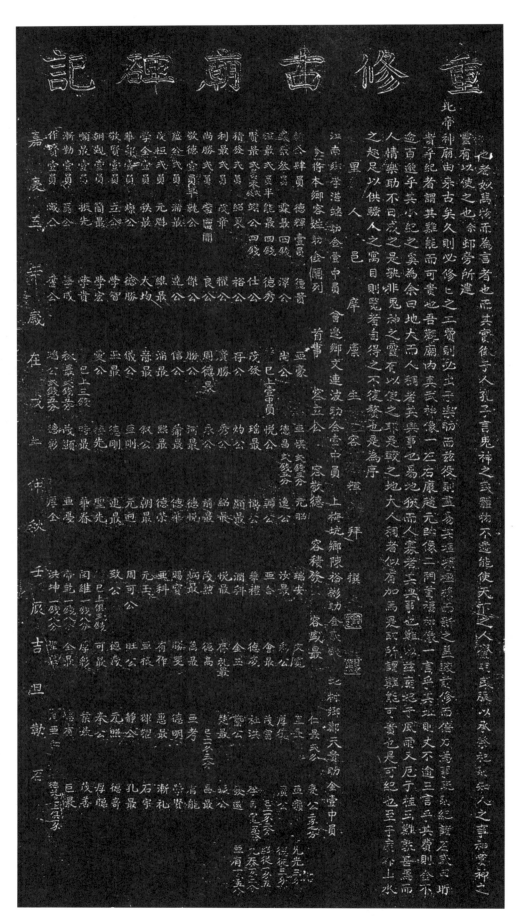

碑圖（36）：清嘉慶三年〈重修古廟碑記〉（碑29-1）

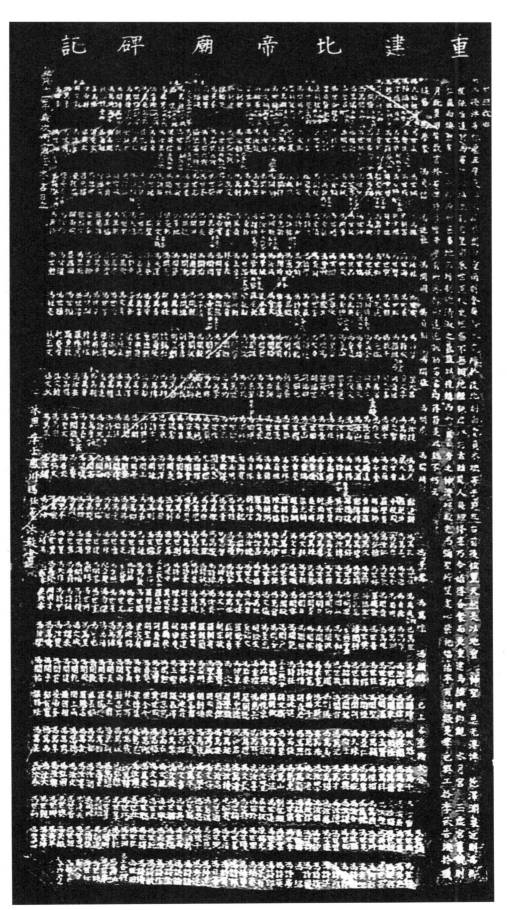

碑圖（37）：清乾隆十一年〈重建北帝廟碑記〉（碑30-1）

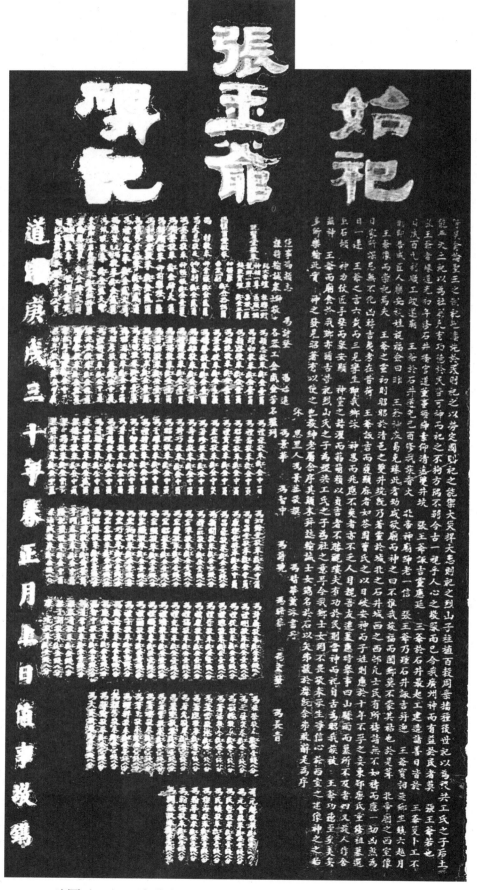

碑圖（38）：清道光三十年〈始祀張王爺碑記〉（碑30-3）

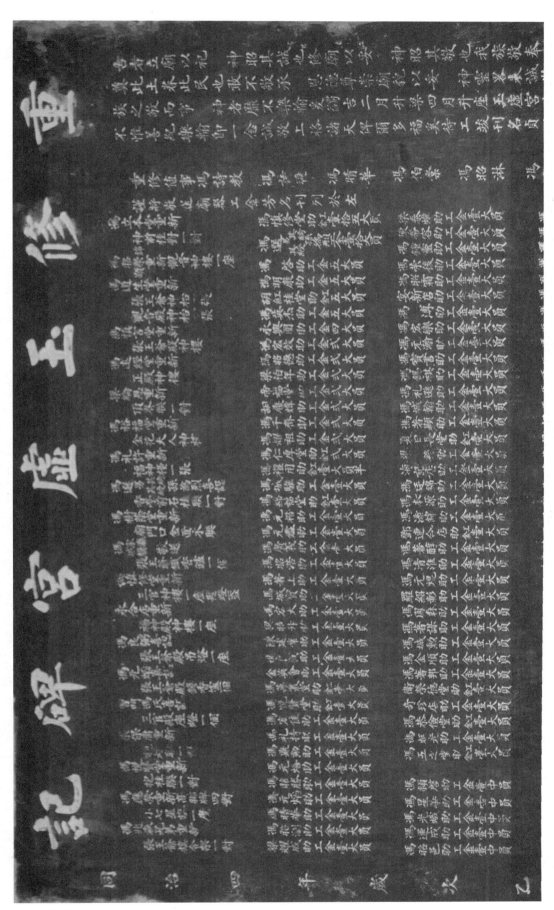

碑圖（39）：清同治四年〈重修玉虛宮碑記〉（碑30-4）

重建　玉虛宮碑記

林　　　郎　　揀選　　知

蓋聞祀典有曰有功德於民者則祀能禦大災則祀能捍大患則祀

北方真武元天上帝乃太陰始㫰生之神攝躡龜蛇鎮臨坎位上應虛

能道前烈者録之以垂悠久初廟之剏建在於宋而族始祖亦自安

閭里頓為增華僉曰伊神之賜用相勸我馮家由是歲時祈年重

逓陳顯良等豎旗新造墟蹀躕鄉邑嘗率眾竄鳳浦是日晴霽忽於

觀音大士再左則為

張玉爺神殿景響昭答皆宜廟食百世且夫德威廣博維神所以錫福

神及也於是族紳四品銜前任福建惠安場鹽大使補用知縣馮

加工填築齋厨向無定所則購旁地以補之神像神案各視其力

猷哉斯禮宜大書深刻壽諸貞珉第煥章學殖荒落昌足贍茲鉅

始蕭廟之當業在北步前沙田圍田毋使積欠侵蝕廟食斯長況

有又也後之詣廟者尚其共鑑乎斯文

值事　　馮選　　馮煥章　　馮良弼

碑圖（40）：清光緒十七年〈重建玉虛宮碑〉（碑30-5）

1590

碑圖（41）：明嘉靖十八年〈蒲盧園陂圍碑記〉（碑32–1）

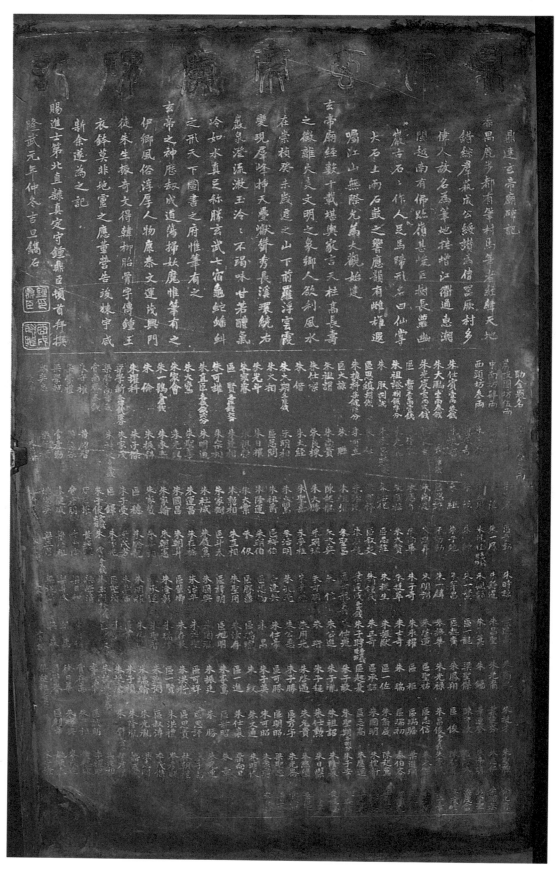

碑圖（42）：南明隆武元年〈鼎建玄帝廟碑記〉（碑32-2）

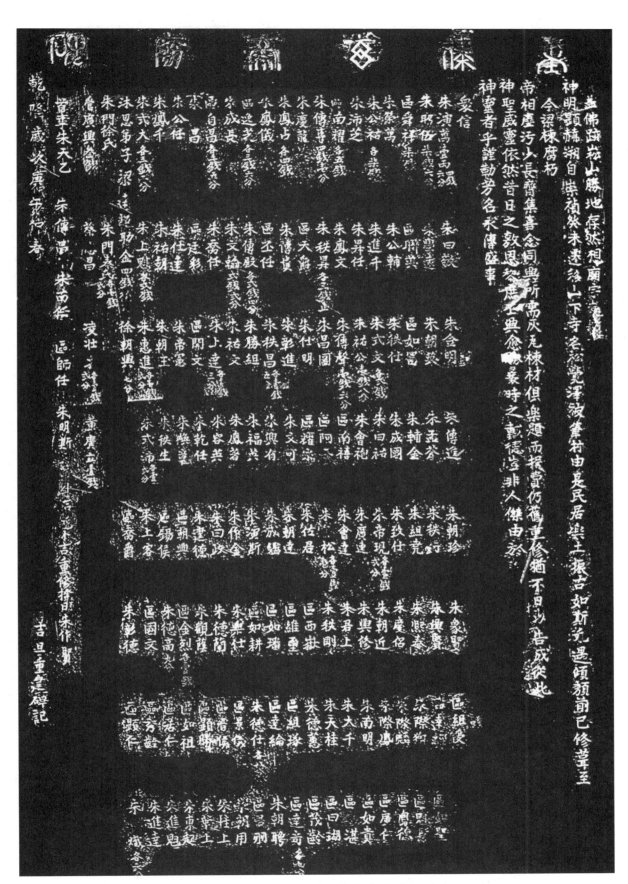

碑圖（43）：清乾隆十五年〈重修玄帝廟碑〉（碑32-3）

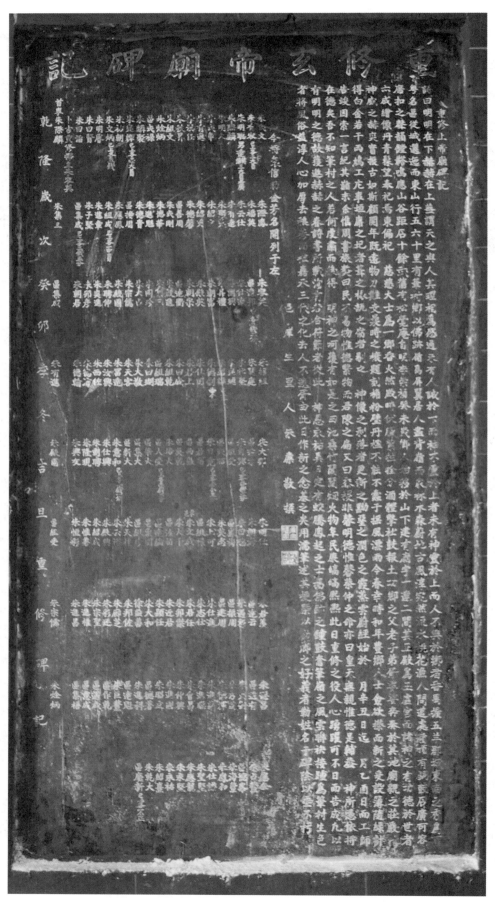

碑圖（44）：清乾隆四十八年〈重修玄帝廟碑記〉（碑32-4）

碑圖（45）：清道光十二年〈番禺縣正堂訊斷繪註蒲蘆園陂圍各圳水道圖形〉（碑32–5）

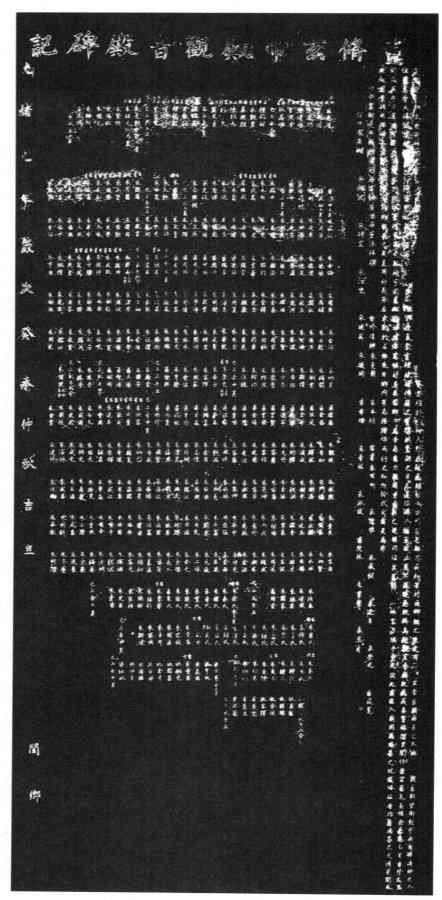

碑圖（46）：清光緒九年〈重修玄帝殿觀音殿碑記〉（碑32-7）

碑圖（47）：清乾隆二十三年〈重修本廟碑記〉（碑33－1）

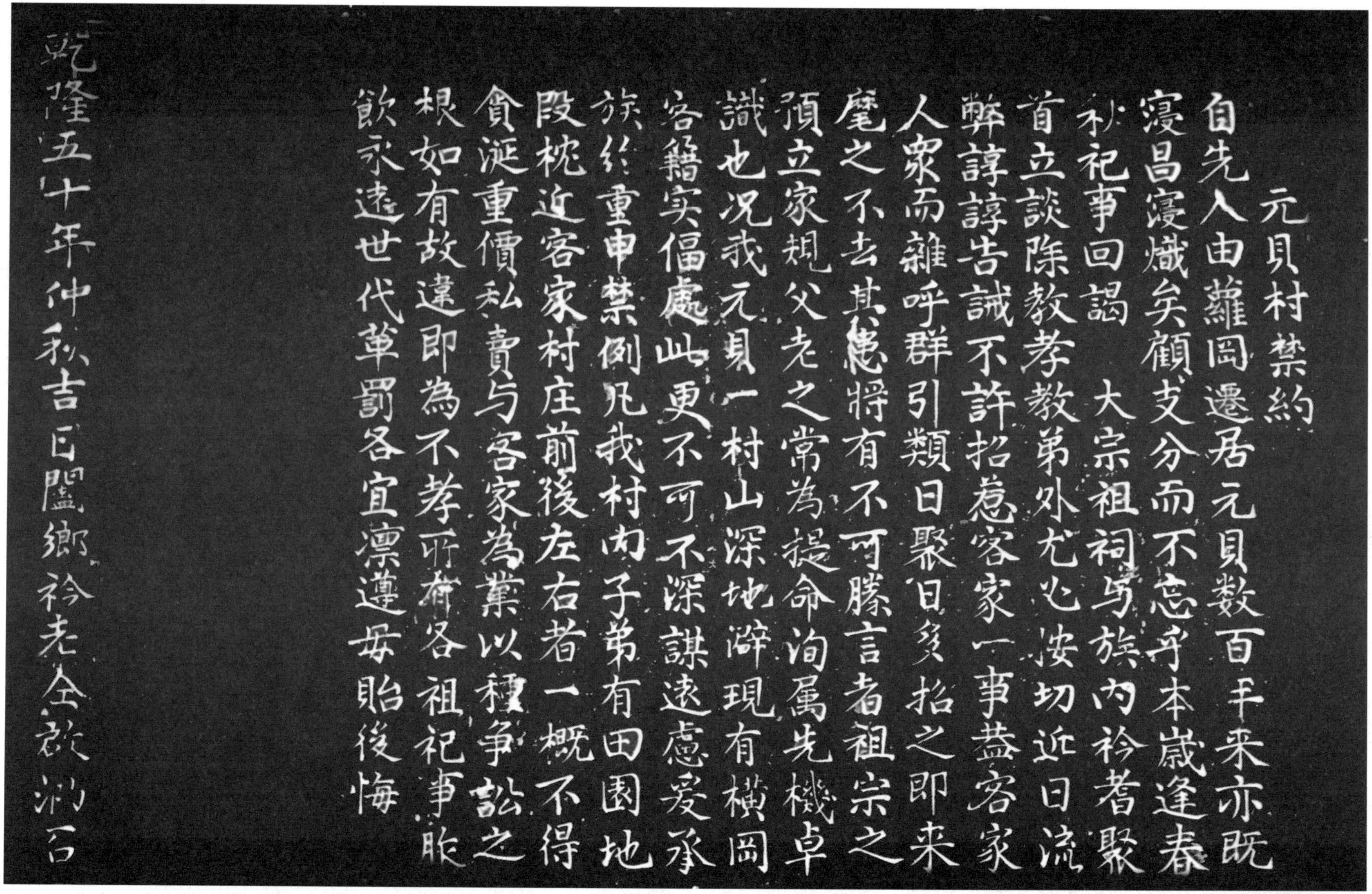
元貝村禁約
自先人由蘿岡遷居元貝數百年來亦既
寖昌寖熾矣顧支分而不忘本歲逢春
秋祀事回謁　大宗祖祠与族內衿耆聚
首立談除教孝教弟外尤必諄切近日流
弊諄諄告誡不許招惹客家一事蓋客家
人眾而雜呼群引類日聚日多招之即來
麾之不去其患將有不可勝言者祖宗之
預立家規父老之常為提命詢屬先機卓
識也況我元貝一村山深地僻現有橫岡
客籍實偪處此更不可不深謀遠慮爰承
族衿重申禁例凡我村內子弟有田園地
段梘近客家村庄前後左右者一概不得
貪涎重價私賣与客家為業以釀爭訟之
根如有故違即為不孝所有各祖祀事胙
飲永遠世代革罰各宜凜遵毋貽後悔
乾隆五十年仲秋吉日闔鄉衿老仝啟泐石

碑圖（48）：清乾隆五十年〈元貝村禁約〉（碑34–1）

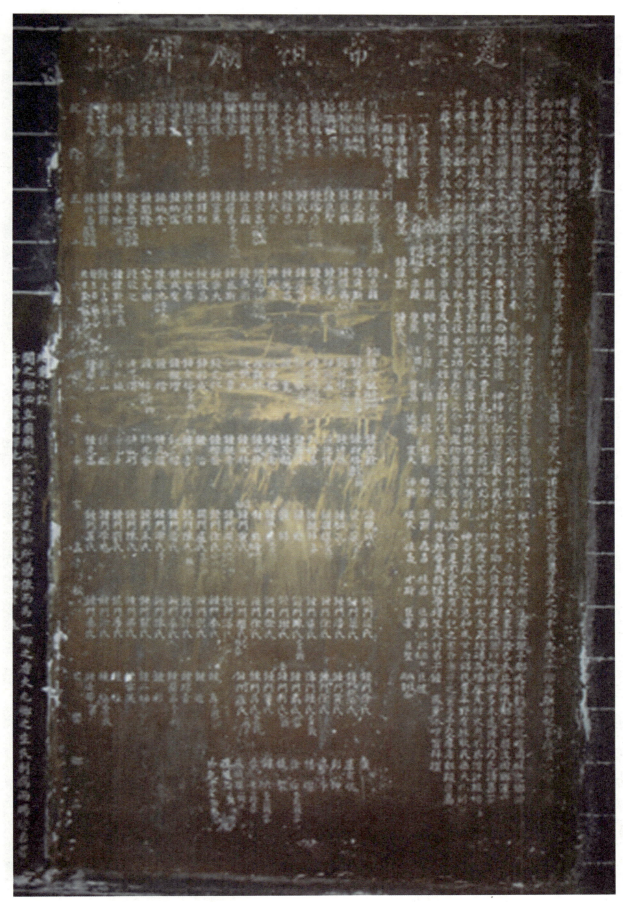

碑圖（49）：清乾隆五十六年〈重建上帝祖廟碑記〉（碑34-2）

廟小記

聞之鄉必立廟以祀神蓋神所憑依而為一鄉之香火凡鄉之生民利病雨暘燠寒若眉
于神是賴然則擇地以建廟詎不重哉吾鄉崇奉
上帝神數百年矣然廟無定所既屢乏在本圍而廷于鄉右之松林維乆廷于
祖祠之側去歲復廷于鄉之上乎田心垣塲成父後以碍山坆不果人心洶洶僉同人之所不
安即神之所不安也盡卜馬以逆決議于是禱于神杯得鄉外下乎庫位南向辰心欣躍各捐
金以助經始于今歲孟春迄四月而工告峻爰奉
上帝而居馬繼之香煙與吾鄉同其悠乆不宜辜幸乎余故喜而記之並樂助之人鐫諸石
食其福將以五氣或庚神調燮之雨暘不時神節宣之神慶那居人安樂業神揚其休人
恩弟子國學鍾騰蛟謹識

一事首芳名開列

監信 監信
信監士助金芳名開列 鍾震天 鍾騰蛟

一外客題金芳名開列

鍾賞萬助工金貳大元正
鍾震天助工金壹中元正
鍾順天助工金貳大元正
鍾兆昌助工金貳大元正
鍾英博助工金貳大元正
鍾騰蛟助工金貳大元正
鍾成章助工金壹兩正
鍾凌萬助工金壹大元正
鍾喬萬助金壹兩五錢壹銭正

鍾喬萬

鍾大鈞助工金壹兩正
鍾巨德助工金壹大正
鍾阿登助工金壹大正
鍾植昌助工金壹中元
鍾巨聖助工金壹大元
鍾三多助工金壹中元
鍾臣顯助工金壹中元
鍾貫萬助工金壹中元
鍾成萬助工金壹中元

鍾錦斯
鍾成達
鍾怡記
鍾德懷
鍾奕昌
鍾汝剛
鍾瑞昌
鍾汝明 已上壹中元

教送香案壹副
信士 鍾瑞翔偕姪 監信 鍾梓等

鍾明山
鍾維學
鍾餘海
鍾美超
鍾冬成
鍾華周 已上助金壹中元

鍾肇冲
鍾量斯
鍾應昌
鍾雲光
鍾汝洋 已上助金貳中元
鍾秩昌

梁國浩助工金壹中元
陳貴容助工金叁大正
何潤壽助工金貳大正

嘉慶拾八年歲次癸酉孟夏吉日 值事人 鍾騰蛟
鍾震天 全立

鄭積泰助工金壹大元
黃享畏助工金壹中元
嚴滙昆助工金壹中元
鍾喬萬

碑圖（50）：清嘉慶十八年〈重建元貝鄉上帝爺廟碑記〉（碑34-3）

嚴禁風水樹條例

本村下手一帶樹木乃先人遺下·通鄉風水樹也雖有人家之樹

亦不得自行砍伐向來有例嚴禁無人敢犯弟日久漸寬人心不

肯無知之革竟向林中砍伐而不知有壞風水也兹闔鄉老少

咸不得不深謀遠慮重申例嚴自后凡我村因之人無論男女

有一柴氣濕樹枝不許入林私拾私砍如有故犯被獲有賍罰

倘太圓諸廟尚不依例遺罰鳴眾聯名票究決不寬恕使費

柴人支理義眾手看守銀貳大匱歸之眾逞字以作齎眾之費重

夫不得自看自砍如有故遠經鄉人臺理於眾有眾加倍處

罰倘別人私拾私砍更夫亦不瞞包庇隱瞞託為不知日後容出

仍加倍處罰歸廟各宜自重毋貼後悔可之

道光 十八 年秋， 月吉 日闔鄉童由·公禁·

碑圖（51）：清道光十八年〈嚴禁風水樹條例〉（碑34-4）

碑圖（52）：清道光二十七年〈重建玉虛宮添建文武殿碑記〉（碑34-5）

碑圖（53）：清康熙六十年〈重建玄帝古廟碑記〉（碑35-1）

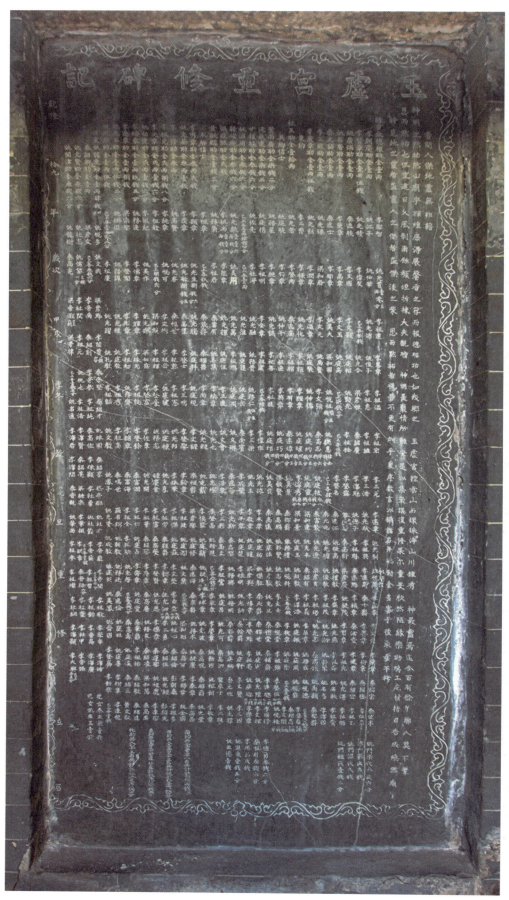

碑圖（54）：清乾隆十九年〈玉虛宮重修碑記〉（碑35-2）

碑圖（55）：清嘉慶四年〈重修北帝廟碑記〉（碑35–3）

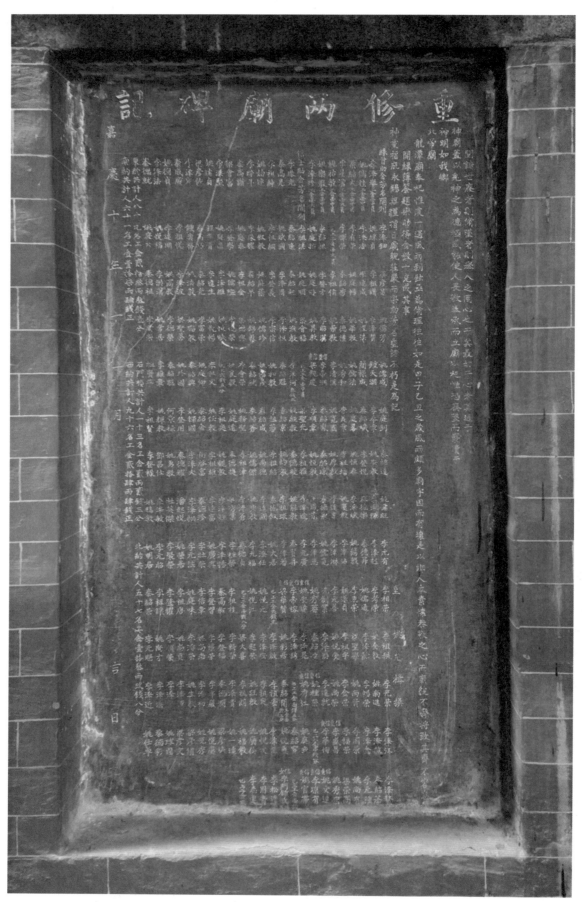

碑圖（56）：清嘉慶十年〈重修兩廟碑記〉（碑35-4）

碑圖（57）：清道光二十三年〈重建玉虛宮碑記〉（碑35-5）

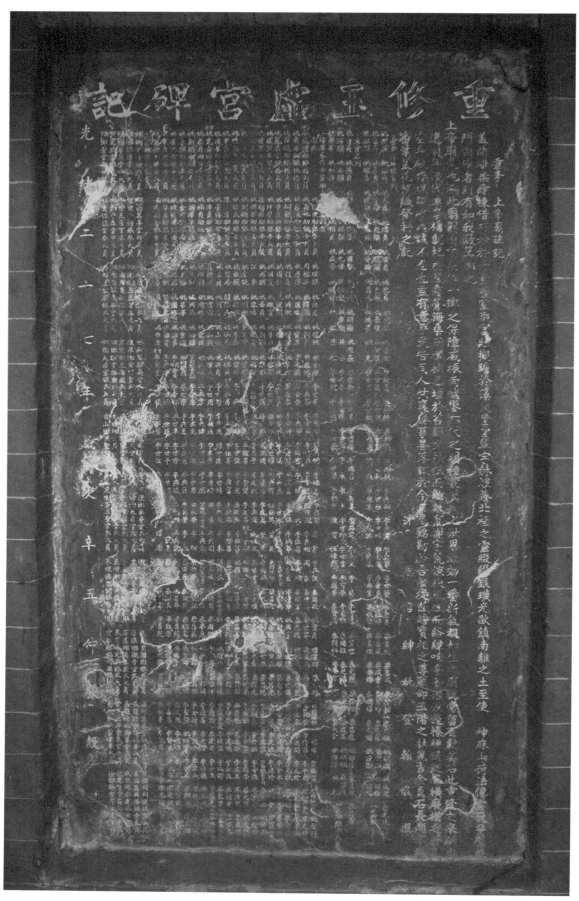

碑圖（58）：清光緒二十七年〈重修玉虛宮碑記〉（碑35－6）

碑圖（59）：明正統三年〈重修慶真堂記〉（碑38-2）

靈應祠
佛山真武祖廟靈應記
朝列大夫廣東等處承宣布政使司左參議前翰林院五經博士會稽陳贄譔
奉政大夫前河南按察司僉事五羊趙純篆額
奉訓大夫廣西賓州知州南海鍾順書丹
南海縣佛山堡東距廣城僅六十里民廬櫛比屋瓦鱗次幾三千餘家習俗淳厚士修學業農勤耕稼工擅鑪冶之巧四遠商販恒輻
輳焉境内祠廟叢處有所謂祖廟者奉
北極真武玄天上帝塑像及觀音龍樹諸像因歷歲久遠故鄉人以祖廟稱之水旱災沴有所祈禳風著靈響一鄉之人奉之惟謹
大明正統十四年己巳秋海賊黄蕭養初以行刧禁錮越獄亡命有司緩於追捕遂糾合惡黨剽掠村落虜貲貨焚廬舍迫脅兵民從之
為逆弗從輒殺聚眾烏合之衆以數萬計舟艦塞川攻圍廣城而南海番禺諸村堡多有從為逆者聲言欲攻佛山佛山父老赴祖廟
叩之於
神以卜来否神謂賊必来宜蚤為備於是耆民聚其鄉人子弟自相團結選壯勇治器械濬築濠塹竪木柵周十許里沿柵設鋪凡三
十有五每鋪立長一人統三百餘衆刑牲歃血誓于神前曰苟有臨敵退縮懷二心者神必殛之衆皆以忠義自許莫不慷慨思奮居
無何賊果率舟數百艘至而其鄰比村堡之從逆者皆視佛山為奇貨破之則大有所虜獲以充其欲是以四面環而攻之者晝夜弗
休每當戰父老必禱於神許之出戰則戰必勝大有斬獲不許則嚴兵防守不敢輕出賊夜遥見柵外列兵甚盛有海鳥千百為羣飛
噪賊舟上又見飛蚊結陣自廟間出飄曳空中若旗幟形賊屢攻而屢敗之獲賊首級千數百計賊又造雲梯臨柵阻於濠塹不能前
却衆擲火炬焚之賊計窮無如之何遂退兵二里許艤舟為營意將久駐伺柵内食盡人憊不攻自破矣然佛山大家巨室藏蓄頗厚
各出粮餉資給人皆飽食無虞賊中有自恃勇悍趫捷之向柵護罵者柵内火鎗一發中之即斃凡若此者鄉人皆以為神之助也賊
雖不復敢攻而相持累月弗退景泰改元四月十一日黄蕭養被擒戮于廣賊聞之一夕散去蓋佛山為廣城上游是為聲援佛山失
守則廣城愈危其所關係豈細故哉賊平後余與憲僉淮陽宮公安同出諸處村落招撫民之避寇流散者俾還復業因過佛山見其
壕塹木柵與凡戰艦俱完然在召其父老而奨勞之父老述神明靈應事甚詳悉子與宮公往謁祠下再拜瞻仰嗟歎久之諸父老請
余為文記其事以示来世余歸而言於方伯揭公既而公以佛山耆民能保護境土及真武靈應蹟聞于
朝今
命下寵寔而父老復詣余請記甚勤義不可拒因曰
真武玄天上帝昔我
太宗文皇帝崇奉極其隆重營建武當宮觀至今選
廷臣往彼護視啓閉而普天之下士庶之家奉侍真武在在有焉然其感通之機或有不同者何哉蓋在誠心之至否何如耳大抵動
天地感鬼神不過一誠而已有其誠則有其神無其誠則無其神此理之自然者也書曰至誠感神詎不信夫惟爾佛山一境民庶之
於祖廟莫不極其嚴奉其来久矣比劇賊臨境又能傾心叩禱厥誠不亦至乎神烏有不感通者哉宜乎靈應昭昭如是非偶然也且
夫叛冦罪逆滔天荼毒生靈人神共怒朝廷命將而大兵四集賊尚不量力度勢自来送死安知非神明欲其亟亡而使之然耶嗚呼
彼各鄉從逆叛黨其父母妻子今皆安在而佛山一境晏然無恙室家相慶父兄子弟鄉鄰族姻懽好如舊共享太平視彼作惡者相
去豈特霄壤之懸絶而忠義之美名將亘古而不息矧諸父老殫心竭慮保全境土未嘗有德色希望之心而勤勤切切惟欲表彰神
明之休烈以昭示遐永若此者皆可嘉也因為備書而詳録之俾後之来者世世嚴奉無有懈則神亦福汝昆汝於無極矣請文立石
耆民名氏列之碑陰是為記
景泰二年龍集辛未仲冬長至日立

碑圖（60）：明景泰二年〈佛山真武祖廟靈應記〉（碑38-3）

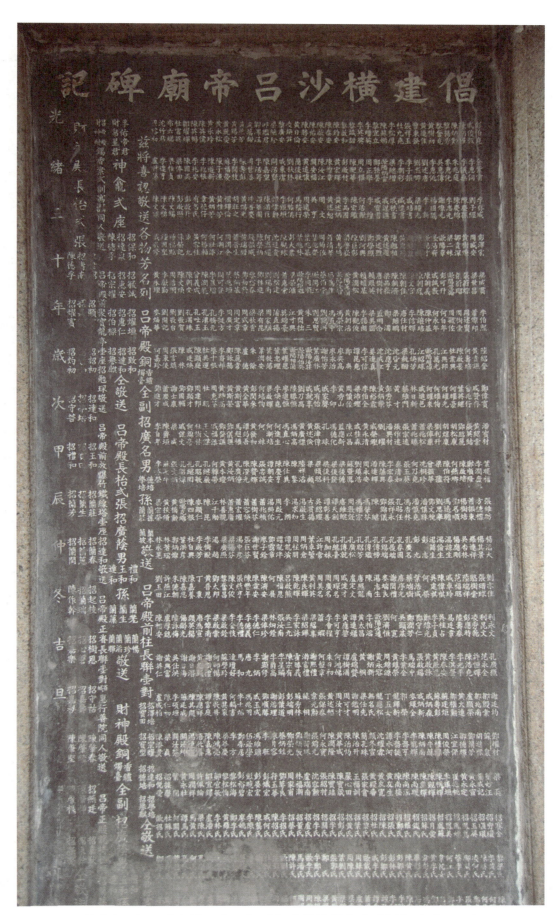

碑圖（61）：清光緒二十七年〈倡建橫沙呂帝廟碑記〉（碑39–1）

碑圖（62）：清雍正十二年〈武帝金像碑記〉（碑40-1）

碑圖（63）：清乾隆四十七年〈武帝廟重修碑記〉（碑40-2）

碑圖（64）：清乾隆五十六年〈砌市街石碑記〉（碑40-3）

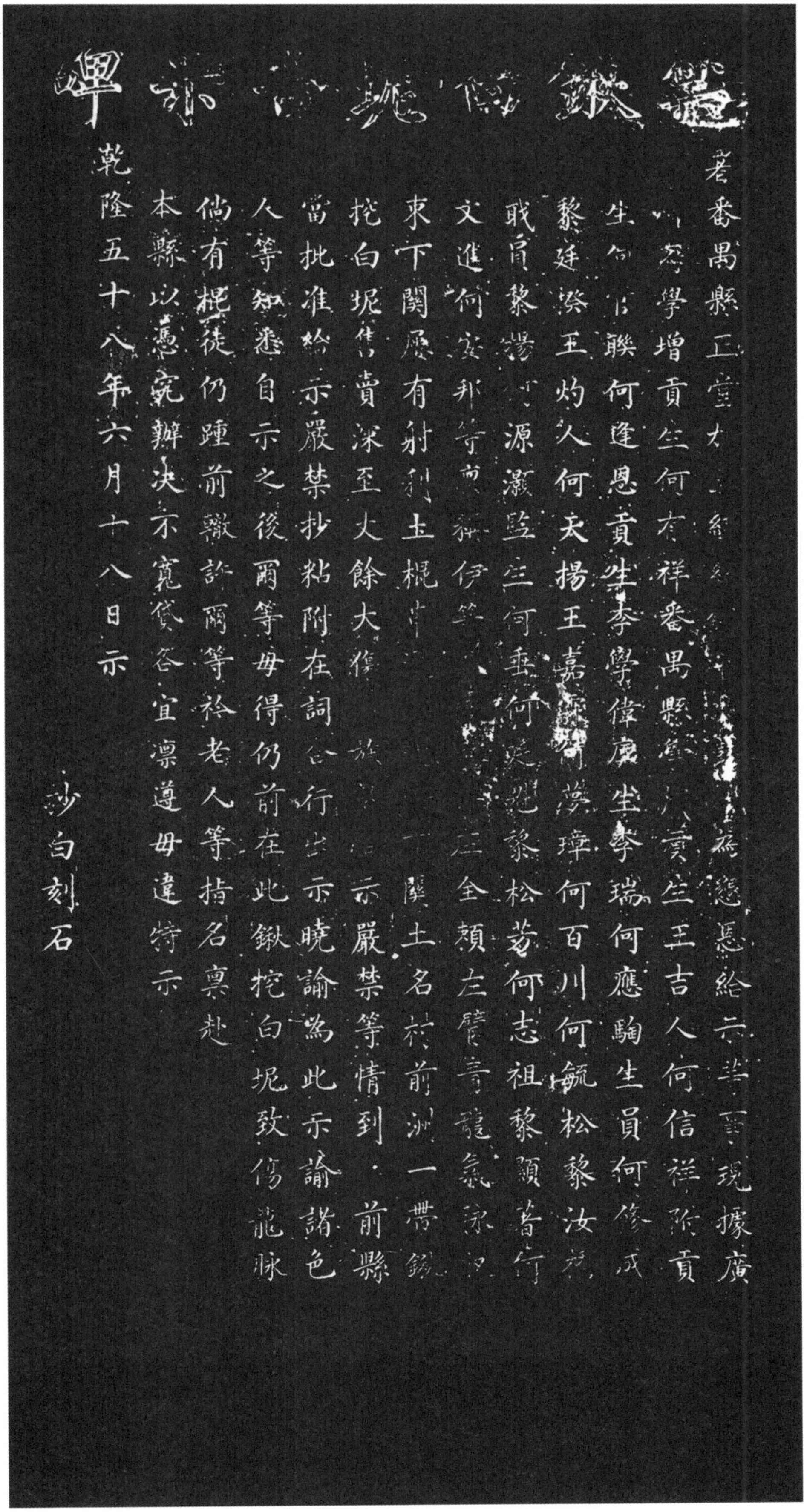

禁鍬白坭告示碑

署番禺縣正堂加[illegible]級紀錄[illegible]次[illegible] 為懇恩給示嚴禁事現據廣
州府學增貢生何有祥番禺縣學[illegible]貢生王吉人何信祥貢
生何[illegible]聯何逢恩貢生李學偉廣生李瑞何應騶生員何修成
黎廷烇王灼人何天揚王嘉[illegible]何夢璋何百川何毓松黎汝[illegible]
戢員黎[illegible]源灝監生何垂何[illegible]黎松茂何志祖黎顯着行
文進何宴邦等前赴伊等[illegible]全頻左臂青龍氣脉[illegible]
東下關歷有射利土棍[illegible]麓土名茯前洲一帶鍬
挖白坭售賣深至丈餘大傷[illegible]示嚴禁等情到前縣
當批准給示嚴禁抄粘附在詞[illegible]合行出示曉諭為此示諭諸色
人等知悉自示之後爾等毋得仍前在此鍬挖白坭致傷龍脉
倘有棍徒仍踵前轍許爾等衿老人等指名稟赴
本縣以憑究辦決不寬貸各宜凛遵毋違特示
乾隆五十八年六月十八日示
沙白刻石

碑圖（65）：清乾隆五十八年〈禁鍬白坭告示碑〉（碑40-4）

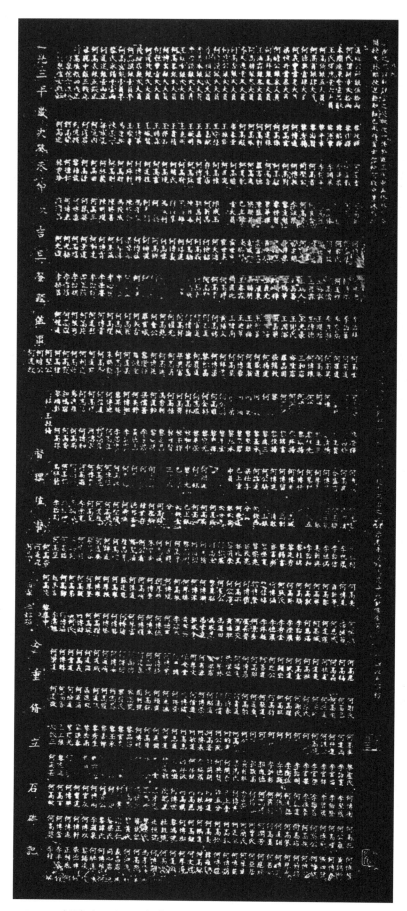

碑圖（66）：清道光三年〈無題碑〉（碑40-5）

碑圖（67）：清光緒五年〈己卯重修武廟碑記〉（碑40-6）

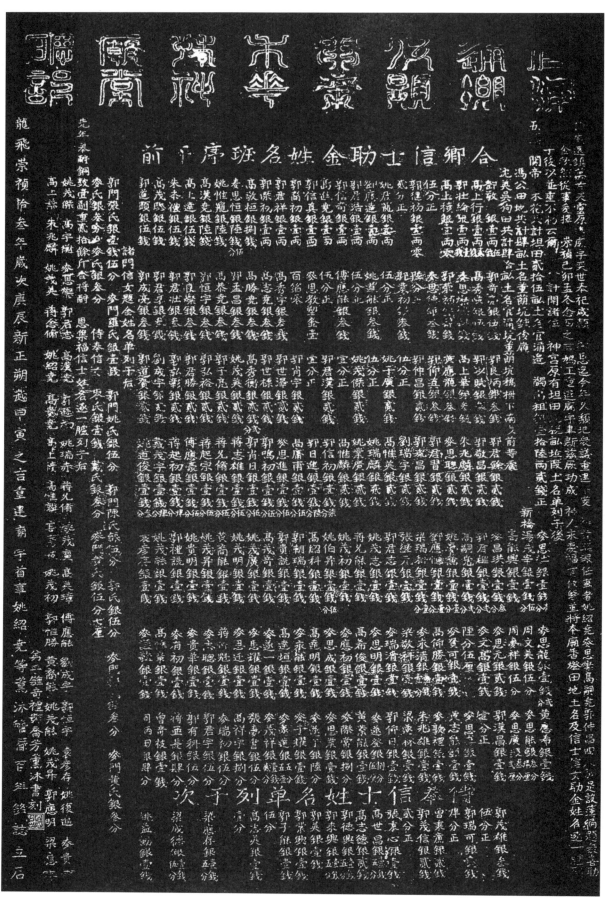

碑圖（68）：明崇禎十三年〈官涌通鄉伍顯關帝禾華等神廟堂碑記〉（碑43-1）

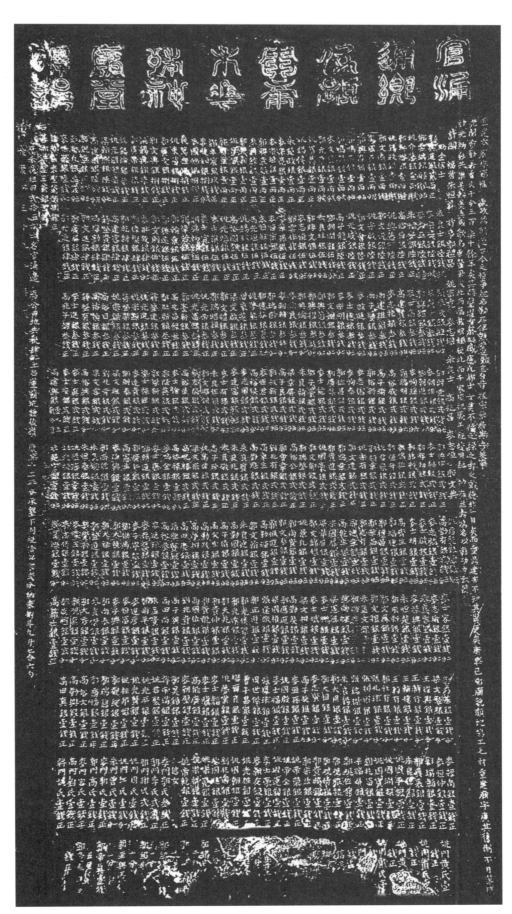

碑圖（69）：清康熙三十九年〈官涌通鄉伍顯關帝禾華等神廟堂碑記〉（碑43-2）

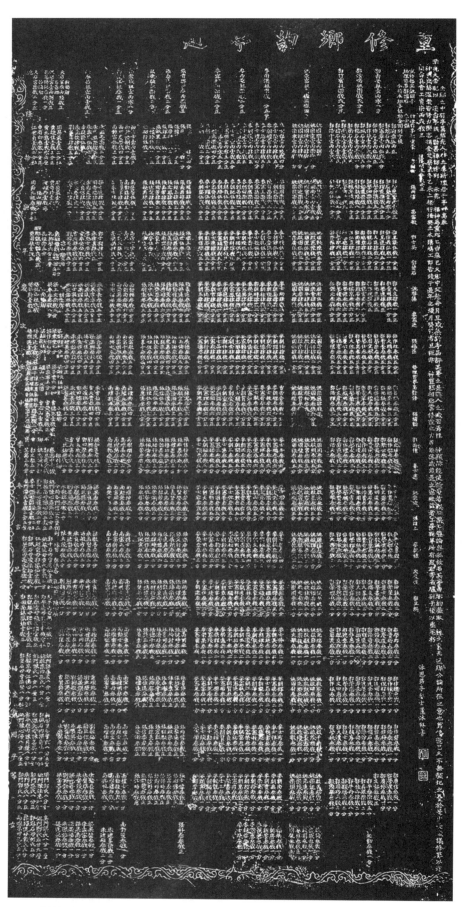

碑圖（70）：清乾隆十七年〈重修鄉約亭題名碑記〉（碑43-3）

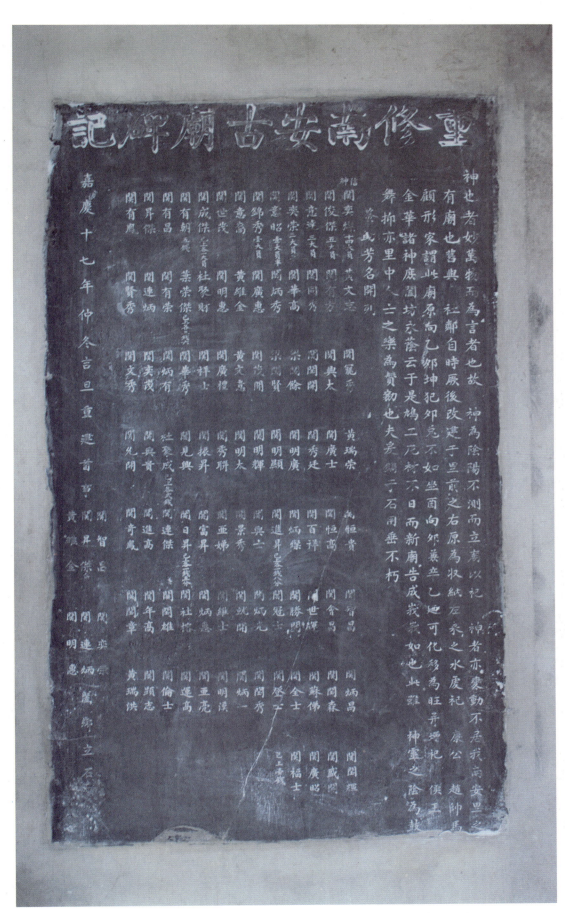

碑圖（71）：清嘉慶十七年〈重修南安古廟碑記〉（碑45-1）

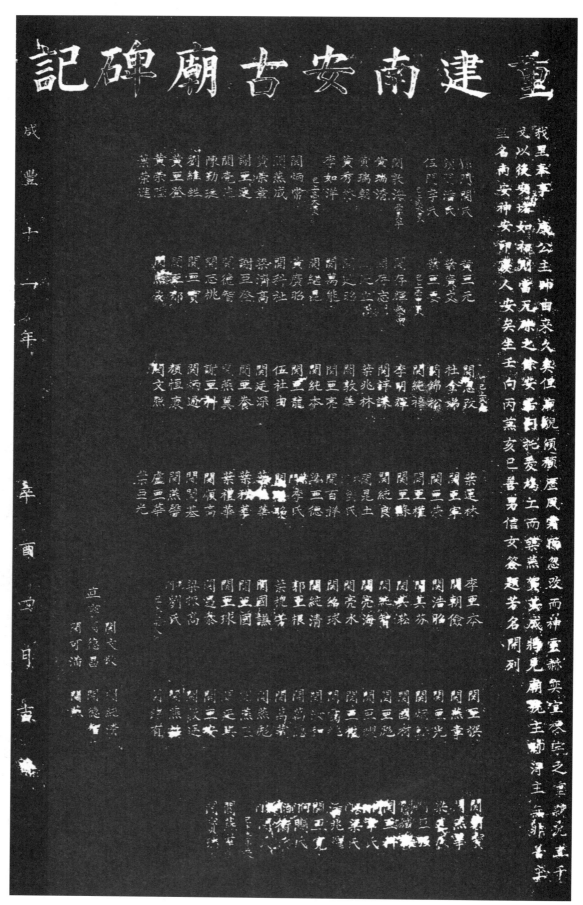

碑圖（72）：清咸豐十一年〈重建南安古廟碑記〉（碑45-2）

碑圖（73）：清嘉慶十年〈重建華光廟碑記〉（碑48-2）

碑圖（74）：清道光十五年〈重修廟宇碑記〉（碑55-1）

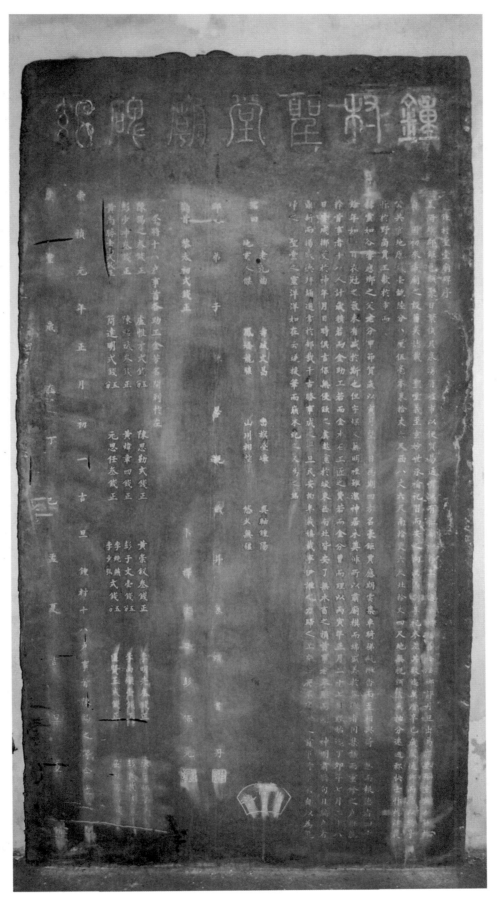

碑圖（75）：明崇禎元年〈鍾村聖堂廟碑記〉（碑56-1）

碑圖（76）：清光緒三十四年〈倡建鍾村墟場砌石碑記〉（碑56-2）

碑圖（77）：清光緒十六年〈重修佛山塔坡古廟碑記〉（碑57-1）

碑圖（78）：清咸豐十年〈鼎建雲泉仙館碑〉（碑58-1）

碑圖（79）：清光緒三十三年〈重修雲泉仙館增建帝親殿碑〉（碑58-2）

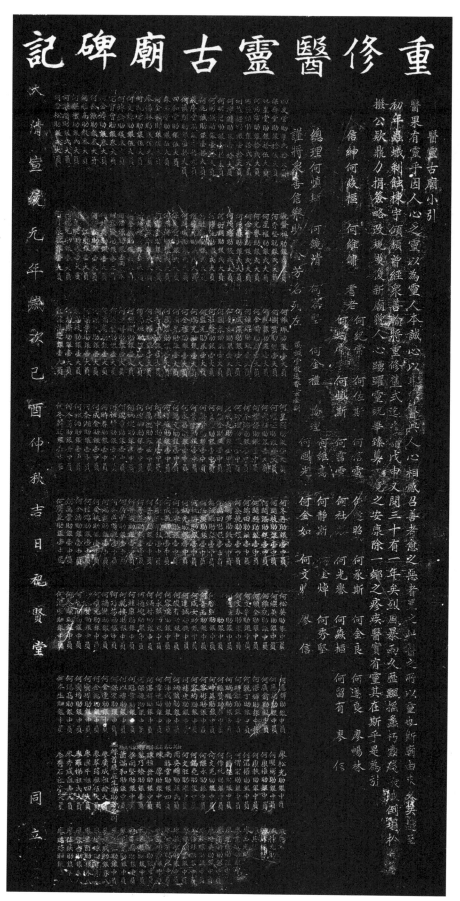

碑圖（80）：清宣統元年〈重修醫靈古廟碑記〉（碑67-1）

1630

碑圖（81）：清嘉慶三年〈起建靈蟠廟各信碑〉（碑69-1）

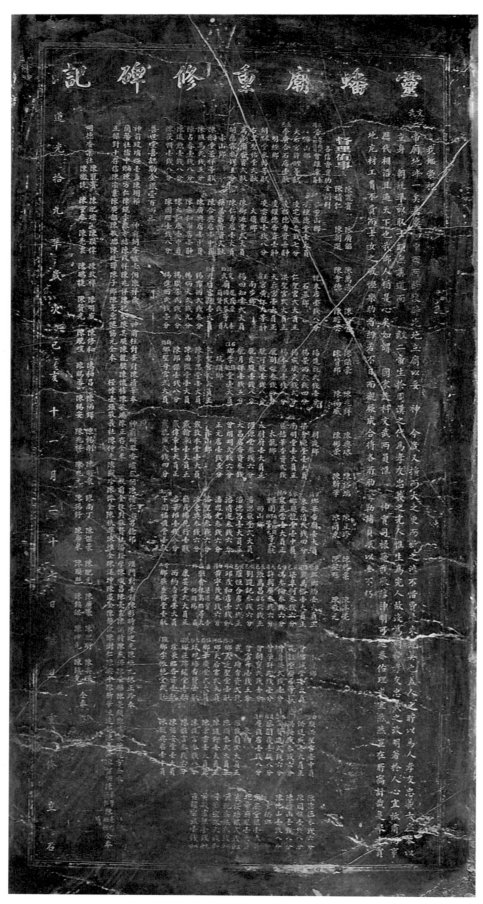

碑圖（82）：清道光十九年〈靈蟠廟重修碑記〉（碑69-2）

碑圖（83）：明萬曆二十一年〈桂洲真武廟碑記〉（碑74-1）

碑圖（84）：明萬曆四十三年〈錦巖碑記〉（碑75-1）

碑圖（85）：清康熙三十一年〈重修錦巖三廟碑記〉（碑75-2）

碑圖（86）：清雍正三年〈重修錦巖中廟碑記〉（碑75-3）

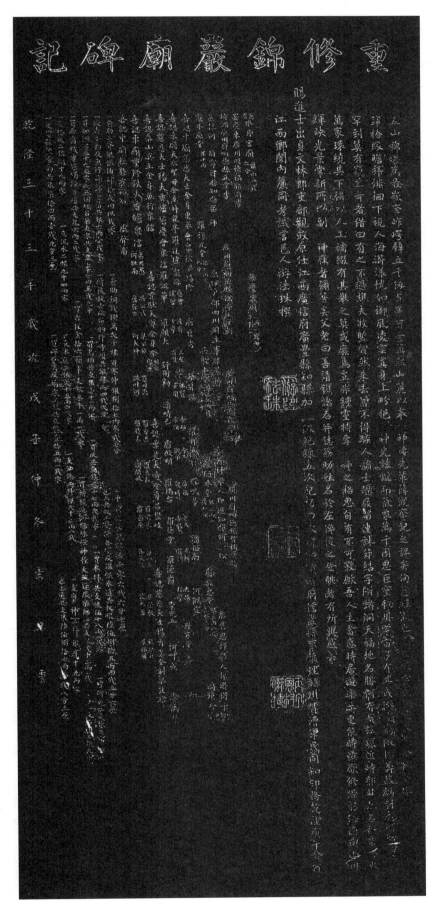

碑圖（87）：清乾隆三十三年〈重修錦巖廟碑記〉（碑75-4）

碑圖（88）：清乾隆四十九年〈錦巖廟裝金題名碑記〉（碑75-5）

碑圖（89）：明正德十五年〈重建東嶽行宮記〉（碑78-1）

碑圖（90）：明嘉靖二十一年〈重建東嶽行宮信士題名〉（碑78-2）

碑圖（91）：清乾隆七年〈重建小迳墟碑記〉（碑86-1）

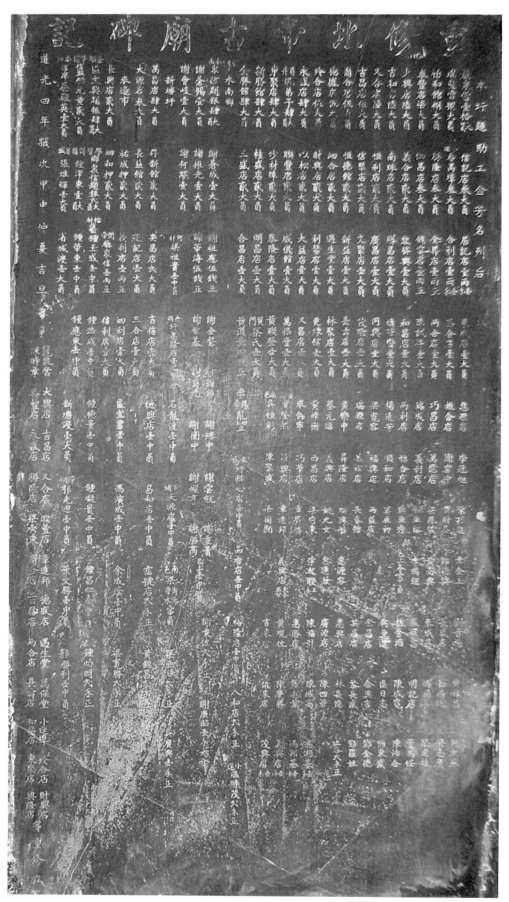

碑圖（92）：清道光四年〈重修北帝古廟碑記〉（碑86-2）

吾鄉之西為小逕墟有廬舍三百餘戶其路四達環墟皆水如濠

之貨交易而退者如此也中有北帝古廟安奉

方真武玄天上帝千百禩於斯矣按真武神北方七宿也為水之精

武郎郊祀黑帝之於墟而為此墟香火者禮所云法施於

財善賈者恒利市三倍焉甲戌歲眾議重修墟之欲和食德者固

勤垣墉購未稠易棟宇塗丹雘廟貌煥然一新斯役也約計需金

聰明正直而壹者也人之敬神者誠三周神之福人者宏而遠之

貨殖陶朱公最善營生商亦四民之一者誠能各安其業以義為

神貺於無窮且副

天子通商惠工同其度量阜其財求之至意旵錯云商賈大者積權

一塵而藏於其墟哉是為記

令將沙村鄉工金芳名列左

陳節巷祖敬送廟左廚房後座地一段深六尺五寸濶尺

二帝會　拾大員
陳烈章　三大員
陳賡齡　二大員
陳殿勳　二大員
陳念祖　一大員

陳長庚　一大員
陳德威　一大員
陳衍祐　一大員
陳昌世　一大員
陳聚宗　一大員
陳顯行　一大員
陳佑昆　一大員

陳朝泰　一大員
陳浩波　一大員
陳瑤光　一大員
陳梓林　一大員
陳頌良　一大員
陳奕邦　一大員
陳章氏　一大員

陳泰交　一大員
陳梓材記　一大員
陳怡煩　一大員
陳照棧　一大員
陳益來　一大員
陳陽歐氏　一大員
陳徐氏　一大員

陳瑚連　陳樂記　陳澤利
陳壽齡　陳祥光　陳禄昌　陳鵬展
陳封祝　陳炳坤　陳耀文　陳作仁
陳威海　陳祥琰　陳世雄　陳寶泉
陳蒼色　陳星華　陳錦鐸　陳維廷
陳思濟　陳陰雲　陳觀廷
陳維烈　陳宜萬　陳雲標　陳重九
陳鴻昆　陳高明

碑圖（93）：清同治十三年〈重修小逕墟北帝古廟碑記〉（碑86-3）

碑圖（94）：清光緒十一年〈重修四帥神廟碑〉（碑87-2）

碑圖（95）：清康熙三十六年〈東洲年創會景碑文〉（碑88-1）

碑圖（96）：清嘉慶十二年〈萬興嶽廟碑〉（碑97-1）

碑圖（97）：清雍正九年〈花縣寶鴨湖村重修天后廟記〉（碑117-1）

碑圖（98）：清嘉慶五年〈遷建天后宮碑誌〉（碑117-2）

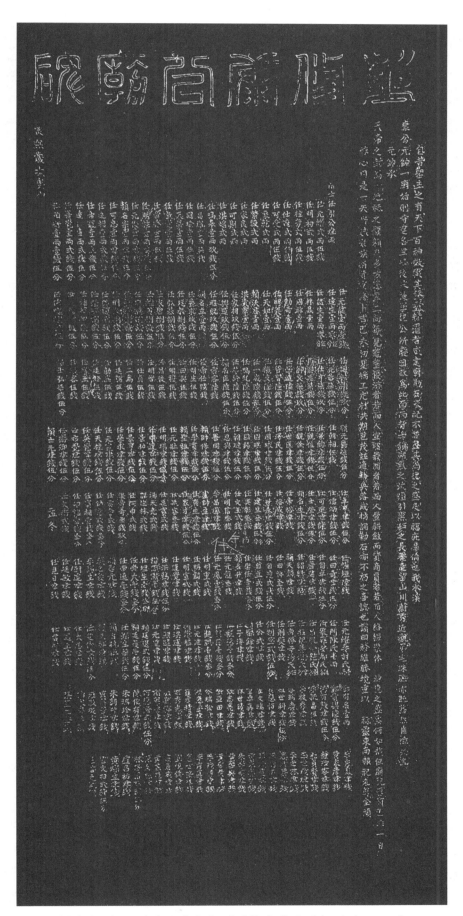

碑圖（99）：清康熙十九年〈重修康公廟碑〉（碑120-1）

碑圖（100）：清乾隆十七年〈重修觀音康公廟簽金碑記〉（碑120-2）

碑圖（101）：清乾隆五十四年〈重修康公廟記〉（碑120–3）

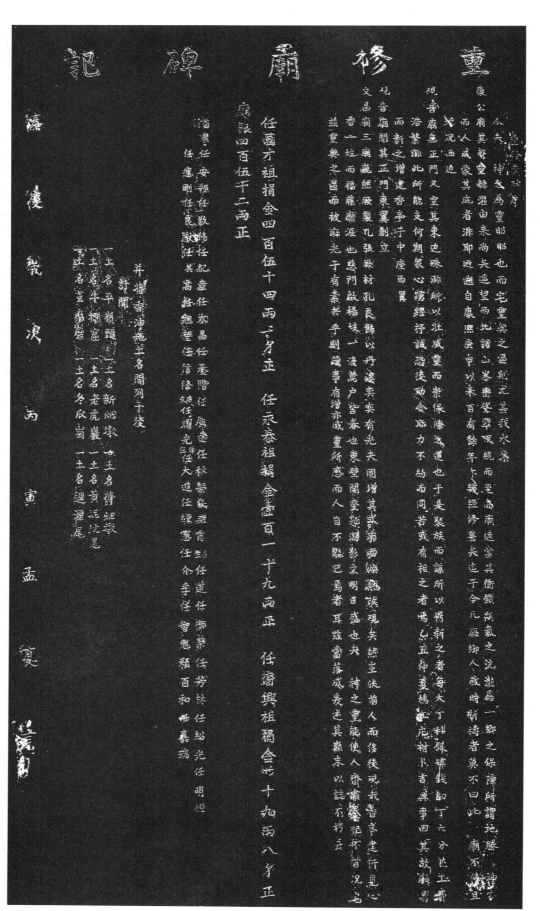

碑圖（102）：清嘉慶十一年〈重修康公廟碑記〉（碑120-4）

碑圖（103）：清嘉慶二十四年〈重修康公廟碑記〉（碑120-5）